朱永嘉 —作品—

从万历到康熙

一次历史周期率的典型剖析

朱永嘉 著
李春博 整理

山东人民出版社

图书在版编目（CIP）数据

从万历到康熙：一次历史周期率的典型剖析/朱永嘉著；李春博整理. —济南：山东人民出版社，2023.3
ISBN 978-7-209-13691-4

Ⅰ．①从… Ⅱ．①朱… ②李… Ⅲ．①政治制度史－研究－中国－晚明－清前期 Ⅳ．①D691.21

中国国家版本馆CIP数据核字(2023)第007120号

从万历到康熙：一次历史周期率的典型剖析
CONG WANLI DAO KANGXI：YICI LISHI ZHOUQILÜ DE DIANXING POUXI

朱永嘉　著　　李春博　整理

主管单位	山东出版传媒股份有限公司
出版发行	山东人民出版社
出 版 人	胡长青
责任编辑	魏德鹏　谷雪婷
特约编辑	王江源　孙明新
社　　址	济南市市中区舜耕路517号
邮　　编	250003
电　　话	总编室（0531）82098914
	市场部（0531）82098027
网　　址	http：//www.sd-book.com.cn
印　　装	山东临沂新华印刷物流集团有限责任公司
规　　格	32开（145mm×210mm）
印　　张	21
字　　数	450千字
版　　次	2023年3月第1版
印　　次	2023年7月第2次
ISBN 978-7-209-13691-4	
定　　价	88.00元

如有印装质量问题，请与出版社总编室联系调换。

目 录

序 言 　　　　　　　　　　　　　　　　　　　　　01

第一讲　世界贸易与明代财政问题

一、明朝的货币问题——大明宝钞的废弃　　　　　002
二、明代白银作为流通手段的货币问题　　　　　　008
三、从朝贡贸易到海禁的有限度开放
　　——福建漳州的月港与广州的澳门　　　　　　013
四、海上的丝银之路　　　　　　　　　　　　　　023
五、白银成为流通的主币以后，对明财政收支的影响　026

第二讲　张居正及其改革

一、叙言　　　　　　　　　　　　　　　　　　　042
二、张居正的出身及其入仕时的制度背景　　　　　045
三、张居正入阁以前的历史背景
　　——嘉靖时期的政治问题和社会矛盾　　　　　056
四、隆庆皇帝时内阁的情况　　　　　　　　　　　067
五、冯保与高拱的对立及张居正执政　　　　　　　075
六、张居正执政方略　　　　　　　　　　　　　　081

七、张居正与万历之间的矛盾 098

八、张居正之死及明朝政局的变化 111

九、结语 116

第三讲　万历怠政与明末党争

一、隆庆这个皇帝的德性 120

二、万历这四十八年皇帝怎么做的 124

三、冲幼时期的万历帝 126

四、醉生梦死、唯利是图的万历皇帝 130

五、万历搜刮民财之矿监与税监 134

六、万历怠政与明朝官僚机构的瘫痪 145

七、关于争国本的问题 149

八、妖书案和福王之藩 155

九、梃击、红丸、移宫三大案 160

十、东林党与阉党之争 178

十一、阉党的一时猖獗及其灭亡 213

第四讲　清朝兴起与明朝灭亡

一、满族的兴起与后金的建国 230

二、明朝辽东形势的崩溃 246

三、皇太极即位以后所面临的形势与抉择 269

四、皇太极时期明清之间的较量 282

五、崇祯时期对清作战的屡次失利 297

六、明末农民起义的兴起与发展 317

七、农民军力量的壮大与政权之建立 336

八、农民军攻占北京的历程与崇祯之死　　351

九、怎么看崇祯这个明朝最后的皇帝　　364

第五讲　李自成的溃败与南明的抗清活动

一、叙言　　382

二、顺治福临如何继承帝位　　384

三、李自成进京以后清政府的直接反应　　387

四、李自成军进京以后农民军的精神状态　　391

五、吴三桂的"冲冠一怒为红颜"　　401

六、山海关一役的前前后后　　404

七、多尔衮带清兵进入北京以后的各项重大措施　　412

八、多尔衮入京以后对全国政局采取的基本策略　　419

九、大顺政权的溃败与清政府统一北方地区　　423

十、福王政权的极度腐朽与党争再起　　431

十一、左懋第北使之事　　438

十二、复社纪事　　445

十三、江北四镇　　451

十四、南明政权对清兵即将南下的认识和准备　　457

十五、左良玉东进讨伐马士英　　463

十六、清师南下，福王政权的覆灭　　471

十七、江南地区江阴等地的抗清斗争　　483

十八、江南的奴变——南明政权瓦解过程中的一个小插曲　　488

十九、两年小结　　492

二十、浙闽地区鲁王与唐王的抗清斗争及清政府对江南沿海
　　　剿抚并行的政策　　500

二十一、郑氏父子在东南沿海地区的反清活动　　511

二十二、桂王政权抗清活动始末　　524

二十三、郑成功北伐及清朝的迁界事件　　549

第六讲　顺康间的经济政治与统一帝业的完成

一、清初的各项经济政治措施　　568

二、多尔衮与福临——顺治十八年的前期和后期　　583

三、康熙亲政前后所面临的局势和问题　　595

四、平定三藩之乱　　601

五、收复台湾　　607

六、边疆与中原统一的历史因缘　　610

七、俄罗斯东进与《尼布楚条约》及《布连斯奇条约》《恰克图条约》　　617

八、康熙初年漠北喀尔喀三部内款与亲征噶尔丹　　621

九、清政府与准噶尔部对藏区统治权的争夺　　626

十、青海罗卜藏丹津的平定　　631

十一、雍正、乾隆年间对准噶尔部的征伐　　633

十二、乾隆时期回疆的平定　　636

十三、土尔扈特回归　　641

后　记　　643

序　言

1945年7月1日，褚辅成、黄炎培、傅斯年等六人访问延安，受到毛泽东的隆重欢迎，其间双方多有交流，黄炎培《延安归来》一书对延安之行做了详细记述。书中提到他与毛泽东交谈，毛泽东问黄炎培有什么感想，黄炎培说：

我生六十多年，耳闻的不说，所亲眼看到的，真所谓"其兴也浡焉""其亡也忽焉"，一人，一家，一团体，一地方，乃至一国，不少单位都没有能跳出这周期率的支配力。大凡初时聚精会神，没有一事不用心，没有一人不卖力，也许那时艰难困苦，只有从万死中觅取一生。既而环境渐渐好转了，精神也就渐渐放下。有的因为历时长久，自然地惰性发作，由少数演为多数，到风气养成，虽有大力，无法扭转，并且无法补救。也有为了区域一步步扩大了，它的扩大，有的出于自然发展，有的为功业欲所驱使，强求发展，到干部人才渐见竭蹶、艰于应付的时候，环境倒越加复杂起来了，控制力不免趋于薄弱了。一部历史，"政怠宦成"的也有，"人亡政息"的也有，"求荣取辱"的也有。总之没有能跳出这周期率。中共诸君从过去到现在，我略略了解的了。就是希望找出一条新路，来跳出这周期率的支配。

毛泽东回答说：

我们已经找到新路，我们能跳出这周期率。这条新路，就是民主。只有让人民来监督政府，政府才不敢松懈。只有人人起来负责，才不会人亡政息。

二人的谈话对中国历史上的周期率做了一个总结，那就是各个王朝从建立到灭亡无不经历了兴衰成败的过程。西汉到了元、成、哀、平，便一代不如一代了，外戚专权，王莽取而代之，最后被绿林与赤眉的农民起义推翻了统治。东汉到了后期，先是党锢之祸，接着是外戚与宦官之间搞得你死我活，董卓带兵进京，导致军阀割据混战的局面，东汉随之灭亡。魏晋时期，司马炎通过阴谋欺人孤儿寡妇而掌握政权，后来晋武帝搞了一个分封诸侯王，结果是八王之乱，北方变成十六国的乱局，逐渐发展成为南北朝对立的局面。隋朝也是一个短命王朝，隋炀帝的穷奢极侈及其发动的辽东战争，导致隋的灭亡，其本人也在扬州死于非命。唐朝从贞观之治到开元盛世，国家繁荣昌盛，一场安史之乱使唐朝由盛而衰，最后出现藩镇割据的局面，演变成四分五裂的五代十国。宋代是中国历史上比较软弱的王朝，杯酒释兵权自卸武装，结果无法应付北方崛起的契丹的辽和女真的金，南宋后来偏安在南方，为元所灭。这里实际上应包括两个周期率，一个王朝从兴到衰是一个周期；还有一个周期率，那就是从衰到兴，这在中国历史上便是改朝换代。农民革命运动推翻一个旧王朝，建立一个新的王朝，就是由衰而兴的周期。中国历史上那么多次改朝换代，大多是在衰亡过程中，通过群众的革命运动建立一个新的王朝。中国两千多年的历史，便是通过这两个周期率，才不断发展和进步的。

那么有没有可能让一个王朝长盛不衰呢？有人做过这方面的尝试，此人不是别人，正是建立大明帝国的朱元璋，他的意图表现在其亲自编修的《皇明祖训》中。事实上，历朝历代的创业之主都想把自己的"家天下"一代又一代传承下去，万世不竭，这实际上是做不到的。我们不妨分析一下朱元璋《皇明祖训》所表现的愿望及明朝的实际结果，它说明朱明王朝还是逃不脱这个由盛而衰的周期率。研究一下明王朝如何由盛而衰，它的矛盾焦点在哪里，就可以明白其中的原因。朱元璋的《皇明祖训》也不能说完全不起作用，它有积极的一面，但他的子子孙孙以天下为个人私产，不顾民众疾苦，只知贪图享乐以致亡国，朱元璋是无能为力的。明朝便是由万历皇帝开始走向衰亡的，最终还是农民起义推翻了旧王朝，为清朝兴起奠定基础。《从万历到康熙》叙述了一个旧王朝如何走向衰亡的过程，以及清朝如何崛起的历史。

中国历史上有两个出身于布衣的帝王，一个是刘邦，另一个便是朱元璋。朱元璋确实是贫苦出身，出家做过和尚，以行乞化缘为生。后来他参加了红巾军起义，最终建立了明朝。到崇祯十七年（1644年），明朝灭亡，前后传了十七朝，一共276年，还是没有能子子孙孙长期维持下去。朱元璋编了《皇明祖训》，他立祖训的目的很明确，希望子子孙孙传至永久。《皇明祖训》的文字太长，这里只能略举若干条目，观察其最终实际执行的情况。事实上它无法打破王朝兴衰的周期率，从洪武元年（1368年）到崇祯十七年明朝灭亡，朱元璋的子子孙孙依旧无法避免衰亡的结局。朱元璋的祖训，在一些方面发挥了作用,在另一些方面则完全无效。朱元璋《皇明祖训》有一些用心良苦的话,他的子子孙孙都没有将其当回事。《皇明祖训》的序言中有这么一段话:"盖其创业之初,备尝艰苦,阅人既多,历事亦熟,比之生长深宫之主,未谙世故……甚相远矣。"他还说:"凡古帝王以天下为忧者,惟创业之君,中兴之主,及守成贤君能之,其寻常之君,将以天下为乐,则国亡自此始。"(《皇明祖训·祖训首章》)

明代自仁、宣以后,君王多"以天下为乐"。明武宗正德皇帝是一个典型,神宗万历皇帝又何尝不是如此?明朝那么多皇帝,除了朱元璋之外,没有一个能够做到范仲淹讲的"先天下之忧而忧,后天下之乐而乐"。尽管朱元璋把祖训立为家法,"大书揭于西庑,朝夕观览,以求至当"(《皇明祖训·序》),但他的子孙后代却并不遵守这份祖训和家法。朱元璋在序言中说:"今令翰林编辑成书,礼部刊印,以传永久。凡我子孙,钦承朕命,无作聪明,乱我已成之法,一字不可改易。"朱元璋活着,他的子孙还会装装样子,他死后,子孙后代就把这份祖训和家法弃之脑后了。

但并不是说朱元璋所定的祖训家法完全无效,有的还是起了作用,如他在内令中做的一些规定还是被遵循的。如,为了切断后宫与外廷的联系,其中有这样的规定:"凡私写文帖于外,写者接者皆斩,知情者同罪,不知者不坐。""凡皇后止许内治宫中诸等妇女人,宫门外一应事务,毋得干预。""凡宫中遇有疾病,不许唤医入内,止是说证取药。""凡宫闱当谨内外,后妃不许群臣谒见。"(《皇明祖训·内令》)这样完全切断了后宫与外界的联系。如此规定的原因是为了防止女主专权,这一点终明一代是做到了。万历的母亲在万历成婚以前能照看他,因为他10岁即帝位,尚未成年,需要母亲照料。万历成婚以后,由张居正和司礼太监冯保辅佐照管。张居正死后,万历便无法无天,怠于政事,谁也管不了他。

内令中还有一条规定:"凡天子及亲王,后、妃、宫人等,必须选择良家子女,以礼聘娶,不拘处所,勿受大臣进送,恐有奸计,但是娼妓不许狎近。"(《皇明祖训·内令》)这条规定是被严格执行的,目的是防止外戚专权,东汉便亡于外戚与宦官争夺权力。朱元璋这几条内令是吸收了历史上的教训而制定的,但并不妨碍皇帝寻欢作乐,而且更加便于帝王对后宫的控制和管理。

皇甫录《明记略》称:"《祖训》所以教戒后世者甚备,独无委任阉人之禁。"其实不然,《明史·宦官传一》云:

明太祖既定江左,鉴前代之失,置宦者不及百人。迨末年颁《祖训》,乃定为十有二监及各司局,稍称备员矣。然定制,不得兼外臣文武衔,不得御外臣冠服,官无过四品,月米一石,衣食于内庭。尝镌铁牌置宫门曰:"内臣不得干预政事,预者斩。"敕诸司不得与文移往来。有老阉供事久,一日从容语及政事,帝大怒,即日斥还乡。

可见朱元璋对宦官的管理和限制是非常严格的,但这一条他的子子孙孙并未遵守,而明朝之亡,则与宦官专权息息相关。

明代宦官专权,也有一个历史过程。建文帝嗣位,御内益严,诏出外稍有不法,许有司械问。在宦官问题上首先违反朱元璋定制的便是他的儿子永乐帝朱棣,其实靖难之役本身便违反了朱元璋祖训中关于亲王与天子关系的规定。《明史·宦官传一》称:"燕师逼江北,内臣多逃入其军,漏朝廷虚实。文皇以为忠于己,而狗儿辈复以军功得幸,即位后遂多所委任。"换句话说,从永乐帝开始便大量使用宦官干预政事。明朝的败亡,某种意义上亡于宦官干政。魏忠贤在明熹宗时作威作福,全国各地为魏忠贤建造生祠,他兴起东林党案,整个朝廷都在阉党控制之下。崇祯即位后虽然除掉魏忠贤,但他同样信任宦官。冤杀袁崇焕,便是皇太极利用被俘的明朝宦官使用了离间计,崇祯听信宦官之言而自毁长城。从这两件事,可见宦官干政在明朝末期危害之大。

当然,对宦官也要做具体分析,明朝并非所有宦官都是奸恶之辈,也有少数比较忠诚的。但宦官要出问题,往往就是大问题,是涉及王朝存亡的大问题。秦朝的灭亡,就亡在宦官赵高身上,读一下《史记》中胡亥、赵高、李斯三人的传记就可以知道,秦始皇死在出巡的路上,为赵高提供了篡政夺权的机会。朱元璋铸"内臣不得干预政事,预者斩"之铁牌,是总结历史教训,他的儿子朱棣却带头破坏了朱元璋的规定。顾炎武《日知录·卷九·宦官》称:"唐太宗诏内侍省不立三品官,以内侍为之长,阶第四,不任以事,惟门阁守御、廷内扫除、禀食而已。……玄宗时,宫嫔大率至四万,宦官黄衣以上三千员。"故顾炎武认为:"是知宦官之盛,繇于宫嫔之多。而人主欲不近刑人,则当以远色为本。"万历后期怠于政事,就是因为"阉人导君以酒色,导君以荒游,导君以侈御,导君以恶见正人",结果"邪曲进,贤正沮矣"(《潜书·贱奴》)。党争由此而起,东林与阉党之争起于万历末年,至明熹宗时达到顶峰，最终导致明朝灭亡。明朝宦官之祸害的具体记载见于《明史·宦官传》，此处不再一一细说。

朱元璋经历过苦难，经历过艰苦的斗争，创立明朝后以三十年的辛劳建立起各种典章制度，最后活到71岁。他的后世子孙生活在宫廷之中，论生活条件，他们都优于朱元璋，却大部分都是短命的，这也许与宫嫔众多有关。我们只要看一下朱元璋以后诸帝之年寿即可明白，朱元璋的子子孙孙，是一代不如一代。今录明代诸帝之年寿于下：

明成祖朱棣活了65岁，在位22年。明仁宗朱高炽活了48岁，在位仅仅1年。明宣宗朱瞻基活了38岁，在位10年。明英宗朱祁镇10岁即帝位，24岁时土木堡之变被瓦剌所俘。景泰帝朱祁钰21岁即位，在位8年。明英宗复辟后在位7年，活了38岁。明宪宗朱见深活了41岁，在位23年。明孝宗朱祐樘活了36岁，在位18年。明武宗朱厚照活了31岁，在位16年，这是历史上著名的荒唐皇帝，《明史·武宗纪》的赞语称他："耽乐嬉游，昵近群小，至自署官号，冠履之分荡然矣。"这就导致了朝纲混乱。明世宗朱厚熜活了60岁，在位45年。此人迷信长生之术，崇信道教。《明史·世宗纪》赞语称他："崇尚道教，享祀弗经，营建繁兴，府藏告匮，百余年富庶治平之业，因以渐替。"明穆宗朱载坖活了36岁，在位6年。明神宗朱翊钧活了58岁，在位48年。明光宗朱常洛活了39岁，在位1个月。明熹宗朱由校，活了33岁，在位7年。崇祯帝活了34岁，吊死于煤山，在位17年，是一个亡国之君。明代诸帝的寿命大体如此，年寿没有超过朱元璋的71岁的。优越的生活条件，三宫六院的享受反而坑了他们，没有节制的享乐是他们短命的原因之一。那么多皇帝中，明成祖朱棣还有一点作为，其他的大都怠于政事，明王朝的统治也势必逐渐走向衰落。

朱元璋的《皇明祖训》形成也有一个历史过程。《明史纪事本末·开国规模》记载，洪武元年十一月建大本堂，那是太子朱标读书学习的地方，朱元璋与太子有一段对话：

> 上问太子："近儒臣讲说经史何事？"对曰："昨讲《汉书》七国叛汉事。"遂问："此曲直孰在？"对曰："曲在七国。"上曰："此讲官偏说耳。景帝为太子时，尝投博局杀吴王世子。及为帝，又听晁错之说，黜削诸侯。七国之变，实由于此。若为诸子讲此，则当言藩王必上尊天子，下抚百姓，为国家藩辅，以无挠天下公法。如此，则为太子者知敦睦九族，隆亲亲之恩，为诸子者知夹辅王室，尽君臣之义。"

《明史·太祖纪》记载，洪武二年夏四月，"乙亥，编《祖训录》，定封建诸王之制"。《明史纪事本末·削夺诸藩》载洪武九年训导叶伯巨应诏陈言，极论分封之弊，其云：

> 国家惩宋、元孤立、宗室不竞之弊，秦、晋、燕、齐、梁、楚、吴、闽诸国，各尽其地而封之，都城宫室之制，广狭大小，亚于天子之都，赐之以甲兵卫士之盛，臣恐数世之后，尾大不掉。然后削之地而夺之权，则起其怨，如汉之七国，晋之诸王。否则恃险争衡，否则拥众入朝，甚则缘间而起，防之无及也。今议者曰："诸王皆天子亲子也，皆皇太子亲国也。"何不撇汉、晋之事以观之乎？孝景皇帝，汉高帝之孙也。七国之王，皆景

帝之同宗父兄弟子孙也。当时一削其地，则构兵西向。晋之诸王，皆武帝之亲子孙也。易世之后，迭相拥兵，以危皇室，遂成五胡云扰之患。由此言之，分封逾制，祸患立生。援古证今，昭昭然矣。昔贾谊劝汉文帝早分诸国之地，空之以待诸王子孙，谓力少则易使以义，国小则无邪心。愿及诸王未国之先，节其都邑之制，减其卫兵，限其疆里，亦以待封诸王之子孙。此制一定，然后诸王有圣贤之德行者，入为辅相，其余世为藩辅，可以与国同休，世世无穷矣。

结果朱元璋大怒，将其系死狱中，"后无敢言者"。事实上朱元璋一死，建文帝与诸王之间的矛盾便无法调和，他们都是建文帝的叔辈，削藩引起靖难之役，燕王起兵，取建文而代之。朱棣是一个非常残暴的君主，看他如何对待建文帝诸臣，便可知其性格。

朱元璋《皇明祖训》对于诸王分封后与天子的关系，动以亲亲之情。考察整个明代分封诸王的情况，在明成祖以后，他们的日子都不好过。万历所封诸子，结局都很悲惨。黄宗羲在《明夷待访录·原君》中称：

今也以君为主，天下为客，凡天下之无地而得安宁者，为君也。是以其未得之也，屠毒天下之肝脑，离散天下之子女，以搏我一人之产业，曾不惨然，曰："我固为子孙创业也。"其既得之也，敲剥天下之骨髓，离散天下之子女，以奉我一人之淫乐，视为当然，曰："此我产业之花息也。"然则为天下之大害者，君而已矣。

黄宗羲之言撕下帝王制度之画皮矣，这里的天下应指百姓。君主治国与百姓的关系,何者为主,何者为客,事实上是君主能否为百姓服务的问题。朱元璋《皇明祖训》表达的无非是帝王之道,尽管他出身于贫苦农民,在其30年的统治中,也曾为穷苦百姓做过一些好事,但他建章立制的宗旨,还是离不开历朝历代帝王统治的观念,希望他的子子孙孙能够传国永久。朱元璋去世以后,他的子孙同样跳不出历史周期率,王朝便避免不了会走向衰亡。

既然历史上各个王朝都有兴衰的周期,那么后人考察历史,很重要的一点就是总结历朝历代兴衰的经验教训,思考如何才能跳出黄炎培所说的周期率的宿命,为自己提供借鉴。当年,毛主席所说的"民主",就是在中国共产党的领导下,让人民来监督政府。只有人人负责,才不会人亡政息,这是根本点。我们要不断做新的探索才能跳出周期率,这包括两个方面,一是总结历史上的经验教训,二是如何闯出一条新路来。

2009—2012年,我曾讲授明史,前一半讲稿叙述明代政治制度的源流得失,包括东宫制度、军兵制度、地方行政制度、司法制度等,2015年整理为《明代政治制度的源流与得失》一书,与这本《从万历到康熙》是姊妹篇。

《明代政治制度的源流与得失》重在强调朱元璋建立的政治制度源自其当时治国实践中的实际需求,而他制定的各方面典章制度与中国古代传统政治模式又有着密不可分的联系。这些制度设计得很完备,但实践过程中都发生了衰变,那是因为制度要靠人去执行,人与人的关系发生变化,制度也会变化,有的甚至不知不觉地走向自身的反面,这方面的教训值得人们去总结。在明王朝政治局势的演变过程中，整套政治体系逐渐变形，使朱元璋立下的《皇明祖训》完全失去效用。

《从万历到康熙》则从明代后期财政问题及社会演变讲起，叙述明朝灭亡与清朝建立的经过，以及清初巩固统治、加强对边疆地区控制的具体情况，重点在于总结明亡清兴的历史经验教训。清朝统治的完全巩固是由康熙帝完成的，可以说康熙时期也是清朝最强盛的时期，到雍正、乾隆时期已经逐渐走下坡路了。从明朝的万历到清朝的康熙，恰恰是中国古代历史上王朝兴衰周期率的一个典型案例，这也是本书命名之由来。

明朝中后期，世界地理大发现之后，白银通过海上丝银之路的世界贸易大量流入中国，成为明朝主要的流通货币，对整个社会产生深远影响，为了解决政治、经济方面的社会矛盾，张居正进行了改革，在税制上实施一条鞭法，对吏治进行大力整顿，使明朝的统治暂时稳定。张居正死后，出现了万历皇帝长期怠政的局面。万历10岁即位为帝，前十年在太后和张居正的监控之下，无法胡作非为。他成婚以后，太后不再管束他，随后张居正去世，他变得肆意妄为，整日在宫中享乐，长期不与大臣见面，国家政事置之脑后，只活了58岁。万历帝晚年的三大案，导致了明末党争，加上辽东问题处置不当，三次加派赋税使国内社会矛盾激化。天启帝时，东林与阉党的斗争激烈，明朝统治便迅速走向无可挽回的衰亡。在努尔哈赤的率领下，满族兴起，建立后金政权，伴随着明朝辽东形势的崩溃，以李自成为首的农民起义军迅速发展壮大，最终攻占北京，崇祯帝吊死在煤山，明王朝的统治由此终结。

中国历史上的王朝兴替,很多时候都与统治阶级的内部党争引起的社会矛盾激化、国家治理能力弱化有关,如东汉党锢之祸与黄巾大起义,唐代牛李党争与黄巢起义。明末东林党与阉党之争同样导致统治阶级内部矛盾无法调和,同时对辽东的连年用兵造成财政不堪重负,财政危机以赋税形式转嫁给百姓后导致农民起义爆发,加之崇祯皇帝在重大问题的决策上一再失误,这样就形成了极其致命的恶性循环,依靠明朝自身已经无法解决这样严重的社会危机。最终是农民起义的巨大力量打破了原来的社会结构,推翻了明王朝的统治,促使相关社会矛盾以暴力形式得以解决。一是明朝宫廷的庞大消费集团消失了;二是清兵入关,取代了明朝的统治地位,造成明朝严重税收问题的三饷加派取消了;三是清朝充分利用明朝降清的士大夫和军事将领,迅速解决了南方腐朽的南明诸小朝廷。农民起义产生的这些影响,为清朝在顺治年间建立起统一帝国提供了条件。当时留下的一些问题,如平定吴三桂、耿精忠、尚可喜等三藩以及收复台湾,巩固对蒙古、西藏、新疆等边疆地区的管辖,要到康熙年间才得以解决。这一切与明末农民起义对明朝腐朽统治的摧毁是分不开的。从万历到康熙是一个历史周期,而这个周期转折的关键点是明末农民起义推翻了腐朽的明王朝。康熙时代,可以说是清朝最辉煌的时期,也是中国历朝历代中比较强大的时期。有兴必有衰,1840年鸦片战争以后,清朝同样难以避免衰亡的命运,也无法逃脱出历史周期率的宿命,最终辛亥革命结束了清王朝的统治。

当然,明末农民起义失败的历史教训值得后人吸取,郭沫若曾

为此在重庆《新华日报》发表过《甲申三百年祭》。毛泽东读了以后,写信给郭沫若,他在信中有这么一段话:

你的《甲申三百年祭》,我们把它当作整风文件看待。小胜即骄傲,大胜更骄傲,一次又一次吃亏,如何避免此种毛病,实在值得注意。倘能经过大手笔写一篇太平军经验,会是很有益的。

中华人民共和国成立以后,毛泽东亲笔书写的"为人民服务"几个大字,被放在中南海的大门前,意在告诫全党,不能偏离立党的根本宗旨。我们努力发展经济,是为了提高人民的收入和生活水平,唯有如此,我们才能始终立于不败之地。无论在什么情况下,我们都要懂得人民的大多数是工农大众,我们必须把工农大众的利益放在第一位。世界是劳动者创造的,发展经济,没有劳动者的辛勤劳动是不可能取得成功的,一定要正确处理资本与劳动的关系。不忘初心,也就是不忘建党立国的宗旨,发展经济是手段,是为了这个根本宗旨服务的。决不能倒置二者的相互关系,那样的话就忘本了。我们不能忘记圣贤说过的话,荀子在《王制篇》中说过:"君者,舟也;庶人者,水也。水则载舟,水则覆舟。"水是什么?水是人民大众,也就是工农大众,是我们的立国之本。如果伤害了工农大众的根本利益,那么建党与立国就失去了基础。发展经济的目的是让我们的水源更加丰沛,那样我们的国家才能更强大。贞观六年(632年)唐太宗与魏徵有一段对话,李世民说:"天子者,有道则人推而为主,无道则人弃而不用,诚可畏也。"(《贞观政要·政体》)李世民亲身经历了隋末农民起义和隋朝灭亡,这是他的深切感悟。

接下来魏徵说:"臣又闻古语云:'君,舟也;人,水也。水能载舟,亦能覆舟。'陛下以为可畏,诚如圣旨。"(《贞观政要·政体》)

此外,在中国古代社会发展中,以农耕文明为主的汉族与以游牧文明为主的北方少数民族之间长期存在互动与融合。《史记·匈奴列传》详细记载了秦汉时期汉族政权与北方匈奴之间的关系,魏晋南北朝时期鲜卑族建立的北魏,隋唐时期的突厥,宋代的辽、金与蒙古族建立的元朝的崛起,这些都反映了中华民族大家庭中农耕文明与游牧文明的关系密不可分。满族是女真族的后裔,起源于大兴安岭,以狩猎为生。他们到了辽东以后,建立了严密的组织,即八旗制度,最初他们是明朝在辽东地区的附庸。万历年间政治腐败,朝廷在辽东问题的处理上接连失策,使满族得以坐大。因辽饷而来的三次加派,压垮了明朝的经济基础。明朝在辽东军事策略上的反反复复,对辽东用兵的失败以及农民起义的兴起,为清兵入关占领北京创造了条件。

清朝建立,为其出谋划策的是投降清人的范文程和洪承畴,军事方面起作用的主要还是明朝降将吴三桂、尚可喜、耿精忠等,他们帮助清朝消灭了南明残余势力。清朝的建制还是汉族传统的政治、经济、文化体制。清朝统治者采取各项经济政治措施以缓解社会矛盾,维护边疆地区的领土完整,他们与汉族共同创造的成就成为中华文明不可分割的组成部分。

此外还应当注意的是毛主席回答黄炎培的那句话:"我们已经找到新路,我们能跳出这周期率。这条新路,就是民主。只有让人民来监督政府,政府才不敢松懈。只有人人起来负责,才不会人亡政息。"如何让人民来直接监督政府官员，在体制和方法上还需要摸索，只有做好了这一点，我们的国家才能长治久安。

第一讲
世界贸易与明代财政问题

事实上货币的发行关系一个国家的主权,如果货币掌握在别人手上,那只能丧权辱国。明代发行的货币,是贵金属白银,而白银的来源仰仗外贸交换,一旦白银的输入停滞,那么国内的市场交易和信用支付就势必停滞不前。

一、明朝的货币问题
——大明宝钞的废弃

明代行大明宝钞始于洪武八年（1375年）。钞为正方形，高一尺，广六寸，以桑皮为料。宝钞青色，横题为"大明通行宝钞"，两边各有八字："大明宝钞，天下通行。"中图钱贯，十串为一贯，一贯代表钱一千文。钞上印有："中书省奏准印造大明宝钞与铜钱通行使用，伪造者斩，告捕者赏银二十五两，仍给犯人财产。"纸币分成六等：一贯、五百文、四百文、三百文、二百文、一百文。每钞一贯钱千文，银一两，四贯准黄金一两，民间不得以金银交易，规定百文以下只用钱，这是纸币与金、银、钱的比价。百姓缴纳税粮时，可以银、钞、钱、绢代输粮食，大体上规定银一两、钱千文、钞一贯可折输米一石。朱元璋为了推行大明宝钞，规定伪造者斩，他是认真执行的，洪武十八年（1385年）颁布的《御制大诰》载有《伪钞第四十八条》：

> 宝钞通行天下，便民交易，其两浙、江东西，民有伪造者甚，惟句容县杨馒头，本人起意，县民合谋者数多，银匠密修锡板，文理分明，印纸马之户，同谋刷印，捕获到官，自京至于句容，其途九十里，所枭之尸相望，其刑甚矣哉！朕想决无复犯者，岂期不逾年，本县村民亦伪造宝钞，甚焉！邻里互知而密行，

死而后已，呜呼！若此顽愚，将何治耶！

在当时的条件下，靠严刑重罚是很难完全禁绝伪造的。但明代钞法的败坏，不完全在难以禁绝伪造，而是过量的发行。洪武十八年时，官员的俸禄发钞，二贯五百文准米一石，比之洪武八年的币值贬了百分之一百五十。洪武二十六年（1393年）在两浙、江西、闽、广地区，钱重钞轻，有以钱一百六十文折钞一贯，结果是物价翔贵，钞法不能通行。明仁宗即位时，问夏原吉钞法何以不行，原吉言："钞多则轻，少则重。民间钞不行，缘散多敛少，宜为法敛之。"（《明史·食货志五》）于是商税加重收钞。到了宣德年间，米一石，折钞五十贯。尽管朝廷一再下令禁止以金银布帛交易，但仍然收不到效果，于是宣德三年（1428年）下令停造新钞。英宗即位，便弛用银之禁，赋税的征收，允许米麦折银，结果是朝野皆用银，其小额的交易则用钱，只有官俸用钞，这样钞法就更加难以通行，大明宝钞也就自然被废弃了。

大明宝钞发行的失败，实际上是重蹈金、元发行交钞的覆辙。中国历史上的纸币起源于唐宪宗时的飞钱，即今之汇票，是可汇兑的票据。在宋代，则是局部地区出现的交子和会子。

交子是自北宋仁宗天圣元年（1023年）起由政府发行的一种纸币。起初是张咏镇蜀时，以铁钱太重，不便于贸易和携带，于是设质剂之法，由商人发行的一种纸币，叫作交子，其性质与存款的凭据相似，可以兑现，也可以流通。后来由富商十六户担保发行，到天圣元年改由政府发行。一交一缗，缗是串钱的丝线，一缗代表一千文铜钱，每次发行有定额，有铜钱或铁钱做准备金，每三年新发行一次，换回旧币。后来为了供应军饷，超额发行，结果是大幅贬值，被流通市场拒绝。

会子是南宋政府发行的一种纸币，最初也是商人发行的，叫作"便钱会子"，宋高宗绍兴三十年（1160年），由户部接收会子的发行工作，通行于两浙、两淮、湖北、京西等地，其面值有一贯、五百文、三百文、二百文几种，为了军饷开支，因滥发纸币而贬值。此外，在局部地区还发行金会子、银会子。这些纸币的发行都因无法兑换、超额发行而被逐出流通领域。

金也发行过交钞，它的票面值以一贯、二贯、三贯、五贯、十贯为大钞，一百文、二百文、三百文、七百五十文为小钞，钞与钱并行，结果还是由于滥发纸币，交钞被逐出流通领域。铜钱在流通领域取代了交钞，钞一贯只值钱一文，还不及工本之费，钞法也就难以维持下去了。

元代继承金的钞法，忽必烈在大都即位以后，在中统元年（1260年）七月发行"中统元宝交钞"，其面值有十文、二十文、三十文、五十文、百文、二百文、五百文、一贯、二贯，钞本以银为主。开始发行时，由于数量受控制，曾在市场上短暂流通过，但是时间不长，平准行用库的准备金被挪用了，元廷甚至允许帮助元朝灭南宋的张瑄、朱清自行印钞，并且把印交钞的设备也送给他们。到至元二十三年（1286年），中统元宝交钞贬值只剩十分之一，换句话说，物价上涨了十倍。至元二十四年元廷又发行"至元通行宝钞"，开始以金银为本位，但票面价值以铜钱若干文计；以后还发行过"至正交钞"等不同名目的交钞，最终都因滥发而被逐出流通领域。钞法的败坏，往往与吏治的败坏、贪污腐败横行联系在一起，它是元王朝崩溃的一个重要原因。而钞法败坏、滥印纸币，又与军事开支巨大直接联系在一起，财政上的崩溃也必然导致军事上的崩溃，那时王朝的统治就离末日不远了，宋、金、元的历史反复证明了这一条铁律。元末社会上流传一首《醉太平》小令，见于元末明初陶宗仪的《南村辍耕录》，其文云：

堂堂大元，奸佞专权，开河变钞祸根源，惹红巾万千。官法滥，刑法重，黎民怨。人吃人，钞买钞，何曾见？贼做官，官做贼，混贤愚，哀哉可怜！

贾鲁的治河工程集合了无数民工，为红巾起义创造了集合民众的机会，而钞法的败坏与吏治的败坏结合在一起，"人吃人，钞买钞"，是指发新钞买旧钞，通货恶性膨胀的结果是人吃人。而"贼做官，官做贼"则是对那时吏治败坏最生动的表述了，官与贼不分家，这个政权也就难以为继，可以说统治的基础都被挖空了。

宋、金、元、明钞法的失败，实际上走的是同一条道路，把纸币的印刷作为解决财政危机的一条出路，借此解决军费和俸禄开支的不足，盗取纸币的准备金，最后导致经济崩溃的结局。纸币被逐出流通领域，实际上剥夺了王朝发行纸币的特权，这几乎是一条铁的规则，谁也不能例外。朱元璋用严刑峻法的强制力量来推行大明宝钞，然而大明宝钞在他晚年就已大幅贬值了，他去世后没有几年，大明宝钞的发行便终止了，宝钞成了一张废纸，铜钱与银两自然而然地取代纸币成为市场交易的流通工具，这完全不以人们的意志为转移。

蒋介石政府的法币也经历过同样的命运。1948年，我亲身经历过金圆券的发行和崩溃。最终取代金圆券的是银元，贵金属代替纸币成为流通的工具，蒋介石政府的金融体系走向崩溃，最终导致蒋政权在大陆统治的崩溃。当时台湾为什么没有受到金圆券这股风潮的影响，因为台湾的货币是台币，金圆券没有在台湾发行，所以那儿为蒋介石保留了一方"净土"。滥发纸币导致通货膨胀的恶果，不仅扰乱了市场的交易行为，而且使政府失信于民，最终导致政府倒台，这几乎是必然的客观规律，谁也无法逃脱。

美元作为世界货币，本来也是银本位，与银元并行，后来才是金本位。美元与黄金的比价这几十年来发生了根本性的变化，随着美元贬值，黄金价格不断上升，故黄金期货由于美元贬值的预期便一直看涨，每盎司黄金的价格一度到达 2000 美元。2008 年美国金融危机以来，美国已经推出两轮"量化宽松"货币政策，这个政策说到底就是大量印美钞发行。所谓"量化宽松"只是指发行货币量的限度，然而印钞的趋势不变，它拖累的不仅是美国的经济，还有世界的经济，中国更受其累。

为什么中国历史上，宋、金、元、明的纸币，包括民国时期的金圆券那么快就成为一张废纸，而美元经历了那么长时间的大幅度贬值，仍然居于独一无二的世界货币地位，僵而不死呢？因为它是世界货币，回旋余地远远大于一国发行的纸币，同时还没有哪一种货币能取代它的地位。如欧元，欧洲经济因为债务危机而摇摇欲坠。日元也不行，日本经济长期低迷。另外，美元还有黄金贮备作为支撑，石油的结算还离不开美元。利比亚的卡扎菲讲过要建立非洲的货币来取代美元作为石油的结算货币，便立即遭到美国政府毁灭性的打击。短期内人民币还不可能取代美元的世界地位，人民币国际化谈何容易，目前可以做的是在外贸中扩大人民币结算。尽管如此，美元的霸权地位在走下坡路，这一点则是肯定的，它的处境也只会越来越艰难。

我们知道，货币的基本职能是充当价值尺度、流通手段、支付手段和贮藏手段，在一定历史时期内流通货币的总量与商品流通的总量相联系，货币作为支付手段与流通手段的速度相联系，而作为支付手段它又与贮藏手段相联系。当货币的供应总量超过其流通需求时，货币的贬值是必然的。这二者之间还有一个时间差，这个贬值便通过它与黄金的比价反映出来，还在大宗商品交易中的价格走势中反映出来。美国有足够的黄金贮备来维持美元的信用，它还能通过抛售黄金和石油贮备在短期内维持美元的霸权地位。尽管美国的社会经济在走下坡路，但它还能维持一段历史时期，这个时间长短取决于世界经济格局的变化。

我讲这个问题，是为了说明货币现象能最敏锐地反映出一个国家一个历史时期经济形势。宋、金、元、明的钞法之所以那么快就崩溃了，一个重要的因素是那时的人们对货币的认识还不那么清晰。现在美国情况就不同了，对货币运动规律的认识清晰多了，所以在货币政策上要谨慎自觉一些。这个认识也不是从天上掉下来的，是从实践中来的，是随着资本主义经济的成熟而逐渐被认识的。货币经济理论的发展，也依赖市场经济发展的成熟度，它不可能是完善的，但其成熟度是有差异的。宋、金、元、明时期，我们对货币现象的认识还处于蒙昧阶段。明朝大明宝钞在宣德、正统时期便已基本被废弃了，而白银逐渐取代纸币成为流通领域重要的货币。下面我们讲白银在明代作为流通货币的状况与问题。

二、明代白银作为流通手段的货币问题

在中国古代，白银是制作贵重器物和装饰用的，不是作为市场交换、流通手段使用的。至唐代白银开始进入流通领域，根据杜佑《通典·食货九》的记载，在"交、广之域则全以金银为货"，唐人韩愈在《钱重物轻状》也说过："禁钱不得出五岭，买卖一以银。"可见五岭以南的两广地区是以白银作为贸易的货币。元稹在他的奏状中也说过："自岭以南，以金银为货币。"征税以银，则是宋始。《宋史·仁宗纪》景祐二年（1035年）冬十月，"丁卯，诏诸路岁输缗钱，福建、二广易以银，江东以帛"。北方女真金用银的记载更多了，女真金的交钞便有银钞，陕西市易亦有用银。这只是民间交易，到金末，除市场用银之禁。从文字记载上看市场用银是由边疆到中原地区逐步推开，从民间交易到官府税收征银，从禁止用银交易到承认它的合法存在，以白银作为流通手段，是自下而上逐步发展起来的。据《日知录》卷十一《银》，明代在洪武八年三月，还曾一度下令："禁民间不得以金银为货交易，违者治其罪。"次年的四月，又下令："许民以银、钞、钱、绢代输今年租税。"既然能以银折色输赋税，势必需要规定其与粮米之间的比价。那时，朱元璋对陕西地区的租税曾明文规定："钞二贯五百文折米一石，黄金一两折

二十石，白金（即银）一两折四石。"（《日知录》卷十一《银》）对于洪武二十八年（1395年）以前逋赋，金、银折米每两加一倍，这就明确了当时白银与粮食之间的比价。这个比价从哪儿来，当然只能从市场中来。它说明白银在局部地区的市场中，已经成为交易双方表现价格的工具和流通手段。既然税粮允许以银折色米粮，那么对于不许交易以银的禁令自然也松弛下来，正式弛用银之禁是明英宗时。

民间市易用银是在不断冲破官府禁令的过程中发展起来的，这说明明朝政府对白银作为货币的认识，大大落后于实际生活，最终被动地承认钞法的破产，承认白银是市场流通的主体货币。那么政府税粮也逐步由实物征收转而为折色，征收作为货币的白银。英宗正统元年（1436年）起，"南畿、浙江、江西、湖广、福建、广东、广西米麦共四百余万石，折银百万余两，入内承运库，谓之金花银。其后概行于天下。自起运兑军外，粮四石收银一两解京，以为永例。诸方赋入折银，而仓廪之积渐少矣。"（《明史·食货志二》）税粮折银，最早是因为僻远地区粮食的运输贮存困难及损耗太大，故改折白银，它在运输与贮存上比粮食方便。仓库中粮食少了，国家需要的一部分粮食便只能从市场上用银两去购买了，这加快了粮食商品化进程，农村的生产活动与商品市场贸易的联系更密切了。税粮折银是从南方沿海诸省开始的，而这个地区也正是商品经济发展比较快的地区。

赋税的呈现形式逐渐由实物改折白银以后，财政支出也势必发生变化。军饷和官员的俸禄势必也从实物转向货币，过去可以用宝钞支付，宝钞废弃了，就逐渐也由实物转化为白银了。国家仓库也逐渐由粮仓变成银仓了，一百万两的金花银解送京师内承运库，除了十余万两给武臣禄米外，大部分成了供给帝王宫廷的开支。英宗正统七年（1442年）各直省税粮折银的部分皆入太仓库，太仓库专以贮银，又称为银库。那么白银作为支付手段的作用便突显出来，在市场上，在政府财政的收支上都有它的身影。它不仅在市场上作为价值尺度、流通手段，还是支付手段，而且它还成了贮藏的手段。它会刺激统治者对财富的贪欲，因为粮食不能长期贮存，而白银可以，它成了财富的化身了。太仓银库的年入在嘉靖时为二百万两，神宗万历时增加到四百万两。换句话说，政府税入折银的部分在增加，帝王宫廷开支在不断扩大。内承运库的年入不够开支，"弘治时，内府供应繁多，每收太仓银入内库"，"正德时，内承运库中官，数言内府财用不充，请支太仓银。户部执奏不能沮。嘉靖初，内府供应视弘治时，其后乃倍之"（《明史·食货志三》）。内承运库的收入是供君王宫廷开支的，是宦官经管的。而太仓银的收入是供国家财政开支的，用于备荒和军事开支及百官俸禄，是户部管辖的。随着时间的推移，宫廷开支无节制地不断膨胀，不断侵占太仓的库银。"初，太仓中库积银八百余万两，续收者贮之两庑，以便支发，而中库不动，遂以中库为老库，两庑为外库。及是时（指嘉靖后期），老库所存者仅百二十万两。二十二年（1543年）特令金花、子粒银应解内库者，并送太仓备边用，然其后复入内库。三十七年（1558年）令岁进内库银百万两外，加预备钦取银，后又取没官银四十万两入内库。隆庆中，数取太仓银入内库，承运库中官至以空札下户部取之。"(《明史·食货志三》)可见白银作为支付手段在税赋中推广开来以后,刺激了帝王后宫的奢侈挥霍和对财富漫无底止的贪欲。

白银成为商品流通媒介的货币,而商品流通的量与所需货币的量是对应的。明代东南沿海地区随着商品市场的发展,对白银的需求逐年增加,同时在税赋上白银成为支付的手段,也需要一定数量的白银作为保障。从贮藏手段讲,对白银的需求更没有底了。然而中国不是产银的国家,银矿的资源非常有限。明英宗天顺四年(1460年),全国银矿征收的银两,总数不过十八万两。那时产银的地区主要分布在浙江、福建、云南、四川,以云南最多。这一些地区矿冶所生产的白银,不能满足那时社会经济对白银作为货币的需求。万历时派中官四出做矿监,开矿求银,结果银子没有得到多少,却造成极大的社会动荡。《明史·食货志五》记载:

> 时中官多暴横,而陈奉尤甚。富家巨族则诬以盗矿,良田美宅则指以为下有矿脉,率役围捕,辱及妇女,甚至断人手足投之江,其酷虐如此。帝纵不问。自二十五年至三十三年,诸珰所进矿税银几及三百万两,群小藉势诛索,不啻倍蓰,民不聊生。

那样穷凶极恶的搜括,每年所得也不到四十万两,这四十万两并非都是从矿冶中取得,大都是搜括民财而来。在白银作为流通手段以后,对白银的贮藏便成为对财富的贮藏,明代的帝王对白银贮藏的欲望是无止境的。万历让中官去各地搞矿税,可见他不满足内承运库这些银两,不满足从太仓搜括,而直接从民间的矿冶搜刮,成了一个十足的拜金主义者。

1974年,我在北京曾参观过万历的陵墓定陵,看到过他窖藏在陵墓内的许多金元宝和银元宝。从《考古》杂志1959年第7期《定陵试掘简报》中可以看到,在陵墓中共有金元宝103锭,在万历尸体下有79锭,孝端皇后尸下有21锭。金元宝有大小两种,大的十两一锭,小的五两一锭。在金元宝底部还刻有"九成色十两"的字样。银元宝有65锭,在万历尸体下面有30锭,孝端皇后30锭,孝靖皇后5锭。银元宝分五十两、三十两、二十两、十两共四种,以五十两的银锭最多,有44锭。三十两的10锭,二十两的4锭,十两的7锭,都放在尸体的身下和两侧。元宝的背面还刻字,刻有银匠的姓名,还标明银锭出于什么库房,如标明金花银是承运内库的银两,米银是太仓折色银,还刻上什么地方上交的税银,如"苏州府常洲县叁桥……捌年金花银五十五两正许伦",其中许伦是银匠的名字,还有"湖州府乌程县万历四十七年分京库银伍拾两"等。从银锭背面刻字看,这些银锭大都来自江浙二省——江苏的苏松地区和浙江的浙东浙西,它从一个侧面说明这些地区商品经济最发达,税负也最重。浙江产银,但也不多。苏松地区并不产银,说明这些白银来自流通领域,作为税粮交给国家,转化为货币贮藏,因而退出流通领域了。这种做法加剧了对白银的渴求。

　　那么市场所需要的白银又是从何而来呢?那是通过外贸从海外流入中国的。万历夫妇在棺椁中带了那么多黄金白银,也许他们真的认为自己的灵魂升入天堂以后,这些在身旁的金银能换来他们在天堂的一切享受。

三、从朝贡贸易到海禁的有限度开放
——福建漳州的月港与广州的澳门

明代中晚期在商品流通及财税收支中,白银逐渐取得主币的地位,社会及政府对白银的需求也在不断上升。每年新开采的白银不过几十万两,加上原来历史遗留下来的积存,远远满足不了流通与支付的需要。白银短缺的结果是银贵谷贱,谷贱则伤农。以银两来支付税粮的结果,势必增加农民的负担,加上皇朝宫廷对白银的需求没有底止,权势贵族对白银的窖藏也是无底洞,流通领域的白银势必更显得不足了。顾炎武在《日知录》卷十二《财用》篇讲:"今日之银犹夫前代之钱也,乃岁岁征数百万贮之京库,而不知所以流通之术,于是银之在下者至于竭涸,而无以续上之求,然后民穷而盗起矣。"货币流通是否通畅,直接关系到商品流通,间接影响到商品生产。扭曲商品交换的价格,时间久了,那是难以为继的。这是明代中后期在白银问题上反映出的社会基本矛盾。当然,这个矛盾不是一步走到底,不会立即导致明王朝的覆灭。这个问题看起来是一个经济问题,其本质则是关系到一个王朝生死存亡的政治问题。当然,我们还应该看到它有一个过程,从金融危机的态势上讲,它的基本方向不变,但这个过程又是反反复复、时缓时急的,矛盾总有一个积累和演化的过程。东南沿海对外贸易通过丝绸的出口、白银的输入，在一定时期、一定程度上缓解了明代朝野对白银需求的饥渴。然而明王朝并没有自觉地认识到这一点，未能充分利用外贸从海外吸收白银以满足国内的需求，在海外贸易的问题上也并未采取积极鼓励的政策，仅在明初海禁的基础上有限制地开放朝贡贸易。

明初朱元璋下令片板不许入海，采取严厉的海禁政策，出于对流亡海外的张士诚、方国珍海上余部的防范，这个政策一直延续了下来。明成祖派郑和下西洋，不是为了扩张海上贸易，而是由于建文帝流亡海外的传言。故郑和七次下西洋，并未带来明朝财政上的收益，反而成为国家财政上沉重的负担，带回来的只是奢侈品，此后这样的远洋航行就难以为继了。后来明朝沿海对外贸易的方针，不是鼓励海商出海贸易，而是采取朝贡贸易的方式。朝贡贸易是明代怀柔远人的一种手段，不在乎经济利益，为了怀柔番邦，随贡而来之货物，每免其税，朝贡后的赏赐又远高于贡品。正因为如此，明朝要限制朝贡国来朝贡的次数和时间，朝贡的船舶多了，国家财政负担不起，这就为引起争贡的矛盾埋下了祸根。

从明初设置市舶司的经过，也可以看出明王朝对海上贸易的认识不足。朱元璋设置市舶司的时间很早，在吴元年（1367年），平定张士诚以后，在苏州府下属的太仓黄渡设市舶使。其实太仓最早是苏松地区的出海口，郑和下西洋，便是从太仓出发的。洪武三年（1370年）朱元璋罢太仓黄渡市舶使，在福建之泉州、浙江之明州、广东之广州设立市舶使，以通日本、琉球、占城、暹罗、西洋诸国，接受朝贡贸易。市舶司设提举一人、副提举二人，其下属有吏目一人，负责接待海外朝贡市易之事。海外的朝贡使节进入市舶司，官员要验证其证件，要禁止陆上人员与其私通。贡舶带来的东西，一部分是贡物，一部分是用来交易的货物。洪武四年（1371年）朱元璋曾谕福建行省："占城海舶货物，皆免征，以示怀柔之意。"

各国朝贡都有期限，一般是两年一次。如琉球与福建的漳、泉、兴、福四州界相值，朝贡的目的是贸易。永乐时，琉球山南使臣带了白银到处州买瓷器，那时礼部尚书李至刚请论其罪。上曰："远方之人，求利而已，安知中国禁令！悉贳之。"宪宗成化十一年（1475年）时，礼官请定令二年一贡，毋过百人。有时他们每年一贡，成化十四年（1478年）礼官称："其国连章奏请，不过欲图市易，近年所遣之使，多系闽中逋逃罪人，杀人纵火，奸狡百端，专贸中国之货，以擅外番之利。"（《明史·琉球传》）故朝贡是形式，市易为本质，市易怎能限制多少年一次呢？这样的话矛盾就来了，不仅有外商的问题，还有当地海商的问题。只有日本限以十年一次，以日本叛服不常。那是永乐二年（1404年）的事，"定以十年一贡，船止二艘，人止二百；违例，即以寇论"（《明会要·外番一》）。明成祖永乐时，有西洋诸国来朝，附载胡椒，与民互市，有司请征其税，帝曰："商税者，国家抑逐末之民，岂以为利？今夷人慕义远来，乃侵其利，所得几何？而亏辱大体多矣。"（《明通鉴》卷十四）同时还严格禁止沿海居民及守备将卒私通番人，贸易取利。这样的朝贡贸易方针，实际上把权益拱手让给了海外商人，限制沿海居民出海经商贸易，所以在永乐三年"以诸番贡使益多，乃置驿于福建、浙江、广东三市舶司以馆之。寻设交阯、云南市舶提举司，接西南诸国朝贡者"（《明会要·卷五十七·食货五·市舶》）。

福建曰来远，浙江曰安远，广东曰怀远，可见明朝市舶司的性质。其实那么多贡使，并不是为朝贡而来，是为贸易而来。这样一种贸易政策，在海外商人之间，在外商与国内走私商人之间，势必引起竞争和纠纷。当时不仅有商人参与走私活动，敌方官员甚至明廷中官也牵涉进去。就在永乐九年（1411年），日本国王继位，明廷派中官王进作为使臣去日本致贺，"进归，收市物货，义持（日本国王）与其臣谋，阻进不使归，进潜登舶从他道遁还。倭寇仍不绝，自是不入贡者数年"（《明通鉴》卷十六"永乐九年"）。中国官员到了那边，也想做生意，因为日本产银，那儿白银便宜。

那个时代海上的贸易，由于海盗猖獗，商船都带有武装，经商遇阻时，为了生计，这些人自然沦为海盗，以劫掠为生。在中日之间，不仅有两国之间的朝贡贸易，还夹杂着民间私底下的走私贸易，这样一些海商与海盗往往很难区别，尤其在山东、浙江、江苏、福建沿海地区，倭人打扮、劫掠为生的海盗时有出现。故在明官府心目中，日本叛服无常，因而限制其朝贡贸易的次数和规模。嘉靖二年（1523年）便发生了日本使臣争贡的事件。正德五年（1510年）日本国王源义澄派遣使臣宋素卿来贡。宋素卿本来是中国人，是鄞县朱氏之子，名缟，幼习歌唱。缟的叔父欠日本使臣的债务，于是以朱缟抵债。后来他改名为宋素卿，作为日本贡使来中国，受到朝廷的优礼。到了正德七年，日本贡使又来了，这次没被允许进京，由南京守备官接待，带来的货物"皆予全直，毋阻远人向化心"（《明史·外国三·日本》）。从这件事可以看出日本贡使来中国有利可图，在明朝官府看来这是"远人向化"。由于明王朝不能正确认识沿海地区对外贸易的问题，于是就发生争贡的事件。嘉靖二年（1523年），日本派遣的贡使宗设带船队到了明州，也就是宁波。不久，宋素卿又带了瑞佐也来到了宁波，于是这先后两批贡使便互争真伪。宋素卿贿赂市舶太监赖恩，宴请时，赖恩让宋素卿坐于宗设之上，验船时，后至的宋素卿的船舶反而先为验发，引起宗设与宋素卿船队之间的斗殴。宗设杀了瑞佐，并焚其船，而宋素卿则逃匿他所。于是宗设率领的船队抢掠沿海地区，而且据沿海岛屿，与明官军相对抗，备倭都指挥刘锦、千户张镗被杀。这次事件平息以后，夏言便建议罢斥市舶使。《明史纪事本末·沿海倭乱》记载：

自罢市舶后，凡番货至，辄主商家。商率为奸利，负其债：多者万金，少不下数千，索急，则避去。已而主贵官家，而贵官家之负甚于商。番人近岛坐索其负；久之不得，乏食，乃出没海上为盗。辄构难，有所杀伤。贵官家患之，欲其急去，乃出危言撼当事者，谓："番人泊近岛，杀掠人，而不出一兵驱之，备倭固当如是耶！"当事者果出师，而先阴泄之，以为得利。他日货至，具复然。如是者久之，倭大恨，言："挟国主赍而来，不得直，曷归报？必偿取尔金宝以归。"因盘据岛中不去。并海民生计困迫者纠引之，失职衣冠士及不得志生儒亦皆与通，为之乡导，时时寇沿海诸郡县。

从这段叙述，可见倭寇的问题，内部原因最初是明代对外贸易政策不能顺应时势、不能正确处理商人矛盾所引起的。倭寇的主体有日本人，也有中国沿海的贫民甚至读书人，当地的势家在其形成中起了重要作用，这是嘉靖前期倭寇的情况。到了嘉靖二十六年（1547

年),浙江倭寇问题又尖锐起来,起因是"日本以嘉靖二十三年来贡,部臣以其未及期,且无表文,却之。其人利互市,留海滨不去,而内地奸人利其交易,商富豪贵争趋之,沿海遂有倭患"(《明通鉴》卷五十九)。明政府不能正确对待民间的海外贸易,想单纯用武力镇压及海禁来对待方兴未艾的海上贸易。当然这样的政策不可能取得成效,即使取得一时的效果,那也不能持久,最终朝廷的政策也会趋于摇摆不定。处在浙江第一线海防的官员就非常为难了,往往成为悲剧式的人物,如朱纨便是一个典型。嘉靖二十六年因倭寇起,朱纨任提督,负责浙、闽海防军务,巡抚浙江。《明史·朱纨传》对那里倭寇与内地的关系也有一段叙述,其云:

> 初,明祖定制,片板不许入海。承平久,奸民阑出入,勾倭人及佛郎机诸国入互市。闽人李光头、歙人许栋踞宁波之双屿为之主,司其质契。势家护持之,漳、泉为多,或与通婚姻。假济渡为名,造双桅大船,运载违禁物,将吏不敢诘也。或负其直,栋等即诱之攻剽。负直者胁将吏捕逐之,泄师期令去,期他日偿。他日至,负如初。倭大怨恨,益与栋等合。而浙、闽海防久隳,战船、哨船十存一二,漳、泉巡检司弓兵旧额二千五百余,仅存千人。倭剽掠辄得志,益无所忌,来者接踵。

从这一段叙述,也可以看到明朝的海外贸易涉及日本的海商和贡使、中国沿海的海盗、地方上的势豪及海商等方方面面的关系,在这些关系的背后,本质上是各方利益的博弈。到浙、闽沿海贸易的不仅有日本的海商,还有佛郎机的商人,佛郎机不是指法兰西,它是回族对欧洲基督教徒的总称,其中包括从美洲东渡太平洋到菲律宾以吕宋为基地的西班牙商人,也有葡萄牙人,他们越过好望角,经马来半岛马六甲海峡到闽广地区来贸易。这些商船都带有武器,实际上都是亦盗亦商。嘉靖三年(1524年)到二十六年间,葡萄牙人在双屿岛上盖了千余座房屋,有市政厅、教堂、医院,居民达三千人,葡人一千二百人,以日本的白银交换中国的丝绸和瓷器,走私规模相当大,此处也是中国海盗活动的中心。而浙、闽地区的官僚势家在朝廷上往往还是他们的代言人,如朱纨那样的巡抚浙江和提督浙闽海防的官员,要对付的不仅是公开身份的海盗和倭寇,还有地方势豪的干扰,甚至朝廷的责难。尽管朝廷给他"便宜行戮"的权力,而真要办成事,那就很难了。《明史·朱纨传》还有这么一段记载:

> 纨执法既坚,势家皆惧。贡使周良安插已定,闽人林懋和为主客司,宣言宜发回其使。纨以中国制驭诸番,宜守大信,疏争之强。且曰:"去外国盗易,去中国盗难。去中国濒海之盗犹易,去中国衣冠之盗尤难。"闽、浙人益恨之,竟勒周良还泊海屿,以俟贡期。

于是有闽人御史周亮,奏改朱纨为巡视,去掉他右副都御史的职务,朱纨事权不一,这样他便不能统管闽浙二省。嘉靖二十八年(1549年)三月,佛郎机人行劫至诏安,朱纨遣柯乔与卢镗捕获通番巨首李光头等九十六人,纨立决之于演武场,具状奏闻。不久朝廷便有人弹劾朱纨擅杀,于是撤朱纨职,命人按问,"纨闻之,慷慨流涕曰:'吾贫且病,又负气,不任对簿。纵天子不欲死我,闽、浙人必杀我。吾死,自决之,不须人也。'制圹志,作圹命词,仰药死"(《明史·朱纨传》)。朱纨的悲剧结局,实际上是明代自相矛盾的对外贸易政策导致的,他没有办法平衡海外贸易中各方的利益关系。认识落后于实际生活,这个认识必然为社会实践所粉碎。后来尽管有戚继光、胡宗宪凭武力平定倭寇的事迹,效果也只能是一时的。总的说来,在闽广地区,自从朱纨自杀以后,海禁的政策就逐渐松弛下来。《明会要·外番一》"佛郎机"条:"巡抚朱纨死,海禁复弛,佛郎机遂纵横海上无所忌。而其市香山澳、壕镜者,至筑室建城,雄踞海畔,若一国然。将吏不肖者,反视为外府矣。"最终明朝廷在倭寇问题平息下去以后,还是不得不开放海禁,有了合法的通商渠道,规范了对外贸易的交易行为,也能大大减少海寇的问题。当然这个政策的转变也有一个过程,根据《明史·食货志五》记载:"(嘉靖)三十九年,凤阳巡抚唐顺之议复三市舶司。部议从之。四十四年,浙江以巡抚刘畿言,仍罢。"穆宗隆庆元年(1567年)明廷允福建巡抚涂泽民之请,在漳州的月港开放海禁,准许中国商民出海贸易,贩东西洋之货物。到万历年间,明廷将海防馆更名为督饷馆,通过船引来控制出海的船只,以征饷来增加税收。商人出海贸易时,向督饷馆登记船引,规定东西洋船引的数量。万历十七年(1589年)规定每年东西洋出洋的船只各四十四只,共八十八只,后来增加到每年二百一十只。东西洋船引每只首先征银六两。其次是饷税,按照船舶的大小来征收,叫作水饷。万历四年征充兵饷的水饷上万两,出海的船只要交税,以水饷来充军饷。再次是陆饷,是参照船上商品来征税,十分抽二。最后是加增饷,指航行于吕宋的商船,返程不带货物,只带白银,每艘增加税银一百五十两。

明代在广东的海禁没有浙闽严格，在经济上广东对海外贸易的依赖度也更高一些。嘉靖八年（1529年）广东巡抚林富便上奏疏取消海禁，于是官府让外商的船舶停留在香山、新会、东莞这些沿海县城等待中国官员前来验船抽税，然后由中国商人来船贸易。于是香山县的浪白澳便成了外贸最繁忙的一个港口，葡萄牙来的船舶停留在浪白澳，后来因那里海盗出没，又太荒僻，生活不便，于是迁到浪白澳以东30公里的濠镜，以之作为交易场所，这就是后来的澳门。嘉靖十四年，葡商行贿广州都指挥黄庆，起初是每年向黄庆行贿白银500两，到了万历元年（1573年）正式向明朝官府交纳地租税，岁输课2万金，这样澳门便正式成了市舶所在地，变成了广州的外港。葡萄牙人每年向中国官府交纳地租银以后，明官府则在澳门北面香山县的莲花茎上，设关建闸，置官防守，并定期开启集市贸易，这就是后来的珠海海关。另有资料说明，中国官员汪柏借地给葡人曝晒及贮存货物的时间是在嘉靖三十七年，而汪柏在那儿设置牙行，准备与外番贸易。此外葡人一年有两次可以到广州进行直接贸易。到万历十年，在居澳葡人接受中国官员管辖的前提下，两广总督陈瑞正式允许葡人租居澳门，从此澳门在广东成为一个比较特殊的地区。

广东在武宗正德时，对来华贸易的外国商船收实物税十分抽二。到了穆宗隆庆五年（1571年），开始以征收银两的办法代替实物征收。船舶的水饷，按船舶的大小征收，陆饷则是按商品征税。澳门在万历二十七年（1599年）的税额达20万两，另外在澳门的货物税定额是2万两。葡萄牙人在1557年获得澳门作为他们的贸易基地以后，于隆庆五年在日本长崎获得了另一个基地。从此葡人成了中国大陆与日本之间的中间贸易商，以日本白银与中国的丝绸相交换。据万历时期广东的巡按御史庞尚鹏称："近数年来，始入濠镜澳筑室居住，不逾年多至数百区，今殆千区以上，日与华人相接，岁规厚利，所获不赀，故举国而来，负老携幼，更相接踵。今夷众殆万人矣。"(《澳门纪略》上卷引庞尚鹏《区画濠镜保安海隅疏》)随着海禁的松弛，海上贸易从嘉靖到万历年间迅速蓬勃发展起来，澳门的迅速崛起便是一个很好的见证。它发展的基础，从中国国内讲，一是中国国内商品经济的发展，二是对白银的巨大需求；从海外的市场看，则是对中国丝绸及瓷器的巨大需求。西班牙人以吕宋为基地，往返于福建漳州的月港与吕宋之间，葡萄牙人则往返于中国与日本之间。于是，这两个地方便迅速成为远东地区贸易的中心。

在中国历史上，最早的航海地图是1620年的《郑和航海图》。英国牛津大学曾展出一幅明代航海图，名为《雪尔登中国地图》，长156厘米，宽96厘米，是明代中国船舶使用的航海地图，由英国东方学家雪尔登1654年收购于东印度公司，然后赠予牛津大学。这幅航海图画的船只是从闽南出发，也就是从泉州的月港出发，图中有东洋航线和西洋航线，东南最远到香料群岛马鲁古，西边最远到印度西岸卡里卡特。此图是当时中国海商实际使用的航海图，绘制和使用的时间是在明代万历年间，这便是当时中国海上贸易的实物证据，更多的实物证据则来自海底沉船的打捞。

四、海上的丝银之路

明代中后期海禁逐步松弛以后，东南沿海闽、广二省以中国的丝绸和瓷器与海外白银交易为主的对外贸易线路，大体上有这么几条：一条是中国、日本和东南亚之间的贸易线路；一条是中国通过吕宋，也就是从马尼拉通向美洲的贸易线路；一条是中国通过果阿到达欧洲的贸易线路。白银输入的来源主要是两个地区，一个是日本银矿，另一个是美洲银矿。中日之间的贸易，早期中国输出日本的主要是丝绸，而日本输入中国的主要是刀剑、扇子、屏风、硫黄等。从16世纪40年代起，中国闽广二地的商船到日本九州，主要是为了换取白银。日本学者小叶田淳认为，16世纪中叶是日本银矿产量最多的时期，日本出口的产品中白银又占统治地位，而日本的需求主要是中国的丝绸。

葡萄牙人在1543年首次到日本，他们在浙江活动时，随汪直船到日本，从此开始中日之间的白银贸易。哥伦布横渡大西洋，是为了到东方来寻求黄金的，西班牙人在美洲最早是为了寻求黄金，到了16世纪40年代开始开采白银，美洲著名的银矿波托西是在1545年开始开采的。到了16世纪60年代，西班牙人横渡太平洋到达吕宋。嘉靖四十四年（1565年），西班牙人占领了吕宋，并以菲利普二世之名，改吕宋名为菲律宾。他们从华商那儿了解到以白银与中国丝绸交换的巨大利益，他们需要中国的丝绸和瓷器，中国需要的是白银。于是美洲墨西哥白银被大量开采出来，分三条途径，一条是横渡太平洋到吕宋，换取中国的商品；一条则是把白银带回欧洲，然后再由欧洲经过印度的果阿带到中国，以白银交换中国的商品；一条是走陆路经过俄国、中亚进入中国，换取中国的商品。中国的白银货币化导致了巨大的白银需求，推动了日本与美洲白银的开采，白银的流转，使中国的商品生产通过白银的需求与世界市场建立了联系，促进了原始的世界市场的构建。

据日本方面的统计，从明嘉靖三十九年（1560年）到万历二十九年（1601年）日本每年白银的出口量是 33.75～48.75 吨，17 世纪初则达到 130～160 吨，占世界白银产量的 30%～40%。葡萄牙人估计，在 1560—1600 年，每年由葡萄牙人自日本运到中国的白银达到 45 吨。有人估计这个时期日本流往中国的白银总数可能达到 1600～2000 吨。这是从日本流向中国的白银。从美洲流向中国的白银数量也很可观，有人估计 1493—1600 年，美洲的银产量达到 17000 吨，占世界银产量的 74%，美洲所产银的 70% 运到欧洲，其中的 40% 又从欧洲到了中国。有人认为美洲通过欧洲运到东方的白银大约有 8000 吨，流入中国的约有 5000 吨。美洲白银外流的另外一条渠道是通过菲律宾的马尼拉流入中国，有人统计在 1590—1602 年有 2010 吨，1602—1636 年约为 2400 吨，而 1636—1644 年只有 210 吨，因为西班牙这条海上运输线路被英国人打断了。西方人估计，1570—1644 年美洲白银大约有 12620 吨流入了中国，历史学家彼埃尔·肖努（Pierre Chaunu）估计美洲白银的产量有三分之一流入了中国。那时世界白银的产量来自美洲和日本，日本银产量的大部分、美洲产量的三分之一流入了中国，西方人把中国比作一个吸泵，吸纳了全球的白银。而这么多的白银对中国而言是用商品去换的，是农民的家庭手工副业和工场手工业生产的商品换来的。

中国对白银的需求，直接影响就是那时国际贸易以白银作为通用的结算方式，是中国对白银的需求促进了世界性的国际贸易市场的形成。海上的这条丝银之路，促进了中国国内商品生产和市场的扩展，促使中国的商品走向世界，从而把国内市场与世界市场联系起来。把这一切联系起来的载体，是作为货币的白银的生产和流通，一旦白银的流通发生阻梗，白银生产成本提高，白银流通渠道阻隔，与以白银作为流通手段和支付手段的市场相伴的货币危机必然随之而来，这加剧了晚明的社会危机，特别是加剧了财政危机，成为明亡的一个催化剂。这个问题留在下面讲明朝财政收支问题时再讲。

五、白银成为流通的主币以后，对明财政收支的影响

明初洪武年间，财政的收支以实物为主，换句话说，是以粮与绢为主，加上力役。明代的税收，主要是土地税和人头税，一年收两次税，夏税和秋税。夏税收米麦、钱、钞、绢，秋税收米、钱、钞、绢，金银是禁止交易的。全国的土地分官田与民田，官田是过去的没官田，凡官田每亩税五升三合五勺，民田减二升。重租田亩八升五合五勺，新没官田亩收一斗二升，而苏松地区没收张士诚及苏州富豪的土地，有亩收二三石的。各地税粮负担的情况不一，大体以苏州最重，松江、嘉兴、湖州之地次之。当时苏州一府秋粮就要收二百七十四万六千余石。

洪武二十六年（1393年）时，全国官民田的总数是八百五十万七千余顷，夏税米麦总量是四百七十一万七千余石，秋粮是米二千四百七十二万九千余石。苏州一地的秋粮便有二百七十多万石，在全国各地州府这一级是最重的。当时苏州的粮食是应天府粮食供应的保证，明王朝要保证税粮的征收落实到户和土地，那就要编制户籍册，那时叫黄册，以一百一十户为里，里有十甲，按里编册，登录民户的丁粮。户口册籍有四份，一份存户部，其余三份存布政司、府、县各一，上户部者册面用黄纸，故叫黄册。户分

三等，民户、匠户、军户，儒生、医生、阴阳师附在民户，军户有校尉、力士、弓兵、铺兵之分，匠户有厨役、裁缝、马、船之类，此外沿海有灶户，是晒盐的。户籍是人丁户口的登录，其中有旧管、新收、开除、实在之数。役的负担，是田一顷，出丁夫一人，农闲时，赴京供役三十天。田多丁少的，以佃人充，而田主出米一石资其用，叫均工夫，后来银、力从所便叫均徭。由于役与土地的占有有关，必须厘清土地占有的实际状况，故另外还有土地册，因为土地位置有图，其状若鱼鳞，故名之曰鱼鳞册。通过丈量登录土地的面积、位置、权益的归属，凡质卖田土，备书税粮关系的转移，不能产去税存。土地占有上有纠纷，便以鱼鳞册为根据。洪武二十六年全国有户一千零六十五万二千八百七十户，口是六千零五十四万五千八百八十二，田亩是八百五十万七千六百二十三顷，这些数字就成为向全国土地和户口征集税收的根据。可见明初财政收入是以米粮、绢帛等实物为主，兼收钱、帛为辅，白银是禁止交易的，可以纳税，但不占主要的地位。洪武时，银一两折钱千文、钞一贯、米一石，那时米价高，银价低。

  白银成为明代官府财政收支的统计单位也有一个过程，尽管在洪武年间便有以白银折变的情况。洪武二十四年（1391年）坑冶之课以银计，不过二万四千七百四十两，至宣德五年（1430年）课入的银两为三十二万二百九十七两，比洪武时期多了十多倍。这部分银课的收入有两个来源，一是由矿冶来的税银，一是番舶的税银。到了正统年间开始有仓粮折输变卖为白银，因以粮食做税赋及支付俸饷，在贮存与运输上多有不便，而且损耗难以计量，所以有折变之法。折银收税，把仓储变卖为白银作为俸饷解送京师。洪武时京都在南京，永乐时迁都北京，而官员的俸禄还在南京以实物支付，这样麻烦就很多，也只能变卖为银两携至北京，故户部官员都希望把一部分税粮折色为白银。

正统二年（1437年）福建与两广输南京的税粮改输白银，因为那里长期以来以白银为交易的工具，那时南直隶巡抚周忱便建议把苏、松、常三府历年积存的仓粮变卖为现银准折官军俸粮，那一次被折卖的仓粮便有七十二万九千三百余石，次年又下命令出粜广西、云南、四川、浙江积存的仓储粮食。这样一来备荒的粮食没有了，遇到灾荒一度又想恢复纳粟，出银籴粮，在青黄不接时出粜于民。然而这不能改变赋税逐渐货币化，也就是折色为白银的总趋势。这个趋势的明朗是"一条鞭法"从局部到全国的普遍推广。最初，是为了避免力役派遣上的矛盾，有"征一者，总征银米之凡，而计亩均输之"（《明史·食货志二》）。把田赋与丁役合一，计亩征税，银米皆可。"时又有纲银、一串铃诸法。纲银者，举民间应役岁费，丁四粮六总征之，易知而不繁，犹网之有纲也。"（《明史·食货志二》）那就是把丁役改成征银，以丁四粮六分配，这样征收起来方便。"一串铃，则夥收分解法也。自是民间输纳，止收本色及折色银矣。"（《明史·食货志二》）这就使税粮只收银与粮这两项，其他劳役都分摊到地亩与丁口中，不再征发力役了。此后就是庞尚鹏在嘉靖年间先在浙江地区推行一条鞭法。《明史·庞尚鹏传》称："民苦徭役，为举行一条鞭法。按治乡官吕希周、严杰、茅坤、潘仲骖子弟僮奴，请夺希周等冠带，诏尽黜为民。"

最早推行一条鞭法，也是为了均平徭役的负担。因为乡官可以利用特权规避徭役，通过投献、兼并农民的土地，导致国家税收和赋役落空。一条鞭法征收的重点转向土地，丁四粮六，粮六是指按土地分担徭役银的60%，土地多的负担重了，所以受到乡官们的反对。万历初年庞尚鹏巡抚福建，他"奏蠲逋饷银，推行一条鞭法"（《明史·庞尚鹏传》）。除了庞尚鹏以外，海瑞也曾在其任所推行过一条鞭法。《明史·海瑞传》称其认为均税尚有古人之意，"故自为县以至巡抚，所至力行清丈，颁一条鞭法。意主于利民，而行事不能无偏云"（《明史·海瑞传》）。可见推行一条鞭法的目的是均平税负，当然要得罪既得利益者，故称其"行事不能无偏"。推行一条鞭法，地税成了大头，故要先丈量土地。因为浙江、福建这两个地区有番舶的海上贸易，社会上有足够的白银在流通，故他们推行一条鞭法首先在浙闽地区试行，时间比张居正要早。

张居正在全国推行一条鞭法的时间是在万历九年（1581年），"一条鞭法者，总括一州县之赋役，量地计丁，丁粮毕输于官。一岁之役，官为佥募。力差，则计其工食之费，量为增减；银差，则计其交纳之费，加以增耗。凡额办、派办、京库岁需与存留、供亿诸费，以及土贡方物，悉并为一条，皆计亩征银，折办于官，故谓之一条鞭。立法颇为简便，嘉靖间，数行数止，至万历九年乃尽行之"（《明史·食货志二》）。这个一条鞭法的内涵，便是把土地上的两税，丁口上的赋役负担，各种差役，总结在一起，计丁亩征银，所有的徭役由官府用银两雇役。这样百姓赋役的负担平均了，土地多的负担的税银便多一些，丁多田少的负担轻一些，乡绅家田多，负担要加重一点，这自然会引起他们的阻挠。所以推行一条鞭法的前提，是必须先丈量土地。故万历八年（1580年），在张居正力推下全国基本完成土地丈量的工作。从《明实录》上可以知道，到万历十年有许多地区还在继续做丈量土地的事情，把隐匿的土地通过丈量清算出来，这当然也是一件得罪人的事。张居正对当地的地方官说："清丈事，实百年旷举，宜及仆在位，务为一了百当。"（《张居正集》卷二十六《答山东巡抚何来山》）通过这次丈量，耕地增加了三百万顷。我们知道，洪武时在册的田亩数是八百五十万顷，弘治十五年（1502年）在册的垦田数是四百二十二万八千五十八顷，比洪武时减少一半，实际上有一半田亩被隐匿了。嘉靖时，便有人建议重新丈量土地，"是时，桂萼、郭弘化、唐龙、简霄先后疏请核实田亩，而顾鼎臣请履亩丈量，丈量之议由此起。江西安福、河南裕州首行之，而法未详具"（《明史·食货志一》）。张居正是在万历六年（1578年）建议在全国丈量土地，"限三载竣事。用开方法，以径围乘除，畸零截补。于是豪猾不得欺隐，里甲免赔累，而小民无虚粮。总计田数七百一万三千九百七十六顷，视弘治时赢三百万顷"（《明史·食货志一》）。故在万历八年基本完成丈量全国土地的工作，之后才能把税负按田亩数征银。全国财政收入中，土地税是大头，折银入太仓的，在嘉靖时是两百万两白银。当然明代的税入不限于两税，还有商税、盐税、茶税，名目繁多。明代贮银的仓库也不限于太仓，如内承运库的金花银，此外太仆、光禄也都有银库，然而大头是太仓库收贮两税折银的部分。地方存留也有折银，有地方的银库。太仓的收入，是明朝官府财政收入状况的标志，到明代万历时，太仓的年收入增加到四百五十余万两，比嘉靖时翻了一倍，这与各地推行土地丈量和一条鞭法分不开。故张居正执政十年，对改善当时明代财政状况是有功的。

明代最大的财政开支，撇开明后期无限制扩张的宫廷消费之外，国家正式列支的是两项，一是百官的俸禄，一是军队的饷银，此外还有宗藩的岁禄。由于两税的税额是定额的，明代的岁入应是基本固定的，而支出是变数。宫廷的消费是一个变数，以上供和采造这两项而言，《明史·食货志六》记载："武宗之世，各宫日进、月进，数倍天顺时。厨役之额，当仁宗时仅六千三百余名，及宪宗增四之一。世宗初，减至四千一百名，岁额银撙节至十三万两，中年复增至四十万。额派不足，借支太仓。"这是宫廷的伙食供应，厨司伙夫要六千人以上，而厨役之额是由光禄寺开支的，光禄寺原来定额开支是二十四万两，先时每年只用十二万两左右，故有节余。正德时用至三十六万两犹称不足。嘉靖中叶用到四十万两，不足的部分只能挪用太仓的银两，太仓是开支俸银和饷银用的。除了光禄寺对宫廷日常生活开支的安排以外，皇帝还有各种特殊的需要，要到市场上去采办，由宫中的太监去操办，这可是一笔肥差。洪武时，宫禁中市物，视市场价加十个铜钱。后来情况就变了，比如嘉靖信道教，求长生，"中年以后，营建斋醮，采木采香，采珠玉宝石，吏民奔命不暇，用黄白蜡至三十余万斤。又有召买，有折色，视正数三倍。沉香、降香、海漆诸香至十余万斤，又分道购龙涎香，十余年未获，使者因请海舶入澳，久乃得之"（《明史·食货志六》）。这样一种对奢侈品的消费和追求，表现在财政开支上就没有底了。宫廷的靡费，反映了这个政权自身的腐朽，宫廷开支是一个变数，这个变数是在无限地放大，迫使整个财政收支不得不陷入入不敷出的困境。

明代财政开支另一个变数是军饷，特别是边饷。太仓的银两只能供应军饷的日常开支，遇到战争，太仓库存的银两便不够了。在嘉靖时，"东南被倭，南畿、浙、闽多额外提编，江南至四十万。提编者，加派之名也。其法，以银力差排编十甲，如一甲不足，则提下甲补之，故谓之提编"（《明史·食货志二》）。这个提编是寅吃卯粮式的变相加派。而且，在倭患平息以后，要减也减不成了。万历中叶有三大征，即援朝鲜（打败丰臣秀吉对朝鲜的侵略），平哱拜（平定宁夏蒙古人哱拜的叛乱），平杨应龙（平定四川彝人土司杨应龙的叛乱），这三次用兵的时间是在万历十七年（1589年）到万历二十多年间，当时为了军饷的开支，都有过加派，战事结束，加派也就停下来了。到万历四十六年辽东战事起来了，"骤增辽饷三百万，时内帑充积，帝靳不肯发。户部尚书李汝华乃援征倭、播（指播州土司杨应龙）例，亩加三厘五毫，天下之赋增二百万有奇。明年复加三厘五毫。明年，以兵工二部请，复加二厘。通前后九厘，增赋五百二十万，遂为岁额。所不加者，畿内八府及贵州而已"（《明史·食货志二》）。问题是赋额增加了，战事平息以后，这个定额便减不下来了，成为既定的税负，增加了农民的负担。

辽事不能结束，到了崇祯时，现有的税入不够军饷的开支，怎么办呢？再加赋税。"崇祯三年（1630年），军兴，兵部尚书梁廷栋请增田赋。户部尚书毕自严不能止，乃于九厘外亩复征三厘。惟顺天、永平以新被兵无所加，余六府亩征六厘，得他省之半，共增赋百六十五万四千有奇。后五年，总督卢象昇请加宦户田赋十之一，民粮十两以上同之。既而概征每两一钱，名曰助饷。越二年，复行均输法，因粮输饷，亩计米六合，石折银八钱，又亩加征一分四厘九丝。越二年，杨嗣昌督师，亩加练饷银一分……御史郝晋亦言：'万历末年，合九边饷止二百八十万。今加派辽饷至九百万，剿饷三百三十万，业已停罢，旋加练饷七百三十余万。自古有一年而括二千万以输京师，又括京师二千万以输边者乎。'疏语虽切直，而时事危急，不能从也。"（《明史·食货志二》）万历初年太仓的岁入翻了一倍，那是靠丈量土地实行一条鞭法增加的收入，是均平负担的过程中为政府增加了收入。辽东战事一起，战无宁日，兵饷加至年入二千万两来应付战事。农民怎么负担得了呢？白银单向输入太仓，然后输到边疆做军饷。白银是贵金属硬通货，政府通过赋税大量征收到京师，退出南方的商品流通领域，那么银荒的问题势必凸显。与银荒同时的是物贱，与物贱同时的是伤农，那就从根本上动摇了明朝统治的经济基础。战事不利，军饷的开支实际上是一个无底洞，这样不仅是明朝的财政危机，也从根本上动摇了明朝统治的社会基础，那么明朝统治的垮台也就势所必至了。

在军饷难以为继，加派一时又跟不上军饷的需要时，明政府可以做的另一手，便是搜括地方历年留存赖以备荒、备战的积储了。《明史·食货志三》关于各地仓库储存有这么一段记载，其云：

初，天下府库各有存积，边饷不借支于内，京师不收括于外。

成化时，巡盐御史杨澄始请发各盐运提举司赃罚银入京库。弘治时，给事中曾昂请以诸布政司公帑积贮征徭羡银，尽输太仓。

尚书周经力争之，以为用不足者，以织造、赏赉、斋醮、土木之故，必欲尽括天下财，非藏富于民意也。至刘瑾用事，遂令各省库藏尽输京师。世宗时，闽、广进羡余，户部请责他省巡按，岁一奏献如例。又以太仓库匮，运南户部库银八十万两实之。而户部条上理财事宜，临、德二仓积银二十万两，录以归太仓。

这是嘉靖以前宫廷消费扩张，内承运库不足，便挪用太仓银。太仓不足时，则挪用地方积贮的库银。一旦地方储备被削弱，则影响地方应对灾荒和突发事件的备用金了，对地方局势的维稳不利。从穆宗隆庆以后，到熹宗天启，这种状况更是变本加厉了。《明史·食货志三》续云：

隆庆初，遣四御史分行天下，搜括库银。神宗时，御史萧重望请核府县岁额银进部，未报上。千户何其贤乞敕内官与己督之，帝竟从其请，由是外储日就耗。至天启中，用操江巡抚范济世策，下敕督岁进，收括靡有遗矣。南京内库颇藏金银珍宝，魏忠贤矫旨取进，盗窃一空。内外匮竭，遂至于亡。

地方上的积蓄一旦被搜刮净尽，那么明王朝离覆灭的日子也就不远了。隆庆以前，虽有搜刮，各地的库存尚有一定羡余，这在顾亭林的《日知录》卷十二《财用》条中说得比较具体和清晰一些。顾炎武讲："以余所见有明之事，尽外库之银，以解户部，盖起于末造，而非祖宗之制也。"他引王士性的《广志绎》言：

天下府库，莫盛于川中，余以戊子（万历十六年，1588年，这是张居正去世以后，三大征以前）典试于川，询之藩司（即布政司），库储八百万（银两之数）。即成都、重庆等府俱不下二十万，顺庆亦十万。盖川中无起运之粮，而专备西南用兵故也。两浙赋甲天下，余丁亥（万历十五年，1587年）北上，滕师少松为余言，癸酉（万历元年）督学浙中，藩司储八十万；后为方伯，止四十万；今为中丞，藩司言不及二十万矣。十年之间，积贮一空如此。及余己丑（万历十七年）参政广西，顾臬使问自浙粮储来，询之，则云浙藩今已不及十万也。（从万历元年到万历十七年，浙江库存的银两，从八十万两减到不足十万两。可见张居正去世以后，神宗的宫廷消费膨胀到何种程度。）广西老库储银十五万不启，每岁以入为出耳。余甲午（万历二十二年，1594年）参政山东，藩司亦不及二十万之储。庚辰（万历八年）入滇，滇藩亦不满十万，与浙同，每岁取矿课五六万用之。今太仓所蓄亦止老库四百余万，有事则取诸太仆寺（因马市储备的银两）。余乙未（万历二十三年，1595年）贰卿太仆时，亦止老库四百万，每岁马价不足用，则取之草料。盖十年间东倭西哱，所用于二帑者逾二百万故也。

这是万历中叶的财政状况，贮备不足，财用捉襟见肘。到了天启时对地方贮备的搜刮则弄得赤脚地皮光，不留寸草了。顾亭林在《日知录·财用》续云：

至天启中，用操江范济世之奏，一切外储尽令解京，而搜括之令自此始矣。今录上谕全文于此，俾后之考世变者得以览焉。天启六年（1626年）四月七日，上谕工部、都察院："朕思殿工肇兴，所费宏巨，今虽不日告成，但所欠各项价银已几至二十万。况辽东未复，兵饷浩繁，若不尽力钩稽，多方清察，则大工必至乏误，而边疆何日靖宁。殊非朕仰补三朝阙典之怀，亦非臣下子来奉上之谊也。朕览南京操江宪臣范济世两疏所陈，凿凿可据。其所管应天、扬州府等处库贮银两，前已有旨尽行起解，到京之日，照数察收。似此急公徇上之诚，足为大小臣工模范。使天下有司皆同此心，朕何忧乎鼎建之殷繁，军饷之难措哉。范济世所奏，奉旨已久，其银两何尚未解到？尔工部、都察院即行文速催，以济急用。且天之生财止有此数，既上不在官，又下不在民，岂可目击时艰，忍置之无用之地？朕闻得盐运司每年募兵银六千两，实收在库约有二十余万两，又盐院康丕扬在任，一文未取，每年加派银一万，约有二十余万两，又故监鲁保遗下每年余银四万两，约有四十余万两；连前院除支销费过，余银约有八十余万两，刷卷察盘可据。又南太仆寺解过马价余银二十六万两，见寄在应天等府贮库；又户科贮库余银约有七万两，寄收应天府；又操江寄十四府余银约有十万两；又操江寄贮扬州、镇江、安庆三府备倭余银约有三十余万两。北道刷卷御史可据。已上七宗，俱当遵照范济世所奏事例，彻底清察，就著南京守备内臣刘敬、杨国瑞亟委廉干官胡良辅、刘文耀，会同该部、院、抚、按官，著落经管衙门察核的确，速行起解。有敢推避嫌怨、隐匿稽迟、怀私抗阻者，必罪有所归。如起解不完，则抚、按等官都不许考满迁转。刘敬等亦不许扶同蒙蔽，徇法徇私，必须殚力急公，尽心搜括，庶大工、边务均有攸赖，国家有用之物不至为贪吏侵渔，昭朕裕国恤民德意。"

从这一份上谕，可见当时下达这份谕旨的天启皇帝那种急切搜刮贮藏的心情，反映了天启、崇祯之际，国家财政已濒于破产的状态，皇帝恨不能把地方积存的银两全部运到京师，以供边饷和营造之需。实际上这很难做到，一方面公文纸面上可以看到的库存与实际存在的库存是两回事，根据案卷，那七宗库存可能早已子虚乌有了。那个范济世讲的也是拍马屁的空话，他讲的那些库存也许并不存在，所以迟迟不能起解。后来这个范济世也没有好结果，不久便以阿谀魏忠贤和妄报操江库存银两贻害地方而被罢官了。顾亭林又在《日知录·财用》一文中说：

> 又闻南京内库，祖宗时所藏金银珍宝皆为魏忠贤矫旨取进。先帝谕中所云："将我祖宗库贮，传国奇珍异宝，盗窃几至一空者，不知其归之何所。"自此搜括不已，至于加派；加派不已，至于捐助，以讫于亡。由此言之，则搜括之令开于范济世，成于魏忠贤，而外库之虚、民力之匮所由来矣。以英明之主继之，而犹不免乎与乱同事。

到了崇祯即位，财政上的颓势已无法挽回，加派的结果是民怨更深，矛盾进一步激化。捐助的结果则是吏治更加败坏。明朝的亡，亡于财政上的失败。本来朝廷从流通领域搜刮那么多银两，还可以从外贸的输入上得以补充，一旦外贸中白银的来源中断，那么明朝财政收支上的矛盾更是雪上加霜了。17世纪30年代，美洲白银的生产开始急遽下降，与中国对白银的大规模搜刮同时出现，供应的短缺和需求的膨胀，导致了中国国内通货紧缩。银荒的结果是银贵谷贱，再加上赋税的加派，二者叠加大大加深了明代国内的社会矛盾，为明的崩溃创造了条件。

黄宗羲的《明夷待访录》在财计条曾说：

承平之时，犹有商贾官吏返其十分之二三，多故以来，在燕京者既尽泄之边外，而富商、大贾、达官、猾吏，自北而南，又能以其资力尽敛天下之金银而去。此其理尚有往而复返者乎？夫银力已竭，而赋税如故也，市易如故也。皇皇求银，将于何所！故田土之价，不当异时之什一，岂其壤瘠与？曰：否。不能为赋税也。百货之价，亦不当异时之什一，岂其物阜与？曰：否。市易无资也。

当今之世，宛转汤火之民；即时和年丰无益也，即劝农沛泽无益也。吾以为非废金银不可。

从这一段话，可以知道明末的财政危机起于银荒，起于搜刮，结果是交易失去白银作为流通手段，赋税缺乏白银作为支付手段。那么作为货币，失去了贵金属白银，就产生了过度的通货紧缩，于是整个社会经济生活的运转就发生了困难。一旦出现这种现象，便是亡国的征兆。1948年，蒋经国在上海搞金圆券，禁止金银的交易，搜刮民间金银，同时滥发货币，结果金圆券变成废纸，反而是美金和白银成了交易手段，民间的贮藏有限，那么市场交易也就停滞了，国民党离崩溃也就不远了。新中国成立初期，旧人民币也经历过通货膨胀的阶段，结果是银元贩子泛滥，交易用银元了。后来发行新版的人民币，一比旧币一万，控制发行，全国统一财经，严厉打击银元贩子，人民币才站住脚跟。黄宗羲提出废银，不用银两作为货币，那么能再发行大明宝钞吗？明末不是没有人提出过重新印行宝钞。

《明史·食货志五》：

钞法自弘、正间废，天启时，给事中惠世扬复请造行。崇祯末，有蒋臣者申其说，擢为户部司务。倪元璐方掌部事，力主之，然终不可行而止。

朱元璋时依靠政权的力量都无法维持大明宝钞的流通价值，崇祯末又有什么力量来保障纸币的推行呢？财政那么紧迫，根本不可能限制纸币的发行量，不能兑现白银和实物的纸币还不等于一张废纸吗？事实上货币的发行关系一个国家的主权，如果货币掌握在别人手上，那只能丧权辱国。明代流通的货币，是贵金属白银，而白银的来源仰仗外贸交换，一旦白银的输入停滞，那么国内的市场交易和信用支付就势必停滞不前。

第二讲 张居正及其改革

他事实上不是什么改革家,而是一个雷厉风行进行国家治理的政治家,他一度扭转明朝中后期政治上的颓势,但他死后,明王朝又重循旧规,人在政在,人亡政息,这也是人治的特点。

一、叙言

1964年春节,毛主席在座谈会上说:"历来的状元就少有真正好学问的,唐朝第一流诗人李白、杜甫都不是状元,既非进士,又非翰林。韩愈、杜牧、柳宗元是进士出身,但只能算是第二等的。王实甫、关汉卿、施耐庵、罗贯中、蒲松龄都不是状元、进士和翰林,曹雪芹、蒲松龄只是清朝的拔贡。凡是当了进士、翰林的都是不成功的。明朝的皇帝,搞得好的只有两个:一个是明太祖朱元璋,皇帝做得最好,他一字不识,是个文盲。一个是明成祖,皇帝也做得不错,是一个半文盲,识字也不多。但以后嘉靖、万历等都读了很多书,成了知识分子。知识分子专政,反而不行,国家就管不好了。六朝的梁武帝,能文能武,能说会写,最后困死台城。宋徽宗能诗会画,字写得很好,做了俘虏。他们都是'只专不红',亡了国。可见书念多了要害死人。刘秀是个大学士,比较蹩脚。刘邦是个草包,也没有什么文化。我看书要读,读多了,害死人。"

毛主席主要谈论青年人读书的问题,书要读,社会实践更重要,真知出于实践。我顺便在这里提一下明朝十七个皇帝,开国的两个皇帝,朱元璋是最能干的,明代立国的根基是他奠定的。成祖朱棣定都北京,亦做了一点事。中国历史上有两个皇帝是布衣出身,一个是刘邦，一个是朱元璋。朱元璋是小和尚出身，做了几年游方僧，以讨饭化缘为生。他没有读过什么书，是从社会实践中学习知识的。现在看他发的上谕都非常口语化，没有之乎者也那一套，很贴近民间。如果读过《大诰》三篇及《武臣诰》，就可以知道那都是他讲话的口气，讲的道理也比较贴近实际。朱棣是受过教育的，但他主要从内外战争中锻炼成长。后面的皇帝就不一样了，作为太子有詹事府为其服务，有翰林官在那里充侍讲、侍读，有春坊大学士执掌太子的讲读，还为太子选择伴读。从娃娃抓起，却没有培养出一个好皇帝来。

明代十七个皇帝，执政时间比较长的是嘉靖和万历，嘉靖在位四十五年，万历在位四十八年，中间有穆宗隆庆在位的六年，加在一起九十九年。这两个在位时间最长的皇帝，书是读过一些，但治理国家的能力很难完全从书本上来，只能从社会实践中来，照搬书本的条条，弄不好会误国误民。万历以后天启在位七年，崇祯在位十七年，一共二十四年，明朝便亡了。

张居正参政执政，经嘉靖末至隆庆到万历十年，前后不过十六年时间。明朝后期这一百多年，只有张居正执政这十多年形势好一些，之前内忧外患不断，之后明王朝一直走下坡路。万历后期党争起来了，内外矛盾重重，政治腐败，决策错误，终使明朝走向灭亡。为什么张居正那十多年与其前后两个时期不同？严格意义上讲，张居正不是一个改革家，他在制度框架上没有大的建树，但他在原有制度框架内，从实际矛盾出发，厉行治理，取得了实效。他只是明王朝的一个好管家，他在严格管理的基础上，正确地应对内外的矛盾和危机,从而使明王朝在嘉靖时期内外矛盾的积弱困境中走出一片天地来。我们现在能看到的张居正的资料,除《明史》相关的传记之外,还有《明史纪事本末》、王世贞的《首辅传》,张居正自己有《张文忠公全集》四十六卷,其中有奏疏十三卷、书牍十五卷、文集十一卷、诗六卷。《明实录》对张居正入阁十六年的政绩亦有记载,关于他一生的资料相当丰富,限于时间,未能全睹。此外,朱东润先生的《张居正大传》比较客观地介绍了张居正的一生事迹,是一部好书。

张居正对明中后期政治经济生活有过重要影响,央视的《百家讲坛》也讲过张居正。他事实上不是什么改革家,而是一个雷厉风行进行国家治理的政治家,他一度扭转明朝中后期政治上的颓势,但他死后,明王朝又重循旧规,人在政在,人亡政息,这也是人治的特点。他去世以后,明王朝只能沿着下坡路继续滑行,他没有办法从根本上扭转这个王朝日益腐败的总趋势。

二、张居正的出身及其入仕时的制度背景

（一）张居正的出身

《明史》有张居正的传，关于张居正的出身，其云：

张居正，字叔大，江陵人。少颖敏绝伦，十五为诸生，巡抚顾璘奇其文，曰："国器也。"未几，居正举于乡，璘解犀带以赠，且曰："君异日当腰玉，犀不足溷子。"嘉靖二十六年居正成进士，改庶吉士，日讨求国家典故，徐阶辈皆器重之。授编修，请急归，亡何还职。

江陵是府名，治所便在今湖北省江陵县，就在长江边上。张居正的小名叫白圭，他的祖父叫张镇，父亲叫张文明。张镇是江陵辽王府的护卫，故张居正家庭出身寒门，不是门阀衣冠家庭出身。张居正自小便很聪明，在嘉靖十五年（1536年）12岁时在荆州府考生员，取了第一名，成为一名秀才。到了嘉靖十九年张居正16岁时，他应乡试，中了举人，那时辽王朱宪㸅与张居正同年，看到张居正中举，便请他祖父张镇去辽王府饮酒，结果张镇醉死。次年张居正入京参加会试，没有考上。到嘉靖二十六年参加会试，再参加殿试，这次他考中二甲进士，选为庶吉士。

明代在府、州、县皆设学校，府设教授，州设学正，县设教谕，各级学校都有限额，少年要经考试才能进官学，成为生员，后来称秀才。官学的学生有伙食供应。每三年一大比，生员可以参加乡试，试题在"四书"及《易》《春秋》《书》《礼记》《诗》"五经"范围内，文章是八股文，仿古人语气讲经义。乡试是省一级考试，中式者是举人。举人可以参加第二年举行的会试，在京师考试，中式的参加殿试。殿试取中者分三甲，一甲三名，即状元、榜眼、探花，赐进士及第。二甲若干人，一般是五十人左右，赐进士出身。三甲若干人，赐同进士出身。乡试第一名叫解元，会试第一名叫会元。

学而优则仕，考取进士可以为官了，状元授修撰，榜眼、探花授编修，二、三甲进士考选庶吉士，入翰林院。翰林院放到现代来讲，相当于一个研究、编纂、教学的机构，设学士一人，侍读学士、侍讲学士各一人，侍读、侍讲各二人，这是可以陪君王经筵、日讲的老师。此外有五经博士、史官修撰、编修、检讨、庶吉士等，没有定员的限制。翰林院这个机构在朱元璋吴元年（1367年）便已设置了，学士为帝王掌文书制诰、史册、文翰之事，侍读、侍讲是君王的陪读陪讲，史官掌起居注和实录的编纂。庶吉士这个名称在洪武时就有了，明成祖永乐时，始定为翰林院庶吉士，挑选文学优等和书法好的进士担任，三年考核一次，能留在翰林院的二甲授编修、三甲授检讨，皆属史官。没有留在翰林院的，则授六科给事中、十三道御史，属于言官的性质。到地方则出任州县官，留在翰林院的往往成为内阁的成员。张居正便是由科举考试取得进士出身，以后留在翰林院成为庶吉士，然后由徐阶、高拱提携进入内阁又成为首辅的。

(二)明朝内阁制度的特点

朱元璋为大明帝国建章立制的时候,为了自己子子孙孙能牢牢掌控皇权,他总结历代王朝覆灭的教训,认为不外乎几个方面:一是相权高于皇权,如曹操对汉献帝;一是宦官专权,如汉唐都是亡于宦官专政。在这两方面朱元璋都想做一些限制,但历史的发展并不按照他的设想前进。他废丞相,实际上只废了一个名义,后来内阁成为变相的丞相。至于宦官的专政,朱元洪武时期虽有节制,但成祖以后情况便发生了变化,宦官之祸烈于汉唐。还有一个方面是对后宫的管理。如何限制外戚专权?他以王莽的篡政及东汉外戚专权为鉴制定制度,只有这一条得到后世子孙的遵守,有明一代没有出现后宫干政与外戚专权的问题。要理解张居正何以能在万历前十年执政,应该先了解他那个时代的制度背景。

明代丞相,以内阁首辅的形式出现,它是随历史自然发展而逐渐形成的。它起源于皇权与相权的矛盾,明初沿袭元朝制度设中书省,中书省处于国家权力结构核心的地位,属于决策机构,这恰恰构成对皇权的威胁。明初除了李善长以外,在中书省的几个人都没有好结果,早年在中书省任职的杨宪、汪广洋、胡惟庸三个人,结局都不好。洪武十三年(1380年)胡惟庸案以后,朱元璋废除了中书省,故朱元璋在《皇明祖训》中,有这样一条规定:

> 自秦始置丞相,不旋踵而亡,汉唐宋因之,虽有贤相,然其间所用者多有小人,专权乱政。今我朝罢丞相,设五府、六部、都察院、通政司、大理寺等诸衙门,分理天下庶务,彼此颉颃,

不敢相压，事皆朝廷总之，所以稳当。以后子孙做皇帝时，并不许立丞相，臣下敢有奏请设立者，文武群臣即时劾奏，将犯人凌迟，全家处死。

国家的权力结构，实际上表现为它的组织结构及其运行方式，从组织结构的功能上，它包括决策、行政、监察、司法各个方面。废除丞相，实际上是把决策权集中在君主一个人的手上，由其直接面对行政、监察、司法各个相关的职能部门，并且在各个部门之间建立互相制衡的关系。这是横向的结构。还有纵向的结构，那就是中央和地方的各级行政机构，这个组织机构的状态，一方面离不开历史的因袭关系，另一方面也有在实际运行过程中的演化和变革。这个行政架构，表面上似乎是由领导人按照一定的逻辑观念在做顶层设计，应当说这有一定的影响，但现实的发展往往有其自身的逻辑结构。前者似乎是应然，或者表现为设计者的主观愿望，或者是其核心的价值取向。后者是实然，是现实生活自身逻辑的必然。应然与实然不可能完全一致。故中国历史上讲制度发展的历史，传统的表述用"沿革"二字。沿者，有因袭的一面。革者，它又有因时因地不断变革的一面。中国的历史有其自身发展的规律，从发展的眼光来看，变革是恒常的主题。变革的结果往往不以变革者的主观意志为转移，也不是人们理想状态的应然，而是在各种客观因素共同作用下产生的实际后果的实然，这个实然很多时候与改革的目标大相径庭，甚至走向改革目标的反面。

朱元璋废除丞相制度，并立下祖训，但他废止的只能是丞相这个名称，在实际运行过程中，他的皇子皇孙不可能都如他那样精明能干，也不会像他那样殚精竭虑，还得有人帮助他们处理日常政务。明代的内阁，本质上是变相的丞相制度，改变的只是名称。

万历即帝位的时候只有10岁，他不可能行使君王决策的权力。万历前十年，实际行使决策权的是内阁首辅张居正，《皇明祖训》只能挂在墙上。这十年实际决策行政的过程，有它自身的逻辑必然，故顶层设计只能是在不断探索的过程中，逐步完善、协调并系统化，不可能根据某种理想的观念另搞一套强加于社会生活。马克思主义作为普遍真理，具有普遍的方法论上的指导意义，但人们不能照抄照搬书本上现成的结论，不能用逻辑概念的推演求得现实生活的结果，只能从实践中摸索寻找它的必然性。内阁制度便是在实践中一步一步形成的制度化的东西，不是先有设计然后形成制度，而是通过在实践中不断探索才逐渐形成制度，这与工程设计是完全不同的两回事。一种制度一旦成型以后，它的作用和影响也仅在一定范围内有效，并且往往因人而异，制度要靠人去执行才能发挥效用。在帝王制度下，君王的权力是至高无上的，但在实际生活中，如何运用这个权力，这个权力在国家的治理上起什么作用，那往往又是因人而异的。即使在现代宪政制度下，总统的权力也要受到法制和议院的限制，他们在实际政治生活中的作用，同样也因人因时而异。同理，法治与人治的关系和国家制度的作用，也都是相对的，不能以绝对化的眼光去看待。以法治国，这个治是通过人去实施的，人的治理能力还是有差异的，首先要有正确的执政理念，然后还得有能力依法处理各类复杂问题，这就是治理。它是依制度把决策付诸实施的过程，实施的效果还得有机构去审核。如果把它比作一项工程,那么它包括设计、施工、监理和验收这些程序。从国家治理的层面看,政治家、设计者与实干家相比,在对事态结局的影响上,实干家更大。

明朝国家权力结构,是内外相制、并行的双轨制权力体系,有制衡的皇权体系是在实践中逐渐自然形成的,这与朱元璋最早的制度设计不完全是一回事。内外相制,内是指宫廷后宫、宦官的系统,外是指外朝以文官为主的官僚系统。从外讲,文官系统内部又有各个部门互相制衡以维持皇权,并行的有六部,即吏、户、礼、兵、刑、工六部,分掌日常的政务。都察院的六科给事中和十三道御史作为言官来执掌监察系统。掌管军队的大都督府一分为五,即五军都督府。在地方行政上也是改行中书省为承宣布政使司、都指挥使、提刑按察使司,使行政、军政、司法三者并立。这是文官系统。君王要指挥这个文官系统运转要花费很多精力,这就需要有一个文书班子,通过公文书来操作这套完整的文官系统。翰林院本来是君王的秘书班子,由翰林院分离出来的内阁,开始成为君主的机要秘书。最初设置大学士的有华盖殿、武英殿、文渊阁、东阁,都是朱元璋处理公务的场所,大学士的品秩只有正五品,品秩不高便不能任意弄权了。内阁逐渐在历史演化的过程中成为君王指挥外廷文官系统的中枢机关,六部的长官与封疆大吏都要视其颜色行事。

内阁的起始是明成祖时,从翰林院挑选侍讲、侍读、编修、检讨等官员到君主身边,在文渊阁参与机务,因为办公地点是在文渊阁,故称内阁。最早是解缙、胡广直文渊阁,他们都是朱元璋洪武时期就在翰林院的文人。到了仁宗洪熙时,有杨士奇直文渊阁,加至太师太保的头衔。内阁的基本职能是协助君主处理公文书，其一就是替皇帝起草诏令；其二就是给诸司的奏启做批答。实际上就是根据皇帝的口谕，代拟旨意。《明史·宰辅年表》对内阁的票拟概括为"纶言批答，裁决机宜，悉由票拟"，故所谓票拟，是代替皇帝起草诏旨，批答诸司上送的奏疏和启文。这中间便有如何裁决的问题，内阁要提出意见供君王裁决时参考。英宗即帝位时只有11岁，还是一个小孩子，怎么可能行使君王的权力呢？那时便有杨士奇、杨荣、杨溥，即"三杨"为阁老起草票拟，由内廷批红以后下达。事实上在宣宗时，便有阁臣参加廷议以后，将处置的意见用小条子书写，贴于章奏之上，备皇帝御览批红下达诸司。那时是代行书办，而明英宗因幼冲即位，故直接由阁老票拟后，通过内廷批红下达了，这样内阁就成了外廷文官系统的枢机。

内阁地位，在明人眼中也是有变化的。在前期，也就是嘉靖以前，是"无相名而有相之实"，嘉靖以后，人们都视内阁的首辅为真宰相，但与汉、唐的宰相不同，他既不能统率六部，还受制于内廷的太监，故明人称其为"有相之名而无相之实"。严格讲，张居正只有在其执政的万历前十年才是真宰相。为什么如此？因为内廷有太监冯保和李太后对他全力支持，在内阁他是一人独大。那时万历只有十几岁，还不能自己直接执掌权柄，这是张居正特殊的地方。而为什么张居正能得到内廷的全力支持？那还得说到明代宦官的系统及其与外廷文官在决策过程中的相互关系。

（三）明朝宦官与内廷制度

《明史·宦官传一》的序言讲到朱元璋曾经镌铁牌置于宫门曰："内臣不得干预政事，预者斩。"而且下令诸司不得与宦官有文移往来。为了杜绝宦官预政，朱元璋曾规定内臣不许读书。《明史·职官志三·宦官》记载朱元璋曾对侍臣说："朕观《周礼》，奄寺不及百人，后世至逾数千，因用阶乱。此曹止可供洒扫、给使令，非别有委任，毋令过多。"又言："此曹善者千百中不一二，恶者常千百。若用为耳目，即耳目蔽；用为心腹，即心腹病。驭之之道，在使之畏法，不可使有功。畏法则检束，有功则骄恣。"由于朱元璋的这种态度，当时有内侍偶尔言及政事，"立斥之，终其身不召"（《明史·职官志三·宦官》）。这些规定和设想，实际上做不到，朱元璋自己有时也不得不使用身边的太监，但使用毕竟很有限。《皇明祖训》中设置有"绳顽司"，其职掌是"治内官、内使之犯罪者"，这个机构设于洪武九年（1376年），但洪武十七年以后就消失了。

明代宦官系统的设置，也有一个历史过程。朱元璋在集庆建立政权时，吴元年（1367年）便设置了内史监。洪武十七年时对内官系统作过一次调整，到洪武二十八年重定内官监的系统，设置十一监。宦官地位的提高是在明成祖永乐年间，靖难之役中建文帝下面的宦官系统为朱棣提供了不少情报，所以他开始重视宦官系统的建制。

宦官系统有十二监、四司、八局，即所谓二十四衙门。总管内廷事务的是司礼监，而司礼监在洪武十七年（1384年）便已设置，后来才成为明代宦官的第一署。因为司礼、掌印、秉笔及随堂太监掌握内外章奏和"批红"的权力，内阁的票拟要经过内廷的"批红"才能正式成为圣旨以号令整个国家机构，故外廷的"票拟"和内廷的"批红"二者的工作关系成为内外双轨相互制衡的关系。这样的宦官系统，实际上也是一个非常庞大的官僚系统，如司礼监的权力便非常大，在皇位交替之际，司礼监与阁臣同受顾命。对于军事重镇，有时也会派宦官出镇地方，出镇宦官的派遣和调动也归司礼监。一些大案、要案，需要三法司，即刑部、大理寺、都察院会审时，往往也会派司礼监与三法司在堂上一起会审，而且每五年要举行一次大审。司礼监还有权派宦官提督京营，与兵部同理军务。京城的兵权，有一部分掌握在宦官手上。此外宦官还提督东厂，那是负责侦缉的机构。在司礼监下，权力及影响最大的是掌印太监，秉笔太监的地位也很高，还有就是提督东厂的太监。所以宦官的触角代表帝王的权力，伸向文官系统的方方面面。这样的宦官系统人数众多，清人讲明代的宦官和宫女有十万多人，这可是一个庞大的群体。

既然宦官系统的触角伸及文官系统的方方面面，那么宦官没有相当的文化素养就难以胜任了，因此从小进入宫廷的小内侍便有一个读书学习的问题。洪武年间，内官只能识字、会书算。永乐时，让吏选教官入内教书。宣德时设内书堂，选小内侍，令大学士陈山教习之。那时在内书房读书的都是10岁上下的太监，有二三百人，后来增加到四五百人，都是由翰林官执教。宦官系统的二十四衙门缺会写字的小太监，就由内书房调拨，然后不断补充新的小内侍。明人记载，曾在内书堂任职的官员有69人，其中后来入阁为大学士的有19人。由此，翰林院的教官也就在一定意义上，沟通了内廷与外廷之间的联系。内官既然接近权力结构的顶端，那么宦官系统内部，势必派系林立，内斗不已，这与文官系统外廷及内阁内部的派系斗争往往互相呼应。

（四）明朝的后宫与东宫制度

明代宫殿的建筑，前朝后寝，前面有奉天殿（今太和殿），后面有乾清宫，太和殿是朝贺、举行大典礼的场所，乾清宫是寝宫，属于生活的场所。后宫六院是帝王妻妾生活的场所，后宫旁还有东宫，是太子居住的地方。朱元璋鉴于前朝女主专权、外戚专政之弊，严格限制后妃干政。洪武元年（1368年）他便让翰林学士朱升修《女诫》，他说："治天下者，正家为先。正家之道，始于谨夫妇。后妃虽母仪天下，然不可俾预政事……历代宫闱，政由内出，鲜不为祸。"（《明史·后妃传一》）

《明史·后妃传》记载他采取的措施："命工部制红牌，镌戒谕后妃之词，悬于宫中。牌用铁，字饰以金，复著令典，自后妃以下至嫔御女史，巨细衣食之费，金银币帛、器用百物之供，皆自尚宫取旨，牒内使监覆奏，移部臣取给。"还规定内宫不能以私书出外，违者论死。"宫嫔以下有疾，医者不得入宫，以证取药。"为了防止后宫干政，朱元璋完全切断了后宫与外部的直接联系。为了防止外戚干政，朱元璋还规定天子的后、妃、宫嫔都选良家女为之，大臣勋戚进者勿受。故明代的后妃都采之京师附近的民间，有明一代也因此没有母后临朝,没有外戚擅权。万历的生母李太后,漷县人,万历成人之前她在乾清宫照管万历的生活,万历成婚以后,她就返回慈宁宫居住。万历六年(1578年)以前,万历尚未成人,她的职责便是管好儿子的生活,不直接预政。

与有明一代政制直接相关的还有东宫制度,其直接关系到接班人的培养和教育问题。皇太子亦称皇储,这里有两个问题,一是如何选择和确定皇太子,二是确立以后安置在哪里,如何培养他未来执政的能力。中国立储的传统,主要是为了防止诸子争夺,那就是《春秋公羊传》说的立嫡以长不以贤,立子以贵不以长。故朱元璋在洪武元年(1368年)便立其长子朱标为太子,结果朱标早死。因长孙早死,故立次孙朱允炆为皇太孙。明代在东宫设詹事府,设置詹事、左春坊、大学士、左庶子、左谕德等,一般情况下,詹事府的僚属都与翰林院的职务互相兼任,故王位交接时,东宫的班子往往就是未来内阁的班子。如穆宗在嘉靖时为裕王,虽未正式册立为太子,但实际上他是王位的接班人,故当时如高拱、张居正都曾在裕邸随侍左右。

以上是张居正执政以前,明代的内阁、宦官、后宫、东宫的制度背景,张居正是在这个制度背景下逐步进入明王朝权力结构中枢的。除了制度背景以外,我们还得了解张居正进入内阁中枢的历史背景,由此观察从嘉靖、隆庆到万历这个时期,明王朝的内部矛盾和社会问题,弄清楚张居正是如何在处理这些内部矛盾和社会问题的过程中胜出的。

三、张居正入阁以前的历史背景
——嘉靖时期的政治问题和社会矛盾

（一）嘉靖帝对道教的迷信和严嵩擅权

嘉靖在位的时间很长，有四十五年时间，终年是60岁。嘉靖时期，由于之前的正德年间出现了如刘瑾这样一批专权的宦官，所以嘉靖执政时对宦官的管控还是比较严格的。《明史·宦官传一》称：

世宗习见正德时宦侍之祸，即位后御近侍甚严，有罪挞之至死，或陈尸示戒。张佐、鲍忠、麦福、黄锦辈，虽由兴邸旧人掌司礼监，督东厂，然皆谨饬不敢大肆。帝又尽撤天下镇守内臣及典京营仓场者，终四十余年不复设，故内臣之势，惟嘉靖朝少杀云。

嘉靖帝朱厚熜是万历的祖父，他是明宪宗的孙子，武宗没有儿子，于是兄终弟及，由他继承皇位。他即帝位的时候只有15岁，共在位四十五年。《明史·世宗纪二》在他的赞语中有这样几句话，说他"御极之初，力除一切弊政，天下翕然称治"，以后四十多年的统治就不一样了，"若其时纷纭多故，将疲于边，贼讧于内，而崇尚道教，享祀弗经，营建繁兴，府藏告匮，百余年富庶治平之业，因以渐替。虽剪剔权奸，威柄在御，要亦中材之主也"。这一段话说明，在嘉靖在位的四十五年里，明朝的统治是在走下坡路，矛盾大体表现在如下几个方面。

第一，嘉靖崇尚道教，迷信长生之术，各种各样的祭天地活动很多，宫廷营建繁兴，因此使府藏告匮。

他相信龙虎山上清宫的道士，《明史·佞幸·邵元节传》称：

世宗嗣位，惑内侍崔文等言，好鬼神事，日事斋醮。谏官屡以为言，不纳。嘉靖三年，征(邵)元节入京，见于便殿，大加宠信，俾居显灵宫，专司祷祀。

先是，以皇嗣未建，数命元节建醮，以夏言为监礼使，文武大臣日再上香。越三年，皇子叠生，帝大喜，数加恩元节，拜礼部尚书，赐一品服。

当时他在乾清、坤宁诸宫各建斋醮，还在五花宫、西暖阁、东次阁举行斋醮，或连日夜，或间日一举，邵元节病重以后推荐陶仲文替代自己。嘉靖帝对朝政大事不闻不问，要4岁的太子监国，自己专事静摄、求长生。当时他信奉的道士有段朝用、龚可佩、蓝道行、王金等，以烧炼符咒为事。陶仲文创二龙不相见之说，因而他二十多年不立东宫太子。海瑞上疏谏世宗，讲嘉靖"一意修玄"，"土木兴作，二十余年不视朝政，法纪驰矣"。"今愚民之言曰：嘉者，家也。靖者，尽也。谓'民穷财尽，靡有孑遗'也。然而内外臣工，修斋建醮，相率进香，天桃天药，相率表贺，陛下误为之，群臣误顺之。"这是指群臣以进青词取宠于世宗。海瑞还说："陛下师事陶仲文，仲文则既死矣，仲文不能长生，而陛下独何求之？至谓天赐仙桃、药丸，怪妄尤甚。"（明史纪事本末·世宗崇道教》)疏上，嘉靖大怒，逮海瑞下狱，不久嘉靖服道士王金的丹药而死，穆宗即位以后，才释放海瑞。

第二，嘉靖执政四十多年，严嵩擅权便长达二十余年。世宗中叶，内阁主要是夏言与严嵩、严嵩与徐阶之间钩心斗角争夺首辅权位。先是夏言受世宗宠信，"初，言撰青词及他文，最当帝意"（《明史·夏言传》）。青词要让上中意，都必须与世宗宠信的道士相结纳，青词合不合意，都听这些道士的。而严嵩的起家，也是靠写《庆云赋》《大礼告成颂》这一类阿谀奉承的文章而受到宠信。论科第，是嵩先言后，在内阁的地位，是嵩下于言。嵩始事言谨，史称嵩无他长，"惟一意媚上"（《明史·奸臣·严嵩传》）。他入直文渊阁时已年逾六十，还是卖力不异少壮，"虽警敏，能先意揣帝指，然帝所下手诏，语多不可晓，惟（其子）世蕃一览了然，答语无不中"（《明史·奸臣·严嵩传》）。嵩妻欧阳氏死，世蕃不得入直代嵩票拟了，因而"嵩受诏多不能答，遣使持问世蕃。值其方耽女乐，不以时答。中使相继促嵩，嵩不得已自为之，往往失旨。所进青词，又多假手他人不能工，以此积失帝欢"（《明史·奸臣·严嵩传》）。而严嵩之所以败，还是道士蓝道行通过扶乩实现的。有一次世宗问："'今天下何以不治？'道行故恶严嵩，假乩仙言嵩奸罪，帝问：'果尔，上仙何不殛之？'答曰：'留待皇帝自殛。'"（《明史·佞幸·蓝道行传》）世宗因此决定罢去严嵩。御史邹应龙通过内臣得到这个消息，于是上疏劾严嵩罪状，世宗放严嵩还乡。严嵩之所以败的另一个原因，是他儿子作恶太多。史称："嵩耄昏，且旦夕直西内，诸司白事，辄曰：'以质东楼。'东楼，世蕃别号也，朝事一委世蕃。"（《明史·奸臣·严嵩传》）结果是"不肖者奔走其门，筐篚相望于道,世蕃熟谙中外官饶瘠险易,责贿多寡,毫发不能匿。其治第京师,连三四坊,堰水为塘数十亩"(《明史·奸臣·严嵩传》)。后来严世蕃被邹应龙劾戍雷州,最终被斩于市,"籍其家,黄金可三万余两,白金二百万余两,他珍宝服玩所直又数百万"(《明史·奸臣·严嵩传》)。过了两年,严嵩老病,死于寄食之墓所,享年86岁。

第三,明世宗在经济上挥霍无度,《明史·食货志六》称:

方泽、朝日坛,爵用红黄玉,求不得,购之陕西边境,遣使觅于阿丹,去土鲁番西南二千里。太仓之银,颇取入承运库。(按:《食货志三》讲到嘉靖初,"太仓中库积银八百余万两,续收者贮之两庑,以便支发,而中库不动,遂以中库为老库,两庑为外库。及是时,老库所存者仅百二十万两。二十二年特令金花、子粒银应解内库者,并送太仓备边用,然其后复入内库。三十七年令岁进内库银百万两外,加预备钦取银,后又取没官银四十万两入内库"。所有入内库的皆为皇室所用,这是隆庆以前宫廷消费奢靡的状况。)办金宝珍珠。于是猫儿睛、祖母碌、石绿、撒孛尼石、红刺石、北河洗石、金刚钻、朱蓝石、紫英石、甘黄玉,无所不购。

这些各色宝石的采办,都是中官借以中饱私囊的途径,整个宫廷是一个庞大的永无止境的消费集团,国家的财政怎么会不匮乏呢?

(二)嘉靖时期内阁的情况

严嵩败,徐阶代嵩为首辅。徐阶本来是夏言推荐的,通过替世宗营建万寿宫得到宠信,"帝以嵩直庐赐阶。阶榜三语其中曰:'以威福还主上，以政务还诸司，以用舍刑赏还公论。'于是朝士侃侃，得行其意"（《明史·徐阶传》）。徐阶执政，已是世宗晚年了，世宗因为服方士王金的丹药，发病而死。徐阶是从嘉靖到隆庆的过渡性人物，《明史》把徐阶、高拱、张居正三人的传列在同一卷，有它的道理，徐阶是承上启下者。

明世宗生了八个儿子，成活的是第二、三、四这三个儿子，其他未满周岁便夭折了。立为太子的是世宗第二子，生于嘉靖十五年（1536年），4岁时被立为皇太子，世宗想专事静摄，要皇太子监国，未成。嘉靖二十八年，皇太子15岁时行冠礼，过了两天便去世了。此后世宗因道士陶仲文言二龙不相见之说，所以就不立太子。第三子载垕与第四子载圳，在嘉靖十八年分别封为裕王和景王，依次序载垕当为太子，高拱与张居正都曾经是裕邸的讲读。

世宗后期，严嵩与徐阶都关注高拱和张居正，按照传统，在世宗去世以后，太子载垕即位，他们都是未来的内阁大学士。徐阶在嘉靖末年便让高拱与郭朴拜为文渊阁大学士，而张居正成进士考选庶吉士时，徐阶便器重张的才识。世宗后期，高拱是国子监祭酒，张居正是国子监司业，以后一起在裕邸为讲读。张居正在裕邸为侍讲学士，领院事，而高拱则掌詹事府事，高拱与张居正二人始终是同事。徐阶任首辅时，先引高拱入阁，接着又引张居正入阁，高拱的地位高于张居正。世宗去世时，徐阶约张居正一起"草遗诏"，"凡斋醮、土木、珠宝、织作悉罢，'大礼'大狱、言事得罪诸臣悉牵复之。诏下，朝野号恸感激，比之杨廷和所拟登极诏书，为世宗始终盛事云"（《明史·徐阶传》）。然而这件事高拱没有参与，引起其对徐阶的不满，故从嘉靖到隆庆这五十一年间，内阁诸臣之间的纷争始终没有终止过。

（三）嘉靖时期南方的海外贸易与倭寇问题

嘉靖年间的边疆问题，在南方主要是倭寇问题。事件起于日本诸道在宁波市舶司争贡，原来是宗设先至，瑞佐后至，瑞佐通过鄞人宋素卿贿市舶太监，使先验瑞佐的货，后验宗设的。市舶使司设宴时，又让瑞佐坐在宗设之上。这便引起两批贡使的自相残杀，而市舶太监又暗中助瑞佐。兵力是宗设强，于是宗设便杀掠沿海备倭诸兵众，故夏言认为"倭患起于市舶"（《明史纪事本末·沿海倭乱》）。

从明代设置市舶司的经过，可以知道明王朝对海上贸易认识的不足。朱元璋设置市舶司的时间很早，吴元年（1367年）平定张士诚以后，便在太仓黄渡设置市舶司，其时太仓是苏松地区最早的出海口。洪武三年（1370年）朱元璋又在泉州、明州、广州设市舶司，接受日本、琉球、占城、暹罗和西洋诸国的朝贡贸易。各国的朝贡都有期限，一般是两年一次，日本是十年一次。朝贡是形式，贸易是本质，使者前来朝贡的目的，除了贡品可以换来丰厚的赏赐，他们还带着商品前来贸易。那时明朝进口的主要是白银，出口的是茶、丝织品、瓷器。那个时代海盗多，商船也带有武装，有时海商与海盗很难区别，处置不好，往往在沿海引起纠纷。

针对此问题，明廷不是疏导海上贸易，反而停止市舶司，于是正规的海上贸易成为沿海的私人商贾贸易，由贸易纠纷引起海盗杀掠，海盗与日本浪人结合起来成为一股又一股海上势力，引发了沿海地区的社会治安问题。于是朝廷派朱纨为右副都御史，巡抚浙江及福建沿海。朱纨采取禁海的办法，侵犯了海商的利益，海商亦朝中有人，朱纨因而受到御史的攻击，故朱纨有云："去外国盗易，去中国盗难。去中国濒海之盗犹易，去中国衣冠之盗尤难。"（《明史·朱纨传》）问题出在明代对海上贸易不是积极疏通管理，而是消极禁海。结果朱纨被劾后停职自杀，海盗的势力因而坐大，海商变成了海盗。

嘉靖三十一年（1552年），浙江沿海出现多股海盗势力，大群数千人，小群数百人，在沿海以杀掠为生。有徽州人汪直，亡命海上，成为大股海盗的首领，又有日本浪人参与，活跃在浙江沿海地区。此外还有徐海、毛海峰、彭老生等十余股海盗势力，在浙江、福建沿海和江苏的松江、上海、太仓等沿海地区活动。先是朝廷派王忬提督军务，巡视浙江福建沿海，虽然打败过几股海盗势力，但始终无法使海疆安定下来。明廷又先后派张经、赵文华前往处理江浙沿海倭寇问题。赵文华与严嵩父子相结，他建议"倭寇猖獗，请祷祀东海以镇之"（《明史纪事本末·沿海倭患》）。他到了浙江督察沿海军务，凌轹官吏，公私告扰，民无宁日，使倭寇问题更加严重。南京兵部尚书张经在前方打了胜仗，他反诬张经从贼，把张经、李天宠逮京，以从贼论死。结果倭寇由沿海深入到苏常一带，最终是胡宗宪、俞大猷、戚继光把倭寇荡平，一直到嘉靖四十三年（1564年），倭寇问题才告一段落。

倭患自浙起，后来扩大影响到淮、扬、吴、越及闽中至广东潮州，前后持续七八年时间，攻破十余城，掠子女财物无数，因战乱死伤的沿海军民不下十余万，天下骚动。倭寇的问题，从内部原因上讲，本质上是朝廷政策的错误，是不懂得如何有效管控海上贸易而激起的。

同样是在嘉靖时期，广东的海禁政策没有浙闽那样严格，嘉靖八年（1529年）广东巡抚林富便上疏建议取消海禁，在香山、新会、东莞这些沿海县城开放海上贸易，官方则验船抽税，然后由中国商人与洋人贸易。广东的官府把海上贸易视作税源的一个重要组成部分，以后把交易的地点迁到濠境，也就是今天的澳门，作为海上贸易的交易场所。嘉靖三十七年在那儿设置牙行，作为海上贸易的机构，并允许葡萄牙人来澳门租屋居住。那时对外国来华的商船征收实物税，十收二，以后用银两代替实物征收。同样在嘉靖到隆庆这个时期，广东对海上贸易的处理比浙闽要灵活一些，但这还是被动的，等待外商来华贸易。实际上浙江沿海那几股所谓海盗势力，像汪直、徐海、毛海峰等，如果朝廷对其采取另一种方针，招抚他们，鼓励他们向海外去拓展贸易，设法规范海上贸易，那或许是一个机会。那时明王朝缺少世界的眼光，缺少向海外发展的愿望和动力，没有认识到海上贸易的社会意义，闭关自守，用镇压的办法来对待贸易问题，既错失了时机，又劳民伤财。那个时期明政府的税收，逐渐从实物转向白银，中国内地产银不多，白银是从日本、墨西哥来的，政府的支出也逐渐变成以白银为主。

(四)嘉靖时期北方的边疆问题

在世宗执政的年代,北部边疆还发生过俺答汗率蒙古部落入侵京师周围烧杀抢掠之事。嘉靖二十九年(1550年)六月,俺答汗犯大同,八月从蓟州长驱直入内地,至九月间带了大量掳掠的战利品由古北口出关而去,朝廷上下对此事震惊不已。

嘉靖年间,明廷与北方鞑靼的关系始终没有处理好,北方沿长城九边始终处于紧张的状态,边防的费用成为沉重的财政负担。明初把蒙古赶出塞北以后,蒙古残余势力仍活跃在大漠南北。明英宗于正统十四年(1449年)北上亲征,被蒙古瓦剌部的也先围困在土木堡,五十万明军不堪一击,英宗被俘。于是也先挟英宗由大同入关,直逼京师城下,于谦组织京师保卫战,才稳定了大局。

一百年以后,蒙古军队第二次入关进逼京城,大掠而去。嘉靖年间,蒙古部落最强悍的是小王子部,在东部靠近辽西地区的称土蛮,西边是吉囊与俺答二部。吉囊在河套地区,处于陕甘与宣大之间,俺答汗靠近宣府、大同地区,处于中间地带,与京师靠得最近。明王朝要巩固北方边防,势必要收复河套地区,使宣大与陕甘的防线可以互相呼应,从而保障北方边防的安全。

武宗正德元年(1506年),那时总制三边的杨一清曾提出过收复河套的设想,但没有实现。到了嘉靖年间,又有人提出收复河套巩固边防的问题。嘉靖二十五年(1546年),三边总督再次提出收复河套,这个建议得到夏言的支持。次年,曾铣率部出塞袭河套地区,曾取得小胜。嘉靖帝最初是支持的,然而严嵩对此表示反对,认为曾铣开边启战事，是误国大计，而夏言"表里雷同，淆乱国事"。于是在嘉靖二十七年正月罢夏言，逮曾铣问罪。九月间，俺答部寇宣府，严嵩以此陷夏言与曾铣，声称俺答汗之举是因明军收复河套采取的报复措施。严嵩与夏言是同乡，称言为先达，事言甚谨，而言以门客畜之，嵩心恨甚。河套事起，夏言致仕，而严嵩复代仇鸾草奏讦言纳铣金，交关为奸利，同时坐曾铣交结近侍律应斩，夏言与曾铣因此被处死。由此可见内阁阁臣之间钩心斗角，用心之深刻。同时明廷对北边的政策，由积极防御变为消极防御。

嘉靖二十九年（1550年）俺答汗寇大同，那时仇鸾为宣大总兵，他这个位置是靠贿赂严世藩得到的。仇鸾采取贿赂俺答汗的办法，令俺答汗勿犯大同，由其他边关入塞。于是俺答汗由宣府以东之蓟州犯畿辅地区，这年八月俺答汗率部攻下古北口，兵锋至怀柔、顺义，大肆杀掠，京师受到威胁。蒙古骑兵直逼通州，嘉靖帝下诏诸镇率兵勤王。仇鸾以大同兵二万入援，不久河间、宣府、山西、辽阳诸镇亦率兵勤王，但这些军队都不敢正面与俺答部较量作战。那时负责指挥作战的兵部尚书丁汝夔去问严嵩，严嵩说："败于边可隐，败于郊不可隐。饱将自去，惟坚壁为上策。"（《明史纪事本末·庚戌之变》）故下令诸将勿浪战。而军队缺少给养，纪律败坏，故京郊的百姓既受俺答部的抢掠，又受勤王边军的骚扰，而宦官中贵的园墅都在京郊，多所残毁，丁汝夔因此被弃市。九月间，俺答部前后抢掠男女牲畜、金帛财物无数，满载之后得意而去。俺答悉众出塞，诸师仅仅尾随其后，事后受赏的反而是仇鸾，丁汝夔、杨守谦皆蒙冤而死。这件事的起因是仇鸾以贿赂避兵，兵部尚书丁汝夔为严嵩所卖，杨守谦是无兵而使战，仇鸾则是不战而赏，世宗是赏加元恶，戮出无名。然而仇鸾也没有好结果，明人沈德符的《万历野获编·卷十七·兵部》之"仇鸾谈兵之舛"条曾讲到仇鸾靠贿赂严嵩父子得势，其得势以后，又"密以嵩父子贪横事上闻，其说几行矣，严乃益结徐（阶）共排鸾。因其死，遂合谋使陆炳发其阴事，以至夷灭。是时严、徐尚未有隙，弇州（王世贞）独归诛鸾之功于徐，未必尽实。然《实录》中亦云：徐阶密疏鸾通虏误国状，上始惊，收其兵权，鸾因悸死。未知何据"（《万历野获编》卷十七《仇鸾谈兵之舛》）。可见高处不胜寒，恶人还有恶报。由此亦可知嘉靖时期政治之黑暗。以上便是隆庆末年张居正进入中枢之前的历史背景。

四、隆庆皇帝时内阁的情况

（一）徐阶与高拱在内阁的争斗

穆宗即位时已经30岁，他在位不过六年时间。与父亲世宗相比，穆宗没有那样威柄在御、刚愎自用，但在贪婪财富、挥霍无度这一点上与其父相比则毫不逊色。《明史·穆宗纪》的赞语中说：

> 穆宗在位六载，端拱寡营，躬行俭约，尚食岁省巨万。许俺答封贡，减赋息民，边陲宁谧。继体守文，可称令主矣。第柄臣相轧，门户渐开，而帝未能振肃乾纲，矫除积习。盖亦宽恕有余，而刚明不足者欤！

穆宗载坖3岁被封为裕王，到30岁即帝位，二十多年不是太子的太子能熬过来也不容易。隆庆在位六年，实际执政的是他裕邸的侍讲高拱与徐阶。穆宗即位时，是徐阶执政，此后高拱与张居正相继入阁，在内阁中是高拱与徐阶之间的倾轧。徐阶致仕以后，高拱执政。张居正以徐阶为师，是徐阶一手提携起来的。张居正在高拱面前保持低调，但暗中与司礼太监冯保相结。而高拱有一点高傲自大，目中无人，得罪了内廷的宦官，结果被冯保暗伤，在神宗即位时出局。隆庆这六年时间，高拱与张居正一起把北方俺答封贡的事情处理得较好,这样北方边境能保持和平的局面,为万历初年调整内政提供了较好的外部条件。

穆宗刚即位时,内阁中是徐阶主政。《明史·徐阶传》称:

> 拱初侍穆宗裕邸,阶引之辅政,然阶独柄国,拱心不平。世宗不豫时,给事中胡应嘉尝劾拱,拱疑阶嗾之。隆庆元年,应嘉以救考察被黜者削籍去,言者谓拱修旧郤胁阶斥应嘉。阶复请薄应嘉罚,言者又劾拱。拱欲阶拟杖,阶从容譬解,拱益不悦。令御史齐康劾阶,言其二子多干请及家人横里中状。阶疏辩,乞休。九卿以下交章劾拱誉阶,拱遂引疾归。

从这一段叙述,可见高拱这个人比较骄横。毕竟徐阶是首辅,高拱又是徐阶引荐的,尽管你是裕邸的詹事,但在徐阶面前总还应礼让一分,不能如此咄咄逼人。大臣之间往往通过科道的御史或者给事中的弹劾来角力。

明代有六科十三道的科道系统,具有监察职能。科是指吏、户、礼、兵、刑、工六科,道是指十三道监察御史,二者系统不同,一是横向,一是纵向,统称言官。它的特点是以小制大,以下制上,大小相制,上下相维。六科是针对六部而言的,是单独的一个部门,其职能是稽察六部百司之事,主要是封驳与纠劾两个方面,相当于唐代的补阙、拾遗。而十三道御史则隶属都察院,御史的职能是天子耳目风纪之司。《明史·职官志二》上记载关于御史弹劾的对象,其云:"凡大臣奸邪、小人构党、作威福乱政者,劾。凡百官猥茸贪冒坏官纪者,劾。凡学术不正、上书陈言变乱成宪、希进用者,劾。遇朝觐、考察,同吏部司贤否陟黜。"这个弹劾必须出于公心,所论系公事。高拱与徐阶之间，利用御史弹劾大臣的职责，来为自己排斥异己服务，这样言官便成了阁臣之间钩心斗角的工具了。

从编制上看，明代监察御史有140名，给事中有65名，一共205名，都是七品官或从七品官，与知县平级。他们基本上都是进士出身，年龄在30岁到50岁之间，年轻气盛，一有阁臣指点，他们就敢于言论攻击，往往成为派系斗争的工具。反过来言官的言论过于繁杂，反而干不成事了，任事者动辄得咎，或者成为阁臣之间钩心斗角的工具。故言官的言论也要有一个度，那就是要有益于公事，避免一切出于私心的意气之争。

徐阶下台，还是因为与穆宗的关系处理不好。徐阶为人刚正不阿，对穆宗的作为亦不迁就。如那时给事与御史"言多过激，帝不能堪，谕阶等处之。同列欲拟谴，阶曰：'上欲谴，我曹当力争，乃可导之谴乎。'请传谕令省改。帝亦勿之罪"（《明史·徐阶传》）。对给事、御史这些言官，徐阶还是持保护的态度，"是年诏翰林撰中秋宴致语，阶言：'先帝未撤几筵，不可宴乐。'帝为罢宴。帝命中官分督团营，阶力陈不可而止"（《明史·徐阶传》）。这些事徐阶一而再、再而三地谏止穆宗，"阶所持净，多宫禁事，行者十八九，中官多侧目。会帝幸南海子，阶谏，不从。方乞休，而给事中张齐以私怨劾阶，阶因请归。帝意亦渐移，许之"（《明史·徐阶传》）。从这段文字可以知道，徐阶所阻止的都是穆宗即位以后想在宫中寻欢作乐的事，而这些事往往是宫廷中宦官牟利的机会，当然会引起宦官们的不满。南海子便是中南海，那时是帝王狩猎的地方。徐阶回去以后，李春芳为首辅，不久亦归，高拱复出。穆宗比较习惯与高拱相处，同时徐阶一再阻拦穆宗寻欢作乐，中官在穆宗周围发挥作用。中枢内外之间，内阁还得屈从于内廷，因为他们就在君王身旁。之前明武宗即位后的情况也是如此，如刘健作为顾命大臣，斗不过武宗东宫原来的宦官刘瑾，最终刘健、谢迁这些顾命大臣只能乞休致仕而去。徐阶与李春芳的离去，还比较光彩一些。从穆宗对徐阶的态度，可以知道他也不是一个好皇帝，荒于酒色，这是在宫廷环境中长大的人难以改变的本质。

（二）高拱对内阁的掌控

高拱于隆庆三年（1569年）重新主持内阁，这样有三年时间是张居正与高拱二人共同主持内阁政务。他们在国子监时，高拱为祭酒，张居正为司业，两人友善相处。在裕邸，高拱是詹事，张居正是裕邸的讲读。现在二人同在内阁，高拱这个人的性格直爽，但有些骄傲，什么话都敢讲，同时在内阁的殷士儋无法忍受，而张居正能退而下之。在与内廷的关系上，依次序冯保当为司礼监之掌印太监，高拱却推荐陈洪及孟冲，在这一点上，他得罪了冯保，而冯保则与张居正保持友善关系。正因为如此，高拱与内廷的关系没有相处好。殷士儋的入阁，主要依靠内侍的力量，形成了与高拱对立的力量。隆庆五年的冬天，发生了一次风波，高拱要引张四维入阁，偏偏御史郜永春弹劾张四维。高拱认为这是殷士儋指使的，于是高拱手下的给事中韩楫便扬言威胁殷士儋，这样内阁便酝酿一次公然的大口角了。

明朝的惯例，每月的初一、十五给事中要到内阁和大学士见面，大家作一个揖，称会揖，内阁与给事中之间互通声气。这一次韩楫到了，会揖以后，殷士儋对韩楫说："你犯不着给别人利用。"高拱生气了，便气愤地说："成何体统！"于是殷士儋便与高拱对骂了，说驱除陈阁老以勤的是你，驱除李阁老春芳的也是你，现在你要提拔张四维，要驱除我了，内阁只能你一个人说了算，这是什么体统？张居正在一旁看不下去，出来劝架，结果连张居正也一起挨骂。内阁成了公开吵架的场所，暗斗成为明斗。这次吵架穆宗没有说什么，但殷士儋也待不下去了，有御史侯居良出面对殷士儋进行弹劾，于是殷士儋上疏要求致仕，十一月间，这位来自山东的大学士也就离开内阁了，内阁成为高拱与张居正二人联合掌控的内阁，变成周、召夹辅成王的模式了，然而张居正也害怕高拱。从这个过程可以看到，言官实际上成为内阁大学士之间内讧时互相攻击的工具。

（三）高拱对人才的选拔和任用

高拱主持内阁，还是做了一件大好事，那就是北方边疆问题处理得比较妥帖。高拱是以大学士兼任吏部尚书的，《明史·高拱传》称：

其在吏部，欲遍识人才，授诸司以籍，使署贤否，志爵里姓氏，月要而岁会之。仓卒举用，皆得其人。又以时方忧边事，请增置兵部侍郎，以储总督之选。由侍郎而总督，由总督而本兵，中外更番，边材自裕。又以兵者专门之学，非素习不可应卒。储养本兵，当自兵部司属始。宜慎选司属，多得智谋才力晓畅军旅者，久而任之，勿迁他曹。他日边方兵备督抚之选，皆于是取之。更各取边地之人以备司属，如铨司分省故事，则题覆情形可无扞格，并重其赏罚以鼓励之。凡边地有司，其责颇重，不宜付杂流及迁谪者。皆报可，著为令。

高拱这条建议是正确且可行的，边备要从行伍中选人，要预作准备，以应不时之需，强调实践中出将才，按照兵部侍郎—总督—兵部尚书，这样的升迁顺序，强调的是将领要有实战的能力，这样才能统率指挥，掌握全局。因此这个时期边镇所使用的人才，大体都能适应当时战局形势的需要，如主持兵部及边事大任的谭纶、王崇古、方逢时、张学颜、吴兑、戚继光等，在处理北方边镇的问题上，都起了积极作用，扭转了嘉靖中叶被动的局面。

另外，高拱在人事铨选的问题上，提出科贡与进士并用，勿循资格，其在部考察，多所参伍，不尽凭文书为黜陟，并不拘人数多寡，黜者必告以故。换一句话说，用人不一定都要求进士出身，举人和监生有才能者一样可以录用。有才能的人不应受编制限制，要网罗有用之才，使人尽其才，才尽其用。这些主张在人事铨选上打破了循资格那一套官僚主义的办法，对优化机构职能有益。从人事管理层面来看，高拱这两条建议还是有益的。

在具体用人上，他是唯才是举。如广西局势不稳，他用殷正茂为两广总督，他说："是虽贪，可以集事。"（《明史·高拱传》）在那个时代贪污成风，只要不害事，还是事功为第一位，否则没有人办事也不行，贪而坏事、惹事，那就绝对不行了。这也得看形势，实际上是二害相权取其轻而已。贪风盛行的地方，则要器重廉吏，"以广东有司多贪黩，特请旌廉能知府侯必登，以厉其余"（《明史·高拱传》）。派人出使，你要交代方针政策，"贵州抚臣奏土司安国亨将叛，命阮文中代为巡抚，临行语之曰：'国亨必不叛，若往，无激变也。'既而如其言"（《明史·高拱传》）。这方面显示高拱在人事管理上还是很能干的。

（四）俺答汗封贡与北方边疆问题的解决

高拱在内阁时，做的另一件好事便是与俺答汗达成封贡之事。《明史·高拱传》云："俺答孙把汉那吉来降，总督王崇古受之，请于朝，乞授以官。朝议多以为不可，拱与居正力主之。遂排众议请于上，而封贡以成。"当时北方蒙古鞑靼分成三部分，实力不相上下，嘉靖中叶入侵内地的主要是俺答部。当时有汉人赵全等尊俺答为帝，在青州地区招汉人佃作，号板升，治宫殿，建制度，立开化府，帮助俺答练兵，扰乱边事几十年，这是一个非常不稳定的地区。隆庆四年（1570年）冬，有俺答汗的孙子把汉那吉来降，大同巡抚方逢时接受其降。"逢时告总督王崇古曰：'机不可失也。'"（《明史·方逢时传》）王崇古传亦载其事云：

把汉那吉者，俺答第三子铁背台吉子也。幼失父，育于俺答妻一克哈屯。长娶大成比妓不相得。把汉自聘我儿都司女，号三娘子，即俺答外孙女也。俺答见其美，夺之。把汉恚，又闻崇古方纳降，是年十月率妻子十余人来归。巡抚方逢时以告。崇古念因此制俺答，则赵全等可除也，留之大同，慰藉甚至。偕逢时疏闻于朝曰:"俺答横行塞外几五十年,威制诸部,侵扰边圉。今神厌凶德,骨肉离叛,千里来降,宜给宅舍,授官职,丰饩廪服用,以悦其心,严禁出入,以虞其诈。若俺答临边索取,则因与为市,责令缚送板升诸逆,还被掠人口,然后以礼遣归,策之上也。若遂桀骜称兵,不可理谕,则明示欲杀,以挠其志。彼望生还,必惧我制其死命。志夺气沮,不敢大逞,然后徐行吾计,策之中也。若遂弃而不求,则当厚加资养,结以恩信。其部众继降者,处之塞下,即令把汉统领,略如汉置属国居乌桓之制。他日俺答死,子辛爱必有其众。因加把汉名号,令收集余众,自为一部。"(《明史·王崇古传》)

这个建议到达朝廷,立即议论纷然,不少御史强烈反对,兵部尚书郭乾不敢作决定,而高拱与张居正竭力主张接受王崇古的建议。当时北方俺答立即准备分道进犯,然而一克哈屯思念其孙,朝夕哭,俺答也没有办法,方逢时派百户鲍崇德入其营,说明"朝廷待而孙甚厚,称兵是速其死"(《明史·王崇古传》)。于是俺答派人去看把汉那吉,王崇古让把汉那吉绯袍金带见使者,俺答大喜过望,于是提出以赵全作为交换条件,让北边保持和平的局面,他说:"天子幸封我为王,永长北方,诸部孰敢为患。即不幸死,我孙当袭封,彼受朝廷厚恩,岂敢负耶?"(《明史·王崇古传》)这样把汉那吉回去,俺答遣使报谢,誓不犯大同。又通过俺答令要土蛮、吉囊俱入贡,这样明王朝解除了北方边防的威胁。这件事是高拱与张居正一起办成的。

五、冯保与高拱的对立及张居正执政

（一）冯保与高拱的矛盾

穆宗是隆庆六年（1572年）五月间去世的，穆宗的去世是突发事件，据张居正儿子张敬修《文忠公行实》的记载，穆宗在坐朝的时候，突然站起来走了几步，嘴歪了，口齿不清，这显然是中风的症状。冯保在旁，赶上扶住，张居正也抢前去扶住。然后穆宗回宫，召大学士高拱、张居正、高仪入乾清宫，穆宗斜躺在卧榻上，皇后、皇贵妃、皇太子在御榻的旁边，三位大学士在御榻的前边，由内侍冯保宣诏："朕嗣祖宗大统，今方六年，偶得此疾，遽不能起，有负先皇付托。东宫幼小，朕今付之卿等三臣，同司礼监协心辅佐，遵守祖制，保固皇图，卿等功在社稷，万事不泯。"（高拱《高文襄公集》卷四十三《顾命纪事》）次日，穆宗便逝世了，大臣们在内阁中吵吵嚷嚷，高拱说了一句"十岁的太子，怎样治天下啊！"这个时候，高拱思考的是如何限制内侍的权力，而冯保考虑的是如何解除高拱在内阁的权力，以巩固自己在内廷的地位。在这之前高拱与冯保便有矛盾，冯保背后有后宫两位太后及神宗万历的支持，而高拱背后有六科及御史台言官的支持。关于冯保与高拱的矛盾，

《明史·宦官二·冯保传》有一段记载：

> 冯保，深州人。嘉靖中，为司礼秉笔太监。隆庆元年提督东厂兼掌御马监事。时司礼掌印缺，保以次当得之，适不悦于穆宗。大学士高拱荐御用监陈洪代，保由是疾拱。及洪罢，拱复荐用孟冲。冲故掌尚膳监者，例不当掌司礼。保疾拱弥甚，乃与张居正深相结，谋去之。会居正亦欲去拱专柄，两人交益固。穆宗得疾，保密属居正豫草遗诏，为拱所见，面责居正曰："我当国，奈何独与中人具遗诏。"居正面赤谢过。拱益恶保，思逐之。

这里说张居正与冯保预草遗诏，不一定属实，因穆宗发病，第二天召见内阁，二人中间没有时间商量起草遗诏。事实上是冯保在穆宗去世之后、神宗正式即位以前通过两宫太后担任了掌印太监，当时有小太监把高拱在内阁说的"十岁的孩子，怎样治天下啊"这个话传到内廷，被夸大了。《明史·宦官二·冯保传》云："初，穆宗崩，拱于阁中大恸曰：'十岁太子，如何治天下。'保潜于后妃曰：'拱斥太子为十岁孩子，如何作人主。'后妃大惊，太子闻之亦色变。"据王世贞的《首辅传》，冯保在皇后面前讲到高拱要废掉太子，迎立周王为天子。同时高拱对传旨至内阁的内侍也不客气，他说："旨出何人？上冲年，皆若曹所为，吾且逐若曹矣。"（《明史纪事本末·江陵柄政》）内臣还报，冯保失色，谋逐高拱。这样后宫便人情汹汹，认为祸且不测，而高拱手下的言官们一起上疏攻击冯保掌司礼监之事，如礼科给事中陆树德便在奏疏中说：

> 先帝甫崩，忽传冯保掌司礼监。果先帝意，何不传示数日前，

乃在弥留后？果陛下意，则哀痛方深，万几未御，何暇念中官？（《明史·陆树德传》）

吏科都给事中雒遵则攻击冯保站在御座旁：

保一侍从之仆，乃敢立天子宝座。文武群工拜天子邪？抑拜中官邪？欺陛下幼冲，无礼至此！（《明史·雒于仁传》）

（二）高拱的致仕

言官们如此攻击内廷的宦官，内外廷的矛盾便尖锐化了，张居正奉诏到大峪岭视察穆宗的葬地，高仪则请病假，由此形成了高拱挟内阁以言官与内廷冯保争斗的局面。

六月十六日，神宗即位第七天，召集大臣到会极门，由冯保传皇后、皇贵妃和皇帝的谕旨：

告尔内阁、五府、六部诸臣：大行皇帝宾天，先一日，召内阁三臣御榻前，同我母子三人，亲受遗嘱曰："东宫年少，赖尔辅导。"大学士拱，揽权擅政，夺威福自专，通不许皇帝主管。我母子日夕惊惧，便令回籍闲住，不许停留。尔等大臣，受国厚恩，如何阿附权臣，蔑视幼主！自今宜洗涤忠报，有蹈往辙，典刑处之。（《明史纪事本末·江陵柄政》）

于是即日高拱被赶出朝门，还是张居正为其乞驰驿而归。不久高仪病故，张居正便成为内阁首辅。这个过程实际上是一场宫廷政变，发动者是冯保，支持者是两宫，得益者是张居正。

（三）张居正、李太后、冯保对万历帝的严格管束

张居正执政，面对三方面的势力：一是司礼监冯保；二是两宫的皇后与贵妃，主要是神宗的母亲李贵妃；三是10岁的神宗。这三者之间，将来变数最大的是神宗，当时神宗只有10岁，一切还没有定型，成年以后，他怎么执政就是一个变数。张居正的方针是依靠冯保与李贵妃，对神宗严加管教，这在《明史》的张居正、冯保、孝定李太后等人的传中都能得到印证。

《明史·张居正传》云：

帝初即位，冯保朝夕视起居，拥护提抱有力，小扞格，即以闻慈圣。慈圣训帝严，每切责之，且曰："使张先生闻，奈何！"于是帝甚惮居正。及帝渐长，心厌之。乾清小珰孙海、客用等导上游戏，皆爱幸。慈圣使保捕海、用，杖而逐之。居正复条其党罪恶，请斥逐，而令司礼及诸内侍自陈，上裁去留。因劝帝戒游宴以重起居，专精神以广圣嗣，节赏赉以省浮费，却珍玩以端好尚，亲万几以明庶政，勤讲学以资治理。帝迫于太后，不得已，皆报可，而心颇嗛保、居正矣。

《明史·孝定李太后传》云：

太后教帝颇严。帝或不读书，即召使长跪。每御讲筵入，尝令效讲臣进讲于前。遇朝期，五更至帝寝所，呼曰"帝起"，敕左右掖帝坐，取水为盥面，挈之登辇以出。帝事太后惟谨，而诸内臣奉太后旨者，往往挟持太过。帝尝在西城曲宴被酒，令内侍歌新声，辞不能，取剑击之。左右劝解，乃戏割其发。翼日，

太后闻，传语居正具疏切谏，令为帝草罪己御札。又召帝长跪，数其过。帝涕泣请改乃已。

《明史·宦官二·冯保传》亦云：

慈圣太后遇帝严。保倚太后势，数挟持帝，帝甚畏之。时与小内竖戏，见保入，辄正襟危坐曰："大伴来矣。"所昵孙海、客用为乾清宫管事牌子，屡诱帝夜游别宫，小衣窄袖，走马持刀，又数进奇巧之物，帝深宠幸。保白太后，召帝切责。帝长跪受教，惶惧甚。保属居正草帝罪己手诏，令颁示阁臣。词过抵损，帝年已十八，览之内惭，然迫于太后，不得不下。居正乃上疏切谏。又缘保意劾去司礼秉笔孙德秀、温太及掌兵仗局周海，而令诸内侍俱自陈。由是保所不悦者，斥退殆尽，时八年十一月也。

从这三条记载，可以看出神宗在20岁以前，受到的管束相当严格。但一个人成长不能全靠外部约束，还得靠自觉，没有这个觉悟，外部约束一旦松懈，诸事由其自行决定，由于逆反心理，人就会走向反面。同时还可以看到另一方面，在内廷无论是李太后还是冯保，对张居正都很信任。神宗在张居正活着时对其还有三分畏惧，一旦成婚，李太后的约束少了，张居正去世，冯保便管不住神宗了。出于对早年受到严格约束的逆反心理，神宗按其本性便可能会向消极方向发展，这造成了张居正生前与身后完全不同的政治局面。人的教育和成长，仅靠外部的环境和约束是不够的，一定要调动其内在的自觉，自小的玩伴所起的作用可能胜过父母与师长，孟母三迁，有其道理。回过头来说，神宗10岁即皇帝位，高拱讲的"十岁的孩子，怎样治天下啊"这句话并不错，名义上神宗是皇帝，但那时候他不可能做主，内廷与太后也不能做主，实际上是内阁首辅做主了。张居正与冯保相结，逐高拱的结果是张居正成为首辅。这十年时间，张居正只要照顾好后宫两太后和结交好冯保，管束住神宗，实际执政者便是他了。

六、张居正执政方略

(一) 强调朝廷政策必须真正贯彻执行

高拱致仕,其实只是人事上的变动,从执政理念上来说,高拱与张居正并没有大的分歧。高拱在隆庆那几年的决策,张居正都参与其间,如对于俺答封贡的事,二人的意见完全一致。要说张居正与高拱有什么区别的话,那就是高拱比较强硬,办起事来,不顾一切地蛮干;而张居正则比较精明,他能够考虑到内廷的方方面面。故从隆庆到万历十年,这十六年间的施政,实际上是前后连贯的,都是在着力解决嘉靖晚年留下的许多问题,改变那时对上下官吏放任自流的状况,也就是嘉靖去世时,张居正协助徐阶起草的遗诏中讲到的那些事情。《明史·张居正传》称:

> 帝虚己委居正,居正亦慨然以天下为己任,中外想望丰采。居正劝帝遵守祖宗旧制,不必纷更,至讲学、亲贤、爱民、节用皆急务。(这是对神宗而言,要遵守祖制,要亲贤臣远小人,要爱民节用,也就是约束宫廷的奢靡消费。)帝称善。大计廷臣,斥诸不职及附丽拱者。复具诏召群臣廷饬之(这就是徐阶去位,李春芳为首辅时,张居正上《陈六事疏》中的第一条,即"省议论",换句

话说便是"多指乱视,多言乱听",要"扫无用之虚词,求躬行之实效",言官不要议论纷纷,干扰时政),百僚皆惕息。

"居正为政,以尊主权、课吏职、信赏罚、一号令为主。"(《明史·张居正传》)这就是他提出六事疏中的第二条"振纪纲"。第四条"核名实",他强调"严考课之法,审名实之归","遵照祖宗旧制,凡京官及外官,三、六年考满,毋得概行复职,滥给恩典,须明白开具'称职''平常''不称职',以为殿最"。"至于用舍进退,一以功实为准,毋徒眩于声名,毋尽拘于资格,毋摇之以毁誉,毋杂之以爱憎,毋以一事概其平生,毋以一眚掩其大节。"(《张居正集》卷一《陈六事疏》)这讲的是根据朝廷政策推行的实际情况考核官吏的政绩,以此决定黜陟。

张居正执政的基本观念,是强调考成之法:"天下之事,不难于立法,而难于法之必行。不难于听言,而难于言之必效。"他指出:"近年以来,章奏繁多,各衙门题覆,殆无虚日,然敷奏虽勤,而实效盖少。""上之督之者虽谆谆,而下之听之者恒藐藐。""请自今伊始,申明旧章。"(《张居正集》卷三《请稽查章奏随事考成以修实政疏》)

这个旧章就是具体考察官员实际执行朝廷政策的政绩,不仅听其言,而且考察其如何执行以及执行的实际效果。在这一点上,张居正与王安石有差异,王安石在宋神宗时想的是如何变更旧法,他的改革是希望通过创造一系列新法来改变北宋财政窘迫的状态,如免役法、青苗法、保甲法,都着力创建新制,以解决旧制的弊端。而张居正强调的是遵循祖制,不必纷更旧制,关键是要循名责实。

他主持会试时，曾说过这样一番话：

> 夫高皇帝之始为法也，律令三易而后成，官制晚年而始定，一时名臣英佐，相与持筹而算之，其利害审矣！后虽有智巧，蔑以逾之矣！（《张居正集》卷三十一《辛未会试程策》）

这是认为朱元璋所定的律令已很完美了，现在没有人能超过他的成算，问题出在如何贯彻执行上面。故其云：

> 车之不前也，马不力也，不策马而策车，何益？法之不行也，人不力也，不议人而议法，何益？
>
> 天下之治，始乎严，常卒乎弛。而人之情，始乎奋，常卒乎怠，今固已怠矣。
>
> 一令下，曰："何烦苛也？"一事兴，曰："何操切也？"相与务为无所事事之老成，而崇尚夫坐啸画诺之惇大，以此求理，不亦难乎！此病在积习者，一也。（按：这是讲官僚主义作风，拖拖拉拉，不办实事。）
>
> 天下之势，上常重而下常轻，则运之为易。今法之所行，常在于卑寡。势之所阻，常在于众强，下挟其众而威乎上，上恐见议而畏乎下，陵替之风渐成，指臂之势难使，此病在纪纲者，二也。（按：这是讲中央的号令在贯彻过程中常常受阻于基层的习惯势力、既得利益集团的阻挠，这样的话重则政令不出朝堂，轻则等因奉此，用官话套话应付过去，政令不收实效，官员没有纪纲的约束。）
>
> 夫多指乱视，多言乱德，言贵定也。今或一事未建，而论者盈庭；一利未兴，而议者踵至。是以任事者多却顾之虞，而善宦者工遁藏之术，此病在议论者，三也。（按：议论过滥，莫衷一是，

结果往往是互相推诿，议而不决，观望不定，如此条件下，办事没有效率可言。）

夫屡省考成，所以兴事也，故采其名，必稽其实，作于始，必考其终，则人无隐衷而事可底绩。今一制之立，若曰："著为令矣。"曾不崇朝，而遽闻停罢。一令之施，若曰："布海内矣。"而畿辅之内且格不行。利害不究其归，而赏罚莫必其后，此病在名实者，四也。（按：这里有三个问题，一是重诏令，即政令要郑重，不能朝令夕改。如果政令常出现反复和自相矛盾，下面就无法执行。二是政令要明晰，不能含混不清，否则下面只能等因奉此地应付。三是政令要雷厉风行，否则看起来是号令全国，实际上连京师也格而不行，那怎能在全国推行？所以政令颁布以后，要限期考成，才能看到有没有实效。名实一致，要由考核来明确，否则只是一阵风，过去这一阵就没了。）

四者之弊，熟于人之耳目，而入于人之心志，非一日矣。今不祛四者之弊以决其壅，疏其窒，而欲法之行，虽日更制而月易令，何益乎？（按：这些积习，要改也难。其本质还是官僚作风问题，而作风的背后则是一个人的理想和追求的问题。如此一来，一心只惦记个人的仕途，忙着走门路、托关系，哪里会有干劲去做几件实事呢？故关键还是人的精神面貌的问题。）（《张居正集》卷三十一《辛未会试程策》）

张居正执政的目标是什么呢？说到底还是孔子在《论语》中讲的"足食""足兵"，富国与强兵这两条。然而形势的发展有其自然的趋势，要改变既成的发展趋势很难，从嘉靖到隆庆，明代积弱和萎靡不振的趋势已经形成。张居正说：

> 天下之势最患于成，成则未可以骤反。治之势成，欲变而之乱难；乱之势成，欲变而之治难。（《张居正集》卷三十九《杂著》）
>
> 国势强则动罔不吉，国势弱则动罔不害。譬人元气充实，年力少壮，间有疾病，旋治旋愈，汤剂针砭，咸得收功。元气虚弱，年力衰惫，一有病患，补东则耗西，实上则虚下，虽有扁卢，无可奈何！（《张居正集》卷三十九《杂著》）

这是他对当时形势的一个基本认识，积弱的趋势已经成型了，要扭转这个趋势很艰难，他只能耐心地慢慢改变。

（二）通过京察考核官吏

张居正的方略是整饬纪纲，先整顿官僚队伍的作风，他借着京察来澄清吏治，整肃官风。在接任首辅的隆庆六年（1572年）七月，张居正便奏请举行京察，五品以下由吏部、都察院会同考察，四品以上责令自陈。

明代的监察制度有京察、外察之分，京察是每六年一次，是对京官的考察。外察是每三年一次。如果京察与外察同时举行，那便是大计，凡大计论处的便永不叙用。明代的科道官既纠劾他官，也在纠察机关内部互纠。张居正在原来京察和外察的基础上，要考核过去下达的政令是否付诸实施，实施的效果究竟如何，政务是否仅停留在公文的履行上。他在万历元年（1573年）规定了各个衙门分置三个账本。一本是底册，记载一切收发文、相关的章程和计划的要求。一本是各部送六科之备注，即底册相关的事项，完成一件，注销一件，有积久尚未实行，即由该科具奏候旨。一本送内阁考查。这样便能综核名实，考成的结论可以有账本核实，公事不再停留在纸面的公文上。政令不能仅仅通过置邮传之四方就行了，关键是要认真付诸实施。六科有了账本，便可以随时检查，内阁亦可随时核查，这样"月有考，岁有稽，不惟使声必中实，事可责成，而参验综核之法严，即建言立法者，亦将虑其终之罔效，而不敢不慎其始矣"。言要以行之效果来检验了，那么言也会很慎重。关于张居正考成法的奏疏，神宗有一段上谕称：

> 事不考成，何由底绩？这所奏，都依议行。其节年未完事件，系紧要的著该部院另立期限，责令完报。若不系钱粮紧要，及年远难完的，明白奏请开除，毋费文移烦扰。（《张居正集》卷三《请稽查章奏随事考成以修实政疏》）

这样可以大大减轻文牍主义和官僚主义，对于一帮坐食靡费、不能办事的官僚主义者来说，这一切当然是刚狠苛刻，他们混日子就比较难了。张居正这一套实打实的考核办法，对今天考核政绩还有参考意义，政绩不是只有GDP一个指标，更应通过一件一件实事来审计。

张居正考成法实施后，首先在赋税的整理方面收到了实效。隆庆初年，国家的收入每年是二百五十余万两，支出是四百余万两，这样的财政收支状况是难以为继的。隆庆三年（1569年），穆宗向户部要三十万两银子，内阁把财政收支的账摊给穆宗，请求其了解收支情况后，再考虑能支取多少银两。为了改善财政状况，节流为先，穆宗只要了十万两。隆庆六年下半年，张居正执政以后，首先设法限制宫廷的开支。如要修穆宗的实录，依例应赐宴开馆修纂之臣，张居正上疏免了这次公款吃喝，最终节省几百两银子的开支。又如这一年冬天，神宗开始日讲，次年正月开始经筵，元宵节要有灯火，这些都节省了，这一年光禄寺的春节供应节省了七百余两白银。万历元年（1573年）十月，张居正给明神宗讲课，便讲宋仁宗不爱珠饰，贤臣才是他的宝贝。君臣二人一对一答很是有趣。

张居正说："明君贵五谷而贱珠玉，五谷养人，珠玉饥不可食，寒不可衣。"

明神宗说："正是，宫人们喜欢珠玉，但是朕在岁赐上，没有一次不减省的。"

张居正表扬明神宗，称其所为是社稷苍生的福泽。那时内承运库太监根据嘉靖时期的旧习，请买金珠，张居正立即封还这份奏疏给神宗了。光禄寺在嘉靖末年的采办，每年开支十七万两白银，隆庆、万历年间节省到十三四万两，说明宫廷御厨的开支也减少了。

（三）推行一条鞭法

节流是一个方面，考成法最有效的是开源，那就是均平赋役的负担。张居正给当时应天巡抚宋仪望的一封信中讲到苏南地区的财税问题。其云：

自嘉靖以来，当国者政以贿成，吏胥民膏以媚权门，而继秉国者又务一切姑息之政，为逋负渊薮，以成兼并之私。私家日富，公室日贫，国匮民穷，病实在此。仆窃以为贿政之弊易治也，姑息之弊难治也。(即治贪腐还好办，治官僚主义则非常困难。)何也？政之贿，惟惩贪而已。至于姑息之政，倚法为私，割上肥己。（若钻政策空子，不吃白不吃，挥霍公共财物。）即如公言"豪家田至七万顷，粮至二万，又不以时纳"。夫古者大国公田三万亩，而今且百倍于古大国之数，能几万顷，而国不贫？故仆今约己敦素，杜绝贿门，痛惩贪墨，所以救贿政之弊也。查刷宿弊，清理逋欠，严治侵渔揽纳之奸，所以砭姑息之政也。（这是改变作风。）上损则下益，私门闭则公室强。故惩贪吏者，所以足民也；理逋负者，所以足国也。官民两足，上下俱益，所以壮根本之图，建安攘之策，倡节俭之风，兴礼义之教，明天子垂拱而御之。

夫民之亡且乱者，咸以贪吏剥下，而上不加恤。豪强兼并，而民贫失所故也。今为侵欺隐占者，权豪也，非细民也。而吾法之所施者，奸人也，非良民也。清隐占，则小民免包赔之累，而得守其本业；惩贪墨，则闾阎无剥削之扰，而得以安其田里。如是，民且将尸而祝之，何以逃亡焉？……究观古今治乱兴亡之故，曾有官清民安、田赋均平而致乱者乎？（《张居正集》卷十九《答应天巡抚宋阳山论均粮足民》）

明神宗登基以后，曾下诏隆庆元年（1567年）以前的积欠一概豁免；隆庆四年以前的积欠，免三征七；隆庆五年以后的积欠，则需要征交。在考成法的规定下，征赋不足额的巡抚和巡按御史听纠，府州县官听调。明代财政经过嘉靖、隆庆两代虚耗亏空以后，从神宗登基起，到万历十年（1582年），逐渐转向富庶的阶段。

在税制方面，张居正另一个重大措施是推行"一条鞭法"，这实际上是差役征收方法上的改进。明代民间有差役的义务，而差役又分成力差和银差两种。由于差役编派不够，造成民间负担轻重不等，所以要推行均徭法。一条鞭法，是把一个县的力差和银差加在一起，完全摊派到全县的丁粮里面，随同赋税完纳，由此所得银两收入由国家政府用来雇役。这样征收的办法简化了，民众负担也平均了，丁粮多的富户负担重了，丁粮少的负担轻了，征收手续也比较方便。第一个提倡这个办法的是浙江巡按庞尚鹏，于嘉靖四十五年（1566年）在浙江推行，以后周如斗在江西巡抚任内也曾推行。隆庆初年，继周如斗任江西巡抚的刘光济亦奏请在江西全境推行一条鞭法。隆庆四年（1570年）十月，庞尚鹏任福建巡抚，再次奏请推行一条鞭法。所以一条鞭法先是在南方推行。

万历四年（1580年），张居正把一条鞭法推行到湖广，次年他决定在全国大部分地区推广。那时他说："条鞭之法，近旨已尽事理，其中言不便，十之一二耳，法当宜民。政以人举，民苟宜之，何分南北。"（《张居正集》卷二十二《答总宪李渐庵言驿递条编任怨》）到万历九年的正月，他通过诏旨，将一条鞭法推行到全国。故一条鞭法是自下而上，在总结经验的基础上逐步推广，最终在全国推行。要推行一条鞭法，与之相关的，是必须弄清丁粮的实际情况，丁要有户口的编审，粮要丈量土地，只有田亩的所有关系弄清了，才能真正实现均平负担。《明史·食货志二》称：

一条鞭法者，总括一州县之赋役，量地计丁，丁粮毕输于官。

一岁之役，官为佥募。力差，则计其工食之费，量为增减；银差，则计其交纳之费，加以增耗。凡额办、派办、京库岁需与存留、供亿诸费，以及土贡方物，悉并为一条，皆计亩征银，折办于官，故谓之一条鞭。立法颇为简便。嘉靖间数行数止，至万历九年乃尽行之。

故张居正对一条鞭法的推行是有功的。

明代国家的岁入，主要是赋与役二项，赋是田赋，役是丁役，一是按田亩来分摊，一是按丁口来分摊，要分摊得合理，便必须把田亩和丁口调查清楚，负担才能均平。洪武二十年（1387年），朝廷命国子生等分行州县，量度田亩方圆，确定土地主名及田之面积，这样便在全国丈量土地，编制鱼鳞图册。户口是每十年，有司更定其册，以一百十户为一里，推丁粮多者十户为长，余百户为十甲，甲凡十人，派役以丁粮多寡为序，凡十年一周，曰排年。户口册一式四份，一上户部，其余府、县、布政司各一。洪武二十六年，全国调查的结果是户一千零六十五万二千八百七十，口六千零五十四万五千八百十二，田八百五十万七千六百二十三顷。到弘治四年（1491年），户是九百十一万三千四百四十六，口是五千三百二十八万一千一百五十八，与洪武时相比，户口数略有减少。土地田亩的数字，在弘治十五年，只四百二十二万八千五十八顷，比洪武时减少一半，减少的田亩实际上是被寄在豪民名下。万历六年（1578年）全国有一千六十二万一千四百三十六户，六千六十九万二千八百五十六口，田亩数七百零一万三千九百七十六顷，田亩比弘治时多了三百万顷，接近洪武年间的数字。田亩数的变化，是由于万历时丈量以后，隐匿的部分被清理出来了。从这个数字的变化上，也可以看出张居正的考成法在整顿赋税收入上还是有成效的。至万历六年，太仓的岁入达到四百五十余万两，比嘉靖时翻了一倍，从收支上讲，应该说基本平衡了，这就是张居正"为考成法以责吏治"（《明史·张居正传》）所取得的成绩。"太仓粟充盈，可支十年。互市饶马，乃减太仆种马，而令民以价纳，太仆金亦积四百余万。"（《明史·张居正传》）由于财政上扭转了局面，明朝万历初年的政局处于稳定向好的状态，这一切都应归功于张居正的努力。

（四）解决北方的边疆问题

北方的边疆，俺答互市成于隆庆五年（1571年），接下来河套地区的吉囊也请求封贡互市，于是朝廷也授吉囊都督同知，允许在河套互市。"崇古乃广召商贩，听令贸易。布帛、菽粟、皮革远自江、淮、湖广辐辏塞下，因收其税以充犒赏。其大小部长则官给金缯，岁市马各有数。……自是边境休息。东起延、永，西抵嘉峪七镇，数千里军民乐业，不用兵革，岁省费什七。"（《明史·王崇古传》）隆庆末万历初，北方边疆的中西部封贡互市，王崇古迁兵部尚书，边镇由方逢时接任总督宣、大、山西军务，两人首尾共济，边境安宁，正北和西部边境得以稳定。

为了处理与土蛮部的关系，张居正任用戚继光与李成梁对付土蛮的侵扰。经过几次战役，与土蛮部亦达成通贡。当时辽西有戚继光，辽东有李成梁，蓟门的防守甚固。这个地区在嘉靖年间，增兵益饷，骚动天下，十七年间，易大将十人，总督王忬、杨选皆以失律被诛。而戚继光在镇十六年，边备修饬，蓟门宴然。继之者，踵其成法，数十年得无事。戚继光、李成梁在中枢靠张居正的支持，倚任不移。史称："居正尤事与商确，欲为继光难者，辄徙之去。"（《明史·戚继光传》）《明史》卷二百二十二谭纶、王崇古、方逢时、吴兑等人传后赞语云：

> 考其时，盖张居正当国，究心于军谋边琐。书疏往复，洞瞩机要，委任责成，使得展布，是以各尽其材，事克有济。观于此，而居正之功不可泯也。

这一切虽得益于前方将士的努力，但与中枢主持政事者的支持和关心是分不开的。张居正对边臣也采取考成的办法，《明史·戚继光传》称：

> 自顺义受封，朝廷以八事课边臣：曰积钱谷、修险隘、练兵马、整器械、开屯田、理盐法、收塞马、散叛党。三岁则遣大臣阅视，而殿最之。

对于边防要害地区军事将领的考成，要考虑到边防军事的实际情况，这与对一般地方官员的考核不同，前者叫巡边。隆庆六年（1572年）十月，张居正接任内阁首辅以后，把巡边放在首位，因为这关系到国家的安全问题。他派兵部侍郎汪道昆巡视东面的蓟、辽二镇；兵部右侍郎吴百朋巡视宣、大、山西三镇；兵部侍郎协理京营戎政的王遴巡视陕西四镇，即延绥、榆林、宁夏、甘肃四镇，这就是明代在北边的九镇。巡视情况张居正都亲自具体过问。这三个巡视大臣都是兵部侍郎，都是嘉靖二十六年（1547年）的进士，与张居正

同年。汪道昆巡视的蓟、辽是戚继光的驻地,张居正让其带信给戚继光,信中说:

> 汪司马知足下素深,相待之礼,必从优厚,顷已面嘱之,然渠亦自不俟嘱也。但足下自处,又且务崇谦抑,毋自启侮。昔李愬属橐鞬谒裴度于道,《唐史》美之。盖重命使,所以尊朝廷也,司马此行,于蓟事甚有关系,幸留意焉。(《张居正集》卷十七《与戚总兵》)

这就是事先打招呼,要双方互相尊重,所以汪道昆去了以后一切顺利,议额银、增设墩台的计划,一切都依原先的设想得以实现。王遴去陕西,张居正也去信加以鼓励,把事情办妥以后,王遴便告病还乡了。吴百朋去宣府、大同、山西三镇,那时双方便有一些误会。宣大总督王崇古当时顾虑受人掣肘,吴百朋则认为自己出使是贬谪,张居正给双方写信疏通。吴百朋去了以后,他从以下八个方面考核边臣:粮饷,险隘,兵马,屯田,盐法,器械,番马,逆党。这个人办事很认真,他对宣大总督王崇古、宣府巡抚吴兑、山西总兵郭琥都指出其功过,对大同总兵马芳则提出弹劾。明代的军队上上下下腐败成风,军费是最大的开支,总兵拿到军费后下发时层层克扣,同时又把中饱私囊所得向京官、科道贿赂,有时大学士也受贿,故舞弊贪赃比比皆是,吃空饷成风。即使高级长官不受贿,行贿者也会和他的家丁联系。吴百朋当然能找到马芳的问题,并对其加以弹劾,同时言官还弹劾宣府的总兵赵岢,这让总督王崇古脸上挂不住了。然而王崇古是封贡有功之臣,马芳与赵岢还是能战的宿将,轻易动不得。故张居正给吴百朋写信,他首先撇清自己与马芳和赵岢的关系，又说明为了边防安全不能将二人轻易撤换。他说：

> 仆与马、赵素不识面，异时当国者之家奴，率与边将结拜，鲜不受其啖者。自仆任事以来，内外隔绝，幸门尽堙，朝房接受公谒，门巷间可张罗，亦无敢有以间语谮言入于仆之耳者，又何所私庇于人？即此两人之狡猾无状，仆岂不知？第以其俱嘿嗜宿将，部下又多犷少，代者未必能驭。即有瘢颣，犹可驱策而用之。贡市羁縻，本难久恃，猝有缓急，无可使者，故不得已曲为保全，徒以为国家耳。士大夫乃独不谅鄙心，奈之何哉！

（《张居正集》卷十八《答蓟镇巡抚言优假将官》）

最终还是将马芳免职，张居正再去信向吴百朋做解释，说明自己的苦衷。九边他要派人巡视，但九边的人选不能轻易变化，因为这牵涉到边境的安全。守边的将领与北方诸部的人事关系也很复杂，且这些人兵权在手，军队里的袍泽关系是历史形成的，他们之间的信任关系如果因人事变动发生变化，一旦边境多事，问题就更棘手了。李成梁是那时守卫辽东地区的名将，威镇这个地区，他对付插汉和建州卫颇有策略。李成梁在辽东镇守二十二年，先后奏大捷不下十次，然而他"贵极而骄"，"结纳朝士，中外要人无不饱其重赇，为之左右"（《明史·李成梁传》）。李成梁去位以后，十年之间更易八帅，边备益弛，满洲的努尔哈赤随之起于辽东。万历二十九年（1601年），明廷不得不重新启用李成梁，他复镇八年，辽左少事。从这个过程，可以看到处理军队的问题特别是处置边防将领，应注意轻重缓急，权衡其中的利害关系。张居正在这个问题上，还是比较有分寸的，否则边防稳不住，就会影响大局稳定。不仅张居正如此，当年高拱也是如此。隆庆三年（1569年），内阁决定派兵平定广西的动乱，高拱用殷正茂为广西巡抚，正茂有才，但贪污是免不了的，高拱说："给他一百万两，正茂也许吞没一半，但只有他能把事情办好。"后来正是殷正茂平定了广西的叛乱。历史上梁武帝用曹景宗，他的部下皆"桀黠无赖"（《梁书·曹景宗传》），毛泽东阅读史书时在其传记中批注："曹孟德、徐世勣、郭雀儿、赵玄郎亦用此等人。"军队里难免有流氓无赖，将领中也必然有贪黩之人，毛泽东批注："使贪使诈，梁武有焉。"

（五）张居正对黄河的治理

关系到明代社会经济的发展和稳定的，还有两个问题：一个是治理黄河的问题，一个是保障运河漕运的问题。每年通过运河运输到京师的粮食达五百万石左右，保障了北京及边防的粮食供应。运河有一段是借道黄河，故治理黄河与漕运关系密切，治河保障运河畅通，才能使北京作为明代政治中枢的作用正常发挥，巩固北方边防。

黄河，唐以前皆由山东北部入海，北宋熙宁中，黄河改道，一分为二，一趋东南，合淮泗入海，一合济水仍自北入海。在女真金朝统治时，北边一条入海通道不通了，黄河都由东南合淮入海，入海口在今江苏北部草湾以东。

关于运河的问题，先得了解漕运的问题。元代是海运，由太仓入海，粮食通过海道运到天津大沽口。朱棣建都北京，从东南转运粮食到北方，仍依元制，采用海运。但海运易遭风浪，陆运则费用太高，于是转而通过运河漕运。这条运河分好几段，长江以南是浙、松、苏运道，到长江之京口（今江苏省镇江市）；江北自淮、扬至京口以南之运河，通谓之转运河，由江都即扬州北上到淮安，谓之南河；由清河转入黄河，沿河溯上到达丰县、沛县，称中河。然后由山东到达天津称北河；再由天津到达张家湾，称通济河，总称漕河。然后逾京师而东抵蓟州西北到昌平，都曾有水道通运，转漕饷军。这条运河成为京师和边军的生命线，因而保障其畅通极为重要。

运输的困难是如何保障黄河的安流，由于黄河含沙量高，河水一斗，沙居其六，伏秋则居其八，泥沙淤积，就会填高河床。宋代都城在汴梁，即今之开封，那里河床高于平地，靠河堤束水，河床高于开封城墙，这一段被称为"悬河"，其险情可想而知。黄河决口，在南则病河南，北边决口，病在山东。故元末贾鲁治河的办法，是导河入淮，逐淮入海。

嘉靖四十四年（1563年）七月，河决沛县，上下二百多里运道俱淤。到了隆庆年间，黄河水暴至，在睢宁、宿迁之间迁徙不定。这时河患不在山东、河南、丰、沛，而是在徐州、邳州、宿迁之间。到了万历四年（1576年），黄河水在清河与淮河合流，经清江浦东至草湾，再折西南，经淮安入安东直下云梯关入海，而入海口泥沙淤积，河水入海不畅，导致河流泛溢，使苏北之盐城、淮安、高邮、宝应这一带成为一片泽国。那时管理水道有两套机构：一是河道总督，一是漕运总督。一旦水道发生问题，这两个机构都不能不管，但河、漕意见往往不同。张居正则认为河、漕是左右手，要同心协力,以期共济。而河患又有一个时间问题,黄河水落时,黄淮并流,一切没有妨碍;黄河水盛时,淮水被逼倒灌运河,再加上高邮、宝应的洪泽湖泛滥,于是淮安、扬州一带便成为一片汪洋了。万历六年,张居正果断采取措施,先是命吴桂芳兼理河、漕,吴桂芳去世后,他又让潘季驯总理河、漕,借淮之清水以刷黄河之浊水,筑高堰束淮水入清口,以敌河之强,采用的是二水并流、海口自浚的办法,到了万历七年,河工成,治河取得了成效。接着,张居正又调整运船的时间,"居正以岁赋逾春,发水横溢,非决则涸,乃采漕臣议,督舻卒以孟冬月兑运,及岁初毕发,少罹水患。行之久,太仓粟充盈,可支十年"(《明史·张居正传》)。潘季驯前后四次奉命治河,一共用了二十七年,才使河、漕都得以平稳下来,这一点与张居正知人善任关系很大。

由以上内容可知,张居正在考成、理财、边事、河工这几个问题上处理得比较好,其对黄河的治理为万历初年的复兴奠定了基础。

七、张居正与万历之间的矛盾

（一）张居正对万历帝的严格教育引起的矛盾

对张居正而言，最困难的事情是对万历这个小皇帝的教育和培养。万历即位是在隆庆六年（1572年）六月，那时他只有10岁。八月，张居正请开经筵。明代皇帝的教育方式，一是经筵，一是日讲。万历三年（1575年）定经筵每月逢二举行，举行经筵时，大学士、六部尚书、都御史、翰林学士都要到场，由翰林学士或国子监祭酒给皇帝讲经史。经筵的典礼很隆重，每个月有三次，即初二、十二、廿二，盛暑与寒冬暂停。万历元年时便规定春讲自二月十二日起，到五月初二日止，秋讲自八月十二日起，到十月初二日止，相当于一年春、秋两个学期。日讲是每天讲《通鉴节要》及《贞观政要》，每日早讲毕，帝进暖阁少憩，阅奏章，阁臣退两厢房。久之，率讲官再进午讲，讲毕，帝还宫，凡三、六、九视朝日，则暂免讲读。日讲结束，帝还宫，还要接受母后的管教，"每御讲筵入，尝令效讲臣进讲于前"（《明史·孝定李太后传》）。

日讲是在文华殿进行。万历二年（1574年）十二月，一次日讲毕，神宗问张居正："元夕鳌山烟火，祖制乎？"对曰："非也，成化间，以奉母后，当时谏者，不独言官，即如翰林亦有三四人上疏。糜费无益，所当节省。"（《春明梦余录》卷九）万历六年时，张居正建议把朱元璋的实录和《宝训》分类编纂以后，作为在经筵日讲读的内容，意在让万历守祖宗家法。张居正还让万历抄朱元璋的《大宝箴》，张居正对万历说："皇上不仅是摹写，还要能背诵，不仅是背诵，还要能讲解。"张居正问神宗最后一句"纵心乎湛然之域"是什么意思。神宗说："这不过是说人应当虚心处事。"张居正进一步说："正是虚心两字，可以解释这一条意义，人心之所以不虚，全是因为私意的混杂。水是最清的，混了泥沙以后，水便不清。镜是最明的，蒙上灰尘以后，镜便不明。皇上只要涵养此心，除去私欲，和明镜止水一样，自然好恶刑赏无不公平，万事都好办了。"（《张居正集》卷十一《送起居馆讲〈大宝箴〉记事》）言者谆谆，听者如何就很难说了。有一次神宗朗诵《论语》时，把"色勃如也"，读成"色背如也"，张居正在一旁厉声说："应当读作'勃'字。"教育过程中施教者过于严厉，有时会引起受教育者的逆反心理，受教者即使当时不能发作，但怀恨在心，以后也会发作，甚至完全反其道而行之。

（二）不断膨胀的宫廷消费导致内廷与外朝之间的矛盾

神宗是在万历六年（1578年）大婚的，那一年太后将自乾清宫返慈宁宫，她敕张居正说："我不能视皇帝朝夕，恐不若前者之向学、勤政，有累先帝付托。先生有师保之责，与诸臣异。其为我朝夕纳诲，以辅台德，用终先帝凭几之谊。"（《明史·张居正传》）自此明神宗的母后便不能直接管儿子的起居了，她把儿子的教育托付给张居正。神宗大婚以后，开支自然随之增加。"时帝渐备六宫，太仓银钱多所宣进。居正乃因户部进御览数目陈之，谓每岁入额不敌所出，请帝置坐隅时省览，量入为出，罢节浮费。疏上，留中。"（《明史·张居正传》）

《明史·食货志三》讲道：

> 至神宗万历六年，太仓岁入凡四百五十余万两（比世宗时翻了一倍），而内库岁供金花银外，又增买办银二十万两以为常，后又加内操马刍料银七万余两。久之，太仓、光禄、太仆银，括取几尽。边赏首功，向发内库者，亦取之太仆矣。

说明万历六年以后，宫廷的开支大幅度增加了。到万历九年时，这个矛盾进一步尖锐，这年四月十八日，张居正在文华殿日讲，讲到南京户部给事中傅作舟的奏疏称江南苏松地区发生灾害，民多乏食，徐州、宿迁之间民众以树皮充饥，民或相聚为盗，大有可忧。神宗问道："淮、凤频年告灾，何也？"从这个问题开始，张居正说：

> 今大江南北，荒歉如此，河南又有风灾，畿辅之地，雨泽愆期，二麦将槁，将来议蠲议赈，势不容已，赋税所入必不能如往年。惟皇上量入为出，加意樽节，如宫中一切用度及服御之类，可减者减之，赏赉可裁者裁之。至如施舍一节，尤当禁止，与其惠缁黄之流，以求福利，孰若宽恤百姓，全活亿兆之命，其功德为尤大乎？（《张居正集》卷十《文华殿论奏》）

神宗说："然，今宫中用度，皆从节省，赏赐亦照常例，无所增加。"

张居正接着说：

皇上所谓常例者，亦近年相沿，如今年暂行，明年即据为例，非祖宗旧例也。臣不暇远引，如嘉靖中，世宗皇帝用度最为浩繁，然内库银两尚有余积。隆庆初年冬余库尚余百余万。今每岁金花银百二十万，每按季预进，随取随用，常称缺乏，有限之财，安能当无穷之费乎？臣等职在辅导，为国家长久之虑，不敢不尽言，惟皇上留神省察。（《张居正集》卷十《文华殿论奏》）

这里张居正讲到了宫廷开支，不仅神宗靡费，其母修寺庙花费亦浩繁。万历二年（1574年），建沐恩寺、海会寺，三年修东岳庙，四年修慈善寺，五年建万寿寺，八九年间又在五台山建大宝塔寺，这些工程实际上都是在挥霍民财。明代的宫廷中人，皇帝、皇后、太后、宦官、宫女实际上是一个不断膨胀的社会无力承受的消费集团，是社会最大的寄生阶层。宦官都是以这些开支来盘剥贪渎国家财富的，且贪欲之念没有止境。这是内廷与外朝无法解决的矛盾，而神宗与张居正在这个问题上的矛盾冲突是无法调和的。

万历八年（1580年）十一月爆发了一次矛盾冲突，神宗夜宴，乾清宫内侍孙海、客用二人导神宗游戏，几毙二内侍。慈圣太后闻之，"切责上"，让张居正替神宗起草罪己诏，要神宗长跪不起，神宗涕泣乃已。太后还令取《霍光传》要神宗读，无非让神宗不要做被霍光废掉的昌邑王。汉昭帝去世以后，霍光立汉武帝的孙子昌邑王刘贺为帝，结果昌邑王在宫廷内游戏没有节制，搞淫乱活动，因而为霍光所废。这时神宗已18岁了，当然看得懂《霍光传》，在神宗心目中,张居正是霍光的化身。张居正活着,他对张居正无可奈何,正如汉宣帝看霍光那般,如芒刺在背且心生痛恨。他亦会效仿汉宣帝,汉宣帝在霍光活着时尽量忍受,等霍光死了以后为所欲为,并且清算霍光的家族。但汉宣帝长于民间,知道一点民间的疾苦,所以还能有所作为;而明神宗长于深宫,他一旦没有约束,除了对张居正家族和冯保报复以外,就是尽情挥霍、不理朝政,做一个无所事事的逍遥皇帝。那时太后也管不住他了,明王朝的统治就是从万历手上开始逐渐崩溃的。然而在张居正心目中,神宗仍然是一块可以造就的好料,他在给人的书信中讲:"近来朝政愈觉清泰,宫闱之内蔼然如春,肃然如冬,主上锐意学问,隆寒不辍,造膝咨访,史不殚书。"(《张居正集》卷十七《与河道万巡抚论河漕兼及时政》)可见张居正对于神宗受宫廷小宦官影响逐渐形成的劣根性,缺乏清醒的认识。

张居正在北京有寓所,作为首辅,当然要避嫌,他在通信中,一再表白自己与士大夫"公见之外,不延一客,公谈之外,不交一语"(《张居正集》卷十八《答工部郎中刘公伯燮言用人毁誉》),以示洁身自好。如果给别人抓住把柄而被弹劾的话,便要引咎辞职,故对货利之事无所动。万历四年(1576年)正月,他的学生辽东巡按御史刘台上疏弹劾他,其中讲到他"规利田宅,则诬辽王以重罪,而夺其府地","起大第于江陵,费至十万,制拟宫禁,遣锦衣官校监治","居正之贪,不在文吏而在武臣,不在内地而在边鄙"(《明史·刘台传》)。刘台还说:"臣举进士,居正为总裁。臣任部曹,居正荐改御史。臣受居正恩亦厚矣,而今敢讼言攻之者,君臣谊重,则私恩有不得而顾也。"(《明史·刘台传》)刘台是张居正在隆庆五年（1571年）所取进士,他弹劾张居正的事情并非全无根据,为此张居正奏请致仕,神宗下旨慰留,并表示要责罚刘台,刘台因此"除名为民"(《明史·刘台传》),远戍浔州。

刘台弹劾张居正的几件事,都发生在江陵,那里是张居正的老家,张居正的父亲和弟弟、儿子、同族都在那儿。隆庆二年（1568年）废辽王朱宪㸅以后,辽王府便为张家所据有。张居正可以管束自己的子弟,但对于十多年没有见面的父亲,他则难以启齿。隆庆六年,张居正成为首辅以后,湖广巡抚汪道昆提议为张居正建坊,大学士建坊的工料落在地方身上,张居正表示不要建坊,地方官则把建坊的工价银送给张家,张居正为此复信建议把工价银作为被废的辽王府纳价,而湖广地方又为张居正修建第宅,建筑工程由锦衣卫经管。万历元年（1573年）,在辽王府基础上修改扩建的宅第很大,其中有明神宗赐名的纯忠堂、捧日楼和御笔题写的对联。那里的地方官为了巴结张居正,都乐意承担此事。江滨有沙洲淤地,亦借机送给张家。当时贿赂张居正的办法,是把贿赂送到江陵张家,其中以两广的地方官最为起劲,那边有动乱,要用兵,可以克扣军饷,这就是贿赂的财源。张居正的父亲张文明在地方上气焰很盛（可见有时齐家比治国还难）,这种情况在明代相当普遍。徐阶为首辅时,其家人在故乡亦横行不法,张居正在江陵的老家自然也不可能那么干净。这大概也是中国古代社会一个通病了,执政者想洁身自好,但管不好自己的亲属,自有那么多攀龙附凤者,从其父母、兄弟、子女及身边的办事人员下手,拖人下水。这一类风气,迄今尚有遗存。

所以张居正死了以后，神宗抄他家的原因也是认为他家藏有巨额财富。

（三）张居正的丁忧与夺情

万历五年（1577年），张居正的父亲张文明病重，九月十三日去世，享年74岁。九月二十五日讣告到达北京。明代官吏父母去世都要丁忧奔丧，要在家守制二十七个月，然后起复。如果皇上不许守制，不许解职，那叫夺情，军人在战事中离不开前线，夺情的情况较多。张居正接到讣告以后，照例咨行吏部题请放回原籍守制，吏部接到圣旨，"准过七七，不随朝"（《张居正集》卷六《乞恩守制疏》），不许丁忧守制。户部侍郎李幼孜和冯保主张夺情，这方面也有先例。如永乐六年（1408年）杨荣丁忧，十月起复；宣德元年（1426年）金幼孜丁忧，当即起复；宪宗成化二年（1466年）三月，首辅李贤丁忧，五月起复。神宗上谕下来后，张居正曾再行上疏请求回籍丁忧，表示"臣以二十七月报臣父，以终身事皇上"（《张居正集》卷六《乞恩守制疏》）。神宗在十月两次发出上谕，皆不许丁忧。明神宗对吕调阳、张四维说，张居正上百本，也不能准。在这种情况下，张居正提出停支薪俸，不穿吉服，不参加吉礼，章奏用"守制"二字，明年给假回江陵葬父，这些要求都得到神宗允准。做了这样决定以后，廷臣中还是有不同意见的议论，两位官员因此受廷杖。在七七的期限内，张居正虽然不入阁办事，然而内阁的公文仍然送到张府孝闱批阅。七七满后，张居正入阁办事。

接下来一件难办的事情，是万历六年（1578年）二月，神宗大婚，那个时候张居正还是守制的时期，穿青衣角带办事。而神宗奉其母谕，要张居正暂易吉服，在阁办事，以应吉典，回到私宅，任从其便。大婚要派使臣去纳彩礼，张居正是副使，皇太后赐吉服，吩咐自正月十九日起，以吉服办事。结果户科给事中上疏，认为居正有服，不宜参加吉礼，神宗又谕示居正，要他即日起暂从吉服。大婚典礼时，辽东巡抚张学颜奏报李成梁取得劈山大捷，太后对神宗说，这是她勉留张先生的明效，神宗对此表示同意。

神宗婚礼结束后，张居正就要考虑回江陵安葬父亲之事了，开始神宗还是不允，张居正再上疏恳求给假，欲一见父棺入土，其父葬期定在四月十六日。这次神宗准其回江陵葬父，并限期回京。当时内阁只剩张居正、张四维、申时行三人。张居正是三月十一日离京的，临行前张居正叮嘱神宗："古语说'一日、二日万几，一事不谨，或贻四海之忧'，自今各衙门章奏，望皇上一一省览，亲自裁决，有关系者，召内阁诸臣，与之商榷停当而行。"神宗叮咛张居正："长途保重，到家勿过哀。"（《张居正集》卷七《召辞纪事》）两人哽咽告别。这个时候神宗刚16岁，还比较天真。成年以后，给两个小太监带坏了，情况就不同了。当时神宗还派司礼太监张鲸送行，这个张鲸是原来神宗在东宫时的太监，神宗对其比较宠信。张居正这次回江陵一路上非常威风，文武百官一起出远郊相送，三十二名轿夫抬的大轿子从北京南下，四月初四日到达江陵，十六日张文明下葬，有司礼太监魏朝、工部主事徐应聘主持葬事。神宗限定张居正在五月回京入阁办事，从三月到五月这一段时间，整个朝廷中枢许多事情都停下来了,明神宗不会管事,重要的公文都让送到江陵,请张居正定夺,有的则暂时搁置,待张居正回京再做处理。

五月二十一日,张居正从江陵启程回京,经过襄阳,襄王出城迎接;经过南阳,唐王出城迎接。这些都超越了规格。由南阳向北到新郑,张居正拜访高拱,高拱则以身后事相托。六月十五日,张居正回到京师,神宗派司礼监的太监何进郊迎,并传口谕:"张先生在朝房稍候,朕即召见于平台。"(《张居正集》卷七《谢遣官郊迎疏》)当天张居正来不及入朝,次日早朝,明神宗在文华殿的西室召见张居正,对张居正说:"先生此行,忠孝两全了。"还说:"朕见先生来,甚喜,两宫圣母亦喜。"神宗问:"先生沿途见稼穑何如?"居正答:"往来经过畿辅、河南地方,今春二麦全收,秋禾茂盛,实丰登之庆。"神宗又问:"今边事何如?"居正回答了山西、陕西边报的情况,目前边境乂安。神宗对居正说:"先生沿途辛苦,今日见后,且在家休息十日了进阁。"(《张居正集》卷七《谢召见疏》)九月间,张居正的母亲赵夫人入京,由司礼监魏朝一路伴送到京。十月间高拱在新郑去世,张居正在给高拱之弟的信中说:"仆与玄老交深,平生行履知之甚真,固愿为之创传以垂来世,墓铭一事虽微委命,亦所不辞,谨操笔以俟。"(《张居正集》卷二十七《答参军高梅庵》)从张居正对高拱的态度看,他还是有情有义的。高拱主要是与冯保有矛盾,张居正与高拱前后共事三十多年,还是有一点感情的。张居正夺情及回江陵葬父,之后回朝与神宗母子相处,神宗的处理大体上还是有分寸的,毕竟当时朝廷的大事还得仰仗张居正处置。

万历七年（1579年）二月，神宗出过一次麻疹，到三月间才康复。张居正对神宗说："元气初复，亦宜节调，过多恐伤脾胃。……疹后最患风寒与房事。尤望圣明加慎。"由此可知张居正与神宗之间，既是君臣关系，又是监护人与被监护人关系，所以张居正在神宗面前什么话都敢说。神宗的回答是："先生忠爱，朕悉知。"（《张居正集》卷八《召见纪事》）从这里可以看到万历八年以前的明神宗，大体还算循规蹈矩。然而从万历八年他18岁开始，其慢慢发生了变化。乾清宫的管事太监孙海、客用导帝夜游别宫，这一次神宗受其母亲切责，长跪不起，张居正为之起草罪己御札，让他读《霍光传》，冯保借机整肃包括神宗在东宫时宠信的内侍在内的太监，从这时起，宫廷内部相互关系发生了变化，神宗的性情也变了。一个人贪图享受的私欲一旦膨胀起来便很难收拾，神宗成人的过程是向邪路滑行的过程，此时神宗有他母亲管着，不得已而约束自己，下罪己的御札，但以后总有放纵自己的时候。

（四）张居正请求致仕及神宗对他的挽留

万历八年（1580年）二月，神宗亲耕籍田。三月，两宫太后至天寿山谒陵。这时国内大局比较稳定，张居正想到该是自己全身而退的时候了。张居正经历了明代嘉靖、隆庆时期的首辅杨廷和、夏言、严嵩、徐阶、高拱的权力鼎盛时期，但他们几人最后的结局都不好，故张居正认为自己应当见好而收，不能如他们那样最终摔得粉身碎骨，即使不死，如徐阶、杨廷和，日子也不好过。神宗这个小皇帝的个性，在其18岁以后，便很难掌控了。权势最终都是属于神宗的，张居正不可能达到王莽、曹操那样的地位，他也没有那么大的野心和实力。张居正能控制内阁，但不能完全控制言官和朝廷百官，他没有带过兵，没有亲信的军队在身边，一旦神宗翻脸，他没有招架的余地。到了这个关键阶段，他该见好就收，求一个全身而退，留一个好名声在身后，所以他上疏乞休。张居正的这种心情在他乞休的奏疏和与大臣的信札中都可以看出来，他在乞休的奏疏中说：

> 大礼大婚，耕耤陵祀，鸿仪巨典，一一修举，圣志已定，圣德日新。朝廷之上，忠贤济济。以皇上之明圣，令诸臣得佐下风，以致升平，保鸿业无难也。臣于是乃敢拜手稽首而归政焉。且臣禀赋素弱，比年又以任重力微，积劳过虑，形神顿瘁，血气早衰，逾五之龄，须发变白。自兹以往，聪明智虑，当日就昏蒙，若不早自陈力，以致折足覆餗，将使王事不终，前功尽弃，此又臣之所大恐也。伏望皇上，特出睿断，亲综万几，博简忠贤，俾参化理，赐臣骸骨生还故乡，庶臣节得以终全，驽力免于中蹶。

（《张居正集》卷九《归政乞休疏》）

张居正这些话出于衷心，还是比较中肯的，他在与朋友的信札中也讲到自己的心情。他说：

> 仆久握大柄，天道忌盈，理须退休，以明臣节。况当典礼告成之日，正息肩税驾之时，抗疏乞休，甚非得已。（《张居正集》卷二十五《答贾春宇》）

他讲自己"慕留侯（指张良），庶几得弃人间事"（《张居正集》卷二十五《寄有道李中溪言求归未遂》）。他对徐阶说："正膺重任，九年于兹,恒恐不保首领,以辱国家。"(《张居正集》卷二十七《答上师相徐存斋二十八》)还说:"恒恐中道颠蹶,有负凤昔期许之心。"(《张居正集》卷二十五《答石麓李相公》)他在给亲家王之诰的信中说:"委任愈笃,负载愈重,孱弱之躯,终不知所税驾矣。"(《张居正集》卷二十五《答司寇王西石》)

嘉靖15岁即位,是杨廷和一手扶持起来的,但他管不好这个性格倔强的皇帝,没有多少日子君臣便不欢而散。而已经18岁的神宗万历皇帝,性情正在发生变化,眼前的恭顺,说变就变,这次乞休是张居正企图借以脱身。当然,张居正之所以请辞,也有健康方面的原因,那年他55岁了,身体也难以支撑繁重的政务。然而,人一旦进入权力的中枢后,要想全身而退其实很困难。

明神宗收到张居正乞休的奏疏以后,即刻下旨慰留。他说:"朕垂拱受成,倚毗正切,岂得一日离朕?如何遽以归政乞休为请,使朕恻然不宁。"这些话说得也很恳切,张居正接到诏旨以后,再上第二疏恳求,神宗仍坚持不许,下旨说:"古之元老大臣,耄耋之年,在朝辅理者不少。卿方逾五十,岂得便自称衰老,忍于言去。"(《张太岳先生文集》卷四十四《再乞休致疏》)这话说得也很坚决,然后神宗又亲手书写手敕,让文书房官丘得用传书到张宅,这次抬出他母亲的口谕说:

"张先生亲受先帝付托,岂忍言去,待辅尔到三十岁,那时再作商量,先生今后再不必兴此念。"朕恭录以示先生,务仰体圣母与朕惓惓倚毗至意,以终先帝凭几顾命,方全臣节大义。先生其钦承之。(《张居正集》卷九《谢圣谕疏》)

在这种情况下，张居正只能接受了，只是提出，近闻三弟讣音，感伤致病，请求给假数日加以调理，"少可，即出供职"。这一次明神宗应允了。数日以后，张居正仍回内阁办事。实际上这个时候张居正的身体状况已经日趋衰弱了，要他辅佐神宗到30岁，还需要操劳政务十二年，对张居正而言是力不从心了。从神宗的性情上讲，十二年时间的变数太大，很难预料事态会如何发展，而且这不是由张居正、冯保、慈圣太后所能决定。而对神宗周围的小伴当，特别是东宫时候就追随他的小太监而言，则预示着他们要出头了，于是希望改变这个政局。张居正活着的时候朝政大局要改变还有一定难度，张居正一死，情况便会发生变化。孙海、客用事件以后，张居正便上《请清汰近习疏》，要神宗清理身边的小伴当，其中讲："可惜天生圣主，被这几个奸佞小人，引诱蛊惑，一至于此。"他还引诸葛亮《出师表》所言"宫中府中，俱为一体，陟罚臧否，不宜异同"（《张居正集》卷九《请清汰近习疏》）来告诫神宗。诸葛亮凭他的威望，可以控制刘禅的宫中生活，但诸葛亮一死，情况就不同了。在优越富裕没有艰难经历的环境中，很难培养出有坚强意志、能战胜各种诱惑的君主，因为一个人闲极无聊，又没有外部环境的压力，他的性情自然会向放荡不羁、游戏无益之事方面发展。对神宗而言亦如此，他身边的小伴当会借以邀宠而谋求赏赐，宫廷的开支便会不断膨胀，与国库财政收支上的矛盾也会日趋尖锐，内外廷之间的关系也会变得更加紧张，那么神宗与张居正之间的矛盾就会慢慢暴露出来。

八、张居正之死及明朝政局的变化

（一）张居正之死

万历十年（1582年）二月，张居正病了，开始是痔疮，开刀将痔疮挖了，元气大伤，不能上朝行走，请求宽假二旬，静养半个月。从那年三月开始，他便请假在家票拟。到六月间，病势不见恢复，精神日趋委顿。在这种情况下，张居正又一次请求致仕退休，明神宗仍是一意挽留。到六月十二日，张居正再次上疏，恳求"生还"，说自己"精力已竭，强留于此，不过行尸走肉耳"，请求"早赐骸骨，生还乡里"（《张居正集》卷十一《再恳生还疏》）。六月十八日，神宗以手敕慰问居正，"闻先生糜饮不进，朕心忧虑，国家大事，当一一为朕言之"（《明史纪事本末·江陵柄政》）。张居正只能推荐张学颜等人可用。六月十九日，神宗再派太监慰问，张居正已处于昏迷状态。六月二十日，张居正去世。明神宗曾说："先生功大，朕无可为酬，只是看顾先生子孙便了。"（《张居正集》卷九《再辞恩命疏》）张居正去世时，留下七十多岁的老母、六个儿子和六个孙子。

（二）张居正死后明神宗对他的报复

张居正去世以后，神宗下诏罢朝数日，由司礼太监张诚监护丧事，护送灵柩回江陵安葬。这样就再也没有什么力量可以约束神宗了，他那贪婪的本性便逐渐流露出来。张居正去世以前，神宗宠信的太监张诚被冯保斥于外，张诚那时就在外面秘密搜集冯保和张居正的过恶。太后归政，张居正去世，冯保没有倚靠，神宗对冯保对自己的管束又有积怨，于是东宫的旧阉张鲸和张诚一起控告冯保的过失，那时神宗还怕冯保，他说："若大伴上殿来，朕奈何？"鲸曰："既有旨，安敢复入？""会御史李植、江东之弹章入，遂谪保奉御，南京安置，久之乃死。其弟佑、从子邦宁并官都督，削职下狱，瘐死。"（《明史·冯保传》）冯保的家被抄了，"保金银百余万，珠宝瑰异称是"（《明史·冯保传》）。张诚代保掌司礼监，张鲸掌东厂。在冯保家抄了那么多财产，神宗以为张居正家也多有积蓄，益心艳之。既然冯保失势，当年攻张居正的人亦乘势而起，刘台赠官，御史羊可立追论张居正构陷辽庶人宪㸅之罪，于是命张诚及侍郎丘橓带了锦衣指挥去江陵抄张居正的家。那时的地方官抢先封了张的家门，《明史·张居正传》记载：

> 诚等将至，荆州守令先期录人口，锢其门，子女多遁避空室中。比门启，饿死者十余辈。诚等尽发其诸子兄弟藏，得黄金万两，白金十余万两。其长子礼部主事敬修不胜刑，自诬服寄三十万金于（曾）省吾、（王）篆及傅作舟等，寻自缢死。事闻，时行等与六卿大臣合疏，请少缓之；刑部尚书潘季驯疏尤激楚。诏

留空宅一所、田十顷，赡其母。……其弟都指挥居易、子编修嗣修，俱发戍烟瘴地。

从神宗对张居正在生前和身后的态度，可见其为人之卑劣可耻。

（三）张居正死后明朝政局的变化

张居正去世以后，朝政亦开始变化。张居正去世时，张四维开始执政，《明史·张四维传》称：

四维家素封，岁时馈问居正不绝。武清伯李伟，慈圣太后父也，故籍山西，四维结为援。万历二年，复召掌詹事府。明年三月，居正请增置阁臣，引荐四维，冯保亦与善，遂以礼部尚书兼东阁大学士入赞机务。当是时，政事一决居正。

初，四维曲事居正，积不能堪，拟旨不尽如居正意，居正亦渐恶之。既得政，知中外积苦居正，欲大收人心。会皇子生，颁诏天下，疏言："今法纪修明，海宇宁谧，足称治平。而文武诸臣，不达朝廷励精本意，务为促急烦碎（按：这是指考成法而言），致征敛无艺，政令乖舛，中外嚣然，丧其乐生之心。诚宜及此大庆，荡涤烦苛，弘敷惠泽，俾四海烝黎，咸戴帝德，此固人心培国脉之要术也。"帝嘉纳之。

这一条奏疏，是把张居正从严治理、强化考成法的措施松弛下来，这在当时对多数官僚而言，当然是深得众心的事。张而复弛，这个事好办，弛而复张，那就难了。这样一来，张居正时期雷厉风行的王篆及曾省吾等人就成了众矢之的。于是张四维让门生李植等人攻击冯保，从根本上动摇了张居正从严治吏的传统。张四维执政时间不长，接下来是申时行担任首辅。《明史·申时行传》称：

而言路为居正所遏，至是方发舒。

时行外示博大能容人，心故弗善也。帝虽乐言者讦居正短，而颇恶人论时事，言事者间谪官。

然是时天下承平，上下恬熙，法纪渐不振。时行务承帝指，不能大有建立。帝每遇讲期，多传免。时行请虽免讲，仍进讲章。自后为故事，讲筵遂永罢。评事雒于仁进《酒色财气四箴》，帝大怒，召时行等条分析之，将重谴。时行请毋下其章，而讽于仁自引去，于仁赖以免。然章奏留中自此始。

这是万历十三年、十四年（1585—1586年）的事，从此，万历便远离朝政，明朝政局也就在这种放任自流的状态中不断下滑。

雒于仁于万历十七年进《酒色财气四箴疏》，《明史·雒于仁传》载其文曰：

臣备官岁余，仅朝见陛下者三。此外惟闻圣体违和，一切传免。郊祀庙享遣官代行，政事不亲，讲筵久辍。臣知陛下之疾，所以致之者有由也。臣闻嗜酒则腐肠，恋色则伐性，贪财则丧志，尚气则戕生。陛下八珍在御，觞酌是耽，卜昼不足，继以长夜。此其病在嗜酒也。宠"十俊"以启幸门，溺郑妃，靡言不听。忠谋摈斥，储位久虚。此其病在恋色也。传索帑金，括取币帛。甚且掠问宦官，有献则已，无则谴怒。李沂之疮痍未平，而张鲸之赏贿复入。此其病在贪财也。今日榜宫女，明日挞中官，罪状未明，立毙杖下。又宿怨藏怒于直臣，如范儁、姜应麟、孙如法辈，皆一诎不申，赐环无日。此其病在尚气也。四者之病，胶绕身心，岂药石所可治？今陛下春秋鼎盛，犹经年不朝，过此以往，更当何如？

这一长段文字，直接批评万历的所作所为，说得十分痛快，所云"十俊"盖十小阉也。张鲸即万历在东宫时的太监，掌东厂。给事中李沂谓帝纳张鲸金宝，故宽鲸罪，由于雒于仁《酒色财气四箴疏》直指张鲸，其宠遂衰。从这篇批评万历的文章，亦可见万历的为人，比较一下张居正在世时他的言论和后来的为人，简直判若两人，明朝的政局便坏在万历这个做了四十八年皇帝的昏君身上。明神宗之贪财，最使我震惊的是其棺椁内，在其尸体下及左右手边，还藏有几十锭五十两的金银元宝，都印有各地上送国库赋税的文字，不知他死后，如何使用这些民脂民膏，又借以赏赐给何许鬼也！

九、结语

对于张居正执政的这十年，我想应该给予正面评价。对比一下嘉靖到万历这近百年的时间，只有张居正改革这十年振兴了一下。嘉靖、万历分别是15岁、10岁开始做皇帝，二人均在皇宫中成长。世宗与神宗后来为什么如此昏庸，那就是一个人不能没有管束，如其任性而为，私欲永无底止，自然会荒淫堕落。一个人要学好需要一定的约束，要有教养，不是天然形成的。不是说人没有向善的本性，但要有人去发扬和鼓励才行。

张居正的功绩不在制度设计方面，他是坚持成宪，给神宗讲明太祖朱元璋的《大宝箴》，实际上是讲皇明的祖训。我们有自己好的传统，不要拿别人的牙慧当宝贝。故张居正的考成法，实际上是讲吏治的监管和验收考绩，要有决心，有才干，有雷厉风行的作风才能收到实效。张居正说过"得失毁誉关头若打不破，天下事无一可为者"（《张居正集》卷二十五《答南学院李公言得失毁誉》），"苟利社稷，死生以之"，这便是大智大勇。没有这样的实干精神，考成法、一条鞭法在惩治贪墨、巩固边防等各个领域便不会取得效果，也就无法扭转正德、嘉靖以来的颓势。尽管相关的主张徐阶、高拱都曾言及，但真正全面、深入付诸实施并收到实际效果的是张居正，故不能贬低张居正在诸多改革家中的历史地位。正是在这一点上，他比王安石高明，虽然王安石在制度设计上比他想法要多，但最终还得看实施的效果。

为君者不能因为自己"操生杀之权，人畏之而不敢言"，"居邃密之地，人莫知而不能言"（《明史·雒于仁传》），要懂得"鼓钟于宫，声闻于外，幽独之中，指视所集"（《明史·雒于仁传》）。毛主席说万历、嘉靖等都读了很多书，问题是小和尚念经，有口无心，嘴上念经，心中却大都是歪门邪道。我们自己的传统有优良的一面，不能数典忘祖。毛主席之所以肯定朱元璋做得好，是因为朱元璋有在实践中锻炼出来的真本领，他在民间底层生活过，做过游方僧，吃过百家饭，知道老百姓的甘苦，因此才能真正分辨是非与利害。建制改革不能靠嘴上的功夫，还得看实践的真效果。

第三讲

万历怠政与明末党争

从万历末争国本起,到三大案及天启时东林党与阉党的斗争,此间涉及的争斗,到崇祯二年才正式告一段落,而其余波尚在,前后历时数十年。争国本,本质上是因争夺接班人地位而引发的矛盾,是争夺未来权力的斗争。朋党问题,是中国历史上历朝历代都会遇到的一个无法解开的死结,它是集权制度内部必然产生的一个派生物。

一、隆庆这个皇帝的德性

嘉靖朱厚熜有八个儿子,长子朱载基出生两个月就夭折了,次子朱载壡嘉靖十八年(1539年)被立为太子,那时他只有4岁,嘉靖南巡,要让太子监国。那时的嘉靖一心祷祠求长生,专事静摄,厌倦朝政。到了嘉靖二十八年三月,太子15岁时,行冠礼。过了两天,太子暴卒,嘉靖迷信道教,他最宠信的道士提出二龙不相见之说,所以嘉靖就不再立太子了。其他六个儿子中有四个未满周岁便夭折了,剩下两个儿子,一个是后来的穆宗载坖,一个是载圳。这两个人在嘉靖十八年同时封王,载坖被封为裕王,载圳被封为景王。因长期没有确定太子的名分,这弟兄二人势必产生矛盾,争夺王位继承权的斗争始终存在,结果景王载圳在嘉靖四十年之国德安,那么裕王继承王位的地位便确定了。嘉靖四十四年景王便去世了,那时嘉靖对大学士徐阶讲:"此子素谋夺嫡,今死矣。"(《明史·诸王五·景王载圳传》)

嘉靖四十五年(1566年),世宗去世,裕王载坖是年30岁,顺理成章即皇帝位,也就是穆宗,他在位不过六年时间。当时负责王位交接事宜的是世宗的内阁首辅徐阶,由徐阶与张居正一起草拟了世宗的遗诏。明代帝王的更迭,往往是政策调整、改革弊政的机会。

武宗去世,世宗即位时,杨廷和执政的短暂时期,"正德中蠹政厘抉且尽。所裁汰锦衣诸卫、内监局旗校工役为数十四万八千七百,减漕粮百五十三万二千余石,其中贵、义子、传升、乞升一切恩幸得官者大半皆斥去。中外称新天子圣人,且颂廷和功"(《明史·杨廷和传》)。这种情况不可能持久,一旦君王直接执政,这些当年的顾命大臣大都会被迫致仕而去,杨廷和是如此,徐阶也是如此。穆宗即位自然会启用其裕邸之旧臣,若高拱与张居正。

穆宗接手的是他父亲嘉靖留下的烂摊子,穆宗"登极诏书蠲天下田租半"(《明史·马森传》),太仓收入少,经费上就对付不过来了,当时任户部尚书的马森便上疏称:"祖宗旧制,河、淮以南以四百万供京师,河、淮以北以八百万供边。一岁之入,足供一岁之用。后边陲多事,支费渐繁,一变而有客兵之年例,再变而有主兵之年例。其初止三五十万耳,后渐增至二百三十余万。屯田十亏七八,盐法十折四五,民运十逋二三,悉以年例补之。在边则士马不多于昔,在太仓则输入不益于前,而所费数倍。重以诏书蠲除,故今日告匮,视往岁有加。"(《明史·马森传》)从收支上讲,就是入不敷出。在财政捉襟见肘的情况下,隆庆这个皇帝花起钱来还是大手大脚,而且好玩,刚即位那年丧期未过,便"诏翰林撰中秋宴致语",阶言:"先帝未撤几筵,不可宴乐。""阶所持诤,多宫禁事,行者十八九,中官多侧目。会帝幸南海子,阶谏,不从。"(《明史·徐阶传》)故宫旁的南海是皇帝游乐的场所,于是徐阶只能乞休致仕了。

当时内官太监李芳是隆庆裕邸旧臣,得隆庆帝信用,"而是时,司礼诸阉滕祥、孟冲、陈洪方有宠，争饰奇技淫巧以悦帝意，作鳌山灯，导帝为长夜饮，芳切谏，帝不悦。祥等复媒孽之，帝遂怒，勒芳闲住"（《明史·宦官·李芳传》）。这些人是亲近隆庆帝，引导他吃喝玩乐的人，御史周弘祖上言："陛下嗣位二年，未尝接见大臣，咨访治道。边患孔棘，备御无方。事涉内庭，辄见挠沮，如阅马、核库，诏出复停。皇庄则亲收子粒，太和则权取香钱，织造之使累遣，纠劾之疏留中。内臣爵赏谢辞，温旨远出六卿上，尤祖宗朝所绝无者。"（《明史·周弘祖传》）从这条上疏中，可知穆宗喜欢宦官中的小人，所言阅马、核库，都涉及宦官的利益，所以诏出复停。以核库来讲，言官詹仰庇在奏疏中说："内官监岁入租税至多，而岁出不置籍。按京城内外园廛场地，隶本监者数十计，岁课皆属官钱，而内臣假上供名，恣意渔猎。利填私家，过归朝宁。乞备核宜留宜革，并出入多寡数，以杜奸欺。再照人主奢俭，四方系安危。陛下前取户部银，用备缓急。今如本监所称，则尽以创鳌山、修宫苑、制秋千、造龙凤舰、治金柜玉盆。群小因乾没，累圣德，亏国计。望陛下深省，有以玩好逢迎者，悉屏出罪之。"（《明史·詹仰庇传》）这一条奏疏，是要求公开开支，内官太监只有收入的账，没有支出的账目，留下空子很多，取户部银三十万两都是用在创鳌山、修宫苑这一类吃喝玩乐上了。这一条触及隆庆的痛处了，也触及宦官们的痛处了。所以穆宗下诏："仰庇小臣，敢照及天子，且狂肆屡不悛。""遂廷杖百，除名。"（《明史·詹仰庇传》）从这条奏疏及詹仰庇的结局，可以看到帝王宫廷的奢侈挥霍，君王如果没有自觉，那是很难抑止的。穆宗 30 岁即帝位，在位只有六年，早死的原因是耽于声色，自己把身体弄垮了。

二、万历这四十八年皇帝怎么做的

穆宗隆庆皇帝只生了四个儿子,神宗朱翊钧是他第三个儿子,前面两个儿子都夭折了。长子翊鈇,5岁时夭折了。次子翊铃未满周岁便夭折。朱翊钧在隆庆二年(1568年)便被立为皇太子,那时他只有6岁。隆庆六年五月,穆宗去世,朱翊钧即皇帝位,那时只有10岁,他就是神宗万历皇帝,是明代历史上在位时间最长的一个皇帝,在位四十八年,超过他祖父的在位四十五年。

穆宗临终前叮嘱高拱、张居正、高仪内阁三大臣顾命辅助神宗执政。穆宗在世时,司礼监是陈洪与孟冲执掌,陈洪因忤旨而被斥,于是由孟冲接任司礼监掌印太监一职,而陈洪和孟冲原来便与高拱关系密切。冯保在世宗时便为秉笔太监,孟冲原来掌尚膳监,本不掌司礼监,于是冯保活动于皇后、皇贵妃处,斥逐孟冲,使自己为司礼太监。

穆宗去世前后,权力首先在后宫司礼监系统做了一次再分配。内阁高拱、张居正、高仪三人顾命时,以高拱为首辅,而高拱曾推荐陈洪掌司礼监,现在为冯保取代,所以高拱要限制司礼监的权力,因而上疏,提出惩中官专政,条奏请黜司礼权,政归内阁,这便成了内阁与司礼在权力再分配上的一次争夺。这次争斗以高拱失败为结局,高拱在内阁会议上讲:"十岁太子如何治天下?"冯保把这句话上报给皇太后和皇贵妃及神宗,结果是母子相持而哭,后宫传出话来,要张居正接旨,"大行皇帝宾天先一日,召内阁三臣,在御榻前同我母子三人亲受遗嘱,说东宫年小,要你们辅佐。今有大学士高拱专权擅政,把朝廷威福都强夺自专,通不许皇帝主管,不知他要何为?母子三人惊惧不宁,高拱便着回籍闲住,不许停留"(《高文襄公集》卷四十四《病榻遗言》)。这一场高拱与司礼监冯保争夺权力的斗争,以冯保取胜、高拱失败为结局,受益者是张居正,张居正取代高拱成了内阁的首辅。其实高拱这个话并没有错,要10岁小孩来决策重大政治问题,客观上是有困难的。但说不得,因为此话冒犯了帝王的权威。实际上在万历前十年的政局中,神宗只能受监护做一个名义上的君王,权力是两宫、冯保与张居正三方面在运作,神宗还只能在其母亲的监控之下,政事是冯保与张居正在掌控。

孟森把万历执政的四十八年分成三个时期:前十一二年是幼冲时期,实际执政者是张居正和冯保;从万历亲政起的三十多年是神宗荒于政事、醉生梦死的时期;从万历四十六年以后是趋向衰亡的时期,孟森称之为"决裂之期"。

三、冲幼时期的万历帝

我们先说一下,冲幼时期的神宗万历皇帝。这个时期他实际上处于母亲、司礼监的冯保、内阁张居正的监护之下,他那在宫廷生活中养成的贪腐的本能还没有充分宣泄的机会。

朱翊钧的生母,本是宫女,姓李,漷县(今北京市通州区漷县镇)人,侍穆宗于裕邸,穆宗隆庆元年(1567年)被封为贵妃。母以子贵,神宗即位以后,上尊号为慈圣皇太后,慈圣徙乾清宫,抚视神宗,那时神宗不过是10岁的孩子。

《明史·后妃二·孝定李太后传》云:

太后教帝颇严。帝或不读书,即召使长跪。每御讲筵入,尝令效讲臣进讲于前。遇朝期,五更至帝寝所,呼曰"帝起",敕左右掖帝坐,取水为盥面,挈之登辇以出。帝事太后惟谨,而诸内臣奉太后旨者,往往挟持太过。帝尝在西城曲宴被酒,令内侍歌新声,辞不能,取剑击之。左右劝解,乃戏割其发。翼日,太后闻,传语居正具疏切谏,令为帝草罪己御札。又召帝长跪,数其过。帝涕泣请改乃已。

《明史·宦官·冯保传》亦有类似的记载,其云:

慈圣太后遇帝严。保倚太后势,数挟持帝,帝甚畏之。时与小

> 内竖戏，见保入，辄正襟危坐曰："大伴来矣。"所昵孙海、客用为乾清宫管事牌子，屡诱帝夜游别宫，小衣窄袖，走马持刀，又数进奇巧之物，帝深宠幸。保白太后，召帝切责。帝长跪受教，惶惧甚。保属居正草帝罪己手诏，令颁示阁臣。词过挹损，帝年已十八，览之内惭，然迫于太后，不得不下。

这是万历八年（1580年）的事，那一年神宗已18岁了。从本性上讲，他与纨绔子弟没有什么两样，好玩，内侍中自有一批人诱导他去吃喝玩乐；也任性，他能威迫人唱新声，用剑割人之发，从行为上讲，也已超越分寸了。他所以长跪认错，让张居正替他起草罪己诏，那是迫于其母亲的威势，然而朱元璋的《皇明祖训》严格禁止女主干政，所以自万历六年万历大婚以后，太后便不能再过多地干涉万历的生活了。故那时慈圣皇太后将返慈宁宫，敕居正曰："吾不能视皇帝朝夕，先生亲受先帝付托，其朝夕纳诲，终先帝凭几之谊。"（《明史·后妃二·孝定李太后传》）万历十年以前，神宗实际上是受他母亲，加上冯保以及作为老师的张居正这三方面的约束，才不至于过度出格，这是被迫的，他不得已如此。这些外加的约束消失以后，就不是这么回事了。

万历十年（1582年）以前，张居正执政的时期，是明代的政治经济处于恢复时期。《明史·张居正传》称："居正为政，以尊主权、课吏职、信赏罚、一号令为主。"这是以加强考成、整顿吏治为主，提高官僚机构的效率。他支持潘季驯治黄河，保证漕运的通航，"漕河通，居正以岁赋逾春，发水横溢，非决则涸，乃采漕臣议，督艘卒以孟冬月兑运，及岁初毕发，少罹水患。行之久，太仓粟充盈，可支十年。互市饶马,乃减太仆种马,而令民以价纳,太仆金亦积四百余万"(《明史·张居正传》)。在财税上,推行一条鞭法,暂时改变了财政拮据的状态。在边境,他重用李成梁镇辽、戚继光镇蓟,保持了边境的安宁。《明史·张居正传》称:"帝初即位,冯保朝夕视起居,拥护提抱有力,小扦格,即以闻慈圣。慈圣训帝严,每切责之,且曰:'使张先生闻,奈何!'于是帝甚惮居正。"张居正主持神宗的经筵讲座,神宗称其"元辅张少师先生,待以师礼"。这种情况,随着神宗年龄的增长,特别是大婚、慈圣皇太后退出乾清宫以后,开始变化了,神宗周围有了更多的人诱导他吃喝玩乐。张居正一死,神宗就失去外部的约束,冯保一人独木难撑。万历宠信的太监张诚,曾被冯保斥于外,而万历则让他秘密侦察冯保与张居正的状况,他告诉神宗,他们二人"宝藏逾天府,帝心动"。神宗贪他们的财产,于是下令"执保禁中","尽籍其家,金银珠宝巨万计。帝疑居正多蓄,益心艳之"(《明史·张居正传》)。加上辽王妃诉言居正强占钦赐田产,辽邸"金宝万计,悉入居正家"(《明通鉴》),于是万历派人抄张居正家。"帝命司礼张诚及侍郎丘橓偕锦衣指挥、给事中籍居正家。诚等将至,荆州守令先期录人口,锢其门,子女多遁避空室中。比门启,饿死者十余辈。诚等尽发其诸子兄弟藏,得黄金万两,白金十余万两。其长子礼部主事敬修不胜刑,自诬服寄三十万金于省吾、篆及傅作舟等,寻自缢死。"(《明史·张居正传》)从这件事,可以见到神宗其人残忍贪财,可以不择手段。至于《明史》中说的张居正家有多少黄金白银,这个数字不一定可靠,他长子是被酷刑诬服的。

讲这一段历史，是说明神宗10岁为帝，在紫禁城的乾清宫生活十一二年，这样的环境并非一定能培养出优秀的帝王。明神宗就是一个典型，优秀的人才需要在艰难困苦中磨炼。

四、醉生梦死、唯利是图的万历皇帝

万历亲政以后的三十多年，实际上是他消极怠政、醉生梦死、唯利是图的三十多年。

张居正是万历十年（1582年）六月去世的，张四维接替张居正主持内阁。张居正在世时，内阁之政事"一决居正"。"居正无所推让，视同列蔑如也。四维由居正进，谨事之，不敢相可否，随其后，拜赐进官而已。"（《明史·张四维传》）由此可以看出，第一，张四维是张居正推荐入阁的，第二，张四维在内阁与张居正共事时，事之唯谨，跟着张居正拜赐进官。张居正去世后，八月间，皇子常洛生，他借此机会上疏言："今法纪修明，海宇宁谧，足称治平。而文武诸臣，不达朝廷励精本意，务为促急烦碎，致征敛无艺，政令乖舛，中外嚣然，丧其乐生之心。诚宜及此大庆，荡涤烦苛，弘敷惠泽，俾四海烝黎，咸戴帝德，此固人心培国脉之要术也。"万历看了这篇上疏，"嘉纳之。自是，朝政稍变"（《明史·张四维传》）。这份奏疏的内容，值得仔细玩味：其所言"今法纪修明，海宇宁谧，足称治平"确是事实，问题是这个局面是怎么来的？是张居正执政十年留下来的，是张居正用李成梁镇辽、戚继光镇蓟门，才使得北方边境晏然。两广用督抚殷正茂、凌云翼，浙江用张佳胤抚定，这是从"海宇宁谧"讲。如果从"法纪修明"讲,那也是张居正讲究考成、整顿吏治的结果。

张居正在隆庆二年(1568年)上疏陈大本急务六事时便讲到:一是"省议论。凡事不贵无用之虚词,务求躬行之实效",一是"振纪纲。近年以来,纲纪不肃,狃以模棱两可谓之调停,以委曲迁就谓之善处。伏望刑赏予夺,一归公道,而不曲徇乎私情",一是"重诏令。近日以来,朝廷诏旨,多格废不行,至十余年未竟者。文卷委积,多致沉埋。年月既远,事多失真"。一是"核名实。器必试而后知其利钝,马必驾而后知其驽良,今用人则不然。官不久任,事不责成,更调太繁,迁转太骤,资格太拘,毁誉失实"(《明史纪事本末·江陵柄政》)。张居正这些话确实切中当时官场的时弊:萎靡不振,官僚主义泛滥,办事拖沓没有效率。

隆庆六年(1572年)六月神宗即位,张居正执政,七月便下令考察京官。明京官六年一考察,谓之京察;外官三年一考察,谓之外察,随事考成。这一次京察,张居正请"大计廷臣",对京官进行一次整顿。到了万历元年(1573年)十一月,立章奏行考成法。《明通鉴》:"初,诸司章奏,部、院覆行,抚、按勘者,常稽不报。至是张居正言:'近年来章奏繁多,各衙门题覆无虚日,然敷奏虽勤而实效盖鲜。请申成宪,先酌量道里远近,事情缓急,定程限,立文簿,月终注销。抚、按稽迟者,部举之;部、院容隐欺蔽者,六科举之;六科容隐欺蔽者,阁臣举之。月有考,岁有稽,则名必中实,事可责成。'从之。自是政体为肃。"这里"诸司章奏",指各地向中央有关部门的请示报告,然后由有关部门给出答复,地方抚、按勘行上报结果。官僚主义泛滥以后，各地的请示报告，中央有关部门答复无日，即使上奏，亦是虚应故事。

考成是立定时限必须办妥，然后按时注销。如果地方上拖拉，则由中央有关部门监督检查并上报。如果是中央部门拖拉，那由都察院的六科给事中进行弹劾。如果六科不负责任，则由内阁监察督促，每个月要有考核，每年年末要有检查稽核，这就是所谓的考成法。这个考成法主要是整顿官僚机构的官僚主义作风，提高工作效率。张居正雷厉风行的考成法，加上外察和京察，官员的日子当然没有过去好过。张居正一死，张四维那个奏疏中所指之"务为促急烦碎"及建议"荡涤烦苛"，其所指虽未明言，实际上便是张居正雷厉风行的考成法。那么官员当然皆大欢喜，乐得舒服清闲。这是张四维"收拾人心"的一招，是官僚队伍的腐蚀剂，这样一来皇帝也轻松，所以神宗会"嘉纳之"，"自是，朝政稍变"这个变，是明朝的朝政又开始走下坡路了。内阁是明代权力机构运行的核心，张四维的精神状态如此，那整个机构运行的效率及官员的作风和社会的风气，也就随之江河日下了。

内阁如此，万历这个皇帝在张居正去世前后，又有什么变化呢？

张居正去世以后，万历便立即显现出其消极怠政、醉生梦死、唯利是图、搜刮百姓的昏君之面目。从文档记录上看，万历十四年（1586年）开始显露其腐败的迹象，那时在内阁的执政者是申时行，这一年的春天，他建议放松考成法，率内阁成员上言："考成之法，不过催征钱粮、捕获贼犯、提问官员三事而已。今水旱灾伤，民力不及。若以钱粮不完重处抚、按，则抚、按别无计策，惟参论有司；

有司别无计策,惟敲扑百姓;百姓不安,盗贼蜂起,此臣等所大惧也。""臣等以为事苟治不必苟责,民苟安不必过求。"(《明通鉴》卷六十八"万历十四年")那就没有当年张居正的执政风格了,官员只要得过且过就行,整个衙门的作风随之发生变化,官僚主义的风气自然盛行。再看万历帝自己,这一年的冬十月,"上久不视朝,自九月望后,连日传免,又以头眩暂罢日讲。孟冬时享太庙,遣官摄行"(《明通鉴》卷六十八"万历十四年")。这就是说万历有半个多月没有治理朝政,日讲是皇帝每天讲读经史的课目,他也不去了,理由是头眩,身体不好。礼部主事卢洪春上疏谏诤,说皇帝陛下是因"试马伤额,故引疾自讳"(《明通鉴》卷六十八"万历十四年"),结果万历为此大怒,上疏的卢洪春遂废于家。

万历这种状况到万历十七年(1589年)夏仍没有变化,内阁执政的王锡爵上疏说:"今年三月以来,常朝日期尽行传免,经筵日讲至今未开,留中诸疏动至经时,册建吉期杳无明示。"(《明通鉴》卷六十九"万历十七年")还有王家屏被召入阁,三个月没有见到万历的面。万历初年定下的规矩,是逢三、六、九视朝,即常朝,其他日子是日讲,而此时臣下已经几个月见不到万历的面了。经筵日讲,本来是每天进行的,早年他是被母亲逼着上朝、开经筵的。从万历十八年二月起,罢日讲,"时上每遇讲期多传免,申时行请'免讲日仍进讲章以备观览'。自后讲筵遂永罢"(《明通鉴》卷六十九"万历十八年")。皇帝与朝臣在政事上不沟通,万历在宫中忙于吃喝玩乐、逍遥自在,消极怠政。

五、万历搜刮民财之矿监与税监

万历十七年(1589年)末,时任大理寺评事雒于仁上《酒色财气四箴》劝谏。这份奏疏送到万历面前,留疏十日,次年正旦召见阁臣申时行于毓德宫,将置之重典,结果是雒于仁引疾,被斥为民。这一篇奏疏对万历在宫廷内的作为刻画得淋漓尽致,当时申时行建议"此疏不可发外,恐外人信以为真",所以这篇奏疏便留中了。"自此,章奏留中,遂成故事。"(《明通鉴》卷六十九"万历十八年")此后,"中外陈奏,帝多不省,或直言指斥,辄曰'此沽名耳'。不罪,于慎行称帝宽大。(宋)缥愀然曰:'言官极论得失,要使人主动心;纵罪及言官,上意犹有所儆省。概置勿问,则如痿痹不可疗矣。'后果如其言。"(《明史·宋缥传》)宋缥当时由户部尚书改任吏部尚书。舆论上放开一点,那不难,如果舆论中的是非一概充耳不闻,不分是非,仍然我行我素,那么舆论导向往往成为党同伐异、培育派系纷争的温床。至万历二十年,有御史冯从吾言:"陛下郊庙不亲,朝讲不御,章奏留中不发。""近颁敕谕,谓圣体违和,欲借此自掩。不知鼓钟于宫,声闻于外,陛下每夕必饮,每饮必醉,每醉必怒,左右一言稍违,辄毙杖下,外庭无不知者。天下后世,其可欺乎?"(《明通鉴》卷六十九"万历二十年")

申时行是在万历十九年（1591年）致仕的，接下来阁臣的首辅先是王锡爵，后是沈一贯、沈鲤、方从哲，以沈一贯的时间长一些。对申时行主阁的九年，史称其"政令务承上指，不能有所匡正"，"由是上下恬熙，法纪渐至不振"（《明通鉴》卷六十九"万历十九年"）。那时万历已是一匹随心所欲的脱缰野马了，很难接受外部的约束。

石星代宋纁为户部尚书，他们之间有过一段谈话。"石星代为户部，尝语纁曰：'某郡有奇羡，可济国需。'纁曰：'朝廷钱谷，宁蓄久不用，勿使搜括无余。主上知物力充羡，则侈心生矣。'星怃然。有郎言漕粮宜改折。纁曰：'太仓之储，宁红腐不可匮绌，一旦不继，何所措手？'"（《明史·宋纁传》）宋纁这些话有道理，他看透了万历贪财的本性，金银的窖储刺激了万历的贪婪。

万历大量派遣中官出使采矿是万历二十四年（1596年）以后的事，即时引起民变，刑部侍郎吕坤在万历二十五年上疏《陈天下安危》，其云：

> 今天下之苍生贫困可知矣。自万历十年以来，无岁不灾，催科如故。臣久为外吏，见陛下赤子冻骨无兼衣，饥肠不再食，垣舍弗蔽，苦藁未完；流移日众，弃地猥多；留者输去者之粮，生者承死者之役。君门万里，孰能仰诉？今国家之财用耗竭可知矣。数年以来寿宫之费几百万，织造之费几百万，宁夏之变几百万，黄河之溃几百万，今大工、采木费，又各几百万矣。土不加广，民不加多，非有雨菽涌金，安能为计？今国家之防御疏略可知矣。三大营之兵以卫京师也，乃马半羸敝，人半老弱。九边之兵以御外寇也，皆勇于挟上，怯于临戎。外卫之兵以备

征调资守御也,伍缺于役占,家累于需求,皮骨仅存,折冲奚赖?设有千骑横行,兵不足用,必选民丁。以怨民斗怨民,谁与合战?人心者,国家之命脉也。今日之人心,惟望陛下收之而已。关、陇气寒土薄,民生实艰。自造花绒,比户困趣逼。提花染色,日夜无休,千手经年,不成一匹。他若山西之绸,苏、松之锦绮,岁额既盈,加造不已。至饶州磁器,西域回青,不急之须,徒累小民敲骨。陛下诚一切停罢,而江南、陕西之人心收矣。以采木言之。丈八之围,非百年之物。深山穷谷,蛇虎杂居,毒雾常多,人烟绝少,寒暑饥渴瘴疠死者无论矣。乃一木初卧,千夫难移,倘遇阻艰,必成伤殒。蜀民语曰"入山一千,出山五百",哀可知也。至若海木,官价虽一株千两,比来都下,为费何止万金!臣见楚、蜀之人,谈及采木,莫不哽咽。苟损其数,增其直,多其岁月,减其尺寸,而川、贵、湖广之人心收矣。

以采矿言之。南阳诸府,比岁饥荒。生气方苏,菜色未变。自责报殷户,而半已惊逃。自供应矿夫工食、官兵口粮,而多至累死。自都御史李盛春严旨切责,而抚按畏罪不敢言。今矿沙无利,责民纳银,而奸人仲春复为攘夺侵渔之计。朝廷得一金,郡县费千倍。"(《明史·吕坤传》)

从这几段话可以看出,那时,明王朝已到了民穷财尽的地步,织造、采木、采矿三项,再加上租税,都是用巧取豪夺的办法,千方百计地搜刮民财。吕坤是刑部侍郎,关于诏狱的问题,他说:

法者,所以平天下之情。其轻其重,太祖既定为律,列圣又增为例。如轻重可以就喜怒之情，则例不得为一定之法。臣待罪刑部三年矣，每见诏狱一下，持平者多拂上意，从重者皆当圣心。如往年陈恕、王正甄、常照等狱，臣等欺天罔人，已自废法，陛下犹以为轻，俱加大辟。然则律例又安用乎！（《明史·吕坤传》）

从这些话，可以知道万历用刑太滥，太任意，凭一时之喜怒草菅人命，而且对身边的宫女和宦官也滥用刑罚，其云：

列圣在御之时，岂少宦官宫妾，然死于棰楚者，未之多闻也。陛下数年以来，疑深怒盛。广廷之中，狼籍血肉，宫禁之内，惨戚啼号。厉气冤魂，乃聚福祥之地。今环门守户之众，皆伤心侧目之人。外表忠勤，中藏憯毒。既朝暮不能自保，即九死何爱一身。陛下卧榻之侧，同心者几人？暮夜之际，防患者几人？臣窃忧之。愿少霁威严，慎用鞭扑，而左右之人心收矣。（《明史·吕坤传》）

吕坤这番话是替万历安全着想，即不能对随侍左右的人暴逆无道，由于他们离你最近，随时可以因仇恨和不堪忍受而加害于你，然而万历连这点最起码的常识也不懂。反之，万历对其亲近之人喜怒无常、横加鞭扑的情况则见于许多人的记载，从万历八年（1580年）十一月因夜宴，万历挞二内使几毙，引起慈圣太后的切责，张居正治孙海、客用等罪起，万历任意打死内侍的事，已有多人提起了。紫禁城实际上是一个罪恶的渊薮，一切肮脏龌龊、卑鄙无耻的事，都发生在那些庄严辉煌的宫廷建筑之内。现在故宫的展览，缺少这一方面的展示，只展示乾清宫那个"正大光明"表面辉煌灿烂的一面是不完全的。所以只想为自己子女营造一个非常优越的环境，以为让孩子"幸福"生活便能使孩子健康成长,那是不全面的。一个人需要经过磨炼,才能健康成长。历史上各个王朝长于宫廷的金枝玉叶们与生长于民间的创业之君相比,本质上是一代不如一代,至少明代大多数皇子皇孙的状态是如此。吕坤这份奏疏讲的采矿之害,只是南阳一个地区,还没有涉及矿监之害。实际上矿监、税监之害比吕坤所言要严重得多。

吕坤这篇奏疏的末尾还讲了两个问题,一个是常朝与留中的事,一个是君民之间的关系问题。前一个问题,其云:

> 祖宗以来,有一日三朝者,有一日一朝者。陛下不视朝久,人心懈弛已极,奸邪窥伺已深,守卫官军祗应故事。今乾清修造,逼近御前。军夫往来,谁识面貌?万一不测,何以应之?(《明史·吕坤传》)

这是讲宫廷安全的问题。关于章奏留中,其云:

> 章奏不答,先朝未有。至于今日,强半留中。设令有国家大事,邀截实封,扬言于外曰"留中矣",人知之乎?愿自今章疏未及批答者,日于御前发一纸,下会极门,转付诸司照察,庶君臣虽不面谈,而上下犹无欺蔽。(《明史·吕坤传》)

这样把章奏公布于有司,如吕坤那样直谏之辞,万历会愿意吗?这当然不可能。关于君民关系,吕坤讲得也非常痛切,其云:

> 臣观陛下昔时励精为治,今当春秋鼎盛,曾无夙夜忧勤之意,惟孜孜以患贫为事。不知天下之财,止有此数,君欲富则天下贫,天下贫而君岂独富?今民生憔悴极矣,乃采办日增,诛求益广,敛万姓之怨于一言,结九重之仇于四海,臣窃痛之。使六合一

家，千年如故，即宫中虚无所有，谁忍使陛下独贫？今禁城之内，不乐有君。天下之民，不乐有生。怨谤愁叹，难堪入听。陛下闻之，必有食不能咽，寝不能安者矣。（《明史·吕坤传》）

吕坤奏疏中这一番话，不可谓不恳切，结果还是"疏入，不报"，吕坤只能"称疾乞休，中旨许之"（《明史·吕坤传》）。实际上吕坤这篇奏疏还是留有余地的，其时矿监、税监的问题已经暴露无遗了。

关于矿监税使派往全国各地的情况，在《明史·陈增传》有一个概括的叙述，今转录于下：

至二十年，宁夏用兵，费帑金二百余万。其冬，朝鲜用兵，首尾八年，费帑金七百余万。二十七年，播州用兵，又费帑金二三百万。三大征踵接，国用大匮。而二十四年，乾清、坤宁两宫灾。二十五年，皇极、建极、中极三殿灾。营建乏资，计臣束手，矿税由此大兴矣。其遣官自二十四年始，其后言矿者争走阙下，帝即命中官与其人偕往，天下在在有之。真、保、蓟、永则王亮，昌黎、迁安则田进，昌平、横岭、涞水、珠宝窝山则王忠，真定复益以王虎，并采山西平定、稷山，浙江则曹金，后代以刘忠，陕西则赵钦，山西则张忠，河南则鲁坤，广东则李凤、李敬，云南则杨荣，辽东则高淮，江西则潘相，福建则高寀，湖广则陈奉，而增奉敕开采山东。通都大邑皆有税监，两淮则有盐监，广东则有珠监，或专遣，或兼摄。大珰小监，纵横绎骚，吸髓饮血，以供进奉。大率入公帑者不及什一，而天下萧然，生灵涂炭矣。其最横者增及陈奉、高淮。

这次大规模的派遣中官到全国各地横征暴敛的原因是国家财政因三大征入不敷出，加上紫禁城内二宫三大殿因火灾重建所费不赀。其结果，一是中官与地方官的矛盾加深，一是中官与所在地民众的矛盾加深。由于有地方官的支持，所以民变不断，即使中官之间亦互相争夺税源。从时间的程序上看，就在吕坤上疏那一年的六月，命中官李敬采珠广东，九月，令中官陈增奉使山东征矿税，他在山东肆恶十年，至万历三十三年（1605年）才死。次年的四月，中官马堂奉使至临清征税，激起临清的民变。朝廷命中官陈奉征税湖广，十二月，在武昌、汉阳激起民变。当时因矿税问题上疏谏诤的，无虑百十疏。万历二十九年武昌再次发生民变；这年六月，织造中官孙隆因课征重税激起苏州民变。

派出那么多矿监税使以后，在各地所造成的后果，当时内阁的首辅沈一贯在万历二十七年（1599年）曾上言：

> 中使衙门皆创设，并无旧绪可因。大抵中使一员，其从可百人，分遣官不下十人，此十人各须百人，则千人矣。此千人每家十口为率，则万人矣。万人日给千金，岁须四十余万。及得，才数万，徒敛怨耳。今分遣二十处，岁糜八百万，圣思偶未之及也，乞尽撤之。（《明史纪事本末·矿税之弊》）

这是讲那么多矿监、税监给宫廷搜刮来的银两，抵不上因此增加的开支，这是一桩赔本的生意，不值。当时凤阳巡抚李三才的辖区内的矿监税使，在徐州有陈增，仪真有暨禄，扬州有鲁保，沿江有郝隆。万历二十八年（1600年），李三才便上疏讲了矿监税使在地方上造成的祸害，请停矿税，其云：

自矿税繁兴，万民失业。陛下为斯民主，不惟不衣之，且并其衣而夺之；不惟不食之，且并其食而夺之。征榷之使，急于星火，搜括之令，密如牛毛。今日某矿得银若干，明日又加银若干；今日某处税若干，明日又加税若干；今日某官阻挠矿税拿解，明日某官怠玩矿税罢职。上下相争，惟利是闻。如臣境内：抽税徐州则陈增，仪真则暨禄，理盐扬州则鲁保，芦政沿江则郝隆。千里之区，中使四布。加以无赖亡命，附翼虎狼。如中书程守训尤为无忌，假旨诈财，动以万数。昨运同陶允明自楚来云："彼中内使，沿途掘坟，得财方止。"圣心安乎不安乎？且一人之心，千万人之心也。皇上爱珠玉，人亦爱温饱；皇上爱万世，人亦恋妻孥。奈何皇上欲黄金高于北斗，而不使百姓有糠秕升斗之储？皇上欲为子孙千万年，而不使百姓有一朝一夕？试观往籍，朝廷有如此政令，天下有如此景象而不乱者哉！

这些话是讲得非常沉痛了，奏疏上去，依然不报，过了一周，李三才复奏：

数月以来，章奏但系矿税，即束高阁。臣前疏非泛常，国脉民命之所关，天心祖德之所在也。人主能为万姓之主，然后奔走御侮。若休戚不关，威力是凭，劫夺之已耳！斩刈之已耳！孤人之子，寡人之妻，拆人之产，掘人之墓，即在敌国仇人，犹所不忍，况吾衽席之赤子哉！穷困无聊，遂生窥窃，如徐州赵古元之类是已。夫天下非小弱也，草泽之人至广且众也，欲为古元者何限？独以朝廷处置得宜，欲乘之而无衅，故俯首降心，从教从令耳。今乃驱之使乱，臣惧万姓不肯为朝廷屈也。（《明

史纪事本末·矿税之弊》）

这里讲的赵古元，是浙江人，原名赵一平，用妖术倡乱，也就是利用宗教迷信，组织群众起兵反抗，被发觉后，流窜到徐州，易号古元，自称宋后，准备次年二月起兵，事觉被捕杀。官民之间的矛盾向对抗的方向转变，李三才奏疏讲的焦点便在此。对于这条奏疏，万历仍旧留中不报。

万历三十年（1602年）有一个小插曲，万历忽得急病，怀疑自己快要死了，给沈一贯托付后事，这才想到要撤回各地的矿监税使。此事以《明史·沈一贯传》记载比较生动具体，今录其文于下：

帝忽有疾。急召诸大臣至仁德门，俄独命一贯入启祥宫后殿西暖阁。皇后、贵妃以疾不侍侧，皇太后南面立稍北，帝稍东，冠服席地坐，亦南面，太子、诸王跪于前。一贯叩头起居讫，帝曰："先生前。朕病日笃矣，享国已久，何憾。佳儿佳妇付与先生，惟辅之为贤君。矿税事，朕因殿工未竣，权宜采取，今可与江南织造、江西陶器俱止勿行，所遣内监皆令还京。法司释久系罪囚，建言得罪诸臣咸复其官，给事中、御史即如所请补用。朕见先生止此矣。"言已就卧。一贯哭，太后、太子、诸王皆哭。一贯复奏："今尚书求去者三，请定去留。"帝留户部陈蕖、兵部田乐，而以祖陵冲决，削工部杨一魁籍。一贯复叩首，出拟旨以进。是夕，阁臣九卿俱直宿朝房。漏三鼓，中使捧谕至，具如帝语一贯者。诸大臣咸喜。

人之将死，其言也善，万历作为皇帝也不例外，自己都快死了，再让矿监税使去搜刮，又有什么意义呢？所以这份不成遗嘱的遗嘱，多少体现了他良知未泯。谁知道第二天，他病又好起来了，情况又变了，《明史·沈一贯传》续云：

> 翼日，帝疾瘳，悔之。中使二十辈至阁中取前谕，言矿税不可罢，释囚、录直臣惟卿所裁。一贯欲不予，中使辄搏颡几流血，一贯惶遽缴入。时吏部尚书李戴、左都御史温纯期即日奉行，颁示天下，刑部尚书萧大亨则谓弛狱须再请。无何，事变。太仆卿南企仲劾戴、大亨不即奉帝谕，起废释囚。帝怒，并二事寝不行。当帝欲追还成命，司礼太监田义力争。帝怒，欲手刃之。义言愈力，而中使已持一贯所缴前谕至。后义见一贯唾曰："相公稍持之，矿税撤矣，何怯也！"自是大臣言官疏请者日相继，皆不复听。

这个过程还是很有趣的，内阁首辅的表现还不如司礼太监田义，万历临死时的表现与复活以后的表现，判若两人，这个人贪性不改。再说那些矿监税使，小人们为了钱财，无所不用其极，皇帝及其周围是这样一群小人，怎能对其抱任何期望？这个王朝只能顺着下降通道继续滑行。即使那时万历死了，换上后来的光宗，其实他们父子俩都是差不多的货色，祸国殃民的矿监税使还是依旧。矿监事件中影响最大的是万历三十四年（1606年）三月云南的矿监杨荣被杀的事。《明史纪事本末·矿税之弊》称："荣久于滇，恣行威福，杖毙数千人，榜掠指挥樊高明等，尽捕六卫官，人人自危。指挥贺世勋、韩光大遂倡众焚其署，徒党辎重皆烬。事闻，上怒不食，曰：'荣不足惜，何纪纲顿至此！'"事后罢中使不遣，以税课归四川税使丘乘云。此外有福建税监高寀激起民变，辽东税监高淮在锦州激起民变,这些民变,有民众与矿监税使之间的矛盾,也有地方官与矿监税使之间的矛盾,因为他们侵犯了地方的利益,所以这些民变背后多少都有地方官们的支持。

一直到万历四十八年(1620年)七月,万历驾崩,才在遗诏中罢一切矿税,并新增织造、烧造等项,"建言废弃及矿税诖误诸臣,酌量起用"(《明史纪事本末·矿税之弊》),各地奉皇太子令旨,尽行停止,税监张烨、马堂、胡江、潘相、丘乘云等撤还京师。万历贪财,到死也难罢休,只要看看其棺椁中贮藏的那么多金银元宝,就可以知道他是怎么一个贪婪的角色,那不真是活生生的"棺材里伸手"嘛。明那时不亡,是因为在底层还没有形成能掀翻这吃人的筵席的力量。再过二十多年这个日子终于到来,那就是李自成进京、崇祯吊死在煤山,结束了明王朝的统治。

六、万历怠政与明朝官僚机构的瘫痪

矿监税使的问题,反映的是在财政问题上明代宫廷政治与明代中央和地方官僚政治间矛盾的一个侧面,我们还得分析一下,那时整个官僚机构继续运行的状况。

万历三十五年(1607年),都察院的吏科给事中翁宪祥上疏:"言'抚、按官解任,不宜听其自去。'是时官方多滞,抚、按官候代,或十余年不归,部郎俸深,多借差以出。会有江西巡抚许弘纲,以父艰告归,荐陆长庚、王佐自代,不复俟命,解组而去。宪祥因言:'故事,正郎不奉使,抚、按必俟代。今皆反之,宜申明旧制。'疏入,不报。时大僚多缺,宪祥以为有伤国体,因复陈补阙官,起遗佚数事,报闻而已。"(《明通鉴》卷七十三"万历三十五年")抚、按是指地方行省的巡抚和巡按,地方长官遇到守艰、守制要开缺回籍,任期满了要有人取代,考成法松弛了,那地方官任期到了也没有人去取代,故令十年不归。为什么说不归?因明代回避制度,本地人不能做本地的官,南方人到北方做官,北方人到南方做官,任期满了,要回籍候补,许弘纲等不到代他的人,自动离职了。官僚机器的运转就停滞不前了。部郎是指六部的侍郎,按明代的制度,只有都察院的御史可以出巡,侍郎是不能出巡的,由于侍郎的俸禄低,他们便找借口出差,因为到地方上有额外的收入。明清二代地方官的待遇比京官要高,地方官有火耗、鼠雀耗这类额外的收入。俗话说宁为鸡口,毋为牛尾,地方官在地方上可以独霸一方,小京官则只能到处尾随人后,做了几年京官都想去地方做官。

在万历中后期,官员缺而不能及时补任变成常事了。《明史·翁宪祥传》云:"是时大僚多缺。而侍郎杨时乔、杨道宾旬日间相继物故,吏、礼二部长贰遂无一人。兵部止一尚书,养疴不出。户、刑、工三部暨都察院堂上官,俱以人言注籍。通政大理亦无见官。宪祥言九卿俱旷,甚伤国体。因陈补缺官、起遗佚数事,报闻。"不仅地方行政长官可以自动离职,而且中央的部门长官,人死了没有人去补缺,最紧要的吏部尚书没有人担任,兵部尚书养病不出,官僚机构长期处于如此残缺不全的状态,一旦有了大事,谁来处置?万历中晚期官僚机构长期处于如此状态,问题的关键是万历自己怠于政事,忙于在宫廷的游戏娱乐。万历三十八年(1610年)五月,《明通鉴》卷七十四"万历三十八年"载:

> 叶向高催请刑部掌印,揭言:"刑部掌印官,候命日久,催请烦数,未蒙俞允,狱囚积至千人,莫为问断;囚米日增,皆责铺户包赔。窃惟重罪固不足惜,而轻罪亦自可怜。祖宗以来,每年有热审之例,而三年恤刑之差,旧例皆于二三月题请,延至今日,势难再缓。臣之所以恳恳悁悁,以该部掌印为请者,盖亦万不得已之苦衷耳。"疏入,不报。

当时是以工部侍郎刘元霖兼署刑工二部事,刑部没有人主持日常工作,刑狱的案件没有人审理判决,犯人积压愈多,囚粮也发生问题。后来户部的掌印官也空缺了,那带来的问题便更麻烦了。

八月,叶向高再请户、礼二部掌印,揭言:"目前户部事务,停阁已久,其最急者,如各边请饷,无人给发;各处解银,无人批收;此如咽喉哽塞,一切饮食出纳皆不得通,最为困急。而礼部则颁历贺冬,皆将届期,典礼之臣,岂容久缺!即如进贡番夷有六七百人,久当发遣,亦以部堂无官,遂至停滞,留一日则费光禄寺一日之供给,该寺钱粮方极匮乏,而复有此冗滥之费,甚可惜也。"亦不报。(《明通鉴》卷七十四"万历三十八年")

叶向高这两份揭帖所载的奏疏都属于各部日常工作的范畴,如果把整个国家机构比作人体,那户部属于饮食出纳的系统,各个系统的活动要靠它提供能量,这个系统停摆的话,那么整个人体也会停摆,进而陷入僵硬停滞的状态。而万历对这一切依然是无动于衷,这两份奏疏照例还是留中,没有引起任何反响。到了万历三十九年(1611年)六月,叶向高再次上疏言:

今自阁臣至九卿,台省曹署皆空,南都九卿亦止存其二,天下方面大吏,去秋至今未尝用一人。陛下万事不理,以为天下长如此,臣恐祸端一发不可收也。(《明通鉴》卷七十四"万历三十九年")

叶向高说的"一发不可收",这个预言到1644年便应验了。在这种情况下,内阁只有叶向高一个人在位,他的奏本,万历总是没有反应,他也只能请辞求去了。那时吏部尚书孙丕扬以荐贤不用求去,叶向高上疏请留,也不报,于是叶向高也引疾求去,其云:

臣屡求去，辄蒙恩谕留。顾臣不在一身去留，而在国家治乱。今天下所在灾伤死亡，畿辅、中州、齐、鲁流移载道，加中外空虚，人才俱尽。罪不在他人，臣何可不去。且陛下用臣，则当行其言。今章奏不发，大僚不补，起废不行，臣微诚不能上达，留何益？诚用臣言，不徒縻臣身，臣溘先朝露，有余幸矣。（《明史·叶向高传》）

万历还是没有反应，后来叶向高生病了，"章奏就其家拟旨者一月。及是，向高坚卧益久，即家拟旨如前，论者以为非体，向高亦自言其非，坚乞去。帝卒不命他相，遣鸿胪官慰留。至帝万寿节，始起视事。"（《明史·叶向高传》）至万历四十二年（1614年）他才以年迈致仕退下来，这就是万历的所谓"垂拱而治"的实际状况。

七、关于争国本的问题

所谓"争国本",实际上就是立太子的问题,也即未来皇帝交接班的问题。用一个不恰当的比喻,它本质上就如押宝一样,大臣们谁押中了,将来新皇帝登基,谁在仕途上便能鱼跃龙门。所谓国本,是指太子作为皇储,是国家之本,谏争立太子之事,便成争国本了。万历二十年(1592年)正月,广西巡按御史钱一本上《论建储》,疏中有批评万历拖延立太子之事为"曾不顾国本从此动摇,天下从此危乱"(《明史·钱一本传》)之语,此后廷臣相继以"争国本"为词,万历中旨以众人"所逞之词,根托一本,造言诬君,摇乱大典",遂斥一本为民。

明神宗在万历六年(1578年)便册立皇后王氏,其在中宫四十二年,没有为神宗生子,她身体多病,但得神宗之母欢心。与皇后王氏同时的还有明妃刘氏,也没有为神宗生子。给神宗生子的是神宗生母慈圣皇太后的宫女王氏,时间是在万历十年八月,开始神宗并不认账,他母亲找来宫廷起居注,证明王氏所生确是神宗之子,神宗才不得不认下来,起名叫常洛。《明通鉴》卷六十七"万历十年"记其事云:

妃初为慈宁宫人,年长矣。上过慈宁宫,私幸之,有娠,戒左右勿言。慈圣太后闻之,一日侍宴,取内官起居注示上,且好语曰:"吾老矣,未有孙。果男也,则宗社之福,奚讳焉!"寻又言:"母以子贵,宁分差等。"上乃以是年四月封恭妃。……九月,丙辰,以皇长子生颁诏天下。大赦,免各省田租三之一。

事实上神宗并不喜欢这个宫女出身的王氏,并不想立此长子为太子。神宗喜欢的是万历初入宫的郑氏。神宗一共生了八个儿子,长子是常洛;次子常溆,出生一岁便夭折;三子即常洵,生于万历十四年(1586年),比常洛小四岁,其母郑氏进为贵妃。郑贵妃生的神宗第四子,一岁即夭折;另外周端妃生的常浩,是第五子;其他诸子影响不大。神宗的宫廷生活,主要是和郑贵妃一起过的,所以神宗在立太子的问题上迟迟不决。

中国的传统是嫡长子继承制,立嫡立长,《春秋公羊传》在"鲁隐公元年"有这么一段话:"凡隐之立,为桓立也。隐长又贤,何以不宜立?立適以长不以贤。立子以贵不以长。桓何以贵?母贵也。母贵则子何以贵?子以母贵,母以子贵。"鲁隐公是鲁惠公的长子,鲁桓公是幼子,最初群臣立隐公,是因桓公太小。鲁桓公的母亲是宋武公的女儿,故子以母贵。所以《公羊传》认为立隐公是摄政,将来王位还要还给桓公。明神宗迟迟不肯立太子的一个重要理由,是正室王皇后还没有生子,而常洛的母亲是宫女出身,地位低,等王皇后有子再说。事实上王皇后身体不好,一直没能为神宗生儿子,万历希望王皇后死了以后,立郑贵妃为后,然后立常洵为太子。王皇后虽有病,但还是迟迟不死,所以立太子的问题被拖得迟迟不决,而群臣,特别是言官们为此责怪郑贵妃,使神宗感到非常为难,这便是争国本问题的背景。

最早向神宗提出立太子的是申时行,时间在万历十四年(1586年)的二月,那一年常洛刚满5岁,他提出的理由是依照先例,即英宗是2岁被立为太子,孝宗是6岁,武宗是1岁,而神宗自己是6岁被立为皇太子,现在长子已5岁了,有先例可援。神宗的答复是"元子婴弱,少俟二三年举行"(《明史纪事本末·争国本》),他想拖一拖再说。接着在万历十五年、十六年都有不少官员奏请册立东宫的上疏。到了万历十八年,神宗召集内阁申时行、许国、王锡爵、王家屏诸人议论。神宗表态,说自己没有嫡子,那么长幼有序,而且郑贵妃也请求早立东宫,免得外间非议,然而长子常洛体弱,想等他长大一点再说。辅臣向神宗建议,说是长子已经9岁了,该让他读书吧,神宗点头了。不久神宗又让司礼监把内阁诸臣找回来,说要见一下皇长子与皇三子。诸臣建议皇长子9岁了,陛下6岁便进学了,已经晚了。神宗说,自己5岁便读书了,指着常洵说,他5岁了,还离不开乳母,结果册立东宫一事还是被拖下来。接着在万历十九年、二十年、二十一年,仍有不少人请立东宫,神宗还是想拖下去,他说:"朕虽有今春册立之旨,昨读《皇明祖训》,立嫡不立庶。皇后年尚少,倘复有出,是二储也。今将三皇子并封王,数年后皇后无出,再行册立。"(《明史纪事本末·争国本》)结果还是缓兵之计,把事情再往后拖。这件事又进一步导致群臣联名上疏请立东宫,而且攻击阁臣王锡爵。这次联名的群臣中有顾宪成与顾允成兄弟俩,这二人便是后来东林书院的发起者。

从争立东宫起,党争问题便处于萌芽和孕育之中,王锡爵在神宗及争国本的群臣之间进行调和，那么争国本者便成为朝廷清流的前身了。而神宗与郑贵妃，则成为被丑化的对象。争执不再是冷静而有序地进行，成为情绪化的互相对立，这种现象不是好的兆头。在大家的压力下，王锡爵再次上疏请立东宫，神宗也退了一步，三皇子俱停封，事情还是继续往后推。王锡爵再次上疏，力请建储。于是神宗又找阁臣商量，想让皇长子与皇三子一起出阁就读，实际上是变相的三子并封。王锡爵认为皇长子明年13岁，皇三子9岁，应该有一个先后缓急之分，所以在万历二十二年（1594年）二月神宗只能让皇长子出阁就学。

这样拖拖拉拉，到万历二十八年（1600年）十一月，郑贵妃的亲属郑国泰上疏请皇子先冠婚，后册立，因为这一年常洛已经20岁了，应该成婚了。次年郑国泰再次请册婚冠。为什么郑贵妃的亲属出来请册储和给常洛冠婚呢？因为这样可以撇清外间关于郑贵妃及其家人的传言。这一年的八月，内阁沈一贯上疏请立储，神宗感觉拖不过去了。这年的十月十五日，正式册立常洛为皇太子，封常洵为福王，同时封诸王的还有瑞王常浩、惠王常润、桂王常瀛，太子与诸王同时加冠。但常洛的母亲仍没有因儿子为皇太子而加封号，而这次常洛能被立为皇太子，是因为神宗的母亲李太后起了重要作用。"给事中姜应麟等疏请被谪，太后闻之弗善。一日，帝入侍，太后问故。帝曰：'彼都人子也。'太后大怒曰：'尔亦都人子！'帝惶恐，伏地不敢起。盖内廷呼宫人曰'都人'，太后亦由宫人进，故云。光宗由是得立。"（《明史·孝定李太后传》）从这个过程可知，根本原因在神宗不喜欢常洛的生母，认为她出身太低贱。常洛被封为皇太子以后，神宗仍一直不允许他与母亲相见，直到万历三十四年，常洛生儿子了，其母才晋封为贵妃。万历三十九年她病危时，常洛请旨省视其母，"宫门犹闭，抉钥而入。妃目眚，手光宗衣而泣曰：'儿长大如此，我死何恨！'遂薨"（《明史·孝靖王太后传》）。

围绕册立太子的问题，上演了一场历史的悲剧。实际上这个悲剧的背后，各个方面都是围绕未来权力交接时国家权力如何再分配的问题而争斗。参与争国本这件事的诸人，都是为了未来权力再分配时能得先筹，能多分一杯羹而已。对于当事人的实际感受，则完全置之不顾。常洛被立为太子以后，这个纷争不但没有告一段落，反而有加剧的趋势，诸如妖书案之类都属于无事生非，弄得神宗父子都很为难。

所谓妖书的主题是讲"上立东宫出于不得已，他日必当更易，其用朱赓为内阁者，以'赓''更'同音，寓更易之意"（《明通鉴》卷七十三"万历三十一年"）。神宗为之大怒，抓了一些人，他在启祥宫召见皇太子，说："我之慈爱教训，尔宜知之；尔之纯善孝友，我亦知之。近有捏造妖书者，离间我父子，动摇天下，已有严旨缉捕正法。尔宜安心读书，勿存惊惧。"（《明通鉴》卷七十三"万历三十一年"）作为王朝统治的延续，采取嫡长制，本来是为了防止诸子的争斗，而在争国本这个问题上反而变成争斗的一个焦点。再说从常洛与常洵这两个人的才能和贤德上讲，实在是半斤八两。明代的宫廷生活怎么能培养出好的苗子来呢？除了一大帮子小人陪着吃喝玩乐之外，他们实在不懂什么。常洵活得长一些，下场更惨一些。从当时现实情况看，士大夫们气势汹汹地"争国本"，实在没有实际意义，却诱发了明末的党争，加速了已四处穿孔的国家机器的崩塌。"一人有庆，兆民赖之。"（《尚书·吕刑》）把交接班集中到一个人身上，实际上并不可靠，因为作为个人变数太大，"嫡长制"是为了防止争，如果"嫡长"不贤，还是会有争的。明代诸朝的统治，不仅是皇帝的交接，还有内阁的交接。万历这四十多年内阁换了好几届，从张居正、张四维、申时行、王锡爵、王家屏、沈一贯、朱赓一直到叶向高，尽管有争，有言官对阁臣的抨击，但总体上还是平稳的。但对皇位继承权的争夺，也会使内阁无法正常工作甚至解体，后果便是东林党争。

八、妖书案和福王之藩

(一) 妖书案

神宗万历之所以迟迟不立太子,说到底是他喜欢郑贵妃,想有机会立郑贵妃之子常洵为太子。但碍于立嫡立长子的传统,孝端王皇后无子,又长寿,她到万历四十八年(1620年)才去世,几乎与万历同时。皇后王氏是四月去世的,万历是四月不豫,七月去世。故郑贵妃又无法被立为皇后,也就没有机会立常洵为太子。常洛在万历二十九年十月正式立为太子,那是因万历的母亲李太后的干预。然而常洛被立为太子以后,其地位仍岌岌可危。

万历三十一年(1603年)有妖书案,当时有一书题为《续忧危竑议》,其词假郑福成为问答,郑福成谓郑氏子福王当成也。大略谓:"东宫不得已立之,而从官不备,寓后日改易之意。其特用朱赓,赓者,更也。"(《明史纪事本末·争国本》)这个话是表示太子今后还可能更换。这本传单式的小书一夜之间自宫门迄于街巷皆传遍。那时朱赓是殿阁大学士,在自己宅内得此书,于是上报神宗,请缉其人,乞归不允。神宗为此大怒,因为这会公开挑起宫廷内部核心权力的矛盾和斗争,于是下令厂、卫搜缉,要查清造作此书的人。这引起朝廷和内阁的议论，有人认为此书出于清流，目标是攻击阁臣沈一贯。有人怀疑是阁臣沈鲤的门生郭正域所为，使内阁与朝廷人心惶惶。神宗为此召见常洛，安慰他，"太子泣，上亦泣"，结果是皇太子再遣阉人语阁臣："先生辈容我，乞全郭侍郎。"（《明史纪事本末·争国本》）沈一贯、朱赓请宽疑狱，而沈鲤上章引咎，乞归，神宗的意见还是大事化小，小事化了。最后废黜生员皦生光成为妖书案的替罪羊，由东厂司礼太监陈矩上妖书案，移皦生光刑部论斩，这个案子就这样不了了之。传说这份传单出自武英殿中书舍人赵士祯，后赵士祯疾笃，自言此事，"肉碎落如磔"（《明史纪事本末·争国本》）。这就是与争国本相联系的妖书案。

（二）福王之藩

万历四十年（1612年）阁臣叶向高请福王之国。神宗有八个儿子，除了长子常洛以外，神宗喜欢的是郑贵妃生的第三子常洵。万历二十九年册立常洛为皇太子时，同时封常洵为福王，常浩为瑞王，常瀛为桂王，各有封地。福王的封地在洛阳，同年福王的婚费达三十万，在洛阳为其营建宫邸的费用达二十八万两，十倍于常制。到万历四十二年三月，福王常洵之国，临行出宫门，召还数四，期以三岁一朝。宫中明珠异宝、毳饰绮绸多以资常洵。神宗还下诏赐庄田四万顷，河南田地不足，取山东、湖广田益之。奏乞大学士张居正所没产，及江都至太平，长江沿岸荻洲杂税及四川盐井、榷茶银以赐福王。为了圈地，派其伴读、承奉诸官假履亩为名，乘传出入黄河南北、齐楚诸地,所至骚动。这实际上是给福王常洵未立为太子的补偿。

从人品上讲,常洵人品很差。《明史·诸王·福王传》称:

> 常洵日闭阁饮醇酒,所好惟妇女倡乐。秦中流贼起,河南大旱蝗,人相食,民间藉藉,谓先帝耗天下以肥王,洛阳富于大内。援兵过洛者,喧言:"王府金钱百万,而令吾辈枵腹死贼手。"南京兵部尚书吕维祺方家居,闻之惧,以利害告常洵,不为意。十三年冬,李自成连陷永宁、宜阳。明年正月,参政王胤昌帅众警备,总兵官王绍禹,副将刘见义、罗泰各引兵至。常洵召三将入,赐宴加礼。越数日,贼大至,攻城。常洵出千金募勇士,缒而出,用矛入贼营,贼稍却。夜半,绍禹亲军从城上呼贼相笑语,挥刀杀守堞者,烧城楼,开北门纳贼。常洵缒城出,匿迎恩寺。翌日,贼迹而执之,遂遇害。

李自成攻陷河南府洛阳的过程,《明季北略》卷十七《李自成陷河南府》条记载更具体,其云:

> 李自成围河南府。福王募死士力战,斩获颇多。总兵王绍禹兵有呼于城上者,贼亦呼而应之。绍禹兵执副使王胤昌于城上,绍禹驰解之。诸军曰:"贼在城下,总镇其如我何?"挥刀杀守陴数人,贼缘堞而上,叛兵迎之。贼入,福王及世子俱缒城走,士民被杀者数十万。贼焚福王府,执副使王胤昌已下,俱不死,惟一典史不屈见杀。自成发藩邸及巨室米数万石、金钱数十万赈饥民。丁酉,自成迹福王所在,执之,并执前兵部尚书吕维祺。维祺谓王曰:"名义甚重,毋自辱。"内官崔升,甫十三岁,

劝王宁死勿屈，抱王不去。贼杀王，并见害。王体肥，重三百余斤。贼置酒大会，以王为菹，杂鹿肉食之，号"福禄酒"。

这段记载有夸大处，然而吃"福禄酒"这件事，也反映了明代藩王在民间积怨太深。福王之所以有这样的结局，与神宗对他的宠爱太深也有关系。如此遭遇的宗室藩王，不只是福王一人，读一下《明史·诸王传》，在农民军所过之处，各地的藩封多有这样的遭遇。如襄王翊铭在襄阳为张献忠所杀，瑞王常浩在重庆为张献忠所杀。明朝对于宗藩，往往爱之愈深，也是害之愈甚。当然总体讲，明代二百多年，对藩王的限制还是很多的。《明史·诸王传》（卷一百二十）的赞语反映了藩王们生活的另一侧面，其云：

有明诸藩，分封而不锡土，列爵而不临民，食禄而不治事。盖矫枉鉴覆，所以杜汉、晋末大之祸，意固善矣。然徒拥虚名，坐縻厚禄，贤才不克自见，知勇无所设施。防闲过峻，法制日增。出城省墓，请而后许，二王不得相见。藩禁严密，一至于此。当太祖时，宗藩备边，军戎受制，赞仪疏属，且令遍历各国，使通亲亲。然则法网之繁，起自中叶，岂太祖众建屏藩初计哉！

实际上亲属关系较远的藩属，由于他们命名、婚配都需要礼部报批，所以有的人白首到老都不能婚配，甚至骨朽而未名。自万历末至崇祯元年（1628年），宗藩贫者请名及婚配的奏疏积千件，后因礼部尚书何如宠之请，"贫宗得嫁娶者六百余人"（《明通鉴》卷八十一"崇祯元年"）。故生在帝王与富贵之家，很多时候并不是一件幸福的事，崇祯对其长公主讲："汝何故生我家！"（《明通鉴》卷九十"崇祯十七年"）贵族官宦子弟，要懂得自己出身优越并不是一件值得炫耀的事,"福兮祸所伏"这句话还是非常有道理的。

九、梃击、红丸、移宫三大案

梃击、红丸、移宫三大案，本质上都是万历后期争国本的延伸，实际上是常洛与常洵之间争夺接班人地位问题的延伸。事件背后有郑贵妃及其宫廷内部权力与政府权力的纷争，其本质是万历末年权力的再分配，所以不要孤立地去看这些案件。由于这些案件都涉及后宫、宦官与贵戚及常洛、常洵父子兄弟之间的关系，参与这类纷争的各色人等在这个问题上进行政治投机，有的人想把这些事件闹大，可以火中取栗。万历则不希望事件闹大，希望大事化小，小事化了，让自己安静地度过晚年。但许多事又不以人的意志为转移，事件层出不穷。妖书事件只是开其端，最终成了无头案，实际上不了了之。其实三大案不是什么大事情，后来却成为东林与阉党争夺权力的焦点事件，结果是两败俱伤。

党争是明王朝崩溃的一个重大因素，历代在王朝末期几乎都发生过党争，东汉末的党锢之祸，唐末的牛李党争，宋代的新旧党争，明代的东林党争，清末的帝党、后党之争，结果往往是两败俱伤，最终是帝国的崩溃和重组。万历末的这几件大案，放在这样一个历史背景上去考察，别具一番意义。

（一）王曰乾皇城放炮上疏

福王是万历四十二年三月之藩的，在此之前的万历四十一年（1613年）六月，便发生锦衣卫王曰乾入皇城放炮上疏的事件。《明通鉴》卷七十四"万历四十一年"载此事云：

> 曰乾遂讦奏："郑妃内侍姜严山，与学等及妖人王三诏，用厌胜术诅咒皇太后、皇太子，欲拥立福王。"上震怒，绕殿行半日，曰："此大变事，宰相何无言？"会向高奏至，言："此事大类往年妖书。然妖书匿名难诘，今两造具在，一讯即情得。陛下当静处之，稍张皇则中外大扰。至其词牵引贵妃、福王，尤可痛恨。臣与九卿所见皆同，敢以闻。"上读竟，太息曰："吾父子兄弟全矣。"明日，向高又言："曰乾疏不宜发，发则上惊圣母，下惊东宫，贵妃、福王皆不安，宜留中，而别谕法司治诸奸人罪，且速定明春之国期以息群喙，则天下帖然无事。"上尽用其言，太子、诸王乃得相安。

这一段话，亦见于《明史·叶向高传》。王曰乾这人实在是个小人，福王长期不之藩，难免引起朝野各种猜测，于是有人借此进行投机。王曰乾放炮上疏如果当真，不就是汉武帝时巫蛊事件的变相再现吗？如果借此搞大案，那不就上下左右都乱套了吗？次年二月，皇太后崩，三月福王之国。福王之藩是这个大背景下不得不然的一个举动，借此平息纷争。然而树欲静而风不止，福王之藩的次年，又发生了梃击事件。

（二）梃击案

梃击此事起于万历四十三年（1615年）五月，《明通鉴》卷七十五"万历四十三年"载其事云：

> 有不知姓名男子持枣木梃入慈庆宫门，击伤守门内侍李鉴。至前殿檐下，为内侍韩本用等所执，付东华门守卫指挥朱雄等收系。慈庆宫者，皇太子所居宫也。明日，太子奏闻，上命法司案问。巡视皇城御史刘廷元鞫奏："犯名张差，蓟州井儿峪人。按其迹若涉风癫，稽其貌实系黠猾，请下法司严讯。"时东宫虽久定，上待之薄，中外方疑郑贵妃与弟国泰谋危太子，及差被执，举朝惊骇。
>
> 廷元既以风癫奏，刑部郎中胡士相等复讯，一如廷元指，言："差收积薪草，为人所烧，气愤赴朝声冤。行至东华门，遇一人，谓'持梃入可当冤状'，遂误入东宫。按律当斩，加等立决。"奏定，未上，刑部主事王之寀独疑之。

本来这个案子到此可以了结，所谓梃击之事，实为一疯子误闯东宫而已，此人被杀，案子也就了结。而这个王之寀怀疑其中尚有隐情，于是他去牢中私访案犯，他是刑部主事，这也在其职责范围之内。《明通鉴》续云：

> 王之寀值提牢散饭狱中，末至张差，私诘其实。差初不承，已，云"不敢说"。之寀愈疑，乃麾左右出，留二吏扶问之，始言："小名张五儿，有马三舅、李外父，令随不知姓名一老公，说'事成，与汝地几亩'。比至京，入不知街道大宅子，一老公饭我，云'汝

先冲一遭，遇人辄打死。'乃畀我枣木棍，导我由厚载门到宫，因击门者堕地。老公多，遂被执。""老公"者，内侍通称也。

于是王之寀便把情况向刑部尚书报告，于是刑部上疏请九卿科道三法司会审。同时廷臣连续上疏催促此事，而且陆大受的奏章中有"奸戚"二字，涉及郑贵妃之弟郑国泰了。内阁大学士方从哲则言王之寀所言荒谬，而当地的知州戚延龄具言张差致癫始末。其云：

> 缘贵妃遣珰造佛寺，珰置陶造甓，居民多鬻薪获利者。差卖田买薪，欲往市，土人忌之，焚其薪。差产破薪焚，不胜愤，持挺欲告御状。（《明通鉴》卷七十五"万历四十三年"）

这本来是一件民间纠纷，张差到京城持梃上访告御状，误闯了东宫，惹出大事。刑部尚书张问达请旨再审此案，而且提出由刑部与九卿科道三法司会审，结果促成了十三司会审梃击案，参加会审的将近二十人。《明史·陆梦龙传》载其事云：

> 明日，会讯，士相、永嘉、会祯、梦龙、梅、之寀及邹绍先凡七人，惟之寀、梅与梦龙合。将讯，众咸嗫嚅。梦龙呼刑具三，无应者。击案大呼，始具。差长身骈胁，睨视傲语，无风癫状。梦龙呼纸笔，命画所从入路。梅问："汝何由识路？"差言："我蓟州人，非有导者，安得入？"问："导者谁？"曰："大老公庞公，小老公刘公。"且曰："豢我三年矣，予我金银壶各一。"梦龙曰："何为？"曰："打小爷。"于是士相立推坐起曰："此不可问矣。"遂罢讯。梦龙必欲得内竖名。越数日，问达再令十三司会审，差供逆谋及庞保、刘成名，一无所隐。士相主笔，踌躇不敢下，郎中马德沣趣之。永嘉复以为难。梦龙怫然曰："陆

员外不肯匿,谁敢匿?"狱乃具。

后来又如何处置这件案子的呢?事见《明史·张问达传》,其云:问达从员外郎陆梦龙言,令十三司会讯,词连郑贵妃官监庞保、刘成。中外籍籍,疑贵妃弟国泰为之。问达等奏上差狱。帝见保、成名,留疏不下。寻召方从哲、吴道南及问达等于慈宁官,命并磔二人。甫还官,帝意复变。乃先戮差,令九卿三法司会讯保、成于文华门。保、成供原姓名曰郑进、刘登云,而不承罪。方鞫时,东宫传谕曰:"张差情实风癫,误入宫门,击伤内侍,罪不赦。后招保、成系内官,欲谋害本官。彼何益,当以仇诬,从轻拟罪。"问达等以鞫审未尽,上疏曰:"奸人闯宫,事关宗社。今差已死,二囚易抵饰。文华门尊严之地,臣等不敢刑讯,何由得情?二囚偏词,何足为据?差虽死,所供词故在,其同谋马三道等亦皆有词在案,孰得而灭之?况慈宁召对,面谕并决。煌煌天语,通国共闻。若不付之外庭,会官严鞫,安肯输情?既不输情,安从正法?祖宗二百年来,未有罪囚不付法司,辄令拟罪者。且二人系内臣。法行自近,陛下尤当严其衔辔,而置之重辟。奈何任彼展辨,不与天下共弃之也。"帝以二囚涉郑氏,付外庭,议益滋,乃潜毙之于内,言皆以创重身死。而马三道等五人,命予轻比坐流配。其事遂止。

这件案子审讯的过程,实际上牵涉到神宗、太子、郑贵妃等方方面面的关系,神宗与太子都不得不表示自己的态度,亲自出面来处理这件事。他们的态度也就是大事化小,小事化了,谁也不愿意打破现存的权力结构。《明史纪事本末·三案》载其事云:

癸酉，驾幸慈宁宫，召见百官，从御史刘光复请也。辅臣方从哲、吴道南暨文武诸臣先后至。内侍引至圣母灵次，行一拜三叩头礼。时上西向，倚左门柱设低座，俯石栏，百官复至御前叩头。上连呼曰："前来！"群臣稍膝而前，去御座不数武。上练冠练袍，皇太子冠翼善玄冠素袍，侍御座右，三皇孙雁行立左阶下。上宣谕曰："朕自圣母升遐，哀痛无已。今春以来，足膝无力，然每遇节次，朔望忌辰，必身到慈宁宫圣母座前行礼，不敢懈怠。昨忽有风颠张差闯入东宫伤人，外庭有许多间说，尔等谁无父子，乃欲离间我耶？适见刑部郎中赵会桢所问招情，止将本内有名人犯张差、庞保、刘成即时凌迟处死，其余不许波及无辜一人，以伤天和，以惊圣母神位。"寻执东宫手示群臣曰："此儿极孝，我极爱惜。"御史刘光复跪于班后，大言曰："皇上甚慈爱，皇太子甚仁孝。"其意固将顺也。上不甚悉，诘问为谁？中使以御史刘光复对。光复犹大言不止，上斥之至再，光复不闻，仍申前说。上色顿改，连呼锦衣何在者三，无应者，遂令中涓缚之，梃杖交下。上戒无乱殴，但押令朝房候旨。方从哲等叩头，言小臣无知妄言，望霁天威。怒稍解，乃以手约皇太子体曰："彼从六尺孤养至今，成丈夫矣。使我有别意，何不于彼时更置，今又何疑？且福王既已至国，去此数千里，自非宣召，彼能飞至乎？"因命内侍传呼三皇孙至石级上，令诸臣熟视，谕曰："朕诸孙俱已长成，更有何说！"顾问皇太子："尔有何语？与诸臣悉言无隐。"皇太子曰："似此风颠之人，决了便罢，不必株连。"又曰："我父子何等亲爱，外廷有许多议论，尔辈为无君之臣，使我为不孝之子。"上因谓群臣曰："尔等听皇太子语否？"又述东宫言，连声重申之。群臣跪听未起，上屡顾阍者，令续到官皆放进无阻，以故后来者踵趾相错，班行稍右，与帝座远。上又持皇太子面向右，问曰："尔等俱见否？"众俯伏谢。乃命诸臣同出。甲戌，决张差于市。乙亥，上命司礼监会九卿三法司于文华门前，鞫审庞保、刘成。保原名郑进，成原名刘登云。其与差饭，及木棍引进等语，俱展转不招。方审问，东宫传谕曰："张差持棍闯宫，至大殿檐下，当时就擒，并无别物。其情实系疯颠，误入宫闱，打倒内寺，罪所不赦。后招出庞保、刘成，本官反覆参详，保、成身系内官，虽欲谋害本官，于保、成何益？此必保、成素曾凌虐于差，故肆行报复之谋，诬以主使。本官念人命至重，造逆大事，何可轻信！连日奏求父皇速决张差，以安人心。其诬举庞保、刘成，若一概治罪，恐伤天和。况姓名不同，当以仇诬干连，从轻拟罪，奏请定夺，则刑狱平，本官阴骘亦全矣。"六月戊子，刑部审马三道、李守才、孔道，以左道从律论应流，李自强、李万仓应笞。从之。寻毙庞保、刘成于内庭。王之寀为科臣徐绍吉、台臣韩浚所纠，部处闲住，中旨特黜为民。

从这大段引文的叙述可以看出，神宗于东宫召见百官，亲自表态，责怪外廷借此案离间他父子之间的关系，只准有限的相关人物处置此案，不准扩大范围。接着神宗还要让大家"熟视"三皇孙，然后又要皇太子表态，太子指责外廷的一些议论使自己成为"不孝之子"，也就是不让事态扩大。最终倒霉的是王之寀，被废黜为民。这件事与妖书案说明，神宗在位时还能制止廷臣利用某些偶发性案件发难，避免其扩大事端，动摇原有的统治秩序。否则某些事件就会带来一次大的洗牌，再来一次权力分配，那样会伤筋动骨的。这一类事件古今是相通的。神宗去世以后，这类事件就成为党派纷争的导火索了，结果是权力的解构，最终成为导致明王朝崩溃的一个重要因素。

（三）红丸案

这个案件发生在神宗去世到光宗即位及其服红丸去世的一个月时间内。光宗即位不到一个月便突然去世，在当时便引起朝廷许多大臣的猜测，因而成为众人纷争的一个焦点。为了说清楚这个问题，先把这一个月的一些大事交代清楚。

万历四十八年（1620年）七月传出皇帝病危的消息。《明通鉴》卷七十六"万历四十八年"称：

上寝疾，不食者半月，皇太子未得见。给事中应山、杨涟偕诸给事中御史走谒方从哲（他当时是内阁首辅）。御史桐城左光斗趣从哲问安，从哲曰："上讳疾，即问，左右不敢传。"涟曰："昔文潞公问宋仁宗疾，内侍不肯言，潞公曰：'天子起居，汝曹不令宰相知，将毋有他志？速下中书行法！'公诚日三问，不必见，亦不必上知，第令宫中知廷臣在，事自济。公更当宿阁中。"从哲曰："无故事。"涟曰："潞公不诃史志聪乎？此何时，尚问故事耶！"越二日，从哲始率群臣入问。

及上疾亟，太子尚踌躇宫门外，涟与光斗遣人语东宫伴读王安曰:"上疾甚,不召太子非上意,当力请入侍,尝药视膳,薄暮始还。"太子深纳之。

为什么神宗病危时,杨涟、左光斗那么关心此事?由于他们担心神宗去世时,交接班再发生变化,并以神宗遗诏名义行之。神宗弥留之际,是郑贵妃及宫中侍女和太监可以做手脚的时候,这个时刻是交接班的关键时刻。方从哲怕事,所以踌躇再三。他们于是又催促东宫的太监王安,让太子入侍,尝药侍膳,这一要求神宗周围的人无法拒绝。

在神宗去世前三天,病危时,召英国公张惟贤、大学士方从哲,尚书周嘉谟、李汝华、张问达、黄克缵、黄嘉善,侍郎孙如游等于弘德殿,勉诸臣勤职,辅理嗣君。这样太子朱常洛接班人的地位最终被确定下来了。于是由群臣起草遗诏,《明实录》载有这份遗诏,孟森的《明史讲义》转引了部分内容如下:

比缘多病,静摄有年,郊庙弗亲,朝讲稀御,封章多滞,僚寀半空。加以矿税烦兴,征调四出,民生日蹙,边衅渐开。夙夜思惟,不胜追悔,方图改辙,与天下更新,而遘疾弥留,殆不可起,盖愆补过,允赖后人。皇太子常洛可嗣皇帝位。……

内阁辅臣,亟为简任(阁臣只方从哲一人,已逾三年)。卿贰大僚,尽行推补。两咨考选,并散馆科道官俱令授职。建言废弃及矿税诖误诸臣,酌量起用。一切榷税并新增织造烧造,悉停止。各衙门见监人犯,俱起送法司查审,应释者释放。东师缺饷,多发内帑以助军需。阵亡将士速加恤录。

这一次不像万历三十年(1602年)立下遗诏以后,复活了又追回,神宗真的死了。第二天太子常洛即皇帝位，即以遗诏发帑金百万充边饷，罢矿税、榷税及监税中官。命令是下了，执行状况未见记录。

光宗常洛即位那年39岁，他是在万历二十九年（1601年）十月立为皇太子的，做了十九年的太子。他在慈庆宫十九年，日子并不好过，妖书案、梃击案都折腾着他。在慈庆宫只有太监王安是他的伴读，与廷臣没有多少接触。直到万历四十四年皇太子出阁讲学，东宫辍讲已十二年，这时才举行出阁讲学的典礼，以詹事府詹事刘一燝、少詹事韩爌为侍班官，右庶子张邦纪、赵师圣，左谕德公鼐，右谕德薛三省、杨守勤为讲读官，这些人都是东宫的官僚系统。

实际上常洛居深宫，与东宫的官员没有什么接触，在他周围的是宫女与宦官。即使是讲读，也只举行了一次，而且是走形式。故常洛这个人并未认真读过书，他哪有处理朝政的能力？只能是在宫女们包围之下过荒唐的生活，宦官们哄着他无聊地过日子。从他万历四十八年八月即位，改元泰昌，在位的时间不过一个月，八月间他就病倒，九月便去世了，去世那年39岁。守了十九年的皇太子，做了一个月的皇帝，谥号为光宗。

《明史纪事本末·三案》载红丸案的过程，其云：

八月丙午朔，光宗践祚。先是，七月，光宗遵遗命，封皇贵妃郑氏为皇后，命礼部查例。郑贵妃进美女四人。乙卯，上不豫，召医官陈玺等诊视。丁巳，上力疾，御门视事，圣容顿减。己未，内医崔文昇下通利药，上一昼夜三四十起，支离床褥间。辛酉，上不视朝。辅臣方从哲等赴宫门候安，有"数夜不得睡，日食粥不满盂，头目眩晕，身体疲软，不能动履"之旨。乙丑，郑养性请收还皇贵妃封后成命,允之。刑部主事孙朝肃、徐仪世,御史郑宗周上书方从哲,责以用药乖方之故。

可见他即位没几天便病倒了,郑贵妃进四个美女,他喜欢其中的李选侍,可见光宗的问题出在女色上。其次内医崔文昇用的泻药,一下子伤了人的元气。这样外廷对医生用药提出质疑。于是给事中杨涟上言:

贼臣崔文昇不知医,不宜以宗社神人托重之身,妄为尝试。如其知医,则医家有余者泄之,不足者补之。皇上哀毁之余,一日万几,于法正宜清补,文昇反投相伐之剂。然则流言藉藉,所谓兴居之无节,侍御之蛊惑,必文昇借口以盖其误药之奸,冀掩外庭攻摘也。如文昇者,既益圣躬之疾,又损圣明之名,文昇之肉其足食乎!臣闻文昇调护府第有年,不闻用药谬误;皇上一用文昇,倒置若此,有心之误耶?无心之误耶?有心则齑粉不足偿,无心则一误岂可再误!皇上奈何置贼臣肘腋间哉!(《明史纪事本末·三案》)

接着常洛召群臣到身边,表示:"国家事重,卿等尽心,朕自加意调理。"(《明史纪事本末·三案》)其意欲调和宫府之间的矛盾,不责难任何一方。过了四天,常洛病情加重。

辛未,再召见群臣于乾清宫。上御东暖阁,倚榻凭几,皇长子侍立,上命诸臣前,连谕曰:"朕见卿等甚喜。"从哲等请皇长子移宫,上曰:"令他别处去不得。"请慎医药,上曰:"十余日不进矣。"久之,又谕册封李选侍。诸臣退。二十九日甲戌,上再召诸臣等于乾清宫,仍谕册立皇贵妃,从哲等以"册储原旨期宜改近,蚤竣吉典,以慰圣怀"。上因顾皇太子,谕曰:"卿等辅佐为尧舜。"又语及寿宫,辅臣以皇考山陵对。则自指曰:"是朕寿宫。"诸臣言:"圣寿无疆,何遽及此!"上仍谕要紧者再。(《明史纪事本末·三案》)

这是托后事,考虑自己的寿陵了,又让皇长子与大家见面,是为身后交班做准备,实际上常洛此时已处于生命的最后阶段了。接下来他找鸿胪寺的李可灼,寄希望于李可灼的仙丹。其云:

因问:"有鸿胪寺官进药何在?"从哲奏:"鸿胪寺丞李可灼,自云仙丹,臣等未敢轻信。"上即命中使宣可灼至,诊视,具言病源及治法。上喜,命趋和药进,上饮汤辄喘,药进乃受。上喜,称忠臣者再。诸臣出宫门外俟,少顷,中使传圣体用药后,暖润舒畅,思进饮膳,诸臣欢跃而退,可灼及御医各官留。时日已午,比未申,可灼出,辅臣迎讯之,可灼具言上恐药力竭,复进一丸,亟问复何状?可灼以如前对。五鼓,内宣急召诸臣趋进,而龙驭以卯刻上宾矣。时九月乙亥朔也。(《明史纪事本末·三案》)

《明通鉴》卷七十六"泰昌元年"亦记此事,其云:

上问:"有鸿胪寺官进药者安在?"从哲奏:"鸿胪寺丞李可灼,自云仙方,臣等未敢轻信。"上即命中使宣可灼至,诊视,具言病源及治法。上喜,命进药。诸臣出,乃令可灼与御医及诸臣商榷,未决。辅臣刘一燝言:"其乡两人同服,一益一损,非万全药。"礼臣孙如游言:"此大关系,未可轻投。"时复有旨趣进,诸臣复入。可灼调药进,上饮汤辄喘,药进乃受,所谓"红丸"者也。上称忠臣者再。

第二天五鼓，常洛便去世了。《明通鉴》云：

> 日晡，李可灼复进一丸出。是日昧爽，遂上宾，年三十九。先是可灼来阁门，言"有仙丹，欲具本进"。时辅臣方揭请慎药，已谕之去，而可灼夙从诸御医往来思善门，与中使熟，因以闻于上，从哲等弗能禁也。（《明通鉴》卷七十六"泰昌元年"）

所谓红丸案的过程便是如此。第一，常洛在服用崔文昇通利药以后，病情已加重，处于弥留状态。第二，李可灼的红丸是通过宦官走后门送进去的。第三，常洛第一次服红丸反映病情改善，"暖润舒畅，思进饮膳"，这属于人临终前的回光返照。吃了第二粒常洛便去世了。去世的原因是药剂过量，还是自然死亡，这谁也说不清楚了。在服药的问题上是常洛主动，阁臣方从哲虽多次提醒慎用药，但管不住内廷的操作，故他不应负任何责任。最终进"红丸"的李可灼被判为流戍，御医崔文昇则发往南京安置。

常洛即皇位以后，他后宫的生活还是处在郑贵妃的掌控下。《明通鉴》卷七十六"泰昌元年"称：

> 初，郑贵妃侍先帝疾，留居乾清宫，及上嗣位犹未移，惧上以福王事衔己，进珠玉及美姬八人。知选侍李氏最得上宠，因请立为皇后，选侍亦为贵妃求封皇太后。至是上御门，以先帝遗命，趣举封后礼，由内阁下礼部。

这两件事因廷臣的反对，未成。再者，常洛病危时，崔文昇进泻药以后，一昼夜三四十起时，有"外家王、郭二戚畹，遍诣朝士，泣诉宫禁危急状"，言"郑、李交甚固，包藏祸心"（《明史·杨涟传》）。

于是杨涟与左光斗言于朝，郑贵妃才请求移居慈宁宫，而李选侍尚在乾清宫。这样，崔文昇进泻药，李可灼进红丸，便成为疑问的焦点了，常洛之死，是否有被暗害的阴谋，这就是杨涟初次上疏的立论根据。这件事可以大事化小，小事化了，也可能无事生非，变成权力争夺的焦点。红丸案的过程大体如此。

（四）移宫案

光宗去世以后，由其长子朱由校即皇帝位，那时他只有16岁，由李选侍照料其生活，居乾清宫，于是有移宫案。《明史·熹宗纪》称：

> 九月乙亥，光宗崩，遗诏皇长子嗣皇帝位。群臣哭临毕，请见皇长子于寝门，奉至文华殿行礼，还居慈庆宫。丙子，颁遗诏。时选侍李氏居乾清宫，吏部尚书周嘉谟等及御史左光斗疏请选侍移宫，御史王安舜疏论李可灼进药之误，"红丸""移宫"二案自是起。己卯，选侍移仁寿殿。

移宫的过程，《明通鉴》卷七十六"泰昌元年"记载比较具体，其云：

> 时选侍据乾清宫，与心腹阉魏进忠谋挟皇太子自重。群臣入临，为群阉所格，给事中杨涟厉声责之，得入。临如礼，刘一燝诘皇长子所在，群阉不应，一燝大言："谁敢匿新天子者？"东宫伴读王安入白选侍，绐曰："第出即返。"遂扶皇长子趋出，及门，中官数辈追及，揽衣请还，涟呵退之。一燝与张惟贤遂掖皇长子升辇，至文华殿，群臣叩头呼万岁，还居慈庆宫，择

日登极。

这个过程实际上是宫府争夺熹宗控制权的过程。宫是指后宫的后妃与宦官，府是指朝廷的九卿六部的官员。这一次熹宗是在政府的掌控之下，而议政的场所乾清宫仍为选侍所居，于是有请李选侍移宫之说。《明通鉴》卷七十六"泰昌元年"云：

丙子，廷臣合疏请选侍李氏移宫。

时选侍图专大权，欲与皇长子同居，诸大臣虑皇长子无嫡母、生母，势孤甚，亦欲托之选侍。给事中杨涟抗声曰："天子岂可托妇人，且选侍昨于先帝召对廷臣时强皇长子入，复推之出，是岂可托幼主者？"

先是，皇长子还居慈宁宫，而选侍仍居乾清宫，阁臣刘一燝奏言："今乾清宫未净，殿下请暂居此。"尚书周嘉谟曰："今日殿下之身，是社稷神人，托重之身，不可轻易。"即诣乾清宫哭临，并请皇长子。俟诸臣到乃发。涟语中官王安曰："外事缓急，在诸大臣。调护圣躬，在诸内臣。责有攸归。"安等踊跃称诺。于是嘉谟等合疏请选侍移居哕鸾宫。

御史左光斗上言："内廷之有乾清宫，犹外廷之有皇极殿也，惟皇上御天居之，惟皇后配天得共居之，其余嫔妃虽以次进御，遇有大故即当移置别殿，非但避嫌，亦以别尊卑也。今大行皇上宾天，选侍既非嫡母，又非生母，俨然居正宫；而殿下乃居慈庆，不得守几筵行大礼，名分倒置，臣窃惑之。且殿下春秋十六龄矣，内辅以忠直老成，外辅以公孤卿贰，何虑乏人，尚须乳哺而襁负之哉！倘及今不早断，借抚养之名行专制之实，武后之祸将见于今。"选侍得光斗疏，大怒，将加严谴，数使宣召光斗。光斗曰："我天子法官也，非天子召不赴，若辈何为者？"选侍益怒，邀皇长子议之。皇长子深以光斗言为善，趣择日移宫。

而首辅方从哲徘徊其间，顾欲缓之。刘一燝曰："本朝故事，仁圣，嫡母也，移慈庆；慈圣，生母也，移慈宁；今何日，可姑缓耶？"议遂定。

己卯，选侍尚在乾清宫，传闻欲缓移宫期，杨涟及诸大臣毕集慈庆宫门外，涟语方从哲趣之，从哲曰："迟亦无害。"涟曰："昨以皇长子就太子宫犹可，明日为天子，乃反居太子宫以避宫人乎？即两宫圣母如在，夫死亦当从子。选侍何人，敢欺藐如此！"时中官往来如织，或言"选侍亦顾命中人"，涟斥之曰："诸臣受顾命于先帝，先帝自欲先顾其子，何尝先顾其嬖媵？请选侍于九庙前质之。若曹岂食李家禄者，能杀我则已，否则今日不移，死不去。"一燝、嘉谟助之，词色俱厉，声彻御前。皇长子使使宣谕，乃退。

复抗疏言："选侍阳托保护之名，阴图专擅之实，宫必不可不移。臣言之在今日，殿下行之在今日，诸大臣赞决之亦惟今日。"其日选侍遂移居哕鸾宫，皇长子复还乾清。

是时官府危疑，涟与一燝、嘉谟定大事，言官惟光斗助之，余悉听涟指，须发为之尽白，一时论移宫者首称"杨、左"云。

移宫的过程便是如此。李选侍代表宫廷一方，站在她这一方的还有熹宗在东宫的宦官李进忠（后改名为魏忠贤）及熹宗的奶妈客氏。代表朝廷的则是杨涟、左光斗等，态度激烈一些。还有光宗在东宫时詹事府的官员，如刘一燝、韩爌。在中间调和双方矛盾的则是内阁首辅方从哲，他不希望在这时候矛盾激化，故《明通鉴》称其"徘徊其间，顾欲缓之"。为什么是这样一种态度？因为明代皇帝，特别是在明中后期，大都是傀儡、纨绔子弟。

光宗常洛39岁即皇帝位，他没有受过严格的教育，东宫讲学只有一次，而且是走形式，缺乏作为帝王必要的文化素养，故很容易受周围人捉弄。《明季北略》卷二《移宫一案》亦讲道："此时两妇（指郑贵妃与李选侍）盖环弄两朝于股掌之间矣，诸宫侍俱不得近。并传：熹宗时亦向人泣，谓'皇爷爷素固健甚，今诸奴捉弄如此，如何了此！'"可见其对如何养身保健的基本知识也不懂，听凭周边的人任意摆布。做了一个月短命的皇帝的光宗是如此，熹宗由校16岁即皇帝位，更是如此。他生活在宫廷深院，旁边是宦官李进忠及乳母客氏照管他的生活，没有人对他进行文化知识教育，更缺乏必要的政治历史知识，他不可能掌控整个国家的政局。朱由校实际上也是听凭周围人摆布的一个人，他只喜欢自己的木工手艺，国家大事则听凭周围人去做主，他只是一个傀儡。

在移宫的过程中，宫廷内侍也有所抗争，而且朝廷内部也有不同意见。移宫以后，御史贾继春上书辅臣曰：

天地之大德曰生，圣人之至德曰孝。先帝命诸臣辅皇上为尧舜。夫尧舜之道，孝弟而已矣。父有爱妾，其子终身敬之不忘。先帝之于郑贵妃三十余年，天下侧目之隙，但以笃念皇祖，涣然冰释。何不辅皇上取法，而乃作法于凉？纵云选侍原非淑德，凤有旧恨，此亦妇人女子之常态。先帝弥留之日，亲向诸臣谕以选侍产有幼女，歔欷情事，草木感伤，而况我辈臣子乎！伏愿阁下委曲调护，令李选侍得终天年，皇幼女不虑意外。（《明史纪事本末·三案》）

贾继春这封上疏，是由于"诸阉构为蜚语，言选侍投缳、皇八妹入井"（《明通鉴》卷七十六）。这实际上是谣言。熹宗当时曾传谕内阁：

朕幼冲时，选侍气凌圣母，成疾崩逝，使朕抱终天之恨。皇考病笃，选侍威挟朕躬，传封皇后，朕心不自安，暂居慈庆。选侍复差李进忠、刘逊等命每日章奏文书，先奏选侍，方与朕览。朕思祖宗家法甚严，从来有此规制否？朕今奉养选侍于哕鸾宫，仰遵皇考遗爱，无不体悉。其李进忠、田诏等盗库首犯，事干宪典，原非株连，卿可传示遵行。（《明史纪事本末·三案》）

辅臣方从哲看到这条上谕以后，便提出："皇上既仰体先帝遗爱，不宜暴其过恶，传之外廷。"结果是"上再谕发钞"（《明史纪事本末·三案》），可见熹宗对郑贵妃与李选侍还是比较厌恶的。为了安抚朝廷贾继春及内廷的宦官，熹宗在十月丁卯哕鸾宫灾时特上谕："选侍、皇妹俱无恙。"（《明史纪事本末·三案》）但对于身边的宦官魏忠贤与乳母客氏则没有任何警惕性了。三大案的过程到此结束，移宫以后，万历留下的郑贵妃与光宗常洛留下的李选侍基本上退出历史舞台，然而宫府之间的矛盾和斗争则表现为阉党与东林党之间的矛盾冲突，三大案的是是非非则是他们之间斗争的焦点问题。

十、东林党与阉党之争

（一）东林缘起

万历时期，张居正去世以后，在内阁相继执政的是申时行、王锡爵、沈一贯等，这些人执政都依违于神宗的意志。王锡爵在万历二十一年（1593年）为内阁首辅，当时神宗想三子并封，即不立太子，长子常洛、三子常洵、五子常浩同时封王，这件事引起朝廷群臣争议。

顾宪成，字叔时，无锡人，万历四年（1576年）乡试第一，八年成进士，始授户部主事，后擢吏部考功主事。在三子并封的问题上，他上疏称："太子，天下本，豫定太子，所以固本，是故有嫡立嫡，无嫡立长，就见在论是也，待将来（指神宗主张等待王皇后生嫡子）则非也。""伏乞令皇元子早正储位，皇第三子、皇第五子各就王爵。父父子子，君君臣臣，兄兄弟弟。宗庙之福，社稷之庆，悉在是矣。"（《明史·顾宪成传》）这个人敢于讲话，秉直道言事。当时他是考功主事，万历二十一年京察，他与礼部尚书孙鑨、考功郎中赵南星尽黜当时内阁执政之私人，这就得罪了人。后又迁文选郎中，他推举的官员都与执政相抵牾，这样又得罪了首辅王锡爵。他在选官用人上与执政不一致，因而被削籍返故里，他在故里讲学，讲学的

地方就是东林书院。《明史·顾宪成传》云:

> 邑故有东林书院,宋杨时讲道处也,宪成与弟允成倡修之,常州知府欧阳东凤与无锡知县林宰为之营构。落成,偕同志高攀龙、钱一本、薛敷教、史孟麟、于孔兼辈讲学其中,学者称泾阳先生。当是时,士大夫抱道忤时者,率退处林野,闻风响附,学舍至不能容。宪成尝曰:"官辇毂,志不在君父,官封疆,志不在民生,居水边林下,志不在世道,君子无取焉。"故其讲习之余,往往讽议朝政,裁量人物。朝士慕其风者,多遥相应和。由是东林名大著,而忌者亦多。

在野议论朝政,成为一种风尚,那无形之中便在士大夫中间形成一个在野派。顾宪成在万历四十年(1612年)便去世了,而讲学议政的风气已成,故朝廷一有重大事件,如论救李三才、争国本、张差梃击、红丸、移宫这些重大事件,他们都有议论,俨然成为在野的反对派了。而他们中间有在朝之人,亦有在野之人,政见相同的都聚合在一起。所谓东林党,即起源于此,并非真有什么组织和纲领,只是志同道合地以群相聚,互为声援,讲学往往成为他们议论朝政的聚会。

(二)魏忠贤与客氏

关于魏忠贤及客氏的出身,《明史纪事本末·魏忠贤乱政》有详细记录,其云:

> 魏忠贤初名进忠(原名李进忠,本姓魏,继父姓李。他在李选侍宫

中便名李进忠，外廷不知其即为魏进忠），河间肃宁人也。少黠慧无籍，好酒善啖，喜驰马，能右手执弓，左手彀弦，射多奇中。目不识丁，然亦有胆力，能决断，顾猜狠自用，喜事尚谀。尝与年少赌博不雠，走匿市肆中，诸少年追窘之，恚甚，因而自宫。万历十七年，隶司礼监掌东厂太监孙暹。时熹宗为皇太孙，忠贤谨事之，导之宴游，甚得皇太孙欢心。孝和王后，太孙生母也。忠贤夤入宫，办膳。其介绍引进者魏朝，朝故属太监王安名下。安素刚正，主持一宫事，魏朝日誉忠贤，安善视之。朝初与太孙乳媪客氏私，即所称为对食者。然朝以侍安，又承事太孙，多不暇，忠贤乘间亦通焉。客氏者，故定兴民侯二妻也。年十八进宫，又二年而嫠，生子国兴。光宗践祚，册太孙为东宫，忠贤得充东宫典膳，客氏力也。光宗升遐，东宫暂居慈庆。给谏杨涟疏参及忠贤，忠贤无措，泣求魏朝于王安，力营救之，遂与李选侍宫中李进忠为一人，外廷不知也。忠贤深德朝，结为兄弟，而两人皆客氏私人。上即位数月，一夕，忠贤与朝争拥客氏于乾清宫暖阁，醉詈而嚣，声达御前，时上已寝，漏将丙夜，俱跪御榻前，听上令。客氏久厌朝儇薄，而喜忠贤憨猛。上逆知之，乃退朝而与忠贤。忠贤卒矫旨发朝凤阳，缢杀之。自是得专客氏，而尾大不掉之患成焉。

这里要说明的是，明代宫中，宦官与宫女之间亦能成双结对，那就是对食。两者虽不能同床共寝，同桌共食亦是一种变相的相恋关系。客氏原与魏朝是对食，魏忠贤是第三者，争得客氏的欢心，结果魏忠贤恩将仇报，把魏朝缢死在凤阳。王安本来是魏忠贤的救命恩人，结果也是他杀了王安。《明史纪事本末·魏忠贤乱政》记其事云：

> 初，帝之立也，王安与诸大臣同受顾命，见忠贤侵权，欲重惩之，奏之帝。会御史方震孺上疏，请逐客氏，帝乃令客氏出宫。忠贤发安鞫问，安诘责，令其自新。忠贤得释，客氏夤缘复入宫，将甘心于安焉。时安奉旨掌司礼监，辞未赴。王体乾即欲起攘之，因忠贤以危言动客氏曰："尔我比西李何如？势在骑虎，无贻后悔！"西李者，李选侍也。忠贤遂嗾给事霍维华劾之，又令刘朝、田诏等上疏辨冤，客氏从中附和之。于是矫旨革安职，而以体乾掌司礼监。忠贤必欲杀安，遂以刘朝提督南海子，而降安为南海净军，勒令自裁。方光宗居青宫时，忧谗畏讥，几三十年。安左右勤劳，靡敢怠玩，光宗颇任用之。安素刚，不肯颐使于李选侍。刘朝、李进忠皆选侍私人，故以移宫恨安。至是，安既死，而忠贤益无所惮矣。忠贤暗文义，乃取旧司礼监李永贞入备赞画，李实、李明道、崔文昇各司监局，探上意为奸，忠贤自掌东厂，客氏封奉圣夫人。

（三）魏忠贤、客氏与东林矛盾的历史背景

明代太子在东宫时，他身边有两套班子，一套是伺候其宫廷生活的宦官与宫女，如王安便是常洛在东宫时伴读的宦官，东宫的宦官班子由他负责。太子即皇位时，东宫的宦官班子自然成为后宫宦寺的领导班子，明朝的几代皇帝都是如此。如武宗正德接位时，刘

瑾成为司礼监的头子,所谓八虎,即刘瑾、马永成、高凤、罗祥、魏彬、丘聚、谷大用、张永都是武宗在东宫时的宦官,武宗即位以后,这批人实际上掌握着后宫的大权,甚至代表皇帝行使国家的最高权力,刘瑾就是这样的角色。刘瑾败了以后,是张永接替。到武宗去世,世宗即位以后,后宫的班子才会换人。太子身边的另一套班子便是詹事府的官员。詹事府的职掌是辅导太子读书,学习执政的基本知识。詹事府设詹事和少詹事,他们与左、右春坊及翰林官轮流值进,给皇太子讲《尚书》《春秋》《资治通鉴》《贞观政要》等典籍,基本上以史为主,让太子懂得历朝历代得失和经验教训,为太子即位执政做准备。这是明代太子身边基本的班子。

神宗万历时,光宗常洛即位以前,东宫宦官的班子是以伴读王安为首领,王安在东宫陪了常洛数年,当然得到常洛的信任。常洛有詹事府的班子,他们是皇太子出阁侍读进讲的工作班子。常洛在东宫,至万历四十四年(1616年)东宫辍讲已十二年,廷臣谏疏凡数百上,这说明万历根本不关心东宫太子的学习问题。那一年东宫才举行了一次讲学的典礼,那完全是形式了,以詹事府詹事刘一燝、少詹事韩爌为侍班官;右庶子张邦纪、赵师圣,左谕德公鼐,右谕德薛三省、杨守勤为讲读官。进讲时皇太子称讲读官为先生,讲课时有问有答,称进对;课后有习字,称进仿。史称这次常洛的讲学典礼上,"进对进仿,敏妙合法,中外大悦"(《明实录·神宗·万历四十四年》)。每天这样讲学,对皇太子而言亦是苦差事,没有人督促,那是不可能自觉进行的。常洛为太子时,这样的讲学只举行过一次,以后就再未举行。

熹宗即位前并未被立为太子，只是神宗的皇长孙，当然不可能有完整的东宫班子，他只能在东宫与常洛生活在一起。然而在他身边也有侍奉他生活的人，那就是他的乳母客氏与供他使唤的宦官魏进忠。另一方面，魏进忠也是李选侍身边的人，他要照顾好朱由校不能不两边跑。朱由校没有经过立太子这一个环节，所以他没有自己詹事府的班子，他日后只能起用常洛詹事府的班子，如让韩爌与刘一燝进入内阁，帮助他执政。常洛为太子时，朱由校与他父亲站在同一条船上，万历宠爱郑贵妃及福王，常洛受冷落，妖书案、梃击案这些事件当然在他心头留下阴影。由校对李选侍等刻意控制他的行动当然有反感，对他父亲好端端的身体一下子用药不当，加上女色的诱惑而导致死亡，也是深有痛感的。故他在上谕中讲："朕幼冲时，选侍气凌圣母，成疾崩逝，使朕抱终天之恨。皇考病笃，选侍威挟朕躬，要封皇后。"（《明通鉴》卷七十六"泰昌元年"）这是他真情的流露。他对郑贵妃与李选侍没有好感，但他对客氏把他从小带大，魏进忠伺候他，则是铭感于心的。对坚持移宫诸臣若杨涟、左光斗、刘一燝、张惟贤等帮助他摆脱李选侍的掌控、还居慈庆宫还是感激的，而这些人大都属于东林党人的系统。故他在即位后借机提拔他们，想重用他们，而当时的内阁大臣方从哲则是中间派，后来他起用神宗时的内阁首辅叶向高则是希望维护宫府之间的相互关系，不让矛盾尖锐化。他们没有什么恶意，只是为了稳定大局，但是方从哲作为内阁首辅往往成为东林党人的攻击对象。

天启初年，后宫势力集团以魏忠贤和客氏为一方，六部、九卿、六科、御史台的言官们则代表另一方，而内阁首辅叶向高则代表中间力量。矛盾的展开，虽已涉及客氏与魏忠贤，但争论主要的焦点还是围绕三大案，这使宫府之间矛盾逐渐尖锐化。后来在天启四年（1624年）杨涟劾魏忠贤二十四条罪状，那么宫府二者之间直接尖锐对立，矛盾变成你死我活的斗争性质了。然后是内阁与六部九卿分化为二，即阉党与东林党。天启四年以后，直到天启七年，阉党的势力上升，魏忠贤借厂卫的机构，对东林党人残酷打击，必致东林党人于死地。熹宗去世，崇祯即位，朝局才有根本性的转化，阉党失败。这是东林与阉党斗争的概貌。

（四）天启开局宫府之间的内在矛盾

移宫案中有一细节，《明史·刘一燝传》载光宗常洛驾崩时的情况，其云：

> 明日九月朔，帝崩。诸臣入临毕，一燝诘群奄："皇长子当柩前即位，今不在，何也？"群奄东西走，不对。东宫伴读王安前曰："为李选侍所匿耳。"一燝大声言："谁敢匿新天子者？"安曰："徐之，公等慎勿退。"遂趋入白选侍。选侍领之，复中悔，挽皇长子裾。安直前拥抱，疾趋出。一燝见之，急趋前呼万岁，捧皇长子左手，英国公张惟贤捧右手，掖升辇。及门，宫中厉声呼："哥儿却还！"使使追蹑者三辈。一燝傍辇疾行，翼升文华殿，先即东宫位，群臣叩头呼万岁。

可见当时是刘一燝持熹宗左手，张惟贤捧右手，抱着熹宗摆脱李选侍的羁绊，到文华殿即东宫位，然后入慈庆宫。熹宗要即位，必须在乾清宫，所以才有移宫的问题。把熹宗在慈庆宫的生活托给王安，然后才有周嘉谟及左光斗疏请移宫，而首辅方从哲抱折中调和的态度。刘一燝说："本朝故事，仁圣，嫡母也，移慈庆；慈圣，生母也，移慈宁。今何日，可姑缓耶？"（《明史·刘一燝传》）这是以当年穆宗去世以后，神宗即位时的情况为依据，逼李选侍移宫。

九月初五日，刘一燝请熹宗降旨让李选侍移宫，并伫立宫门以俟。在这样被迫的情况下，李选侍不得已只好先移仁寿殿。从移宫的过程，可以知道方从哲主张从缓。由于熹宗初六日要登基了，如果李选侍仍在乾清宫，那么李选侍还能掌控后宫的权力，凌驾于前朝官府之上。移宫以后，熹宗才真正能自主地执掌权力。从三大案的情况看，方从哲始终居于中间位置，试图缓和宫府之间的矛盾，尽量避免用激烈的方式来处理问题。移宫以后，方从哲自然成了言官们攻击的对象。先是御史王安舜劾方从哲，接着有御史郑宗周、郭如楚、冯三元、焦源溥，给事中魏应嘉，光禄少卿高攀龙，主事吕维祺等先后上疏，弹劾方从哲处理三案不力之罪。这样方从哲只能上疏求退，前后六次上疏求去，至十二月，方从哲才罢官回籍。这样刘一燝与韩爌便成了熹宗初年内阁的主心骨，实际上便是光宗詹事府的詹事与少詹事来接手内阁的事务。然而政务的处理有它的连续性，还得请神宗时期的老臣出来主持政务。万历后期，尽管党论已起，而叶向高在相位，还是能调剂群情，辑和异同，为人也正大光明，厚道待人，故在天启元年（1621年）回朝为首辅。叶向高在神宗时为首辅长达七年，这时再回内阁任首辅，距他离开权力中枢也已有七年时间了,这中间已经发生过许多重大事件,要平复宫府之间的矛盾变得更加困难。明廷请叶向高出山,还是为了协调宫府之间的矛盾,使朝廷内部的党议得到平息。

内阁的情况是如此,后宫的情况又如何呢?熹宗登基以后,当然要报答曾经长期在身边伺候他生活的客氏与魏忠贤,而客氏与魏忠贤同熹宗那种特殊的关系,当然也为他们提供了利用熹宗的地位弄权的机会。问题是朝廷的言官看不清这一重要变化,往往是与其对着干,结果反而适得其反,变成宫府之间的对立,内阁的辅政大臣在中间很难处理,最终有一部分人倒向魏忠贤和客氏,成为助纣为虐的人。

熹宗即位以后,天启元年(1621年)正月便下诏"给奉圣夫人客氏田二十顷为护坟香火赀"。又诏:"魏进忠侍卫有功,待陵工告竣,并行叙录。"(《明通鉴》卷七十七"天启元年")这个诏令,立即引起御史王一心反对,认为这样的诏令"于理为不顺,于情为失宜"(《明通鉴》卷七十七"天启元年")。四月间,熹宗大婚,那一年他只有16岁,随即立皇后张氏。紧接着,"时大学士刘一燝及御史毕佐周、刘兰请遣客氏出外,上恋不忍舍,曰:'皇后幼,赖媪保护,俟皇考大葬后议之。'""又以大婚礼成,荫魏忠贤侄二人,忠贤,即进忠赐名也。给事中程沆、周之纲奏:'祖制,非军功不袭,国典不宜滥与。'不听。"(《明通鉴》卷七十七"天启元年")这两件事,客氏与魏忠贤看在眼里,心里当然非常不高兴。

五月间,魏忠贤与客氏串通后矫诏杀了光宗常洛的伴读王安,从而夺取了宫廷内部的大权。《明通鉴》卷七十七"天启元年"载其事云：

> 初，忠贤始进，自结于安，名下魏朝。已，朝与忠贤争客氏，安怒之，遂逐朝。而忠贤、客氏日得志，忌安甚。先是，上以移宫之议起自安，颇德之，命掌司礼监，安以故事辞，客氏劝上从其请，寻与忠贤谋杀之。忠贤犹豫未忍，客氏曰："尔我孰若西李，而欲遗患耶！"谓选侍也。至是嗾给事中霍维华劾安，降充南海子净军，而以刘朝为南海子提督，使杀安。朝故李选侍私奄，以移宫盗库下狱宥出者。既至，绝安食，安取篱落中萝菔啖之，三日犹不死，乃扑杀之。由是客、魏相为表里，凡安名下诸奄，悉斥逐之。

从这段记载可见客氏之狠毒。在权力的争夺上，如果手软，那就会如李选侍那样处于不利地位。魏忠贤与外朝给事中霍维华勾结，让他上疏弹劾王安，让王安去南海子，那个地方就是后来故宫旁边的中南海，在明代，那儿是君王打猎的地方。这样魏忠贤借着熹宗的信任，窃取了宫廷的大权。《明通鉴》卷七十七"天启元年"称：

> 忠贤不知书，颇强记，猜忍阴毒，好谀。上深信任之，命阅章奏。以司礼监王体乾及李永贞、石元雅、涂文辅等为腹心，凡章奏，永贞等先阅，视钤识款要，白忠贤议可否，然后行。上性机巧，好亲斧锯椎凿髹漆之事，每引绳削墨，忠贤辄奏事，上厌之，谬曰："朕已悉矣，若辈好为之。"自此忠贤遂擅威福焉。

这里有一段话值得注意，即熹宗此人"性机巧，好亲斧锯椎凿髹漆之事"，即他喜欢木工，也许是一个能工巧匠，但不是做皇帝的料。他与武宗正德皇帝一样，喜欢吃喝玩乐，正是这一点，让身旁的宦官得以借此机会弄权以作威福。每一次当皇帝一心在"引绳削墨"时，魏忠贤就去奏事，这就为魏忠贤排斥异己、整治东林言官提供了大好机会。《明通鉴》卷七十七"天启元年"在此引《三编》御批曰：

> 明事至熹宗，势已一蹶不振，乃复身亲贱伎，欲与巧匠争工，其为客、魏炀蔽，实由自取。但自古阉奴乘隙为奸，亦自师承有本，如秦赵高候二世燕飨，促令李斯奏事以激其怒，唐仇士良教其党云："天子不可令常闲，宜娱其耳目，无暇及他事，然后吾辈可以得志。"观忠贤故智，前后如出一辙，可见宵小肺肠不谋而合。无如昏庸君，明知覆辙而蹈之，可慨也夫！

这一段分析还是有道理的，宦官操控皇帝的手法，自秦以下几乎都是如此。问题是皇帝往往忘了自己的职责所在，换句话说也就是玩物丧志。一个普通百姓和官僚可以如此，不会有什么严重的社会影响，一个帝王如此，那后果就严重了。其实明神宗万历也是这个问题，他可以喜欢郑贵妃和福王，但由于这件事影响整个国事的处理那就不行了。如果以皇帝的身份牺牲江山去爱美人，达不到目的，就消极怠工，以懒散无所作为来应付满朝文武，使自己沉醉于糜烂透顶的宫廷生活，沉醉于无休无止的搜括社会财富，来满足身边后宫宦寺的贪欲，那就荒诞不稽了。黄仁宇的《万历十五年》一书，在这个问题上称赞明武宗敢于荒诞的勇气，认为万历皇帝没有正德那样的勇气而消极懒散，说他从小开始就没有一天体会到自由的意义，也不是凭借自己的能力去获得臣下的尊敬，他最有效的武器乃是消极抵抗，即老子所言无为。黄仁宇所言误矣。他可能对老子所言之"无为"理解不深。如他这样去为万历帝辩解，那是不能成立的。因为一个时代有一个时代的观念和行为准则，不能以西方近现代追求的个性自由和解放这样的价值标准来评判几百年前的明神宗万历皇帝。对神宗来说是如此，对熹宗来说也是如此，他与"巧匠争工"，从个人行为上讲，有什么不对呢？问题是他身居君王之职，就不能乐此不疲了。

这一年的九月，光宗葬于庆陵。《明通鉴》卷七十七"天启元年"载：

是月，遣客氏出宫。时大葬毕，阁臣刘一燝等请遵前诏，不得已始遣之，然思念流涕，至日昳不御食，已，宣谕复入。

这又引起廷臣一片反对的声音，《明通鉴》卷七十七"天启元年"续云：

吏科给事中侯震旸奏言："皇上于客氏，始而徘徊眷注，稍迟其出，犹可言也，出而再入，不可言也。宫闱禁地，奸珰群小睥睨其侧，内外钩连，借丛炀灶，有不忍言者。王圣宠而煽江京、李闰之奸，赵娆宠而构曹节、皇甫之变。幺麽里妇，何堪数眤至尊哉！"上怒，会给事中倪思辉、朱钦相相继疏劾，并贬三官。大学士刘一燝等先后论救，不报。同官马鸣起复抗疏谏，且言"客氏六不可留"。上议加重谴，以一燝等言，夺俸一年。御史王心一复疏论之，遂与思辉、钦相并贬。廷臣请召还者十余疏，俱不省。

由此可见熹宗对客氏的依赖，到了无法割舍的程度。客氏是他的奶妈，是他的保姆，说明他还没有脱离孩子般的稚气。故所有在这个问题上忤他意志的一律贬官夺俸。刘一燝居间论救，也不报。也正因为在这个问题上刘一燝违忤了熹宗，得罪了魏忠贤与客氏，故魏忠贤才唆使给事中霍维华等交章劾刘一燝结交王安。刘一燝在众御史攻击下，只能上疏乞归了。魏忠贤从中主之，允其归。故在刘一燝去职之前，明廷请叶向高回来主持内阁事务，意在调和宫府之间的矛盾。

在移宫的问题上，杨涟、左光斗这些倾向于东林党的官员还是有功的，熹宗想重用他们的，如贾继春那样为李选侍说话者便被削籍了。东林党的人复职在位，一开始还是想缓和矛盾，不妨以邹元标为例。邹元标是嘉靖时的进士，张居正执政时，他以观政刑部，敢于与张居正相抗争，反对张居正夺情，为此而谪戍都匀卫。张居正去世以后召拜吏科给事中，因慈宁宫灾，得罪了神宗万历，下调到南京，移疾归里。他是江西吉水人，回乡讲学，从游者众，名高天下。光宗即位，召拜大理卿。天启元年（1621年）四月还朝，宫府的矛盾，他是置身事外的，故进和衷之说。其云：

> 今日国事，皆二十年诸臣酝酿所成。往者不以进贤让能为事，日锢贤逐能，而言事者又不降心平气，专务分门立户。臣谓今日急务，惟朝臣和衷而已。朝臣和，天地之和自应。向之论人论事者，各怀偏见。偏生迷，迷生执，执而为我，不复知有人，祸且移于国。（《明史·邹元标传》）

此话还是有道理的，言者不能以过激为尚，"偏生迷，迷生执，执而为我"，那就成为唯我独尊，不能换位思考，也就是"不复知有人"，其结果是"祸国殃民"，造成无休止的派系斗争。邹元标这一番话至今仍有启发意义，言的自由是有度的，言是为让人接受，可以让人改正错失，不能用来煽动情绪，如果那样的话，有害无益。邹元标提出招纳赵南星、高攀龙、刘宗周诸东林著名人士，熹宗对他的建议皆褒纳之。史称：

> 初，元标立朝，以方严见惮，晚节务为和易。或议其逊初仕时，元标笑曰："大臣与言官异。风裁踔绝，言官事也。大臣非大利害，即当护持国体，可如少年悖动耶？"时朋党方盛，元标心恶之，思矫其弊，故其所荐引不专一途。……王德完讥其首鼠，元标亦不较。南京御史王允成等以两人不和，请帝谕解。元标言："臣与德完初无纤芥，此必有人交构其间。臣尝语朝士曰：'方今上在冲岁，敌在门庭，只有同心共济。倘复党同伐异，在国则不忠，在家则不孝。世自有无偏无党之路，奈何从室内起戈矛耶？'"（《明史·邹元标传》）

邹元标这些言论还是公允平和的。大臣的言论决不能哗众取宠，讨好受众，那是会误国害民的，何况那时辽东问题正在日益加重，这时同室操戈，那还不是自取亡国之祸吗？他这些话应该说得到了双方的认可，也得到熹宗的认可，故当年的十二月邹元标改任吏部左侍郎，未到官即拜左都御史，熹宗希望他能平息御史们过激的言论，以免挑起事端。从观念和宗旨上讲，他与首辅叶向高的处事方式是基本一致的。与此同时，高攀龙进光禄少卿。

（五）宫府之间矛盾的激化

那么宫府的矛盾为什么又突然激化起来了呢？

那是由于刑部尚书黄克缵承魏忠贤之意请求宽恕盗宝诸阉。在移宫案之前，李进忠即魏忠贤为李选侍谋划，史称：

戊寅，选侍用李进忠谋，邀皇长子同宫，王安忿然宣言且逮杨、左。杨涟遇进忠于宫门，问选侍移宫何日？进忠摇手曰："李娘娘怒甚，今母子一宫，正欲究左御史武氏之说。"涟咤曰："误矣！幸遇我。皇长子今非昨比，选侍移宫，异日封号自在。且皇长子年长矣，若属得无惧乎？"进忠默然去。科道惠世扬、张泼从东宫门来，骇传今日选侍垂帘，逮光斗。涟曰："无之。"己卯，选侍尚无移宫意。杨涟上言："先帝升遐，人心危疑，咸谓选侍外托保护之名，阴图专擅之实。故力请殿下暂居慈庆，欲先拨别宫而迁之，然后奉驾还宫。盖祖宗之宗社为重，宫帏之恩宠为轻，此臣等之私愿也。今登极已在明日矣，岂有天子偏处东宫之礼！先帝圣明同符尧舜，徒以郑贵妃保护为名，病体之所以沉锢，医药之所以乱投，人言藉藉，至今抱痛，安得不为寒心。此移宫一事，臣言之在今日，殿下行之亦必在今日，阁部大臣从中赞决，毋容泄泄以负先帝凭几辅殿下之托亦在今日。"疏上，涟复往趋方从哲。从哲曰："待初九、十二亦未晚。"涟曰："天子无复返东宫理，选侍今不移，亦未有移之日，此不可顷刻缓者！"内侍曰："独不念先帝旧宠乎？"涟怒曰："国家事大，岂容姑息！且汝辈何敢如是！"声彻大内。皇长

子使人谕涟出，命司礼监按盗藏诸侍，收李进忠、刘逊等。选侍移居仁寿殿。（《明史纪事本末·三案》）

从移宫的过程看，魏忠贤先是为李选侍出谋划策，移宫时他与魏朝、刘逊又是当事人，是王安保下来的。为什么由黄克缵来请求宽恕盗宝诸阉呢？因为这个案子本来是他具体处理的。《明史·黄克缵传》载其事云：

李选侍将移宫，其内侍王永福、姚进忠等八人坐盗乾清宫珠宝下吏。克缵拟二人辟，余俱末减。帝不从，命辟六人，余遣戍。克缵言："姜昇、郑稳山、刘尚理不持一物，刘逊拾地上珠，还之选侍，而与永福、进忠同戮，轻重失伦。况选侍箧中物，安知非先朝所赐？"当是时，诸珰罪重，谋脱无自，惟请帝厚待选侍，则狱情自缓。于是流言四布，谓帝薄待先朝妃嫔，而克缵首入其言。帝不悦，责克缵偏听，命如前旨。

黄克缵上疏请宽恕盗宝诸阉，其中便包括魏忠贤本人在内，因而移宫与盗宝始终是魏忠贤的一块心病。黄氏这个建议一提出，立即引起一部分官员的反对，御史焦源溥上《纲常》一疏，反击黄克缵。《明通鉴》卷七十七"天启元年"节录了这一上疏，其略云：

光宗，神宗元子也，为元子者为忠，则为福藩者非忠。孝端、孝靖，神宗后也，为二后者为忠，则为郑贵妃者非忠。孝元、孝和，光宗后也。为二后者为忠，则为李选侍者非忠。贵妃三十年心事，人谁不知！张差持梃，危在呼吸，尚忍言哉！况当先帝御极之初，忽传皇祖封后之命，请封不得，冶容进矣。张差之梃不中，则投以女优之惑。崔文昇之药不速，则促以李可灼之丸，痛哉！

先帝欲讳言进御之事，遂甘蒙不白之冤。今即厚待贵妃，始终恩礼，而郑养性之都督不可不夺也，崔文昇不可不磔也。若竟置弗问，不几于忘父乎？李选侍一宫人，更非贵妃比，如圣谕阻陛下于暖阁，挟陛下以垂帘，及凌虐圣母状，有臣子所不忍言者，今即为选侍乞怜，第可求曲宥前辜，量从优典，而移宫始末不可得而抹杀也，盗宝诸奄不可得而宽宥也。若竟置诸奄弗问，不几于忘母乎？

这篇奏疏又重提三案旧账，特别是移宫一案，对魏忠贤而言，更是心惊肉跳之事。更严重的是，"自是论三案者蜂起矣"（《明通鉴》卷七十七"天启元年"）。这更让魏忠贤无法忍受。宫府之间的矛盾在天启元年（1621年）年末再度激化。三案的问题是东林诸人起家的资本，对魏忠贤而言，这是压在头上的大石头，不翻掉这块石头，便难以抬头。故客、魏与东林在这时又成为势不两立的死对头了。

双方冲突也有一个矛盾逐渐积叠的过程。天启二年（1622年）二月，因梃击案削籍的王之寀复职，他上《复仇疏》重提梃击、红丸旧案。四月间，礼部尚书孙慎行又再论红丸事，劾方从哲庇李可灼。邹元标亦上疏论红丸案，支持孙慎行。于是方从哲自请削官爵，熹宗慰谕之。而给事中魏大中建议九卿议事，参议者一百多人，俱罪方从哲，唯兵部尚书黄克缵庇方从哲。大学士韩爌出来说明情况，于是李可灼遣戍，崔文昇放南京，而方从哲则置而不问。这时东林诸人攻方从哲，主要是借梃击、红丸二案。但这对魏忠贤、客氏也是一个威胁，因为万历时他们与郑贵妃、李选侍是站在一条战线的，故他们也要找机会反击东林党人。

天启二年十月，给事中朱童蒙、郭允厚等考虑到明年京察不利己，于是想驱逐邹元标。由于邹元标与冯从吾建首善书院讲学，元标疏辩求去。熹宗已挽留，郭允厚继劾，魏忠贤传旨云："宋室之亡，由于讲学。"冯从吾上疏辩称："宋之不竟，以禁讲学故；非以讲学故也。"当初邹元标建首善书院时，御史黄尊素谓元标称："都门非讲学地。"（《明通鉴》卷七十八"天启二年"）因为书院讲学容易惹是非。尽管叶向高从中调和，而邹元标与冯从吾皆罢官而归。于是攻其之群小击碎书院之碑，暴于门外，孔子之木主，委弃路隅，经史典籍尽被焚毁，这实际上是魏忠贤与客氏给东林党人的一次下马威。修撰文震孟上《勤政讲学疏》，疏文中有："近日举动尤可异者，邹元标去位，冯从吾杜门，首揆冢宰亦相率求退，空人国以营私窟，几似浊流之投，訾道学以逐名贤，有甚伪学之禁，唐、宋末季可为前鉴。""疏入，忠贤屏不即奏，乘上观剧，摘疏中'傀儡登场'语，谓'比上于偶人，不杀无以示天下'，上颔之。一日，讲筵毕，忠贤传旨，廷杖震孟八十，首辅叶向高在告，次辅韩爌力争。会庶吉士郑鄤疏复入，内批'俱贬秩调外'，言官交章论救，不纳。震孟亦不赴调而归。"（《明通鉴》卷七十八"天启二年"）从这里可以看到魏忠贤完全可以利用熹宗不亲政事、荒于嬉娱而中伤东林党人。在这种情况下，在朝的东林诸人没有还手的余地，但还未被置于死地。

魏忠贤除了中伤暗害东林党人之外，也在朝中物色自己的代理人，让他们进入内阁，为虎作伥。《明通鉴》卷七十八"天启三年"（1623年）正月：

以礼部尚书顾秉谦，侍郎朱国祯、朱延禧、魏广微俱礼部尚书、东阁大学士，预机务。时魏忠贤首结秉谦、广微，一时霍维华、孙杰之徒从而附和之，遂偕国祯、延禧入阁。阁中已有叶向高、韩爌、何宗彦、朱国祚、史继偕，又骤增四人，直房几不容坐。秉谦、广微庸劣无耻，忠贤得为羽翼，势益张，而二人曲事忠贤，俨如奴役。

（六）东林党人的抗争

东林党与魏忠贤矛盾斗争的直接展开，是由于御史周宗建与给事中郭巩之间的矛盾。郭巩劾周宗建当初举荐熊廷弼是"误廷弼，且误封疆"，而周宗建则抗疏揭发郭巩勾结魏忠贤事，这样便直接攻击魏忠贤了。《明通鉴》卷七十八"天启三年"节录其疏云：

臣于去岁指名劾奏，进忠无一日忘臣。于是乘私人郭巩入都，嗾以倾臣，并倾诸异己者。巩乃创为"新幽、大幽"之说，把持察典，编廷臣数十人姓名为一册，思一网中之。又为匿名书，罗织五十余人，投之道左，给事中则刘弘化为首，次及周朝瑞、熊德阳辈若而人；御史则方震孺为首，次及江秉谦辈若而人，而臣亦其中一人也。既欲罗诸臣以快报复之私，更欲独中臣以释进忠之恨。是察典不出于朝廷，乃巩及进忠之察典也。幸直道在人，巩说不行，始别借廷弼，欲一阱陷之。巩又因臣论及王安，笑臣有何瓜葛。陛下亦知安之所以死乎？身首异处，肉饱乌鸢，骨投黄犬，古今未有之惨也。巩即心昵进忠，何至背公灭理，且牵连刘一燝、周嘉谟、杨涟、毛士龙辈，谓尽安党。请陛下穷究安死果出何人倾害，则此事即进忠一大罪案。巩之媚进忠，即此可为证据矣。

《明通鉴》续云：

疏入，进忠益怒。率刘朝等环泣上前，乞自髡以激上怒。乃令宗建陈交通实状，将加重谴，宗建回奏益侃直。进忠议廷杖之，阁臣力争，乃止夺俸。会给事中刘弘化、御史方大任等交章助宗建攻进忠、巩，巩复力诋诸人。诏下诸疏平议，廷臣为两解之。乃严旨切责，夺巩、宗建俸三月。

这件事虽然是周宗建与郭巩二人之间的相互攻击，但它对魏忠贤惊动甚深，至环泣于熹宗前。魏忠贤要把持朝政，首先要巩固自己在后宫的地位。《明通鉴》卷七十八"天启三年"载其事云：

客、魏肆恶，虑妃嫔白其罪，乃矫旨赐光宗选侍赵氏自尽。赵出光宗赐物列于庭，西向礼佛，痛哭自经。幽裕妃张氏于别宫，绝其饮食。天雨，妃匍伏承檐溜，饮之而死。皇后张氏，素严正，数于上前刺客、魏过失。是时后有娠，客氏密布心腹宫人，以计堕之，上因此乏嗣。又于上郊祀，掩杀上所宠冯贵妃，左右无敢言者。慧妃范氏以客、魏谗失宠，李成妃为之乞怜，客、魏知之，亦幽成妃别宫。成妃故鉴裕妃饥死，预备食物壁间，半月不死，斥为宫人。

这样的话，宫闱之内，上至皇后，下至妃嫔，对客氏与魏忠贤噤若寒蝉，就不可能有不同的声音了。按理说，主宰后宫的应是皇后张氏，她在熹宗面前刺客、魏的过失，也不起作用。张皇后毕竟年轻，还没有足够的政治斗争经验，身边缺少羽翼。客氏对熹宗的影响也不是一朝一夕形成的，皇后一下子也难以撼动。正因为如此，客、魏能借着明熹宗的名义，垄断后宫的一切权力。他们对朝政的控制，依赖于培植自己的党羽，并经过了一番激烈的斗争。

（七）杨涟疏劾魏忠贤二十四大罪
——东林与阉党的最终决斗

杨涟，字文孺，应山人，万历三十五年（1607年）进士，曾任常熟知县，举廉吏第一，提拔为户科给事中，转兵科给事中。他敢说敢为，在红丸案和移宫案中表现突出，特别是移宫案，他冲在第一线，直接与魏忠贤对峙。自光宗驾崩到熹宗即位，杨涟都是冲在前面，维护熹宗的地位，故熹宗数称杨涟为忠臣。而杨涟则与左光斗、赵南星、魏大中在三大案中站在同一战线上，相互之间激扬讽议，因此也就成为魏忠贤的眼中钉，但碍于熹宗数称杨涟为忠臣，故也不敢轻易迫害他们。

天启四年（1624年）四月，发生过一件大事。给事中阮大铖让傅櫆劾汪文言与左光斗、魏大中交通为奸利，于是下汪文言于诏狱。汪文言是内阁中书，是叶向高所用的人，叶引罪求去。而御史黄尊素对镇抚司的刘侨讲，不能将这件案子扩大。故这个案子只使汪文言受廷杖，被剥夺职位，没有株及他人。魏忠贤本来希望通过这个案子来罗织东林诸人，结果未能如愿，这个案子便被搁置下来了。但这件事得罪了东林诸人，使他们人人自危。在这种情况下，当年的六月间，杨涟抗疏劾魏忠贤二十四大罪，这就拉开了东林与客、魏决战的序幕。

《明史·杨涟传》载此疏全文，其云：

高皇帝定令，内官不许干预外事，只供掖廷洒扫，违者法无赦。圣明在御，乃有肆无忌惮，浊乱朝常，如东厂太监魏忠贤者。敢列其罪状，为陛下言之。

忠贤本市井无赖，中年净身，夤入内地。初犹谬为小忠、小信以幸恩，继乃敢为大奸、大恶以乱政。祖制，以拟旨专责阁臣。自忠贤擅权，多出传奉，或径自内批，坏祖宗二百余年之政体，大罪一。

刘一燝、周嘉谟，顾命大臣也，忠贤令孙杰论去。急于翦己之忌，不容陛下不改父之臣，大罪二。

先帝宾天，实有隐恨。孙慎行、邹元标以公义发愤，忠贤悉排去之。顾于党护选侍之沈㴶，曲意绸缪，终加蟒玉。亲乱贼而仇忠义，大罪三。

王纪、钟羽正先年功在国本。及纪为司寇，执法如山；羽正为司空，清修如鹤。忠贤构党斥逐，必不容盛时有正色立朝之直臣，大罪四。

国家最重无如枚卜。忠贤一手握定，力阻首推之孙慎行、盛以弘，更为他辞以锢其出。岂真欲门生宰相乎？大罪五。

爵人于朝，莫重廷推。去岁南太宰、北少宰皆用陪推，致一时名贤不安其位。颠倒铨政，掉弄机权，大罪六。

圣政初新，正资忠直。乃满朝荐、文震孟、熊德阳、江秉谦、徐大相、毛士龙、侯震旸等，抗论稍忤，立行贬黜，屡经恩典，竟阻赐环。长安谓天子之怒易解，忠贤之怒难调，大罪七。

然犹曰外廷臣子也。去岁南郊之日，传闻宫中有一贵人，以德性贞静，荷上宠注。忠贤恐其露己骄横，托言急病，置之死地。是陛下不能保其贵幸矣，大罪八。

犹曰无名封也。裕妃以有妊传封，中外方为庆幸。忠贤恶其不附己，矫旨勒令自尽。是陛下不能保其妃嫔矣，大罪九。

犹曰在妃嫔也。中宫有庆，已经成男，乃忽焉告殂，传闻忠贤与奉圣夫人实有谋焉。是陛下且不能保其子矣，大罪十。

先帝青宫四十年，所与护持孤危者惟王安耳。即陛下仓卒受命，拥卫防维，安亦不可谓无劳。忠贤以私忿，矫旨杀于南苑。是不但仇王安，而实敢仇先帝之老奴，况其他内臣无罪而擅杀擅逐者，又不知几千百也，大罪十一。

今日奖赏，明日祠额，要挟无穷，王言屡亵。近又于河间毁人居屋，起建牌坊，镂凤雕龙，干云插汉，又不止茔地僭拟陵寝而已，大罪十二。

今日荫中书，明日荫锦衣。金吾之堂口皆乳臭，诰敕之馆目不识丁。如魏良弼、魏良材、魏良卿、魏希孔及其甥傅应星等，滥袭恩荫，亵越朝常，大罪十三。

用立枷之法，戚畹家人骈首毕命，意欲诬陷国戚，动摇中宫。若非阁臣力持，言官纠正，椒房之戚，又兴大狱矣，大罪十四。

良乡生员章士魁，坐争煤窑，托言开矿而致之死。假令盗长陵一抔土，何以处之？赵高鹿可为马，忠贤煤可为矿，大罪十五。

王思敬等牧地细事，责在有司。忠贤乃幽置槛阱，恣意搒掠，视士命如草菅，大罪十六。

给事中周士朴执纠织监。忠贤竟停其升迁，使吏部不得专铨除，言官不敢司封驳，大罪十七。

北镇抚刘侨不肯杀人媚人，忠贤以不善锻炼，遂致削籍。示大明之律令可以不守，而忠贤之律令不敢不遵，大罪十八。

给事中魏大中遵旨莅任，忽传旨诘责。及大中回奏，台省交章，又再亵王言。毋论玩言官于股掌，而煌煌天语，朝夕纷更，大罪十九。

东厂之设，原以缉奸。自忠贤受事，日以快私仇、行倾陷为事。纵野子傅应星、陈居恭、傅继教辈，投匦设阱。片语稍违，驾帖立下，势必兴同文馆狱而后已，大罪二十。

边警未息，内外戒严，东厂访缉何事？前奸细韩宗功潜入长安，实主忠贤司房之邸，事露始去。假令天不悔祸，宗功事成，未知九庙生灵安顿何地，大罪二十一。

祖制，不蓄内兵，原有深意。忠贤与奸相沈㴶创立内操，薮匿奸宄，安知无大盗、刺客为敌国窥伺者潜入其中。一旦变生肘腋，可为深虑，大罪二十二。

忠贤进香涿州，警跸传呼，清尘垫道，人以为大驾出幸。及其归也，改驾四马，羽幢青盖，夹护环遮，俨然乘舆矣。其间入幕效谋，叩马献策者，实繁有徒。忠贤此时自视为何如人哉？

大罪二十三。

夫宠极则骄，恩多成怨。闻今春忠贤走马御前，陛下射杀其马，贷以不死。忠贤不自伏罪，进有傲色，退有怨言，朝夕堤防，介介不释。从来乱臣贼子，只争一念，放肆遂至不可收拾，奈何养虎兕于肘腋间乎！此又寸磔忠贤，不足尽其辜者，大罪二十四。

凡此逆迹，昭然在人耳目。乃内廷畏祸而不敢言，外廷结舌而莫敢奏。间或奸状败露，则又有奉圣夫人为之弥缝。甚至无耻之徒，攀附枝叶，依托门墙，更相表里，迭为呼应。积威所劫，致掖廷之中，但知有忠贤，不知有陛下；都城之内，亦但知有忠贤，不知有陛下。即如前日，忠贤已往涿州，一切政务必星夜驰请，待其既旋，诏旨始下。天颜咫尺，忽慢至此，陛下之威灵尚尊于忠贤否邪？陛下春秋鼎盛，生杀予夺，岂不可以自主？何为受制幺麽小丑，令中外大小惴惴莫必其命？伏乞大奋雷霆，集文武勋戚，敕刑部严讯，以正国法，并出奉圣夫人于外，用消隐忧，臣死且不朽。

实际上杨涟上疏之前，魏忠贤就得到消息了，故他千方百计阻止杨涟奏疏上送。杨涟准备在早朝时直接面呈熹宗，结果那天熹宗免朝，又准备对仗时复劾，魏忠贤遏帝不御朝三日。熹宗外出，魏忠贤让群阉夹陛立，敕左班官不得奏事。故杨涟无法把奏疏直接呈送到熹宗面前。从此魏忠贤就想着对东林党人开杀戒了。叶向高看了杨涟的奏稿，不以为意，认为"事且决裂，深以为非"。他还是想调解、缓和双方的矛盾，否则不利于大局的稳定。《明史·叶向高传》称：

> 廷臣相继抗章至数十上，或劝向高下其事，可决胜也。向高念忠贤未易除，阁臣从中挽回，犹冀无大祸。乃具奏称忠贤勤劳，朝廷宠待厚，盛满难居，宜解事权，听归私第，保全终始。忠贤不悦，矫帝旨叙己功勤，累百余言。向高骇曰："此非奄人所能，必有代为草者。"探之，则徐大化也。忠贤虽愤，犹以外廷势盛，未敢加害。其党有导以兴大狱者，忠贤意遂决。于是工部郎中万燝以劾忠贤廷杖，向高力救，不从，死杖下。无何，御史林汝翥亦以忤奄命廷杖。汝翥惧，投遵化巡抚所。或言汝翥，向高甥也，群奄围其邸大噪。向高以时事不可为，乞归已二十余疏，至是请益力。

叶向高为人老成持重，光明忠厚，有德量，尽管他多次匡救，但已难以力挽狂澜了。当叶向高看到事态已无法挽回，只能告退以求全身。叶向高休致后，韩爌、朱国祯相继为首辅，未久即罢。这样内阁被顾秉谦、魏广微等所把持，他们对魏忠贤唯命是从。同时在杨涟劾魏忠贤以后，左光斗又起草章奏劾魏忠贤及魏广微三十二斩罪，那双方的斗争就变成你死我活的直接对抗了。接着御史黄尊素、都给事中魏大中等攻魏忠贤的奏疏数十上，国子监的师生千余人请究魏忠贤二十四大罪，整个朝廷的舆论一面倒了。而魏忠贤则要兴起大狱以彻底摧垮东林党。

（八）魏忠贤兴镇抚司大狱

魏忠贤欲兴大狱，还得有廷臣为之设计和开路。那时是顾秉谦及魏广微为其策划。杨涟劾魏忠贤二十四大罪的第五条，有"门生宰相"之语，触痛了二人的神经，魏广微与顾秉谦二人一起设计了《缙绅便览》一册，其中把叶向高、韩爌以下一百余人列为邪党，这实则是了开东林党的黑名单，以黄克缵、王永光、徐大化等六十多人为正人，这就为魏忠贤在朝廷人事上排斥异己、安插私党提供了基础，阉党就是在这个基础上形成的。这份名单通过阉人王朝用送到魏忠贤处，作为人事黜陟的根据。于是以徐兆魁代替陈于廷为吏部侍郎，以乔应甲代替杨涟为副都御史，以王绍徽代替左光斗为佥都御史。王绍徽为了排挤东林党，仿《水浒传》搞了东林一百零八人的《点将录》。如此种种，用人权与言论权皆掌握在了阉党手中。在北镇抚司起用许显纯来代替刘侨，让御史梁梦环复劾汪文言案，用汪文言案来株连东林诸人。大理寺丞徐大化劾杨涟、左光斗党同伐异、招权纳贿，借熊廷弼案来追究东林党人。这样便可以大规模地迫害东林诸人了，这是一场极其残酷的政治迫害。

《明通鉴》卷七十九"天启五年"（1625年）载其事云：

丁丑，谳汪文言狱，逮前副都御史杨涟、佥都御史左光斗、给事中魏大中、御史袁化中、太仆少卿周朝瑞、陕西副使顾大章。先是，许显纯为北镇抚司，榜掠文言，词连赵南星、李三才及涟、光斗等二十余人，显纯欲坐涟等以移宫罪。大理丞徐大化献策于忠贤曰："但坐移宫，则无赃可指；若坐纳杨镐、熊廷弼贿，则封疆事重，杀之更有名。"忠贤然之，乃令显纯复鞫文言，五毒备至，使引涟纳廷弼贿。文言仰天大呼曰："世岂有贪赃之杨大洪哉！"大洪者，涟别字也。复及光斗等，文言蹶然起曰："以此蔑清廉之士，有死不承。"显纯乃手作文言供状，文言复张目曰："任汝巧为之，异时吾当与面质。"显纯遂即日毙之，而具狱辞以上。于是涟、光斗坐赃二万，大中三千，化中六千，朝瑞一万，大章四万。其他所牵引，则赵南星及邓渼、毛士龙、王之寀、李若星、邹维琏、惠世扬、缪昌期、施天德、黄龙光、徐良彦、钱士晋、熊明遇、黄正宾、卢化鳌等又十五人。中旨逮涟、光斗等六人下诏狱，其南星等十五人除削籍外，仍行抚按提问追赃。于是狱乃具。

东林党人这个大案是由镇抚司办的。这里先得交代一下镇抚司这个机构，它是锦衣卫的一个下属机构。镇抚司有南、北之分，北镇抚司是专治诏狱的。《明史·刑法三》称：

镇抚司职理狱讼，初止立一司，与外卫等。洪武十五年添设北司，而以军匠诸职掌属之南镇抚司，于是北司专理诏狱。然大狱经讯，即送法司拟罪，未尝具狱词。成化元年，始令覆奏用参语，法司益掣肘。十四年，增铸北司印信，一切刑狱毋关白本卫。即卫所行下者，亦径自上请可否，卫使毋得与闻。故镇抚职卑而其权日重。

北镇抚司是挂名在锦衣卫下，但直接对皇帝负责，专治诏狱大案的独立的侦讯机构。在熹宗天启四年（1624年），魏忠贤让田尔耕、许显纯掌控镇抚司。《明史·刑法三》载其事云：

> 田尔耕、许显纯在熹宗时为魏忠贤义子，其党孙云鹤、杨寰、崔应元佐之，拷杨涟、左光斗辈，坐赃比较，立限严督之。两日为一限，输金不中程者，受全刑。全刑者曰械，曰镣，曰棍，曰拶，曰夹棍。五毒备具，呼謈声沸然，血肉溃烂，宛转求死不得。显纯叱咤自若，然必伺忠贤旨，忠贤所遣听记者未至，不敢讯也。一夕，令诸囚分舍宿。于是狱卒曰："今夕有当壁挺者。"壁挺，狱中言死也。明日，涟死，光斗等次第皆锁头拉死。每一人死，停数日，苇席裹尸出牢户，虫蛆腐体。狱中事秘，其家人或不知死日。

从这里可以看到镇抚司的刑罚极其残酷。东林党人这个案子，复核汪文言案是关键。我们先看一下汪文言是何许人及他们是怎么复核汪文言案的。《明史·魏大中传》云：

> 文言者，歙人。初为县吏，智巧任术，负侠气。于玉立遣入京刺事，输赀为监生，用计破齐、楚、浙三党。察东宫伴读王安贤而知书，倾心结纳，与谈当世流品。光、熹之际，外廷倚刘一燝，而安居中以次行诸善政，文言交关力为多。魏忠贤既杀安，府丞邵辅忠遂劾文言，褫其监生。既出都，复逮下吏，得末减。益游公卿间，舆马尝填溢户外。大学士叶向高用为内阁中书，大中及韩爌、赵南星、杨涟、左光斗与往来，颇有迹。

汪文言第一次入狱前是内阁中书，他与杨涟、左光斗都有往来。由于镇抚刘侨听从黄尊素之言，故汪文言仅被廷杖褫职，没有波及其他人，魏忠贤没有达到目的。复核汪文言案的目的是借他株连东林诸人。《明史·魏大中传》云：

文言之再下诏狱也，显纯迫令引涟等。文言备受五毒，不承，显纯乃手作文言供状。文言垂死，张目大呼曰："尔莫妄书，异时吾当与面质。"显纯遂即日毙之。涟、大中等逮至，无可质者，赃悬坐而已。诸所诬赵南星、缪昌期辈，亦并令抚按追赃。衣冠之祸，由此遍天下。

（九）东林党人的悲惨遭遇

汪文言的供状是许显纯"手作"的，汪文言已死在狱中，因此无法找他人对质，故称"悬坐而已"。那么我们再看一下，许显纯抓杨涟及处死他的过程。《明史·杨涟传》称：

> 五年，其党大理丞徐大化劾涟、光斗党同伐异，招权纳贿，命逮文言下狱鞫之。许显纯严鞫文言，使引涟纳熊廷弼贿。文言仰天大呼曰："世岂有贪赃杨大洪哉！"至死不承。大洪者，涟别字也。显纯乃自为狱词，坐涟赃二万，遂逮涟。士民数万人拥道攀号，所历村市，悉焚香建醮，祈祐涟生还。比下诏狱，显纯酷法拷讯，体无完肤。其年七月遂于夜中毙之，年五十四。涟素贫，产入官不及千金。母妻止宿谯楼，二子至乞食以养。征赃令急，乡人竞出赀助之，下至卖菜佣亦为输助。其节义感人如此。

再看左光斗在镇抚司的遭遇。清人方苞所作《左忠毅公逸事》曾记载史可法狱中探望左光斗的情况，左光斗在狱中所受严酷刑罚从中可见一斑，其云：

及左公下厂狱,史朝夕狱门外。逆阉防伺甚严,虽家仆不得近。久之,闻左公被炮烙,旦夕且死,持五十金,涕泣谋于禁卒,卒感焉。一日,使史更敝衣,草屦,背筐,手长镵,为除不洁者,引入。微指左公处,则席地倚墙而坐,面额焦烂不可辨,左膝以下筋骨尽脱矣。史前跪抱公膝而呜咽。公辨其声,而目不可开,乃奋臂以指拨眦,目光如炬,怒曰:"庸奴!此何地也,而汝来前!国家之事糜烂至此,老夫已矣,汝复轻身而昧大义,天下事谁可支拄者?不速去,无俟奸人构陷,吾今即扑杀汝!"因摸地上刑械作投击势。史噤不敢发声,趋而出。后常流涕述其事以语人,曰:"吾师肺肝,皆铁石所铸造也。"(《方苞集》卷九)

《明史·左光斗传》称:

光斗愤甚,草奏劾忠贤及魏广微三十二斩罪,拟十一月二日上之,先遣妻子南还。忠贤诇知,先二日假会推事与涟俱削籍。群小恨不已,复构文言狱,入光斗名,遣使往逮。父老子弟拥马首号哭,声震原野,缇骑亦为雪涕。至则下诏狱酷讯。许显纯诬以受杨镐、熊廷弼贿,涟等初不承,已而恐以不承为酷刑所毙,冀下法司,得少缓死为后图。诸人俱自诬服。光斗坐赃二万。忠贤乃矫旨,仍令显纯五日一追比,不下法司,诸人始悔失计。容城孙奇逢者,节侠士也,与定兴鹿正以光斗有德于畿辅,倡议敛金,诸生争应之。得金数千,谋代输,缓其狱,而光斗与涟已同日为狱卒所毙,时五年七月二十有六日也,年五十一。光斗既死,赃犹未竟。忠贤令抚按严追,系其群从十四人。长兄光霁坐累死，母以哭子死。都御史周应秋犹以所司承追不力，疏趣之，由是诸人家族尽破。

魏大中受害的经过，《明史·魏大中传》亦有记载：

大中坐三千，矫旨俱逮下诏狱。乡人闻大中逮去，号泣送者数千人。比入镇抚司，显纯酷刑拷讯，血肉狼籍。其年七月，狱卒受指，与涟、光斗同夕毙之，故迟数日始报。大中尸溃败，至不可识。……

长子学洢，字子敬。为诸生，好学工文，有至性。大中被逮，学洢号恸欲随行。大中曰："父子俱碎，无为也。"乃微服间行，刺探起居。既抵都，逻卒四布，变姓名匿旅舍，昼伏夜出，称贷以完父赃。赃未竟，而大中毙，学洢恸几绝。扶榇归，晨夕号泣，遂病。家人以浆进，辄麾去，曰："诏狱中，谁半夜进一浆者？"竟号泣死。

以上诸人是在京师被逮的，还有一些东林党人是在外地被逮的。如缪昌期，他是叶向高的门生，在叶向高那儿看到杨涟劾魏忠贤二十四大罪疏。史载：

向高曰："杨君此疏太率易。其人于上前时有匡正。鸟飞入宫，上乘梯手攫之，其人挽衣不得上。有小珰赐绯者，叱曰：'此非汝分，虽赐不得衣也。'其强直如此。是疏行，安得此小心谨慎之人在上左右？"昌期愕然曰："谁为此言以误公？可斩也。"向高色变，昌期徐起去。语闻于涟，涟怒。向高亦内惭，密具揭，请帝允忠贤辞，忠贤大愠。会有言涟疏乃昌期代草者，忠贤遂深怒不可解。及向高去，韩爌秉政，忠贤逐赵南星、高攀龙、魏大中及涟、光斗,爌皆具揭恳留。忠贤及其党谓昌期实左右之。而昌期于诸人去国,率送之郊外,执手太息,由是忠贤益恨。昌期知势不可留,具疏乞假,遂落职闲住。(《明史·缪昌期传》)

熹宗天启五年(1625年)东林党人案发时,缪昌期在江阴。史载:

> 以汪文言狱词连及,削职提问。忠贤恨不置。明年二月复于他疏责昌期已削籍犹冠盖延宾,令缇骑逮问。逾月,复入之李实疏中,下诏狱。昌期慷慨对簿,词气不挠,竟坐赃三千,五毒备至。四月晦,毙于狱。(《明史·缪昌期传》)

周顺昌,吴县人,万历四十一年进士。天启中,历文选员外郎。时乞假归乡里。史载:

> 顺昌为人刚方贞介,疾恶如仇。巡抚周起元忤魏忠贤削籍,顺昌为文送之,指斥无所讳。魏大中被逮,道吴门,顺昌出饯,与同卧起者三日,许以女聘大中孙。旗尉屡趣行,顺昌瞋目曰:"若不知世间有不畏死男子耶?归语忠贤,我故吏部郎周顺昌也。"因戟手呼忠贤名,骂不绝口。旗尉归,以告忠贤。(《明史·周顺昌传》)

因此织造中官李实诬周顺昌,下令将其与周起元一起逮捕。史载:

> 顺昌好为德于乡。有冤抑及郡中大利害,辄为所司陈说,以故士民德顺昌甚。及闻逮者至,众咸愤怒,号冤者塞道。至开读日,不期而集者数万人,咸执香为周吏部乞命。诸生文震亨、杨廷枢、王节、刘羽翰等前谒一鹭及巡按御史徐吉,请以民情上闻。旗尉厉声骂曰:"东厂逮人,鼠辈敢尔!"大呼:"囚安在?"

手掷锒铛于地,声琅然。众益愤,曰:"始吾以为天子命,乃东厂耶!"蜂拥大呼,势如山崩。旗尉东西窜,众纵横殴击,毙一人,余负重伤,逾垣走。一鹭、吉不能语。知府寇慎、知县陈文瑞素得民,曲为解谕,众始散。顺昌乃自诣吏。又三日北行,一鹭飞章告变。东厂刺事者言吴人尽反,谋断水道,劫漕舟,忠贤大惧。已而一鹭言缚得倡乱者颜佩韦、马杰、沈扬、杨念如、周文元等,乱已定,忠贤乃安。然自是缇骑不出国门矣。顺昌至京师,下诏狱。许显纯锻炼,坐赃三千,五日一酷掠。每掠治,必大骂忠贤。显纯椎落其齿,自起问曰:"复能骂魏上公否?"顺昌噀血唾其面,骂益厉。遂于夜中潜毙之。时六年六月十有七日也。(《明史·周顺昌传》)

逮捕周顺昌这件事在苏州引起了民变,带头闹事的五人,后来皆被杀。《明史·周顺昌传》云:

佩韦等皆市人,文元则顺昌舆隶也,论大辟。临刑,五人延颈就刃,语寇慎曰:"公好官,知我等好义,非乱也。"监司张孝流涕而斩之。吴人感其义,合葬之虎丘傍,题曰"五人之墓"。

此后明末复社的张溥作《五人墓碑记》,被收入《古文观止》,激励人们敢于临危不惧、谈笑以死,这五人之墓至今仍在苏州之虎丘山下。周顺昌临别时言:"今我赴都必死,死则诉高皇帝,速殛元凶,以清君侧之恶。""手书别亲友,以三月二十六日行,人无知者,就诏狱。显纯拷比倍酷,身无完肤,骂不绝口,无一语哀乞。"(《明史纪事本末·魏忠贤乱政》)这也许就是重于泰山之死。东林党人那种不畏强暴、敢于斗争、宁死不屈的精神值得发扬,他们遭遇的苦难值得人们同情,但从斗争的实际效果看,许多事还得讲究策略。我还是赞成方从哲与叶向高的办法,在无法根本改变事物态势的时候,还得大事化小,小事化了,等待适当的时机来处理问题。魏忠贤、客氏那么猖狂,时间长不了,为什么不耐着性子观望一下?有的时候,退一步海阔天空,不能使着性子往南墙上撞头,如杨涟的魏忠贤二十四大罪的奏疏、左光斗的劾魏忠贤及魏广微三十二斩罪的奏章都非其时也。在那样的时刻,上那样的奏章只能激化矛盾,搞成你死我活。而对方又掌握着生杀大权,怎么能这样一个斗法呢?这实际是情绪化的表现。应该坚持斗争,不到必胜的时刻不要搞决裂。当然,从为人讲,应该把个人的生死置之度外,以国家和民族的利益为重。东林党案被逮的还有黄尊素、顾大章、王之寀等许多人,这里便不再一一赘述了。

十一、阉党的一时猖獗及其灭亡

（一）魏忠贤把持朝政与《三朝要典》的编修

魏忠贤要巩固自己的地位，除了镇压东林党人外，必须把士人讲学的风气压下去，使其无法形成舆论，还要设法把三大案翻掉，否则的话，总有那么三座大山压在他的头顶之上。

天启五年（1625年）八月，诏毁天下书院，东林、关中、江右、徽州各书院俱行拆毁，变价助工。天启六年正月，由霍维华、杨所修建议修《三朝要典》，目的是把三大案完全翻过来。《明通鉴》卷八十"天启六年"记其事云：

未几开馆，以顾秉谦、黄立极、冯铨为总裁，施凤来、杨景辰、孟绍虞、曾楚卿副之，极意诋諆东林，暴扬罪恶。其论梃击，以"王之寀开衅骨肉，为诬皇祖，负先帝"。论红丸，以"孙慎行创不尝药之说，妄疑先帝不得正其终，更附不讨贼之论，轻诋皇上不得正其始，为罔上不道"。论移宫，以"杨涟等内结王安，故重选侍之罪以张翊戴之功"。于是遂以之寀、慎行、涟为三案罪首。时方修《光宗实录》，凡事关三案，命即据《要典》改正。这样三大案的是非便完全颠倒过来了，王之寀、孙慎行、杨涟成了三大案的罪魁祸首。是年六月,《三朝要典》成,阉党刊布中外以打击东林党人。

《三朝要典》颁行后,魏忠贤的势力达到顶峰,一方面三教九流都向阉党靠拢,另一方面阉党内部的钩心斗角也随之而起。同时,魏忠贤、客氏也就忘乎所以,事事为自己评功拜爵。天启六年(1626年)十月,以殿工成,太监李永贞归功于忠贤,于是进忠贤爵上公,其侄儿魏良卿为宁国公,予诰券,加赐庄田一千顷。《明通鉴》卷八十"天启六年"载:

> 自是诸边筑隘口成,南京孝陵工竣,甘肃奏捷,法司捕盗,并言忠贤区画方略。诏书褒美,阁臣皆拟《九锡文》。半岁中,荫锦衣指挥使十七人,同知三人,佥事一人;擢其族孙希孟、希孔等世袭都督同知,甥傅之琮、冯继先俱都督佥事,章奏无巨细辄颂忠贤,称"厂臣"不名。山东奏产麒麟,大学士黄立极等票旨,言"厂臣修德,故仁兽至",其诬罔若此。故事,内官为司礼秉笔,非公事不得出。忠贤每岁必数历畿甸,坐文轩,驾四马,笙鼓铙吹之声轰隐黄埃中;锦衣玉带,靴裤而握刀者,夹车左右而驰。自厨传、优伶、蹴鞠、舆皂随者动以万数。尝自琉璃河祭水还,历西山碧云寺,士大夫皆遮道拜伏。凡有章奏,其党遣急足驰请然后下。

魏忠贤是如此,客氏又如何呢?《明季北略·客氏出宫》记载客氏出宫:

> 在宫中乘小轿,内官负之,俨然自视为熹庙八母之一。诞日,熹庙必临幸,升座劝饮,赏赉无算。往私宅,内侍王朝忠等数

十人,着红前驱,乘舆至乾清宫,亦不下呼殿,侍从之盛,不减圣驾。夜出,灯炬簇拥,有如白昼,衣服鲜华,俨若神仙。到私宅,升厅事,自管事至近侍,挨次叩头,呼"老祖太太千岁"之声,喧阗震天。

可见客氏也是威福用尽。当时皇后张氏对客、魏的行为是非常反感的,《明通鉴》卷八十"天启六年"载:

后性严明,见魏忠贤、客氏乱政,数于上前言之,客、魏交恨。一日,上至后宫,后方读书。上问何书,对曰:"《赵高传》也。"上嘿然而出。忠贤闻之,益恨。

会有张匿名榜于厚载门者,列忠贤反状及其党七十余人,忠贤疑国纪为之。邵辅忠、孙杰欲因此兴大狱,借国纪以摇中宫,事成则立魏良卿女为后。草一疏,募人上之,诸人虑祸,不敢承。(刘)志选年老而嗜进无厌,惑家人言,谓己老,必先忠贤死也,竟上之。疏中极论国纪罪,末言"毋令人訾及丹山之穴,蓝田之种",盖忠贤尝诬后非国纪女,故云。疏上,事叵测,上无所问,但令国纪自新而已,忠贤意大沮。

魏忠贤想兴张皇后之父张国纪狱,以动摇张皇后的地位,结果熹宗没有接受,而张国纪最终还是被勒令归故里。

(二)为魏忠贤修建生祠

这个时期还发生了一件事,那就是给魏忠贤建生祠。史载:

浙江巡抚潘汝桢倡议,奏请祀于西湖,织造太监李实请令杭州卫百户守祠。诏赐祠额曰"普德",勒石记功德。(《明通鉴》卷八十"天启六年")

诸方效尤,几遍天下,蓟辽总督阎鸣泰继请于部内建祠七所,费数十万,其颂忠贤有"民心依归,即天心向顺"语。开封毁民舍二千余间,创宫殿九楹,仪如王者。巡抚朱童蒙建祠延绥,用琉璃瓦。刘诏建祠蓟州,金像冕旒。其诸祠务极工作之巧,像皆以沉香木为之,眼耳口鼻宛转如生人,腹中肠肺俱以金玉珠宝为之。髻空,穴其一以簪四时香花。一祠木像,头稍大,小竖上冠不能容,匠人恐,急削而小之以称冠,小竖抱头恸哭责匠人。凡疏辞揄扬,一如颂圣,称以"尧天舜德""至圣至神",阁臣辄用骈语褒答。督饷尚书黄运泰迎忠贤像,五拜五稽首,称"九千岁"。都城内外,祠宇相望。有建于东华门外者,工部郎中叶宪祖曰:"此天子临辟雍道也,土偶能起立乎?"忠贤闻之,即削其籍。初,汝桢请建祠,巡按御史刘之待会稿迟一日,即削籍。而蓟州道胡士容以不具建祠文,遵化道耿如杞以入祠不拜,皆下狱论死。时海内望风献媚,自督抚、巡按而外,宗室若楚王华煃,勋戚若武清侯李诚铭、保定侯梁世勋等;廷臣若尚书邵辅忠,词臣若庶吉士李若琳,部郎若郎中鲁国桢;诸司若通政司经历孙如洌,上林监丞张永祚等,亦皆建祠恐后。下及武夫、贾竖诸无赖子,莫不攘臂争先,汹汹若不及。最后巡抚杨邦宪建祠南昌,至毁周程三贤祠益其地,罱澹台灭明祠,曳其像碎之。(《明通鉴》卷八十"天启七年")

如此大兴土木给魏忠贤建生祠,那等于各级官员向魏忠贤表忠心。而且魏忠贤对此也乐此不疲，稍有异议和怠慢者便被罢官削籍。如此荒唐事，亦是历史上仅有之事。

（三）熹宗去世与崇祯登基

天启七年（1627年）七月，《明通鉴》卷八十载："上不豫，遣魏良卿告南北郊及太庙，代行礼。"朱由校病重，让魏良卿求告上天保佑其也。如他父亲一般，病重之后求仙丹。

> 先是霍维华尝进仙方灵露，饮于上，上饮而甘之，已，渐厌。及得疾，体肿，忠贤以咎维华。维华惧甚，虑上不测，有后患，欲先自贰于忠贤。会宁、锦叙荫，维华请以让崇焕，忠贤觉其意，传旨诘责。（《明通鉴》卷八十"天启七年"）

至八月，"甲寅，上大渐。乙卯，帝崩于乾清宫，年二十三"（《明通鉴》卷八十"天启七年"）。熹宗去世前后关于后宫和朝廷的情况，《明史纪事本末·魏忠贤乱政》的记载比《明通鉴》更具体，今录其记载：

> 上不豫，礼部颁爵赏列封荫，群臣谢恩之日，即帝上宾之日也。二十二日乙卯，上崩。初，上病亟时，召皇弟信王入，谕以当为尧舜之君，再以善事中宫为托，及委用忠贤语。既崩，忠贤自出迎王入，王危甚。时群臣俱在寓，闻讣，恐入朝之时有他变，生死且不测。厥明，至殿门，宦者持门不得入，告以宜用丧服。既改服，又言未成服，宜如常。群臣奔走出入者三，气喘且不续，哀诉宦者，乃得入。既哭大行皇帝，司礼太监王体乾及忠贤在

丧次，独体乾语礼部备丧礼，忠贤目且肿，无所言。群臣出，少顷，独呼兵部尚书崔呈秀入，屏人语移时，秘不得闻。或曰："忠贤欲自篡，而呈秀以时未可止之。"丁巳，信王即皇帝位。

从这段记载看，熹宗临终前召其弟信王朱由检即位，他讲的话也符合实情，要信王继续委用魏忠贤。魏忠贤因伤心哭得眼睛都肿了，因为熹宗死得突然，他对熹宗死后自己可能的遭遇来不及深思。那时群臣奔丧窘迫的样子也还真实。至于魏忠贤欲自篡，那只是猜测之词，并不可信。当时后宫执政的主要是两个人，魏忠贤掌东厂，王体乾掌司礼监。由于熹宗三子皆早死，故只能兄终弟及，熹宗决定由信王登位，也符合常情。信王是光宗的第五子，光宗在熹宗与信王之间的三子皆早死，信王之后的二子也早死，熹宗诸弟那时在世的仅信王一人，故只能传位给信王朱由检了。魏忠贤也只能承认既成事实，他想到的办法是讨好信王身边的旧监徐应元。信王入宫时也知道魏忠贤飞扬跋扈，故也是战战兢兢、处处设防，唯恐魏忠贤暗算他。《明季北略·信王登极》载其事云：

二十二日，熹宗病革。召王入，谕以当为尧舜之君，善事中官，及委用忠贤。王逊谢而出。申时，熹宗崩。首相施凤来、张立极、英国公张惟贤等，具笺往信府劝进。忠贤结信藩旧监徐应元，遂自请王入。王心危甚，袖食物以入，群臣闻之，咸欲奔入。至殿门，宦者不纳。是夜，王秉烛独坐。夜分，有阉携剑过，王佯取视，留置几上，许给以价。闻巡逻声，劳苦之，命左右给酒食，欢声如雷。二十四日丁巳，即皇帝位于中极殿，受百官朝贺。朝时，天忽鸣。诏以明年戊辰改元崇祯。

（四）魏忠贤与阉党的败亡

熹宗一死，魏忠贤失去了靠山，他也是战战兢兢，度日如年。而崇祯帝要自己掌控政权，也只能一步一步来。崇祯即位以后的第一件事，便是要客氏出宫，这时客氏再没有强留在后宫的理由了。《明季北略·客氏出宫》云：

> 熹庙既崩，上命归私第。客氏五更衰服赴梓宫前，出一小函，用黄龙袱包裹，皆熹庙胎发、痘痂，及累年剃发、落齿、指甲等，痛哭焚化而去。

客氏一走，魏忠贤在宫中又失去了一座靠山。

紧接着做的第二件事，是令崔呈秀回籍。那时崔呈秀是兵部尚书，掌握着兵权。《明季北略·崔呈秀回籍》云：

> 十月，上神明默操，宣州之捷，犹叙功加荫。宁国公魏良卿、安平伯魏鹏铁券成，犹命给之。既而杨维垣疏参崔呈秀借厂臣行私，乞正两观之诛。主事陆澄源亦参崔呈秀夺情为妾，忍于无亲。御史贾继春亦参崔呈秀"说事卖官，娶娼宣淫，但知有官，不知有母，三纲废弛，人禽不辨"。方有旨令回籍守制。

从这条记载看，崇祯一方面给魏良卿、魏鹏赐铁券以安其心，另一方面又利用阉党内部的矛盾，令人弹劾兵部尚书崔呈秀。而弹劾崔呈秀的杨维垣、陆澄源、贾继春都是跟着魏忠贤的阉党，对此魏忠贤也无话可说。实际上这就断了魏忠贤的左右手。熹宗去世时，魏忠贤曾找崔呈秀密议熹宗身后大事如何处置。

十一月，先是各地为魏忠贤建生祠，巡抚杨邦宪请在南昌为魏

忠贤建生祠的奏疏最后至,那时熹宗已死,崇祯已即位为帝了。《明通鉴》卷八十"天启七年"载其事云:

比杨邦宪疏至,上甫即位,且阅且笑,忠贤觉其意,见疏伪辞,辄报尤。

这等于对外廷发出一个讯号,魏忠贤的地位已不稳固,朱由检并不宠信他。于是群臣攻击魏忠贤的奏疏如雪片般飞向崇祯帝手中。

于是主事钱元悫首劾之,言:"忠贤本枭獍之资,先帝假以事权,群小蚁附,称功颂德,布满天下,如王莽之妄引符命;列爵三等,畀及乳臭,如梁冀之一门五侯;遍植奸党,分置要津,如王衍之狡兔三窟;舆珍辇宝,藏聚肃宁,如董卓之郿坞自固;广开告讦,诛锄士类,如曹节、王甫之钩党株连;阴养死士,陈兵自卫,如桓温之壁后置人。皇上待以不死,宜勒归私第;魏良卿等有玷茅土,并宜褫革。"员外史躬盛、主事陆澄源亦交章论之。

而嘉兴贡生钱嘉征,更劾忠贤十大罪:"一曰并帝。内外封章,必先关白。称功颂德,上配先帝。及奉俞旨,必曰'朕与厂臣',自古未闻有此奏体。二曰蔑后。皇亲张国纪,于御前面折逆奸,遂遭罗织,欲置之死,赖先帝神明,祇膺薄惩。不然,皇亲危则中官危矣。三曰弄兵。祖宗朝不闻内操,忠贤外胁臣工,内逼宫闱,操兵禁中,深可寒心。四曰无二祖列宗。高皇帝垂训,中涓不许干预朝政,乃忠贤一手障天,流毒缙绅,凡边腹重地,漕运咽喉,多置腹心,意欲何为!五曰克削藩封。三王之国,庄田赐赉甚薄也;而忠贤封公、侯、伯之土田,膏腴万顷。六曰无圣。先师为万世名教主,忠贤何人,敢祠太学之侧!七曰滥爵。古制非军功不侯,忠贤竭天下之物力,佐成三殿,居然袭上公之爵,觍不知省。八曰掩边功。辽左用兵以来,堕名城,杀大将,而冒侯封伯。九曰伤民财。郡县请祠遍天下,一祠所费不下五万金。敲骨剥髓,孰非国家之脂膏!十曰亵名器。崔呈秀之子铎,目不识丁,贤书遂登前列。"(《明通鉴》卷八十"天启七年")

当崇祯拿到这些奏疏以后,"召忠贤,使内侍读之。忠贤震恐丧魄,急以重宝啖信邸太监徐应元求解。应元,故忠贤博徒也,上知之,斥应元,遂有是命"(《明通鉴》卷八十"天启七年")。魏忠贤想以徐应元为内线,这条路也被崇祯断掉了。《明通鉴》卷八十"天启七年"云:

时上榜忠贤罪示天下,寻谕曰:"逆恶魏忠贤,擅窃国柄,诬陷忠良,罪当死,姑从轻发凤阳。乃不思自惩,素蓄亡命之徒,环拥随护,势若叛然,令锦衣卫逮治。"忠贤行至阜城,闻之,与其党李朝钦俱自缢。时言者劾"崔呈秀为五虎之首,宜肆市朝",奉旨"削籍,遣官逮问"。呈秀在家,闻忠贤死,列姬妾,罗珍宝,呼酒痛饮,尽一卮,即掷碎之,饮已,亦自缢死。

当年魏忠贤发配王安到南海子,使刘朝杀王安。崇祯用同样的办法,把魏忠贤发配到凤阳,他知道前途茫茫,在半路上便自缢死了。崔呈秀得到被"逮问"和魏忠贤自缢的消息,知道自己追随魏忠贤所欠的血债太多,绝没有活路,吃了一顿断头饭,也是自缢而死。接下来便是客氏和魏忠贤的家属遭殃了。《明通鉴》卷八十"天

启七年"载:

> 先是大行皇帝崩,客氏将出外宅,于五更赴梓宫前,出一小函,用黄色龙袱包裹,皆先帝胎发、痘痂及累年落齿、剃发,痛哭焚化而去。及是,诏赴浣衣局掠死,籍其家。良卿、国兴、光先皆弃市,家属无少长皆斩,婴孩赴市,有眈睡未醒者。人以为惨毒之报,莫不快之。方客氏之籍也,于其家得宫女妊身者八人,盖将效吕不韦所为。上大怒,命悉笞杀之。

这样滥杀无辜稚童也不应该,妊身之宫女、婴孩亦无罪,不能株连无辜。续将阉党倪文焕、李夔龙、许显纯、田尔耕等下狱,许显纯、田尔耕这两个人之前坏事做得太多,因而死有余辜。天启七年(1627年)冬,崇祯又下诏:"天下所建忠贤逆祠,悉行拆毁。"(《明通鉴》卷八十"天启七年")总之,阉党的垮台,如雪崩一般,瞬息即至。天下事从来都是盛极则衰,这条辩证法在历史上屡试不爽。墙倒的时候,自有众人来推,这个现象在历史上也是不断地再现。

(五)崇祯帝对三大案的处理

以上还只是天启七年(1627年)九月信王朱由检即位,到十二月底发生的几件事,前后不过三个月时间,整个朝廷大局就发生了剧烈的变化。中国有一句老话:善有善报,恶有恶报,不是不报,时辰未到,时辰一到,统统报销。这个时候,魏忠贤与客氏及阉党一点还手的余地也没有了,他们成了落水狗被众人喊打了。

崇祯要肃清魏忠贤与阉党的影响,还有许多事要做:一是内阁的领导班子要清理和调整，朝廷中阉党系统的官员要清洗；二是三大案与东林党的事要翻案。这都是在崇祯元年（1628年）完成的几件大事。

崇祯元年五月，编修倪元璐上疏请毁《三朝要典》。《明通鉴》卷八十一"崇祯元年"节选其文曰：

> 梃击、红丸、移官三议，哄于清流，而《三朝要典》一书，成于逆竖；其议可兼行，其书必当速毁。盖当时起事兴议，盈廷互讼。主梃击者力护东宫，争梃击者计安神祖；主红丸者仗义之言，争红丸者原情之论；主移官者弭变于机先，争移官者持平于事后。数者各有其是，不可偏非。总在逆珰未用之先，虽甚水火，不害埙箎，此一局也。既而杨涟《二十四罪之疏》发，魏广微此辈门户之说兴；于是逆珰杀人则借三案，群小求富贵则借三案，经此二借而三案面目全非矣。故凡推辞归孝于先皇，正其颂德称功于义父，又一局也。网已密而犹疑有遗鳞，势已成而或忧其翻局；崔、魏诸奸始创立私编，标题《要典》，以之批根，今日则众正之党碑；以之免死，他年即上公之铁券。又一局也。由此观之，三案者，天下之公议，《要典》者，魏氏之私书；三案自三案，《要典》自《要典》。今为金石不刊之论者，诚未深思。臣谓翻即纷嚣，改亦多事，唯有毁之而已。

崇祯帝听了大臣的意见后，"帝命礼部会词臣详议。议上，遂焚其板"（《明史·倪元璐传》）。三大案的是是非非可以讨论，而《三朝要典》为魏忠贤歌功颂德的一面之词当毁。内阁的调整与阉党的清算则有一个过程，先是曹应秋与薛贞以阉党被劾而罢，刘一燝与韩爌复职。首辅李国普因老病乞退时，荐韩爌、孙承宗代，结果是来宗道为内阁首辅。崇祯元年六月，削魏忠贤党冯铨、魏广微籍，而阁臣来宗道与杨景辰一起罢官，原因是他们曾先后任《三朝要典》的副总裁。倪元璐请毁《三朝要典》时，来宗道说："渠何事多言，词林故事，止香茗耳！"(《明史·阉党》)于是人们称来宗道为"清客宰相"。崇祯二年（1629年）召见阁臣韩爌、李标、钱龙锡及吏部尚书王永光、都察院左都御史曹于汴等于文华殿，谕定魏忠贤逆案。《明通鉴》卷八十一"崇祯二年"载其事云：

> 先是爌等不欲广搜树怨，仅以四五十人上。上少之，令再议，又以数十人上，上不怿，令以"赞导""拥戴""颂美""谄附"为目，因曰："忠贤一内竖耳，苟非外廷助虐，何遽至此！且内廷同恶者亦当入。"爌等以不知内侍为对，上曰："岂皆不知？特畏任怨耳。"阅日，召入便殿，案有布囊，盛章奏甚夥，指之曰："此皆奸党颂疏，可案名悉入。"爌等知上意不可回，乃曰："臣等职在调旨，三尺法非所习。"上召吏部尚书王永光问之，以不习刑名为对，乃诏刑部尚书乔允升同审定之。

人事上大换班的办法并不好，政事有其连续性，人事变动一大，政事上往往要受大的影响，如明朝之辽事便受影响。行政机构的大变动，势必影响效率，至少在人事交接上需要时间，新手也要摸索一段时间，才能知道之前政事之轨迹。魏忠贤的逆案是在崇祯二年（1629年）三月定下来的，由韩爌上奏，崇祯自己拍板定案。这类案子牵涉的人越多，那么士大夫之间由党议而引起的裂痕便会越深，这对大局的稳定非常不利，它的影响一直延续到短命的南明小朝廷。

这次定案的过程，前后反复多次。

《明通鉴》卷八十一"崇祯二年"云：

时定逆案，张瑞图、来宗道、贾继春皆不与，诘之韩爌等，以瑞图、宗道无实状对。上曰："瑞图善书，为忠贤所爱；宗道为崔呈秀父请恤典，中有'在天之灵'语；非实状邪？"又问继春，对曰："继春虽反复，然持论亦有可取。"上曰："惟反覆，故为真小人。"于是三人者皆丽逆案。

什么事总还要区别对待，滴水不漏、斩尽杀绝的办法并不好，水至清则无鱼！《明通鉴》卷八十一"崇祯二年"所载崇祯亲自裁定的逆案如下：

自魏忠贤、客氏依谋反大逆律磔死外，以六等定罪。曰"首逆同谋"，崔呈秀及魏良卿、侯国兴，太监李永贞、李朝钦、刘若愚六人，俱立斩；曰"交结近侍"，刘志选、梁梦环、倪文焕、田吉、刘诏、薛贞、吴淳夫、李夔龙、曹钦程、许志吉、孙如洌、陆万龄、李承祚、田尔耕、崔应元、杨寰、孙应鹤、许显纯、张体乾十九人，俱斩，秋后处决；曰"交结近侍次等"，魏广微、周应秋、阎鸣泰、霍维华、徐大化、潘汝祯、李鲁生、杨维垣、张讷、郭钦、李之才十一人及逆孽魏志德等三十五人，俱充军；曰"谄附拥戴"，太监李实等十五人，亦俱充军；曰"交结近侍又次等"，顾秉谦、冯铨、张瑞图、来宗道、王绍徽等一百二十九人，俱坐徒三年，赎为民；曰"交结近侍减等"，黄立极等四十四人，俱革职闲住；又于诸人姓名下各注所犯，刊布中外知之。

从万历末争国本起,到三大案及天启时东林与阉党的斗争,此间的斗争到崇祯二年(1629年)才正式告一段落,其余波尚在,前后历时数十年。争国本,本质上是争夺接班人地位而引起的矛盾,是为了争夺未来权力的斗争,背景是郑贵妃、福王与太子常洛之间的复杂关系。妖书案及三大案,本质上是这场斗争的延续,而三大案中的移宫案则是宫府之间争夺权力的斗争。东林党与阉党之间的斗争,以三大案为焦点,本质上也是宫府之间权力的斗争。这一场斗争最终结果是两败俱伤,整个明王朝伤筋动骨了,这是亡国的前兆。这场斗争采取残酷打击、无情杀戮的办法,伤了国家元气。那样残酷地镇压东林党人,伤害了无数士大夫中的精英,阉党中也不乏有才干之人,如冯铨在清初便对清王朝统治的稳定起了重要作用。

朋党问题,是中国历史上历朝历代都会遇到的一个无法解开的死结,它是集权制度内部必然产生的一个派生物。《韩非子·扬权》:"党与之具,臣之宝也。臣之所不弑其君者,党与不具也。"朋党本质上是专制集权的对立物,故一旦朋党成势时,便会成为专制集权的国家之机器即将解体的征兆。朝臣分朋结党,势必影响皇帝的权威。《尚书·洪范》:"无偏无党,王道荡荡;无党无偏,王道平平。"问题是并非每一个帝王都能掌控好自己的权力,如明神宗、明光宗都安于宫廷生活,并不关注国家政事,明熹宗的爱好是木匠活儿,那么宫府之间争夺权力自然就很难避免了。派系之间意气之争一旦情绪化、炽热化了,那就不是什么是非的争论了,而是你死我活的互相杀戮,政局便在这个过程中不断恶化,那还不弄得天下大乱吗?东汉的"党锢之祸"是如此,唐代的"牛李党争"是如此,北宋的"新旧党争"是如此,明代的"东林阉党之争"亦是如此。反复党争的结果,那就是王朝政治结构解体,最终走向崩溃。政见上的争论,在党争后期都变得不再重要,争夺的核心是权力和利益之争。党争各方很难共事,最终以杀戮为事,国就不成其国了。

第四讲 清朝兴起与明朝灭亡

在重大决策上,功利化的效果不好。在军事上急功近利,没有根本的战略思想指导,战役是打不好的。许多军事上的问题,不在战争本身,从政治经济上寻找原因,才能从根本上解决问题。

一、满族的兴起与后金的建国

（一）满族的兴起

上古时期居住在中国东北地区的人，被称作肃慎，《左传》便有"肃慎、燕、亳，吾北土也"的说法。汉代叫作挹娄，南北朝时称勿吉，隋唐叫靺鞨。唐代靺鞨分为七部，其中的粟末靺鞨建过渤海国，是唐的属国。至辽时称女真，有生女真与熟女真之区分。开原以南称熟女真，以北称生女真。熟女真生活在今辽东和内蒙古地区，属辽枢密院下属的东京道管辖。黑水靺鞨后裔生女真居住在松花江及黑龙江流域，其中完颜部崛起，统一了女真部落，其首领叫阿骨打，打败了辽兵，后来建立金朝，灭了辽国。蒙古族兴起以后，女真金为蒙古所灭，于是元朝统治东北地区的女真族。

明初，东北地区的女真人分为三大部，建州女真分布在牡丹江、绥芬河及长白山一带，海西女真分布在松花江流域，野人女真（东海女真）分布在黑龙江流域。永乐年间，明廷在东北地区建奴儿干都司，其管辖的地区东边到太平洋，西接兀良合，南邻朝鲜，北至北海，万历时其下属三百八十四卫，二十四所。明人在奴儿干都司的治所修建永宁寺，刻有《重建永宁寺记》的石碑，其地点位于今俄罗斯境内黑龙江的入海口。

元朝曾在建州女真设立五个万户府,其中有一个叫胡里改万户府。元末明初,其首领叫阿哈出,洪武时赴京师朝见,赐姓李。永乐时,其子升为建州卫都指挥佥事,赐名为李显忠。另一个斡朵怜万户府的万户猛哥帖木儿南迁,永乐时以其为建州左卫指挥。建州左卫不断受蒙古人袭击,至正统二年(1437年)猛哥帖木儿次子董山袭职,经明廷同意,迁辽东居住。明正统七年,又增设建州右卫。天顺年间,董山成为建州三卫的首领。那时建州卫的女真人,基本上过着农牧兼营狩猎的生活,由于原始的狩猎和游牧生活,养成了良好的战斗习性,建立了军事化的部落组织,必然会在军事上逐渐强大起来,成为明朝在这个地区统治的威胁。到了万历年间,建州卫的王兀堂,建州右卫的王杲,已成为明辽东地区边防的威胁。海西女真在南迁过程中,分成叶赫、辉发、哈达、乌拉四部,其中叶赫是海西四部中比较强大的一支力量。海西女真中的哈达部,其首领叫王忠,其属下有一百八十二卫,二十所,五十六站。王忠死后,由其子王台袭职为左都督。王忠的叔伯侄子布延,在乌拉河沿岸筑城居住,称乌拉部,部落众多,与明朝边境的汉族农业人口、蒙古的游牧族,在东北和内蒙古地区错杂而居。

明朝对建州女真和海西女真的政策是分而治之,镇压与笼络的政策兼而用之。万历初年建州右卫的王杲侵犯辽东,被明军打败,逃往哈达部,被建州卫的首领王台执献明廷处斩。建州三卫之间矛盾加深,女真诸部进一步分裂。《清太祖实录》亦讲到女真族内部冲突的情况,"各部蜂起,皆称王争长,互相残杀,甚且骨肉相残,强凌弱，众暴寡"。即使在建州三卫的内部，也是"攘夺货财，兄弟交嫉"。实际上这是明朝女真政策实施的结果，也只有如此，对明朝来说东北地区的边境才是安全的。但强弱关系可以互相转化，当建州女真内部统一，并吞其他各部时，女真族便能由弱转强；而明朝则由于内部党争，在东北边疆的统治便由强转弱了。

（二）努尔哈赤统一女真各部

努尔哈赤出生于建州左卫的贵族家庭，这一个家族历代都受明朝的册封，他是建州左卫猛哥帖木儿的六世孙，生于嘉靖三十八年（1559年）。努尔哈赤10岁丧母，19岁分家自立，为了生活他采松子、挖人参到抚顺出售。努尔哈赤的祖父与父亲在明军击败造反的王杲之子阿台时被明军误杀。他父亲留给他十三副铠甲，他投靠明边将李成梁的部下，从此开始统一建州女真诸部，他打仗的军事知识还是从明军那儿学来的。经过五年的征战，他把分散的建州女真三卫统一起来，成为建州左卫的都指挥使。由于他曾经是明将李成梁的部属，他对明朝中央政府十分恭顺，每年都遣使通好，贡金币聘问朝廷，而且自己亲自去北京朝贡。故在万历时，朝廷先后授他为都督佥事、左都督，封他为龙虎将军。

统一建州女真诸部以后，努尔哈赤斗争的锋芒转向海西的叶赫部。在万历二十一年（1593年）建州女真与海西女真决战，叶赫集合三万海西联军，分三路进攻努尔哈赤的建州部。努尔哈赤冷静应对，他分析海西的联军是九部联军，内部很难统一指挥，只要断其一指，其他各部就会观望不前。故在战斗时，他集中优势兵力，攻打海西联军的叶赫部，杀其首领布斋，其余的联军便四散而走。这样努尔哈赤的力量便迅速发展，进一步统一了女真内部的各部势力。他用明朝对付建州女真的办法对付海西女真四部，各个击破。他与叶赫、乌拉两部联姻结盟，拆散海西四部的联合，然后进攻弱小的哈达部与辉发部。明朝不愿看到努尔哈赤势力坐大，那样就无法达到分而治之的目的。因此，明政府反而袒护哈达部，使努尔哈赤不得不恢复哈达部。在海西女真与建州女真斗争的过程中，分散居住在乌苏里江以东、黑龙江两岸的东海女真，成为双方争夺的对象。因为东海的野人女真是他们劳力和兵士的来源，谁能争取东海女真的归附，谁便能在统一东北地区的战争中稳操胜券。在女真族西面还有蒙古察哈尔部，其东部的科尔沁部与扎鲁特部归附了努尔哈赤，那么他还得面对察哈尔林丹汗的威胁。建州的东面还有朝鲜，南边还有明朝的边防军队。建州女真从地理位置上讲，实际上处于四战之地，努尔哈赤能在这样一个环境下崛起，确实不易。其四周各种势力的软弱、腐败、无能，政策上的种种失误为他的崛起提供了难得的机缘。经过三十多年的奋斗，努尔哈赤俨然成为明朝东北边疆的劲敌。他由弱到强，拥兵六七万人，控制地域自东海至辽边，西至蒙古，北至嫩江，东南至鸭绿江与朝鲜相邻，使语言相同的诸部合而为一，完成了统一女真各部的大业，成为明朝不愿面对也不得不面对的在辽东地区的新兴力量，构成明代辽东边疆最大的威胁。

（三）满洲八旗制度

讲八旗制度前，我们先说明一下满洲一词的来源。女真原来是肃慎的转音，女真的称呼始于唐代，明代时满人自称女真，其音又作诸申。努尔哈赤之子皇太极在天聪九年（1635年）十月，谕："我国……向者无知之人，往往称为诸申。……自今以后一切人等，止称我国满洲原名。"满洲是满文中对部落的尊称，诸申反被弃用。

满洲人称自己为旗人，因为满人无不在旗，这个旗就是指八旗。孟森在《八旗制度考实》一文中称：

> 八旗者，太祖（即努尔哈赤）所定之国体也。一国尽隶于八旗，以八和硕贝勒为旗主，旗下人谓之属人，属人对旗主有君臣之分。八贝勒分治其国，无一定君主，由八家公推一人为首长，如八家意有不合，即可易之。此太祖之口定宪法，其国体假借名之，可曰联邦制，实则联旗制耳。

这里是讲八旗制度建制时的状况，这个"联邦制"在本质上是八个部落的联盟，君主由八家共推。这种状况不可能维持很久，这与民国初年所谓联省自治有一点接近。中国历史上秦统一六国以后，实行郡县制，就很难再回到带有分封色彩的联邦制。地方行政机构，只能是中央的派出机构，人事上只能是任命制。毛泽东同志讲过"百代都行秦政法"，讲的便是郡县制这个基本格局很难再改回去了。八旗制度在关外就变了，到关内来以后变化更大。这个制度固然使满人衣食无忧，但也坑了满人，旗人成了无所事事的懒人了，衣食无忧，人就没有上进心了。现在我们再回过头来说八旗是怎么发展起来的。孟森在《八旗制度考实》一文中说：

> 八旗之始，起于牛录额真。牛录额真之始，起于十人之总领。十人各出箭一枝，牛录即大箭，而额真乃主也。此为太祖最初之部勒法。万历十一年癸未，太祖以父遗甲十三副起事，自后即有牛录额真之部伍。吞并渐广，纠合渐多，至万历二十九年辛丑，乃扩一牛录为三百人，而牛录额真遂为官名，盖成率领三百人之将官。当时有四牛录，分黄、红、蓝、白四色为旗，盖有训练之兵千二百人矣。

这是在万历二十九年（1601年）的规模，到了万历四十三年，女真、蒙古、汉人归附的人多了，在原有四旗之外，增设镶黄、镶白、镶红、镶蓝四旗，黄、白、蓝均镶红边，红旗镶白边，合为八旗，并规定三百人为一个牛录，设牛录额真一人，五牛录设一甲喇，设甲喇额真一人，五甲喇为一固山，设固山额真一人，副职二人称梅勒额真。固山额真称旗主，一个固山领有步骑七千五百名。努尔哈赤是八旗的共主，他有直属的禁卫五千余骑，是八旗的精锐卫队。这个八旗由努尔哈赤与其诸子侄分别管辖，努尔哈赤领两黄旗，代善（努尔哈赤次子）领两红旗，皇太极（努尔哈赤之第八子）领正白旗，莽古尔泰（努尔哈赤之第五子）领正蓝旗，杜度（努尔哈赤之长孙）领镶白旗，阿敏（努尔哈赤的侄子）领镶蓝旗，八旗的旗主之间是平行关系。固山，也就是旗主，是各旗的最高统治者。八旗制度最初是兵农合一、军政合一的部落制度，类似于金人猛安谋克的制度，后来管辖的人口众多，蒙、汉自为牛录，各设八旗。

满洲八旗各有旗主，各置官属，各有下属之户口和兵员以及各自的地域。在努尔哈赤时期,八旗制度的状况便如上所述。努尔哈赤时,八旗中有四大贝勒的称呼,即代善、阿敏、皇太极、莽古尔泰。天命十一年(1626年)努尔哈赤去世以前增封的贝勒有代善的长子岳讬、次子硕讬、三子萨哈廉,努尔哈赤的第七子阿巴泰、第十子德格类、第十二子阿济格。努尔哈赤去世时以多尔衮(15岁)、多铎(13岁)托于诸王,于是封为贝勒。原来称和硕贝勒的只有四大贝勒,后来加上济尔哈朗、皇太子的长子豪格,称和硕贝勒的只有六人。努尔哈赤以后,皇太极即帝位,八旗中两黄旗与正蓝旗归皇太极自己统率。

努尔哈赤安排八旗固山共议国是,共推君主,是一个集体领导的体制。四大贝勒中,皇太极处于第四位,军功最多。努尔哈赤死后,代善推皇太极为君,四小贝勒当然附和。论实力,上三旗都在皇太极手中,这样便是皇太极即位了,实际上还是经过斗争的,多尔衮便曾说过"太宗文皇帝之即位,原系夺立"(《东华录》顺治八年二月己亥条)。努尔哈赤原本安排多尔衮继承汗位,因其年幼,大贝勒代善摄政。努尔哈赤去世后,诸王没有遵循努尔哈赤的交代,皇太极凭代善的支持夺取了汗位。入关以后,多尔衮执政时,才会说这一番话。努尔哈赤去世后,诸子之间争夺权力的斗争则是后话,不在此一一细说了。

在八固山中,皇太极的实力占了优势,八旗制度由八固山和硕贝勒共议大政,变成皇太极一个人说了算,定于一尊。他死了以后,便由他儿子福临继位,多尔衮摄政,八贝勒共推君主变成皇太极一个家族世袭君主制了。然而八贝勒这八旗的名义还在,入关以后所谓八旗实际上是宗室待遇，入八旗者有亲王的待遇，封爵至公，即有入八分与不入八分之别。宗室有入八分与不入八分之别，只是身份地位的一种表示罢了。

（四）后金的建国

满洲八旗制度建立以后，努尔哈赤是八旗的共主，是女真部落联盟的共主。万历三十五年（1607年），喀尔喀蒙古的使臣来朝见努尔哈赤时向他叩头，并称他为昆都仑汗。在满洲人内部，努尔哈赤是淑勒贝勒，故从万历三十五年到万历四十四年之间，他被称作淑勒昆都仑汗，说明那时与蒙古高原上蒙古部族联盟过程中，他只是明朝北方地区的共主。

在满洲人建国之前，女真先后曾有过两次建国，一次是东北地区的渤海国，一次是灭掉辽国的金国。金国已是中原王朝，与草原游牧民族部落联盟的首领称汗相比，又高了一个层次。公元1612年、1614年和1615年，在北方出现北极的极光现象，17世纪正是北极光频繁出现的时期，当时欧洲出现了观赏极光的热潮。这本来是一种自然现象，却被巫师们解释为努尔哈赤受天命的征兆。于是努尔哈赤宣布建立后金，把万历四十四年称为天命元年（1616年），那就开始亮旗帜与明朝对抗了。孟森认为努尔哈赤称年号为天命，只是一种尊称。其实不然，在中国历史上，君权神授，这个神授就是天命。

天命的观念最早起于西周，"天命靡常，惟德是亲"，这是中国的传统观念,每次改朝换代,新朝代替旧朝,总要祭起天命有归的概念。清廷圣旨的第一句话便是"奉天承运",那就是表示自己的统治是天命有归,说明自己统治的合法性。

努尔哈赤去世是在天启六年,也就是公元1626年,在位十一年,继承他皇位的是他的第八子皇太极,他的年号是天聪,后来正式定年号为崇德,改国号为清,共十七年,其中天聪是九年,崇德是八年。他死的那一年是崇祯十六年(1643年),次年农民军进北京,为清入关灭明创造了有利的条件。

后金与明的公开对立,从当时记载看,努尔哈赤在天命三年(1618年)四月,即万历四十六年"告天七大恨"是一个标志。这告天七大恨的对象是对着明廷来的,其中第一条是针对当年明军误杀努尔哈赤父祖,其他都与努尔哈赤同叶赫部之间的矛盾有关。海西部与建州女真本来就是联姻关系,万历十六年(1588年)叶赫部允诺把部长清佳砮之女嫁给努尔哈赤,把其次女嫁给代善贝勒。万历二十一年叶赫部联合蒙古九部落与努尔哈赤建州女真发生冲突,叶赫部清佳砮之子布斋被杀,战争中努尔哈赤破九部三万之众,取得胜利。战争结束,清佳砮答允把布斋的女儿许配给努尔哈赤,把金台吉之女许配代善。但是叶赫部很快便悔婚了,把金台吉之女嫁给蒙古人,布斋之女留在叶赫部,故称其为老女。为了此事,后金兴兵讨伐叶赫,明朝派兵帮助叶赫抗击努尔哈赤。故在七大恨中,有好几条都是努尔哈赤责明廷不该帮助叶赫部与自己对抗。当时叶赫向明朝求援,明派游击马时楠、周大岐率枪炮手一千协助叶赫守卫。明朝对出兵帮助叶赫部的问题亦有记载,叶赫的贡市在镇北关,明简称为北关，这次战争又以明军失败告终。七大恨中的最后一条是萧子玉冒充明朝都督使后金，努尔哈赤厚赠萧子玉，送萧归境时，努尔哈赤拍萧子玉肩称："汝是辽阳无籍萧子玉也，安得假称都督临我郊境！我非不能杀汝，奏之圣明。顾不忍贻天朝以辱耳。为我致意抚台，后毋再作许事。"（《明季北略》卷一《萧子玉伪称都督》）萧子玉狼狈而回。这件事反映了明代边防官员的无能，闹笑话给别人看。努尔哈赤曾亲诣抚顺，将"七大恨"交给抚顺的游击李永芳而归。从"告天七大恨"原来的文字上看，努尔哈赤还称其祖宗以来，称明为天朝，又称南、北的关系，俱为君主与臣属的关系。这个文告是控诉明朝的边境政策，但仍以明的藩属自居。他去抚顺面见李永芳前，曾两次亲去北京朝贡，与明边将的来往相当密切，因此对明边防的状况，对明内政腐败、边防缺饷、军队没有作战能力应是了解很深。

"告天七大恨"是万历四十六年（1618年），也就是天命三年四月十三日的事，不久努尔哈赤便把这份文告送达明驻守抚顺的游击李永芳。抚顺的地理位置在浑河岸边，西距后来的沈阳只有十公里，是明在边境上的贸易和军事重镇。努尔哈赤遣使致书李永芳说："因尔明国，兵助叶赫，故来征之。"（《满洲实录》）还下令让李永芳投降，如果李永芳出降，兵不入城，军民皆得保全，否则兵入城中，"老幼必致惊散，尔之禄位亦卑薄矣"。还说："果举城纳降，父母妻子亲族俱不使离散，是亦汝等之福也。"（《满洲实录》）后金兵只发动了一次进攻，李永芳便率所属千户所一起出降，其中包括秀才范文程等一批在辽东的明朝士大夫。这是一次对明代边疆将吏的策反行动，对降者优待重用，实际上是削弱敌对方、分化对方力量最易奏效的方法。后金在辽东的迅速崛起，便得力于这一政策。如后来毛文龙的部下尚可喜、耿精忠投降后金，甚至洪承畴投降，都成为清朝迅速平定南方抗清力量的有力帮手。从这一点上讲，明朝垮塌的根本原因，是明朝自身没完没了的派系斗争及明朝文官的腐败、武将的无能。努尔哈赤进攻抚顺时，四月二十一日，明总兵张承胤率军前去增援，结果被努尔哈赤的主力部队全歼，张承胤本人力战而死。抚顺丢失，援军被全歼，这件事惊动了明朝廷的上上下下。《明史·神宗纪》"万历四十六年"记载此事云：

> 夏四月甲辰，大清兵克抚顺城，千总王命印死之。庚戌，总兵官张承胤帅师援抚顺，败没。闰月庚申，杨镐为兵部左侍郎兼右佥都御史，经略辽东。

（五）杨镐与萨尔浒之战

明朝在辽东的防务情况非常窘迫，军队的纪律败坏，没有战斗力，派驻辽东的将领吞没士兵的饷银、马价银、盐引习以为常，士兵哗变、民变不断，促使大量人员投奔女真族。辽东的防务，长期以来实际上是一个空架子。那时明朝的兵部尚书缺额，由薛三才代理。薛三才提出首先要解决辽东三年欠饷五十万两、马价银十一万七千八百两。神宗的态度是内帑空虚，要户部想办法，还要九卿科道研究如何进剿的事宜。明朝那时在辽东负责防务的是蓟辽总督汪可受，在辽东的巡抚是李维翰，他们没有进兵必胜的把握，在山海关前胆怯犹豫，逗留不进。最后明廷把进剿的希望寄托在熟悉辽事的兵部右侍郎杨镐身上，结果打了一场萨尔浒之战，明军又一次大败，后金的势力进入整个辽沈地区。《明史·杨镐传》载其事云：

> 四十六年四月，我大清兵起，破抚顺，守将王命印死之。辽东巡抚李维翰趣总兵官张承荫往援，与副总兵颇廷相等俱战殁，远近大震。廷议镐熟谙辽事，起兵部右侍郎往经略。既至，申明纪律，征四方兵，图大举。至七月，大清兵由鸦鹘关克清河，副将邹储贤战死。诏赐镐尚方剑，得斩总兵以下官，乃斩清河逃将陈大道、高炫徇军中。其冬，四方援兵大集，遂议进师。时蚩尤旗长竟天，彗见东方，星陨地震，识者以为败征。大学士方从哲、兵部尚书黄嘉善、兵科给事中赵兴邦等皆以师久饷匮，发红旗，日趣镐进兵。
>
> 明年正月，镐乃会总督汪可受、巡抚周永春、巡按陈王庭等定议，以二月十有一日誓师，二十一日出塞。兵分四道：总兵官马林出开原攻北，杜松出抚顺攻西，李如柏从鸦鹘关出趋清河攻南，东南则以刘綎出宽奠，由凉马佃捣后，而以朝鲜兵助之。号大兵四十七万，期三月二日会二道关并进。天大雪，兵不前，师期泄。松欲立首功，先期渡浑河，进至二道关，伏发，军尽覆。林统开原兵从三岔口出，闻松败，结营自固。大清兵乘高奋击，林不支，遂大败，遁去。镐闻，急檄止如柏、綎两军，如柏遂不进。綎已深入三百里，至深河，大清兵击之而不动。已，乃张松旗帜，被其衣甲绐綎。既入营，营中大乱，綎力战

死。惟如柏军获全。文武将吏前后死者三百一十余人,军士四万五千八百余人,亡失马驼甲仗无算。败书闻,京师大震。

从当时辽东形势的实际情况看,要经营辽东,应该是先整顿吏治,整顿军队,训练部队,采取积极防御的战略,摸清敌情后再伺机进攻,而不是速决战。但对于明廷来说,如果旷日持久进行战争,在兵饷上无法维持。明初正统时,诸边的年例只有二十二万两。到万历时,年例便增至三百八十万两。辽东战起,自万历四十六年(1618年)四月,到天启元年(1621年),前后不到四年时间,辽饷用银即达一千七百二十万两,平均每年支辽饷四百多万两。前三次辽饷加派共九厘,合计加征银两四百八十多万两,其中扣除北直隶和地方其他用途,尚余不到三百万两,而山海关一地,即年需支银四百万两。因而辽饷一项,已经弄得全国民不聊生,那么多饷银,也不可能足额发放到前线、发放到士兵手中,用于作战。各级官僚和将领都在军饷的收支上贪污和克扣。

杨镐的战役部署确定于万历四十七年(1619年)二月,当时特设户部侍郎一人,兼右佥都御史,出督辽饷。这是通过从登、莱海运到娘娘宫登陆,然后陆运到广宁、辽阳,每一石军粮费一金。在财政支绌的状态下,又不能资饷于敌,那怎么能打持久战呢?故当时大学士方从哲、兵部尚书黄嘉善、兵科给事中赵兴邦提出师久饷匮的问题也就很自然了,因此"发红旗,日趣镐进兵"。从这里可以看出,朝廷的决策者与前线军事指挥员对前线战事思考的角度是不同的,按前线双方的形势,只能是持久的防御战;按政府财政支持的可能,只能是采取进攻的速决战,这个仗当然打不好。这样的矛盾还会反映在前方将领如袁应泰与薛国用、熊廷弼与王化贞之间的争执上，经略与巡抚各打各的，这个仗怎么打得好呢？这个矛盾决定了明朝辽事的将领既打不好仗，自身也必然落得个悲剧的结局，这是明末在辽东战事问题上的基本态势。

努尔哈赤又是如何应对杨镐分兵四道围攻的呢？杨镐动用的兵力号称四十七万大军，实际上动员的兵力也就十万多人，分兵四路围击，由杨镐坐镇沈阳。担任主攻的是杜松带的西路兵，南路李如柏的军队是佯攻。如果努尔哈赤也分兵四路迎击的话，那么杜松的军队可以直指满洲那时的政治军事中心赫图阿拉。但是努尔哈赤不是四路分兵迎战，而是集中兵力对付西路杜松的军队，他说："明使我先见南路兵者，欲诱我南也，其由抚顺西来者，必大兵也，破此，则他路不足患矣。"（《东华录》天命四年三月甲申条）他只派五百人对付东路刘綎的军队，把自己全部兵力集中起来打击从西而来的杜松的主力部队。明军十万多人，分兵四路，兵力已经分散了，后金军队只有六万人，在数量上不占优势，但如果集中兵力断其一指的话，那便有可能打破明军进攻的整个态势。中国工农红军反击国民党军对中央革命根据地"围剿"时，红军前几次反"围剿"也是采取这个战略，因此能屡次打败国民党的"围剿"。第五次反"围剿"时，采取分兵把守，打消耗战，那就只能靠长征来突围了。

努尔哈赤带领的八旗主力在萨尔浒一带遭遇明军，二月二十九日，杜松率领三万余人出抚顺关，三月初一日到达萨尔浒，那时后金正派兵构筑界凡城，阻挡明军东进。杜松留下两万人守萨尔浒，自领一万人攻打界凡城，杜松军队分为两部分，兵力又分散了，这样又为努尔哈赤提供了机会。努尔哈赤说："先破撒尔湖山所驻兵，则界凡山自丧胆矣。"（《东华录》天命四年三月甲申条）于是派皇太极与代善带二旗阻击杜松进攻界凡城的军队，自己带六旗军队进攻萨尔浒的明军。明军在萨尔浒遭遇努尔哈赤的突然打击，最终被全歼。而杜松那支军队在吉林崖下陷入重围，杜松丧生，全军覆没。然后努尔哈赤集中兵力打击由开原北进的北路军总兵官马林的部队，首先击溃了驻守斡辉鄂模的明军，然后进攻尚间崖，明军大败，马林逃回开原，整个北路的明军也被歼灭了。然后打击东路刘綎那支部队，四月十六日，刘綎的明军抵达阿布达里冈，朝鲜军队抵达富车，离后金的政治中心赫图阿拉只有五六十里。努尔哈赤此时打败两路明军以后，便集中三万多人，赶赴东线，伏击东线的明军，结果是刘綎战死，东路军一部分投降，其他也全军覆没。杨镐在沈阳获悉三路军队皆丧师覆没以后，便急令由南向北进攻的李如柏军队后撤，退出战场。萨尔浒之战，努尔哈赤全胜而归。从战略战术上讲，这是集中兵力，选择战机，各个击破，发挥连续作战的精神，速战速决，达到以少胜多的战略目的。

杨镐这一次兵败，明廷御史杨鹤上疏劾之，不报。努尔哈赤继续率八旗军攻陷开原、铁岭，于是言官们进一步交章弹劾杨镐，最终杨镐被逮，论死，至崇祯二年（1629年）才被处决。杨镐兵败时，熊廷弼即上《辽左大势久去疏》，其中讲到在辽东的明军人无斗志，"坚甲利兵，长枪火器，丧失俱尽"，"一闻警报，无不心惊胆丧"。士兵们"身无片甲，手无寸械，随营糜饷，装死扮活，不肯出战"，"各营逃者，日以百十计"，"人人要逃，营营要逃"。明朝在辽东的军队完全处于崩溃的状态,那个状态不是一朝一夕形成的,历时已久。万历三十六年(1608年)熊廷弼曾巡按辽东,军队的懒散无能、将官的贪渎及李成梁弃地驱民内迁的混乱状态他都看在眼里。他那时便上疏论李成梁弃地失职的问题,没有引起朝廷的注意。他建议在关外屯垦,解决兵饷的问题,被朝廷接受并建议推广,故熊廷弼"在辽数年,杜馈遗,核军实,按劾将吏,不事姑息,风纪大振"(《明史·熊廷弼传》)。

二、明朝辽东形势的崩溃

（一）熊廷弼的第一次经略辽东与被劾罢官

杨镐在辽东兵败以后，万历四十七年（1619年），明廷只能启用熊廷弼为经略。廷弼上疏言：

> 辽左，京师肩背；河东，辽镇腹心；开原又河东根本。欲保辽东则开原必不可弃。敌未破开原时，北关、朝鲜犹足为腹背患。今已破开原，北关不敢不服，遣一介使，朝鲜不敢不从。既无腹背忧，必合东西之势以交攻，然则辽、沈何可守也？乞速遣将士，备刍粮，修器械，毋窘臣用，毋缓臣期，毋中格以沮臣气，毋旁挠以掣臣肘，毋独遗臣以艰危，以致误臣，误辽，兼误国也。
> （《明史·熊廷弼传》）

这个建议守辽的方针，其实是整顿军队，以防御为主，条件是朝廷必须保证给养的供应。

> 疏入，悉报允，且赐尚方剑重其权。甫出关，铁岭复失，沈阳及诸城堡军民一时尽窜，辽阳汹汹。廷弼兼程进，遇逃者，谕令归。斩逃将刘遇节、王捷、王文鼎，以祭死节士。诛贪将陈伦，劾罢总兵官李如桢，以李怀信代。督军士造战车，治火器，

浚濠缮城，为守御计。令严法行，数月守备大固。（《明史·熊廷弼传》）

于是他又上疏陈方略云：

请集兵十八万，分布瑷阳、清河、抚顺、柴河、三岔儿、镇江诸要口，首尾相应，小警自为堵御，大敌互为应援。更挑精悍者为游徼，乘间掠零骑，扰耕牧，更番迭出，使敌疲于奔命，然后相机进剿。疏入，帝从之。

廷弼之初抵辽也，令佥事韩原善往抚沈阳，惮不肯行。继命佥事阎鸣泰，至虎皮驿恸哭而返。廷弼乃躬自巡历，自虎皮驿抵沈阳，复乘雪夜赴抚顺。总兵贺世贤以近敌沮之，廷弼曰："冰雪满地，敌不料我来。"鼓吹入。时兵燹后，数百里无人迹，廷弼祭诸死事者而哭之。遂耀兵奉集，相度形势而还，所至招流移，缮守具，分置士马，由是人心复固。

廷弼身长七尺，有胆知兵，善左右射。自按辽即持守边议，至是主守御益坚。然性刚负气，好谩骂，不为人下，物情以故不甚附。（《明史·熊廷弼传》）

熊廷弼治辽东一年多时间，整个局势转危为安。但时间一久，内廷在守辽的方针上争议又起，东林偏于熊廷弼，而以攻东林、道学为事的御史刘国缙与给事中姚宗文二人竞相攻击熊廷弼。史载：

（姚宗文）疏陈辽土日蹙，诋廷弼废群策而雄独智，且曰："军马不训练，将领不部署，人心不亲附，刑威有时穷，工作无时止。"复鼓其同类攻击，欲必去之。御史顾慥首劾廷弼出关逾年，漫无定画；蒲河失守，匿不上闻；荷戈之士徒供挑浚，尚方之

剑逞志作威。（《明史·熊廷弼传》）

那时正值光宗崩，熹宗初即位，而言官劾封疆事复起，史载：御史冯三元劾廷弼无谋者八、欺君者三，谓不罢，辽必不保。诏下廷议。廷弼愤，抗疏极辨，且求罢。而御史张修德复劾其破坏辽阳。廷弼益愤，再疏自明，云"辽已转危为安，臣且之生致死"。遂缴还尚方剑，力求罢斥。给事中魏应嘉复劾之。朝议允廷弼去，以袁应泰代。廷弼乃上疏求勘，言："辽师覆没，臣始驱羸卒数千，踉跄出关，至杏山，而铁岭又失。廷臣咸谓辽必亡，而今且地方安堵，举朝帖席。此非不操练、不部署者所能致也。若谓拥兵十万，不能斩将擒王，诚臣之罪。然求此于今日，亦岂易言。令箭催而张帅殒命，马上催而三路丧师，臣何敢复蹈前轨。"（《明史·熊廷弼传》）

当时熊廷弼请攻击他的三个人去辽东前线勘察，御史吴应奇与给事中杨涟反对，于是派兵科给事中朱童蒙前往考察。史载：

廷弼复上疏曰："臣蒙恩回籍听勘，行矣。但台省责臣以破坏之辽遗他人，臣不得不一一陈之于上。今朝堂议论，全不知兵。冬春之际，敌以冰雪稍缓，哄然言师老财匮，马上促战。及军败，始愀然不敢复言，比臣收拾甫定，而愀然者又复哄然责战矣。自有辽难以来，用武将，用文吏，何非台省所建白，何尝有一效。疆场事，当听疆场吏自为之，何用拾帖括语，徒乱人意，一不从，辄怫然怒哉！"及童蒙还奏，备陈廷弼功状，末言："臣入辽时，士民垂泣而道，谓数十万生灵皆廷弼一人所留，其罪何可轻议？独是廷弼受知最深，蒲河之役，敌攻沈阳，策马趋救，何其壮也；

及见官兵弩弱,遽尔乞骸以归,将置君恩何地。廷弼功在存辽,微劳虽有可纪;罪在负君,大义实无所逃。此则罪浮于功者矣。"帝以廷弼力保危城,仍议起用。(《明史·熊廷弼传》)

(二)袁应泰经略辽东的失败

到了泰昌元年(1620年)十月,明廷还是派袁应泰去接替熊廷弼,而以薛国用为巡抚。史称:

应泰受事,即刑白马祀神,誓以身委辽。疏言:"臣愿与辽相终始,更愿文武诸臣无怀二心,与臣相终始。有托故谢事者,罪无赦。"熹宗优诏褒答,赐尚方剑。乃戮贪将何光先,汰大将李光荣以下十余人,遂谋进取抚顺。议用兵十八万,大将十人,上奏陈方略。(《明史·袁应泰传》)

然而袁应泰治军不严,用兵非所长。史称:

应泰历官精敏强毅,用兵非所长,规画颇疏。廷弼在边,持法严,部伍整肃。应泰以宽矫之,多所更易。而是时蒙古诸部大饥,多入塞乞食。应泰言:"我不急救,则彼必归敌,是益之兵也。"乃下令招降。于是归者日众,处之辽、沈二城,优其月廪,与民杂居,潜行淫掠,居民苦之。议者言收降过多,或阴为敌用,或敌杂间谍其中为内应,祸且叵测。应泰方自诩得计,将藉以抗大清兵。会三岔儿之战,降人为前锋,阵死者二十余人,应泰遂用以释群议。(《明史·袁应泰传》)

次年,即天启元年(1621年)三月十二日,袁应泰战败自杀。史称:

明年，天启改元，三月十有二日，我大清兵来攻沈阳。总兵官贺世贤、尤世功出城力战，败还。明日，降人果内应，城遂破，二将战死。总兵官陈策、童仲揆等赴援，亦战死。应泰乃撤奉集、威宁诸军，并力守辽阳，引水注濠，沿濠列火器，兵环四面守。十有九日，大清兵临城。应泰身督总兵官侯世禄、李秉诚、梁仲善、姜弼、朱万良出城五里迎战，军败多死。其夕，应泰宿营中，不入城。明日，大清兵掘城西闸以泄濠水，分兵塞城东水口，击败诸将兵，遂渡濠，大呼而进。鏖战良久，骑来者益众，诸将兵俱败，望城奔，杀溺死者无算。应泰乃入城，与巡按御史张铨等分陴固守。诸监司高出、牛维曜、胡嘉栋及督饷郎中傅国并逾城遁，人心离沮。又明日，攻城急，应泰督诸军列楯大战，又败。薄暮，谯楼火，大清兵从小西门入，城中大乱，民家多启扉张炬以待，妇女亦盛饰迎门，或言降人导之也。应泰居城楼，知事不济，太息谓铨曰："公无守城责，宜急去，吾死于此。"遂佩剑印自缢死。（《明史·袁应泰传》）

他是在辽阳殉职自尽而死，这个人并不坏，但治军用兵毫不在行。在这种情况下，朝廷又想启用熊廷弼来收拾残局了。《明史·熊廷弼传》称：

沈阳破，应泰死，廷臣复思廷弼。给事中郭巩力诋之，并及阁臣刘一燝。及辽阳破，河西军民尽奔，自塔山至闾阳二百余里，烟火断绝，京师大震。一燝曰："使廷弼在辽，当不至此。"御史江秉谦追言廷弼保守危辽功，兼以排挤劳臣为巩罪。帝乃治前劾廷弼者，贬三元、修德、应嘉、巩三秩，除宗文名。御史刘廷宣救之，亦被斥。乃复诏起廷弼于家，而擢王化贞为巡抚。

（三）熊廷弼与王化贞之间的经抚不和

天启元年（1621年）六月，明廷再次起用熊廷弼，史载：

廷弼入朝，首请免言官贬谪，帝不可。乃建三方布置策：广宁用马步列垒河上，以形势格之，缀敌全力；天津、登、莱各置舟师，乘虚入南卫，动摇其人心，敌必内顾，而辽阳可复。于是登、莱议设巡抚如天津，以陶朗先为之；而山海特设经略，节制三方，一事权。遂进廷弼兵部尚书，兼右副都御史，驻山海关，经略辽东军务。廷弼因请尚方剑，请调兵二十余万，以兵马、刍糗、器械之属责成户、兵、工三部。白监军道臣高出、胡嘉栋，督饷郎中傅国无罪，请复官任事。议用辽人故赞画主事刘国缙为登、莱招练副使，夔州同知佟卜年为登、莱监军佥事，故临洮推官洪敷教为职方主事，军前赞画，用收拾辽人心，并报允。七月，廷弼将启行，帝特赐麒麟服一，彩币四，宴之郊外，命文武大臣陪饯，异数也。又以京营选锋五千护廷弼行。（《明史·熊廷弼传》）

看起来熊廷弼第二次赴辽时非常光彩夺目，实际上在此之前，朝廷已擢王化贞为巡抚，且能便宜从事，故兵权实际上在王化贞手中。结果王化贞与熊廷弼有隙，出现经抚不和的局面，而王化贞又有兵部尚书张鹤鸣的支持，熊廷弼便处于有职无权的状态。史称：

廷弼主守，谓辽人不可用，西部不可恃，永芳不可信，广宁多间谍可虞。化贞一切反之,绝口不言守,谓我一渡河,河东人必内应。且腾书中朝,言仲秋之月,可高枕而听捷音。识者知其必偾事,以疆埸事重,无敢言其短者。(《明史·熊廷弼传》)

结果是经略主战,巡抚主和;经略主守,巡抚主攻,互相牵制,守则饷不足,攻则兵不练。经抚在前方不和,朝廷则在后方不睦,这个仗很难打好了。经抚之间不仅不能协调,而且相互之间变成意气之争了。熊廷弼愤而上诉言苦衷,史载:

廷弼愤,上言:"臣以东西南北所欲杀之人,而适遘事机难处之会。诸臣能为封疆容则容之,不能为门户容则去之,何必内借阁部,外借抚道以相困?"又言:"经、抚不和,恃有言官。言官交攻,恃有枢部。枢部佐斗,恃有阁臣。臣今无望矣。"(《明史·熊廷弼传》)

如此讲话,已是丢乌纱帽不干了,上下内外皆知经抚不和。《明史·熊廷弼传》云:

初,廷弼之出关也,化贞虑夺己兵权,佯以兵事委廷弼。廷弼上言:"臣奉命控扼山海,非广宁所得私。抚臣不宜卸责于臣。"会震孺奏经、抚不和,中有化贞心慵意懒语,廷弼据以刺化贞,化贞益不悦。及化贞请一举荡平,廷弼乃言:"宜如抚臣约,亟罢臣以鼓士气。"

当是时,中外举知经、抚不和,必误疆事,章日上。而鹤鸣笃信化贞,遂欲去廷弼。二年正月,员外郎徐大化希指劾廷弼大言罩世,嫉能妒功,不去必坏辽事。疏并下部,鹤鸣乃集廷臣大议。议撤廷弼者数人,余多请分任责成。鹤鸣独言化贞一去,毛文龙必不用命，辽人为兵者必溃，西部必解体，宜赐化贞尚方剑，专委以广宁，而撤廷弼他用。议上，帝不从，责吏、兵二部再奏。会大清兵逼西平，遂罢议，仍兼任二臣，责以功罪一体。

在此之前，王化贞在前线三进三退，熊廷弼配合其作战时，王化贞已撤退了。王化贞失在轻敌，轻信蒙古诸部会来援，轻信李永芳会自后金倒戈，实际上反而被努尔哈赤牵着鼻子走。王化贞重用的孙得功，实际上早已投降后金，是后金在明军中的内应。

（四）辽东形势的崩溃与熊廷弼之死

西平是王化贞的驻军重镇，天启二年（1622年）正月，努尔哈赤利用熊廷弼与王化贞之间的矛盾，发兵渡辽河而西，攻击西平。熊廷弼主张集中兵力守广宁，王化贞则分散兵力于各个城堡，派心腹孙得功发广宁之兵去增援西平。《明史·熊廷弼传》记其事云：

> 无何，西平围急。化贞信中军孙得功计，尽发广宁兵，畀得功及祖大寿往会秉忠进战。廷弼亦驰檄渠撤营赴援。二十二日遇大清兵平阳桥。锋始交，得功及参将鲍承先等先奔，镇武、闾阳兵遂大溃，渠、秉忠战没沙岭，大寿走觉华岛。西平守将一贯待援不至，与参将黑云鹤亦战殁。廷弼已离右屯，次闾阳。参议邢慎言劝急救广宁，为佥事韩初命所沮，遂退还。时大清兵顿沙岭不进。化贞素任得功为腹心，而得功潜降于大清，欲生缚化贞以为功，讹言敌已薄城。城中大乱奔走，参政高邦佐禁之，不能止。化贞方阖署理军书，不知也。参将江朝栋排闼

入,化贞怒呵之。朝栋大呼曰:"事急矣,请公速走。"化贞莫知所为。朝栋掖之出上马,二仆人徒步从,遂弃广宁,踉跄走,与廷弼遇大凌河。化贞哭,廷弼微笑曰:"六万众一举荡平,竟何如?"化贞惭,议守宁远及前屯。廷弼曰:"嘻,已晚,惟护溃民入关可耳。"乃以已所将五千人授化贞为殿,尽焚积聚。二十六日,偕初命护溃民入关。化贞、出、嘉栋先后入,独邦佐自经死。得功率广宁叛将迎大清兵入广宁,化贞逃已两日矣。大清兵追逐化贞等二百里,不得食,乃还。报至,京师大震。

这次战役的过程,《明通鉴》卷七十八"天启二年"记载更为详细,其云:

初,王化贞屡出师辄引还,降人李永芳不应,西部兵亦不至,为熊廷弼所劾。而化贞奏辨,辄大言"愿得兵六万,一举荡平",尚书张鹤鸣请许其便宜行事。时首辅叶向高当国,化贞座主也,颇右之。廷臣惟太仆少卿何乔远、御史江秉谦、周宗建等与廷弼合,余皆右化贞。

廷弼不能节制,复抗疏言:"臣以东西南北所欲杀之人,适遘事机难处之会。诸臣能为封疆容则容之,不能为门户容则去之,何必内借阁臣,外借抚道以相困!"又言:"经、抚不和,恃有言官;言官交攻,恃有枢部;枢部佐斗,恃有阁臣。今无望矣!"上令廷臣议两人去留,而张鹤鸣笃信化贞,请撤廷弼他用,上不从,责再议。

议未上,而大清兵已由东昌堡西渡辽河,防兵尽溃遁而走,大清兵前队精锐追击二十里外。至西平,全军继至,围攻之,招副总兵罗一贯降,不从,乃布梯楯攻城,四面兵皆溃。一贯遂遇杀,都司陈尚仁、王崇信亦死之。

时化贞闻警,遣游击孙得功、参将祖大寿合总兵祁秉忠赴援,廷弼亦遣总兵刘渠会师前进,与大清兵战而败。得功有异志,大呼兵败,与参将鲍承先等先奔。大清兵乘胜追击五十里,至平阳桥,渠、秉忠及副将刘征、参将黑云鹤等皆死之。副总兵麻承宗赴援,遇大清兵于沙岭,亦死之。承宗,故都督贵子也。是时全军覆没。大寿走觉华岛,得功请降。得功素为化贞心腹,及是欲生缚化贞以为功。时大清兵顿沙岭未进,得功扬言"兵已薄城"。居民惊窜,参政高邦佐禁之不能止,化贞方阖署理军书,不知也。参将江朝栋排闼入,大呼曰:"事急矣,请公速去!"化贞莫知所为。朝栋掖之出,上马,仆二人徒步从,遂弃广宁,踉跄西走。辽海道左参政顾颐,力屈死之。于是得功偕守备黄进,千总郎绍贞、陆国志等降于大清,远近四十余城守御官皆率属降。

先是廷弼离右屯,次间阳驿,闻败,参议邢慎言请驰救,为金事韩初命所阻,遂退还。及化贞弃城走,廷弼遇之大凌河。化贞哭,廷弼微笑曰:"六万众一举荡平,竟如何?"化贞惭,议守宁远及前屯,廷弼曰:"嘻,已晚,惟护难民入关可耳。"乃以己所将五千人授化贞为殿,尽焚积聚,与副使高出、胡嘉栋等先后入关,独邦佐至杏山驿自经死。

大清兵入广宁,凡四十余城皆下,遂进克义州而还。

这一次后金获胜得力于孙得功早降后金,在兵法上讲,是"用间"。明代朝廷的党争与前方的经抚不和、军心涣散,也为努尔哈赤用间提供了机会。努尔哈赤想利用孙得功在广宁活捉王化贞,孙得功回广宁后,"疾呼军民宜早剃头归降",于是"一城哄然,争夺门走"(《明季北略·广宁溃》)。而广宁失守,后金连陷辽西四十余城,实际上都是守城官兵投降后金的结果。军队斗志如此,兵败如山倒,这仗怎么打呢?明军在辽西几乎没有立足之地了。二月王化贞被逮,熊廷弼罢官。这次战事失利,原因在于前线指挥不统一,后方朝廷牵制太多,决策失误。结果熊、王二人都被"论死"。熊廷弼通过汪文言贿内廷四万金,请求缓刑,结果未能履行,魏忠贤怒而杀熊廷弼,而且借熊廷弼通过汪文言行贿案,株连东林诸人,兴起大狱。熊廷弼在天启五年(1625年)八月弃市,传首九边。熊廷弼含冤而死,而且其家属因追赃破产,儿子自刎而死。由于东林党曾支持过他,魏忠贤借此株连东林诸人。党争坏了疆事,而疆事的失败,又为魏忠贤诛杀异己提供了机会。明朝边事难有作为了,但边事并不因此而结束,后来更成为导致明亡的一个重要因素。

崇祯元年(1628年)阉党垮了,才免于继续对熊廷弼亲属追赃,工部主事徐尔一讼廷弼之冤屈,其云:

> 廷弼以失陷封疆,至传首陈尸,籍产追赃。而臣考当年,第觉其罪无足据,而劳有足矜也。广宁兵十三万,粮数百万,尽属化贞。廷弼止援辽兵五千人,驻右屯,距广宁四十里耳。化贞忽同三四百万辽民一时尽溃,廷弼五千人,不同溃足矣,尚望其屹然坚壁哉!廷弼罪安在?化贞仗西部,廷弼云"必不足仗"。化贞信李永芳内附,廷弼云"必不足信"。无一事不力争,无

一言不奇中,廷弼罪安在?且屡疏争各镇节制不行,屡疏争原派兵马不与。徒拥虚器,抱空名,廷弼罪安在?唐郭子仪、李光弼与九节度师同溃,自应收溃兵扼河阳桥,无再往河阳坐待思明缚去之理。今计广宁西,止关上一门限,不趣扼关门何待?史称慕容垂一军三万独全,亦无再驻淝水与晋人决战之理。廷弼能令五千人不散,至大凌河付与化贞,事政相类,宁得与化贞同日道乎!(《明史·熊廷弼传》)

并论熊廷弼守辽一年之功绩,其云:

所谓劳有足矜者:当三路同时陷没,开、铁、北关相继奔溃,廷弼经理不及一年,俄进筑奉集、沈阳,俄进屯虎皮驿,俄迎扼敌兵于横河上,于辽阳城下凿河列栅埋炮,屹然树金汤。令得竟所施,何至举榆口关外拱手授人!而今俱抹杀不论,乃其所由必死则有故矣。其才既笼盖一时,其气又陵厉一世,揭辩纷纷,致撄众怒,共起杀机,是则所由必杀其躯之道耳。当廷弼被勘被逮之时,天日辄为无光,足明其冤。乞赐昭雪,为劳臣劝。(《明史·熊廷弼传》)

次年五月,大学士韩爌复言:

若廷弼罪状始末,亦有可言。皇祖朝,戊申己酉间,廷弼以御史按辽东,早以辽患为虑,请核地界,饬营伍,联络南、北关。大声疾呼,人莫为应。十年而验若左券,其可言者一。戊午己未,杨镐三路丧师,抚顺、清河陷没,皇祖用杨鹤言,召起廷弼代镐。一年余,修饬守具,边患稍宁。会皇祖宾天,廷议以廷弼无战功,攻使去,使袁应泰代,四阅月而辽亡。使廷弼在,未必至此,其可言者二。辽阳既失,先帝思廷弼言,再起之田间,复任经略。化贞主战,廷弼主守,群议皆是化贞。廷弼屡言玩师必败,奸细当防,莫有听者,徘徊踯躅,以五千人驻右屯,化贞兵十三万驻广宁。广宁溃,右屯乃与俱溃,其可言者三。假令廷弼于此时死守右屯,捐躯殉封疆,岂非节烈奇男子。不然,支撑宁、前、锦、义间,扶伤救败,收拾残黎,犹可图桑榆之效。乃仓皇风鹤,偕化贞并马入关,其意以我固尝言之,言而不听,罪当末减。此则私心短见,杀身以此,杀身而无辞公论,亦以此。传首边庭,头足异处,亦足为临难鲜忠者之戒矣。然使诛廷弼者,按封疆失陷之条,偕同事诸臣,一体伏法,廷弼九原目瞑。乃先以贿赃拷坐杨涟、魏大中等,作清流陷阱;既而刊书惑众,借题曲杀。身死尚悬坐赃十七万,辱及妻孥,长子兆珪迫极自刎。斯则廷弼死未心服,海内忠臣义士亦多愤惋窃叹者。……

臣等平心论之,自有辽事以来,诳官营私者何算。廷弼不取一金钱,不通一馈问,焦唇敝舌,争言大计。魏忠贤盗窃威福,士大夫靡然从风。廷弼以长系待决之人,屈曲则生,抗违则死,乃终不改其强直自遂之性,致独膺显戮,慷慨赴市,耿耿刚肠犹未尽泯。今纵不敢深言,而传首已逾三年,收葬原无禁例,圣明必当垂仁。(《明史·熊廷弼传》)

此疏既言熊廷弼之冤屈,复言此冤是魏忠贤造成的,而熊廷弼在狱中为人亦强直自遂,是其被杀的重要原因,实际上是魏忠贤借熊廷弼追赃案兴东林大狱。最终明廷允熊廷弼之子持首归葬,到崇祯五年(1632年)王化贞始被处死。

广宁失陷以后，后金又连陷关外四十余城，占了辽河以西大片土地。努尔哈赤为了进一步和明朝作战，又从辽阳迁都沈阳。他扬言："大而变小，小而成大，古来兴亡变迁之道甚多。"看来他野心非常大，还说："我汗公正，蒙天眷祐。其南京、北京、汴京，原非一人独据之地，乃诸申、汉人轮换居住之地。"（《满文老档》天命七年四月）这时的努尔哈赤已经在想着与明朝争夺全国的统治权了。

（五）孙承宗、袁崇焕坚守宁远与努尔哈赤之死

广宁失守以后，明廷派王在晋经略辽东。王在晋，字明初，太仓人，万历二十年（1592年）进士，授中书舍人。泰昌时，迁添设兵部左侍郎。天启二年（1622年）署部事，三月迁兵部尚书兼右副都御史，经略辽东、蓟镇、天津、登、莱，代熊廷弼。王在晋在辽东，建议在山海关外八里铺筑重关，设守兵四万人，并放弃辽西地区，守山海关为边防。结果关外西部地区为蒙古部落所占，拾取明军所遗之器械，与明军互市，当时宁前兵备佥事袁崇焕反对王在晋的这种策略。

袁崇焕，字元素，东莞人。万历四十七年（1619年）进士，授邵武知县，为人慷慨有胆略，好谈兵事，曾与当时退回的老兵议论边塞事。天启二年（1622年）朝觐至京师，御史侯恂请破格用之，擢为兵部职方主事。广宁失守以后，廷议退守山海关，袁崇焕单骑出阅关内外，部中失袁主事，家人亦莫知袁所往。还京师后，他提出若保关内，必守关外，若保关外，必守宁远（今辽宁省兴城市）。

宁远附近有觉华岛，设有水师，屯米粮秣，以为犄角，在广宁失守以后，宁远是山海关关外的屏障。他夸下海口，"予我军马钱谷，我一人足守此"（《明史·袁崇焕传》）。于是超拔为佥事，监关外军，发帑金二十万，俾招募。经略王在晋派他赴前屯安置辽人之失业者，崇焕即夜行荆棘虎豹中，以四鼓入城，将士莫不壮其胆，王在晋题其为宁前兵备佥事。在筑重城八里铺这个问题上，他与王在晋发生争执，袁崇焕上书首辅叶向高，向高不能决，于是兵部尚书孙承宗请身往定之。

孙承宗，字稚绳，高阳人，万历三十二年（1604年）登进士第二名。这个人还是比较识大体的，梃击案时，他的意见比较公允，史称：

"梃击"变起，大学士吴道南以咨承宗。对曰："事关东宫，不可不问；事连贵妃，不可深问。庞保、刘成而下，不可不问也；庞保、刘成而上，不可深问也。"道南如其言，具揭上之，事遂定。

（《明史·孙承宗传》）

这类事只能如此定，不能细究，投鼠忌器也。熹宗即位时，他以左庶子充日讲官，熹宗还是喜欢听他讲课的。"帝每听承宗讲，辄曰'心开'，故眷注特殷。"沈阳、辽阳相继失守后，廷臣遂推为兵部添设侍郎，主辽东事。史载：

承宗上疏曰："迩年兵多不练，饷多不核。以将用兵，而以文官招练。以将临阵，而以文官指发。以武略备边，而日增置文官于幕。以边任经、抚，而日问战守于朝。此极弊也。今天下当重将权，择一沉雄有气略者，授之节钺，得自辟置偏裨以下，勿使文吏用小见沾沾陵其上。边疆小胜小败，皆不足问，要使守关无阑入，而徐为恢复计。"因列上抚西部、恤辽民、简京军、增永平大帅、修蓟镇亭障、开京东屯田数策。帝褒纳焉。（《明史·孙承宗传》）

他对明末军队的弊政说得还是比较透彻：用兵之道，将领的事权一定要统一，经抚不和，下面的仗就不好打。朝廷议论太杂，前方的将领也变得无所适从。小胜小败是常有的事，要抓主要的，抓关键性的问题，那些具体的建议，则又是另一回事了。前方王在晋与袁崇焕发生争论，叶向高认为"是未可臆度也"，这话也对，要到第一线去听取不同意见察看具体形势，才能作出定夺。孙承宗自告奋勇挑起重担，熹宗立即同意。史载：

抵关，诘在晋曰："新城成，即移旧城四万人以守乎？"在晋曰："否，当更设兵。"曰："如此，则八里内守兵八万矣。一片石西北不当设兵乎？且筑关在八里内，新城背即旧城趾，旧城之品坑地雷为敌人设，抑为新兵设乎？新城可守，安用旧城？如不可守，则四万新兵倒戈旧城下，将开关延入乎，抑闭关以委敌乎？"曰："关外有三道关可入也。"曰："若此，则敌至而兵逃如故也，安用重关？"曰："将建三寨于山，以待溃卒。"曰："兵未溃而筑寨以待之，是教之溃也。且溃兵可入，敌亦可尾之入。今不为恢复计，画关而守，将尽撤藩篱，日哄堂奥，畿东其有宁宇乎？"在晋无以难。承宗乃议守关外。监军阎鸣泰主觉华岛，袁崇焕主宁远卫，在晋持不可，主守中前所。旧监司邢慎言、张应吾逃在关，皆附和之。

初，化贞等既逃，自宁远以西五城七十二堡悉为哈喇慎诸部所据,声言助守边。前哨游击左辅名驻中前,实不出八里铺。承宗知诸部不足信,而宁远、觉华之可守,已决计将自在晋发之,推心告语凡七昼夜,终不应。(《明史·孙承宗传》)

看来是很难说服王在晋了,史载孙承宗:

还朝,言:"敌未抵镇武而我自烧宁、前,此前日经、抚罪也;我弃宁、前,敌终不至,而我不敢出关一步,此今日将吏罪也。将吏匿关内,无能转其畏敌之心以畏法,化其谋利之智以谋敌,此臣与经臣罪也。与其以百万金钱浪掷于无用之版筑,曷若筑宁远要害以守。八里铺之四万人当宁远冲,与觉华相掎角。敌窥城,令岛上卒旁出三岔,断浮桥,绕其后而横击之。即无事,亦且收二百里疆土。总之,敌人之帐幕必不可近关门,杏山之难民必不可置膜外。不尽破庸人之论,辽事不可为也。"其他制置军事又十余疏。帝嘉纳。无何,御讲筵,承宗面奏在晋不足任,乃改南京兵部尚书,并斥逃臣慎言等,而八里筑城之议遂熄。(《明史·孙承宗传》)

于是,王在晋去职。王在晋写过一本《三朝辽事实录》,孟森读了以后,写过一篇评论,其云:

王在晋著《三朝辽事实录》,向知其名而未之见,意此书于辽事必有详他书所不及详者。……在晋身任中枢,又代熊廷弼为经略,以在事之人,言当时之事,或能如马公《三纪》,于官书外,加明时事之委曲,则此当为不易得之珍籍矣。……阅其内容,乃知其拉杂挂漏,非为详当时之事变计,乃其自为攘功掩罪计。所蓄意诋毁者为孙承宗。专撰此书,以为造谤之用。其罗缕生平得意之疏奏,则最出力者为附和张鹤鸣、排挤熊廷弼,使怀抱真才、敢任边事者无所措手。掣熊之肘而使陷于罪;毁孙之名而自诉其不获恋栈之冤。岂止误国之庸臣,实小人而无忌惮之至矣!……在晋太不自爱,一时自逞其舞文,千秋反自供其罪状。(《明清史论著集刊·三朝辽事实录评》)

这段话说得很中肯,王在晋的《三朝辽事实录》,还不就是后来多达数十万字之回忆录,若将其一言一行放到当时当地的环境中,能如此言、如此行吗?

王在晋去职后,孙承宗自请去前方督师。史载:

既至关,令总兵江应诏定军制,佥事崇焕建营舍,废将李秉诚练火器,赞画善继、则古治军储,沈棨、杜应芳缮甲仗,司务孙元化筑炮台,中书舍人宋献、羽林经历程仑主市马,广宁道佥事万有孚主采木,而令游击祖大寿佐金冠于觉华,副将孙谏助赵率教于前屯,游击鲁之甲拯难民,副将李承先练骑卒,参将杨应乾募辽人为军。

是时,关上兵名七万,顾无纪律,冒饷多。承宗大阅,汰逃将数百人,遣还河南、真定疲兵万余,以之甲所救难民七千发前屯为兵。应乾所募辽卒出戍宁远,咨朝鲜使助声援。犒毛文龙于东江,令复四卫。檄登帅沈有容进据广鹿岛。欲以春防躬诣登、莱商进取,而中朝意方急辽,弗许也。应诏被劾,承宗请用马世龙代之,以尤世禄、王世钦为南北帅,听世龙节制,且为世龙请尚方剑。帝皆可之。世龙既受事,承宗为筑坛,拜行授钺礼。率教已守前屯,尽驱哈喇慎诸部,抚场犹在八里铺。象乾议开水关，抚之关内。承宗不可，乃定于高台堡。

时大清兵委广宁去，辽遗民入居之。插汉部以告有孚，有孚谋挟西部乘间歼之，冒恢复功。承宗下檄曰："西部杀我人者，致罚如盟言。"是役也，全活千余人。帝好察边情，时令东厂遣人诣关门，具事状奏报，名曰"较事"。及魏忠贤窃政，遣其党刘朝、胡良辅、纪用等四十五人赍内库神炮、甲仗、弓矢之属数万至关门，为军中用，又以白金十万，蟒、麒麟、狮子、虎、豹诸币颁赉将士，而赐承宗蟒服、白金慰劳之，实觇军也。承宗方出关巡宁远，中路闻之，立疏言："中使观兵，自古有戒。"帝温旨报之。使者至，具杯茗而已。

鸣泰之为巡抚也，承宗荐之。后知其无实，军事多不与议。鸣泰怏怏求去，承宗亦引疾。言官共留承宗，诋鸣泰，巡关御史潘云翼复论劾之。帝乃罢鸣泰，而以张凤翼代。凤翼怯，复主守关议。承宗不悦，乃复出关巡视。抵宁远，集将吏议所守。众多如凤翼指，独世龙请守中后所，而崇焕、善继及副将茅元仪力请守宁远，承宗然之，议乃定。令大寿兴工，崇焕、满桂守之。（《明史·孙承宗传》）

事实上前方将领的意见也不统一，如王象乾、阎鸣泰、张凤翼都与孙承宗的意见不一致，一立足于战，一立足于守。前线将领思想不一致，必然也影响朝廷言官之间的争论，许多人反对出关守宁远，于是孙承宗抗疏陈守御策。其言：

拒敌门庭之中，与拒诸门庭外，势既辨。我促敌二百里外，敌促我二百里中，势又辨。盖广宁，我远而敌近；宁远，我近而敌远。我不进逼敌，敌将进而逼我。今日即不能恢辽左，而宁远、觉华终不可弃。请敕廷臣杂议：主、客之兵可否久戍，本折之饷可否久输，关外之土地人民可否捐弃，屯筑战守可否兴举，再察敌人情形果否坐待可以消灭。臣不敢为百年久计，只计及五年间究竟何如。倘臣言不当，立斥臣以定大计，无纡回不决，使全躯保妻子之臣附合众喙，以杀臣一身而误天下也。(《明史·孙承宗传》)

从最后一句话，可见当时孙承宗以帝师的身份出关督师，亦难以统一政令和军令。尽管这些干扰被排除，反对者陆续去职，然而还是有人在暗中掣肘于他。

时宁远城工竣，关外守具毕备。承宗图大举，奏言："前哨已置连山、大凌河，速畀臣饷二十四万，则功可立奏。"帝命所司给之。兵、工二部相与谋曰："饷足，渠即妄为，不如许而不与，文移往复稽缓之。"承宗再疏促，具以情告。帝为饬诸曹，而师竟不果出。（《明史·孙承宗传》）

这一招很厉害，不发兵饷，孙承宗便没有办法动兵了。对于孙承宗来说，最致命的是他与魏忠贤的关系闹僵了。魏忠贤派人拉拢他，他不买账。魏忠贤逐东林诸贤，孙承宗抗疏力争。他请以贺圣寿入朝面奏机宜，魏忠贤又阻挠，并派人侦其一举一动。马世龙柳河之败，死者四百余人，于是台省劾世龙，并及孙承宗，章疏数十上，孙承宗只得求去，于是以兵部尚书高第代孙承宗为经略。

高第，字登之，滦州人，万历十七年（1589年）进士，历官兵部尚书。高第本来就与王在晋一个鼻孔出气，史载：

初,第力扼承宗,请撤关外以守关内。承宗驳之,第深憾。明年,宁远被围,乃疏言关门兵止存五万,言者益以为承宗罪。承宗告户部曰:"第初莅关,尝给十一万七千人饷,今但给五万人饷足矣。"第果以妄言引罪。后忠贤遣其党梁梦环巡关,欲傅致承宗罪,无所得而止。承宗在关四年,前后修复大城九、堡四十五,练兵十一万,立车营十二、水营五、火营二、前锋后劲营八,造甲胄、器械、弓矢、炮石、渠答、卤楯之具合数百万,拓地四百里,开屯五千顷,岁入十五万。(《明史·孙承宗传》)

尽管他们没有能置孙承宗于死地,然而高第坚持认为关外不可守,反对孙承宗采取的措施。孙承宗在辽时,形势已比较稳定,史载:

(天启)三年(1623年)九月,承宗决守宁远。佥事万有孚、刘诏力阻,不听,命满桂偕崇焕往。初,承宗令祖大寿筑宁远城,大寿度中朝不能远守,筑仅十一,且疏薄不中程。崇焕乃定规制:高三丈二尺,雉高六尺,址广三丈,上二丈四尺。大寿与参将高见、贺谦分督之,明年迄工,遂为关外重镇。桂,良将,而崇焕勤职,誓与城存亡;又善抚,将士乐为尽力。由是商旅辐辏,流移骈集,远近望为乐土。遭父忧,夺情视事。四年九月,偕大将马世龙、王世钦率水陆马步军万二千,东巡广宁,谒北镇祠,历十三山,抵右屯,遂由水道泛三岔河而还。寻以五防叙劳,进兵备副使,再进右参政。

崇焕之东巡也,请即复锦州、右屯诸城,承宗以为时未可,乃止。至五年夏,承宗与崇焕计,遣将分据锦州、松山、杏山、右屯及大、小凌河,缮城郭居之。自是宁远且为内地,开疆复二百里。(《明

史·袁崇焕传》）

孙承宗罢，高第主政辽军时，情况就变了。《明史·袁崇焕传》载：十月，承宗罢，高第来代，谓关外必不可守，令尽撤锦、右诸城守具，移其将士于关内。督屯通判金启倧上书崇焕曰："锦、右、大凌三城皆前锋要地。倘收兵退，既安之民庶复播迁，已得之封疆再沦没，关内外堪几次退守耶！"崇焕亦力争不可，言："兵法有进无退。三城已复，安可轻撤？锦、右动摇，则宁、前震惊，关门亦失保障。今但择良将守之，必无他虑。"第意坚，且欲并撤宁、前二城。崇焕曰："我宁前道也，官此，当死此，我必不去。"第无以难，乃撤锦州，右屯，大、小凌河及松山、杏山、塔山守具，尽驱屯兵入关，委弃米粟十余万，而死亡载途，哭声震野，民怨而军益不振。崇焕遂乞终制，不许。十二月进按察使，视事如故。

宁远将士由于袁崇焕的坚持而没有撤入关内，然而山海关外的防御经此折腾，受到了很大的损失。《袁崇焕传》续云：

我大清知经略易与，六年正月举大军西渡辽河，二十三日抵宁远。崇焕闻，即偕大将桂，副将左辅、朱梅，参将大寿，守备何可刚等集将士誓死守。崇焕更刺血为书，激以忠义，为之下拜，将士咸请效死。乃尽焚城外民居，携守具入城，清野以待。令同知程维模诘奸，通判启倧具守卒食，辟道上行人。檄前屯守将赵率教、山海守将杨麒，将士逃至者悉斩，人心始定。明日，大军进攻，戴盾穴城，矢石不能退。崇焕令闽卒罗立，发西洋巨炮，伤城外军。明日，再攻，复被却，围遂解，而启倧亦以然炮死。

这一次努尔哈赤把宁远作为孤立的小城堡,认为围攻可立拔,结果袁崇焕死守不降,后金兵连攻两日,皆为火炮所挫,死伤颇多,故而退去。努尔哈赤自己也中炮受重伤,退回沈阳。《东华录》天命十一年二月壬午条载:"上至沈阳,谕诸贝勒曰:'朕自二十五岁征伐以来,战无不胜,攻无不克,何独宁远一城不能下耶?'不怿累日。"悒悒不自得,七月身患毒疽,八月十一日病死。这是后金进攻关外诸城堡第一次遭遇如此重大的失败。有关明廷的反应,《袁崇焕传》云:

> 初,中朝闻警,兵部尚书王永光大集廷臣议战守,无善策。经略第、总兵麒并拥兵关上,不救。中外谓宁远必不守。及崇焕以书闻,举朝大喜,立擢崇焕右佥都御史,玺书奖励,桂等进秩有差。

故史称:"诸将罔敢议战守。议战守,自崇焕始。三月复设辽东巡抚,以崇焕为之。"(《明史·袁崇焕传》)

辽东的战争,后金兵所以不断取胜,其自身有两个因素。一是狩猎与农垦结合。狩猎,特别是围猎,本身便是战争的训练,以勇悍立威,骑射为长,这一点明兵不如他们。二是他们组织性强。八旗的组织严密,故那时有云"女真兵满万不可敌"。严密的组织纪律,便于作战的统一指挥,这一点明军也不如他们。明军组织结构涣散,将领之间矛盾重重,加上朝廷党争,也影响前方战略决策和战役的组织,同时军队的纪律也不好。这些都直接或间接影响明军的战斗力。但在使用火器上,明军比后金军强,这次袁崇焕取胜,得力于火炮的威力。

三、皇太极即位以后所面临的形势与抉择

（一）努尔哈赤去世时后金内部的形势

皇太极是努尔哈赤的第八子，生于万历二十年（1592年）。努尔哈赤去世是天命十一年（1626年）八月，九月间皇太极即位，那一年皇太极34岁，在位十七年，去世是在崇德八年（1643年），享年仅52岁。即位时建年号为天聪，至天聪十年（1636年）改元崇德，把国号由后金改为清。皇太极去世后，其谥号为太宗文皇帝。

努尔哈赤在世时，八贝勒中有四大贝勒，即次子代善、第五子莽古尔泰、弟舒尔哈齐之子阿敏、第八子皇太极。小贝勒亦应有四人，实际上只有三人，即阿济格、多尔衮、多铎。七旗各有主，小贝勒尚有一人努尔哈赤未任命，多一旗由皇太极代领。阿济格是努尔哈赤第十二子，多尔衮是第十四子，多铎为第十五子，皆未成年，故称小贝勒。

努尔哈赤去世时，似并没有明确由谁来继承皇位，皇太极即位是推选的。《东华录》天命十一年八月庚戌条记载：

太祖高皇帝宾天，大贝勒代善长子岳讬、第三子萨哈廉告代善曰："国不可一日无君，宜早定大计，四贝勒才德冠世，深契

先帝圣心，众皆悦服，当速继大位。"代善曰："此吾素志也，天人允协，其谁不从？"次日代善书其议以示诸贝勒，皆曰善，遂合词请上即位。上辞曰："皇考无立我为君之命，若舍兄而嗣立，既惧弗克善承先志，又惧不能上契天心，且统率群臣，抚绥万姓，其事綦难。"辞至再三，自卯至申，众坚请不已，然后从之。

皇太极在九月即位以后，即改年号为天聪。从上面这段文字，可以知道，努尔哈赤去世前并未指定由皇太极即位，那么是否指定过其他人即位呢？没有。《清史列传·多尔衮传》叙多尔衮罪名："擅自讠干称太宗文皇帝之即位，原系夺立，以挟制中外。"这个话也许言外有因，努尔哈赤临终时，有意立多尔衮为王，但他年轻，当时只有15岁，阿济格、多尔衮、多铎为同母兄弟，其母强悍、专制，故《满洲实录》载：

留之恐后为乱阶，预遗言于诸王曰："俟吾终必令殉之。"诸王以帝遗言告后，后初迟疑未决。诸王曰："先帝有命，虽欲不从，不可得也！"后遂服礼衣，尽以珠宝饰之，泣谓诸王曰："吾自十二岁事先帝，锦衣玉食已二十六年，吾不忍离，故相从于地下！吾二幼子多尔衮、多铎当善抚之！"诸王泣而对曰："二幼弟，吾等若不友爱，是忘父也！岂有不善抚之理？"于是后于十二日辛亥辰时，自尽，寿三十七。乃与帝同殁，巳时出宫，安厝于沈阳城内西北角，又有二妃阿吉根、代因扎亦殉之。

多尔衮说皇太极是夺立，夺谁呢？努尔哈赤临终时有遗言，多尔衮年少，让代善摄政。朝鲜也有这方面的记载，称努尔哈赤临终时，谓代善:"九王(即多尔衮)当立,而年幼,汝摄位后,可传九王也。"(稻叶君山《清朝全史》)诸子为防止多尔衮之母挟阿济格、多尔衮、多铎三旗之力,挟制诸子,故令其母殉葬,而由代善拥立皇太极。那时阿济格孤掌难鸣,多尔衮与多铎尚年幼,没有反抗的能力,从而完成交接班的历史过程。这样建立在"联邦制"基础上的权力结构,实际上很难稳定。皇太极即位以后,便面临一个如何稳定内部八旗旗主之间相互关系的问题。

(二)皇太极如何处理八旗内部诸王贝勒之间的相互关系

皇太极即位的情况,萧一山《清代通史·皇太极之即位》有比较清晰的叙述,其云:

皇太极既即位,欲诸贝勒共循义礼,交相儆戒,乃率诸贝勒及亲族誓告天地曰:"皇天后土,既佑相我皇考,肇立丕基,恢宏大业;今皇考龙驭上宾,我诸兄暨诸弟侄,以家国人民之重,推我为君。惟当敬绍皇考之业,钦承皇考之心,我若不敬兄长,不爱弟侄,不行正道,明知非义之事而故为之,或因弟侄等微有过愆,遽削夺皇考所与户口,天地鉴谴!若敬兄长,爱弟侄,行正道,天地眷佑!"诸贝勒亦誓曰:"我等兄弟子侄,询谋皆同,奉上嗣登大位,宗社式凭,臣民倚赖。如有心怀嫉妒,将不利于上者,当身被显戮。我代善、阿敏、莽古尔泰三人,若不教养子弟,或加诬害,必自罹凶孽。若我三人好待子弟,而子弟不听父兄之训,有违善道者,天地谴责!如能守盟誓,尽忠良，天地眷佑！我阿巴泰、德格类、济尔哈朗、阿济格、多尔衮、多铎、杜度（褚英长子）、岳讬（代善长子）、硕托（代善次子）、萨哈璘（代善三子）、豪格（皇太极长子）等，若背父兄之训，而弗矢忠荩，天地谴责！若一心为国，不怀偏邪，天地皆眷佑焉！"誓毕，皇太极率诸贝勒向代善、阿敏、莽古尔泰三拜，不以臣礼待之。

这是通过对天立誓的办法，先协调好诸王贝勒之间的相互关系。然而在实际生活中，对外对内的政策上，诸王贝勒不可能与皇太极始终保持一致。对皇太极而言，仍然有一个怎样巧妙地把权力集中到自己手中，如何排除异己的问题：如何处理好他与满洲八旗诸贝勒之间的矛盾，也就是处理王室内部亲属之间的关系。努尔哈赤也有过教训，黄道周的《博物典汇·建夷考》云：

> 初酋一兄一弟，皆以骁勇雄部落中。兄弟始登垅而议，既则建台，策定而下，无一人闻者。兄死，弟私三都督兀喇。酋疑弟二心，伴营壮第一区，落成置酒，招弟饮会。入于寝室，银铛之，注铁键其户，仅容二穴，通饮食，出便溺。弟有二名裨，以勇闻。酋恨其佐弟，假弟令召入宅，腰斩之。长子数谏酋勿杀弟，且勿负中国，奴亦困之。其凶逆乃天性也。

努尔哈赤有四弟，此指其弟舒尔哈齐，他与努尔哈赤的矛盾是关于如何处理与三都督的关系。三都督是兀喇的首领布占泰，舒尔哈齐与布占泰有姻亲关系，努尔哈赤要灭兀喇部，而舒尔哈齐屡掣其肘，故努尔哈赤杀其弟，同时被杀的还有努尔哈赤的长子褚英，原因是反对努尔哈赤杀其弟。兄弟、父子之间自相残杀这件事，努

尔哈赤是后悔的,在《满洲实录》卷六载有天命六年(1621年)其与诸王贝勒对天焚香之祝词,其中有云:

> 今祷上下神祇:吾子孙中纵有不善者,天可灭之,勿令戕害,以开杀戮之端。如有残忍之人,不待天诛,遽兴操戈之念,天地岂不知之?若此者,亦当夺其算。昆弟中若有作乱者,虽知之不忍伤残,惟怀礼义之心,以化导其愚顽。似此者,天地佑之,俾子孙百世延长。所祷者此也。自此之后,伏愿神祇,不咎既往,惟鉴将来。

这两段话,是努尔哈赤给其家族子孙后代如何处理内部矛盾的规则。

据《满洲实录》卷八,天命十一年六月二十四日,努尔哈赤还有一段话,讲到各个失败的部落,其云:

> 俱贪财货,尚私曲,不尚公直,昆弟中自相争夺戕害,以至于败亡,不待我言,汝等岂无耳目,亦尝见闻之矣。吾以彼为前鉴,预定八家但得一物,令八家均分之,毋得私有所取。若聘民间美女,及购良马者,须加厚赏之。

他还说:

> 诸王昆弟中有过,不可不极力规谏,而存姑息心。若能力谏其过,诚为同心共事人也。
>
> 使我不与国事,得坐观尔等措置,以舒其怀可也。

这是努尔哈赤临终前对八固山的嘱咐。因为这是一个掌握着国家行政权力的庞大的家族,它以八旗的武装力量为其统治的基础,八大固山手中都握着"刀把子",努尔哈赤留下的是八旗联合执政的"联邦制"格局,那么他们在处理对内对外关系的方针政策上,难免有各种矛盾和冲突。实际上联合执政必然向集权制转变,这个转变势必是各个贝勒之间产生矛盾与权力争夺的历史过程。努尔哈赤这一番话就是要他们兄弟子侄之间不能自相残杀。

从《清史列传》卷一《代善传》的记载中可以看到,努尔哈赤去世以后,皇太极刚开始执政时,在天聪的最初三年,"每御殿,命代善、阿敏、莽古尔泰列坐左右,不令下坐"。后来发生变化了。第一个是阿敏,天聪四年(1630年)后金兵入关,五月间他擅自弃永平回关内,于是皇太极与诸贝勒议阿敏罪,结果是削爵幽禁,他在崇德五年(1640年)卒于幽所,这样阿敏便退出四大贝勒共同执政的地位,阿敏所掌的镶蓝旗由皇太极掌管。于是诸王议政时,变成皇太极在中间坐,代善与莽古尔泰侍坐于两侧。莽古尔泰是正蓝旗的旗主,在攻打大凌河时,皇太极与莽古尔泰发生争执,《东华录》天聪五年(1631年)八月甲寅载:

上曰:"朕闻尔所部兵,凡有差遣,每致违误。"莽古尔泰曰:"我部众凡有差遣,每倍于人,何尝违误?"上曰:"果尔,是告者误矣,待朕与尔追究之。若告者诬,则置告者于法。告者实,则不听差遣者亦置于法。"言毕,面赤含怒,将乘马。莽古尔泰曰:"皇上宜从公开谕,奈何独与我为难!我止以皇上之故,一切承顺,乃意犹未释,而欲杀我耶!"言毕,举佩刀柄前向频摩视之。其同母弟德格类曰:"尔此举动大悖。"遂以拳殴之。莽古尔泰怒詈曰:"蠢物,何得殴我!"遂抽刃出鞘五寸许,德格类推其兄而出。代善见之恚甚,曰:"如此悖乱,殆不如死。"

上默然复坐，区处事务毕，还营。

十月，"大贝勒代善及诸贝勒，拟莽古尔泰御前持刃罪，议革去大贝勒，降居诸贝勒之列"。议政时，莽古尔泰不能并坐，在次年十二月便去世了，四大贝勒共同议政便只留下皇太极与代善。代善掌握的是正红旗，到了天聪九年（1635年），皇太极又下谕数代善之诸罪状。四大贝勒共同议政，到此时便留下皇太极一个人主持议政王大臣的会议，四小贝勒也只能听从皇太极的旨意。这样实际上权力便集中在皇太极一个人手上，从"联邦制"变成集权制了。这时八旗中，两黄旗及莽古尔泰的正蓝旗皆为皇太极所掌，那就构成八旗中的上三旗，而诸贝勒只各领一旗，这一年是明崇祯八年也即天聪九年，他得到了蒙古人传国的玉玺，改国号为清，改年号为崇德。从八贝勒联合执政变成皇太极一人独尊的君主政体，这中间并没有发生内战，皇太极也没有开杀戒。代善是到顺治五年（1648年）才去世的，终年66岁。

皇太极时期，八固山内部权力是通过政治斗争才最终向君主制转变，不开杀戒成了满洲贵族内部祖制。在皇太极时期，八旗内部始终没有出现大规模火并的局面。而明崇祯帝则是在文臣武将之间大开杀戒，最终落得众叛亲离，自坏长城，他到死还没有觉醒，还在衣襟上书"皆诸臣误朕"，实际上祸起于他自己处理君臣关系上的失误，如袁崇焕不正是他错杀的吗？

从清的周边环境讲，它还是处于四战之地，地盘以辽东与辽西地区为中心，东边有朝鲜，西边有蒙古的科尔沁与察哈尔部，南边有明朝边关的力量，双方对峙在山海关以北的地区。这三方面中清主要的对手是明王朝，明清双方都在争取自己的同盟力量，明希望借助于蒙古察哈尔部牵制清，借助于朝鲜及明帝国在海上的力量来牵制清的军事力量，这几方势力在东北地区互相角力。皇太极上台以后，一方面要稳定内部，统一观念，集中力量来对付外部周边的各个集团，在扩张自己力量的过程中稳定内部，把八旗的兵权集中到自己的手上，才能握紧拳头更有力地出击。从对外出击上讲，它不能四面出击，同时开辟几条战线，最迫切的是先稳定好左右两翼，也就是先处理好与朝鲜和蒙古的关系，才能无后顾之忧地面对庞大的明帝国。故皇太极在即位最初的阶段，对明保持低调，希望与明达成和议，维持一个暂时稳定的局面，以便集中力量打击左右两翼，扩大自己的实力，消除后顾之忧。对明采取挖墙脚分化瓦解其前线的军事力量及入关骚扰的政策，同时又举着和议的旗帜，换取政治上的主动。在对外作战的同时，处理好八旗内部的矛盾，他与阿敏、莽古尔泰、代善之间的关系，都是在这个过程中逐步处理妥当的。

（三）后金与朝鲜的关系

明与朝鲜是唇齿相依的关系，朝鲜自明洪武二十五年（1392年）李成桂建国以来，一直是明的被保护国。在万历二十年（1592年）到二十七年明还打了一场援助朝鲜抵抗日本侵略的战争。万历二十年的五月，丰臣秀吉派小西行长、加藤清正等率日军舟师逼釜山镇，潜渡临津。时朝鲜承平日久，国王李昖又沉湎于酒，弛备，面对日军入侵，仓促弃王京（今之首尔），令次子李珲摄国事，奔平壤，又退走义州,上表愿内属。不久朝鲜八道尽没,倭兵即入王京,且旦暮渡鸭绿江。朝鲜请援之使络绎于道。而后日本军队进入平壤,于是明派兵过鸭绿江,以宋应昌为经略,副总兵祖承训率军入朝,结果兵败,祖承训仅以身免。十二月,以李如松为东征提督,与日军战于平壤,大捷。日军于次年四月弃王京,汉江以南朝鲜故土千余里复定。这场战争断断续续,直到万历二十七年丰臣秀吉去世,日军退出朝鲜,才告结束。这一次战争明朝丧师十余万,糜饷数百万两。稳住了朝鲜,便稳住了中国东北边防。辽东问题再起时,朝鲜自然站在明朝一边。

万历四十七年(1619年),杨镐四路围攻建州左卫时,朝鲜曾出兵二万人,由其将姜宏立率领,会杨镐南路军刘铤的部队助战,刘铤兵败,姜宏立以余众五千降努尔哈赤。那时朝鲜国王是李珲,后来朝鲜在天启三年(1623年)废李珲,立其侄李琮。皇太极即位以后,为了解除后顾之忧,当然兵锋首先直指朝鲜。一方面当时朝鲜与在皮岛的毛文龙互为犄角,威胁后金的后方。另一方面这时朝鲜有内乱,原来立李琮为君的一批老臣起兵叛乱,被镇压以后,一部分人逃到后金,与投降后金的姜宏立串通一气。这样皇太极不仅知道朝鲜内部的情况,而且有朝鲜的降人引路,故在天聪元年(1627年)正月八日,决定出兵攻打朝鲜。由阿敏率兵,包括济尔哈朗、阿济格、杜度、岳讬诸贝勒一起出击朝鲜。先克义州,又败毛文龙于铁山,毛文龙退还皮岛。后金军进入定州(平安南道的首府),长驱而入,渡清川江,进军平壤,渡大同江,威胁到王京。于是朝鲜一方面求援于明,同时又求和于后金。当时明辽东巡抚袁崇焕出兵援皮岛,并逼三岔河。那时朝鲜国王李琮逃亡到觉华岛,后金派使节见李琮,最终达成和议,刑白马黑牛为盟,约为兄弟之国,后金为兄,朝鲜为弟。于是朝鲜与后金开市贸易,朝鲜以米二千石与后金,以一千石交易于义州之中江,以后又在会宁开互市贸易。当时后金缺乏粮食,开市贸易的目的是朝鲜向后金提供粮食。此后,朝鲜与后金之间还有关于逃人的交涉,逃人是被后金俘虏的朝鲜人,他们逃归朝鲜,后金要求朝鲜将其归还后金,因为在后金看来这些俘虏是他们的奴婢和财产,在朝鲜看来他们是思家而归,很难缚送。此外还有越境采参的问题、朝鲜每年给后金岁币的问题。当时朝鲜还在海上与明保持着朝贡关系,崇德二年(1637年)皇太极再次亲征朝鲜,责其逾盟助明,朝鲜向明告急,国王李琮逃到江华岛,三月,清军陷江华岛,世子被擒,李琮出降。这样朝鲜与明的联系就完全中断了,几年后明亦灭亡。皇太极时期,后金(清)对朝鲜的政策是步步紧逼,直至朝鲜完全臣服为止。以上是后金及清在皇太极时期对朝鲜的政策,即切割朝鲜与明传统的唇齿相依关系,解除自己东侧后顾之忧,以便集中兵力与明相争夺。

(四)后金与蒙古的关系

这里我们应先了解一下明代万历、天启年间蒙古的实际状况,以及蒙古与明及后金之间的相互关系。那时的蒙古是分散的游牧部落,按地域区分,大体上可分为漠南蒙古与漠北蒙古和漠西蒙古。漠南蒙古又分为科尔沁与察哈尔二部。漠北蒙古位于今天蒙古国的区域，称喀尔喀蒙古，主要分为车臣、土谢图、扎萨克三部，简称喀尔喀三部。漠西蒙古，即位于今新疆地区的蒙古部落，称厄普特蒙古，分和硕特、准噶尔、杜尔伯特、土尔扈特四部，以准噶尔部最强悍。另有青海蒙古，是和硕特部迁于青海地区放牧的部落。当时处于明清之间的是漠南蒙古，而漠南蒙古的二部以察哈尔部为强悍，欺压周边的蒙古部落，它的首领叫林丹汗。漠南漠北二部皆为成吉思汗的后裔，漠西及青海则为其旁支。后金和明处理与漠南蒙古的关系，主要是处理与察哈尔部的关系。察哈尔部南与明宣府大同诸关相连接，东面则与后金争夺对科尔沁部的控制权。科尔沁放牧的地区在今嫩江流域，察哈尔部则在科尔沁之西，以其接近长城边缘地区，察哈尔在蒙语中是接近的意思。察哈尔部本来也分为许多部落，察哈尔为大宗，成为诸部之雄长。

在努尔哈赤崛起时，科尔沁部与后金是对立的。早在万历二十一年（1593年），它与叶赫、哈达等海西女真九部联合围攻建州，为努尔哈赤所败。努尔哈赤攻海西之乌拉时，科尔沁援助乌拉，又为努尔哈赤所败，这样科尔沁不敢与努尔哈赤对抗。天命九年（1624年）双方换使和好，实际上是科尔沁向努尔哈赤称臣，称努尔哈赤是普天共主圣明皇帝，科尔沁贝勒俱钦服帝命，修好如约，并且希望后金帮助科尔沁一起与察哈尔部的林丹汗相抗衡。当时察哈尔部之林丹汗兵马强盛，企图统一原来热河地区的蒙古诸部，诸部向东依附于科尔沁部，向北依附于漠北喀尔喀部。天命十年，林丹汗曾东攻科尔沁部，努尔哈赤派莽古尔泰率五千骑兵援助科尔沁，林丹汗撤其围。蒙古内部诸部族之间的矛盾，为后金征服蒙古诸部提供了有利的条件。努尔哈赤去世,皇太极即位,科尔沁遣使吊问,又提出攻打察哈尔林丹汗的问题,皇太极在天聪二年(1628年)出兵攻打林丹汗。明朝则希望利用林丹汗来牵制后金的力量,岁给察哈尔部白银从四千两增至四万两,林丹汗亦向明表示自己能助明朝制服后金的兴起。林丹汗曾致书努尔哈赤,自称统领四十万众之蒙古国主,致书水滨三万众金国主。这封信函的主旨是后金夺了明的广宁,这是他们向明收取贡赋的领地。努尔哈赤答书亦很强硬,称"骄语为四十万,而轻吾国为三万人","且言广宁吾取贡处,毋征也,若图之,将有不利于我","出此恶言,恣行不道"(《满洲实录》卷六)。林丹汗得书,扣留了后金的使节,努尔哈赤则误闻使节为林丹所杀,从此双方交恶。

崇祯元年,即天聪二年(1628年),林丹汗入犯宣大边境,崇祯召总督王象乾询以方略,他主张抚而用之,崇祯要王象乾去关外与袁崇焕商议。"皆言西靖而东自宁,虎(指林丹汗)不款,而东西并急,因定岁予插(即察哈尔部)金八万一千两,以示羁縻。"(《明史·鞑靼传》)明对林丹汗的态度是支持林丹汗,利用察哈尔的力量牵制后金。林丹汗之妇,本叶赫金台什之女,叶赫为后金所灭,林丹常欲为之复仇。问题是察哈尔部不可能统一蒙古诸部,相反如科尔沁部反与金联盟以抗林丹汗。科尔沁,明初为大宁都司辖地,后居于朵颜三卫地区,明末时,其部反结盟于后金以抗察哈尔部。于是皇太极在次年九月率兵征察哈尔部,得到蒙古诸部的配合,把察哈尔部赶出西喇木伦河流域,于是明北方之边防尽在后金的威胁之下,而且有科尔沁部为其向导,后金兵能由宣大地区入关犯明之内地了。天聪六年（1632年）皇太极再次率师进攻察哈尔部，征蒙古各部一同讨伐察哈尔部，察哈尔部闻讯解体，林丹汗只能率部西迁，后金兵进驻归化城，河套地区蒙古诸部亦臣属于后金。林丹汗在西迁过程中病死，其子率余部逃至青海地区。后林丹汗之子额哲降，多尔衮得元代之传国玺，其文为汉篆"制诰之宝"四字，这样皇太极改国号为清，年号为崇德。明朝北方长城沿线完全暴露在清的兵锋之下，清的军队可以绕过山海关，改由宣府大同诸边入明内地侵扰。

　　清所以能制服朝鲜与蒙古，很重要的原因是朝鲜与蒙古内部不统一，为清提供了可乘之机。内部分裂，一部分人倒向清，成为引狼入室的向导和帮凶。从清的政策上讲，他们对朝鲜与蒙古都是分化瓦解，善待降人，挖对方的墙角，从而很方便地征服了朝鲜与蒙古。没有后顾之忧了，皇太极便可以集中力量来对付明的边防力量了。

四、皇太极时期明清之间的较量

（一）明清之间的和议与明朝的政治军事状况

天命十一年，亦即天启六年（1626年），明与后金之间在辽东地区的较量处于胶着状态。努尔哈赤在宁远战役以后，曾谓诸贝勒曰："朕自二十五岁征伐以来，战无不胜，攻无不克，何独宁远一城，不能下耶？"（《东华录》天命十一年二月壬午条）八月间，努尔哈赤去世，后金也没有心思在辽东地区发动大的攻势。皇太极战略进攻的方向重在东西两翼，着重解决朝鲜与蒙古察哈尔林丹汗的问题。努尔哈赤去世时，袁崇焕遣都司傅有爵、田成等三十三人，同五台山李喇嘛前往吊唁，十一月间皇太极遣方吉纳等陪同李喇嘛归，双方有议和的文书往来。皇太极提出的条件是和好的礼金为黄金十万两、白银一百万两、缎百万匹，和议以后，每年的岁币是黄金一万两、白银十万两、缎十万匹、布三十万匹。满洲酬谢，东珠十颗、貂皮千张、人参千斤。这就是当年北宋给金岁币的翻版。其次是分定国界，山海关以内属明，辽河以东归金，明不得在辽西修城堡。两国来往文书，明要低后金一格。袁崇焕开的条件是后金归还辽东地区，撤退进攻朝鲜的军队。双方这样的条件，当然谈不拢。

这个和议，对双方而言，都是缓兵之计。从明朝廷讲，对和议是有忌讳的。

在宁远之役前，高第认为关外必不可守，故对山海关外辽西诸城堡采取放弃的政策，把孙承宗遣将分据之锦州、松山、杏山、右屯及大小凌河，包括将宁远将士全部撤回山海关以内，弃关外难民于不顾，后由于袁崇焕的坚持，宁远将士没有撤入关内。高第放弃辽西，是消极防御的方针，袁崇焕主张采取积极防御的策略，他上书说："用辽人守辽土，且守且战，且筑且屯。屯种所入，可渐减海运。大要坚壁清野以为体，乘间击瑕以为用。战虽不足，守则有余；守既有余，战无不足。顾勇猛图敌，敌必仇；奋迅立功，众必忌。任劳则必召怨，蒙罪始可有功。怨不深则劳不著，罪不大则功不成。谤书盈箧，毁言日至，从古已然，惟圣明与廷臣始终之。"（《明史·袁崇焕传》）为什么他能提出以辽人守辽土的政策，这与后金初期对辽地辽人屠杀的政策有关。计六奇的《明季北略》卷二《辽阳陷》"附记辽事"中，讲到当事人辽阳生员杨某回忆清破辽东时对辽人的政策，其云：

初，清之破辽东也，恐民贫思乱，先拘贫民杀尽，号曰"杀穷鬼"。又二年，恐民富聚众致乱，复尽杀之，号曰"杀富户"。既屠二次，辽人遂空。惟四等人不杀：一等皮工，能为快鞋，不杀；二等木工，能作器用，不杀；三等针工，能缝裘帽，不杀；四等优人，能歌汉曲，不杀。

这与成吉思汗早期的政策相似，那时俘获的人口高于车轮的皆杀。另一条讲到辽东人闵表言辽事：

表云:"年五十一矣。昔万历四十八年,予方八岁,天命初破辽东,百姓俱匿山中。久之,招而出,即命剃头辫发,故自幼不识戴网巾。辽有金、海、复、盖四州,金、复多山,海、盖濒水,乃驱四州之民近海,尽杀之。此天命初年事也。次年,杀穷鬼。又一年,杀富民。如此三年,而辽民靡有遗者。"与杨语略同。及天聪立,民始不杀。自后若无银,即云到中国去。始自宁远入,继自山西入,已而宣大入,后遂围京,凡四次,俱大获而去。呜呼!观杨、闵所言,辽之兵劫可知矣。(《明季北略》卷二《辽阳陷》"附记辽事")

后金人生产方式落后,战争与狩猎同,他们心目中战俘视同狩猎所获之动物一般,战争就是为了抢掠财富。正因为如此,袁崇焕要用"辽人守辽土"。

袁崇焕讲的第二个问题,是"谤书盈箧,毁言日至"的问题。熊廷弼的事前车可鉴,一是因为朝廷派系林立,二是筹饷困难。《明史·食货志二》讲到,万历四十六年(1618年)"骤增辽饷三百万。时内帑充积,帝靳不肯发。户部尚书李汝华乃援征倭、播例,亩加三厘五毫,天下之赋增二百万有奇。明年复加三厘五毫。明年,以兵工二部请,复加二厘。通前后九厘,增赋五百二十万,遂为岁额"。那么如此加派能收得到这么多税银吗?也是一个问题。"天启元年,给事中甄淑言:'辽饷加派,易致不均。盖天下户口有户口之银,人丁有人丁之银,田土有田土之银,有司征收,总曰银额。按银加派,则其数不漏。东西南北之民,甘苦不同,布帛粟米力役之法,征纳不同。惟守令自知其甘苦,而通融其征纳。'"(《明史·食货志二》）具体征收时："小民所最苦者，无田之粮，无米之丁，田鬻富室，产去粮存，而犹输丁赋。宜取额丁、额米，两衡而定其数，米若干即带丁若干。买田者，收米便收丁，则县册不失丁额，贫民不致赔累，而有司亦免逋赋之患。"（《明史·食货志二》）甄淑提的建议，亦是理想化的，地方很难做到不逋赋。故加赋并不能足额到手，因此战事持续的时间一久，朝廷便会起争议，朝廷考虑的不是前线兵事的需要，而是长期的加派难以为继。故辽事一败于红旗催战，而李维翰逮。再败于马上催战，而杨镐逮。三败于出城浪战，而袁应泰死。四败于广宁之战，孙得功叛卖，王化贞、熊廷弼被逮。在这个背景上，这个仗很难打。

边兵的状况，熊廷弼曾上书朝廷。萧一山《清代通史》有较详细的叙述，其云：

> 辽东现在兵有四种，一曰残兵。从主将赵甲逃阵，甲死而归钱乙；又从钱乙逃阵，乙死而归孙丙。或七八十人，或二三百人，身无片甲，手无寸械，随营靡饷，装死扮活，不肯出战。此残兵之情形也。一曰额兵。开原一道，全额已亡，即臣标下两翼，亦并全亡。至于阃镇额兵，或死于征战，或图厚饷，逃为新兵者，又皆亡去其大半。此额兵之情形也。一曰募兵。佣徒厮役，游食无赖之徒，岂能惯熟弓马？岂能膂力过人？朝投此营，领出安家月粮，暮即投之彼营；暮投河东，领出安家月粮，朝即投之河西。点册有名，及派工役，而忽去其半；领饷有名，及闻警告，而又去其半。此募兵之情形也。一曰援兵。各镇挑选，谁肯以强人壮马来？谁肯以坚甲利刃来？每一过堂，弱军羸马，

朽甲钝戈，不堪入目。而事急需人，又不暇发回，以另换精壮。此援兵之情形也。皇上以为有兵如此，能战乎？能守乎？自丧败以来，总兵以下，副、参、游击、都司、守备，以至中军，千、把总，指挥，千、百户，死者五六百员，降者百余员，辽将援将，已是一扫净尽。又募兵万数千人，即求一世职，为中军千把总，分布管领，亦不可得；况今一二见在将领，皆屡次征战存剩，及新败久废之人，一闻警报，无不心惊胆丧者。皇上以为缺将如此，能战乎？能守乎？良马数万，一朝而空，今太仆所存寄之马，既多瘦小，驿马更矮小；兵部主事王继谟所市宣府大同马，并无一匹解到。即现在马一万余匹，多半瘦损，率由军士故意断绝草料，设法致死，图充步军，以免出战；甚有无故用刀刺死者，以此马愈少而倒损甚多。皇上以为马匹如此，能战乎？能守乎？

这里说的虽是万历末的情况，到天启末也不会有很大的变化。前方军队及其装备所以如此，实际上是由于饷银自上而下发放，中间克扣太多，饷银到不了士兵手上。饷银的开支，有很大一笔冒领的虚数。《明季北略》卷一《兵饷增减》条载：

御史郑宗周奏曰："京营兵，国初四十余万，嘉靖时尚二十余万，今止十二万也。边兵，原额九万六百余，今止八万一千九百零，此一万二千七百之兵，何以议减？辽饷自隆庆元年后，原额十三万三千九百余，今加至五十二万五千六百，此三十万一千六百余饷，何以议增？"

这段记载说明，实际的兵额减少了，饷却增多了，这中间有大量冒领虚报,入了边军将领的腰包,通过贿赂进入朝廷势要手中。

(二)袁崇焕复出与杀毛文龙

在宁远之役以后,袁崇焕仍然因大小凌河二城被毁,不救锦州而被阉党所论,为此袁崇焕乞休,七月允其归里。崇祯即位以后,再召还袁崇焕。崇祯元年(1628年)四月,袁崇焕以兵部尚书兼右副都御史,督师蓟辽兼督登莱、天津军务,辽边及山东半岛和天津沿海地区军务皆由袁崇焕统一管理。袁崇焕提出守辽的方针:"恢复之计,不外臣昔年以辽人守辽土,以辽土养辽人,守为正著,战为奇著,和为旁著之说。法在渐不在骤,在实不在虚。此臣与诸边臣所能为。"(《明史·袁崇焕传》)这是一个积极防御的方针,与高第的消极防御不同。明在辽事的方针,前后有不少变化。万历四十七年(1619年)时,杨镐的方针是进攻性的速决战,到袁应泰也是如此。孙承宗是主张积极防御,而高第是消极防御,放弃山海关以外辽西地区。到袁崇焕又回到积极防御的方针,把前线放在辽西地区,以广宁、锦州、大小凌河一线作为山海关的外围。要守住辽西地区,得在辽西保持一定的兵力,就必须有兵饷的保障。袁崇焕于八月间到达宁远,第一个棘手的问题便是宁远的兵变。《明史·袁崇焕传》云:

是月,川、湖兵戍宁远者,以缺饷四月大噪,余十三营起应之,缚系巡抚毕自肃、总兵官朱梅、通判张世荣、推官苏涵淳于谯楼上。自肃伤重,兵备副使郭广初至,躬翼自肃,括抚赏及朋桩二万金以散，不厌，贷商民足五万，乃解。自肃疏引罪，走中左所，自经死。崇焕以八月初抵关，闻变驰与广密谋，宥首恶杨正朝、张思顺，令捕十五人戮之市；斩知谋中军吴国琦，责参将彭簪古，黜都司左良玉等四人。发正朝、思顺前锋立功，世荣、涵淳以贪虐致变，亦斥之。独都司程大乐一营不从变，特为奖励。一方乃靖。

这次哗变虽然被镇压下去了，但要保持军队在辽西地区的战斗力，军饷是一个大问题，兵的来源与归属不同，饷的发放也是一个大问题。当时辽西的军饷要经过毛文龙的皮岛，才能到达辽西，这样袁崇焕与毛文龙的矛盾就成为一个死结。

毛文龙是浙江人，他以都司援朝，后来逗留辽东。辽东失守以后，辽人都退至渤海沿岸诸岛，毛文龙设法在这些岛屿上建立军政机构，作为收集辽东难民，联络朝鲜，与后金对抗的一支海上力量。计六奇的《明季北略》卷二《毛文龙入皮岛》条云：

文龙谋择一岛驻军，以截清兵。李景先曰："莫如皮岛，大可四百里，环山峭壁。"文龙北行五百里，至岛，荒芜无人，多蛇虎，悉射杀之，遂迁居于中。此天启二年五月也。已而闻杀清之大将哈都，辽民归者万计。天启三年，文龙与诸将计曰："辽东要地，惟金州南通旅顺口，北至三牛坝，西通广宁，东可图复，此城若得，陆扼建州骑，水可登州运粮、停泊。"遂命守备张盘、程鸿鸣等，率众自麻羊岛往，止距海面四十里。

皮岛的位置就在鸭绿江口，毛文龙这股以辽东人为基本群众的力量成为明朝联络朝鲜，从东面牵制后金的一支力量，故毛文龙也就成为明与后金都希望争取的对象。《明季北略》的《毛文龙安州之战》条称：

> 文龙居岛，联络朝鲜，招携辽庶，时以游兵出没海外，牵制东师，使不得深入山海，敌人患之。天启四年（1624年）七月初二，遣人与龙议和。李永芳又致手札，言龙在辽族属未遭屠戮者尽行优待，诱龙同叛，中分土地等情。文龙将来使暨手札差官进呈，上加左都督，赏大红蟒衣一袭，银五十两。

《明季北略》卷二载天启三年《毛文龙请饷》：

> 夫牵尾俦巢，兵须用五万，今臣有浙直等处南兵八千，挑选辽兵三万七千，招练辽兵二千，已四万七千矣。以五万兵计，一岁之饷，并军器、火器、盔甲、马匹、船只等项，应一百五十万两方能足用。自有东事，海内加派新饷，每岁四百万，足供今日山海之用矣！尚有辽饷旧额每岁一百万，今全辽已亡，此项银两所当给臣者也。三年以来，止给银十一万两、米二十万石，其毂养官兵、毂养马匹乎？

这里值得注意的是"辽饷旧额每岁一百万，今全辽已亡，此项银两所当给臣者"这句话，这样原本属于辽西的银两就没有了，都到了毛文龙那儿。袁崇焕在崇祯元年（1638年）八月去宁远时，第一个问题便是士兵因欠饷三月而哗变，要守辽西，就有饷银来源的问题，这是袁崇焕与毛文龙之间矛盾的根源。

在袁崇焕心目中，毛文龙在海上牵制不了后金，反而靡饷无算。《明史·袁崇焕传》称：

> 顾文龙所居东江，形势虽足牵制，其人本无大略，往辄败衄，

而岁縻饷无算；且惟务广招商贾，贩易禁物，名济朝鲜，实阑出塞，无事则鬻参贩布为业，有事亦罕得其用。工科给事中潘士闻劾文龙縻饷杀降，尚宝卿董茂忠请撤文龙，治兵关、宁。兵部议不可，而崇焕心弗善也，尝疏请遣部臣理饷。文龙恶文臣监制，抗疏驳之，崇焕不悦。

袁崇焕建议遣部臣理饷，实际上是限制毛文龙。两个人在这个问题上的对立，促使袁崇焕下定要对毛文龙采取措施的决心。

至是，遂以阅兵为名，泛海抵双岛，文龙来会。崇焕与相燕饮，每至夜分，文龙不觉也。崇焕议更营制，设监司，文龙怫然。崇焕以归乡动之，文龙曰："向有此意，但惟我知东事，东事毕，朝鲜衰弱，可袭而有也。"崇焕益不悦。（《明史·袁崇焕传》）

两个人谈不拢，毛文龙既不愿受约束，也不愿放下兵权还乡里去，那就只有被杀了。《明史·袁崇焕传》载：

以六月五日邀文龙观将士射，先设幄山上，令参将谢尚政等伏甲士幄外。文龙至，其部卒不得入。崇焕曰："予诘朝行，公当海外重寄，受予一拜。"交拜毕，登山。崇焕问从官姓名，多毛姓。文龙曰："此皆予孙。"崇焕笑，因曰："尔等积劳海外，月米止一斛，言之痛心，亦受予一拜，为国家尽力。"众皆顿首谢。

崇焕因诘文龙违令数事，文龙抗辩。崇焕厉色叱之，命去冠带絷缚，文龙犹倔强。崇焕曰："尔有十二斩罪，知之乎？祖制，大将在外，必命文臣监。尔专制一方，军马钱粮不受核，一当斩。人臣之罪莫大欺君，尔奏报尽欺罔，杀降人难民冒功，二当斩。

人臣无将，将则必诛。尔奏有牧马登州取南京如反掌语，大逆不道，三当斩。每岁饷银数十万，不以给兵，月止散米三斗有半，侵盗军粮，四当斩。擅开马市于皮岛，私通外番，五当斩。部将数千人悉冒己姓，副将以下滥给札付千，走卒、舆夫尽金绯，六当斩。自宁远还，剽掠商船，自为盗贼，七当斩。强取民间子女，不知纪极，部下效尤，人不安室，八当斩。驱难民远窃人参，不从则饿死，岛上白骨如莽，九当斩。辇金京师，拜魏忠贤为父，塑冕旒像于岛中，十当斩。铁山之败，丧军无算，掩败为功，十一当斩。开镇八年，不能复寸土，观望养敌，十二当斩。"数毕，文龙丧魂魄不能言，但叩头乞免。崇焕召谕其部将曰："文龙罪状当斩否？"皆惶怖唯唯。中有称文龙数年劳苦者，崇焕叱之曰："文龙一布衣尔，官极品，满门封荫，足酬劳，何悖逆如是！"乃顿首请旨曰："臣今诛文龙以肃军。诸将中有若文龙者，悉诛。臣不能成功，皇上亦以诛文龙者诛臣。"遂取尚方剑斩之帐前。乃出谕其将士曰："诛止文龙，余无罪。"

从毛文龙的十二条罪状看，第一条"军马钱粮不受核"便是军饷的问题。为什么毛文龙不让核军饷的收支？因为其中大部分是文臣武将贪污所得，也是他们用于贿赂的财源，这就涉及他们既得利益的问题。明朝末年，军饷的收和支都有问题，相当大的一部分流失于文武官员的中饱私囊，士兵拿不到饷，那就哗变作乱。宁远的兵变，也影响到朝廷对袁崇焕的看法。《明通鉴》卷八十一"崇祯元年十一月"载：

延儒性警敏，善伺意指。方锦州兵哗，袁崇焕请给饷。上召问诸大臣，皆请发内帑，延儒独进曰："关门昔防敌，今且防兵。宁远哗饷之，锦州哗复饷之，各边效尤，帑将安给？"上曰："卿谓何如？"延儒曰："事迫，不得不发，但当求经久之策。"上说曰："卿言是也。"降旨责群臣。越数日，复召问，延儒曰："饷莫如粟，山海积粟不缺也，缺银耳，何故哗？安知非骄弁构煽以胁崇焕邪！"上方疑边将要挟，闻延儒言，复悦曰："卿言是。"

又袁崇焕虽杀毛文龙，虑其部下为变，反而增饷十八万，其言："东江一镇，牵制所必资。今定两协，马军十营，步军五，岁饷银四十二万，米十三万六千。"（《明史·袁崇焕传》）而崇祯帝以兵减饷增为疑。然而从总体上讲，"崇焕在辽，与率教、大寿、可刚定兵制，渐及登、莱、天津，及定东江兵制，合四镇兵十五万三千有奇，马八万一千有奇，岁费度支四百八十余万，减旧一百二十余万"（《明史·袁崇焕传》）。定兵制，减饷银，是有利于长期守辽的方针，但这一点不是立即能见效的。由于袁崇焕动了毛文龙部队饷源的利益链，那么受影响的不仅是所属部队的将士，也牵涉到在中枢的毛文龙的代理人，如那时的兵部尚书梁廷栋，甚至包括内阁的温体仁。这一变动既埋下了以后毛文龙部的作乱及孔有德、耿仲明降清的隐患，也埋下了崇祯对袁崇焕的杀机，明廷后来影响崇祯杀袁崇焕的主要人物便是温体仁与梁廷栋。明廷虽然接受了袁崇焕在辽东采取积极防御的方针，即"以辽土养辽人，守为正著，战为奇著，和为旁著"的方针，但对内部如何整肃队伍、统一思想、统一作战部署的问题并没有解决。毛文龙的事不仅牵涉毛文龙一个人，它牵涉到方方面面复杂的关系。时间一久，这些潜伏着的矛盾便会爆发出来，从根本上影响袁崇焕在辽西问题上的基本方针。袁崇焕杀毛文龙以后，《明通鉴》卷八十一"崇祯二年六月"载："时文龙专阃海外，有跋扈声，崇焕一旦除之，自谓可弭后患。然东江屹然巨镇，文龙死，势日衰弱。且岛弁失主帅，心渐携，益不可用，其后致有叛去者。"

（三）袁崇焕在辽东与皇太极之间关于和议的书信往还

下面应该说明的是后金对明的方针政策，是采取和议，以缓和与明的对立，集中力量解决朝鲜与蒙古察哈尔部的问题。这样后金军队可以绕过山海关，从宣大、喜峰口进入北京周边地区进行骚扰。在此之前，后金对付明边防的一项重要措施，便是重用降人，利用降人来挖明朝的墙脚，这一招早在努尔哈赤时便已开始了。早在万历四十六年（1618年）后金攻打抚顺时，抚顺的守城将领游击李永芳就投降了后金。李永芳剃发投降以后，努尔哈赤妻以阿巴泰（努尔哈赤第七子）之女，授总兵，统辖降众。七月，李永芳领着后金的军队攻陷清河镇，辽阳也是李永芳领兵攻陷的。故当时人云："辽不自亡，降人亡之。"王化贞在广宁的溃败，是因其亲信孙得功叛降，而孙得功叛降是以李永芳为内线的，王化贞也是因相信李永芳能成为内应而上当的。实际上是李永芳拉了孙得功降清，出卖了王化贞，熊廷弼对王化贞说："永芳不可信，广宁多间谍。"而王化贞完全与熊廷弼对着干，结果吃了大亏。努尔哈赤进攻宁远时，也是李永芳引的路。早期的降人中，李永芳的影响最为恶劣。皇太极时期，对降人更加重用了。若孔有德、耿仲明等，原来是毛文龙的下属，降清后，立即受到重用。孔有德是天聪七年（1633年）与耿仲明一起率部降后金的，皇太极给他们田宅于辽阳，召赴盛京（即沈阳），皇太极出德胜门十里至浑河岸，行抱见礼，亲酌金卮劳之，赐敕印，授都元帅。对耿仲明优礼同孔有德。不久他们便领着清兵征旅顺，此后包括尚可喜、洪承畴这些明朝重臣降清，对清人后来入关起了很大的作用。

（四）皇太极第一次带兵入关和崇祯帝冤杀袁崇焕

辽西有袁崇焕在宁远顶着，努尔哈赤也碰了钉子，在皇太极忙着对朝鲜战争时，袁崇焕也乘机恢复了锦州、大小凌河及松山、杏山、塔山地区的据点，加强了山海关关外的防线。故皇太极不得不改变战略方针，从西边直接入关，扰乱明辽西与山海关防线的后方，直接威胁北京的安全，从根本上动摇袁崇焕辽西防线的根基。在清兵入关之前，袁崇焕曾上疏朝廷称："臣身在辽，辽无足虑，惟蓟门单弱，敌所窥窥，请严饬蓟督峻防固御。"一疏不省，再三疏之，没有引起朝廷的注意。在要不要入关的问题上，后金诸贝勒之间还是有争论的，当时岳托与济尔哈朗支持皇太极深入内地，于是命管旗八大臣往与代善、莽古尔泰议，夜半始定。他们是从青城出发的，青城即大宁都司的新城卫，在今承德的东北。他们分兵三路，济尔哈朗与岳讬率右翼四旗攻大安口，阿巴泰、阿济格率左翼四旗攻龙井关，皇太极则由洪山口逾边墙，目标先是关内河北的遵化。明总兵赵率教来援，兵败被杀，巡抚王元雅在城破后自经死。后金军队接着向蓟州（今属天津）进发，至通州，距北京二十里驻军。辽西的明总兵满桂、侯世禄等俱集德胜门，袁崇焕则由间道飞抵郊外，转战于广渠门外，急追金兵至北运河。皇太极知崇焕不去，则明事难图，遂设反间。《明通鉴》卷八十一"崇祯二年十二月"载：

先是大军获宦官二人，令副将高鸿中等守之。太宗文皇帝因授密计鸿中等于二宦官前。故作耳语云："今日撤兵，袁巡抚有密约，事可立就矣。"时杨太监者佯卧，窃闻其言，纵之归，以所闻告于上，上遂信之不疑。再召见崇焕及大寿于平台，诘崇焕以杀毛文龙之故，责其援兵逗留，缚付诏狱。成基命叩头请慎重者再，上曰："慎重即因循，何益！"基命复叩头曰："兵临城下，非他时比。"亦不省。

这件事崇祯上当了，既然抓了袁崇焕，祖大寿恐，率军回山海关外。崇祯只能请孙承宗出来收拾残局，召回祖大寿等援军。孙承宗移镇山海关关门，诸将闻孙承宗、马世龙至，辽将多马世龙部曲，多自拔来归，祖大寿亦敛兵待命，孙承宗以马世龙总理援军。这样明军与后金的军队在京郊周旋到次年五月，皇太极才取道冷关口（今河北省迁安市东北）回关外，然而留阿敏守关内之永平、迁安、滦州、遵化四城，后此四城先后为孙承宗所收复。明军收复四城的过程，是先攻滦州，阿敏在永平，只派了几百人去援滦州，结果为明军所歼。滦州守军汤古岱突围走永平，为明军拦截，死伤甚重。时阿敏已尽收迁安之守兵及居民入永平城，杀永平投降之汉官白养粹，并召遵化之守将弃城，被明军追杀，于是永平守兵亦撤出关外。阿敏令士兵掠取降民之财物，驱汉人至永平，分给八家为奴，临走时，将永平、迁安官民，悉行屠戮，以财物、牲畜、人口为重，悉载以归。从这里可以知道，阿敏丢失永平等四城，先是违反军纪肆意杀掠，失一滦州而弃其他三城，狼狈而归。阿敏回到关外以后，便被皇太极幽禁起来。

崇祯三年（1630年）七月袁崇焕被冤杀，造成袁崇焕冤狱的原因，除了皇太极用间以外，还与兵部尚书梁廷栋与内阁温体仁有关。温体仁是毛文龙的同乡，梁廷栋在关外曾与袁崇焕共事，有私隙。崇祯初疑崇焕，及闻所复地方皆辽兵之力，复欲用崇焕于辽，又有"守辽非蛮子不可"之语。于是温体仁、梁廷栋又再疏论崇焕，温体仁前后五疏，力请杀崇焕，梁廷栋以其杀毛文龙私通后金为反迹。在这些奏疏的背后，是毛文龙东江岁饷百万，大半不出都门，皆入权宦囊中，自崇焕斩文龙，权宦尽失其赂，因而皆与温体仁、梁廷栋合谋杀袁崇焕。故袁崇焕的悲剧，除了外部用间外，亦有其内部官员因腐败而互相倾轧的因素。杀袁崇焕与熊廷弼是明廷自坏长城。

五、崇祯时期对清作战的屡次失利

（一）清兵再三入关骚扰与卢象昇之死

后金兵第二次入关骚扰，是在天聪九年，即崇祯八年（1635年）。皇太极第二次用兵朝鲜，为了牵制明朝援助朝鲜，由阿济格及阿巴泰率兵分道入关，过保定、安州，陷十二城，俘获人口、牲畜十八万，这完全是一次抢掠性的军事行为。尽管后金兵只是偏师，明督师兵部尚书张翼凤、宣大总督梁廷栋皆按兵不动，听任后金兵烧杀抢掠。九月间，后金兵从冷关口出关，回归辽西。

崇德三年，即崇祯十一年（1638年），八月，皇太极命多尔衮带兵，分左右两路侵明。杜度所统之右翼从密云东北墙子岭口，毁长城入内地。明之援军都集中兵力抗击右翼军。至九月二十八日，左翼多尔衮之师自董家口东二十里，青山关西二里许，毁墙而入，明军没有任何防卫，清兵如入无人之境，左右两翼军队会师于通州河西，由北而过北京至涿州，攻高阳。孙承宗率家人拒守，家人皆战死，城破，承宗被执，望阙叩头，投缳而死。

崇祯帝对这次清兵入关的战略意图并无明察，因而对入关清兵采取的方针举棋不定。这一次不是皇太极带兵入关，而是多尔衮带偏师入关。天聪八年（1634年）时，皇太极进犯大同，曾致书崇祯，希望达成和议。这次清兵入关之前，皇太极在辽东遣使崇祯要求议和，是通过辽东巡抚方一藻报告朝廷的。《明通鉴》卷八十六"崇祯十一年冬十月"载：

> 先是大清遣使议和，巡抚辽东方一藻以闻，枢辅杨嗣昌亦主和议。有瞽而卖卜者曰周元忠，尝往来于辽，议遣之奉书。象昇闻而心非之，至是召对，咨以方略。对曰："臣主战。"上色变，良久曰："和乃外廷议耳。"象昇因奏备豫形势甚悉，上壮之，而戒象昇持重，令与嗣昌及中官高起潜议，盖起潜方奉诏监军也。
>
> 当是时，上心知大清兵锐甚，力不敌，而耻言和，故委廷议以答象昇。象昇出，与嗣昌、起潜议，皆不合。即日陛辞，赐尚方剑。嗣昌送之，屏左右欲有言，久而不能出口，第丁宁毋轻战而已。
>
> 甲午，诏卢象昇、高起潜分督援军。象昇师次昌平，上遣中官赍四万金犒军，明日，又赐御马百、太仆马千、铁鞭五百。象昇乃决策议战，而事多为高起潜挠，愤甚，疏请分兵，议以宣大、山西三帅属象昇，关、宁诸帅属起潜，然象昇所部实不及二万。越数日，杨嗣昌至军，象昇责以沮师，且曰："公等坚主和议，独不思城下之盟，《春秋》所耻！长安口舌如锋，恐袁崇焕之祸立见。"嗣昌颊赤，曰："公直以上方剑加我矣！"象昇曰："既不奔丧，又不能战。齿剑者我也，安得加人！"嗣昌曰："公毋以长安蜚语陷人！"象昇曰："周元忠赴边讲和，

往来非一日事。始于蓟镇监督,受成于本兵,通国闻之,谁可讳也。"嗣昌语塞而去。

又数日,会起潜安定门,象昇大言:"非血战无以尽臣职。"起潜曰:"恐野战非我所长耳。"两人始终各持一议。

从这一段记载看,崇祯帝想议和,但又不敢明言,推于外廷。杨嗣昌与高起潜主张议和,而卢象昇是主战的。在战事上,杨嗣昌与高起潜反对与清军积极交仗,故削弱卢象昇所掌之军队实力,卢象昇只能指挥宣大、山西入援的军队,而山海关与宁远入援的军队由高起潜指挥。杨嗣昌要求卢象昇毋轻战,而崇祯帝给卢象昇的印象是积极主战的,故卢象昇警告杨嗣昌"恐袁崇焕之祸立见",杨嗣昌脸红了。事实上杨嗣昌也不敢擅作主张,没有崇祯帝的允许,他不会如此消极应战。《明史·卢象昇传》称:

大清兵南下,三路出师:一由涞水攻易,一由新城攻雄,一由定兴攻安肃。象昇遂由涿进据保定,命诸将分道出击,大战于庆都。编修杨廷麟上疏言:"南仲在内,李纲无功;潜善秉成,宗泽殒恨。国有若人,非封疆福。"嗣昌大怒,改廷麟兵部主事,赞画行营,夺象昇尚书,侍郎视事。

这样卢象昇能直接指挥的不过是残卒五千。

十二月十一日,进师至钜鹿贾庄。起潜拥关、宁兵在鸡泽,距贾庄五十里而近,象昇遣廷麟往乞援,不应。师至蒿水桥,遇大清兵。象昇将中军,大威帅左,国柱帅右,遂战。夜半,觱篥声四起。旦日,骑数万环之三匝。象昇麾兵疾战,呼声动天,自辰迄未,炮尽矢穷。奋身斗,后骑皆进,手击杀数十人,身中四矢三刃,遂仆。掌牧杨陆凯惧众之残其尸而伏其上,背负二十四矢以死。仆顾显者殉,一军尽覆。大威、国柱溃围乃得脱。

(《明史·卢象昇传》)

《明季北略》卷十四《卢象昇战死》条,具体描述了这场战争的过程,其云:

遂统骑五千,上下千里,三军乏食,空腹而驰。象昇哀恳疾呼,莫之救。晨出帐,四面拜曰:"吾与尔将士共受朝廷恩,患不得死,勿患不得生。"众皆泣,不忍仰视。于是拔寨起,兼程至贾庄屯营,率五千人击北兵,射一骑。北兵合围进,呼军疾驰,奔冲入,北兵退。象昇谕将士曰:"今虽胜,彼必愤,集诸骑乘吾,尔毋怠。"越明日,北兵率众冲我营,象昇顾左右曰:"谁为我取彼者?"总兵虎大威驰卒摧之,不胜,且却。象昇大呼曰:"虎将军,今吾辈效命秋,无自爱!"乃招后骑皆往。象昇奋刀入,击杀十余人,身中二矢二刃,呼不已。曰:"关羽断头,马援裹革,在此时矣!"马蹶阵亡。时戊寅十二月十二日。从死为仆顾显、掌牧杨陆凯。逾四年,诏赠户部尚书,谥忠烈,予祭葬,赐荫,恩礼有加云。一云象昇与嗣昌不合,援断粮绝,军士饮冰七日而无叛志,困甚。象昇服小军衣,尚书印缚肘后,被流矢死,与洪承畴立庙北京,四时致祭。

象昇所以死有六。一与嗣昌相左,二与起潜不协,三以弱当强,四以寡击众,五无饷,六无援。然后五者,皆嗣昌奸谋所致,虽然,杀象昇之身于一时者,嗣昌也;成象昇之名于千载者,亦嗣昌也。

事实上卢象昇这一次奋战,还是重创了清军的。据杨廷麟所编

《卢公事实》，其曾射杀清兵一银盔大将，头大如斗，清使者曾奏言贝勒岳讬及辅国公玛瞻俱病卒，他们实际上是战场上被打死或打伤后病死的。岳讬是代善的长子，八大固山之一。岳讬的死，对皇太极与代善是沉重的打击，听到这个消息时，皇太极哭之，下马，席地坐，代善痛哭仆地。

卢象昇如此殉职，实际上是杨嗣昌与高起潜拥兵不救所致，卢象昇战死以后，明军中再没有人敢言战了。于是清兵从北京南下，破真定、广平、顺德、大名等五十城，直逼济南。而明的重兵则在德州，杨嗣昌认为清军不会越德州而南，结果济南无备，守城使张秉文连章告急，嗣昌未发援兵，城陷，德王朱由枢被执，明勤王诸军只是尾随清军而行。至次年三月，清兵顺利由青山口北返。多尔衮这次入关，是饱掠而归，俘人口四十六万，白银百余万两，辎重绵亘而行，明军无敢拦击者。崇祯对这两次清兵入关，在和战问题上举棋不定，想和，又怕言和；战，则又不敢，只想保住京城。消极防御的结果，清兵入关在河北、河东、山东地区如入无人之境，大片土地、万千人民任清兵蹂躏。这样的政策只能坐以待毙。事后言官当然要上疏追究责任，《明通鉴》卷八十六"崇祯十二年"（1639年）载：

给事中李希沉言："陛下御极以来，京师戒严者三。己巳失事之罪未核，致有丙子；丙子失事之罪未核，致有今日。"语侵枢辅杨嗣昌。御史王志举亦劾"嗣昌误国，请用丁汝夔、袁崇焕故事"。上怒，希沉贬秩，志举夺官。

实际主要的责任在杨嗣昌。杨所以如此，背后是崇祯帝的决策，崇祯只想保住自己所在京城的安全，那当然就得牺牲周边地区百姓的身家性命了。明廷在连续三次清兵入关中所犯的错误,也不能不由诸臣议一下,以应付舆论。《明通鉴》卷八十六"崇祯十二年"载:

> 命嗣昌议文武诸臣失事罪,分五等:曰守边失机,曰残破城邑,曰失陷藩封,曰失亡主帅,曰拥兵观望。于是蓟镇总监中官邓希诏、分监中官孙茂霖,顺天巡抚陈祖苞,保定巡抚张其平,山东巡抚颜继祖、蓟镇总兵吴国俊、陈国威,山东巡抚倪宠,援剿总兵祖宽、李重镇,及他副将以下至州县有司,凡三十六人同论死,而嗣昌贬削不及。

把责任往下面一推,那就很难从根本上总结教训。崇祯与杨嗣昌还是会沿着错误的政策方针走下去,直到明亡。

(二)锦州之围、松山之败与洪承畴降清

清兵前后三次入关,攻破州县不少,但都不能守。第一次是皇太极入关,留阿敏守滦州、遵化、永平、迁安四州,皇太极返还关外,期明年秋天复往永平。结果滦州一失守,阿敏便弃关内四州出关,为此阿敏被幽禁。后两次便没有留人守关内的城市。皇太极知道山海关不攻克的话,清无法与明争夺中原,而宁远、锦州诸城堡不攻下的话,也不能克山海关。因此从崇德五年(1640年)起,便命令清军不断骚扰杏山、塔城、松山、锦州、宁远诸城,那一年也就是崇祯十三年。内臣高起潜等不能御,系狱。此前总兵金国凤拒清兵于宁远城北山岗,偕其二子皆没于阵。洪承畴说:"国凤素怀忠勇。前守松山,兵不满三千,乃能力抗强敌,卒保孤城。非其才力优也,

以事权专，号令一，而人心肃也。迨擢任大将，兵近万人，反致陨命。非其才力短也，由营伍纷纭，号令难施，而人心不一也。"（《明史·金国凤传》）这话还是有道理，将领率兵打仗，事权必须统一，将在前线，君命有所不受，事权不统一，将领就很难指挥打仗。祖大寿在锦州被围，向京师告急，于是明廷以洪承畴为蓟辽总督，出山海关，驻兵宁远，疏请调宣府大同诸镇兵援山海关。

据《明季北略》卷十八《洪承畴降清》条记载，崇祯十一年（1638年）辽阳旱蝗，秋禾啖尽。十二年辽阳复旱蝗，秋稻靡遗。十三年辽阳大饥，父子相食，斗米一千二百，值银一两七钱，粮价三倍于内地，每石银六两。十四年夏麦丰收，百姓生活稍复苏。那年的二月，洪承畴开始提兵援锦州，与清兵相拒，前后四个月。至崇祯十五年，即壬午年的二月，援兵陆续会集，号称二十万。清兵也集中了二十四万，围锦州。洪承畴的兵力集中在宁远，宁远在西面，锦州在东面，自宁远往东三十五里为高桥堡，再三十五里是塔山，再五十里是杏山，复五十里是松山，再五十里为里红山，离锦州还有三十里，由锦州再往东便是清兵所在的地区。里红山有石城一座，清兵固守，山下是一片平原，这样便阻隔了锦州与援军的联系。当时洪承畴调集的军队有宣府杨国柱、大同王朴、密云唐通，加上曹变蛟、白广恩、马科、吴三桂、王廷臣部，八个总兵，援军达到十三万，马四万匹，都集中在宁远，而锦州则是被清兵围困在东边的孤城，要援锦州，则必须越过里红山石城的清兵据点。皇太极亲带八旗精锐的骑兵增援围困锦州的清军。皇太极的战略是集中力量打击援军，洪承畴的援军被打垮了，锦州这个孤城亦难以坚守，那么山海关外明军的据点尽行丢失，山海关便直接暴露在清军兵锋之下，故这一仗是明清双方主力的一次决战，这一战役的成败，决定着明廷存亡的命运。

洪承畴先把军队集中在宁远，等待粮饷，所以没有直接发动进攻。祖大寿自锦州遣卒传语给洪承畴：毋浪战，但以车营逼敌出境。而洪承畴亦以兵护粮饷辎重由杏山输松山，再由松山输锦州，步步为营，以守为战。这是一场比耐心的持久战，谁能赢得充分的时间，谁就能胜利。然而明朝在粮饷给养上拼不起，那时朝廷的兵部尚书陈新甲以师久饷匮，遣职方郎中张若麒赴军，而若麒只想日夜报捷，并请密敕趣战。这样洪承畴不得不易守为战，以六万兵先进松山，向锦州靠拢，想尽早为锦州解围，早日撤军关内，减少粮饷运输上的困难。

皇太极获悉洪承畴进军松山的消息，于是迅速集合清兵，倾全国之力在松山寻找与明决战的机会，陈兵在松山、杏山之间，断绝松山与杏山之间的通道，使松山成为孤城，松山城内粮饷供给被阻隔。在这种情况下，松山难以久守，明军想后撤塔山，而皇太极便在塔山、杏山、小凌河之间布伏兵，邀击明军之归师。而松山之明军，吴三桂、王朴、唐通、马科、白广恩、李辅明带兵自松山向杏山撤退。明军在被伏击的情况下，且战且退，溃入杏山。然后皇太极集中兵力猛攻留在松山的明军。这样明军被分隔在锦州、松山、杏山、宁远几处，都动弹不得，在各个据点被动挨打。皇太极则集中兵力攻打松山洪承畴大营所在地，洪承畴与邱民仰、王廷臣只能固守松山。逃离松山留在杏山的军队又急于返回宁远，杏山的军队一出城，便受到清军的邀击，王朴、吴三桂等仅以身免，张若麒逃到沿海，通过渔船才返回内地。行军最怕的是没有思想准备的情况下受到伏击，这次战役明军损失五万三千余人。

松山成为孤城，军心动摇，崇祯十五年二月间，松山的副将夏承德私通清军，让清军通过他守城的地段，乘夜竖梯登城，他作内应。松山守城就这样被攻陷，结果是洪承畴被俘，邱民仰、曹变蛟在松山殉职。这时在锦州的祖大寿，已粮尽而致人相食，战守计穷，听说松山、塔山皆陷落，援兵的期望不可能了，遂投降清军。皇太极让孔有德、尚可喜、沈志祥等降臣去驻守锦州，便于对新占领地区的安抚。

松山战役，以明军失败告终，明军在关外的防线全部失陷，山海关地区成了明清之间的分界线，对明王朝来说，这是一次致命性的打击，不仅丢了关外大片土地，而且损失了边防军的主力部队，最终连洪承畴也投降了清朝，成为清兵进关的引路人。传说洪承畴被俘后绝食以死自誓，皇太极用了美人计，打动了洪承畴。实际上是范文程向皇太极担保，皇太极留用了洪承畴。萧一山《清代通史·洪承畴之降》云：

> 承畴至盛京，皇太极命汉军范文程觇之。承畴初谩骂，既而数数拂拭衣尘。文程归报曰："承畴不死矣，一衣犹爱惜若此，况其身耶？"后皇太极亲至其室，解貂裘而与之服，徐曰："先生得无冷乎？"洪茫然视良久，叹曰："真命世主也！"因叩头请降。皇太极大悦，即日赏赉无算，陈百戏作贺。诸将皆不悦曰："洪承畴仅一羁囚，何待之重乎？"皇太极曰："吾侪

所以栉风沐雨者,究欲何为?"众曰:"欲得中原耳。"皇太极笑曰:"譬之行者,君等皆瞽目,今得一引路者,吾安得不乐?"众乃服。

从以后的历史看,洪承畴对清王朝也确实忠心耿耿。尽管如此,后人编《清史列传》时,他还是入了"贰臣传"。他终身不能进入清室的核心决策圈子,清帝对降臣的利用亦有度。

(三)陈新甲和议失败与清兵第四次入关

陈新甲是杨嗣昌引荐的,崇祯十三年(1640年)其代替傅宗龙为兵部尚书,松山、锦州之失,实与其催促洪承畴进兵有关。为此言官劾张若麒及陈新甲,新甲乞罢。问题在于许多事是崇祯决策失误,洪承畴所以不能坚持,就是因为有崇祯帝密敕催战。《明史·陈新甲传》称:"新甲雅有才,晓边事,然不能持廉,所用多债帅。深结中贵为援,与司礼王德化尤昵,故言路攻之不能入。"关于和议,其本传载:

> 初,新甲以南北交困,遣使与大清议和,私言于傅宗龙。宗龙出都日,以语大学士谢升。升后见疆事大坏,述宗龙之言于帝。帝召新甲诘责,新甲叩头谢罪。升进曰:"倘肯议和,和亦可恃。"帝默然,寻谕新甲密图之,而外廷不知也。已,言官谒升。升言:"上意主和,诸君幸勿多言。"言官骇愕,交章劾升,升遂斥去。帝既以和议委新甲,手诏往返者数十,皆戒以勿泄。外廷渐知之,故屡疏争,然不得左验。

从这个过程看,那些言官们都反对言和,崇祯帝也不敢挺身承担责任,言和变成一件偷偷摸摸见不得人的事,这叫作死要面子活受罪。萧一山《清代通史》第二篇《和议之终败》言及和战的过程,其云:

> 兵部尚书陈新甲,屡以国力困敝为言,由检亦知力有不敌,密以和议委之。与敕曰:"谕兵部尚书陈新甲:据卿部奏,辽沈有休兵息民之意,中朝未轻信者,以前督抚各官,未尝从实奏明。今卿部屡次陈奏,我国家开诚怀远,似亦不难听从,以仰体上天好生之仁,以复还我祖宗恩义联络之旧。今特谕卿便宜行事,遣官宣布,取有确信回奏。"
>
> 新甲遂遣使至锦州,以敕谕示清将,言明帝愿和之意。清诸王贝勒等,即以奏报,皇太极览毕,颇疑其诈伪,且言:"藐视我国,实无讲和之真心。"故不报。崇德七年五月,明更遣职方员外马绍愉,主事朱济之,副将周维墉、曾宗孔,游击都司守备八人,天宁寺僧性容及从役九十九名,至宁远议和,皇太极遣人迎之,至盛京复携有明帝之敕谕一通,谕言:"谕兵部尚书陈新甲:据卿部所奏,乃称前日所谕之休兵息民之事,至今未有确报者,因未差官至沈,未得确音。今准该部便宜行事,差官前往,确探实情。"六月,皇太极遣马绍愉等归,向明廷提出之条件如左:
>
> (一)吉凶大事,交相庆吊。
>
> (二)每年明赠黄金万两、白金百万两于清,清赠人参千斤、貂皮千张于明。

（三）清国之满洲、蒙古、汉人、朝鲜人等，有叛逃至明国者，当遣还；明国有叛逃至清国者，亦遣还。

（四）明以宁远、双树堡间之土岭为国界，清以塔山为国界。连山为适中之地，两国互市于此。

（五）自宁远双树堡土岭界北，至宁远北台，直抵山海关长城一带，若清人有越入，明人有越出者，按律处死。或两国有人乘船捕鱼，海中往来者，明以宁远双树堡中间土岭沿海至黄城岛以西为界，清以黄城岛以东为界，有越界妄行者，察出处死。

从清廷提的条件看不算苛刻，谈还是比不谈好。然而陈新甲不小心把议和的消息泄漏出去了。《明史·陈新甲传》载：

> 一日，所遣职方郎马绍愉以密语报，新甲视之置几上。其家僮误以为塘报也，付之抄传。于是言路哗然。给事中方士亮首论之。帝愠甚，留疏不下。已，降严旨，切责新甲，令自陈。新甲不引罪，反自诩其功，帝益怒。至七月，给事中马嘉植复劾之，遂下狱。

最终是陈新甲弃市而终止和议之事。这中间有两个问题，一个是言官们喜欢唱高调，缺乏实事求是的精神，真正让他们去处理实际问题时，往往又畏首畏尾。言者无罪，但言者也应有责任心，要考虑言的后果，特别是事关生死存亡的关头，一味唱高调不见得有益。事情的处理总是有经有权，在某种情况下，总得有权宜之计，否则难免坏事。从崇祯讲，要有敢于担当的精神，他不应该杀陈新甲，朝廷的大臣，边疆的疆臣，不能随意杀戮。他如此杀戮大臣，谁还敢为他尽心尽力呢？还不是弄得一个众叛亲离的下场？再者，如陈新甲这样的兵部尚书，尚且"不能持廉"，那么边疆诸总兵要站住脚，哪一个不靠克扣饷额来贿赂京师的权贵,如毛文龙那样不是个别情况。征收那么多军饷究竟有多少用到士兵身上?拿不到军饷,还有谁愿意拼死打仗呢?

清兵第四次入关是在崇祯十五年(1642年)的十一月。《明通鉴》卷八十八"崇祯十五年"讲到那时明在山海关内外设防的情况,其云:

是时关内、外并建二督,又分设二督于昌平、保定,千里之内有四督臣;又有宁远、永平、顺天、密云、天津、保定六巡抚,宁远、山海、中协、西协、昌平、通州、天津、保定八总兵;星罗棋置,防兵益众,而事权不一。

皇太极在同年(崇德七年)十月间下令阿巴泰为奉命大将军率师入关。那时皇太极已有病在身,出征时皇太极有一段上谕:

朕非好黩武穷兵也,因不忍使生灵罹害,屡欲与明修好,而彼国君臣执迷不悟,是以命尔等往征。尔等入明境,毋任意妄杀,毋夺人衣服,毋离人妻子,毋焚毁财物,毋暴殄米谷。前者兵临山东,有因索财物而酷刑拷逼者,非我国仁义之师也。尔等宜传谕各旗,引以为戒。(《东华录》崇德七年十月辛亥条)

同时,皇太极令豫郡王多铎、郡王阿礼达"率兵赴宁远边外,立营以制宁远援兵"。《明通鉴》卷八十八"崇祯十五年"载:

大清兵已自墙子岭、青山口等处入,京师戒严。命勋臣分守九门,中官王承恩督察城守,诏举堪督师大将者。戊寅,征诸镇入援。庚辰,大清兵克蓟州。时援军渐至,皆畏怯观望不敢战,大清兵乘胜分趋真定、河间等府。

不久,清兵攻克兖州,鲁王朱以派自缢死。接着,清兵连下山东诸州,直抵海州、赣榆、沭阳、丰、沛,明之将吏,多望风遁,或献金帛迎降。到了次年四月,辅臣周延儒自请督师,《明通鉴》卷八十九"崇祯十六年(1643年)"载:

> 时大清兵略山东,还至近畿,上忧甚。吴甡方奉命入湖广,延儒不得已自请视师。上大喜,降手敕,奖以召虎、裴度,赐章服、白金、文绮、上驷,给金帛赏军。延儒遂行,驻通州。
>
> 辛卯,大清兵北归。
>
> 是春,大清兵自山东还,过登莱,陷莱阳,入直隶界,陷顺德府,兵迫近畿,诸援军亦随而北,终未敢一战。
>
> 给事中熊汝霖因言:"兵入墙子岭以来,南北往返,诸军谨随其后,如厕隶之于贵官,负弩前驱,望尘莫及,何名为将!何名为督师!"上深然之。
>
> 汝霖又言:"外县难民纷纷入都,不云被兵而云避援军。兵破霸州,未尝杀戮百姓,援军继至,遂无孑遗。朝廷岁费数百万金钱以养兵,岂欲毒我赤子?"上恶其语激,谪为福建按察使照磨。
>
> 而近畿烽火日亟。周延儒至通州,亦不敢战,惟与幕下客饮酒娱乐,而日腾章奏捷。
>
> 及是大清兵至怀柔,赵光抃合唐通、白广恩等八镇兵邀战于螺山(山在今北京怀柔北),皆溃。总兵官张登科、和应荐败没,大同参将吴希稷、守备张尔垫亦先后死之。
>
> 大清兵之南下也,自去冬至是夏,所过畿辅、山东、应天,及自山东北还,凡克府、州、县城八十八。

《明史·周延儒传》亦有相关记载，而周延儒最终还是败在督师这件事上。其本传云：

> 大学士吴甡方奉命办流寇，延儒不得已自请视师。帝大喜，降手敕，奖以召虎、裴度，赐章服、白金、文绮、上驷，给金帛赏军。延儒驻通州不敢战，惟与幕下客饮酒娱乐，而日腾章奏捷，帝辄赐玺书褒励。侦大清兵去，乃言敌退，请下兵部议将吏功罪。既归朝，缴敕谕，帝即令藏贮，以识勋劳。论功，加太师，荫子中书舍人，赐银币、蟒服。延儒辞太师，许之。居数日，养性及中官尽发所刺军中事。帝乃大怒，谕府部诸臣责延儒蒙蔽推诿，事多不忍言，令从公察议。

周延儒如何督师抵御入关清兵的细节，更见于《明季北略》卷十九之《周延儒续记》，其云：

> 初十下午，有北兵进口之说，延儒不信，曰："边塞将佐为粮储劫司农，常套也。"十一、十二两日，果寂然。延儒以坦衷处之。十三日早辰，蓟州难民踉跄而来，小保定告陷，北兵大队南下矣。盖北兵实系初十日五更破蓟州，即阖其四门，内不得出，外无驰报，故京中以为无是说也。十三日早辰，赍所掠而出口者向北，方发硎而扬其刃者驰南，畿辅左右，兽骇禽飞。先帝震怒，谓："边将不足恃，边抚无可依，更恨邮牒无闻，塘报不发，两抚一镇，悉逮而系之狱。诛之。"怒犹未释。两抚，马成名、潘永图；一镇，唐钺也。上日坐文华殿，敕有献策，直入毋禁。董心葵辈亲承圣语。后有一逃奴，貉裘锦衣入见，亦蒙赐点。主乃勋卫，当获特奏，枭之而止。九门昼闭，文武

坐门外，入羽书，一日曾陷二十六名城。延儒为之无色，聊效杨嗣昌故智，使僧道百人，建大法道场于石虎胡同口上，啀诵《法华经》第七卷。十一月、闰十一月、十二月，满城人如处瓮中。十六年正月朔日，礼应辑瑞，十三省方岳无一至者。二月春闱，亦无言及。至三月初，外来者联镳路庆平安。内应出者，有三选文武给凭未领，及外转升出司府等官，不下五百余人，亦俱结队而去。……盖北兵自十月入内，至今年二月，日将二百，身不解甲，鞍不离马，困乏极矣，乃于三月初一入莒州城，养马于野，人皆休卧。……如是者匝月，所以出入人俱未遇北兵也。莒州境四面高山，春暮草茂，宜牧马云。四月初五日下午，先帝临平台，召三相国，词色俱厉，云："朕欲亲征！"延儒跪曰："臣愿代皇上。"上不言，仰视，侧摇其首。延儒起，陈演继之曰："首辅阁务殷繁，臣可去。"上仍侧摇不言。陈起，蒋德璟下跪曰："臣实可去。"上又侧摇如前。蒋起，延儒再跪请出。上冷笑曰："先生既果愿去，朕在宫中看过奇门，正在此刻，一出朝门，即向东行，慎勿西转。"当时不得不谢恩而出，东至齐化门，权宿城楼，题请随征科道：兵科方士亮、御史蒋拱宸、兵部职方尹民兴、户部刘嘉绩。勤王已到四镇：刘泽清、唐通、周遇吉、黄得功，亦随行。初六日至通州，而北兵之自南而出，东起津门，西至涿鹿，亘三百余里，横排齐拥，车载骡驮，不尽自芦沟桥一处渡河也。远近城楼之炮，日夜不绝响，延儒在通城，则受四镇之拜师，四镇则轮设绛帐之脯席；随征四臣，从延儒而传食四镇，四镇又赴随征四臣而陪酌延儒。延儒之客席已遍，先主爵于勤王四镇,祝凯歌;后洗盏于随征四臣,祝纪录,一月来日未遑也。朝晚进二疏题,皆飞报大捷,实未尝出城数武,为濠外窥一矢相加遗也。后人有"卖放出口"之说,不亦冤哉!五月初六日,北兵无留影,延儒同日夕会饮者庆太平。又四日,整归鞭,时为初十上午。先入文华殿,陛见欢迎,亲手扶握,慰劳备至。

从这次清兵入关过程看,明朝抵御的状况完全形同儿戏,可见其官僚机构从上到下败坏到什么程度,已是不可救药。明朝灭亡只是时间问题了,稍受冲击便会彻底崩溃。《明季北略》卷十九之《北都崩解情景》条云:

崇祯末年,在京者有"只图今日,不过明朝"之意,贫富贵贱,各自为心,每云:"鞑子、流贼到门,我即开城请进。"不独私有其意,而且公有其言,已成崩解之势矣。

明朝行将崩溃之势,皇太极也看得很清楚,他在给朝鲜的上谕中也讲道:

明有必亡之兆,何以言之?彼流寇内讧,土贼蜂起,或百万,或三四十万,攻城掠地,莫可止遏。明所恃,惟祖大寿之兵,并锦州松山之兵,及洪承畴所领各省援兵耳。今皆败亡已尽,即有新兵,亦仅可充数,安能拒战。明之将卒岂但不能抵御我师,反自行剽掠,自残人民,行贿朝臣,诈为己功。朝臣专尚奸谀,蔽主耳目,私纳贿赂,罚及无罪,赏及无功。以此观之,明之必亡昭然矣。(《东华录》崇德八年)

（四）清政权的重大建制及皇太极之死

皇太极执政的十七年，在政治和文化设置上，也采取了许多重大措施。一方面他保存了女真传统的社会制度，如八旗制度，并用八旗制度来编制蒙古族人和汉人。另一方面他又大量采纳汉人传统的政治文化体制，官僚机构的设置、考试制度、官员的考核制度，几乎全部照搬明朝的制度，这个过程实际上是满族逐渐汉化的过程。

八旗本来是女真人的建制，随着统治地区的扩大、人口的增多，大量蒙古族人与汉人进入后金的统治区域，有一个大量降人如何编制和管理的问题。最初蒙古族人、汉人都分隶于满洲的八旗，汉人为其包衣，即奴仆。人口多了以后，蒙古族人与汉人单独成立佐领，三百人为一佐领，满人有三百零八佐领，蒙古族人有七十六佐领，汉军设十六佐领。天聪九年（1635年）分蒙古为八旗，有士兵一万六千八百四十人。崇德二年（1637年）七月，又分立汉军为二旗。至四年六月，分汉军官兵为四旗。至崇德七年六月，乃分汉军为八旗，各设管旗大臣，兵二万四千五百人，孔有德、耿仲明、尚可喜的士兵均划入汉军八旗。这个时候的满、蒙、汉的八旗仍然是军民合一的，到顺治以后，才把军、民政进行区分。崇德时期，军队的行军和作战开始有纪律的约束，然而抢掠之风仍然盛行。

政治制度上的设置，仿照明制。天聪五年（1631年）始设立六部官，礼、户、吏、兵、刑、工一如明朝，六部各设管事贝勒一人，以贝勒的身份管某部事。各部之下有承政、参政、启心郎、办事、笔帖式。承政是满二人，蒙古、汉各一人。参政定员为八人，唯工部置蒙古、汉各二人。崇德元年（1636年）五月，设都察院，司谏诤君主及诸王贝勒大臣旷职不敬者。崇德三年六月，设理藩院，专治蒙古诸部事。这样六部两院一共八个衙门。后来诸王贝勒便不管部院事，八个衙门统一归君王管辖。天聪三年时设文馆，负责翻译典籍、记注政事、起草文告之事。天聪十年（1636年）三月改文馆为内三院，即国史院、宏文院、秘书院，每院各设大学士一人。这实际上在仿照明代的内阁制度，同时考试制度、刑赏制度亦逐渐完备。这样的政治体制及文教建制实际上是满族人接受汉族文化的过程，它为满族人入关统治中原地区奠定了政治和思想基础。

崇德七年（1642年）冬，皇太极便有病了。《东华录》记载，崇德七年十二月，丁丑，上驻跸开库尔，圣躬不豫，诸王贝子大臣请罢猎，不许。次年正月，丙申朔，上不豫。到了三月末，又有"上不豫，赦死罪已下"的记载。他是那年八月初九去世的：

庚午，上御崇政殿回宫。是夜亥刻，无疾坐南榻而崩。在位十七年，寿五十有二，奉安梓宫于崇政殿。（《东华录》崇德八年八月庚午条）

看来他死得还是比较突然，虽然在此前有三次不豫，但他还一直在处理政务。他去世时并未有遗命，这样便有一个由谁来继统的问题。十四日，诸王会于大衙门，礼亲王代善提出"天位不可久虚"，他拥戴皇太极的长子豪格。豪格说自己"福少德薄，不堪承任"，固辞而退。代善与阿济格不愿干预朝政，即时辞去。多铎没有发言，多尔衮提出既然豪格退让，无继位之意，"则当立帝之三子福临，若以为年稚，则吾与郑亲王济尔哈朗分掌其半，以左右辅政，年长之后，再当归政"。那一年福临只有6岁，当时政事皆决于多尔衮，郑亲王济尔哈朗专掌兵事。当初努尔哈赤去世时，即有授多尔衮以大位之说，由于其年幼，才由皇太极继位。多尔衮成年之后，得皇太极之欢心，因与同母弟多铎同时各拥一旗，其势力在诸王之上，且曾带兵入关，当时传嫡的观念已影响甚深，故立皇太极之子以服众心，而自己则居于摄政的地位，掌握实权。豪格与多尔衮不相容，不久豪格便以诽语罪下狱。在这种局面下，多尔衮在皇太极去世后，成为大清帝国的实际执政者。

六、明末农民起义的兴起与发展

(一) 明末农民运动的社会基础及其早期活动的特点

这一次最终导致明王朝覆灭的农民运动，发源于陕西。诱发这次起义的居然是地方豪强对士兵的高利贷，由于官府的参与，激起了民变。计六奇的《明季北略》卷四《钱文俊激变》条称：

> 流贼所由起，大约有六：叛卒、逃卒、驿卒、饥民、难民、响马是也。天下形势莫强于秦，秦地山高土厚，其民多膂力，好勇敢斗，故六者之乱，亦始于此，而卒以亡天下。崇祯初，陕西西安府长安县富林村，有富室钱之骥子文俊，用贿入庠，险恶营利，僮仆恣横，通邑恨之。时镇守省城总兵官王国兴，招家丁五百人，内有吴荣、贾奇、李兴、张文等，素无赖，贷文俊银九两，已偿利八两，止负本银。文俊屡索，吴等竟无偿。顷之，闻总戎发粮，遣七人觅吴、贾等，詈而殴之，拥之行府前。诸兵俱忿，追夺而还，钱仆被殴垂毙。

这样钱文俊就告到总兵官王国兴那儿，王国兴处理了自己属下的士兵，其云：

> 文俊白于王国兴曰："吴荣四人贷银四十七两，本利不偿，击

僮将毙，乞总台明断。"国兴曰："家丁甚贫，兄何慨借多金？此言无据，本府修书学院，公断方明。"文俊恐，贿以三十金。国兴拘四人庭讯，吴荣等曰："止负九两，宁有四十七两乎？"文俊持前说，国兴各笞三十，拟徒，下狱追比，众兵怒。（《明季北略》卷四《钱文俊激变》）

这里所谓家丁，有似于汉魏之际的部曲，王国兴处理不公，于是引起士兵的反抗、哗变，闹到察院。其云：

已而钱仆死者三人，文俊驰院控理，兵众哗，拥署前。邢兵宪询所由，兵竟不白，直前欲杀文俊。邢大怒曰："有理当辩，奈何聚众闹公庭！"即擒数十人笞之，悉下之狱。众兵将劫狱，入白国兴，国兴止之。进见邢，备言军心欲变，请贳其罪。时重文轻武，总戎秩虽高，自文臣视之，犹藐如也。邢谓国兴曰："汝纵家丁反，予将奏汝，此罪非轻！"国兴惧而谢曰："下官渎犯。"辞出。诸兵皆愤，入狱劫吴荣四人去，遂杀文俊全家，毁掠室庐。复入察院狱中，劫出众家丁。（《明季北略》卷四《钱文俊激变》）

这个"院"是地方按察院的衙门，处理结果还是压制士兵，结果士兵哗变，干脆打开察院的监狱，劫出众家丁。这样事件闹大了，而且失控了。

邢知事急，出谕招抚，诸兵见而毁之，遂肆杀掠，各官逃匿。时兵仅数百人，而饥民及无赖附之者，即有万计，出城结营东山。（《明季北略》卷四《钱文俊激变》）

起来造反的士兵与饥民结合在一起，人数多了，有了骨干，有了组织，有了作战能力，这些人便是后来陕北农民起义军的骨干，他们"推才勇十人为头目",此为流民起义之始。这件事是流民反抗运动的初始,如果没有其他地区和方方面面给烈火添柴,它还不至于形成燎原之势。问题是各种社会矛盾和自然灾害都集中在这个地区,使这个地区的农民运动一发不可收拾。下面我们再分析一下各种相互叠加的矛盾因素。

军队不稳,士兵哗变不断,兵变与民变结合,是促使农民运动不断扩大和蔓延的一个重要因素。

崇祯元年(1628年)七月,塞外宁远发生兵变,到了十月间,锦州又发生军队哗变。《明季北略》卷四《锦州军哗》条称:

> 冬十月己丑,召群臣于文华殿,以锦州军哗、袁崇焕请饷疏示阁臣,曰:"崇焕前云汰兵减额,今何仍也?"王在晋曰:"减汰当自来岁始。"周延儒曰:"关门昔年防敌,今日防兵。前宁远哗,朝廷即饷之,又锦州焉。各边尤而效之,未知其极!今虽予之,当益思经久之策。"

从军队防敌,到防兵哗变,说明军队不稳,不稳的原因之一是欠饷。这两次兵变以发饷来了结,问题在于"经久之策"是什么,周延儒没有说出一个所以然来。辽东问题旷日持久,饷源始终是一个问题,拆东墙补西墙不是办法。崇祯二年(1629年)后金兵入关,朝廷调各地边镇军队增援京师,但增援之师的军饷没有准备好,欠饷久了,士兵便哗变了。《明通鉴》卷八十一"崇祯二年十二月"载:

> 先是宣大总督及宣府、保定、河南、山东、山西巡抚,闻京师戒严,皆奏请率师入卫;并诏征应天、凤阳、陕西、浙江各巡抚,及抚治郧阳都御史,统部卒勤王。至是山西巡抚耿如杞偕总兵官

张鸿功以勍卒五千人赴援。军令："卒至之明日，汛地既定而后给饷。"如杞兵既至，兵部令守通州，明日调昌平，又明日调良乡，汛地累更，军三日不得饷，乃噪而大掠。上闻之，震怒，逮如杞、鸿功下狱。时四方援兵先后集，以缺饷故，多肆剽掠。山西这支哗变的军队后来回到山陕地区，参加了那个地区的民变。

农民运动所以在山陕地区持续发酵，另一个原因是那里吏治的腐败。《明通鉴》卷八十一"崇祯元年十一月"载：

陕西流贼大起。初，乔应甲、朱童蒙巡抚陕西、延绥，讳盗不闻，被害者莫敢告。至是连岁大饥，有司不恤下。有白水男子王二，通于县役，遂纠众墨其面，掠蒲城之孝童、韩城之淄川镇。由是府谷贼王嘉允、宜川贼王左挂并起，遂攻城堡，杀官吏。安塞贼高迎祥、汉南贼王大梁，复纠众应之。迎祥自称"闯王"，大梁自称"大梁王"。

十二月，"固原兵变。时边兵缺饷，乱卒乘饥民之起，相与哗噪。巡抚胡廷宴瞆眊不视事，与延绥巡抚岳和声互相推匿，乱卒劫固原州库，遂入贼党"（《明通鉴》卷八十一"崇祯元年"）。兵变与饥民起而反抗必然合流，大量饥民在山陕地区流亡与劫掠，原因之一是崇祯初陕北地区严重的干旱。《明季北略》卷五载马懋才在崇祯二年四月二十六日上疏备陈山陕地区大饥的状况，他在奏疏中说，他作为行人，见到过各地灾异的状况，"然未有极苦极惨如所见臣乡之灾异者"。其云：

臣见诸臣俱疏，有言父弃其子、夫鬻其妻者，有言掘草根以自食、采白石以充饥者，犹未详言也，臣今请悉为皇上言之。

臣乡延安府，自去岁一年无雨，草木枯焦。九八月间，民争采山间蓬草而食，其粒类糠皮，其味苦而涩，食之仅可延以不死。至十月以后，而蓬尽矣，则剥树皮而食，诸树惟榆皮差善，杂他树皮以为食，亦可稍缓其死。迨年终而树皮又尽矣，则又掘其山中石块而食，石性冷而味腥，少食辄饱，不数日则腹胀下坠而死。

民有不甘于食石而死者，始相聚为盗。而一二稍有积贮之民遂为所劫，而抢掠无遗矣，有司亦不能禁治。间有获者，亦恬不知怪，曰："死于饥，与死于盗等耳！与其坐而饥死，何不为盗而死，犹得为饱死鬼也。"

最可悯者，如安塞城西有粪城之处，每日必弃一二婴儿于其中，有号泣者，有呼其父母者，有食其粪土者。至次晨，所弃之子已无一生，而又有弃之者矣。

更可异者，童稚辈及独行者，一出城外，便无踪迹。后见门外之人，炊人骨以为薪，煮人肉以为食，始知前之人，皆为其所食。而食人之人亦不免，数日后面目赤肿，内发燥热而死矣。于是死者枕藉，臭气薰天。

县城外掘数坑，每坑可容数百人，用以掩其遗骸，臣来之时已满三坑有余，而数里以外不及掩者，又不知其几许矣。小县如此，大县可知；一处如此，他处可知。幸有抚臣岳和声弭盗赈饥，捐俸煮粥，而道府州县各有所施，然粥有限而饥者无穷，杯水车薪，其何能济乎？又安得不相率而为盗也？且有司束于功令之严，不得不严为催科，仅存之遗黎，止有一逃耳！此处逃之于彼，彼处复逃之于此，转相逃，则转相为盗，此盗之所以遍秦中也。

总秦地而言，庆阳、延安以北，饥荒至十分之极，而盗则稍次之；西安、汉中以下，盗贼至十分之极，而饥荒则稍次之。（《明季北略》卷五《马懋才备陈大饥》）

可见陕西地区饥荒之严重。流民问题严重的地区，不一定是饥荒最严重的地区，因为饥民流亡于他乡，加剧了周边地区的社会矛盾，民变反而在那些地区更为严重。

当时也不是没有人看到问题的严重性，如南居益便曾上疏请发军饷。《明季北略》卷五《南居益请发军饷》条载：

三月二十八日，陕西户部侍郎南居益奏曰："九边要害，半在关中，故刍饷之需，独倍他省。迩因宇内多事，司农告匮，延绥、宁、固三镇，额粮缺至三十六月矣。去岁阖省荒旱，室若磬悬，野无青草，边方斗米贵至四钱，军民交困嚣然，丧其乐生之心。穷极思乱，大盗蜂起，劫杀之变，在在告闻。适青黄不接，匮乏难支，狡寇逃丁，互相煽动，狂锋愈逞，带甲鸣锣，驮驼控弦者，千百成群，横行于西安境内，耀州、泾阳、三原、富平、淳化、韩城、蒲城之间，所过放火杀人，劫财掠畜，庐舍成墟，鸡犬一空。泾、富二邑，被祸尤酷，屠掠淫污，惨不忍言。即有存者，骇鹤惊风，扶老携幼，逃窜无门。时势至此，百二河山，危若累卵，揆厥所由，皆缘饥军数数鼓噪城中，亡命之徒，揭竿相向，数载以来，养成燎原之势，遂至不可响迩。为今之计，欲剿贼，必先稽离伍之军；欲查军，必先给积逋之饷。饷如不足，则士不宿饱，马无余刍，枵腹荷戈，即慈父不能保其子，而抚镇又安能制此汹汹骄悍之卒哉？今惟发三十万饷以给之，庶可弭脱巾之祸于旦夕。不然，崤、函以西，且溃散而不可收拾；关中一变，川、蜀、晋、楚，唇齿俱为摇动，天下事尚忍言哉？"

问题是这些奏疏并未得到崇祯的重视。《明通鉴》卷八十一"崇祯二年二月"载：

> 户科给事中刘懋，"请裁驿站冗卒，岁可省金钱数十万"。上悦，从之。是时秦中加派之赋曰"均输"，曰"间架"，曰"新饷"，其目日增。吏因缘为奸，民大困，多往从贼。而山陕游民，至是求驿糈者无所得食，于是流贼饥民不可究诘，而山陕大乱。

实际上裁撤驿站使当地"贫无赖者藉水陆舟车奔走自给"，"至是遂无所得食"。如李自成，早年曾"充银川驿卒"，后来便只能以杀猪为生。灾荒一来，这些人就成为民变的骨干。

（二）流民初起时的状况与明廷地方官的态度

《明通鉴》卷八十"天启六年八月"载：

> 是时奄党乔应甲巡抚陕西，朱童蒙巡抚延绥，皆贪黩虐民，民遂起为盗。应甲、童蒙置不问，反胁官吏责重赂，以此盗遂日横。

崇祯元年（1628年），《明季北略》卷四《白水盗王二》条载：

> 十一月，延绥饥，土府谷民王嘉胤倡乱，饥民附之。时白水县盗王二等，合山西逃兵，掠蒲城、韩城之孝童、淄川镇。时承

平久，猝被兵，人无固志。陕西巡抚胡廷宴，庸而耄，恶闻贼警，杖各县报者，曰："此饥民也，掠至明春后自定耳！"于是有司不敢闻。盗侦知之，益肆，遂劫宜君县狱，北合嘉胤五六千人，聚延庆之黄龙山。

崇祯二年，《明季北略》卷五《乔应甲酿祸》条载：

正月六日壬戌，抚治郧阳都御史梁应泽，以汉南盗告急请兵，陕抚胡廷宴、延绥巡抚岳和声，各奏流贼肆掠。刑科给事中薛国观上言："贼之炽也，由乔应甲抚秦置盗劫不问，实酿其祸。今弭盗之方，在整饬吏治，有先事提防之法，有临事剪灭之法，有后事惩戒之法。"上是之。

同年四月，《吴焕奏秦寇》条载：

是年四月，陕西巡按御史吴焕上言："秦寇惨掠，古所罕有。抚臣胡廷宴狃于积弛，束手无策，则举而委之边兵。延绥抚臣岳和声讳言边兵为盗，又委之内地，则西安、延安诸邑之被盗，皆两抚推诿隐讳，实酿之也。"

从这几条材料可以知道，流民起来反抗，出于官员"贪黩虐民"，而官员的态度是能瞒则瞒，甚至求赂于下级官吏。乔应甲是如此，陕西巡抚胡廷宴亦是如此，结果是问题坐大。这一点朝廷也不是不知，从薛国观对乔应甲的指责可以知道，他只是提出了处理问题的原则，缺少具体的针对的措施。在下面则是互相推诿，陕西的抚臣推给边镇，边镇延绥的抚臣则推给内地。互相推诿的结果，流民越聚越多。这个时期流民的组成主要是饥民与哗变逃亡的士兵，前者是基本的群众，后者是流民的骨干。活动的方式，是向周边地区打家劫舍，还没有什么明确的政治目的，流民内部也没有强有力的组织。其规模已成千上万，可以攻击县城了，如属于西安府的白水、蒲城、韩城，属于延安府的延川、府谷、宜君三县，朝廷不仅没有采取有力的措施，崇祯帝反而接受刘懋的建议，裁撤驿递，这无异于火上浇油，扩大了群众起来反抗的社会基础。这是崇祯二年（1629年）前后，陕西地区流民问题双方的基本态势。由于灾荒的面积越来越大，加上后金兵入关后，各地勤王士兵因缺饷而哗变，"保定兵首溃，余亦多中路逃者，因与饥民合势，啸聚山泽"（《明季北略》卷五《混天王扰延川等县》）。

流民问题被正式提到崇祯面前，是在崇祯二年四月间，那时三边总督武之望病卒。《明史·杨鹤传》载：

久之，廷臣莫肯往者，群推鹤。帝召见鹤，问方略。对曰："清慎自持，抚恤将卒而已。"遂拜鹤兵部右侍郎，代之望总督陕西三边军务。至则大梁、大旺、王二已前诛灭，而继起者益众。鹤素有清望，然不知兵。其冬，京师戒严，延绥、宁夏、甘肃、固原、临洮五镇总兵官悉以勤王行。延绥兵中道逃归，甘肃兵亦哗，惧诛，并合于贼，贼益张。

三年正月，王左挂等攻宜川，为知县成材所却，转攻韩城。军中无帅，鹤命参政洪承畴御之。俘斩三百余人，围解，贼走清涧。鹤连疏请诸将还镇，不果，起故将杜文焕任之。二月，延安知府张辇、都司艾穆蹙贼延川，降其魁王子顺、张述圣、姬三儿。别贼王嘉胤掠延安、庆阳，鹤匿不奏，而给降贼王虎、小红狼、一丈青、掠地虎、混江龙等免死牒，安置延绥、河曲间。贼淫掠如故，有司不敢问。寇患成于此矣。

从这些记载看，杨鹤任三边总督最先不是去围剿流民的，而是去管理三边的将士，结果碰上流民泛滥的问题，以及士兵的哗变。他是抚战结合，以抚为主。安抚了以后有一个士兵生计安置的问题，要有控制，控制不住，还会再次叛乱的。《杨鹤传》续云：

> 明年（崇祯四年，1631年）正月，贼弃宁塞，陷保安。一元死，弟一魁围庆阳，陷合水。鹤闻，移驻宁州。一魁求抚，送还合水知县蒋应昌，别贼拓先龄、金翅鹏、过天星、田近庵、独头虎、上天龙等亦先后降。鹤设御座于城楼，贼跪拜呼万岁。鹤宣圣谕，令设誓，或归伍，或归农。贼佯应之，则立赦其罪。群盗自是视总督如儿戏矣。鹤又以一魁最强，致其婿帐中，同卧起；而一魁果至。数以十罪，则稽首谢。即宣诏赦之，畀以官，处其众四千余人于宁塞，使守备吴弘器护焉。（杜）文焕闻之，叹曰："宁塞之役，贼畏我而逃。今者贼伪降，杨公信之，借名城为盗资。我宗人，可与贼逼处此土乎！"遂以其族行。

到了七月间，流民复起，故吴牲奏鹤主抚误国，于是逮鹤下狱，戍袁州。接替杨鹤的是陈奇瑜，其先是以剿为主。崇祯六年（1633年）陈奇瑜上疏称："流寇作难，始于岁饥，而成于元凶之煽诱，致两郡三路皆盗薮。今未顿一兵，未绝一弦，擒斩头目百七十七人，及其党千有奇。头目既除，余党自散。向之斩木揭竿者，今且荷锄负耒矣。"（《明史·陈奇瑜传》）问题是关陕地区的大股流民暂时被消灭了，但流民又流向山西、河北、畿南地区，廷议诸镇抚事权不一，宜设大臣统之。《明史·陈奇瑜传》称：

乃擢奇瑜兵部右侍郎兼右佥都御史，总督陕西、山西、河南、湖广、四川军务，专办流贼。奇瑜檄诸将会兵陕州。先是，老回回、过天星、满天星、闯塌天、混世王五大营自楚入蜀，陷夔州。阻险，复走还楚，分为三：一犯均州，往河南；一犯郧阳，往淅川；一犯金漆坪，渡河犯商南。奇瑜乃驰至均州，檄四巡抚会讨。

从军事上讲，那时明军还占优势，《明史·陈奇瑜传》载：

贼见官军四集，大惧，悉遁入兴安之车厢峡，诸渠魁李自成、张献忠等咸在焉。峡四山巉立，中亘四十里，易入难出。贼误入其中，山上居民下石击，或投以炬火，山口累石塞，路绝，无所得食，困甚。又大雨二旬，弓矢尽脱，马乏刍，死者过半。当是时，官军麾之，可尽歼。自成等见势绌，用其党顾君恩谋，以重宝贿奇瑜左右及诸将帅，伪请降。奇瑜无大计，遽许之，先后籍三万六千余人，悉劳遣归农。每百人以安抚官一护之，檄所过州县具糗粮传送，诸将无邀挠抚事。诸贼未大创，降非实也，既出栈道，遂不受约束，尽杀安抚官五十余人，攻掠诸州县，关中大震。

最终三四万人只能招降，不能多杀啊！问题是"劳遣归农"没有那么简单，农民一旦从土地上游离出来，要他们回到土地上去就很难了，五十余个安抚官怎么管得了那么多难民呢？一出车厢峡，他们当然恢复以攻掠为生了，这是崇祯七年（1634年）的一个变局。

如果从另一个侧面去考察，农民军的发展及其领袖人物的成长也有一个历练的过程。农民军最早以王嘉胤为首领，其被曹文诏杀于阳城。接下来是以王自用为首领，分为三十六营，实际上还是各自为战。以后是高迎祥为首领，他自称闯王，是安塞之"马贼"，李自成的舅舅。到了崇祯四年（1631年），李自成才与侄子李过投奔高迎祥。当时流民群的首领都有名号，《明季北略》卷八有《贼首名号》条，其云：

> 贼首之有名号者，在秦则称紫金梁（王和尚）、满天星、蝎子块、老回回、一字王（刘小山）、邢管队、领兵王、整齐王、闯塌天（刘姓）、过天星（张五）、南营八大王、八爪龙（徐姓）、西营八大王（张献忠）、二队八大王、不沾泥、混世王、曹操、乱世王、八队闯将（张姓）、张飞、九条龙、五条龙、贺双全、高总管等二十四家，晋、豫则称英王、王镇虎、朱温、赵令军、过天星、吴计、郝光、混天星、荆联子、过江王、混世王、大胆王、征西王、福寿王、齐天王、密灵王、阎和尚、上天龙、出猎雁、黑心虎、楼山虎、新一字王、北营八大王、混天王、上天王、领兵王、阎王老邢、四队、六队、八队、闯塌天、顺义王等三十二营，各拥众数万，少者万计，蹂躏直省无虚日。时李自成方依闯王高氏，与刘良佐自结一队，号闯将，名不大著。

从这些绰号来看，可以知道他们文化水平不高，很可能是受小说《水浒传》及《三国演义》的影响而用这些名号的。崇祯八年（1635年），农民军在荥阳大会，商量行军的对策。《明史·李自成传》称：

> 八年正月，大会于荥阳。老回回、曹操、革里眼、左金王、改世王、射塌天、横天王、混十万、过天星、九条龙、顺天王及迎祥、献忠共十三家七十二营，议拒敌，未决。自成进曰："一夫犹奋，

况十万众乎！官兵无能为也。宜分兵定所向，利钝听之天。"皆曰："善。"乃议革里眼、左金王当川、湖兵，横天王、混十万当陕兵，曹操、过天星扼河上，迎祥、献忠及自成等略东方，老回回、九条龙往来策应。陕兵锐，益以射塌天、改世王。所破城邑，子女玉帛惟均。众如自成言。

李自成原来隶属于高迎祥，后来才独立一军。其属下有李过、李牟、俞彬、白广恩、李双喜、顾君恩、高杰等，其中过、杰善战，君恩善谋。从这里可以知道农民军的组织性强了，大家可以集合在一起，讨论如何分兵作战。在这次荥阳大会上，李自成不仅独立成军，而且开始在众多农民军中崭露头角，作战行军也开始讲策略和谋划了。

（三）皇明祖陵陷落后，崇祯帝第一次下《罪己诏》

荥阳大会以后，向东发展的一支部队是以高迎祥、张献忠、李自成为首的，从河南东进，那就直接威胁到凤阳明王朝的祖陵了。《明季北略》卷十一《贼陷凤阳》条讲了农民军进攻凤阳的过程，其云：

先是，七年正月，南京兵部尚书吕维祺，以贼势猖獗，奏言"南都、凤、泗、承天，陵寝所在，乞敕淮抚杨一鹏急为预备，防贼东犯"。至是，贼自汝宁来，密遣壮士三百人，伪为商贾、车役，先入凤阳，或鬻锦帨、椒枣，或为僧道、乞儿等，分投各宿，随以重兵继之。时方元夕，士女如云，笙歌彻耳。忽火光四起，咸呼曰："流贼至矣！"百姓狂奔，不啻鸡入釜中，鱼游网内也。

是时凤阳无城可守，虽有总漕杨一鹏驻扎，兵不过二千余，皆市人，不习战，贼大至，官军无一人迎敌者，遂溃。贼焚皇陵，烧享殿，燔松三十万株，杀守陵太监六十余人，纵高墙罪宗百余人，留守朱国巷战，斩贼二十七人，力竭死。

这件事对崇祯帝震动很大，此条续云：

二月，巡按凤阳御史吴振缨，疏奏凤阳之变，是日上当经筵，特传免，素服避殿，亲祭告太庙，命百官修省。

那崇祯就不得不在朝廷上处理一批失事官员，同时检讨这一时期施政上的得失了。崇祯七年（1634年）三月，给事中常白裕上言：

皇上赫然震怒，调兵七万，其实不过五万，且分之各处，未足遏贼。凤阳焚劫四日，而马爌至归德；围解三日，而邓玘来颍、亳；安、庐之贼返斾而北，尤世威等信尚杳然，贺人龙等各处淫掠，所谓贼梳而军栉也。乞严饬之，以申军法。（《明季北略》卷十一《贼陷凤阳》）

这里说明官军是追随农民军而走，农民军焚劫的是皇陵和官府，而官军由于粮饷不足，抢劫的对象是百姓。所谓"贼梳而军栉也"，说明官军经过时的祸害更甚于农民军。十月，崇祯帝下《罪己诏》曰：

朕以凉德，缵承大统，不期倚任非人，边乃三入，寇则七年，师徒暴露，黎庶颠连，国帑匮诎而征调未已，闾阎凋敝而加派难停，中夜思维，不胜愧愤。今年正月，流氛震惊皇陵，祖恫民仇，责实在朕。今调勍兵，留新饷，立救元元，务在此举。惟是行间文武吏士，劳苦饥寒，深切朕念。念其风餐露宿，朕不忍安卧深宫；念其饮水食粗，朕不忍独享甘旨；念其披坚冒险,朕不忍独衣文绣。兹择十月三日,避居武英殿,减膳撤乐,非典礼事,惟以青衣从事,与我行间文武吏士甘苦共之,以寇平之日为止。文武官其各省愆淬厉,用回天心,以救民命。(《明史纪事本末·崇祯治乱》)

问题的根子是在"国帑匮诎而征调未已,闾阎凋敝而加派难停",朝廷对外不敢讲和议,战事不停,那么兵饷筹集越来越困难,民力难以复苏,民变激化的趋势很难改变。侍读倪元璐上言:

盗贼之祸,震及祖陵,国家大辱极矣。陛下下罪己之诏,布告天下,然此非徒空言也。今民最苦,无若催科。未敢兴言,冀停加派,惟请自崇祯七年以前,一应逋负悉与蠲除,断自八年督征。有司考成,亦少宽之。东南杂解,扰累无纪,如绢、布、丝、绵、颜料、漆、油之类,悉可改从折色。此二者于下诚益,于上无损,民之脱此,犹汤火也。至发弊而远追数十年之事,纠章一上,蔓延不休,攀贴而旁及数千里之人,部文一下,冤号四彻,谁有以民间此苦告之陛下者乎?及今不图,日蔓一日,必至无地非兵,无民非贼,刀剑多于牛犊,阡陌决为战场,陛下亦安得执空版而问诸磷燹之区哉!(《明史纪事本末·崇祯治乱》)

可见问题还是在赋税的负担上,对百姓来说,最苦的是催科和加派。催科,翻老账,追数十年前之旧欠,加派又不能停,这样下去势必"无地非兵,无民非贼",两手空空,怎么能解决兵燹之区的困苦呢?这样的话,《罪己诏》岂不成了空话,关键是拿不出摆脱困境的办法。崇祯肯定倪元璐说的这一番话,但也只能双手一摊,给人一种无奈的感觉。

崇祯九年（1636年）四月，有武生李琎，建议搜括巨室助饷，崇祯认可，但引来士大夫们一片反对的声音。《明季北略》卷十二《钱士升论李琎搜括之议》条载：

四月，武生李琎奏致治在足国，请搜括巨室助饷。大学士钱士升拟下之法司，不听。士升上言："比者借端倖进，实繁有徒。而李琎者，乃倡为缙绅豪右报名输官，欲行手实籍没之法，此皆衰世乱政，而敢陈于圣人之前，小人无忌惮一至于此！且所恶于富者，兼并小民耳，郡邑之有富家，亦贫民衣食之源也。以兵荒之故，归罪富家，而籍没之，此秦始皇所不行于巴清，汉武帝所不行于卜式者也。此议一倡，亡命无赖之徒，相率而与富家为难，大乱自此始矣。"已而温体仁以上欲通言路，竟改拟。上仍切责士升，以密勿大臣即欲要誉，已足致之，毋庸汲汲。

工部右侍郎刘宗周那时反过来将了崇祯一军，事见《明季北略》卷十二《刘宗周罢》条：

四月，大学士温体仁等各捐俸市马，从关宁太监高起潜之请也。刘宗周上言："一岁之间，助陵工，助城工，又助马价，亦可报称于万一，而时奉急公之旨。诸臣于此，毋乃沾沾有市心乎？惟皇上罢得已之役，停不急之务，节省爱养，不徒为一切旦夕之计，亦何事屑屑以利为言乎？"不听，宗周寻报罢。

在刘宗周看来，温体仁等捐俸市马，只不过是讨崇祯帝的欢心，无补于实际万一，你崇祯皇帝为什么不停宫中"得已之役"和"不急之务"呢？要节省开支，支援前线，你皇帝先带头。这话惹怒了崇祯帝，便只能作罢了，关键还是在于崇祯帝自己。

（四）崇祯帝第二次下《罪己诏》

崇祯十年（1637年），天又大旱，崇祯久祈不雨，不得不第二次下《罪己诏》。《明季北略》卷十三《责臣罪己》条载其诏书云：

> 帝德好生，降罚必有所致。久祈不应，乃朕躬之悃诚未能上达，朝廷之德泽不能下沾。如张官设吏，原为治国安民，今出仕专为身谋，居官有同贸易。催钱粮先比火耗，完正额又欲羡余。甚至已经蠲免，悖旨私征。才议缮修，乘机自润。或召买不给价值，或驿递诡名轿抬，或差派则卖富殃贫，或理谳则以直为枉。阿堵违心，则敲扑任意；囊橐既富，则解网念工。抚按之荐劾失真，要津之毁誉倒置。又如勋戚不知厌足，纵贪横于京畿；乡宦灭弃防维，肆侵凌于闾里，纳无赖为爪牙，受奸民之投献，不肖官吏畏势而曲承，积恶衙蠹生端而勾引。嗟此小民，谁能安枕？似此种种，足干天和。积过良深，所以挽回不易。都着洗涤肺肝，共竭悃诚，仰祇天意。

这个文章不是崇祯自己写的，是有人代笔，经其认可而发布的，说是罪己，究竟自己执政已十年了，过失在哪里？过失都在下面各级官吏。对吏治的腐败和弊端讲得很透彻，问题是你作为君主的罪责又在哪里？崇祯七年那次《罪己诏》，还有一点自我批评精神，讲到"责实在朕"，讲到自己"倚任非人"。而崇祯十年这次《罪己诏》，不是罪己，而是罪官了。他对整个官僚机构的腐败，讲得很系统。一是为官的目的，是"专为身谋，居官有同贸易"。换句话讲，做官是为了谋利，权力与金钱相结合。"催钱粮先比火耗，完正额又欲羡余。甚至已经蠲免,悖旨私征",这是税务系统的腐败。"火耗"是指把税银融为元宝的损耗,加在纳税人头上。"羡余"是正额以外的附加,是纳入收税人腰包的。国家减免,百姓并不知情,税收部门依旧可以征收,结果往往是国家的征收不能保证,征上来的税银,鼓了收税官员的腰包,欠税累累,饷银无着。"才议缮修,乘机自润",那就是工程与装修的项目,往往是官员中饱私囊的机会。"召买不给价值","召买"是指政府采买,那就是利用官府和皇家的权力,与商人勾结,损公肥私。"驿递诡名轿抬",那是借公车消费,中饱私囊。"差派则卖富殃贫",那是指差役的派遣贫富不均,并借此上下其手,收受贿赂。"理谳则以直为枉",那是讲司法腐败,官员受贿赂而错判冤判无辜。"阿堵违心,则敲扑任意","阿堵"是钱,西晋时王衍自命清高,见钱不言钱字,说阿堵。这里是讲一切向钱看,只要能搞到钱,任何违心敲扑百姓的事都能干得。"抚按之荐劾失真,要津之毁誉倒置",是指对按抚的推荐,所根据的治绩失真,对在位官员的评判毁誉颠倒,监察和言论机关是非倒置,言论失真。"勋戚不知厌足,纵贪横于京畿",指皇亲国戚利用其社会关系贪赃枉法,崇祯帝的丈人周奎就是为案子开后门的一个典型。"乡宦灭弃防维,肆侵凌于闾里,纳无赖为爪牙,受奸民之投献","乡宦"指致仕退休在家的官僚及其子弟,这是指乡宦们养了一批家丁作为打手,在乡里为非作歹,无恶不作。嘉、万间徐阶在乡时便是一个典型,崇祯时在松江的董其昌也是一个恶霸地主的典型,他们的身份都是乡宦。"投献"是指民间把土地寄名于乡绅名下以规避赋役,地方官对他们也只能"畏势而曲承"。

"积恶衙蠹生端而勾引"是指地方官与乡宦串通一气，欺压百姓，广占农民的土地和人口，结果是"嗟此小民，谁能安枕"。这就是明末吏治的状况，整个官僚机器都烂了。到了这种状态，依靠官僚机构自身的力量来净化官僚队伍，恢复官僚机构应有的功能已经很困难了。不是说所有官僚士大夫都是如此，还是有洁身自好的人，但要完全扭转这个风气就相当困难了。此外，君臣之间的关系也在发生变化，崇祯九年（1636年）正月，《明季北略》卷十二《刘宗周论时政》条载：

> 厂卫司讥防，而告密之风炽；诏狱及卿士，而堂帘之情违。人人救过不给，而欺罔之习转甚；事事仰承独断，而诡谀之风日长。甚至参勘之法，惟重征输，官愈贪，民愈困，而赋愈逋。总理之外，复设监纪，权愈分，法愈废，而盗愈多。夫君臣相与，至难也。

君臣之间不是一条心的话，"国事尚可问哉？"这是对崇祯皇帝直接提意见了。臣僚队伍不行，你君王有没有责任啊！而崇祯帝这份《罪己诏》只是对官僚机构及其队伍提出了问题，没有检讨自己用人不当、滥用诏狱的过失，那就很难挽回这个王朝走下坡路的败局了。当然明朝的官僚机器所以如此腐烂，不可救药，那也不是崇祯帝一个人的责任，许多问题在嘉靖、万历年间已经逐渐形成，在崇祯时，由于外患内乱的迭起，更加暴露和加深了它内在的矛盾，而"事事仰承独断"，不仅不能挽回败局，反而使"诡谀之风日长"，结果只能是江河日下而无可挽回。刘宗周讲话太直，没有多久就被罢官了。

七、农民军力量的壮大与政权之建立

(一) 崇祯十年前后,农民军情况的变化

崇祯十年(1637年)前后,农民军的发展也是起起伏伏,虽然曾经遭受过重大的挫折,但因为农民运动发展的土壤还在,所以一有机会便伏而又起。崇祯十一年有户部主事张缙彦论当时的兵情形势,《明季北略》卷十四《张缙彦论兵情贼势》条载:

> 臣任清涧知县,于兵情贼势,亲见有素。盖贼之得势在流,而贼之失势在止;贼之长技在分,而贼之穷技在合;贼之乘时在秋夏,而贼之失时在冬春。昔大贼王嘉胤破河西,据其城,曹文诏等夺门斫杀,而嘉胤歼。李老柴破中都,据其城,巡抚练国事督兵攻围,而老柴擒。神一元破宁塞,据其城,左光先等与战,而一元死。谭雄破安塞,据其城,王承恩等攻围,而谭雄诛。此皆守而不去之贼,故速其死也。过天星、老回回、混十万等所破城邑无算,官军未至,旋即奔逸,此皆流而不居之贼,故缓死也。贼入晋、豫,分头成部,自秦及汝、洛,以至江北,无处不被贼。岂贼真有数十百万?盖分股以披其党,牵制我兵,故见多也。前总督陈奇瑜,驱天下之贼尽入汉中,出栈道关,

正可一鼓而灭,乃以招安致败,不可复收。古人以八日而平贼数万者,利其合也。夏秋之间,刍粮尽在场圃,足供士马之资。冬春,非破城攻堡不能得食,官兵促之则尤易,故时有利有不利也。今欲破贼,惟在乱其所长而使之短,破其所得而使之失。

张缙彦对当时兵情形势的分析,有一定道理,农民军的发展有长处,亦有短处,长处在流,短处在止。因为流,所以很难全歼他们,停止一地便可围而攻之。从时间上讲,夏秋之间秋收之后,粮食在农村,足供士马之资,不是围歼的机会。冬春之交,农民军就只能攻城略地才有供应。农民军停留在城市时,是歼灭他们的好机会。这个时期围剿农民军的将领洪承畴被调到关外边镇,卢象昇战死,明军的统帅是熊文灿与孙传庭。闯王高迎祥便是被孙传庭在陕西中部盩厔(今陕西省周至县)所俘,被送至北京处死。李自成在崇祯十一年(1638年)大败于潼关,只与刘宗敏、田见秀等十八骑窜伏于商洛山中。而张献忠则在谷城受抚于熊文灿。当时熊文灿议饷二万人,献忠乞饷十万人,文灿迟延不决,献忠寄家口于谷城,士兵分屯于四郊,投诚而没有放下武装。"曹操"即罗汝才降于太和山监军李继改,次年射塌天、混十万等十三家渠帅先后皆降。罗汝才的军队分屯于湖北的房县和竹县,当时抚治云阳的戴东旻在奏疏中称:

曹操就抚,不从解散之令,愿为百姓耕田,此目前盗铃之说耳。张献忠入据谷城,屡檄不前,将俟民间田熟,分其夏秋之粮,稍不遂意,干戈遂起。荆、襄重地,今数省大寇环聚二三百里,羽翼已成,将有不可言者。(《明季北略》卷十四《罗汝才乞抚》条)

可见当时已有人看到农民军就抚潜伏的危机，夏秋收成时，他们又会伺机而起。崇祯十一二年间，明军对农民军则是积极进攻，整个农民运动处于低潮阶段。这个时期明朝官军对入关的清军是消极防御，这一年清兵南下至济南，明军没有任何大的抵抗，清军如入无人之境。到了崇祯十二年（1639年）的五月间，张献忠又叛于谷城，罗汝才起应之，陷房县，讨伐农民军各主要负责官僚皆因此获罪。这一年八月，《明史·庄烈帝纪》云："诏诛封疆失事巡抚都御史颜继祖，总兵官倪宠、祖宽，内臣邓希诏、孙茂霖等三十三人，俱弃市。"主抚的熊文灿在次年十月，亦被弃市。这样大开杀戒并不好，可能杀错人，而且会众叛亲离，谁还愿替崇祯帝卖命呢？

（二）杨嗣昌督师，连失二王

接替熊文灿的是杨嗣昌，这个人深受崇祯信任，熊文灿主抚就是受到他的支持。卢象昇带兵勤王与清兵作战，在战与和的问题上与杨嗣昌意见不一，杨嗣昌又不敢明言自己主和议，处处刁难，致使卢象昇在贾庄殉国。杨嗣昌这个人并没有实战的经验，而又好谈兵事，现在要他来具体负责对农民军作战的全局，那还不是第二个赵括吗？军事指挥官只能从实战中锻炼出来，不能靠空谈。实际上杨嗣昌给崇祯出的都是馊主意，建议增饷二百八十万两的是杨嗣昌，用来"剿寇"的饷变成资抚的饷，白白养大了农民军，加剧了社会矛盾。荐熊文灿的是杨嗣昌，作以抚为主决策的是杨嗣昌。现在熊文灿因张献忠复叛而被撤，以杨嗣昌取代熊文灿，但贺人龙与左良玉这两支明军的主力部队他都指挥不动。当时农民军主要是张献忠这支部队影响大，杨嗣昌与张献忠相持一年多，结果张献忠的军队从湖北辗转至四川，又回师湖北，智取襄阳，杨嗣昌只是跟在张献忠部队屁股后面转。《明史纪事本末·张献忠之乱》系其事于崇祯十四年（1641年）二月，其云：

> 献忠、汝才走当阳，郧抚袁继咸悉兵扼贼于房、竹。贼走宣城，侦襄阳无备，简二十骑持符，伪为官兵。已酉夜，至城下，守者验符信启关。贼既入，即挥刀大呼杀门者，城中先伏贼百余俱起应之，纵火，光烛天。贼大队疾驰至，城中大乱，门洞开。庚戌昧爽，贼尽入城。知府王承曾突围走，兵备副使张克俭、推官郦曰广死之。贼焚襄王府，执襄王。献忠据坐王宫，坐王堂下，劝之以卮酒，曰："吾欲断杨嗣昌头，而嗣昌远在蜀，今当借王头，使嗣昌以陷藩伏法。王其努力，尽此一杯酒！"因缚王杀之，投尸火中。福清王常澄逃免，潜遣人索王尸，已烬，仅拾颅骨数寸以归。贼杀宫眷，并贵阳王常法，尽掠宫女，发银十五万以赈饥民。襄阳守兵数千，军资器械山积，尽为贼有。

到三月间，李自成陷河南洛阳，福王被杀，杨嗣昌连失二王，便自缢于军。过了三年多，明就亡了。让杨嗣昌督师，实际是断送了明王朝的天下。

杨嗣昌与张献忠周旋的这一年多时间，给李自成的发展提供了一个大好的时机。崇祯十三年（1640年），整个华北平原大旱，大量的饥民涌进李自成的队伍。张献忠是从湖北向四川转移，而李自成是从郧阳、均县向河南方向发展。《明季北略》卷十六《李自成败而复振》条载：

> 时河南大饥，饥民所在为盗，自成自郧、均走伊、雒，饥民从者数万，势复大振。十一月，升陕抚丁启睿总督陕西、三边、山西、河南军务。十二月，自成攻永宁，陷之，杀万安王朱采铭，连破四十八寨，遂陷宜阳。众至数十万。李岩为之谋主。贼每剽掠所获，散济饥民，故所至咸归附之，势益盛。

（三）李自成在中原地区的迅猛发展

李自成进入河南后，得到迅速的发展。这是由于大旱后的饥荒，为农民军扩大队伍打下了群众基础。另一个原因是知识分子参加了农民军队伍，为李自成出谋划策。《明史·李自成传》讲了这个过程，其云：

> 自成为人高颧深颐，鸱目曷鼻，声如豺。性猜忍，日杀人斮足剖心为戏。所过，民皆保坞堡不下。杞县举人李信者，逆案中尚书李精白子也，尝出粟振饥民，民德之曰："李公子活我。"会绳伎红娘子反，掳信，强委身焉。信逃归，官以为贼，囚狱中。红娘子来救，饥民应之，共出信。卢氏举人牛金星磨勘被斥，私入自成军为主谋，潜归，事泄坐斩，已，得末减。二人皆往投自成，自成大喜，改信名曰岩。金星又荐卜者宋献策，长三尺余，上谶记云："十八子，主神器。"自成大悦。岩因说曰："取天下以人心为本，请勿杀人，收天下心。"自成从之，屠戮为减。又散所掠财物振饥民，民受饷者，不辨岩、自成也，杂呼曰："李

公子活我。"岩复造谣词曰:"迎闯王,不纳粮。"使儿童歌以相煽,从自成者日众。

这中间李岩、牛金星、宋献策这三个知识分子,为李自成在河南大发展起了关键性的作用。农民军从单纯的流寇性军事行动,开始减少杀戮,注意军队的纪律,并且赈济饥民,关心起民众生活上最基本的需求了。这样一来民众之心转向李自成的农民军。计六奇在《明季北略》卷十三《李岩归自成》条讲到他自己早年耳闻的故事,其云:"予幼时闻贼信急,咸云李公子乱,而不知有李自成。及自成入京,世犹疑即李公子,而不知李公子乃李岩也。故详志之。"从这里可以知道,一个正确的口号能把群众的要求概括起来,它在动员民众的过程中,会产生巨大的影响,这往往是其他力量难以比拟的,从这里可以看出知识分子的作用。当然这个发展离不开当时整个社会历史条件提供的可能性。

故崇祯十三年(1640年)以后的农民军与此前的农民军相比已有巨大的变化,他们不再是过去的流寇了。虽然张献忠与李自成这两支农民军都在大发展,相对而言,对明王朝的威胁,李自成要大于张献忠,因为李自成开始有明确的政治纲领,得到群众的拥戴了。如李自成有"三年免征,一民不杀"的号召,李岩复私作民谣,令其党诵之,云:"穿他娘,吃他娘,开了大门迎闯王,闯王来时不纳粮。"这就是非常有效的宣传工作。

反过来,明朝的官军得不到粮饷的供应,所到之处供给只能靠杀掠了。如左良玉带了二十万大军,避李自成的锋锐,自湖北沿江而下,经九江到芜湖,"沿江纵掠,降将叛兵,所在蜂拥,俱冒左兵攻剿,南都大震,留守诸军尽列沿江两岸,不问为兵为贼,皆击之"(《明季北略》卷十九《左良玉避自成》条)。一支军队得不到民众的支持,在地方上怎么可能站住脚跟呢?当时许多地区在战乱和灾荒以后,已空无一人了,巡抚保定地区的徐标在崇祯十六年(1643年)入对时说:"臣自江淮来数千里,见城陷处荡然一空,即有完城,仅余四壁,蓬蒿满路,鸡犬无声,曾不见一耕者。土地、人民如今有几?皇上亦何以致治乎?"(《明季北略》卷十九《徐标入对》条)话说得那么凄凉,崇祯也只能泣下唏嘘,王朝生存的基础完全坍塌了。

崇祯十六年,马世奇因时局应召入对,《明季北略》卷十九《马世奇入对》条,录有马世奇与崇祯帝的对白,其云:

> 今闯、献并负滔天之逆,而治献易,治闯难。盖献人之所畏,闯人之所附。非附闯也,苦兵也:一苦于杨嗣昌之兵,而人不得守其城垒;再苦于宋一鹤之兵,而人不得有其室家;三苦于左良玉之兵,而人之居者、行者俱不得安保其身命矣。贼知人心之所苦,特借剿兵安民为辞,一时愚民被惑,望风投降。而贼又为散财赈贫,发粟赈饥,以结其志,遂至视贼如归,人忘忠义。其实贼何能破各州县,各州县自甘心从贼耳。故目前胜着,须从收拾人心始。收拾人心,须从督抚镇将约束部伍,令兵不虐民、民不苦兵始。

农民军能提出"剿兵安民"的口号,说明官兵与农民军的位置发生了变化,不再是过去官兵剿农民军,而是农民军在民众拥护下围剿明朝的官兵了。官家在征比搜刮,而农民军则在散财赈饥;官家在加征税赋,而农民军则宣传"三年免征"。双方在人民心目中的地位完全倒过来了。不过十多年时间,双方的社会影响完全倒置,在这个大背景下,明朝统治自然无法维持,农民军的进攻一路上也就很少再有抵抗。

农民军起兵反抗之初,是分散的流寇式的作战。崇祯八年(1635年)他们在荥阳集合过一次,号称十三家七十二营,高迎祥、张献忠、曹操、老回回、革里眼是其中著名的领袖人物,那时李自成还没有崭露头角,农民军还没办法形成统一的组织领导和统一的指挥中心。他们只是商量了共同的作战方向,然后各自分兵作战。许多领袖人物的思想品质、文化素养都还不高,停留在农民运动自发的初始阶段。再过六七年,情况就开始变化了,他们中有的牺牲了,如高迎祥;有的投降了,成为追剿农民军的官军。各地的官军有不少是农民军投诚过来的,因为他们本来就是哗变的官军。张献忠、曹操都曾经投降过明朝,他们是降而没有放下武器,一有机会又重新与官军对抗。有的在这些年斗争中逐渐成长提高了。各支农民军都有知识分子士大夫参与其中,为他们出谋划策。当然这还只是士大夫中属于较低层次的群体。张献忠手下就有人教他《孙子兵法》,告诉他打仗要讲战略战术。罗汝才手下有山西举人吉珪为其谋主。比较起来李自成幕下的士大夫便有李岩、牛金星、宋献策等,而李岩是比较有政治眼光的士子,他们进入农民军队伍,为农民军的壮大起了重要作用。农民军领袖的品位,也在斗争过程中显示出各自的特点。农民军在作战过程中,如何合流组成统一的力量,以冲击明王朝的统治为客观上的需要,这个过程自然是能者称王。《明史·李自成传》

有这么一段描述,其云:

> 自成不好酒色,脱粟粗粝,与其下共甘苦。汝才妻妾数十,被服纨绮,帐下女乐数部,厚自奉养,自成尝嗤鄙之。汝才众数十万,用山西举人吉珪为谋主。自成善攻,汝才善战,两人相须若左右手。自成下宛、叶,克梁、宋,兵强士附,有专制心,顾独忌汝才。乃召汝才所善贺一龙宴,缚之,晨以二十骑斩汝才于帐中,悉兼其众。

从这一段记述,可知李自成的品位高于罗汝才,在那个历史条件下,李自成也只能用这种办法兼并其众了。李自成与其他各股农民军之间也有一个合并的过程,唯有各股分散的农民军逐渐合并组合成李自成、张献忠这两支庞大的力量,并且提高组织的严密性,有严格的军队纪律,才能与明朝官兵决一胜负。

从崇祯十四年(1641年),李自成破洛阳、杀福王以后,农民军进入战略进攻阶段。明军在防御的过程中,节节败退。那时明军在杨嗣昌自缢以后,还敢与农民军作战的只有孙传庭那支部队,而左良玉则是偶尔还能打一两仗,基本上是一路溃败,行军纪律败坏,反而成为农民军追剿的对象了。李自成在攻陷洛阳以后,转攻开封,打了七昼夜,没有打下来,遂转战于河南与明军周旋。次年再攻开封,陷之。这时农民军中老回回、革里眼、左金王、争世王、乱世王诸股皆附自成。

崇祯十六年(1643年)李自成陷承天(今湖北省钟祥市),要掘献陵未成,献陵是明世宗父亲兴献王的陵墓。他在湖北占领地盘建立根据地,改襄阳为襄京,开始建立官制,"兄子过及妻弟高一功,迭居左右,亲信用事。田见秀、刘宗敏为权将军,李岩、贺锦、刘希尧等为制将军,张鼐、党守素等为威武将军,谷可成、任维荣等为果毅将军,凡五营二十二将"(《明史·李自成传》)。军队开始形成编制了。文官制度则设置上相、左辅、右弼、六政府侍郎、郎中、从事等官。地方行政机构,府设尹,州设牧,县设令。这一套建制都是照搬明代的,只是称谓不同罢了。农民军开始建立政权时,没有自己的政治模式,只能模仿封建王朝的政治模式,重建新的官僚机构。那时李自成派高一功、冯雄守襄阳,任继光守荆州,蔺养成、牛万才守夷陵,王文曜守澧州,白旺守安陆,萧云林守荆门,谢应龙守汉川,周凤梧守禹州。地方上有了驻防的军队,开始注意地方的安全和防卫了,于是河南、湖广、江北诸农民军各部都来归附于李自成。同时他也兼并农民军各部,形成比较严密的统一的军政组织机构。只有张献忠还是独树一帜,他的部队在武昌,开始向四川发展。中原地区的农民军成了李自成一家独大,他自称新顺王,于是举行会议讨论下一步进兵的方向。

(四)农民军政权之建立

李自成在襄阳召开会议讨论下一步进军的线路,《明史·李自成传》称:

> 集牛金星等议兵所向。金星请先取河北,直走京师。杨永裕请下金陵,断燕都粮道。从事顾君恩曰:"金陵居下流,事虽济,失之缓。直走京师,不胜,退安所归,失之急。关中,大王桑

梓邦也，百二山河，得天下三分之二，宜先取之，建立基业。然后旁略三边，资其兵力，攻取山西，后向京师，庶几进战退守，万全无失。"自成从之。

后来李自成是按照顾君恩所提的这条建议进军北京的，当时守关中的是孙传庭。《明季北略》卷十九《孙传庭汝州大败》条称："传庭故将家子，然不知兵，好大言，九边精锐悉隶麾下，又据潼关之险。"

崇祯十五年（1642年）正月，崇祯以孙传庭为兵部侍郎，先是要他督秦兵出关救开封之围，至九月间孙传庭率师至河南，结果败于郏县，只好退入关中。次年九月，崇祯帝再要求孙传庭出关，那时孙传庭计守潼关，扼京师上游，且军队新集，不利速战。当时兵部侍郎张凤翔言："贼素狡，多诈，示弱不可信。且传庭所统皆良将劲兵，不如为陛下留此家当。"进士程源亦上疏言："乞敕传庭凭关固守，勿事浪战。"（《明季北略》卷十九《孙传庭汝州大败》）但是这些话崇祯帝都听不进。《孙子兵法》讲，知己知彼，百战不殆，那时双方的形势，马世奇说："彼之情形，在我如浓雾；而我之情形，在彼如列炬。"（《明季北略》卷十九《孙传庭汝州大败》）当时崇祯的状况是既不知己，也不知彼，只希望孙传庭尽快出战。

崇祯十六年（1643年）五月，崇祯让孙传庭兼河南四川军务，进兵部尚书，加督山西、湖广、贵州及江南北军务，赐剑，这些任命都是促战的命令。《明史·孙传庭传》载：

传庭顿足叹曰："奈何乎！吾固知往而不返也。然大丈夫岂能再对狱吏乎！"顷之，不得已遂再议出师。总兵牛成虎将前锋，高杰将中军，王定、官抚民将延、宁兵为后劲，白广恩统火车营，檄左良玉赴汝宁夹击。当是时，自成已据有河南、湖北十余郡，自号新顺王，设官置戍，营襄阳而居之。将由内、浙窥商、雒，尽发荆、襄兵会于氾水、荥泽，伐竹结筏，人佩三葫芦，将谋渡河。传庭分兵防御。八月十日，传庭出师潼关，次于阌乡。二十一日，师次陕州，檄河南诸军渡河进剿。九月八日，师次汝州，伪都尉四天王李养纯降。养纯言贼虚实：诸贼老营在唐县，伪将吏屯宝丰，自成精锐尽聚于襄城。遂破贼宝丰，斩伪州牧陈可新等。遂捣唐县，破之，杀家口殆尽，贼满营哭。转战至郏县，遂擒伪果毅将军谢君友，斫贼坐纛，尾自成几获。贼奔襄城，大军遂进逼襄城。贼惧谋降，自成曰："无畏！我杀王焚陵，罪大矣，姑决一死战。不胜，则杀我而降未晚也。"

这一时期，孙传庭是打胜仗的，到了汝州就不行了。其本传续云：

而大军时皆露宿与贼持，久雨道泞，粮车不能前。士饥，攻郏破之，获马骡啖之立尽。雨七日夜不止，后军哗于汝州。贼大至，流言四起，不得已还军迎粮，留陈永福为后拒。前军既移，后军乱，永福斩之不能止。贼追及之南阳，官军还战。贼阵五重，饥民处外，次步卒，次马军，又次骁骑，老营家口处内。战，破其三重。贼骁骑殊死斗，我师阵稍动。广恩军将火车者呼曰："师败矣！"脱挽辂而奔，车倾塞道，马绁于衡不得前，贼之铁骑凌而腾之，步贼手白棓遮击，中者首兜鍪俱碎。

战败的原因，是军队自己乱了阵脚，孙传庭军队中有与李自成私通的。《明史·孙传庭传》叙述了孙传庭战败的经过：

自成空壁蹑我。一日夜，官兵狂奔四百里，至于孟津，死者四万余,失亡兵器辎重数十万。传庭单骑渡垣曲,由阌乡济。贼获督师坐纛,乘胜破潼关,大败官军。传庭与监军副使乔迁高跃马大呼而殁于阵,广恩降贼。传庭尸竟不可得。传庭死,关以内无坚城矣。

从这次作战的过程,可以知道明军中将统火车营者白广恩私通李自成军,军队的哗变从白广恩开始,且白广恩原来是李自成的属下,后来投降明军。故白广恩在这个关键时刻反复,孙传庭的军队就乱了,这就很难再收拾,如此致命一击,对孙传庭而言除了战死没有别的退路。从此以后,明军再没有可以与农民军相抗衡的有战斗力的军队了。《明史·庄烈帝纪》的记载略有不同,其云:

(九月)壬子,孙传庭兵以乏食引退,贼追及之,还战大败,传庭以余众退保潼关。

(十月)丙寅,李自成陷潼关,督师尚书孙传庭死之。

这里讲孙传庭之死是在潼关失陷以后,接着便是"贼连陷华州、渭南、临潼","戊辰,李自成屠商州","壬申,李自成陷西安,秦王存枢降,巡抚都御史冯师孔、按察使黄绸等死之"(《明史·庄烈帝纪》)。《明史·李自成传》对李自成军队进西安说得更具体一些,其云:

进攻西安,守将王根子开东门纳贼。自成执秦王存枢以为权将军,永寿王谊涢为制将军。巡抚冯师孔以下死者十余人,布政使陆之祺等俱降。自成大掠三日,下令禁止。改西安曰长安,称西京。赐顾君恩女乐一部,赏入关策也。大发民,修长安城,开驰道。自成每三日亲赴教场校射,百姓望见黄龙纛,咸伏地呼万岁。诸将白广恩、高汝利、左光先、梁甫先后皆降。陈永福以先射中自成目，保山巅不敢下，自成折箭为誓，招之，亦降。

这里说明农民军的纪律还不很好，进西安城还大掠三日，但三日后即止，说明军队纪律有进步。还可以看到农民军在争取明军的投降，如明朝的秦王与永寿王投降后不仅不杀，反而被封为将军，孙传庭部下诸将若白广恩、高汝利、左光先、梁甫皆降。陈永福曾射中李自成一目，李自成折箭为誓，亦争取他投降了。李自成攻占西安，并没有攻打，是守将开门投降的，这为以后明守城诸将提供了榜样，榜样的影响是非常巨大的。

李自成是崇祯十六年（1643年）十月进入西安的，崇祯十七年正月初三建国号为大顺，改元永昌。《明史·李自成传》载：

设天佑殿大学士，以牛金星为之。增置六政府尚书，设弘文馆、文谕院、谏议、直指使、从政、统会、尚契司、验马寺、知政使、书写房等官。以乾州宋企郊为吏政尚书、平湖陆之祺为户政尚书、真宁巩焴为礼政尚书、归安张嶙然为兵政尚书。复五等爵，大封功臣，侯刘宗敏以下九人，伯刘体纯以下七十二人，子三十人，男五十五人。定军制。有一马儳行列者斩之，马腾入田苗者斩之。籍步兵四十万、马兵六十万。兵政侍郎杨王休为都肄，出横门，至渭桥，金鼓动地。令弘文馆学士李化鳞等草檄驰谕远近，指斥乘舆。

这时候李自成仿照明王朝的建制，其国家机构的规模成型了。在人事安排上不仅有功臣，而且录用明朝的降臣，如户政尚书陆之祺原来就是陕西的布政使。军队有编制了，规定了行军的纪律，如"有一马傻行列者斩之，马腾入田苗者斩之"。这些正规化的趋势一方面反映了农民军的政权建设，一开始便向封建政权转化，另一方面表明军队行军有纪律约束了，不再以抢掠为生，这总是一个进步吧。李自成的农民军不可能建立新型的政权，在建立政权时，只能继承原来的传统。

八、农民军攻占北京的历程与崇祯之死

（一）1644年第一季度的李自成

李自成是在崇祯十七年（1644年）正月中旬开始出兵向东进攻山西，《明季北略》卷二十《李自成僭号》条称：

> 自成遣刘宗敏、李过等，率众二万为前锋，所过皆破。自成得报，曰："可长驱矣！"遂留文官并武将李友等数人守西安，自率马步五十万，与诸将从禹门渡河。

据《明季北略》卷二十《蔡懋德太原死节》条，李自成是在正月廿九日从沙涡渡黄河，二月初陷平阳府，即今山西之临汾。《廿四癸丑》条载："流寇过河，平阳府县开门尽逃，高杰兵抢掠河东一带。"二月初六，李自成军队围太原。《明史·李自成传》讲到李自成令弘文馆学士起草讨伐崇祯帝的檄文，未载檄文具体内容。《明季北略》卷二十《李自成伪檄》条讲李自成军队围太原，这篇檄文远近传布，其引檄文云：

> 君非甚暗，孤立而炀蔽恒多；臣尽营私，比党而公忠绝少。甚至贿通官府，朝廷之威福日移；利入戚绅，闾左之脂膏尽竭。
> 公侯皆食肉纨绔，而倚为腹心；宦官悉龁糠犬豚，而借其耳目。

狱囚累累，士无报礼之思；征敛重重，民有偕亡之恨。

计六奇称："人读之多为扼腕。而朝臣若处梦中。"（《明季北略》卷二十《李自成伪檄》）萧一山的《清代通史》卷上载崇祯时民谣曰："老天爷，你年纪大，耳又聋来眼又花，为非作歹的享尽荣华，持斋行善的，活活饿煞。老天爷，你年纪大，你不会作天，你塌了吧！"它实际上是民间关于明王朝行将灭亡的预言。

《明季北略》卷二十《蔡懋德太原死节》条称："二月初六，围太原。太原无重兵为守，贼马步号五十万。"围攻了三天，初八那天，"守门将张雄为贼内应，贼以数人乘昏夜大风，从东北角登城，城遂陷"。蔡懋德等四十余人，自缢殉节，晋王被执。又，自成陷平阳以后，沿河州县望风瓦解，自成皆置官员，有防御使、大尹等官。李自成占领太原以后，继续北上，《明季北略》卷二十《山西全陷》条载：

十六日乙亥，李自成至忻州，官民迎降。进攻代州，五台知县投降，地方官有载牛酒以迎者，有备子女以献者。总兵周遇吉守代州，出奇奋击，连战十余日，杀贼万余。自成合诸路贼进攻，遇吉兵少食尽，退守宁武关，贼陷怀庆，抵固关，分趋真定、保定。

可见当时只有周遇吉抵抗了一阵，山西的其他地区都是开门迎降的。《明季北略》卷二十《周遇吉宁武大战》条云：

李自成薄宁武关，传檄：五日不下，且屠。总兵周遇吉悉力拒守，大炮击伤万余人。会火药尽，或言："贼势重，可款也。"遇吉曰："战三日，杀贼且万，若辈何怯邪？然胜之，一军皆为忠义；万一不支，缚我以献，若辈可无恙。"于是开门奋击，杀贼数千人。贼惧,欲遁。或为贼策曰:"我众彼寡,但使主客分别,以十击一,蔑不胜矣!请去帽为识,见戴帽者击之,递出战,不二日可歼也。"贼引兵复进,迭战,脱帽以自别,我兵大败,遇吉阖室自焚,挥短刀力斗,被流矢,牙兵且尽,见执,骂贼,缚于市磔焉。遂屠宁武,婴稚不遗。自成既杀遇吉,叹曰:"使守将尽周将军者,吾安得至此!"

宁武这场恶战结束以后,二月二十五日,李自成曾召集军事会议,商讨下一步作战的设想,曾考虑先回陕西休整,再组织进攻。《明季北略》卷二十《周遇吉传》条记其事云:

廿五日,贼集头目计曰:"宁武虽破,受创已深,自此达京,尚有大同兵十万、宣府兵十万、居庸兵二十万、阳和等镇兵合二十万,尽如宁武,讵有孑遗哉?不若且回陕休息,另走他途。"已刻期明早班师,更深,忽有大同总兵姜瓖差人赍降表至,贼喜甚,设宴厚款。甫坐定,而宣府总兵王通亦然,且以百骑来迎。贼谬谓天与,优答二镇,豫加封爵,一意长驱。亡何,居庸及各镇总兵白邦正、刘芳名等,并昌平文武,相次乞降,迎表飙集。

为什么那些明朝统兵的将领一个又一个地放下武器投降李自成呢?问题的根子还是崇祯对将领的政策有问题,在敌我态势根本变化的情况下,无论辽东战场,还是西北战场,将领们拼死作战,结局是为国牺牲,如果打败了,或者事态扩大了,等待的则是崇祯帝对他们关、戍、杀。在辽东战场上,如杨镐、王化贞、熊廷弼、袁崇焕都是被杀的,毛文龙为袁崇焕所杀,其中熊廷弼与袁崇焕死得很冤。在西北战场上,情况同样如此。如杨鹤因其子杨嗣昌而被戍,陈奇瑜是被戍的，熊文灿是被杀的，杨嗣昌是自杀的，郑崇俭是弃市。将领在这样的大环境下，如果为自身谋，无论在西北还是东北，投降成了他们唯一的生路，在大同、宣府、居庸以及昌平驻军的总兵官自然会选择这条生路。况且李自成从进西安起，对明的降臣还是抱着欢迎和优礼的态度。部队和地方官是这样的考虑，连崇祯派来监军的宦官也抱这种想法，在那样的态势下，明王朝的统治怎么可能不土崩瓦解呢？

三月初七，李自成带了军队到大同，总兵姜瓖开门迎接，知府董复、乡宦韩霖俱降。三月初八，白广恩、姜瓖领了农民军进宣府，监军的太监杜勋出城三十里迎李自成入城。当时巡抚朱之冯还想着劳军守城，没有人响应，反而是众人口头曰："愿中丞听军民纳款，可保一城性命。"最终这个朱之冯自己吊死在城楼上。三月初九，阳和陷。阳和堡在大同之西，道臣于重华出城十里迎李自成。先是唐通入卫京师，令内臣杜之秩与唐通守居庸关。三月十五日，李自成军自柳沟抵居庸关。柳沟是天堑，百人可守，竟不设备。结果是总兵唐通与太监杜之秩等在居庸关迎降李自成军。三月十六，昌平陷落，总兵李守镔自刎死，诸军皆降。三月十七，李自成围京师，京营兵溃。李自成攻京师的彰义门（广安门），是宦官曹化淳开城门迎李自成军入城，守城勋卫尽逃。外城已陷，内城竟不知，至十八日暮，内城方知外城陷落。三月十九日，李自成入内城。三月二十日，李自成才进入皇宫。李自成从西安出发一路向北京进军的历程，实际上是明军欢迎他进京的过程。对李自成而言，如此顺利的进军也完全在他的意料之外。

（二）这最后一个季度崇祯帝是怎么度过的

崇祯十七年（1644年）的正月初三，崇祯帝召中允李明睿陛见。《明季北略》卷二十《李明睿议南迁》条载：

> 上问御寇急策，明睿请屏左右密陈，趋进御案，言："臣自蒙召以来，探听贼信颇恶，今且近逼畿甸，此诚危急存亡之秋，只有南迁一策，可缓目前之急。"上曰："此事重，未可易言。"以手指天，言："上天未知如何？"明睿曰："天命微密，当内断圣心，勿致噬脐之忧。"上四顾无人，云："此事我已久欲行，因无人赞襄，故迟至今。汝意与朕合，但外边诸臣不从，奈何！此事重大，尔且密之，切不可轻泄，泄则罪坐汝。"上还宫，赐宴文昭阁。及太原陷，明睿复疏劝，上深许之，下部速议。而兵科给事中光时亨首参为邪说，言："不杀明睿，不足以安人心！"上曰："光时亨阻朕南行，本应处斩，姑饶这遭。"然而南迁之议寝矣。

到了二月末，明廷还有一次南迁的议论。同卷《李邦华议南迁》条载：

> 先是，都察院左都御史李邦华与左庶子李明睿私议南迁，上亲行与东宫孰便？明睿曰："太子少不更事，禀命则不威，专命则不敬，不如皇上亲行为便。"至是，上命府部大臣各条战守事宜，上候于文华殿。邦华、明睿与少詹事项煜，各言南迁及东宫监抚南京，上骤览之，怒甚，曰："诸臣平日所言若何？今国家至此，无一忠臣义士为朝廷分忧，而谋乃若此！夫国君

死社稷，乃古今之正。朕志已定，毋复多言！"

到了三月初三，李建泰奏请南迁，同卷《初三日辛卯》条载：李建泰上书请驾南迁，愿奉太子先行。上召对平台，谕阁臣曰："李建泰有疏劝朕南迁。国君死社稷，朕将何往？"大学士范景文、都御史李邦华、少詹项煜请先奉太子抚军江南。给事中光时亨大声曰："奉太子往南，诸臣意欲何为？将欲为唐肃宗灵武故事乎？"景文等遂不敢言。上复问战守之策，众臣默然，上叹曰："朕非亡国之君，诸臣尽亡国之臣尔！"遂拂袖起。

中国历史上，在位之君因危急而迁都的案例亦有，如安史之乱以后，玄宗西迁四川。这也是有条件的，因为自长安到四川这条道路还是可以通行的。此外东晋的偏安、南宋的偏安，都不是在位之君南迁。崇祯要南迁，沿途很难避免农民军的邀击。从文武大臣讲，许多人长期在京城，瓶瓶罐罐的东西太多了，他们的财富都在京师，搬不走。达官贵人都被财富捆住了手脚，他们出不了京城。那个建议南迁的李邦华，在李自成进京时是殉国的，而那个竭力反对和阻挠南迁的光时亨，却是带头投降的。如果要坚守京师，困难在于人心散了。土木堡之变以后，尽管英宗被俘，但还有于谦这样的大臣能带领京营的军队保卫京城。崇祯时清兵几次入关，都侥幸挨过去了。或许大臣们也多少有侥幸之心，既反对南迁，又没有战守之策，能过得了李自成大兵进京这个坎吗？恐怕难。那时崇祯已有君死社稷的思想准备了。

正月初，还有吏科都给事中吴麟征请弃山海关外宁远、前屯二城，徙吴三桂入关，屯宿近郊以卫京师。《明季北略》卷二十《议撤宁远》条载：

> （正月）初六乙未，工科高翔汉言："自出口来数月，忽接辽抚黎玉田、永抚李希沆揭，称复有入寇情形。宁远逼近，不可示以单弱，而调兵南征，岂称胜算？"

调辽东兵入卫京师抗农民军，实际上也有困难，军队在一个地方驻防太久，与地方有割舍不完的关系，要调防就很难了。野战军一定要与地方的驻防部队分开，驻防地方的军队可以长期驻守一地，野战军在和平时期一定要在各个地区换防。否则的话，一旦战争爆发，军队就调不动了。

在二月末，还曾有人建议调集诸镇的军队来守卫京师。《明季北略》卷二十《余应桂请调诸将》条云：

> 前总督陕西余应桂上言："贼众号百万，非天下全力剿之不可。请调天下镇将，如左良玉、吴三桂并高杰、唐通、周遇吉、黄得功、曹友义、马科、张天禄、马岱、刘泽清、土国宝、刘良佐、葛汝芝及副将丘磊、惠登相、王光恩、孔希贤、金守亮等，齐赴军前，会师真、保之间。督抚之外，加一督师，如史可法、王永吉其人者，赐以尚方，悬公侯之赏，以鼓励之，庶贼可灭也。"

这个时候再想调动各镇军队已经调不动了。人心散了，各镇的将领都在为自己的前途打算，哪里还会听朝廷的指挥呢？到了三月初四日，崇祯帝封各镇总兵官，同卷《初四日壬辰》条载：

> 诏封各总兵：吴三桂平南伯，左良玉宁南伯，唐通定西伯，黄得功靖南伯，给敕印。刘泽清实升一级，刘良佐、周遇吉、高杰、马岱、马科、姜宣、孔希贵、黄蜚、葛汝芝、高第、许定国、

王承胤、刘芳名、李栖凤、曹友义、杜允登、赵光远、卜从吉、杨御藩各升署一级。督抚马士英、王永吉、黎玉田、李希沆分别应实署。

到了这个时候，各地的总兵官还会把崇祯帝的封爵当回事吗？在他们心目中，这还不是废纸一张？军队在他们手上，那是他们自谋出路的资本，他们都在为自己打算盘，哪里还会管崇祯帝的死活。同卷《初六日甲午》条载：

始弃宁远，征吴三桂、王永吉率兵入卫。又召唐通、刘泽清率兵入卫。泽清前命移镇彰德，因纵掠临清南奔。惟唐通以八千人入卫，命同太监杜之秩协守居庸关。

正是杜之秩与唐通在居庸关带兵投降李自成，让李自成军顺利过关，把兵锋指向北京。

前面已经讲到，《明季北略》卷十二有武生李琎奏请搜括宰臣助饷的建议，这条建议受到大学士钱士升的痛斥，崇祯帝那时是赞同李琎建议的，故斥责大学士钱士升，要其"毋庸汲汲"。到了崇祯十七年（1644年）正月初四日，有官员又重提这个问题。《明季北略》卷二十《曾应遴言拨乱之策》条，载其言云：

今之绅富，皆衣租食税，安坐而吸百姓之髓者，平日操奇赢以愚民，而独拥其利，临事欲贫民出气力相护，无是理也。秦籓之富甲天下，贼破西安，府库不下千百万，悉以资贼。倘其平日少所取民，有事多发犒士，未必遂至于此。今之绅富，亦宜稍捐以赈贫，亦救民拨乱之策也。

要绅富拿钱出来捐资助饷，那可真难啊！到了三月初十这一天，崇祯迫于饷银不足，下命令让戚珰助饷。同卷《初十征戚珰助饷》条云：

> 上按籍，令勋戚、大珰助饷。进封戚臣嘉定伯周奎为侯。遣太监徐高宣诏求助，谓："休戚相关，无如戚臣，务宜首倡，自五万至十万，协力设处，以备缓急。"奎谢曰："老臣安得多金。"高泣谕再三，奎坚辞。高拂然起曰："老皇亲如此鄙吝，大事去矣，广蓄多产何益？"奎不得已，奏捐万金。上少之，勒其二万。奎密书皇后求助，后勉应以五千金，令奎以私蓄足其额。奎匿宫中所畀二千金，仅输三千。太监曹化淳、王永祚助至三万、五万。王之心富第一，上面谕之，对以家计消乏，仅献万金。诸内官各大书于门曰："此房急卖。"复杂出雕镂玩好诸物陈于市，以求售。后贼拷夹王之心，追十五万，他金银器玩称是；周奎抄见银五十二万，珍币复数十万，人皆快之。惟太康伯张国纪输二万，余不及也。又议前三门巨室各输粮给军，且赡其妻孥，使无内顾。诸巨室多不乐而止。

要巨室贵戚捐银助饷，一个一个都哭穷。周奎作为国丈，朝廷要求其捐五万到十万，他哭穷，经手此事的太监徐高泣谕再三，他还只捐了一万，并向宫中皇后求助，皇后勉应五千金，结果他还吞了二千，只输三千金，可见其嗜财如命。李自成进京拷掠百官时，"籍其家，得现银五十三万，缎匹以车载之，相属于道，诸所充积，尽搜无遗"（《甲申传信录》卷四《外戚》条）。

三月十一日，崇祯帝做的另一件事，便是再下《罪己诏》，希望借此来收揽人心。问题是到了这个时候，还有谁来听和读他的《罪己诏》呢？他说话已没有人愿听了。但这份《罪己诏》还是在《明季北略》中保留下来，卷二十《十一颁罪己诏》条云：

> 朕嗣守鸿绪，十有七年。深念上帝陟降之威，祖宗付托之重，宵旰兢惕，罔敢怠荒。乃者灾害频仍，流氛日炽，忘累世之豢养，肆廿载之凶残，赦之益骄，抚而辄叛。甚至有受其煽惑，顿忘敌忾者。朕为民父母，不得而卵翼之；民为朕赤子，不得而怀保之，坐令秦、豫丘墟，江、楚腥秽。罪非朕躬，谁任其责？所以使民罹锋镝，蹈水火，血流成壑，骸积成山者，皆朕之过也。使民输刍挽粟，居送行赍，加赋多无艺之征，预支有称贷之苦者，又朕之过也。使民室如悬磬、田尽污莱，望烟火而无门，号冷风而绝命者，又朕之过也。使民日月告凶，旱潦荐至，师旅频仍，疫厉为殃，上干天地之和，下丛室家之怨者，又朕之过也。至于任大臣而不法，用小臣而不廉，言官首鼠而议不清，武将骄懦而功不奏，皆由朕抚驭失道，诚感未孚。终夜以思，局踏无地。用是大告天下，朕自今痛加创艾，深省厥愆，要在惜人才以培元气，守旧制以息烦嚣，行不忍之政以收人心，蠲额外之科以养民力。念用兵征饷原非得已，各抚按官急饬有司，多方劝输，无失抚字。倘有擅加耗羡，朦混私征，又滥罚淫刑，致民不堪命者，立行拿问。其有流亡来归，除尽蠲逋赋，仍加安插赈济，毋致失所。至于罪废诸臣，有公忠正直、廉洁干才、尚堪用者，不拘文武，着吏、兵二部确核推用。草泽豪杰之士，有恢复一郡一邑者，分官世袭，功等开疆。即陷没胁从之流，能舍逆反正，率众来归，准许赦罪立功；若能擒斩闯、献，仍予通侯之赏。

於戏！忠君爱国，人有同心；雪耻除凶，谁无公愤！尚怀祖宗之厚泽，助成底定之大功，思克厥愆，历告朕意。

（三）崇祯之死

三月十七日，李自成军进至北京城下。崇祯皇帝这一天是怎么过的呢？据《明季北略》卷二十《十七贼围京》条载：

上早朝，召文武诸臣商略。上泣下，诸臣亦相向泣，束手无策，或言冯铨当起；或言霍维华、杨维垣当用；方、魏请封刘泽清为东安伯，上皆不应，俯首书御案十二大字，有"文武官个个可杀，百姓不可杀"语，密示司礼太监王之心，随即拭去。吴履中请释系禁诸臣纳赎，出董象恒、郑二阳、曾樱于狱，复章正宸、瞿式耜官带。昧爽，开西直门纳避难者，内官坐城上，以令箭下，门立启，无敢诘问。勋戚大臣惟坐视而已。漏下巳刻，急足叩城下曰："远尘冲天，寇深矣！"守城内臣使骑探之，报曰："哨骑也。"不为意。日且午，有五六十骑，弯弓贯矢，突至西直门，大呼开门，始知寇至。守卒亟发炮，毙二十骑，难民死数十人，门始闭。须臾，贼大至，方报过芦沟桥。俄攻平则、彰义等门矣。城外三大营皆溃降，火车巨炮、蒺藜鹿角皆为贼有。贼反炮攻城，轰声震地。贼衣黄甲，四面如黄云蔽野。京军五月无粮，一时驱守，率多不至。又守陴军皆贵近家诡名冒粮，临时倩穷人代投，仅给黄钱百文。外城二堞一卒，内城五堞一卒，率饥疲不堪任。异时敌至，或去城百里，近亦数十里，营卒登陴,率皆沈湎歌呼,未尝望见敌。今猝遇贼,城上下炮交发,如万雷轰烈,天地震慑,城外火光际天,人人惶急,莫知所措。士大夫相见,唯唯否否,或曰"无害",或曰"奈何",惟议巡街闭门,无一胜算也。是旦,午门内外寂无一人。顷之,范景文、周凤翔、马世奇等至,俱侍班,上退朝。诸臣见事急,聚语殿门。襄城伯李国桢奉命督京营守城,忽匹马驰至,汗浃沾衣,时已不解袍数日夜矣。下马,衣带被佚,众皆愕然。内侍犹呵止国桢,国桢曰:"此何时也?君臣即求相见,不可多得矣!"俄传宣入便殿,上迎问守城事如何?国桢伏地哭奏曰:"守城军不用命矣!鞭一人起,一人复卧如故,奈何!"皇上泣曰:"诸臣误朕至此!"于是一时文武及内官数十人,相持恸哭仆地,声彻殿陛。上哭回宫。国桢出,驰去,众亦散。

三月十八日,太监曹化淳开彰义门,纳李自成军,北京外城破。傍晚时分,崇祯在宫内的情况,据《明季北略》卷二十《十八夜周皇后缢坤宁宫》条载:

上闻外城破,徘徊殿庭。是夕,上不能寝。更余,一阉奔告内城陷,上曰:"大营兵安在?李国桢安在?"答曰:"大营兵散矣,皇上宜急走!"其人即出,呼之不应。上即同王承恩幸南宫,登万岁山,望烽火烛天,徘徊逾时,回乾清宫,朱书谕内阁:"命成国公朱纯臣提督内外诸军事,夹辅东宫。"内臣持至阁。因命进酒,与周后、袁妃同坐,痛饮数金杯,慷慨诀绝,叹曰:"苦我民尔!"以太子、永王、定王分送外戚周、田二氏,语皇后曰:"大事去矣!"各泣下,宫人环泣,上挥去,令各为计。

皇后顿首曰:"妾事陛下十有八年,卒不听一语,至有今日。"拊太子、二王恸甚,叮咛再三,遣之出。随返坤宁宫自经,上视之曰:"好!好!"召长公主至,年十五矣。公主号哭不已,上叹曰:"汝奈何生我家?"左袖掩面,右手挥刀,主以手格,断左臂,闷绝于地,未殊死,手栗而止。宫中喧传皇爷动刀矣。上又巡西宫,命所宠袁贵妃自经,绳断,堕地复苏,上拔剑刃其肩,三砍,而上亦手软。因遍召所御妃嫔数人,俱亲杀之。复遣宫人逼张太后并娘娘速死。乃召王承恩入,语移时,对饮,命亟出整内员为出亡计。少顷,微服,易承恩靴,出中南门,时已三更矣。手持三眼枪,杂内竖数十人,皆骑而持斧,出东华门,至齐化门,内监守门者疑有内变,将炮矢相向,不得南奔,乃从胡同绕出城,上望见正阳门城上已悬白笼灯三碗。白笼灯者,自一至三,以表寇信之缓急者也,知大事已去。时成国公朱纯臣守齐化门,因至其第问计,而纯臣犹在外赴宴,阍人辞焉,上叹骂而去。走安定门,门坚不可启,天将曙矣,乃回。

《三月十九帝崩煤山》条载:

丁未五鼓,上御前殿,与二人手自鸣钟集百官,无一至者。遂散遣内员,手携王承恩入内苑,人皆莫知。上登万岁山之寿皇亭,即煤山之红阁也。亭新成,先帝为阅内操特建者。时上逡巡久之,叹曰:"吾待士亦不薄,今日至此,群臣何无一人相从,如先朝靖难时,有程济其人者乎?"已而太息曰:"想此辈不知,故不能遽至耳。"遂自经于亭之海棠树下。太监王承恩对面缢死。崇祯帝与整个明王朝,就这么凄凄凉凉地结束了。

九、怎么看崇祯这个明朝最后的皇帝

（一）明王朝灭亡的内在原因

1944年3月10日，郭沫若在重庆写了一篇《甲申三百年祭》，3月19日在重庆《新华日报》上刊出，连载四日，文章的主题是讲李自成农民军进京以后功败垂成。1944年11月21日，毛泽东致信郭沫若，称："你的《甲申三百年祭》，我们把它当作整风文件看待。小胜即骄傲，大胜更骄傲，一次又一次吃亏，如何避免此种毛病，实在值得注意。"毛泽东在延安高级干部会议上说："近日我们印了郭沫若论李自成的文章，也是叫同志们引为鉴戒，不要重犯胜利时骄傲的错误。"那都是讲革命行将胜利时可能出现的问题而说的，现在的情况不同了，共产党执政已七十三年了，我们面临的新问题是如何提高执政能力。天下没有长盛不衰的事，如何从历史上吸取一点他们所以失败的教训，增强一点忧患意识，或许是当前对我们最有益的事，这是我所以讲晚明剧变和明帝国崩溃的缘由。当然，这只是从增强一点忧患意识角度而言的。

《明史·流贼传》的序言，对崇祯朝所以走向灭亡作了一个简要的概括，其云：

庄烈帝承神、熹之后，神宗怠荒弃政，熹宗昵近阉人，元气尽澌，国脉垂绝。向使熹宗御宇复延数载，则天下之亡不再传矣。庄烈之继统也，臣僚之党局已成，草野之物力已耗，国家之法令已坏，边疆之抢攘已甚。庄烈虽锐意更始，治核名实，而人才之贤否，议论之是非，政事之得失，军机之成败，未能灼见于中，不摇于外也。且性多疑而任察，好刚而尚气。任察则苛刻寡恩，尚气则急遽失措。当夫群盗满山，四方鼎沸，而委政柄者非庸即佞，剿抚两端，茫无成算。内外大臣救过不给，人怀规利自全之心。言语戆直，切中事弊者，率皆摧折以去。其所任为阃帅者，事权中制，功过莫偿。败一方即戮一将，隳一城即杀一吏，赏罚太明而至于不能罚，制驭过严而至于不能制。加以天灾流行，饥馑洊臻，政繁赋重，外讧内叛。譬一人之身，元气羸然，疽毒并发，厥症固已甚危，而医则良否错进，剂则寒热互投，病入膏肓，而无可救，不亡何待哉？是故明之亡，亡于流贼，而其致亡之本，不在于流贼也。

这一大段话，有几点需要说明。其一，明帝国崩溃的原因，并不始于崇祯帝。实际上神宗是一个逐利之君，矿监、税使遍天下，正如黄宗羲所言："敲剥天下之骨髓，离散天下之子女，以奉我一人之淫乐，视为当然，曰：'此我产业之花息也。'"（《明夷待访录·原君》）故其长期以来的怠荒弃政与熹宗时东林阉党斗争及阉党魏忠贤的暴虐无道已经动摇了国家统治的社会基础，党争的问题伤了国家的元气，士大夫的分裂使国家机构的职能丧失殆尽。崇祯即位以后，两党相争的局面很难完全改观，尽管他即位以后对阉党的处置是有力的，然而其影响还在啊！崇祯帝即位不久，就处理了魏忠贤与客氏，不久应倪元璐之请毁了《三朝要典》。到崇祯二年（1629年）下令定阉党逆案，处死二十五人、充军五十人、判刑赎为民一百二十九人、革职闲住四十四人。处理这么一批人，在朝与他们相关的有很多人。《明史·刘鸿训传》讲到刘鸿训参与内阁机务时，由于处置阉党而受到攻击。史载：

> 鸿训至，毅然主持，斥杨维垣、李恒茂、杨所修、田景新、孙之獬、阮大铖、徐绍吉、张讷、李蕃、贾继春、霍维华等，人情大快。而御史袁弘勋、史𦻠、高捷本由维垣辈进，思合谋攻去鸿训，则党人可安也。弘勋乃言所修、继春、维垣夹攻表里之奸，有功无罪，而诛锄自三臣始。又诋鸿训使朝鲜，满载貂参而归。锦衣佥事张道浚亦讦攻鸿训，鸿训奏辩。给事中颜继祖言："鸿训先朝削夺。朝鲜一役，舟败，仅以身免。乞谕鸿训入直，共筹安攘之策。至弘勋之借题倾人，道浚之出位乱政，非重创未有已也。"帝是之。给事中邓英乃尽发弘勋赃私，且言弘勋以千金贽维垣得御史。帝怒，落弘勋职候勘。已而高捷上疏言鸿训斥击奸之维垣、所修、继春、大铖，而不纳孙之獬流涕忠言；谬主焚毁《要典》，以便私党孙慎行进用。帝责以妄言，停其俸。史𦻠复佐捷攻之。言路多不直两人，两人遂罢去。

阉党对刘鸿训的攻击这次虽未达到目的，后来刘鸿训还是被罢斥了。又如钱龙锡，在内阁时曾具体主持过阉党逆案的事，因此也成为被攻击的对象。《明史·钱龙锡传》称："御史高捷、史𦻠既罢，王永光力引之，颇为龙锡所扼，两人大恨。逆案之定，半为龙锡主持，奸党衔之次骨。"结果硬是把他牵连进袁崇焕案。史载："时群小丽名逆案者,聚谋指崇焕为逆首,龙锡等为逆党,更立一逆案相抵。谋既定,欲自兵部发之。"结果钱龙锡还是被戍十二年。故党争时隐时现,在这种情况下,很难客观公正地处理当时的人事问题。

(二)崇祯用人不当

其二,崇祯帝即位时,是从信王入宫即帝位,对朝廷诸臣僚的情况不明,君臣之间很难建立良好的共事关系。如内阁的选人,他靠枚卜,这有很大的偶然性。《明史·钱龙锡传》云:

> 庄烈帝即位,以阁臣黄立极、施凤来、张瑞图、李国槽皆忠贤所用,不足倚,诏廷臣推举,列上十人。帝仿古枚卜典,贮名金瓯,焚香肃拜,以次探之,首得龙锡,次李标、来宗道、杨景辰。辅臣以天下多故,请益一二人。复得周道登、刘鸿训,并拜礼部尚书兼东阁大学士。明年六月,龙锡入朝,立极等四人俱先罢,宗道、景辰亦以是月去。标为首辅,龙锡、鸿训协心辅理,朝政稍清。

李标、钱龙锡、刘鸿训这几个人都不错,问题是这种方式确立的内阁,阁员与崇祯没有长期共事的经历,靠枚卜很难一下子建立起互相信任的关系。而崇祯这个人自尊心太强,疑心重,容不得不同意见,听不得半点批评,即所谓"性多疑而任察,好刚而尚气。任察则苛刻寡恩,尚气则急遽失措"。以刘鸿训为例,他得罪崇祯帝是因为一件事和一句话。一件事是请崇祯为边兵发帑,"关门兵以缺饷鼓噪,帝意责户部。而鸿训请发帑三十万,示不测恩,由是失帝指";一句话是批评崇祯不成熟,"鸿训居政府,锐意任事。帝有所不可,退而曰:'主上毕竟是冲主。'帝闻,深衔之,欲置之死。赖诸大臣力救,乃得稍宽"(《明史·刘鸿训传》)。内阁年长的大臣尚且如此,其他大臣们还敢说话、任事吗?故刘鸿训等传末的赞语称:"庄烈帝在位仅十七年,辅相至五十余人。其克保令名者,数人而已,若标等是也。"孟森论此事云:

> 夫劝发帑市恩,损上益下,不失为君子之事君,纵未能从,何致遂以此失指?则帝之吝财,犹有万历遗风。闻言已为冲主,即深衔而欲置之死。自圣至此,又好诛戮大臣,艰危之日,欲以救亡,何可得也?人主虚中求善,来者尚多面谀;示以气矜,正直之士,自知无幸。后来入阁纷纷,以卑劣之徒为多,而所谓奸臣,则温体仁久任至历八年,周延儒亦前后两任。(孟森《明清史讲义》上)

温体仁、周延儒两人正是入奸臣传者。《明史·奸臣传》称:"周延儒、温体仁怀私植党,误国覆邦。"周延儒是靠"善伺意指"(《明史·周延儒传》)固位,二次入相。《明史·温体仁传》称温体仁为人"外曲谨而中猛鸷,机深刺骨",他对崇祯是"务为柔佞"(《明史·周延儒传》)。刘宗周在崇祯九年十月责温体仁疏称:

> 小人之祸人国无已时也。皇上恶私交,而臣下多以告讦进;皇上录清节,而臣下多以曲谨容;皇上崇励精,而臣下奔走承顺以为恭;皇上崇综核,而臣下琐屑苛求以示察。究其用心,无往不出于身家利禄。皇上不察而用之,则聚天下之小人立于朝,

而有所不觉矣。呜呼！八年之间谁秉国成，臣不能为首揆温体仁解矣。"（《明季北略》卷十二《刘宗周疏责温体仁》条）

《明季北略》卷十《童谣》条载：

初，崇祯三年，温体仁相，京师童谣云："崇皇帝，温阁老。"

七年，为首相，京师又有谣云："崇祯皇帝遭温了。"

"所欲推荐，阴令人发端，己承其后。欲排陷，故为宽假，中上所忌，激使自怒。"（《明史·温体仁传》）而崇祯帝不会克制自己情绪，很容易发怒，在发怒的情况下，处理问题往往偏激，后果就不好。如更改敕书的事，本来是一件小事，崇祯帝一怒就变成大事了。《明史·刘鸿训传》称：

旧例，督京营者，不辖巡捕军。惠安伯张庆臻总督京营，敕有"兼辖捕营"语，提督郑其心以侵职论之。命核中书贿改之故，下舍人田佳璧狱。给事中李觉斯言："稿具兵部，送辅臣裁定，乃令中书缮写。写讫，复审视进呈。兵部及辅臣皆当问。"十月，帝御便殿，问阁臣，皆谢不知。帝怒，令廷臣劾奏。尚书白严等亦谢不知，帝益怒。给事中张鼎延、御史王道直咸言庆臻行贿有迹，不知谁主使。御史刘玉言："主使者，鸿训也。"庆臻曰："改敕乃中书事，臣实不预知。且增辖捕卒，取利几何，乃行重贿？"帝叱之。阅兵部揭有鸿训批西司房语，佳璧亦供受鸿训指，事遂不可解。

这里讲到，"帝怒""帝益怒""帝叱之"，《明史》崇祯时期许多传中都讲到帝怒。如这次改京营兼辖捕营敕书之事，本来不是大事，结果从中书到兵部，到内阁大臣，均受牵连，刘鸿训为此"下廷臣议罪"(《明史·刘鸿训传》)。崇祯听不进任何不同意见,《明史·何如宠传》称:"大学士刘鸿训以增敕事,帝怒不测,如宠力为剖析,得免死戍边。"故在发怒的情绪下,刚愎用事,一定会误事。在这种状态下,使用刑罚的结果,自然是"任察则苛刻寡恩,尚气则急遽失措"。崇祯时,阁臣被戮二人为周延儒与薛国观。《明史·薛国观传》末称:"国观险忮,然罪不至死。帝徒以私愤杀之,赃又悬坐,人颇有冤之者。"遣戍者刘鸿训、钱龙锡,二人皆非其罪。而温体仁则善于利用崇祯帝易怒的特点,凡其"欲排陷,故为宽假,中上所忌,激使自怒"。喜怒哀乐乃人之常情,这是属于人认知非理性的范畴,但要受理性节制,听任个人情绪的宣泄去处理政事,古往今来,这方面教训太多,也太惨痛了。《礼记·中庸》有云:"喜怒哀乐之未发,谓之中;发而皆中节,谓之和。中也者,天下之大本也;和也者,天下之达道也。致中和,天地位焉,万物育焉。"崇祯处理国家大事,凭一时感情用事,恰恰违反了致中和这个基本原则,还不被奸人和小人利用而闹个天下大乱吗?这又能怪谁呢?

(三)崇祯滥杀大臣

其三,崇祯帝滥用刑罚,连分管刑罚的长官刑部尚书自身都难保。《明史·乔允升传》载,乔允升天启初为刑部侍郎,天启三年(1623年)迁为刑部尚书,后被魏忠贤黜而落职闲住,崇祯初复为刑部尚书,"时讼狱益繁,帝一切用重典。允升执法不挠,多所平反"。崇祯二年(1629年),乔允升因事遣戍,其本传云:

二年冬，我大清兵薄都城，狱囚刘仲金等百七十人破械出，欲逾城，被获。帝震怒，下允升及左侍郎胡世赏、提牢主事敖继荣狱，欲置之死。中书沈自植乘间撼劾允升他罪，章并下按问。副都御史掌院事易应昌以允升等无死罪，执奏再三。帝益怒，并下应昌狱，镌佥都御史高弘图、大理寺卿金世俊级，夺少卿周邦基以下俸，令再谳。弘图等乃坐允升绞，而微言其年老可念。帝谓允升法当死，特高年笃疾减死，与继荣俱戍边。

而论允升等无死罪的副都御史掌院事易应昌论死，后来因久旱无雨，请缓刑，改遣戍边卫。从这件事也可看到在崇祯帝手下办事很难，他年轻气盛，动不动用重典，官员没法按章办事。《明史·易应昌传》末称：

帝在位十七年，刑部易尚书十七人。薛贞，以奄党抵死。苏茂相，半岁而罢。王在晋，未任改兵部去。允升，遣戍。韩继思，坐议狱除名。胡应台，独得善去。冯英，被劾遣戍。郑三俊，坐议狱逮系。刘之凤，坐议狱论绞，瘐死狱中。甄淑，坐纳贿下诏狱，改系刑部，瘐死。李觉斯，坐议狱削籍去。刘泽深，卒于位。郑三俊，再为尚书，改吏部。范景文，未任，改工部。徐石麒，坐议狱落职闲住。

管理司法的官员频频更迭，那么多人受处分，怎么办得好案子呢？一切听命于崇祯帝个人的决断，那冤案、错案连绵不断也就不足为奇了。

《明史·钱龙锡传》称："帝好察边事，频遣旗尉侦探。龙锡言：'旧制止行于都城内外，若远遣恐难委信。'"这件事反映了崇祯帝不信任官僚机构正常的情况禀报，故要另外派遣亲信去前方侦探，这个做法得来的情报不全面、不可靠，边疆战事依靠这个指挥战斗、处理总督往往出错。《明史·郑崇俭传》称：

> 帝自即位以来，诛总督七人，崇俭及袁崇焕、刘策、杨一鹏、熊文灿、范志完、赵光抃也。帝愤寇日炽，用法益峻，功罪不假贷，而疆事寖坏，卒至于亡。

其中有好几个人罪不至于死，有的根本是错杀的。如袁崇焕，便是崇祯帝误信后金离间而将其处死；郑崇俭并没有过失，也是错杀的。福王时，给事中李清言："崇俭未失一城、丧一旅，因他人巧卸，遂服上刑。群臣微知其冤，无敢讼言者，臣甚痛之。"杨一鹏被杀，也有冤，因责任不在他身上，是温体仁的责任。《明史·杨一鹏传》称：

> 先是，贼渐逼江北，兵部尚书张凤翼请敕一鹏移镇凤阳，温体仁格其议。贼骤至，一鹏在淮安，远不及救。帝闻变大惊，素服避殿，亲祭告太庙，遂逮一鹏及巡按御史吴振缨、守陵官泽。泽先自杀，一鹏弃市，振缨戍边。

此卷末之赞语曰：

> 流贼之肆毒也，祸始于杨鹤，成于陈奇瑜，而炽于熊文灿、丁启睿。然练国事、郑崇俭先罹其罚，而邵捷春、余应桂亦或死或戍。疆场则剿抚乖方，庙堂则赏罚不当，债师玩寇，贼势日张，谓非人谋不臧实使之然乎！

这个"人谋不臧"的最后责任还在崇祯帝自己身上。

在前方总督的结局是如此，在中枢的兵部尚书又如何呢？《明史·张凤翼传》："帝在位十七年间，易中枢十四人，皆不久获罪。"

王洽是崇祯元年（1628年）拜兵部尚书，次年后金兵入关，遵化陷，再日始得报，帝怒其侦探不明，又以廷臣玩忽，拟用重典，而周延儒为迎合帝意，遂攻他"本兵备御疏忽，调度乖张"，检讨项煜说："世宗斩一丁汝夔，将士震悚，强敌宵遁。"帝颔之。这是暗示崇祯杀王洽以示威，结果王洽瘐死，论罪，复坐大辟。陈新甲则因和议事泄密而被弃市，这本来是奉旨办的，崇祯却诿过于人。再看地方大员巡抚这一级官员，《明史·颜继祖传》云：

终崇祯世，巡抚被戮者十有一人：蓟镇王应豸，山西耿如杞，宣府李养冲，登莱孙元化，大同张翼明，顺天陈祖苞，保定张其平，山东颜继祖，四川邵捷春，永平马成名，顺天潘永图，而河南李仙风被逮自缢，不与焉。

颜继祖被杀是因清兵陷济南，而杨嗣昌令其专防德州，济南因此空虚，这件事责任在杨嗣昌，不在颜继祖。邵捷春被杀因张献忠入川，这个问题的责任也在杨嗣昌身上。《明史·邵捷春传》载邵捷春之言："令甲失一城，巡抚坐。今以蜀委贼，是督师杀我也。"这个督师就是指杨嗣昌。传末称："捷春为人清谨，治蜀有惠政。士民哭送者载道，舟不得行，竞逐散官旗。蜀王为疏救，不听。敕巡按御史遣官送京师，下狱论死。捷春知不可脱，明年八月仰药死狱中。"当然，被处置的并非都没有罪，但冤案、错案不少，对中高级官僚如此严厉处置的后果很不好，谁还能悉心为朝廷办事呢？在当时的环境下，国事已非，丧师失律，不尽为所犯之罪，为中枢调度不当，所陷者亦多，人皆不能自保。李自成从陕西进北京，一路上地方官与驻军投降的多、抵抗的少，此情势所逼也。

(四)崇祯任用宦官的问题

崇祯帝刚即位时,鉴于魏忠贤等专权,尽撤诸方镇守中官,委任朝政于大臣。后来廷臣之间门户党争不息,同时兵败饷绌,大臣们互相指责,于是他又想到复用近侍。《明史·宦官二·张彝宪传》称:

> 崇祯四年九月,遣王应朝等监视关、宁,又遣王坤宣府,刘文忠大同,刘允中山西,监视军马。而以彝宪有心计,令钩校户、工二部出入,如涂文辅故事,为之建署,名曰户工总理,其权视外总督,内团营提督焉。给事中宋可久、冯元飙等十余人论谏,不纳。吏部尚书闵洪学率朝臣具公疏争,帝曰:"苟群臣殚心为国,朕何事乎内臣。"众莫敢对。南京侍郎吕维祺疏责辅臣不能匡救,礼部侍郎李孙宸亦以召对力谏,俱不听。彝宪遂按行两部,踞尚书上,命郎中以下谒见。

朝廷派了这些监军,反而引起不少新的问题。"已而诸监多侵克军资,临敌辄拥精兵先遁,诸将亦耻为之下,缘是皆无功。"(《明史·宦官二·高起潜传》)"八年八月始下诏曰:'往以廷臣不职,故委寄内侍。今兵制粗立,军饷稍清,尽撤监视总理。'"(《明史·宦官二·张彝宪传》)不到一年时间,次年七月,清兵自喜峰口入关,"复遣太监李国辅、许进忠等分守紫荆、倒马诸关"(《明史·宦官二·高起潜传》)。到了十月间,《明通鉴》卷八十五"崇祯九年"载:

> 时上久罢内遣,而边警骤至,以诸臣类萎腇不任,仍分遣中官卢维宁等总监通津、临德等处兵马粮饷,而意颇讳言之。
>
> (金)光辰疏请罢遣,上怒,召对平台。风雨骤作,侍臣立雨中,

至以袖障溜。上责光辰，光辰对曰："皇上以文武诸臣无实心任事，委任内臣。臣愚以任内臣，诸臣益弛卸不任。"上大怒，声色俱厉，将重谴光辰，而迅雷直震御座，风雨声大作。光辰因言："臣在河南，见皇上撤内臣而喜。"语未终，上沉吟，即云："汝言无复尔。"然意亦稍解。翌日，诏"光辰镌三级调外"，时谓光辰有天幸云。

自己这样做了，明知违反祖训，但不愿意人们借此说话，此后又命内臣高起潜为宣大总监。高起潜在内侍中以知兵称，故崇祯帝委任之。实际上高起潜根本不会用兵，《明史·宦官二·高起潜传》云：

> 然起潜实未尝决一战，惟割死人首冒功而已。明年，起潜行部视师，令监司以下悉用军礼。永平道刘景耀、关内道杨于国疏争，被黜。既而与兵部尚书杨嗣昌比，致宣大总督卢象昇孤军战殁，又匿不言状，人多疾之。

崇祯十七年（1644年）李自成犯京师，"帝复命起潜监宁、前诸军，而以杜勋镇宣府。勋至镇即降贼"（《明史·宦官二·高起潜传》）。宦官杜之秩降于居庸关。李自成围京城时，"益以内侍三四千人专守城事，百司皆不敢问"（《明通鉴》卷九十"崇祯十七年"）。最终开京城大门迎李自成的还是曾任司礼秉笔太监的曹化淳，他曾在光宗时的王安名下。当然，太监中不是没有殉节的，如王承恩是在曹化淳名下，他是随崇祯帝一起吊死在煤山的。方正化在崇祯末出镇保定，殉职而死。做到以一死报主恩，那是极少数。时内臣殉难者，更有故司礼掌印太监高时明，司礼秉笔太监李凤祥，提督诸监局太监褚宪章、张国元四人。虽然不能说洪洞县中无好人，但毕竟多数人则是如杜勋那样，换一个主子，"吾曹富贵固在也"（《明史·宦官二·高起潜传》）。问题是崇祯帝对身边内侍，亦并不真正识人啊！

（五）崇祯的性格问题

崇祯性格上的问题，在崇祯二年（1629年）即有所显露。那时任顺天府尹的刘宗周，便诚恳地向他提出了做事不可"程效太急"，否则欲速则不达。《明史·刘宗周传》载其奏疏，今摘录如下：

陛下励精求治，宵旰靡宁。然程效太急，不免见小利而速近功，何以致唐、虞之治？

夫今日所汲汲于近功者，非兵事乎？诚以屯守为上策，简卒节饷，修刑政而威信布之，需以岁月，未有不望风束甲者。而陛下方锐意中兴，刻期出塞。当此三空四尽之秋，竭天下之力以奉饥军而军愈骄，聚天下之军以博一战而战无日，此计之左也。

今日所规规于小利者，非国计乎？陛下留心民瘼，恻然恫瘝，而以司农告匮，一时所讲求者皆掊克聚敛之政。正供不足，继以杂派。科罚不足，加以火耗。水旱灾伤，一切不问。敲扑日峻，道路吞声。小民至卖妻鬻子以应。有司以掊克为循良，而抚字之政绝；上官以催征为考课，而黜陟之法亡。欲求国家有府库之财，不可得已。

功利之见动，而庙堂之上日见其烦苛。事事纠之不胜纠，人人摘之不胜摘，于是名实紊而法令滋。顷者，特严赃吏之诛，自宰执以下，坐重典者十余人，而贪风未尽息，所以导之者未善也。……

且陛下所以劳心焦思于上者，以未得贤人君子用之也。而所嘉予而委任者，率奔走集事之人；以摘发为精明，以告讦为正直，以便给为才谞，又安所得贤者而用之。得其人矣，求之太备，或以短而废长；责之太苛，或因过而成误。

且陛下所擘画，动出诸臣意表，不免有自用之心。臣下救过不给，谗谄者因而间之，猜忌之端遂从此起。夫恃一人之聪明，而使臣下不得尽其忠，则耳目有时壅；凭一人之英断，而使诸大夫国人不得衷其是，则意见有时移……数十年来，以门户杀天下几许正人，犹蔓延不已。陛下欲折君子以平小人之气，用小人以成君子之公，前日之覆辙将复见于天下也。

陛下求治之心，操之太急。酝酿而为功利；功利不已，转为刑名；刑名不已，流为猜忌；猜忌不已，积为壅蔽。正人心之危，所潜滋暗长而不自知者。

刘宗周这些批评还是很中肯的，在重大决策上，功利化效果不好。在军事上急功近利，没有根本的战略思想指导，战役是打不好的。许多军事上的问题，不在战争本身，还得从政治、经济上寻找原因，才能从根本上解决问题。否则，以单纯军事观点来看待战争，无论东北还是西北的战事，都只会日益恶化下去。

要用兵，便要用饷，吏治败坏，结果农民的负担不断加重，而前线士兵不断因缺饷而哗变。惩治贪吏，仅靠杀也不行，本质上还是一个社会风气的问题，还得治本清源。

在人事上，不能过于求全责备。人无完人，问题是如何用其长，建立长久的互信和良好的互动关系。崇祯用人的随意性太强，任免内阁大臣，"仿古枚卜典，名金瓯，焚香肃拜，以次探之"，这样择人可能善，也可能恶。

崇祯帝好专断独行，天下万机，靠"一人之聪明"怎么能周全呢？凭个人"自用之心"去处理许多问题，不是好事。许多事出人意表，正直的人救过不及，小人则用猜忌诱诒以逞其恶。周延儒、温体仁那样的奸臣就能利用崇祯帝这一特点以逞其奸了。

刘宗周最后几句话说得非常确切，由"操之太急"而转为"功利不已"，转为"刑名不已"，"流为猜忌"最终"积为壅蔽"。君臣关系处于这种状态，国事还能处理好吗？整个官僚机构还能有办事的效率吗？

到了崇祯八年（1635年），刘宗周又对崇祯帝说了一番逆耳的忠言，他说：

> 陛下求治太急，用法太严，布令太烦，进退天下士太轻。诸臣畏罪饰非，不肯尽职业，故有人而无人之用，有饷而无饷之用，有将不能治兵，有兵不能杀贼。流寇本朝廷赤子，抚之有道，则还为民。今急宜以收拾人心为本，收拾人心在先宽有司。参罚重则吏治坏，吏治坏则民生困，盗贼由此日繁。（《明史·刘宗周传》）

崇祯二年刘宗周上疏，至此过了六年，事实证明刘宗周的话讲到了崇祯性格问题的根本上。崇祯对这些意见是听不进去的，认为其言迂腐而不能用。随后刘宗周又上《痛愤时艰疏》，再次对崇祯提意见。对这些逆耳忠言,崇祯帝的态度如何呢?

> 疏入,帝怒甚,谕阁臣拟严旨再四。每拟上,帝辄手其疏覆阅,起行数周。已而意解,降旨诘问,谓大臣论事宜体国度时,不当效小臣归过朝廷为名高。(《明史·刘宗周传》)

他还是不能冷静地探讨自己的问题,因而无法加以纠正,反而责难刘宗周"归过朝廷为名高",这样的话,崇祯的性格问题根本就无法解决了。

崇祯吊死在煤山,书衣襟为遗诏:

> 朕凉德藐躬,上干天咎,致逆贼直逼京师,皆诸臣误朕。朕死,无面目见祖宗,自去冠冕,以发覆面,任贼分裂,无伤百姓一人。
> (《明通鉴》卷九十"崇祯十七年")

似乎他很爱百姓,是群臣误国,把亡国的责任推在群臣身上,这样说得过去吗?《明史·流贼传》序言之末称:

> 呜呼!庄烈非亡国之君,而当亡国之运,又乏救亡之术,徒见其焦劳瞀乱,孑立于上十有七年。而帷幄不闻良、平之谋,行间未睹李、郭之将,卒致宗社颠覆,徒以身殉,悲夫!

序言对崇祯帝还是抱着同情的态度,其潜台词则为"君非亡国之君,臣皆亡国之臣"。"君为臣纲"嘛,皇帝自身不正,如何能对臣下提出要求呢?《明史·文震孟传》称:

> 震孟在讲筵,最严正。时大臣数逮系,震孟讲《鲁论》"君使臣以礼"一章,反覆规讽,帝即降旨出尚书乔允升、侍郎胡世赏于狱。

崇祯帝对乔允升的处理,还是"允升法当死,特高年笃疾减死",

戍边。这仍不是"君使臣以礼"的态度。《论语·八佾》:"定公问:'君使臣,臣事君,如之何?'孔子对曰:'君使臣以礼,臣事君以忠。'"可见君臣关系是相对的,不是单方面的,上梁不正,下梁能不歪吗?《论语》中齐景公还有这个说法:"君不君,臣不臣,父不父,子不子,虽有粟,吾得而食诸?"(《论语·颜渊》)问题的根子还在崇祯帝自己身上,他对臣子如此杀戮,而且是大量地错杀、冤杀,怎能不众叛亲离呢?实际上君是亡国之君,臣若周延儒、温体仁、杨嗣昌之类也都是亡国之臣。忠心耿耿为国为民的臣子不少,但多被崇祯帝冤杀了,这又能怪谁呢?不能开杀戒,滥杀人的帝王没有好下场,这是为历史反复证实了的真理。明亡时,阖家殉难的臣子不少,怎能说他们都是亡国之臣呢?说到底,还是君王自己的问题。

第五讲

李自成的溃败与南明的抗清活动

在一个王朝末期,各种力量互相角逐时,要取得最后的胜利,必须具备各种主客观的条件。从主观条件上讲,必须要对自己所处的形势以及自己的任务有客观的认识。其次要有严密而又充分的组织资源,能有一支统一指挥的、有战斗力的队伍。要有正确而有威望的领导,能用适当的方式去争取胜利。

一、叙言

李自成进入北京以后,明王朝覆亡,整个形势发生了急剧变化。清帝国这时虎视眈眈地窥视中原地区,他们计划进关来逐鹿中原。李自成进入北京以后,对此后的形势没有清醒的认识,忙着登基称帝。南方诸王在此之后陆续建立了一些以明宗室诸王为首领的割据政权,福王在南京建立了只有一年时间的弘光小朝廷,还有此后在浙江建立的以鲁王为首领的小朝廷,在福建建立的以唐王为代表的小朝廷,还有在广西桂林建立的以桂王为代表的西南地区的小朝廷。顺治在位的时间只有十八年,清兵是在顺治元年(1644年)入关的,这段时间还是一部"三国志",清与南明残余势力及农民军李自成部之间进行了一场中原逐鹿的战争。

为什么清军的对手始终没有还手的余地?明王朝长期无法处理的许多矛盾,为什么清王朝入主中原后能够顺利解决?他们又是如何处理这些矛盾的?满洲贵族之间不是没有矛盾,有时候这种矛盾也表现得非常尖锐,他们是如何处理自身内部矛盾的?他们如何对待满汉之间的关系?他们入主中原以后有没有失策的地方,失策在哪里,又有什么影响?满族作为少数民族进入中原,建立统一王朝,在政治、经济、文化等方面胜于鲜卑人建立的北魏、北宋时契丹人建立的辽、女真人建立的金，也胜于元。在国家的统一、民族的融合上，为什么它能胜于之前各游牧民族的统治？这个王朝前后持续二百七十六年，它强盛的时期并不逊色于明王朝，这许多问题值得人们认真思考。现在我们只能从 1644 年起，向明清两个王朝交替的十多年时间中寻求一部分答案。

二、顺治福临如何继承帝位

清太宗皇太极在崇德八年（1643年）八月八日，暴崩于清宁宫之南榻，终年52岁。他并没有由谁继承帝位的遗命，于是这个问题由诸王会推于大衙门。由于皇太极功高，在诸王大臣之间的威信崇高，其继任者也只能在皇太极诸子中挑选。诸王中论辈分和年资最高的是代善，故代善建议由皇太极长子豪格即皇位。但当时由于多尔衮作战带兵时间长、影响大，加上豪格与多尔衮有矛盾，故豪格称自己"福少德薄，不堪承任"。代善的孙子阿达礼曾建议由多尔衮来继承帝位，多尔衮也不干，怕不得人心。这样便产生一个折中的方案，立皇太极第九子福临即帝位。那时福临只有6岁，于是由多尔衮与济尔哈朗辅政，而军政的实权掌握在多尔衮手上。这样交接班的难题顺利得到解决，以次年公元1644年为顺治元年，福临在即位的诏书中说：

> 今诸伯叔兄及文武群臣，咸以国家不可无主，神器不可久虚，谓朕为皇考之子，应继大统，乃于八月二十六日，即皇帝位，以明年为顺治元年。朕年幼冲，尚赖诸伯叔兄、大臣，共襄治理，所有应行赦款，开列于后……布告中外，咸使闻知。

从这份即位的诏书中，可以看到福临的帝位是诸王大臣共推的

结果。《东华录》崇德八年八月辛未条也记录了诸王贝勒的誓言,其云:

> 太宗龙驭上宾时,和硕礼亲王代善会集诸王贝勒、贝子公及文武群臣,以天位不可久虚,上天纵徇,齐昌符协,应爱定议,同心翊戴嗣皇帝位,共上誓书,昭告天地。王等誓词曰:代善、济尔哈朗、多尔衮、豪格、阿济格、多铎、阿达礼、阿巴泰、罗洛宏、尼堪、博洛、硕讬、艾度礼、满达海、屯齐、费扬古、博和讬、屯齐喀、和讬等,不幸值先帝升遐,国不可无主,公议奉先帝子缵承大位,嗣后有不遵先帝定制,弗殚忠诚,藐视皇上冲幼,明知欺君怀奸之人,互徇情面,不行举发,及修旧怨,倾害无辜,兄弟谗构,私结党羽者,天地谴之,令短折而死。

诸臣誓曰:

> (诸臣姓名略) 谨誓告于天地,我等如谓皇上幼冲,不靖共竭力如效力先帝时,谄事本主,兴谋悖乱,仇陷无辜,见贤而蔽抑,见恶而徇隐,私结党羽,构启谗言,有一于此,天地谴之,即加显戮。

此外还有济尔哈朗、多尔衮辅政誓言:

> 今公议以济尔哈朗、多尔衮辅国理政,我等如有应得罪过,不自承受,及从公审断,又不折服者,天地谴之,令短折而死。

从这几份誓词,可以看到皇太极去世以后,清帝国最高权力的继承关系及权力的再分配,通过内部协商得到了解决,实际的掌权者则是多尔衮。清廷内部也并不是没有矛盾,在帝位继承之后,多尔衮与豪格之间便有矛盾。皇太极系统的人在多尔衮执政时,心里是有不满情绪的。顺治在位十八年,多尔衮去世在顺治七年(1650年)末,故顺治这十八年的政治、经济和军事,可分为两个阶段,即多尔衮执政阶段与顺治亲政阶段。这两个阶段有连续性,也有变化。多尔衮时期对一些问题的处理比较宽松,顺治亲政以后比较严苛一些。这两个时期的社会矛盾也不一样,前期要稳定统一的大局,故许多问题的处置相对宽松;后期清廷在全国统治的局面要稳固一些,对一些历史遗留问题,如赋役问题、科场舞弊问题,处理比较严苛。如奏销案与科场案,都是清初的大案。然而清廷内部的矛盾,没有如明末那样从上到下构成东林与阉党势不两立、你死我活的派系斗争。这两个时期都留下一些弊政,都在皇位更迭时期得到缓解。多尔衮与福临这两个人物执政风格比较,多尔衮要大气一些,福临器量要小一些。但一些个人品质上的问题,对大局不可能、也确实没有造成太大的消极影响。因为他们都是人,不是神,总还是无法完全避免自己情感上的某些偏好。这些我留在后面来讲。

三、李自成进京以后清政府的直接反应

顺治元年（1644年）四月四日辛酉，清廷尚未获得李自成进京的确切消息，但已感到明廷局面不稳。于是范文程上书摄政王多尔衮，建议大兵乘机南伐。《东华录》载其上书云：

乃者，有明流寇踞于西土，水陆诸寇环于南服，兵民煽乱于北陲，我师燹伐其东鄙，四面受敌，其君若臣安能相保耶。……此正欲摄政诸王建功立业之会也。窃维成丕业以垂休万祀者此时，失机会而贻悔将来者亦此时。……明之受病种种已不可治，河北一带，定属他人，其土地人民不患不得，患得而不为我有耳。……我国虽与明争天下，实与流寇角也。……曩者弃遵化，屠永平，两经深入而返，彼地官民必以我为无大志。……是当申严纪律，秋毫勿犯，复宣谕以昔日不守内地之由，及今进取中原之意，而官仍其职，民复其业，录其贤能，恤其无告……如是则大河以北可传檄而定也。河北一定，可令各城官吏移其妻子避患于我军，因以为质，又拔其德誉素著者置之班行……则闻见可广，而政事有时措之宜矣。此行或直趋燕京，或相机攻取，要于入边之后，山海长城以西择一坚城顿兵而守，以为门户，我师往来斯为甚便，惟摄政诸王察之。

范文程这大段文字，第一分析了目前明廷的形势，认为明朝的统治已很难维持了，"明之受命，已不可治也"。第二指出华北地区有一个重新归属的问题。在目前的形势下，他认为"大河以北，定属他人"，过去是"与明争天下"，现在则是"与流寇角也"。第三检讨往年四次入关的政策，认为"曩者弃遵化，屠永平"不可取（那是指第一次入关，皇太极留阿敏在关内，结果阿敏弃遵化、屠永平而返关外，做了傻事）。第四提出这次进军中原要贯彻的几个方针，一是严申纪律，秋毫勿犯；二是要宣告进取中原的宗旨；三是对明代的官员要仍其职，使民复其业。如果能够做到这几条，那么大河以北可传檄而定。第五提出这次进军的目标是直取燕京，或相机进取，在长城内外要开辟一条通道，便于清兵往返，可进可退。

多尔衮接到这个建议以后，就宣布大军南伐。《东华录》四月七日甲子载："甲子以大军南伐，祭告太祖武皇帝、大行皇帝。"次日，以顺治的名义赐摄政睿亲王多尔衮大将军印，由多尔衮统大军往定中原，"一切赏罚俱便宜行事，至攻取方略，尔王钦承皇考圣训，谅已素谙"。这样一来，由皇位继承引发的多尔衮与豪格之间的矛盾，也就暂时搁置下来，用一致对外来缓解诸王贝勒之间的内部矛盾。

几天之后，多尔衮集合大军在辽河地区，以军事战略咨询于洪承畴，《东华录》全文录载了四月十四庚午日洪承畴的启文，其云：

我兵之强，天下无敌，将帅同心，步伍整肃，流寇可一战而除，宇内可计日而定矣。今宜先遣官宣布王令，以示此行特扫除乱逆，期于灭贼，有抗拒者必加诛戮，不屠人民，不焚庐舍，不掠财物之意。仍布告各府州县，有开门归降者官则加升，军民秋毫无犯。若抗拒不服者,城下之日,官吏诛,百姓仍予安全。有首倡内应立大功者,则破格封赏,法在必行。此要务也。况流寇初起时,遇弱则战,遇强则遁,今得京城,财足志骄,已无固志。一旦闻我军至,必焚其官殿府库,遁而西行。贼之骡马不下三十余万,昼夜兼程可二三百里,及我兵抵京,贼已远去,财物悉空,逆恶不得除,士卒无所获,亦大可惜也。今宜计道里,限时日,辎重在后,精兵在前,出其不意,从蓟州密云近京处疾行而前,贼走则即行追剿。倘仍坐据京城以拒我,则伐之更易。如此庶逆贼扑灭,而神人之怒可回,更收其财畜以赏士卒,殊有益也。初明之守边者兵弱马疲犹可轻入,今恐贼遣精锐伏于山谷狭处以步兵扼路,我国骑兵不能履险,宜于骑兵内选作步兵,从高处觇其埋伏,俾步兵在后,比及入边,则步兵皆骑兵也,孰能御之。若沿边仍复空虚,则接踵而进,不劳余力,抵京之日,我兵连营城外,侦探勿绝,庶可断陕西、宣府、大同、真保诸路,以备来攻,则马首所至,计日功成矣。流寇十余年来用兵已久,虽不能与大军相拒,亦未可以昔日汉兵轻视之也。

洪承畴说这番话的时候,应该是确认李自成军队已经进入北京城,但对李自成军与吴三桂之间的矛盾尚不知情,故他的建议中有几点值得注意:第一,要公开宣告此次进军的目的,是针对农民军的,也就是为明复仇。第二,要严格行军纪律,要"不屠人民,不焚庐舍,不掠财物",与前几次进军关内以掠夺财物的宗旨不同。第三,对投诚官员,不分彼此,一律"官则加升",反抗的则只诛其官吏,仍要保障百姓的安全,不能再搞屠城的那套办法。第四,他认为农民军"今得京城,财足志骄,已无固志。一旦闻我军至,必焚其宫殿府库,遁而西行"。洪承畴这个估计还是有远见的。第五,在进军上,他主张轻兵捷行。他说:"今宜计道里,限时日,辎重在后,精兵在前,出其不意。"这个主张还是对的,只有轻兵快速前进,才能出其不意地抓住有利的战机,既要知己知彼,更要出奇制胜。然而还要小心农民军"遣精锐伏于山谷狭处",故用步骑迭代之法,悬兵度险。这是战略上藐视对方,战术上重视对方之应对策略。后来吴三桂请师,对清兵而言真是天赐之良机。这一次清兵入关的发动者,并不是满洲贵族的那些王公大臣,反而是降清的两个汉人范文程与洪承畴两人从形势的分析出发,从军事到政治,从战略目标到战术的分析,都还是有备而来。多尔衮的长处是能听得进他人正确的意见,迅速作出决策,并及时采取行动。用一致对外的行动,既缓解了内部矛盾,又为今后开辟了一片新的天地。这是多尔衮作为重大战略决策者的长处,也是他高于李自成及南明诸王的地方。

四、李自成军进京以后农民军的精神状态

崇祯帝是崇祯十七年（1644年）三月十九日凌晨吊死在煤山的，李自成当天午时进入北京城。《明史·李自成传》对李自成从三月十九日进京以后的活动状况，有一段简要的记载，其云：

自成毡笠缥衣，乘乌驳马，入承天门。伪丞相牛金星，尚书宋企郊、喻上猷，侍郎黎志升、张嶙然等骑而从。登皇极殿，据御座，下令大索帝后，期百官三日朝见。文臣自范景文、勋戚自刘文炳以下，殉节者四十余人。宫女魏氏投河，从者二百余人。象房象皆哀吼流泪。太子投周奎家，不得入，二王亦不能匿，先后拥至，皆不屈，自成羁之宫中。长公主绝而复苏，舁至，令贼刘宗敏疗治。

已，乃知帝后崩，自成命以宫扉载出，盛柳棺，置东华门外，百姓过者皆掩泣。越三日己酉，昧爽，成国公朱纯臣、大学士魏藻德率文武百官入贺，皆素服坐殿前。自成不出，群贼争戏侮，为椎背、脱帽，或举足加颈，相笑乐，百官慑伏不敢动。太监王德化叱诸臣曰："国亡君丧，若曹不思殡先帝，乃在此耶！"因哭，内侍数十人皆哭，藻德等亦哭。顾君恩以告自成，改殓帝后，用衮冕袆翟，加苇厂云。大学士陈演劝进，不许。封太

子为宋王。放刑部、锦衣卫系囚。

自成自居西安，建置官吏，至是益尽改官制。六部曰六政府，司官曰从事，六科曰谏议，十三道曰直指使，翰林院曰弘文馆，太仆寺曰验马寺，巡抚曰节度使，兵备曰防御使，知府州县曰尹、曰牧、曰令。召见朝官，自成南向坐，金星、宗敏、企郊等左右杂坐，以次呼名，分三等授职。自四品以下少詹事梁绍阳、杨观光等无不污伪命，三品以上独用故侍郎侯恂。其余勋戚、文武诸臣奎、纯臣、演、藻德等共八百余人，送宗敏等营中，拷掠责赇赂，至灼肉折胫，备诸惨毒。藻德遇马世奇家人，泣曰："吾不能为若主，今求死不得。"贼又编排甲，令五家养一贼，大纵淫掠，民不胜毒，缢死相望。征诸勋戚大臣金，金足辄杀之。焚太庙神主，迁太祖主于帝王庙。

时贼党已陷保定，李建泰降，畿内府县悉附。山东、河南遍设官吏，所至无违者。及淮，巡抚路振飞发兵拒之，乃去。自成谓真得天命，金星率贼众三表劝进，乃从之，令撰登极仪，诹吉日。

这部分文字，有几方面的情况需要分析。一是李自成及其将领的精神状态，二是明官僚对李自成进京的态度，三是李自成进京以后的重大政策措施及其得失。

这里讲的"自成毡笠缥衣，乘乌驳马，入承天门"，时间是在三月十九日的中午。《明季北略》卷二十《李自成入北京内城》条讲：

午刻，李自成毡笠缥衣，乘乌驳马，拥精骑百余，由德胜门入，转大明门，遂进紫金城。伪军师宋献策、伪内阁牛金星及宋企郊等五骑从之。伪将刘宗敏、李牟，副将田化龙、李岩等，分将各兵。

这条材料与《明史·李自成传》的记载基本一致，然而《明季北略》所言李自成进城的线路不同，不是从承天门，而是从德胜门入，转大明门，然后进紫禁城。与李自成进城同时，军队的将领也带兵入城了，而且李自成立即由紫禁城进入皇宫了。李自成进北京与刘邦进咸阳相比，他输了一着。《汉书·高帝纪》载：

沛公至霸上。秦王子婴素车白马，系颈以组，封皇帝玺符节，降枳道旁。诸将或言诛秦王，沛公曰："始怀王遣我，固以能宽容，且人已服降，杀之不祥。"乃以属吏。遂西入咸阳，欲止宫休舍，樊哙、张良谏，乃封秦重宝财物府库，还军霸上。萧何尽收秦丞相府图籍文书。十一月，召诸县豪桀曰："父老苦秦苛法久矣，诽谤者族，耦语者弃市。吾与诸侯约，先入关者王之，吾当王关中。与父老约，法三章耳：杀人者死，伤人及盗抵罪。余悉除去秦法。吏民皆按堵如故。凡吾所以来，为父兄除害，非有所侵暴，毋恐！且吾所以军霸上，待诸侯至而定要束耳。"乃使人与秦吏行至县乡邑告谕之。秦民大喜，争持牛羊酒食献享军士。沛公让不受，曰："仓粟多，不欲费民。"民又益喜，唯恐沛公不为秦王。

刘邦进咸阳以后，第一，他不进皇宫住宿；第二，军队不进城，驻军霸上营地。李自成这两条都不如刘邦，住进宫城，容易被胜利所陶醉，滋生骄傲情绪。刘邦不"止宫休舍"也不是自觉的，是樊哙与张良提醒的结果。其实李岩也曾提醒过李自成不要急于进宫，但李自成没有当回事。军队进城，与居民杂处，容易纪律败坏，失去战斗力。刘邦在关中与民约法三章，安抚百姓，稳定社会秩序，赢得百姓的拥护，为以后立足于关中与项羽争霸奠定了基础。最后还有一点，刘邦进咸阳以后，知道还有项羽在关东，两者还有大的较量。而李自成则没有意识到清在关外虎视眈眈，缺乏警惕性，头脑不清醒，只是陶醉于已有的胜利，对当时自己所处的形势没有正确的判断。认清内外形势这一点非常重要，形势清晰了，才能摆正自己的位置顺势而为。

三月十九日，李自成进宫后的情况，《甲申传信录》卷一《睿谟留憾》记载：

> 太监王德化率内员三百人迎于门外，自成命照旧掌印，而曹化淳导自成从西长安门入大内。……见袁妃公主于地，叹曰："上太忍。"令扶还本官调理。后袁妃不知所之，公主强起，出就嘉定伯第。

对于李自成而言，进宫以后第一件事便是找到崇祯帝父子的下落。李自成是二十一日获悉崇祯与王承恩吊死在煤山的，至二十六日，李自成让崇祯具帝冠服，后披霞服，由内侍为其梳发尚冠入殓，四月初三日葬崇祯帝于田贵妃墓。崇祯的太子及永、定二王，他们在李自成进城前投皇后之父周奎家，周奎不纳，由内臣转拥至民间。李自成入城以后，由内臣献太子和永、定二王，李自成封太子为宋王，定王为安定公，实际上是把他们看管起来了。李自成进城时，明文臣与勋戚自尽死节者四十余人，见于《明通鉴》记载的有大学士范景文，户部尚书倪元璐，左都御史李邦华，兵部右侍郎王家彦，刑部右侍郎孟兆祥，右副都御史施邦曜，大理寺卿凌义渠，御史王章、陈良谟，兵部郎中成德等，有的一家有十七人殉节，亦有布衣殉节者。后宫有宫女魏氏投河死，宫女从者二百余人。由此可见，明朝从崇祯帝起，到各级官僚士大夫，到一般布衣百姓，还是有一点宁死不屈的精神。

李自成进宫以后做的第二件事是清理明朝遗留下来的庞大的官僚队伍和官僚机构。三月二十日刘宗敏与宋企郊便命令在京的文武百官到府报名，牛金星宣告："各官俱于次日朝见，朝见后，愿去者听去，敢有抗违逆令者斩之。"（《甲申传信录》卷四《拷掠诸臣》）二十一日，明朝的文武百官皆候于午门。《明季北略》卷二十之《廿三辛亥诸臣点名》条把朝见点名的时间定在二十三日，称"百官囚服立午门外，约四千余人"。这一次只挑选了九十二人，送吏政府宋企郊听用，也就是重新建立新的官僚机构，大体上"人分三等授官。大都新科者居多，人物丰伟者为上"。关于所选人员的具体安排，其云：

> 下午出榜，选授弘文馆掌院何瑞征，编修周钟，大理卿刘大巩，寺承项煜，兵谏光时亨，礼政府从事韩霖、吴文帜，国子学录钱位坤等，共九十二名。第二榜特选兵政府左侍郎左懋泰，镇守山海关等处地方。第三榜特授宛平县归顺举人王仙芑山东潍县令。第四榜补选各省州牧吴箎、傅学禹等，各省县令朱国寿、王之凤等，共五十名。

没有被选用的官僚怎么办？李自成的命令是"前朝各犯官，俱送权将军刘府中听候施行"。据《明季北略》卷二十之《廿五癸丑拷夹百官》条记载：

> 午后，唤诸文官进内点名，幽闭饥饿一日夜。至次早点过，共绑八百余员，五人一连，俱押锁至田皇亲府中，着刘宗敏用夹棍拷打，招认赃银，凡十昼夜。

关于赃银的定额，其云：

> 限内阁十万，部院、京堂、锦衣帅七万，科道、吏部郎五万、三万，翰林一万，部曹千计，勋戚无定数，人财并尽，英国公惨死最酷。

而《甲申传信录》卷四《拷掠诸臣》条称："明日复至刘宗敏所，以次论赃，一品累万，以次至七品累千，能，即立搜进之，不能，即加严法。"拷掠是很残酷的，有打死人的情况。《明季北略》之《廿五癸丑拷夹百官》条讲道：

> 夹之甚者，大臣则李遇知、王正志，词臣则杨昌祚、林增志、卫胤文；其未甚者，金之俊、王鳌永、张维机、胡世安、李明睿也。高斗光首被追银，欲夹，其子请代，得免。

这个问题还是因人而异，比较起来勋戚追赃重一些，如嘉定伯周奎，"籍其家得现银五十三万，缎匹以车载之，相属于道，诸所充积，尽搜无遗"。又如大学士陈演，"二十七日索饷，遂举皮箱亲送宗敏家，凡四万两。宗敏喜其慷慨，不拷掠，仍系之。其仆或告贼，言：'地下有银数万。'掘之，果如仆言。又言：'珠宝最多。'复搜进黄金三百六十两，珍珠成斛。十三日，自成东出，遂命斩之。"（《甲申传信录》卷四《辅臣》条）。此书列举了各级官僚被拷掠的情况。

李自成为什么那么急于拷掠军饷呢？李自成军进入大城市以

前,李岩为李自成军拟定的宣传口号,有"吃他娘,穿他娘,开了大门迎闯王,闯王来时不纳粮"。"朝求升,暮求合,近来贫汉难存活,早早开门拜闯王,管教大小都欢悦。"还曾提过"三年免粮"的口号,"一应钱粮,比原额止征一半"(《明季北略》卷二十二《李岩说自成假行仁义》)。李自成既然提了这些口号,进北京城以后,就很难从税收上寻求饷源。上百万军队进京,确实有一个吃什么、用什么的问题。而北京又是权贵官僚财富集中之地,那当然会从他们身上寻找饷源。实际上这件事做不得,因为如果不先把北京的官僚队伍稳定下来,保持正常的社会秩序,北京以外的军政人员看到北京的情况,就会人心不稳,待全局稳定下来以后,再处理这个问题也不迟。李自成在这个问题上处理得太急了,结果是失大于得。

第三件事,是李自成进京以后,要不要让军队进城的问题。这个问题,李自成处理得也不好。《明季北略》卷二十的《廿五癸丑拷夹百官》条讲到李自成军初入城时,不甚杀戮,数日后,便大肆杀戮。其云:

> 贼初破城,先假张杀戮之禁,云:"如有淫掠民间者,立行凌迟!"假将犯罪之寇杀死四人,分为五段。据称以淫杀之故也。民间误信,遂安心开张店市,嘻嘻自若。自贷赃事起,金银既罄,继以绸段,疋仅一金,而商人钱货为之一空。贼之巧于行劫如此。四五日后,恣行杀掠。先令十家一保,如有一家逃亡者,十家同斩。十家之内有富户者,闯贼自行点取籍没,其中下之家,听各贼分掠。又民间马骡铜器,俱责令输营。于是满城百姓,家家倾竭。

军队与百姓混居，那军队的组织系统势必被打乱，军队的纪律就会失控。士兵们都腰缠金银以后，这个军队便丧失以往奋发向上的意志。因为军队一入民居，势必丧失战斗力。不仅李自成军队的士兵如此，将领也是这样。《明季北略》卷二十三《李自成入大明门》条云：

> 自成从大明门进紫禁城，刘宗敏、牛金星等俱随入。先拿娼妇及歌童小唱各数十人，设宴。士民各戴破帽，服破衣，匿茅舍中。绸绢数件，不能易一敝垢衣。贼又至深宫大殿，开筵演戏。诸贼出入宫闱，奔突禁闼，同坐同食，嘻笑嘈杂，全无统摄。午门任马兵东西驰骋，亵嫚狼籍，童子兵以所掠锦绣裹身，驰马市中。

从这一条材料，可以看到从李自成、牛金星到刘宗敏，乃至下面的童子兵，都陶醉于意外的胜利中。紫禁城可不是一个好地方，那时候那儿可是一个大染缸，谁进那儿都要被染黑。如在三月三十一日，没有被录用的文武官员被押送到刘宗敏居住的田皇亲的府上时，"刘宗敏方拥妓欢笑，饮酒为乐"（《甲申传信录》卷四《拷掠诸臣》条）。那时的刘宗敏还能指挥军队打仗，还能领着士兵去冲锋陷阵吗？生活环境变了，人也变了。故李自成进宫廷，农民军进城，将军们进王府居第，对明末农民军而言是一个惨痛的历史教训。那么当时农民军中有没有头脑清醒的人呢？还是有的，如李岩头脑便清醒一些。《明季北略》卷二十三《李岩谏自成四事》条载：

> 制将军李岩上疏谏贼四事，其略曰："一、扫清六宫后，请主上退居公厂，俟工政府修葺洒扫，礼政府择日，率百官迎请大内，

次议登极大礼，选定吉期。先命礼政府定仪制，颁示群臣演礼。一、文官追赃，除死难归降外，宜分三等：有贪污者，发刑官严追，尽产入官；抗命不降者，刑官追赃既完，仍定其罪；其清廉者，免刑，听其自输助饷。一、各营兵马，仍令退居城外守寨，听候调遣出征。今主上方登大宝，愿以尧舜之仁自爱其身，即以尧舜之德爱及天下。京师百姓熙熙皞皞，方成帝王之治。一切军兵不宜借住民房，恐失民望。一、各镇兴兵复仇，边报甚急，国不可一日无君，今择吉已定，官民仰望登极若大旱之望云霓。主上不必兴师，但遣官招抚各镇，许以侯封各镇父子；仍以大国封明太子，令其奉祀宗庙，俾世世朝贡，与国同休。则一统之基可成，而干戈之乱可息矣。"自成见疏，不甚喜，即批疏后"知道了"，竟不行。

李岩提的这四件事，还是比较关键的。一是李自成先退出宫廷，清扫以后再择日进宫，使李自成可以与诸将领生活在一起。二是追赃要区别对待，对贪渎失职者应追赃，对清廉者不能如此。三是兵马应退居城外，可以保持军队的组织纪律和战斗力，一切军兵都不能借住民房，这样可以安民。四是还没有归附的诸镇还必须认真对待。在李岩提出的四件事中，还没有讲到关外虎视眈眈的清，正准备与李自成争夺华北平原。这说明李自成集团对他们面临的危机还缺乏清醒的认识，这是他们后来失败的重要原因。李岩不认可李自成军队进北京城以后十多天内的所作所为，宋献策也看到问题了。《明季北略》卷二十《廿五癸丑拷夹百官》条称：

四月初一日，宋献策云："天象惨冽，日色无光，亟宜停刑。"

初七日,自成过宗敏寓,见庭院夹三百多人,哀号半绝。自成云:"天象示警,宋军师言当省刑,宜酌放之。"

当然,李自成军中将领不是每个人都像刘宗敏那样,如李牟、李岩便要好得多。事实上李岩那个奏疏,李自成军中许多人是反对的。当时宋献策与李岩关系较近,他对李岩说:"十八子之谶,得毋为公乎?""岩虽不应而心甚喜。牛金星侧目。"(萧一山《清代通史·明国之覆亡》)李自成军内部之矛盾,亦由此而起。

五、吴三桂的"冲冠一怒为红颜"

《清史列传》卷八十《吴三桂传》称：

吴三桂，辽东人。父襄，明崇祯初，官锦州总兵；三桂由武举随征阵，累叙秩。后襄坐失机下狱，擢三桂总兵。以守宁远有功，欲倚以御流贼，封平西伯，并起襄提督京营，令蓟辽总兵王永吉徙宁远兵五十万入卫。三桂留精锐殿后。甫至山海关，闻流贼李自成陷京师，入卫兵已溃，不敢前。自成胁襄，以书招之，乃进次滦州。先是，三桂尝就嘉定伯周奎饮，悦歌女陈沅，以千金购之。闻边警，遄行，奎送沅于襄所。至是，为贼将刘宗敏掠去；三桂闻之，作书绝父，驰归山海关，遣副将杨坤、游击郭云龙来我朝借师，时顺治元年四月。

这里讲吴三桂是辽东人，另有一说讲他是高邮人，入辽东籍。崇祯十四年（1641年）洪承畴率师进军关外，解锦州之围。那时洪承畴统八镇总兵援锦州，吴三桂是宁远总兵，唐通是密云总兵，都是洪承畴部属。松山之战，据《明通鉴》卷八十七"崇祯十四年"云：

甲子夜，大同总兵王朴先遁，总兵马科、李辅明及宁远总兵吴三桂、密云总兵唐通、辽东总兵白广恩相继走，诸镇兵皆溃。大清遣兵邀之塔山。丙寅，朴、三桂率残卒自杏山遁，遇大清兵于高桥，伏四起，尽歼其众，二人仅以身免。

吴三桂溜得快，洪承畴被俘以后，他侥幸逃脱，退归宁远。崇祯因李自成军的进逼，要吴三桂撤关外城守，召吴三桂统边兵入卫京师。吴三桂统宁远兵甫至山海关，闻李自成陷京师，还次滦州。李自成挟其父吴襄招吴三桂投降，那时吴三桂是准备投降了。萧一山《清代通史》第二篇第十一章之末有一附纪，记录了明内监王永章所著《甲申日记》所记载的自三月二十二日起，吴三桂给其父吴襄的家书的摘要。其云：

三桂以圆圆陷贼，而态度骤变一事，征之明内监王永章所著《甲申日记》而益信。盖三桂惟拳拳于陈妾一人，虽君亲亦有所不顾，真所谓："英雄无奈是多情"者矣。记云："四月初一日，吴襄缴到三桂二十二书云：'闻京城已陷，未知确否？大约城已被围。如可迁避出城，不可多带银物，埋藏为是。并祈告知陈妾，儿身甚强，嘱伊奈心。'第二书云：'得探报，京城已陷，儿拟即退驻关外。倘已事不可为，飞速谕知。家中俱陷贼中，只能归降，陈妾安否？甚为念。'第三书二十五日发云：'接二十日谕，已知归降，欲保家口，只得降顺；达变通权，方是大丈夫。惟来谕陈妾骑马来营，何曾见有踪迹？如此轻年小女，岂可放令出门，父亲何以失算至此？儿已退兵至关，预备来降，惟此事实不放心。'第四书二十七日发云：'前日探报，陈妾被刘宗敏掠去，呜乎哀哉！今生不能复见！初不料父亲失算至此！昨乘贼不备，攻破山海关一面，已向清国借兵。本拟长驱直入，深恐陈妾或已回家，或刘宗敏知系儿妾，并未奸杀，以招儿降,一经进兵,反无生理,故飞禀问讯。'第五书云:'奉谕:陈妾安养在宫,但未有确实之说。究竟何来?太子既在宫中,曾否见过?父亲既已降顺,亦可面奏,说明此意。但求将陈妾太子两人送来,立刻降顺。'"

陈圆圆本姓邢,母去世后,依其姨娘改姓陈,为王峰之歌妓,声色俱佳,为田妃之父田畹所得,曾进于崇祯帝,帝不纳。田氏有一次宴请吴三桂,被三桂看中,由田氏入吴襄家。从上述吴三桂的五封家信中,可以知道吴三桂是准备投降李自成的,由于陈圆圆被刘宗敏掠去而耿耿于怀,处处为陈圆圆的安全着想。实际上陈圆圆是安全的,后来吴三桂带领清兵进京以后,陈圆圆还是回到吴三桂身边,而且一直随吴三桂去了云南,死在昆明,那里还有陈圆圆的墓。复社的吴伟业写了一首《圆圆曲》,全诗并不精彩,只有"恸哭六军俱缟素,冲冠一怒为红颜"这一句脍炙人口。谢四新答三桂诗中有一句"丹心已为红颜改,青史难宽白发人",那是讥刺吴三桂之为人。从上面第五封书信,可以知道他在三月廿七日的信中,已讲自己回师攻破山海关,并给多尔衮写信请兵了。

六、山海关一役的前前后后

根据《东华录》的记载，吴三桂初次派遣副将杨坤与游击郭云龙见到多尔衮的日子应在四月十六日壬申，多尔衮咨询洪承畴之后的隔天。《东华录》载吴三桂请兵书全文如下：

> 三桂初蒙我先帝拔擢，以蚊负之身，荷辽东总兵重任，王之威望素所深慕，但春秋之义，交不越境，是以未敢通名，人臣之谊，谅王亦知之。今我国以宁远右偏孤立之故，令三桂弃宁远而镇山海，思欲坚守东陲而巩固京师也。不意流寇逆天犯阙，以彼狗偷乌合之众，何能成事。但京城人心不固，奸党开门纳款，先帝不幸，九庙灰烬。今贼首僭称尊号，掠掳妇女财帛，罪恶已极，诚赤眉、绿林、黄巢、禄山之流，天人共愤，众志已离，其败可立而待也。我国积德累仁，讴思未泯，各省宗室如晋文公、汉光武之中兴者容或有之，远近已起义兵，羽檄交驰，山左江北，密如星布。三桂受国厚恩，悯斯民之罹难，拒守边门，欲兴师以慰人心，奈京东地小，兵力未集，特泣血求助。我国与北朝通好二百余年，今无故而遭国难，北朝应恻然念之，而乱臣贼子亦非北朝所宜容也。夫除暴翦恶，大顺也。拯危扶颠，大义也。出民水火，大仁也。兴灭继绝，大名也。取威定霸，

大功也。况流贼所聚金帛子女不可胜数,义兵一至,皆为王有,此又大利也。王以盖世英雄,值此摧枯拉朽之会,诚难再得之时也,乞念亡国孤臣忠义之言,速选精兵,直入中协、西协,三桂自率所部,合兵以抵都门,灭流寇于宫廷,示大义于中国。则我朝之报北朝者岂惟财帛,将裂地以酬,不敢食言。本宜上疏于北朝皇帝,但未悉北朝之礼,不敢轻渎圣聪,乞王转奏。(《东华录》顺治元年四月壬申条)

多尔衮接到吴三桂这封来信以后,立即命令在锦州的汉军八旗带红衣大炮向山海关挺进,次日即复信给吴三桂,其报吴三桂书云:

向欲明修好,屡行致书,明国君臣不计国家丧乱,军民死亡,曾无一言相答。是以我国三次进兵攻略,盖示意于明国官吏军民,欲明国之君熟筹而通好也。若今日则不复出此,惟有底定国家与民休息而已。予闻流寇攻陷京师,明主惨亡,不胜发指,用是率仁义之师,沈舟破釜,誓不返旌旗,必灭贼出民水火。及伯遣使致书,深为喜悦,遂统兵前进。夫伯思报主恩,与流贼不共戴天,诚忠臣之义也。伯虽向守辽东,与我为敌,今亦勿因前故,尚复怀疑。昔管仲射桓公中钩,后桓公用为仲父,以成霸业。今伯若率众来归,必封以故土,晋为藩王。一则国仇得报,一则身家可保,世世子孙长享富贵,如河山之永也。(《东华录》顺治元年四月癸酉条)

吴三桂这封书信,以南朝请北朝出兵协助平定内乱为名,表示事定以后,以财帛与土地相酬。而多尔衮那封信则以桓公用管仲相称,换一句话说是你吴三桂投诚我大清帝国,你可以晋为藩王,一则国仇可报,一则身家可保。后来的三藩,日子都不好过,清政府可以封这些降臣为藩王,到时候也可以撤掉这几个藩王。丁丑日,即四月二十一日,吴三桂再遣郭云龙与孙文焕致书多尔衮,《东华录》载其书云:

> 接王来书,知大军已至宁远,救民伐暴,扶弱除强,义声震天地。其所以相助者,实为我先帝,而三桂之感戴犹其小也。三桂承王谕,即发精锐于山海以西要处,诱贼速来。今贼亲率党羽,蚁聚永平一带,此乃自投陷阱,而天意从可知矣。今三桂已悉简精锐,以图相机剿灭,幸王速整虎旅,直入山海,首尾夹攻,逆贼可擒,京东西可传檄而定也。又仁义之师,首重安民,所发檄文,最为严切,更祈令大军秋毫无犯,则民心服而财土亦得,何事不成哉。(《东华录》顺治元年四月丁丑条)

从这封信可知吴三桂已彻底投诚于清廷,只求清军早日速发精兵,在山海关以西消灭农民军。多尔衮收到这封信以后,即星夜进发,逾宁远,次于沙河,向山海关吴三桂的军队靠拢。四月二十三日,清兵已与吴三桂的军队在山海关会师了。此前一日,清兵在距山海关十里外时,吴三桂的哨兵往清军营内报告农民军已出边立营寨了,那是唐通率领的前往山海关的一支军队。多尔衮即命各王等率精兵逆击,遇到唐通所部数百人于一片石,清军前锋击败之,生擒二人,这为清军与吴三桂会师准备了条件。当清军抵达山海关以后,吴三桂率所属官兵迎接清兵,多尔衮设仪仗。

关于吴三桂这一段历史,《明史·李自成传》也有一段简要的叙述,其云:

初,三桂奉诏入援,至山海关,京师陷,犹豫不进。自成劫其父襄,作书招之,三桂欲降。至滦州,闻爱姬陈沅被刘宗敏掠去,愤甚,疾归山海,袭破贼将。自成怒,亲部贼十余万,执吴襄于军,东攻山海关,以别将从一片石越关外。三桂惧,乞降于我大清。

从时间上推算,吴三桂回师山海关应在三月底、四月初,那时吴三桂酝酿请清兵入关,二者信使往来是四月上旬的事,多尔衮决心进兵中原也是四月初的事。那么李自成农民军这一方是什么状况,他们对吴三桂突然变卦这件事又是如何反应的呢?《明季北略》卷二十《廿七吴三桂攻山海关》条云:"吴三桂挟清骑叩山海关,贼将不能御。"当时李自成军内部的相互关系,《明季北略》卷二十《廿八日丙辰》条称:

内官降贼者自宫中出,皆云李贼虽为首,然总有二十余人,俱抗衡不相下,凡事皆众共谋之。时伪国公刘宗敏,以争我叛将白广恩故,遂生心。

这一条材料说明李自成农民军还是一个松散的联合体,李自成虽是他们的首领,但他们之间还没有形成统一的集中指挥系统,什么事都要大家商量着办。那时明朝大量军镇官员投降李自成以后,这两股力量之间未必能协调好关系。刘宗敏与白广恩之间便存在这方面的矛盾。即使在农民军首领核心圈子内,也有矛盾。李岩与牛金星、刘宗敏之间也有矛盾,而宋企郊则站在李岩一边。李自成领导集团的核心圈子内也出现离心离德的现象,比较起来,牛金星与刘宗敏陶醉于进京后的胜利之中,李岩与宋企郊他们比较清醒一些。《明季北略》卷二十《十一戊辰杀勋戚大臣》条记载:

初,四月朔,贼闻东师日进,惧甚,躬叩刘宗敏、李牟,求其出御。刘、李耽乐已久,殊无斗志。逆闯乃下令十三日亲征。至是东行之期已定,取勋戚大臣皆杀之。于是内阁陈演、定国徐允祯等,诸戚畹官都指挥以上、锦衣堂上官,俱死。

这一段文字说明在四月初,李自成已感到山海关地区的形势趋于紧张,对吴三桂回师山海关,向清廷乞师的事已有所闻,但他们对清军的状况还是一无所知,故有所忧虑。其次他想让刘宗敏、李牟出师与吴三桂决战,但刘、李皆沉湎于酒色,没有斗志。不仅将领如此,士兵进城以后,由于纪律的败坏、组织的散漫,也缺乏高昂的斗志。这样的军队要拉出去打仗,要打胜仗就很难了。在这种情况下李自成决定亲征,《明季北略》卷二十《十二己巳自成东行》条称:"李自成出正阳门,太子衣绿随后,马尾相衔,刘宗敏继后。惟留李牟、牛金星守京师。"为了防止明王朝遗留下来的高官勋戚在背后作乱,李自成在这个时候开杀戒,杀了一批降官。

从李自成决定亲征,到大军出发,李自成对这次作战的形势如何认识,缺乏明确的记载,但有一点,他心目中这次与他们交战的是吴三桂的部队,对清军大部队的直接参战没有足够的思想准备。以李自成军队的战斗力,打明朝留下的军镇若吴三桂,应该还是有取胜把握的,但对清兵入关参战的形势则全无思想准备。当阵前突然出现清兵时,李自成没有预备队去应对,一下子惊慌失措。阵脚一乱,军队的士气便一蹶不振。军队交战时,双方士气的状况往往起着重要的作用,军队的士气历来是一鼓作气,再而衰,三而竭。军队入城以后,农民军的士气已经衰落了,在山海关前线一旦遭受挫折，士气就很难再振作起来。没有精神支柱的军队，在胜利的时候，可以一路凯歌，雄赳赳气昂昂地向前行进，一旦遭遇失败，往往是东奔西散，落荒而走。故军队作战的时候，无论胜利还是失败，能始终保持高昂的士气，对前途始终保持明确的信念，这一点很重要，不能一遇挫折便悲观失望。

李自成的军队是四月十二日从北京城出发的，抵达山海关附近大概是四月二十一日以后。清军与吴三桂会师是四月二十三日，而打败唐通的前哨战则在四月二十一二日，李自成派人招降吴三桂则早在三月二十二日，这中间双方书信往来还有一些时日。吴三桂与清兵会师，多尔衮便与吴三桂约定，让吴三桂的军队各以白布系肩为号，以便与李自成军队相区别，以免误伤。那时正值李自成亲率马步军二十余万，挟太子、定王及明宗室，还有吴三桂的父亲吴襄一起来到山海关前线。可见那时李自成对吴三桂还抱一线希望，还派人前去招降吴三桂。这些都见于《东华录》的记载，它反证了明内监王永章所著《甲申日记》所记吴三桂给其父亲的书信是可靠的。吴三桂提出的投降条件是要见明太子与陈圆圆，现在李自成把其父吴襄和太子都一起带在身边，就是没有带上陈圆圆，目的是约吴三桂投降。这说明李自成对吴三桂眷念陈圆圆的事并不知情，对吴三桂已投降清军没有思想准备。两军交战，农民军与吴三桂军队及清兵的部署，《东华录》有记载：

> 李自成率马步兵二十余万，自北山横亘至海，列阵以待。是日大风迅作，尘沙蔽天，咫尺莫辨。我军对贼布阵，不能横列及海。摄政睿亲王集诸王贝勒贝子公及诸大臣等谓曰："尔等毋得越

伍躁进,此兵不可轻击,须各努力破此,则大业成矣。我兵可向海对贼阵尾,鳞次布列,吴三桂兵分列右翼之末。"号令毕,诸军齐列。(《东华录》顺治元年四月己卯条)

双方交战的过程,《明通鉴》卷九十"崇祯十七年"有简略的记载,其云:

时自成率步兵二十余万,阵于关内,自北山亘海。大兵布阵,不能横及海岸,乃令军士鳞次布列,对贼阵尾,伺其惰,奋击之,且戒勿越伍违节制。阵既列,三桂居右翼之末,先悉其众搏战,围开复合。战良久,大清从三桂阵右突出,冲贼中坚,万马奔腾,飞矢雨堕,天大风,沙石飞走,击贼如电。自成方登高冈观战,知为大清兵,急策马下冈走。贼众大溃,自相践踏,死者无算,僵尸遍野,沟水尽赤。

《明史·李自成传》亦有记载:

自成兵二十万,阵于关内,自北山亘海。我兵对贼置阵,三桂居右翼末,悉锐卒搏战,杀贼数千人,贼亦力斗,围开复合。战良久,我兵从三桂阵右突出,冲贼中坚,万马奔跃,飞矢雨堕,天大风,沙石飞走,击贼如雹。自成方挟太子登高冈观战,知为我兵,急策马下冈走。我兵追奔四十里,贼众大溃,自相践踏死者无算,僵尸遍野,沟水尽赤。自成奔永平,我兵逐之。三桂先驱至永平,自成杀吴襄,奔还京师。

从这两段记载,可以看到是吴三桂的军队先向农民军发起进攻。在与吴三桂军战斗时,农民军是勇敢的。激战当中,清兵突入,加上大风与飞沙走石,李自成在山岗观战,看到清兵参战,他没有思想准备，仓促撤兵，结果导致溃败，兵士自相践踏，死者无数。李自成退兵至永平，吴三桂追到永平，这时李自成杀了吴三桂父亲吴襄，退还北京。

李自成是四月廿六日退还北京城的，四月廿九日称帝于武英殿，午后运草入宫，是夕，焚宫殿及九门城楼。诘旦，挟太子、二王西走。在真定李自成与清兵还打了一仗，中流矢负伤，准备退回西安。这时候，李自成还听信牛金星谗言杀了李岩。《明史·李自成传》记其事云：

> 李岩者，故劝自成以不杀收人心者也。及陷京师，保护懿安皇后令自尽。又独于士大夫无所拷掠，金星等大忌之。定州之败，河南州县多反正，自成召诸将议，岩请率兵往。金星阴告自成曰："岩雄武有大略，非能久下人者。河南，岩故乡，假以大兵，必不可制。十八子之谶，得非岩乎？"因谮其欲反。自成令金星与岩饮，杀之，贼众俱解体。

失败以后，再内讧，自相残杀，加快了农民军的崩溃。牛金星这个人对农民军进城以后的腐败起了推波助澜的作用，这个时候又制造内乱。据《明季北略》卷二十三《李自成死罗公山》记载，牛金星杀了李岩以后，宋献策去见刘宗敏，以辞激之，宗敏怒曰："彼无一箭功，敢擅杀两大将，须诛之！"由是将相离心，刘宗敏带了部队前往河南，李自成带了部队退回陕西，而牛金星则最终投降了清廷。

五月二日，清兵进入北京城。

七、多尔衮带清兵进入北京以后的各项重大措施

清兵入关以前,范文程便曾向多尔衮提过这样两条建议,他说:闯寇涂炭中原,戕厥君后,此必讨之贼也。虽拥众百万,横行无惮,其败道有三。逼殒其主,天怒矣。刑辱搢绅,拷劫财货,士忿矣。掠人赀,淫人妇,火人庐舍,民恨矣。备此三败,行之以骄,可一战破也。我国上下同心,兵甲选练,声罪以临之,恤其士夫,拯其黎庶,兵以义动,何功不成?

复言:

好生者天之德也,古未有嗜杀而得天下者。国家止欲帝关东则已,若将统一区夏,非义安百姓不可。(《清史稿》卷二三二《范文程传》)

前面一条建议是强调这次进兵中原与前几次清兵入关不同,这次我们是替明朝皇帝复仇,这样在政治上可以得到中原百姓的支持。再是要优恤士大夫,宽待百姓,师以义动,从而保证这次进入中原能取明王朝而代之。后面一条是告诫多尔衮,要统一中原不能如前几次那样随便杀人屠城。"古未有嗜杀而得天下者",这句话非常经典,屡试不爽。最后范文程为多尔衮起草檄文:"义师为尔复君父仇,非杀尔百姓。今所诛者惟闯贼,吏来归,复其位,民来归,

复其业，师行以律，必不汝害。"这样清兵进京，一路上便没有遇到大的抵抗。

据《东华录》顺治元年（1644年）所载，清兵进京过程中，沿途明朝官员迎降，未受到任何抵抗。其云：

（四月）壬午，师次抚宁县，知县侯益光等率民出迎，赐袍服，令供职，发仓粟赈民。癸未，师次昌黎县，知县徐可大率民出迎，赐袍服，戒谕之，仍令供职。甲申，师次滦州，学正孙维宁率民迎降，遂擢为知州，戒谕之，令发仓粟赈民。沿边各官来降，以行人李丕著为永平道副将，张邦谟游击，唐志道等俱令照旧管事，各赐袍服。乙酉，师次开平，卫指挥陈任重、李培元等率众来降，各赐袍服。移檄沿边及山陕等处，李贼败衄，势必西遁，当于各处截杀，毋令入城。丙戌，师次玉田县，经历张彦，主簿王家春，守备卢文宇等率众迎降，以家春为丰润县知县，各赐袍服。丁亥，师次公罗店，蓟州监军道李永昌，丰润县副将赵国祚，遵化闲住总兵唐钰，副将尤可望，守备陈良谟、黄家顺、卜大式，千总文三元等率众降。材官常义、吴有才、唐有功自通州来降，言贼已西遁。

如果没有范文程的建议，没有多尔衮的付诸实行，清兵进京一路上能如此顺利并得到当地官民的拥戴吗？

四月底李自成的军队离京西行，清兵是五月初一日抵北京的，初二日明朝文武官员出迎五里外，多尔衮进朝阳门，有人焚香跪迎，内监以卤簿御辇陈皇城外，迎多尔衮入宫。多尔衮入武英殿升座受朝贺，乃下令："诸将乘城，勿入民舍，百姓安堵，秋毫无犯。"

这条命令的执行，多尔衮便比李自成高明得多。紧接着多尔衮发布了一条安民告示，《东华录》顺治元年五月初三庚寅载：

> 大学士范文程等启摄政睿亲王言："燕京百姓假托搜捕贼孽，首告纷纷，恐致互相仇害，转滋惶扰，应行严禁。"王嘉其言，下令禁止。

这一条禁令很重要，因为清军刚进城，百姓互相告讦，分不清真假，如果军民掺和进去，只会产生混乱。

多尔衮根据范文程的建议，还发布了一条更具体的告示。萧一山《清代通史》卷上第十二章《北京之迁都》条录其《告官吏军民书》云：

> 养民之道，莫大于省刑罚，薄税敛。自明季祸乱，刁风日竞，以越诉诬告为常；设机构讼，败俗伤财，心窃痛之！自今咸与维新，凡五月初二日昧爽以前，罪无大小，悉行宥免。违谕兴讼，即以所告罪罪之。斗殴婚田细事，就有司告理，重大经巡按结案，非机密重情，毋得入京越诉。讼师诬陷良民，加等反坐。前朝弊政，莫如加派，辽饷外又有剿饷，练饷，数倍正供，远者二十年，近者十余载，天下嗷嗷，朝不及夕。更有召买加科诸名目，巧取殃民。今与民约，额赋外一切加派，尽为删除，各官吏仍混征暗派，察实治罪。

这条告示需要注意的有这么几点。一是以顺治元年（1644年）五月初二多尔衮进北京城的日子为界限，以前的旧账一概不算，"罪无大小，悉行宥免"。这让大家都能安心，谁告讦往事，便以所告之事罪之。二是各地区的斗殴婚田细事，一律由地方处理，不得入京告诉。当时京师尚未稳定，无法分身去处理地方民间的细事。三是取消一切加派，包括辽饷、练饷、剿饷数倍于正赋的税额，把万历以后一切额外的加派全部废除，这是清政府最得民心的一件事。这件事，实际上是清军进入北京以后范文程主张的。《清史列传·范文程传》称：

> 师入北京，建议备礼葬明崇祯帝。时宫阙灰烬，百度废弛，文程收集诸曹册籍，布文告，给军需，事无巨细，咸与议焉。明季赋额屡增，而籍皆毁于寇，惟万历时故籍存。或欲于直省求新册，文程不可，曰："即此为额，犹恐病民，岂可更求哉？"自是天下田赋，悉照万历年间则例征收，除天启、崇祯时诸加派，民获苏息。

故其既减轻了民间税赋的负担，又保证了国家税赋定额的收入，各级地方政府开造的户口、兵丁、钱粮数字，一律以万历时期的定额为准，"永不加赋"成为有清一代的祖训。顺治五年（1648年）五月，土国宝任江宁巡抚，曾提出"加派民赋，佐军需"的建议，《清史列传·土国宝传》载：

> 国宝疏请加派民赋，佐军需。给事中李化麟疏言："加派乃明季弊政，民穷盗起，大乱所由。我朝东征西讨，兴师百万，未尝累民间一丝一粟，今国宝遽议加派，开数年未有之例，滋异日无穷之累。"上复黜国宝奏不行。

后来土国宝以增造民房的名义在苏州府城按廛纳税，敛银数万两，为巡按御史秦世祯疏劾，朝廷下总督讯鞫，土国宝就逮时畏罪自杀。从这条资料看，清政府在不加赋这一点上，是严格执行的。

李自成"不纳粮"的口号，在那时无法真正执行，军饷来源于拷掠，是无法维持和持久的，而且影响很恶劣。在这个问题上，清政府比李自成也要高明。

五月三日，多尔衮还发布告示，宣布明各衙门官员一律照旧录用，《东华录》顺治元年（1644年）五月庚寅条载其告示：

> 谕故明内外官民人等曰：各衙门官员俱照旧录用，可速将职名开报，如虚饰假冒者罪之。其避贼回籍、隐居山林者亦具以闻，仍以原官录用。兵丁愿从军或愿归农者，许该管官送至兵部，分别留遣。凡投诚官吏军民，皆著剃发，衣冠悉遵本朝制度。各官宜痛改故明陋习，共砥忠廉，毋朘民自利。我朝臣工不纳贿，不徇私，不修怨，违者必置重典。凡新服官民人等，如蹈此等罪犯，定治以国法不贷。

这条告示一是规定了明朝的各级官吏依旧录用；二是对士兵从军还是回籍各听自愿；三是凡投诚军民都要剃发易服，遵守清朝的制度；四是痛改明官场陋习，严禁"朘民自利"，"不纳贿，不徇私，不修怨"。除了剃发易服那一条在民间有阻力外，其他三条对稳定清兵进京以后社会秩序都是有利的。官员一律继续录用，而且不分大小高低，无论东林还是阉党，都能录用，朝廷希望能把过去明朝官场上的党争平息。

多尔衮五月初四日根据范文程的建议，下令礼葬崇祯帝，《东华录》顺治元年五月辛卯条载：

> 令官民人等为崇祯帝服丧三日，以展舆情。著礼部太常寺备帝礼具葬。除服后官民俱著遵制剃发。谕下，官民大悦，皆颂我

朝仁义，声施万代。

当时让官民服丧三日，给崇祯帝加谥号曰"壮烈愍皇帝"，陵曰"思陵"，实际上是清廷借此以笼络民心，给李自成葬过的崇祯帝再举行一次葬礼而已。

关于剃发易服这一条，多尔衮谕兵部：

我国建都燕京，天下军民之罹难者如在水火之中，可即传檄救之。其各府州县，但驰文招抚，文到之日即行归顺者，城内官员各升一级，军民各仍其业，永无迁徙之劳。予前因归顺之民无所分别，故令其剃发以别顺逆。今闻甚拂民愿，反非予以文教定民之本心矣。自兹以后，天下臣民照旧束发，悉从其便。予之不欲以兵甲相加者，恐兵到之处，民必不堪，或死或逃，失其生理故耳，今特遣官传谕。（《东华录》顺治元年五月辛亥条）

这条告示中，值得注意的有两条：一是重申各地在招抚文告到达之日即行归顺的，城内官员各升一级，军民各仍其业；二是剃发不再强制执行，束发还是剃发，悉听其便，这是政令上的进一步调整。后来剃发易服的命令仍严格执行，在江阴引发事变，可能还与降官讨好清廷有关。

多尔衮这些措施对清帝国稳定其在京师的统治还是非常有利的，它稳定了民心，稳定了官僚队伍，减轻了百姓在赋役上的负担。李自成因拷掠军饷导致纪律败坏，在北京没有立稳脚跟，多尔衮则在北京立稳了脚跟。那时都察院参政祖可法、张存仁曾在奏疏中说："京师为天下之根本，兆民所瞻望而取则者也。京师理则天下不烦挞伐而近悦远来，率从恐后矣。"（《东华录》顺治元年五月己亥条这话很有道理。

李自成进北京的一个多月时间,与多尔衮进京城的一个多月时间,他们各自的措施对比一下,多尔衮的政治智慧要明显高于李自成。也不是多尔衮真比李自成聪明多少,而是多尔衮能接纳人言,择善而从。李自成在这一点上不如多尔衮,好的意见他听不进去,领导核心不能团结一致,结果是功败垂成。进京以后,李自成骄傲了,只是想着如何登基称帝,对部队的约束不严,对外部严峻的形势缺乏应有的思想准备。李自成不是没有经历过失败,但这次失败,他却再也无法翻过身来了。

八、多尔衮入京以后对全国政局采取的基本策略

多尔衮入主北京以后，从全国范围看，政局仍然是三方鼎立的局面。李自成从北京退出后重新回到陕西，他的大顺政权还占有华北西北地区的广大地域，而南方地区则迅速成立了一个以福王为首的南明政权。崇祯十七年（1644年）三月十九日京师沦陷，北方诸王都南迁避乱。五月初三庚寅，福王即监国于南京，几乎与清兵入京是同时的。时福王朱由崧与潞王朱常淓都流寓于淮安，南京的兵部尚书史可法便与南京诸臣商议，立潞王朱常淓监国，史可法这个建议得到兵部侍郎吕大器等人的支持。在还未最终确定的情况下，阮大铖为了邀功，串联诚意伯刘孔昭、凤阳总督马士英，密议抢先册立福王常洵之子朱由崧。当时朱由崧流落在淮河舟中，马士英派其心腹杨文骢将朱由崧载至仪真，迎立为南明政权的监国。史可法认为福王有七不可，谓其贪、淫、酗酒、不孝、虐下、不读书、干预有司，然而马士英已奉驾至南京，史可法只能承认既成事实。马士英拥立福王，以定策之功，挟持偏安的南明政权。接着便以史可法、马士英为东阁大学士入阁办事，福王政权初具规模。南明没有自己的军队，只能利用北方败退在沿淮地区的军队防守江淮地区，那就是江淮地区的由黄得功、高杰、刘泽清、刘良佐所率部队。然

而这四支部队都想争夺富庶的扬州作为自己的驻地，都把自己的家属送过江来，寻找安全地带。故这四镇之间，内斗内行，外斗外行，南明朝廷只能让史可法到扬州去调解四镇的内部关系。这样在南京的南明政权，便完全处于马士英的掌控之下。

马士英是贵阳人，与阮大铖同科会试，迟三年才中进士。崇祯五年（1632年），曾巡抚宣府，不到一个月，因贪污公帑数千金，被遣戍而流寓南京，与阮大铖深相交结。崇祯十五年在周延儒的主持下，起用为庐、凤地区军务总督。阮大铖是怀宁人，万历四十四年（1616年）进士，天启初由行人擢给事中。先是倚御史左光斗，后来因与魏大中争吏科都给事中缺而结怨东林，转投阉党。为了打击魏大中，给阉党策划借汪文言案打击东林党人的便是这个阮大铖。崇祯初，阉党败，他亦名列党案，论赎徒为民。崇祯在位的十七年，始终被废斥在外，皖北动荡时，他流寓南京，招纳游侠为谈兵论剑，觊以边才招用。当时复社诸人亦聚集南京，他们讨厌阮大铖，曾作《留都防乱揭》以驱逐阮大铖。为此阮大铖闭门谢客，而独与马士英结纳。这次他为马士英策划册立福王监国立功，企图借此复出掌控南明政权，故南明政权建立之初便包含着东林与阉党之争。内阁中史可法、高弘图、姜曰广倾向于东林，社会上有复社的支持。而马士英与阮大铖则为阉党在南方的代表。这个前后只有一年时间，偏安在南京的南明政权，是一个腐败黑暗、内部党争不断的短命王朝。

清兵进入北京以后，打出的旗帜是为明"雪君父之仇"，另一方面又强调"天下者非一人之天下，有德者居之。军民者非一人之军民，有德者主之"（《明季南略》卷二《北事》）。表示我来了就不走了，我既为你们复了君父之仇，这个天下就该是我的了。多尔衮五月入京，在七月初便以迁都燕京事遣官祭告上帝和太庙中祖宗的神主了。这次迁都是整个朝廷的大迁徙，当然得有充分的时间来作准备。直到九月间福临才自沈阳出发，十月抵北京，奉努尔哈赤与皇太极的神主入太庙。这些举措，都是为了表示自己这次不走了。在这个历史背景下，清政府对西部地区大顺政权与南方地区南明政权的态度也有所区别，为了体现其"雪君父之仇，救灾恤患"的姿态，打击的方向主要针对西边的大顺政权和四川的张献忠农民军。对于江左的福王政权，建立短暂的统一战线，等把这边问题解决了，再来收拾南方偏安的政权。萧一山《清代通史》第十二章《北京之迁都》载清王朝发布的檄文，其云：

> 咨尔河北、河南、江淮之间，诸勋旧大臣，节钺将吏，及布衣之怀忠慕义者，或世受国恩，或新膺异眷，此皆怀故国之悲，而具有雪耻之愿者，予皆不吝封爵，特与旌扬。其不忘明室，辅立贤藩，戮力同心，共保江左，理亦宜然，予不汝禁。但当通和讲好，无负本朝，彼怀继绝之思，此敦睦邻之谊。其量力之不敌，而北面归诚者，当拔置显旅，佐我西征；或削平所属，用以自效者，无不开怀延纳，乐共功名。

从这一段话中，可以看到多尔衮对南明尚未归顺的不同地区采取不同的政策，对不同的人采取不同的政策。对河北、河南、江淮之间明朝留下的地方官员和军队采取招抚的办法；对于江左的福王政权"予不汝禁"，也就是采取承认的态度，希望南北通和讲好，不采取敌对的态度，但是你得承认我在北方的存在，如果自愿北面归诚,则表示欢迎;对西边的大顺政权,则是采取讨伐的态度。从这一段文字,可以看到1644年夏秋之交,清廷的政策还有一定的灵活性,政策的目标首先是消灭李自成的大顺政权和四川的张献忠农民军。

九、大顺政权的溃败与清政府统一北方地区

顺治元年（1644年）五月多尔衮进京城，十月顺治帝迁都燕京，事实上到了十月，清朝在北京地区的统治才逐渐稳定下来。

李自成退出北京以后的行踪，《明史·李自成传》有简单的叙述，其云：

> 自成至定州，我兵追之，与战，斩谷可成，左光先伤足，贼负而逃。自成西走真定，益发众来攻，我兵复击之。自成中流矢创甚，西逾故关，入山西。会我兵东返，自成乃鸠合溃散，走平阳。

李自成之后退回西安，也不是完全无所作为，他在河南组织过几次反攻，《明季南略》卷二《李自成杂志》条记载云：

> 甲申七月十三日戊戌，顺贼出关，道洛阳，攻密县李际遇小寨。
> 十八日，伪顺行牌至东昌云："发兵三十万，由曹县至金乡缴。"
> 十九日，参将夏有光报："探至台儿庄，知顺贼见在平阳整兵，太原、潞安乡绅富户，尽徙西安。"……
> 十月二十一，顺贼出潼关，三营向归德，三营上裕州，二营踞郏县。
> 十二月初六，陈潜夫报顺贼来窥河南。

这在清河南巡抚罗绣锦的奏疏中亦有所反映，《东华录》顺治

元年十月丙子条载其事云：

> 河南巡抚罗绣锦奏，流寇二万余人渡黄河，攻怀庆府甚急。于是遣学士詹霸驰赴英亲王阿济格军，谕之曰：顷闻流贼急攻怀庆，已命豫亲王多铎于是月二十五日率师南下，便道往征。豫亲王如已克流寇，即遵谕仍赴南京。如流寇闻风遁走，豫亲王即追蹑贼后，直趋西安。豫亲王先至西安，则勒兵以待尔等。尔等先至，亦宜待豫亲王大师。务合力攻剿，平定贼寇，勿以先至，彼此遂不相待。尔等须沿途探问消息，若得豫亲王击败流寇率师南下之信，尔等仍遵前旨相机以行。

这条谕旨概括起来，清兵是分兵两路，一路由阿济格率领，绕道山陕边外由陕北进击在西安的李自成军；一路由多铎统率，进军河南。如果能在河南消灭农民军，便挥师南下对付南明政权。如果农民军由河南退至陕西，便由河南进军潼关，直击西安。待两军会师以后，阿济格留守西安，继续追击逃窜的农民军，而多铎则率兵回师河南讨伐南明弘光政权。这是多尔衮确定的向西和向南进军的战略构想。《清史列传》卷二《多尔衮传》载：

> （十月）晋阿济格为英亲王，同三桂、可喜由边外趋绥德。复多铎豫亲王爵，同有德、仲明由河南趋西安剿贼。定后，豫亲王还征江南。

十月间，最早追击李自成的是吴三桂的军队，《清史列传》卷八十《吴三桂传》对此只有一句话："三桂与英亲王阿济格等追至望都，屡战皆捷，贼走山西，乃班师。"看来这次战役只在京城以南的河北地区展开，李自成一目负伤，率军退入山西，清兵便停止追击了。这个时期清廷还忙着安定北京周围的地区，准备定鼎燕京之事，河南、山西、陕西都还在李自成军控制之下。大规模追击李自成是十二月初开始的，主战场在河南。

《东华录》顺治元年十二月丙辰条记载：

> 河南巡抚罗绣锦奏，河南土寇叛乱已久，狡猾性成，前招降李际遇，将近两月未见来归。以此类推，降诚难信。况中州南有明兵，西临流寇，有报贼抵河南府立营者，有报许定国、高杰等兵马俱临河岸者，有报张缙彦已受明山西、直隶、河南总督职者，又有报凌駉结连土寇，以书招董学礼过河者。种种情形。以臣度之，彼皆伺我兵所向，以乘其隙耳。如我军南下，则就中行其叵测。如我军西入，则乘虚以犯河北，二者必居一。于此乞亟赐熟筹大军南渡，或将南岸沿河一带土孽先行扑灭，去其肘腋之患，则河北可保无虞。下所司速议。

从这一份奏疏可知当时河南这个地区是三方必争之地，南明的许定国、高杰要争河南的地盘，农民军在河南仍有相当势力。如果清军向西，那么河南的农民军会向河北方向发展。清军过河，便有一个如何对待割据在河南的各种力量，把重点放在对付农民军余部，还是对付南明残余势力的问题。实际上清廷的方针已定，南下河南主要是消灭农民军的残余力量，然后西进潼关，在潼关与李自成决战，因此对南明的许定国采取招抚的办法，南明的各镇听其内部互斗，待打败李自成军后再来收拾他们。

《东华录》顺治元年十二月戊辰条载：

> 定国大将军豫亲王多铎奏，兵至孟津，遣护军统领图赖先率精

兵渡黄河，流贼伪都司黄士欣、果毅将军张有声遁，沿河十五寨堡兵民望风归顺。睢州伪总兵许定国，五寨首领李际遇等，各拥众四五万，亦遣人来降。随拨兵防守各处，大军向潼关进发。

《东华录》顺治二年（1645年）二月乙卯条所载，豫亲王多铎的奏疏叙述了其在潼关与李自成军决战的战况，其云：

定国大将军豫亲王多铎等奏，大军于元年十二月十五日追流贼李自成，兵至陕州，先遣前锋参领索浑、拜尹代等率二十骑前往捉生。有贼将张有曾屯兵灵宝县城外，索浑等乘夜袭击，败之。二十二日，师距潼关二十里立营，候红衣炮军。时贼渠李自成在西安，闻信，率援兵至。二十九日，贼将伪汝侯据山为阵，以拒我师。前锋统领努山、鄂硕等，率兵趋拔贼营。贼兵迎战。护军统领图赖率骑兵百余人直前掩杀，斩获过半。二年正月初四日，贼将刘芳亮领兵千余来窥我营，护军统领图赖、阿济格、尼堪、阿尔津、顾纳代、伊尔都齐敦、拜杜尔德等，率正黄、正红、镶白、镶红、镶蓝五旗各牛录护军一名迎击，大败之。多罗贝勒尼堪、拜尹图等增兵奋击，复大败之，俘斩甚多。自成闻败，亲率马步兵拒战，随调镶黄、正蓝、正白三旗兵协力并进，尽歼其步兵，贼之骑兵各奔窜。初五、初六夜，贼又率众连犯我营，俱为我军击败。初九日，红衣炮军至。十一日，遂进逼潼关口。贼众凿重壕，立坚壁，截我进师之路。于是举红衣炮攻之，贼众震恐。我军相继冲入，诛斩无算。其先入者，穆成格、俄罗塞臣也。既而贼又以骑兵三百横冲我师，为贝勒尼堪、怀顺王耿仲明、贝子尚善所败。贼又分兵蹑我师后，蒙古固山额真恩格图率殿后军又败之，自成遁走西安。十二日，护军统领阿济格、尼堪等领兵渡潼关濠口，贼众望风奔溃，守潼关伪吴山伯马世尧率所部七千余众迎降。计获马千余，辎重甲仗无算。十三日，大军入潼关，察获马世尧遣往自成处奸细，遂擒斩世尧。十六日，大军自潼关起行。十八日，师至西安。自成自料不能当，已于十三日焚其官室，挈其子女，出蓝田口，窜奔商州。遂遣护军统领阿尔津等追之，不及，乃还。

这次清兵与李自成决战，从十二月中旬起，到二月中旬以李自成自西安撤退结束，前后历时两个月时间。萧一山《清代通史》第十二章《流寇之剿灭》亦有比较具体的叙述，比《东华录》多铎的奏疏要明白易晓一点，其云：

清豫王多铎率师讨之，以十二月渡孟津，走贼将张有声于洛阳，收沿河塞堡，进陕州，袭破贼将张有曾于灵宝，尽收关外地。自成盛兵潼关，遣其将刘宗敏据山为阵，清军大炮未至，遣前锋三千，距关三十里，据堡为营。宗敏围之，三日夜，人马寂然，贼莫测所以，不敢击。顺治二年正月，清军大至，自成亦出关迎战，清之奇兵三千，从围突起，表里夹攻，大败之。会大炮至，遂进逼潼关，自成令掘重濠，发炮遥击。山谷中不容大众，以精骑数百，伏隘横冲。清军又出锐卒绕出其后，袭击之，贼多为清奇兵及殿后兵所破。而是时英王阿济格及吴三桂西北之师，已从保德州结筏渡河，入绥德，走李锦，克延安鄜州，逼西安之背。自成前后受敌，弃关还西安，焚官室，东南自蓝田，出武关，以入襄阳，弃妇女辎重于七盘坡，不可胜计。比清军克潼关，马世耀以七千人降，斩之。进克西安，而自成已走五日矣。

多铎兵克西安时，阿济格还在关外逗留。《清史列传》卷一《阿济格传》称：

二年二月，以王擅出边，至土默特、鄂尔多斯逗遛需索，谕趣之。寻奏大军入边剿贼，八战皆捷，陕西属城克者四，降者三十八。

可见这次阿济格进兵，没有经历什么重大的战役。多尔衮把进一步追剿李自成余部的任务交给了阿济格，而多铎则率师回到河南，准备进攻南明小朝廷。《阿济格传》续称：

时自成已为豫亲王多铎所败，弃西安据商州。上命多铎还趋江南，而以阿济格追剿流贼。方自成南走时，携贼十三万，并湖广、襄阳、承天、荆州、德安守御贼七万，声言欲取南京，水陆齐下。王分兵蹑其后，追及于邓州、承天、德安、武昌、富池口、桑家口、九江，屡败贼，抚其降者。穷追至贼老营，大破之，自成仅以步卒二十人遁。斩其两叔父及伪汝侯刘宗敏于军，伪军师宋献策、总兵左光先等皆就俘。是役凡十三战，皆大捷。

李自成最终败亡，《明史·李自成传》有一段比较清晰的记载，其云：

顺治二年二月，我兵攻潼关，伪伯马世耀以六十万众迎战，败死。潼关破，自成遂弃西安，由龙驹寨走武冈，入襄阳，复走武昌。我兵两道追蹑，连蹙之邓州、承天、德安、武昌，穷追至贼老营，大破之者八。当是时，左良玉东下，武昌虚无人。自成屯五十余日，贼众尚五十余万，改江夏曰瑞符县。寻为我兵所迫，部众多降，或逃散。自成走咸宁、蒲圻，至通城，窜于九宫山。秋九月，自成留李过守寨，自率二十骑略食山中，为村民所困，不能脱，遂缢死。或曰村民方筑堡，见贼少，争前击之，人马俱陷泥淖中，自成脑中锄死。剥其衣，得龙衣金印，眇一目，村民乃大惊，谓为自成也。时我兵遣识自成者验其尸，朽莫辨。

李自成去世以后，其余部的去向，萧一山《清代通史》第十二章《流寇之剿灭》亦有一段比较具体的叙述，其云：

自成既死，其从父及刘宗敏等，俱为清军擒斩，余众悉降于明湖广总督何腾蛟，一时皆诧为异事。惟牛金星降清列卿寺，其子铨任湖广粮储道。给事中常若柱疏请将金星父子，立正国法，以申公义。得旨，"流贼伪官投诚者，多能效力，若柱此奏殊不合理，应议处。"若柱罢归。此盖清廷招纳降人之权术，特以金星父子为雍齿耳。

清军俘获刘宗敏之外，还有总兵左光先、军师宋献策等，他们一起被杀。宋企郊逃亡，牛金星先是逃亡，后来降清。李过的部队还在，后来投降何腾蛟。《明史·李自成传》称：

自成兄子过改名锦，偕诸贼帅奉高氏降于总督何腾蛟。时唐王立于闽，赐锦名赤心，封高氏忠义夫人，号其军曰忠贞营，隶腾蛟麾下。永明王时，赤心封兴国侯，寻死。

李自成及其率领的农民军，作为一支革故鼎新的军队，它要经得起失败的考验，更要经得起胜利的考验。在李自成进京以前，不是没有经历过失败的考验。如崇祯八年（1635年）十三家七十二营在荥阳大会时，正处于低潮被围困的时候，李自成说过"一夫犹奋，况十万众乎，官兵无能为也"（《明史·李自成传》）的豪言壮语，他们分兵各自发展，总能转败为胜。崇祯十一年运动再次处于低潮，他"独与刘宗敏、田见秀等十八骑"被围困于车厢峡，最终还是溃围而出。然而崇祯十七年的胜利来得太快了，太意外了，李自成骄傲大意，敌情观念差了，一心想着登基做皇帝。结果败于清兵，从此一蹶不振，每战皆败，关键还是精神状态振作不起来。他用人不当，信用阿谀奉承、说话顺耳的牛金星。李岩忠心耿耿，敢于提意见，牛金星却在内部挑起矛盾，经李自成的同意后杀死李岩，李自成完全错了。后来在西安，李自成又杀了张第元、耿始然，这也是完全错误的。越是在困难和遭遇失败的时候，越是要讲团结，决不能随便开杀戒，起内讧。与牛金星这样的小人要保持距离，越是艰难的时候，越是不能远离自己亲密的群体。在明末农民军中不是没有把斗争坚持到底的，如李自成的侄儿李过，应该说是把抗清斗争的旗帜打到底了，鞠躬尽瘁，死而后已。

十、福王政权的极度腐朽与党争再起

三月十九日京师陷落,崇祯帝殉难的消息四月十四日才由内官带至南京,这样在南京的府部科道官员方才得到北京陷落的确信,即商量遵奉谁为监国之主。当时潞王与福王都流寓在淮河上,姜曰广意属福王,史可法认为福王"在藩不忠不孝,恐难主天下",淮抚路振飞则称:"议贤则乱,议亲则一,现在惟有福王。"(《明季南略》卷一《南京诸臣议立福藩》)而马士英认为福王昏庸,可兹利用,于是勾结内外,推戴福王为君。马士英招刘泽清率兵南下,送福王到仪真,三十日南京诸臣见福王于舟次,五月初一福王入南京行宫,初三福王登基为监国,五月十五日即帝位于武英殿,以明年为弘光元年(1645年)。福王政权在南京建立的过程大体上如此。当时史可法他们在南京拥立福王为监国,也是出于无奈。五月初三,马士英率高杰等拥兵临江,号称十万,南京诸臣在武装力量压迫下,不得不承认福王监国。南京会推阁臣时,亦不得不成立一个混合型的内阁,以史可法、高弘图、马士英为东阁大学士,史可法被排挤到江北监军。五月初九马士英自请入朝,这样福王政权的实权实际上落在马士英手中。史可法不在南京,高弘图、姜曰广、张慎言都没有办法对付马士英这一群小人。福王这个小朝廷所以能在南京苟延残喘一年，那是因为清廷先是忙于在北京把政局稳定下来，然后要集中力量处理西边李自成的军事力量，无暇顾及南京。

马士英执掌内阁大权以后，他的第一件事便是起用阮大铖，给阉党翻案。明末三大案中的梃击案和福王常洵有关，而现在的福王正是常洵之子朱由崧，从福王自身讲，他当然乐于看到把阉党这个逆案翻掉。这次翻案，从马士英特举阮大铖开始。据《明季南略》卷一《马士英特举阮大铖》条记载，阮大铖本来是马士英的房师，崇祯初被定入逆案。周延儒再相时，阮大铖、马士英同馈万金给周延儒，希望复官，碍于物议，仅起马士英为兵部左侍郎，提督凤阳。马士英在金陵得志以后，当然就想到阮大铖了。六月六日，马士英奏："冒罪特举知兵之臣阮大铖，当赦其往罪，即补臣部右侍郎。"福王许之，结果在南明小朝廷引起轩然大波。高弘图建议用阮大铖必须九卿会议，马士英不听，吕大器上书称："先帝血肉未寒……马士英浊乱朝政。"言官们一片弹劾的声音，御史詹兆恒言"钦案诸人久图翻局，幸先帝神明内断不可移"，如今"国仇未复，而忽召见大铖，还以冠带，岂不上伤在天之灵，下短忠义之气"。东林后人更是义愤填膺，如左光斗的兄弟御史左光先上疏言阮大铖"杀臣兄光斗及魏大中、杨涟"，指出皇上应不改先帝之政，为臣者不会忘记不共之仇。尽管如此，阮大铖六月初八入见，备陈见枉之由。阮大铖被起用的结果是高弘图乞休，姜曰广辞职，正人君子在这个小朝廷待不下去了。据《明季南略》卷一《黄澍以笏击马士英背》条记载，起用阮大铖引起左良玉的不满，那时湖广巡按监左良玉军的黄澍，六月二十日至南京请求召对。《明季南略》卷一《黄澍论马士英十大罪状》《黄澍再抗疏》《黄澍三抗疏》及《黄澍辩疏》等条目，记载了自五月到九月间这件事双方的争论。黄澍当着福王的面指出马士英权奸误国，泪如雨下，召入御座前，澍益数其罪，而承天的守备太监何志孔复前佐黄澍。在这种情况下，马士英跪求处分，恰巧马士英跪在黄澍的前面，澍以笏击其背曰："愿与奸臣同死！"士英号呼曰："陛下视之！"福王摇首不言，过了一会儿对秉笔太监韩赞周讲："马阁老宜自退避。"于是马士英退出内阁。黄澍所以能如此，因为有上游左良玉在武昌的军队做背景，后来左良玉率师沿江东下讨伐马士英也就起源于此。

马士英退出内阁以后，以金币赂福邸旧阉田成、张执中，两人对福王泣诉："皇上非马公不得立，若逐马公，天下皆议皇上背恩矣。且马公在阁，诸事不烦皇上，可以悠闲自在。马公一去，谁复念皇上者？"福王默然，于是田成即谕士英入直。故当时南京有民谣："要纵奸，须种田（成）。欲装哑，莫问马。"（《明季南略》卷一《黄澍以笏击马士英背》）马士英与阮大铖执政，使逆案翻案成了既成事实，这埋下了左良玉沿江而下，南明政权忙于内斗的种子，为以后清兵乘虚而入提供了有利条件。

七月间有熊汝霖《论异同恩怨》疏，《明季南略》卷二载其言云：

臣观目前大势，即偏安亦未可稳。"兵饷战守"四字，改为"异同恩怨"四字，朝端之上，玄黄交战。即一二人之用舍，而始以勋臣，继以方镇。固圉恢境之术全然不讲，惟舌锋笔锷之是务，真可笑也！且以匿帖而逐旧臣矣，俄又以疏藩而参宰辅矣，继又喧传复厂卫而人心皇皇矣。

这说明党争在小朝廷上如火如荼地再次上演，为了一个人事问题，双方争执不已，对外防御的全局，反而不加重视。

八月间，出现中使四出为福王选淑女的事情。《明季南略》卷二《诏选淑女》条云：

> 廿二日，群奄肆扰收女，陈子龙言之，命禁讹传，棍徒不许借端诈骗。廿六日，传皇太后遴选中宫。九月初九日，选淑女黄氏、郭氏、戴氏送内。命再选。十八日，韩赞周请大婚礼物，着光禄寺办。廿一日，谕工部："大婚应用珠玉等，如数解进。"廿四日，工科李维樾言："日来道途鼎沸，不择配而过门，皆云王、田两中贵强取民女，以备官帏。有方士营杨寡妇家少女自刎，母亦投井，亦大不成举动矣。"……十月初八日，赞周奏淑女齐集。十二日，赞周请选淑女于杭州。十四日，谕管绍宁："京城有才家，且无淑女！着博访细选。"又谕内官田成、李国辅，分路速选淑女。十七日，谕赞周："挨门严访淑女，富室官家隐匿者，邻人连坐。"十一月十二日，限中宫礼冠三万金、常冠一万金，下户部措办。

从这条材料可见福王之昏庸，在这样危急的时刻他却忙于选美女，弄得天怒人怨，而且让户部搜刮金银，筹备他大婚的典礼，那是他干这类事的时候吗？八月十八日，兵科陈子龙讲那时南京的社会状态，他说："人情泄沓，无异升平之时。清歌漏舟之中，痛饮焚屋之下，臣诚不知所终矣！"（《明季南略》卷二《陈子龙寒心》）

马士英与阮大铖执政以后，关于当时国用的状况，八月二十四日李清曾上疏言：

今天下秦、晋属顺，燕、代属清，衮、豫已成瓯脱，闽、广解京无几，徽、宁力殚于安、芜二抚，常、镇用竭于京口二镇（此指江北之四镇），养兵上供者，仅苏、松、江、浙。且昔以天下供天下不足，今以一隅供天下有余乎？营建仪器，事事增出，其何支也！（《明季南略》卷二《李清奏国用不支》）

在这种情况下，马士英等人最为忙碌的是通过卖官鬻爵来进行搜刮。《明季南略》二卷《马士英请纳银》条云：

（九月）十八日癸卯，马士英请免府州县童生应试，上户纳银六两，中户四两，下户三两，竟送学院收考。时溧阳知县李思谟不令童生纳银，特降五级。

又诏行纳贡例，廪生纳银三百两，增六百两，附七百两。至明年正月十一日，制廪生加纳通判。

又立开纳助工例，武英殿中书纳银九百两，文华中书一千五百两，内阁中书二千两，待诏三千两，拔贡一千两，推知衔二千两，监纪、职方万千不等，皆以助军兴也。时为之语曰："中书随地有，都督满街走；监纪多如羊，职方贱如狗。荫起千年尘，拔贡一呈首；扫尽江南钱，填塞马家口。"至乙酉二月，输纳富人授翰林、待诏等官，故更云"翰林满街走"也。

到了"中书随地有，都督满街走；监纪多如羊，职方贱如狗""翰林满街走"的地步，其吏治败坏可想而知，整个朝政处于污浊混乱的状态。《明季南略》卷二《朝政浊乱》条云：

时上深居禁中，惟渔幼女、饮火酒、杂伶官演戏为乐。修兴宁宫，建慈禧殿，大工繁费，宴赏赐皆不以节，国用匮乏。因佃练湖，放洋船，瓜、仪制盐，芦州升课，甚至沽酒之家每斤定税钱一文，利之所在，搜括殆尽。盖马士英当国，与刘孔昭比，浊乱国是。内则韩、卢、张、田，外则张、李、杨、阮，一唱群和。兼有东平、兴平遥制内权，忻城、抚宁侵挠吏事，边警日逼而主不知，小人乘时射利，识者已知不堪旦夕矣。

即使到了这种状况，尽管已经禁诸臣酬接宴会，但马士英、阮大铖、刘孔昭、朱国弼这些执政者仍每晚"醵饮为常"。那时国事混乱的情况，十一月初二御史游有伦奏：

> 今日国事淆乱，不知礼义廉耻为何物。明知君子进退不苟，故以含沙之口激之速去，甚至常人所不忍道者，渎于君父之前。其视皇上何如主乎！台省中微有纠劾，则指为比党，相戒结舌，真所谓前有谗而不见，后有贼而不知也。（《明季南略》卷二《国事淆乱》）

这个腐朽透顶的南明政权的危机已经迫在眼前了。十一月十七日，史可法上《请恢复》疏，讲到当时南明的内外处境，他说：

> 今兵骄饷绌，文恬武嬉，顿成暮气矣。屡得北来塘报，皆言清必南窥，水则广调丽船，陆则分布精锐，黄河以北，悉染腥膻。而我河上之防，百未料理，人心不一，威令不行。复仇之师，不及于关、陕；讨贼之约，不达于北廷，一似君父之仇置之膜外者。近见清示，公然以"逆"之一字加于南，辱我使臣，蹂我近境，是和议断断难成也。一旦寇为清并，必以全力南侵，即使寇势鸱张，足以相扼，必转与清合，先犯东南。宗社安危，决于此日。（《明季南略》卷二《史可法请恢复》）

他已经预见到清廷一旦打败西安李自成的军队，必然进兵东南，明清之和议，已没有希望，南明福王政权的覆灭就在眼前。所以他说："臣恐恢复之无期，而偏安未可保也。"史可法如此痛切奏疏，得到的反响是"疏入不省"（《明季南略》卷二《史可法请恢复》），那个时候的福王朱由崧已到了麻木不仁的状态。那年除夕，内臣韩赞周在兴宁宫看到福王"色忽不怡"，韩赞周言："新宫宜欢。"福王说："梨园殊少佳者。"那时福王在后宫让梨园演的正是阮大铖的《燕子笺》传奇。韩赞周泣曰："臣以陛下令节，或思皇考，或念先帝，乃作此想耶。"（《明季南略》卷二《韩赞周泣对》）朱由崧应该知道他父亲朱常洵是怎么死的，崇祯帝是怎么死的，除夕之夜对先人没有任何思念，对国事没有任何思考，想的是梨园没有好的演员。当时宫中楹句有"万事不如杯在手，一年几见月当头"，旁注"东阁大学士王铎奉敕书"（《明通鉴》附编卷一）。如福王这样的昏君还有什么希望可言呢？

十一、左懋第北使之事

关于左懋第出使北京的事,见于《明史·左懋第传》,《明季南略》的《北事》条逐日记录了事件的经过。《甲申传信录》卷十有《梦石先生节略》一文,基本概括了事件的全过程。这件事本身反映了南明的屈辱,弱国无外交,外交必须建立在自身实力的基础上。马士英所以派遣使节到北京去,主要一个目的就是拉拢吴三桂,向清廷求和,让清廷允许南明小朝廷偏安江南,他们愿意如宋代岁贡辽、金那样供奉清廷。但清不是辽、金,南明不如东晋与南宋,如此腐朽无能的南明政权的外交使节,在强大的敌国面前,只能忍受各种屈辱。然而左懋第表现了一个外交使节应有的气节,南明不是没有人才,问题是政权垄断在一帮无耻小人手上,坐失一切抗争的时机,等来的只能是亡国的命运。

据《明史》本传,左懋第字萝石,莱阳人,崇祯四年(1631年)进士,曾历韩城知县、户科给事中等职。南京建立福王政权,进兵科都给事中,擢右佥都御史,巡抚应天、徽州诸府。当时清兵破李自成,福王小朝廷想遣使通好于清廷,而难其人,左懋第之母在北京去世,懋第欲因是返葬其母,因而请行。于是拜左懋第为兵部左侍郎兼右佥都御史,令与左都督陈洪范、太仆少卿马绍愉同行。左懋第对这两个同行的副使都不满意，马绍愉当年曾奉陈新甲之命与清廷有过接触，因督战兵败而为左懋第劾罢，所以左懋第不愿与马绍愉同行。其理由载于《明季南略》卷二《北事》，七月十四日，左懋第云：

> 马绍愉昔年赴虏讲款，为虏所折，奴颜婢膝，虏送之参貂，台臣陆清源纠之。其与虏交情深浅，臣诚不知，但闻其私许虏金十万、银百二十万，逢人颂虏，臣不便与之同行也。

当时内阁同意左懋第的意见，但福王仍然要马绍愉与左懋第同行。后来在燕京出卖左懋第的则是副使陈洪范。《明史·左懋第传》载：

> 懋第濒行言："臣此行，生死未卜。请以辞阙之身，效一言。愿陛下以先帝仇耻为心，瞻高皇之弓剑，则思成祖列圣之陵寝何存；抚江上之残黎，则念河北、山东之赤子谁恤。更望时时整顿士马，必能渡河而战，始能扼河而守；必能扼河而守，始能画江而安。"众韪其言。王令赍白金十万两、币帛数万匹，以兵三千人护行。八月，舟渡淮。十月朔，次张家湾，本朝传令止许百人从行。

左懋第临行这番言语，是告诫南明小朝廷，不能以偏安江南苟且偷安，守江要守淮，守淮要守河，希望弘光帝不要醉生梦死，而应振奋精神，谋求进取大河南北，当时那里还是权力接近真空的地带，归属未定，谁能安定这个地区，这个地区便归属于谁。从南明小朝廷为和议准备的东西看，他们在认识上还停留在清兵入关以前对和议提出的要求，他们看不出崇祯十七年（1644年）夏秋之交，清人迁都燕京以后要统一全国的意图，这时的清哪会把这十万两白银放在眼里呢？所以左懋第北行，一路上受尽凌辱。

左懋第应是七月末启行的，八月行次沧州，《甲申传信录》卷十《萝石先生节略》称：

> 洪范闻清已封西平伯吴三桂为平西王，于是遂遣信先奉册命授西平伯吴三桂，谕来意。三桂不发书缄册，封奏摄政王览之。册内有"永镇燕京，东通建州"语，王怒，然朝议既以礼来，且令使臣入见。

可见那时吴三桂心目中已根本没有南明小朝廷的地位，所以把来函封奏多尔衮，多尔衮当然不会当一回事，同时这也说明那时南明小朝廷对此时吴三桂与清廷的关系毫不知情，太无知了。信中有使吴三桂"永镇燕京，东通建州"之语，离当时的实际情况也差太远了。这个话当然更使多尔衮发怒，他自然要千方百计限制使节在北京的活动，变相地加以囚禁。《萝石先生节略》续云：

> 十月初三日至张家湾，时议以四夷馆处使臣。洪范无辞，懋第谓通事曰："我奉告先帝，并酬贵国之命北来，以贵国为我先帝成服，不敢先之以兵。命以夷馆处使，若以属国相见，我必不入。义尽名立，师出有名，我何恤哉？"往返再四，遂议以鸿胪寺处使，遣官骑迎之。建旄乘舆，肃队而入。十四日内阁大学士刚林见使臣曰："何不朝觐？"第曰："议礼定，然后见。本朝不知贵国之事，以贵国有礼于我，故命使臣陈谢，自应以客礼相见。我朝不幸，罹此大变。今皇帝正位继绪，图中兴大业，汝何言朝贡也？"刚曰："尔福王奉何人命僭位？"第曰："先帝遇变升遐，岂有遗诏？今皇帝为先帝之弟，兄终弟及，

率土归心，奉天继统，理所宜然。"刚曰："既知崇祯死，若何不死？"第曰："若此言可以责我。我奉先帝命，督兵剿贼，月余始闻变。我固为今日计，徒死何益！"刚曰："既剿贼，贼破京师时，尔作何事？"第曰："我奉命剿张献忠；犯京师者，李自成也。我闻变时即勒兵北行，路闻汝国已驱贼都燕，我若即来，非剿汝矣。以若言，不过难我以不死。譬如昔年，汝国入犯琉球，高丽遂叛。汝国可以责守国诸臣。其将兵入犯者，何能罪之？"时懋第声色俱厉，而洪范、绍愉唯嘿不言。第曰："莫说我江南小，江南尽大！"刚曰："谁言大？"第曰："是我说者！"刚即遽去。明日复来言，略如前。第曰："我来祭先帝，因酬谢贵国，非以降及和来，安以属相见？若相见礼少错后，无一事如命矣！"洪范曰："既不可见，姑以金帛先之。"第因举示曰："银两以赏陵工军匠，金帛以酬国王。"悉以付刚，刚欢笑而去。私赞第曰："此中国奇男子也！"懋第慷慨劲烈，辞旨益坚，故清亦不得有加于使臣而心甚动之，馈食礼貌甚隆。懋第以谒请，报言崇祯已葬，可毋往。第竟不得至陵，乃陈太牢，斩衰，率将士，北向哭于寺厅三日，都人闻之流涕。守卒以告，王益重之，而欲生致懋第，终不屈。约洪范谕江南降爵为侯，洪范许之。

从这一大段对话过程，可以知道左懋第是不屈不挠，坚守使节的尊严，而马绍愉与陈洪范两个副使在一旁默不作声，听任刚林傲慢无礼的言语和态度，陈洪范还答应传信给南明小朝廷"降爵为侯"。

八月二十七日，使节出永定门南返，十一月初五至沧州，多尔

衮又派人把左懋第扣留,让陈洪范独自返回南京。这一段经历,《明史·左懋第传》云:

> 懋第衰绖入都门,至则馆之鸿胪寺。请祭告诸陵及改葬先帝,不可,则陈太牢于旅所,哭而奠之。即以是月二十有八日遣还出都。弘范乃请身赴江南招诸将刘泽清等降附,而留懋第等勿遣。于是自沧州追还懋第,改馆太医院。

陈洪范回到南京,向南明小朝廷报告了这次北使的经过,见于《明季南略》卷二之《北事》条,其云:

> 左都督陈洪范南还,上言:"初,礼部荐臣与吴三桂同里戚谊,意清之破贼,必三桂为政,其事殊不然。九月十六日,臣至德州,清抚方大猷示以摄政王令,有'来使不必敬'语,止许百人赴京朝见。夫曰朝见,则目无天使矣。阁臣主议,以抗节为不辱命。但知三桂借兵于清,未知清势之骄悖也。锦衣骆养性为清抚,遣兵相迎。廿九日,至河西务,赞画王言赍臣名帖送内院,回言冯铨、谢升等词色俱薄,却帖不收。十月十二日,奉御书入正阳门,臣随宿鸿胪寺,关防甚严,水火不通,饥寒殊苦。十四日,内院榜什刚林十余人来,夷服佩刀,直登寺堂,踞上坐,指地下毡,令臣等坐。大声责臣等江南不应更立天子,且曰'毋多言,我将不日下江南'。十五日,刚林来收银,将十万两一一兑讫,蟒缎余币尚在后也。私计吴三桂不出受书,则万金可以无予,诸虏踊跃抢散。明日,遣兵押行。臣等请祭告诸陵,及改葬先帝,皆不许。朗诵虏《檄大都□词》。廿七日促行,防守益严。十一月朔至津,后运缎绢悉押去,疑养性

有私于臣,革职逮问。初四日过沧州,有夷官来追执左懋第回京,不容叙别。十六日过济宁,清兵乃还。廿一日,到徐州渡河。"洪范入见,言清兵万分紧急,旦夕必南下。马士英恶之曰:"有四镇在,何虑焉!"陈洪范请加恩使北劳臣,兵科戴英劾止之,言"洪范出使无功,正使身陷异域,下役群聚晋爵,天下闻之,恐哄然窃笑也"。

左懋第宁死不屈,次年六月他在北京闻南京失守,恸哭不止。《甲申传信录》卷十《萝石先生节略》记其事云:

王谕懋第降且髡,不从。中军艾大选首髡,且劝第降。第大怒,麾从官立毙杖下。王闻之,而心甚善之。十九日,捕懋第下刑部,部吏曰:"何不早剃发?"第曰:"我头可断,发不可剃!"遂下狱。二十日加铁锁,三拥入内朝。懋第丧冠白袍,面南向坐于庭下。王心雅重之,欲生懋第,且重用之。问在廷汉臣曰:"卿等云何?"侍郎陈名夏曰:"为崇祯来可饶,为福王来不可饶。"懋第曰:"若言福王,是先帝何人?且若中先朝会元,今日何面目在此与我说话!"名夏语塞。兵部侍郎秦某曰:"先生何不知兴废?"懋第曰:"兴废,国运之盛衰。廉耻,人臣之大节。先生止知兴废而忘廉耻乎!"于是廷臣无复言者。王曰:"尔明臣何食清粟半载,而犹不死?"懋第曰:"尔人攘我朝之粟,反谓我食尔粟耶?且古之致力中原,亦籍夷狄之食者。我国家不幸罹此大变,圣子神孙,岂曰无人?今日止有一死,又何多言!"王色变,挥出斩之。都御史赵开心前启王曰:"杀之适足以成名,不如释之。"王将可其奏,而懋第已就刑矣。懋第就刑时，至宣武门外蔡市口，昂首高步，神色自若。遂南向四拜，端坐受刑。是日大风尽晦，都人士奔走流涕，拜于道旁者，不可数计。所从懋第，马绍愉率将士悉髡以降，惟参谋通判陈用极，游击王一斌，都司刘统、王廷佐，千总张良佐，系从懋第北使者，俱不剃发，同日遇害。

出卖左懋第的陈洪范，次年六月十九日亦病死，他做贼心虚，临死时"亟呼左懋第老爷至，遂死"。任何人的生命都有尽头，死不在早晚，而在于死得其所。左懋第他们死得其所，以身殉职。陈洪范多活了一年，做了亏心事，到死还心虚，见不得故人啊！

十二、复社纪事

明末士大夫之间以文会友、结社相交的风气很盛。在科举考试作为士子入仕的独木桥的时代,士大夫为了应付考试自然要研究八股文的文章作法。八股文,亦称时文、制艺,系明科举考试所规定的文体,现在"八股文"成贬义词了。八股文的程式是规定了每篇文章包括破题、承题、起讲、入手、起股、中股、后股、束股八个段落,简单地讲,每篇文章都要有起、承、转、合四个环节。破题是用两句话说明题义,承题是承接破题的意义而阐明之,起讲是议论的开始,入手是起讲后提供论据的入手处,起股是正式开始议论,中股为全篇议论的中心。从起股到束股,每股都要两股排比对偶的文言,共合为八股,故名之为八股文。题目来自四书,内容则依照朱熹的《四书集注》。那时的书坊就要请一些士大夫出版评选八股文的文章,故当时的出版物大部分属于制艺一类,有似于今天高考作文的辅导读物,书坊当然要集合那些有声望的作者,为读书人编写这一类作品。他们通过批注把文章的来龙去脉弄得清清楚楚,指出起承转合要段落分明,不要用支离破碎的文句和琐细的典故,从而纠正文章的时弊,即所谓"以今日之文,救今日之为文者"。故自然会有一些还未应举的士子集合在这些作者周围,学习如何通经学古，出入于韩愈、欧阳修、苏轼这些古文大家之间。他们先是在各地结社，后是集会，这种风气盛于明天启、崇祯间。他们的文章要跟着时论走，比如崇祯元年（1628年）时定阉党逆案，大家便一起讨论怎么骂魏忠贤的事，于是就有《玉镜新谭》《皇明忠烈传》这一类作品问世。天启、崇祯间，辽事成为朝野关注的焦点，于是就有《筹辽硕画》这类出版物出版。因而士大夫在议论作文时，也势必议论到时事，发表一些政见，那么这些以文会友的结社活动也会带上一点政治色彩。

谢国桢先生《明清之际党社运动考》一书中有《复社始末》，对复社的情况作了详细考察，本文参考谢国桢先生的成果，结合相关史料，对复社略作介绍。

复社有两个领袖人物：一个是张溥，字天如，号西铭，太仓人；另一个是张采，字受先，号南郭。他们二人形影相依，互为畏友。万历末年他们在苏州立社，以拂水山房社这个地点建立了应社，那时周钟（字介生）的文章在岁试中考了第一名，张溥与周钟合作，参加应社的活动。当时江南、江北、河北都有士子组织应社，目的是准备应付科考。孙淳等四人在苏州成立复社，在张溥推动下应社并入复社，复社的社会影响便迅速扩大。复社成员中张溥、吴伟业、杨廷枢、吴昌时、陈子龙等人都成了进士，于是在朝的人要拉拢复社以培植自己的势力，而一般士子则认为进入复社便有中举的希望。复社的这些领袖人物，与京师的权要交往，权要通过公荐、独荐的方式推荐士人给京师和地方的督学，每次岁考之前，还给考生评定名次，到榜发时十不失一。如此一来士子们争欲入社，把入社作为入仕的一个捷径,这些做法与后来考试时通关节有很大的关系。这样一个群体的出现,当然也会引起另一些人的反对,反对他们垄断仕途。有为其辩解者,若倪元璐认为"诸生诵法孔子,引其徒谈经讲学,互相切劘,文必先正,品必贤良,实非树党";亦有攻之者,若苏州推官周之夔,罗列复社十大罪状,称其"上摇国柄,下乱群情"(谢国桢《明清之际党社运动考》第七章《复社始末上》)。

事实上复社内部确实存在党同伐异的情形。复社要扩大自己的社会影响,势必要结交在朝的权贵。如吴伟业得中会元,是受周延儒的提拔,遭薛国观之忌,但崇祯帝看了吴伟业的卷子,觉得可以,才没有闹出问题来。后来张溥让吴伟业去参劾温体仁结党援私,因为薛国观是温的人。吴伟业不敢冒险,最终薛国观因暴露赃证被崇祯帝处死,这样周延儒才得以再次入阁。在周延儒入阁之前,张溥便给他开了一个名单,如黄道周、刘宗周都列入名单,要求周延儒起用这些人。周延儒入阁以后,东林党人都被委以重任。可惜的是周延儒四月间入阁,五月间张溥暴病身亡。阮大铖也想走周延儒的路子复出,周延儒不敢冒此大不韪,起马士英为凤阳总督,为后来南明小朝廷内的党争埋下了危机。从南明时马士英、阮大铖把持朝政的情形来看,复社可谓成也周延儒,败也周延儒。在人事问题上,通关节、走后门之风可谓古已有之。这一类风气一盛,弊大于利。

复社在崇祯年间举行过三次大会,第一次在崇祯二年(1629年),叫作尹山大会。第二次在金陵召开,时间是崇祯三年。第三次在苏州虎丘召开,时间是崇祯五年。这三次大会各地前来参加者多达数千人,很多人认为这是三百年来仅有之盛举,由此可知其社会影响之广泛。

崇祯初年，金陵是士大夫汇集之地，明末四公子都与金陵有关。四公子是指方以智、陈贞慧、侯方域、冒辟疆，他们都有一点才气。侯方域与李香君的风流韵事，冒辟疆与董小宛的旖旎风流，都被当时的文人传为佳话。孔尚任的《桃花扇》讲的便是侯方域与李香君的恋情以及当时阮大铖与复社的矛盾，故它反映的便是那个时代江南文人的生活。那时秦淮河灯船游楫往来如织，两岸河房的名姬成了当时诗文往来的议题。东林被难诸君子之子弟亦已长成，他们纷纷到金陵来应乡试，复社的许多名士也都聚集在金陵。燕京陷落以后，北方士绅流落到金陵一带来，这个时候阮大铖、马士英也都到金陵生活过。四公子与两边都有联系，如冒辟疆曾支持过东林诸后裔，复社诸人倾向于东林，故复社有小东林之名。阮大铖在金陵与侯方域的关系便比较密切，他不惜千金来撮合侯方域与李香君的恋情，这就是《桃花扇》故事的来源。然而秦淮河上的歌姬却还是有一点骨气，这场恋情以破裂告终，清兵进入金陵后，侯、李二人在栖霞山上相会，相约出家。陈寅恪的《柳如是别传》，讲的也是钱谦益与柳如是之间的恋情，涉及周延儒在内的明末许多人物。柳如是也是一个既有才情又有骨气的歌姬，钱谦益后来投降清朝，北上燕京，柳如是另寻新欢。《柳如是别传》主要是写钱谦益，实际上也是夫子自道。侯方域与李香君、钱谦益与柳如是的恋情，都是崇祯年间发生在金陵的故事，他们都是文人，都有才情，故事又发生在国难当头之际，越发显得委婉动人。

崇祯时金陵发生过这么一件事情，东林诸贤的子弟与复社中名士驱逐在金陵的阮大铖。《明史·马士英传》记其事云：

> 流寇逼皖，大铖避居南京，颇招纳游侠为谈兵说剑，觊以边才召。无锡顾杲、吴县杨廷枢、芜湖沈士柱、余姚黄宗羲、鄞县万泰等，皆复社中名士，方聚讲南京，恶大铖甚，作《留都防乱揭》逐之。大铖惧，乃闭门谢客，独与士英深相结。

那时东林诸贤子弟在南京参加乡试，他们当然不满东林大案之始作俑者阮大铖，阮大铖只能"闭门谢客"，先潜伏下来再寻机会。阮大铖与马士英其实都有文才，他们也深懂通关节、走后门之途径。那时周延儒再相，所以马士英通过周延儒使其当上凤阳总督。到了南明福王政权建立，马士英执政，阮大铖再起，他们当然会找机会报复东林与复社，在朝中排斥东林诸贤。

复社与马、阮的对峙旗帜鲜明，于是阮大铖与马士英又再策划大案兴狱，企图把东林与复社一网打尽。福王即位当年的十二月，他们重新颁布《三朝要典》，公开为阉党的逆案翻案。九江总督袁继咸便上言指出，《三朝要典》既已被崇祯帝焚毁，这件事不宜再提，为什么要私斗急于公仇，不能再兴大狱了。然而阮大铖还是想借妖僧大悲案来兴大狱。《明通鉴》附编卷一下记载：

> 时有吴僧夜叩洪武门，言语不类，为京营戎政赵之龙所捕。阮大铖欲假以诛东林及素所恶者，因造"十八罗汉、五十三参"之目，书史可法、高弘图、姜曰广等姓名内大悲袖中，海内人望，无不备列。钱谦益先已疏颂士英，且为大铖讼冤修好矣，大铖憾不已，亦列焉；将穷治其事。狱词诡秘，朝士皆自危。而士英不欲兴大狱，乃当大悲妖言律，诛之。

那时东林党人之一钱谦益已上疏为马士英说好话,为阮大铖诉冤,然而阮大铖仍将其名字列入名目。这十八罗汉、五十三参之目,都属于后来所谓黑名单之类。这件事由于马士英没有支持而未搞成,但"狱词诡秘",朝士人人自危。于是阮大铖陈兵江上,准备把复社一网打尽。第一个被捕的是四公子之一的陈贞慧,他在锦衣卫狱仅免于死。侯方域也几乎被捕,黄宗羲回到家乡余姚,冒辟疆到如皋水绘园归隐。复社从此不复存在。

十三、江北四镇

福王政权在江南成立时,并没有可以直接掌控的军队,江北四镇及武昌左良玉的部队,都是与李自成作战中败退下来的残部。他们名义上受弘光政权节制,实际上南明小朝廷很难掌控他们。这些部队纪律都很坏,驻扎地区军民关系很差,他们相互之间为争夺驻军地盘的矛盾也很多,不时地发生一些内讧。他们都想过江,占一个富庶的地区,可以任意抢掠。故南明的军队在对清作战时,实际上不堪一击。

福王初入金陵,五月十五日正式登基。在此之前的五月十三日,史可法便上言:

> 从来守江南者,必于江北。当酌地利,急设四藩,以淮、扬、泗、庐自守,而以徐、滁、凤、六为进取之基。兵马钱粮,皆听自行征取。而四藩即用黄得功、高杰、刘泽清、刘良佐为我藩屏,固守江北,则江南之人情自安。黄得功已封伯,似应进侯。杰、泽清、良佐似应封伯。左良玉恢复楚疆,应照黄得功进侯。"(《明季南略》卷一《史可法请设四镇》)

要想协调江北四镇的关系,就需要有督师坐镇扬州居中调遣,协调他们之间的相互关系,史可法是以阁臣兼兵部尚书提出这条建议的，于是南明小朝廷便以史可法督军淮扬，在扬州立军府。下面先介绍一下这江北四镇的来历。

黄得功，字虎山，凤阳灵璧人。年轻时驱驴载人、物为生，有贵州举人杨文骢、周祚新北上，在浦口雇其驴，途遇响马，他能与之相抗，杨、周二人为此待以兄弟之礼。他们南返时，把黄得功介绍给马士英。马莅任凤阳时，即用黄得功为旗鼓，堵截"流寇"，建功河北，升为副总兵，这样凤、庐一带社会治安好转。黄得功这支部队听命于马士英，马士英南下拥福王监国，便是靠这支部队支撑的。在四镇中，黄得功这个人品行还算比较好的，他治兵以严整闻名，商民便之。黄得功后来率军驻守仪真，就在南京的江北，是马士英捍卫自己的根本力量。

刘泽清，字鹤洲，山东曹县人。以将才授辽东宁、前卫守备，崇祯六年（1633年）迁总兵。崇祯十三年山东大饥，民相聚为寇，他剿捕有功，朝廷以其镇守山东防海。崇祯十六年曾奉命去解开封之围，《明史·刘泽清传》称：

> 泽清为人性恇怯，怀私观望。……命赴保定剿贼，不从，日大掠临清。率兵南下，所至焚劫一空。寇氛日急，给事中韩如愈、马嘉植皆谋奉使南归。如愈常劾泽清，过东昌，泽清遣人杀之于道，无敢上闻者。
>
> 京师陷，泽清走南都，福王以为诸镇之一，封东平伯，驻庐州。时武臣各占分地，赋入不以上供，恣其所用，置封疆兵事一切不问。与廷臣互分党援，干预朝政，排挤异己，奏牍纷如，纪纲尽裂，而泽清所言尤狂悖。

淮安地区本来是淮抚路振飞管辖，路振飞去后，泽清突然前去盘踞。《明季南略》卷一《刘泽清》载其不法情状：

> 振飞去后，泽清突来盘踞，散遣义士，桀骜者籍之部下，抢劫村落一空，与淮抚田仰日肆欢饮。北兵南下，有问其如何御者？泽清曰："吾拥立福王而来，以此供我休息。万一有事，吾自择江南一郡去耳。"八月，泽清大兴土木，造宅淮安，极其壮丽，四时之室俱备，僭拟皇居，休卒淮上，无意北往，田仰犹屡为请饷。弘光以东南饷额不满五百万，江北已给三百六十万，岂能以有限之财供无限之求，命仰与泽清通融措办。泽清曾杀其叔副总兵刘孔和。孔和，故大学士鸿训子，泽清初为其狎客。及后势盛，反抑孔和，役属之。一日以所作诗示孔和，曰："好否？"孔和戏曰："不作尤好。"泽清色变。无何，遣孔和以二千人渡河，忽檄召至，斩之。所部二千人汹汹不服，令别将击斩之，无一人存者，其凶暴如此。

刘良佐，字明辅，大同左卫人。《明季南略》卷一《刘良佐》载：

> 初与高杰同居李自成麾下，杰护内营，良佐护外营。后杰降，良佐亦有归朝意，未几降。崇祯十四年，曾破贼袁时中数万众，历官至总戎。素乘花马，故世号为"花马刘"，或亦时称"刘花马"云。

> 甲申六月六日壬戌，刘良佐奏开镇临淮。士民张羽明等不服，临淮士民戈尚友等亦奏叛镇环攻，命抚按调和之。

高杰，米脂人，跟随李自成起兵。因与李自成妻邢氏私通，恐自成觉，崇祯八年（1635年）八月，带了邢氏投降洪承畴，成为贺人龙下属。贺人龙被杀后，改属孙传庭，崇祯十六年进副总兵。后李自成破潼关，占西安，高杰由陕北退至山西。李自成进北京，高杰南走，福王封其为兴平伯，列于四镇，领扬州，驻城外。高杰的军队纪律不好，《明史·高杰传》载：

> 杰固欲入城，扬州民畏杰不纳。杰攻城急，日掠厢村妇女，民益恶之。知府马鸣騄、推官汤来贺坚守月余。杰知不可攻，意稍息。阁部史可法议以瓜州予杰，乃止。

《明季南略》卷一《高杰》载：

> 五月初七甲午，扬州士绅王傅龙奏："东省附逆，河北悉为贼有，淮、扬人自为守。不意贼警未至，而高兵先乱。自杰渡河掠徐，至泗、至扬，四厢之民，何啻百万，杀人则积尸盈野，淫污则辱及幼女。讵奈杰之必得，在新旧之城，环围绝粮，已经月余，何不恢已失之州邑，而杀自有之良民也？"十六癸卯，杰顿兵扬州城下。淮抚黄家瑞漫无主张，守道马鸣騄昼夜督民守城，集众议事。进士郑元勋与杰善，亲诣高营解纷，遂入城劝家瑞放高兵入城，便可帖然。谓"杰有福王札，命驻扬州，宜善御之，毋撄其暴乱"。士民哗曰："城下杀人如是，元勋不见耶？"元勋强为杰辩。众怒，指为杰党，且曰："不杀元勋，城不可守。"遂寸斩之城楼。鸣騄疾走泰州。杰恨，攻益力。史可法以义喻解之，始移驻瓜州。

这是军民之间。因军队纪律不好，故势同水火。一支军队军民关系搞不好，就很难在那个地方站稳脚跟。扬州是富庶之地，江北四镇都想把扬州作为自己的驻地。四镇之间往往为了地盘，互相斗殴不已。《明季南略》卷一《黄得功》条记载：

> 得功驻仪真，治兵严整，商民便之。曾遣四十骑白事于史相，道经高营被劫。得功怒，率兵驰扬，杰发兵与战。时杰兵盛，得功被围，适弟黄蜚等继至，内外夹攻，杰兵始退。

最后史可法出面调停，由高杰赔偿得功马匹，方才罢兵。那时史可法虽为督师，实际上很难控制四镇，更不用说靠四镇抵抗清兵南下了。六月廿六日，史可法奏《兵民两便疏》曰：

> 镇臣高杰之兵奉旨驻扬，而扬人坚不肯纳。盖从前既有仇隙，则向后不无提防。虽有严令，驱之不能动也。臣前急于渡江，原欲了当此事，即当讨贼西行。不意兵民扞格，竟不能解。扬人惟利兵去，各兵惟愿驻扬，而好事者遂造为不根之言。如镇臣黄得功到仪真，本为安插家眷，而谓之者曰"此乃与尔兵为难者"。于是，高兵移札于野以待之。及臣至，则又谓之曰"此来非真心为尔"。致此兵疑臣、将疑臣，即镇臣杰亦似疑臣。臣惟处之以坦，待之以诚。数日之间，镇臣杰亦似谅臣心事矣。昨与臣面议，将兵尽驻城外，止镇臣家眷入城，携二三百人自护，臣以为可行矣，而城内之人终不允。臣正踌躇无计，适有为移驻瓜州之说者。瓜州距扬州仅四十里，即江都县所辖也。驻瓜州犹之驻扬州，且有城有水，可以自卫。而资给日用，较之扬州更便焉。惟时为镇臣刘泽清标下官兵所驻，必刘兵移驻淮上，而后高兵可来。臣商之镇臣，镇臣遂诺，盖深感皇上恩遇之厚，不欲以家口之故，致成兵民水火之形，耽误练兵剿贼之事也。镇臣用意如此，臣甚重之。镇臣在瓜，臣在扬，调停于兵民之间，

渐为释其猜嫌,同归于好,未必扬城之必不可居也。(《明季南略》卷一《高杰》)

从这条叙述,可见史可法过江,只能忙于调解军民之间的矛盾,协调四镇之间争夺地盘的斗争,哪里还有精力应付李自成在河南的余部和北方的清兵?能把四镇安排好,不到江南来骚扰已经上上大吉了。实际上四镇都想到江南来,过上既安全又富庶的生活。这就是那时江北四镇的情况,这样的部队怎么能有力量抵御南下的清兵呢?

十四、南明政权对清兵即将南下的认识和准备

顺治元年（1644年）十月，清廷遣还南方在京的使节。《东华录》顺治元年十一月乙酉条有这样的记载：

> 陈洪范南还，于途次具密启，请留同行左懋第、马绍愉，自愿率兵归顺，并招徕南中诸将。摄政王令学士詹霸等往谕，勉其加意筹画，成功之日，以世爵酬之。遂留懋第、绍愉。

陈洪范这是一个背叛的行为，不仅出卖北使的其他使节左懋第等人，而且南返为清廷做策反工作。他十二月十五日抵南京，向弘光政权报告出使的情况及清廷对南方政权的态度。陈洪范入见，"言清兵万分紧急，旦夕必南下"。这个信息告诉马士英，清廷不会允许弘光政权在南京偏安，清廷不是当年女真人的金朝。十二月十八日，马士英上疏言：

> 清兵虽屯河北，然贼势尚张，不无后虑，岂遂投鞭问渡乎？且强弱何常之有，赤壁三万，淝水八千，一战而江左以定。况国家全盛，兵力万倍于前，廓清底定，痛饮黄龙，愿诸臣刻励之也。
>
> （《明季南略》卷二《北事》）

那时清兵正忙于讨伐西安的李自成，这一点马士英估计还是对的。如果清兵打败李自成以后，挥师南下，南明小朝廷能抵御得了

吗？马士英说过，"四镇在，何虑焉？"江北四镇能挡住清兵南下吗？这四镇靠得住吗？不是马士英说几句大话就顶得住的，还得靠人心所向和军事实力。

清廷也希望能够招抚沿江的南明边防将领。史可法是江北四镇的督师，故多尔衮在十月间便致书史可法，要江南政权"削号称藩"。史可法在复信中拒绝了这个要求，表示"法处今日，鞠躬致命，克尽臣节，所以报也。惟殿下实明鉴之"（《明季南略》卷二《史可法答书》）。十二月多铎率领军队由孟津渡黄河，先在河南洛阳击败农民军，随后与李自成军决战潼关，农民军败退。顺治二年（1645年）二月十六日，清兵自潼关向西安进发，十八日到西安。三月初五多铎率军从西安出发南征，进军江南。故顺治元年冬到次年的三四月间，南明政权还有几个月苟延残喘的时间。那么在这段时间内，南明政权对清兵即将南下作了什么准备呢？

马士英对形势的认识已如上言，史可法在这个问题上比较清醒，他在弘光元年（1645年，顺治二年）正月十二便上疏言："北使之旋，和议已无成矣。向以全力御寇而不足，今复分以御北矣。"（《明季南略》卷三《史可法奏和议不成》）说明现在主要矛盾已不是如何应对农民军了，主要是如何抵御清兵南下的问题。他还说："和不成惟有战，战非诸将之事而谁事也！阃外视庙堂，庙堂视皇上，尤望深思痛愤，无然泄沓。古人言：'不本人情，何由恢复。'今之人情，大可见矣。"（《明季南略》卷三《史可法奏和议不成》）在这样存亡的危急关头，军心人心是否振作是关键，不能再忙于内斗了。清兵南下之前，河南地区是中间地带，那里有好几支明朝遗留下来的武装力量,他们各有自己的地盘。洛阳附近是李际遇的军队,有四五万人,他是沿河五寨的首领,是当地的民间武装。多铎在孟津渡黄河时,李际遇为之接引。正月初九史可法的奏疏称:"清豫王自孟县渡河,约五六千骑,步卒尚在单、怀,欲往潼关,皆李际遇接引,长驱而来,刻日可至,据此李际遇附清确然矣。"(《明季南略》卷三《史可法奏李际遇降清》)另一支规模比较大的军队是许定国在睢州的军队,也有四五万人,那儿属于归德府,即今之河南商丘。清兵自河南向江南进军的话,这是必经之地。顺治元年冬肃亲王豪格奉命征山东,兵在济宁,而河南睢州与山东济宁仅有一河之隔。那时许定国就向豪格表示愿意投诚,希望豪格率兵渡河。豪格则要他遣子为质,"定国遂以明年正月遣其子诣军门降"(《明史列传》卷七十九《许定国传》)。1644年末,南明政权让原兵部尚书张缙彦分诸将防河,宁陵以东至归德属王之纲,宁陵以西至兰阳属许定国,河、洛地区委李际遇,让高杰带兵北征中原地区。高杰是史可法唯一能指挥得动的部队,《明史·史可法传》称:

> 杰居扬州,桀骜甚。可法开诚布公,导以君臣大义。杰大感悟,奉约束。十月,杰帅师北征。可法赴清江浦,遣官屯田开封,为经略中原计。

所以这次高杰带兵北上,是史可法对清兵积极防御的政策之一。《明史·高杰传》称:

> 杰感可法忠,与谋恢复。议调得功与刘泽清二镇赴邳、宿防河,杰自提兵直趋归、开,且瞰宛、洛、荆、襄,以为根本。遂具疏上之,语激切。且云:"得功与臣犹介介前事。臣知报君雪

耻而已，安能与同列较短长哉！"然得功终不欲为杰后劲，而泽清尤狡横难任。可法不得已，调刘良佐赴徐与杰为声援。

正是在这样的部署下，弘光元年（1645年）正月，高杰从徐州出发前往睢州。而许定国已暗中投降清廷，正想袭击高杰以邀功于清廷。《明季南略》卷三《许定国杀高杰》条记其事云：

时杰冒雪防河，疏请重兵驻归德，东西兼顾，联络河南总兵许定国以奠中原。定国在睢，闻杰将至，遣人致书云："睢州城池完固，器械精良，愿让公驻兵。"杰信而不疑。甲申十二月二十七日，杰在归德贻定国千金、币百匹。乙酉正月初九，定国约杰会于睢州。初十，杰抵睢州，定国来见，杰即回谒，各叙思慕意。十二日丙申，定国招杰饮，杰即与张缙彦、监军李升偕部将八人及亲兵数十人，坦然赴之。定国设专席于内以宴杰，布别席于外以宴诸将、从兵。酒醪悉盛，酣饮竟日，继之以烛。杰醉，定国伏甲于内，饰美妓荐寝，先窃去杰之甲兵。夜半，帐外伏兵四起，大声连呼高杰。杰梦寐间闻之，大惊，曰："谁人敢呼我名，中其计矣！"急起觅枪甲，已不可得。定国持枪直入刺杰，杰虽短小，而勇悍绝人，连折二枪。定国持短刀杀之，剖其腹以祭先灵。张缙彦、李升走免。时八将犹饮于外，闻内变，大骇，推倒筵案，逾垣狂走。亲兵被杀者三十余人，余趋出城去。定国持杰首招抚士卒；士卒以失主将，遇州中人即杀，谓其合谋也。城中如沸，竟夜走空。定国遂以众渡河降清，清封为平南侯。

这支部队本来是江北四镇中力量最强的一支，高杰死后部队失去控制，史可法北定中原的计划流产，接下来是如何稳定这支部队的问题。《明史·史可法传》记其事云：

> 杰至睢州，为许定国所杀。部下兵大乱，屠睢旁近二百里殆尽。变闻，可法流涕顿足叹曰："中原不可为矣。"遂如徐州，以总兵李本身为提督，统杰兵。本身者，杰甥也。以胡茂顺为督师中军，李成栋为徐州总兵，诸将各分地，又立杰子元爵为世子，请恤于朝。军乃定。杰军既还，于是大梁以南皆不守。

黄得功过去曾因为争夺扬州为驻地，而与高杰发生过矛盾，这时候想要带兵到扬州进行报复，史可法不得不回到扬州加以安抚。《明季南略》卷三《许定国杀高杰》条云：

> 十五戊辰，刘良佐见杰死，欲并其众，疏称溃兵不宜授本身提督。刘泽清、黄得功、刘良佐又合奏："高杰从无寸功，骄横淫杀，上天默除大恶。史可法乃欲其子承袭，又欲李本身为提督，是何肺肠！倘误听加恩太重，臣等实不能相安矣。"

接下来马士英又想插手高杰留下的部队，借以限制史可法之兵权。《明史·史可法传》云：

> 士英忌可法威名，加故中允卫胤文兵部右侍郎，总督兴平军，以夺可法权。胤文，杰同乡也，陷贼南还，杰请为己监军。杰死，胤文承士英旨，疏诮可法。士英喜，故有是命，驻扬州。二月，可法还扬州。

高杰出事以后，只有史可法在设法保全江北守御的大局，安抚高杰余部，其他三镇以及庙堂之上的马士英都在打自己的小算盘。卫胤文作为监军，要求统一事权，逼得史可法一度求退。这就是清兵南下前，江北四镇的基本情况。清兵南下时，南明小朝廷又有什么抵抗的能力呢？大敌当前，能不能抵抗的关键在于大家能否团结一致、同仇敌忾，如果还是四分五裂、内争不断，那就必败无疑。史可法在《和议不成》的奏疏中曾经说："释此（指敌情、国仇）不问而日寻干戈（指内争），于心忍乎？"（《明季南略》卷三《史可法奏和议不成》）南明小朝廷许多人缺少的就是史可法那颗忧国忧民的公忠之心。

十五、左良玉东进讨伐马士英

福王在南京建立偏安政权以后，在南京上游有两支军队为其屏障，一支在九江，由袁继咸统率。袁继咸，字季通，宜春人。天启五年（1625年）进士，崇祯十年（1637年）除湖广参议，分守武昌。崇祯十五年任江西、湖广、应天、安庆军务，驻九江。时张献忠攻陷武昌，执楚王华奎，笼而沉诸江，尽杀楚宗室。左良玉避张献忠兵锋，拥兵东下，袁继咸与左良玉相遇于芜湖，在袁继咸的劝说下，左良玉回师恢复武昌。故江西的地盘在袁继咸掌控之下，武昌在左良玉掌控之下，二人皆拥兵自重。

左良玉，字昆山，临清人。良玉少孤，育于叔父家，史称："长身赪面，骁勇，善左右射。目不知书，多智谋，抚士卒得其欢心，以故战辄有功。"（《明史·左良玉传》）从崇祯初年起，长期与农民军周旋，胜败互见。侯方域之父侯恂时为总督，对左良玉比较器重，屡加提拔。左良玉在武昌有兵八十万，号百万，《明史·左良玉传》称：

前五营为亲军，后五营为降军。每春秋肄兵武昌诸山，一山帜一色，山谷为满。军法用两人夹马驰，曰"过对"，马足动地殷如雷，声闻数里。诸镇兵惟高杰最强，不及良玉远甚。

马士英谋立福王时,在武昌的左良玉持保留态度。《明史·左良玉传》云:"闻京师被陷,诸将汹汹,以江南自立君,请引兵东下。良玉恸哭,誓不许。副将士秀奋曰:'有不奉公令复言东下者,吾击之!'以巨舰置炮断江,众乃定。"《明史·袁继咸传》云:"福王立南都,颁诏武昌,良玉不拜诏。继咸致书言伦序正,良玉乃拜受诏。"在这种情况下,左良玉接受福王的封赐,而福王专以上流之事委良玉,加太子太傅衔。在此期间,左良玉恢复了楚西境之荆州、德安、承天,湖广巡抚何腾蛟及总督袁继咸皆与左良玉相友善,他们成为南明在上游的屏障。

左良玉因侯恂起,侯恂原为东林党人,左良玉在政治上自然倾向于东林。马士英、阮大铖执政以后,尽力排挤东林,左良玉对此当然感到不高兴。《明史·左良玉传》称:"马士英、阮大铖用事,虑东林倚良玉为难,谩语修好,而阴忌之,筑板矶城为西防。良玉叹曰:'今西何所防,殆防我耳。'"故双方一开始便互存戒心。左良玉的监军御史黄澍在弘光政权建立之初,作为使节到达南京,面见福王时纠劾马士英权奸误国,并上疏论马士英十大罪状,这样他在南京与马、阮的关系便弄得很僵。黄澍回到武汉,马、阮"遣缇骑逮澍","良玉留澍不遣。澍与诸将日以清君侧为请,良玉踌躇弗应"(《明史·左良玉传》)。这个时期南京又发生伪太子案。崇祯有三个儿子,崇祯十七年(1644年)时,太子16岁,永王、定王13岁,李自成曾封太子为宋王。李自成出征吴三桂时,以太子与定王自随,永王流落民间。李自成兵败以后,崇祯诸子失散。

《明季南略》卷三《三皇子纪》条:

自成战败西还，不见太子随后，人传太子归吴三桂军中矣。十月，有男子自诣周中书家求见，公主相抱持大哭，滞留不去。周仆逐之，遂为街道所奏。明日殿中勘之，言宫中事颇合。以讯内官，莫敢认者。有杨宫在旁，皇子曰："此杨某，曾侍我。"杨即诈曰："奴婢姓张，先服侍者非我也。"又呼旧侍卫锦衣卒十人讯之，咸曰是永王。有晋王者，山西从闯来，因留京师，独言其伪。一内监言真，于是言真者皆下狱。刑曹郎钱凤览详讯，遂以真皇子报命。晋王遂抵览，览勃然，语侵晋王。复廷讯之，内阁谢升执以为伪。皇子曰："某事先生忆之否？"升默然，一揖退，凤览面叱升不臣。正阳门商民数人具疏救皇子，詈谢升禽兽无道，具疏人亦下狱。

在北京出现的可能是太子，也可能是永王，清政府当然不会允许崇祯帝之子息尚存，证其伪，才能名正言顺地将其杀掉，斩草除根。故主审太子案之明刑部主事钱凤览，包括其他认为该太子为真者，均坐诛死或以罪下狱。如果在北京被杀的是永王，那么流落到南方的可能是太子了。《明季南略》卷三《太子一案》条讲了这个"太子"的来历，其云：

先是吴三桂拥太子离永平，檄中外臣民，将奉入京即位。至榆河，阴逸之民间，使人导入皇姑寺。太监高起潜奔西山，太子自诣之，遂同至天津，浮海而南。八月，抵淮上，闻定王之沉，惧弗敢留，前至扬州。起潜访的中朝之旨，欲加弑害。其侄鸿胪序班高梦箕义不可，挟之渡江，因栖于苏，复转于杭。太子不堪羁旅，渐露贵倨之色；于元夕观灯浩叹，遂为路人所窃指。高梦箕惧祸及己，乃赴京密奏，并密启于士英。于是遣内竖李继周持御札召之。继周至杭，闻已诣金华，即往觅之。太子居观音寺，继周熟视颇似，乃跪曰："奴婢叩小爷头。"太子云："我认得汝，但遗忘姓氏。"继周以告，且云："奉新皇爷旨，迎接小爷进京。"太子云："迎我进京，让皇帝与我做否？"继周云："此事奴婢不知。"遂呈御札。时金华诸臣闻之，俱朝见馈礼。越二日，开舟至杭，抚臣张秉贞来朝，与文武百官导之而过。继周进京，先白士英，随奏弘光。时太子止石城门外，上复使北京张、王两内竖觇之，且迎之入城，权居兴善寺。二竖一见太子，即抱足大恸，见天寒衣薄，各解衣以进。上闻之大怒，曰："真假未辨，何得便尔！太子即真，让位与否，尚须吾意，这厮敢如此！"遂掠二竖，俱死。继周亦赐酖死。都人初闻青宫至，踊跃趋谒，文武官投职名帖者络绎不绝。

从马士英与阮大铖的视角看，当然不敢认这个太子为真。到三月初五，认定太子是王昺侄孙王之明假冒。太子的真伪轰动了南明朝廷，朝野对南明小朝廷一片质疑之声，左良玉提出质疑，此后何腾蛟、袁继咸都提出质疑，史可法要求面见福王，讨论伪太子案的处理，也不被允许。

伪太子案所以引起如此大的影响，与此前阮大铖、马士英他们重翻《三朝要典》案有关。福王初立，升阮大铖为兵部尚书，升与阉党逆案有关的杨维垣为左都御史。于是阮大铖与杨维垣密谋对东林、复社诸人兴大狱，要求追究崇祯初年焚要典诸臣之罪，其中便包括时在九江的袁继咸。左良玉力言"《要典》治乱所关，勿听邪言，致兴大狱"(《明季南略》卷三《三案要典逆案重翻》)。重颁《三朝要典》案与伪太子案对左良玉刺激很大,因为这关系到南明弘光政权的合法性问题,会动摇福王在南京的地位。

四月初清兵已经开始南下,但南明小朝廷东西两边却忙着兵戎相见,这加速了它的灭亡。《明史·左良玉传》称:

有北来太子事,(黄)澍借此激众以报己怨,召三十六营大将与之盟。良玉反意乃决,传檄讨马士英,自汉口达蕲州,列舟二百余里。

《明季南略》卷三载《左良玉参马士英八罪》条,其中有一条便涉及伪太子案,其云:

况今皇太子授受不明,臣前疏已悉。士英乃与阮大铖一手拿定,抹杀的确识认之方拱乾,而信串通朋谋之刘正宗,不畏天道神明,不畏二祖列宗,不畏天下公议,不畏万古纲常,忍以先帝已立七年之嗣君,为四海讴歌讼狱所归者付之幽囚。天昏地惨,神人共愤,凡有血气皆欲寸磔士英、大铖等,以谢先帝。

同时左良玉还公开发布讨伐马士英的檄文。四月初七日,左兵沿江东下,初五日经九江、安庆至于建德。左良玉兵至九江时,与袁继咸还有一段交往。袁继咸在太子案的问题上,没有左良玉那样反应激烈。《明史·袁继咸传》称:

继咸疏言:"太子真伪,非臣所能悬揣。真则望行良玉言,伪则不妨从容审处,多召东宫旧臣辨识,以解中外之疑。"疏未达,良玉已反。

初,继咸闻李自成兵败南下,命部将郝效忠、陈麟、邓林奇守九江，自统副将汪硕画、李士元等援袁州，防贼由岳州、长沙入江西境。既已登舟，闻良玉反，复还九江。良玉舟在北岸，贻书继咸，愿握手一别，为皇太子死。九江士民泣请继咸往，纾一方难。继咸会良玉于舟中，良玉语及太子下狱事，大哭。次日，舟移南岸，良玉袖出皇太子密谕，劫诸将盟。继咸正色曰："密谕何从来？先帝旧德不可忘，今上新恩亦不可负，密谕何从来？"良玉色变，良久乃曰："吾约不破城，改檄为疏，驻军候旨。"继咸归，集诸将于城楼而洒泣曰："兵谏非正。晋阳之甲，《春秋》恶之，可同乱乎？"遂约与俱拒守。而效忠及部将张世勋等则已出与良玉合兵，入城杀掠。继咸闻之，欲自尽。黄澍入署拜泣曰："宁南无异图。公以死激成之，大事去矣。"副将李士春亦密白继咸隐忍，至前途，王文成之事可图也。继咸以为然，遂出责良玉。良玉已疾笃，夜望见城中火起，大哭曰："予负临侯！"临侯，继咸别号也。呕血数升，遂死。其子梦庚秘不发丧，诸将推为帅，移舟东。

左良玉死后，军无主帅，战斗力大为下降。这里需要说明一下马士英与阮大铖是如何应对左良玉这支军队东下的。四月初七，弘光帝切责马士英，调黄得功、刘良佐勤王。四月十四，黄得功兵至江上，着于荻港、三山暂驻。《明通鉴》附记卷二上"清顺治二年"载其经过云：

马士英等请亟调刘良佐等入卫。刘泽清亦以勤王为名，大掠而东。（《明季南略》卷三《四月甲乙史》条载："廿一日癸酉，刘泽清大掠淮安，席卷辎重西奔。廿二甲戌，清师渡淮。泽清真可斩也！

然使路、王二公若在，当必死守，苟延时日。清师虽盛，岂能飞渡耶！呜呼，士英之罪，可胜诛乎！"）

时史可法以大清兵将及淮南，连疏告警，且言："左兵不过以清君侧为名，未敢为难。若北兵一至，则南都不保。"乃移书士英趣选将增兵，而士英惟以左兵为急。

时大理寺卿姚思孝，御史乔可聘、成友谦亦请毋撤江北兵，亟守淮、扬。士英厉声曰："若辈东林，犹藉口防江，欲纵左逆入犯邪？北兵至，尚可议款，左逆至，则若辈高官，我君臣独死耳。"力排思孝等议，淮、扬备御自此益弱。

左兵之发武昌也，邀明楚督何腾蛟偕行，不可。良玉则尽杀城中人以劫之。腾蛟解印付家人，令速走，将自刎，良玉部将拥之去。良玉欲与同舟，不可，乃置之别舟，以副将四人守之。舟次汉阳门，乘间跃入江中，其所守之四人惧诛，亦先后赴水死。腾蛟既入江，漂流十余里，渔舟救之起，则汉前将军关壮缪侯庙前也，家人怀印者亦至，相视大惊。觅渔舟，忽不见，时远近谓腾蛟忠诚，获神祐云。

……

己未，明命靖南侯黄得功驻师于铜陵之荻港，以扼左军，又以兵部侍郎朱大典为尚书，与阮大铖巡防上江。大典以马、阮进，故命之。

……

壬戌，明黄得功败左军前锋于铜陵之灰河。明日，复沉其舟三十艘。南都报捷，命赐诸将银币。

乙丑，左梦庚陷安庆，巡抚张亮被执，后挟之北行，乘间赴水死，参将孟振邦及同知王治心皆不屈死。怀宁胡士恂遇害，二子再寅、绍虞俱悲愤不食死。寻破铜陵，知县胡鲲化、典史胡国瑨、训导张纬俱死之。

……

（丙寅）先是阁部史可法移军驻泗州，护祖陵，将行，左良玉称兵犯阙，召可法入援。渡江抵燕子矶，明兵已败良玉军，可法乃趋天长，檄诸将救盱眙。俄报盱眙已降于大清，泗州援将侯方岩全军败没，可法一日夜奔还扬州。俄传许定国兵将至，歼高氏部曲，城中人悉斩关出。舟楫一空，可法檄各镇兵，无一至者。而总兵刘泽清已自淮安纳款于大清。

己巳，明暴左良玉罪状。

是日，左梦庚军至池州，良玉之旧将惠登相者，本降寇，所称过天星者也，时为后营总兵，感良玉恩，有忠实心。梦庚自九江东下，连陷郡县，独池州不破，贻书登相，言："留待后军。"登相大诟曰："若此，则反不如我前为流贼时矣，如先帅末命何！"撤其军返。梦庚索轻舸追之，相见大恸。登相以梦庚不足事，遂引兵绝江去。左军诸将乃议还师，而大清兵已至江北。逾月，黄得功复大破左军于板子矶，梦庚遂谋纳款于我大清。

从《明通鉴》记载可以知道，左良玉率师东下的结果是东、西双方两败俱伤，清兵由此大为获益，顺利南下。

十六、清师南下，福王政权的覆灭

据《东华录》顺治二年（1645年）三月的记载，多铎是在三月初五日率师自西安出发南征的。多铎奏疏称：

三月初七日，臣统兵出虎牢关口，固山额真拜尹图等出龙门关口，兵部尚书宗室韩岱、梅勒章京伊尔德、侍郎尼堪等统外藩蒙古兵由南阳路，三路兵同趋归德，所过州县尽皆投顺。兵科凌駉逃往南中，复为御史出巡河南，适在归德，亦已擒获。（《东华录》顺治二年三月壬子条）

《明季南略》卷三《凌駉自缢济馆》条云：

复差巡按河南。駉受命疾驰入归德，而清兵已至城下。大帅王之纲引兵南走，独駉与土兵数百守城中。游击赵擢入城说降，駉斩之以徇。次日，率兵出西门斫营，而守者已开东北门迎降。清帅传令必生致駉。駉自刎，为其麾下所持。乃以两印投井中，命参将吴国兴等赍敕旨并具遗疏入奏。即书一官衔帖与其从子润生，单骑诣营，见清帅豫王长揖不拜。豫王雅重駉，命具酒馔，亲持金爵饮駉，駉辞以性不饮酒。留营中，另设一幕，赠大帽一、貂裘一、革舄二，駉不受，强留之一日夜，与侄润生同自缢死。

据《明季南略》卷三记载，多铎的军队三月初七到虎牢关，进入河南地界。第一个战役是占领归德,前后花了半个月时间,三月廿八入归德,河南大部分地区被清兵占领。清兵经过一段时间休整,四月五日从归德出发向泗州进军。《明季南略》卷三《四月甲乙史》条初一癸丑记载:

> 王永吉报:"清已过河,自归德以达象山,七八百里,无一兵防守。扬、泗、邳、徐势同鼎沸。"黔兵杀掠徽境,徽人汪爵率众御之,杀其凶首数人,诏擒爵抵罪。

这里的象山,应是涂山,离凤阳明祖陵不远。四月初一进入涂山的,应是清兵先头部队,清军大部队四月初五才从归德出发。这条材料一方面说明,从河南归德到安徽凤阳明朝祖陵一路上没有明军的防守。黔兵是马士英带来防守凤阳祖陵的部队,在安徽境内杀掠当地民众,引起民众的反抗,南明小朝廷反而下令惩治百姓。另一方面说明那时明军不敢正面去应对清兵南下,却忙于在逃亡过程中抢掠百姓财物,造成军民对立。这样的军队不可能有对外作战的战斗力,往往会成为散兵游勇。

清兵南下,其中一路由准塔率领,沿黄河南下徐州,徐州总兵李成栋原是高杰部属,此时不战而降。清军另一路军队由徐州南下亳、泗,《明季南略》卷三《议御北兵》条称:

> 四月八日庚申,史可法三报紧急。弘光曰:"上游急则赴上游,北兵急则赴北兵,自是长策。"可法曰:"上游不过欲除君侧之奸,原不敢与君父为难。若北兵一至,则宗社可虞,不知辅臣何意朦蔽至此!"乃移书马士英,恳其选将添兵,大声疾呼。士英惟以左兵为虑,不应。初九辛酉,清兵至颖州(今安徽省阜

阳市），南将降者、逃者相半。梁云构请合刘泽清、黄得功将兵入卫，黄斌卿请留驻防。初十壬戌，徐、邳（徐即今江苏省徐州市，明徐州总兵李成栋不战而降。邳州在那时的黄河北岸，宿迁以西）告急。令卫胤文、李本身督兵驻泗州（泗州即今江苏省盱眙县，是扬州北面最后一条防线。李本身是高杰的外甥，统领高杰的部队，当时患病未起）。十四丙寅，刘泽清、刘良佐各请将兵入卫，谕以防边为急。十五丁卯，刘洪起奏："清兵乘势南下，如同破竹，无人敢遏，恐为南京之忧。"王永吉奏："徐镇孤危援绝，势不能存，乞敕史可法、卫胤文共保徐州，方可以保全江北。"十七己巳，史可法奏："清骑分路南下，镇将平日拥兵縻饷，有警一无足恃。"又奏李成栋避敌弃地南奔，士英亦不应。

那时南明小朝廷又是如何认识北面的紧急军情呢？《议御北兵》条续云：

时塘报汹汹。十九辛未，弘光召对，士英力请亟御良玉。大理寺卿姚思孝、尚宝司卿李之椿等，合词请备淮、扬。工科吴希哲等亦言淮、扬最急，应亟防御。弘光谕士英曰："左良玉虽不该兴兵以逼南京，然看他本上意思原不曾反叛，如今还该守淮、扬，不可撤江防兵。"士英厉声指诸臣对曰："此皆良玉死党为游说，其言不可听，臣已调得功、良佐等渡江矣。宁可君臣皆死于清，不可死于良玉之手！"瞋目大呼："有异议者当斩！"弘光默然，诸臣咸为咋舌，于是北守愈疏矣。

从这段对话可知，马士英把个人恩怨置于朝廷之上，他是宁可死于清兵手下，也不愿死于左良玉之手，而且断然说"有异议者当斩", 连弘光帝也没有发言权, 那还有什么江防可言呢?

再看一下史可法在危难关头的表现,《明史·史可法传》称:

> 四月朔, 可法移军驻泗州, 护祖陵。将行, 左良玉称兵犯阙, 召可法入援。渡江抵燕子矶, 得功已败良玉军。可法乃趋天长, 檄诸将救盱眙。俄报盱眙已降大清, 泗州援将侯方岩全军没。可法一日夜奔还扬州。讹传定国兵将至, 歼高氏部曲。城中人悉斩关出, 舟楫一空。可法檄各镇兵, 无一至者。

这是明知不可为而为之, 是一种赴汤蹈火的精神。

那时清军对南明的态度如何呢? 四月十七日, 多铎发布了讨伐南明小朝廷的檄文,《明季南略》卷三《清豫王晓谕》条云:

> 大清国摄政王奉义皇令旨, 晓谕江南、南京、浙江、江西、湖广等处文武官员军民人等知悉: 尔南方诸臣, 向佐明朝, 崇祯皇帝有难, 天阙焚毁, 国破家亡, 不遣一兵, 不发一矢, 不识流寇一面, 如鼠藏穴, 其罪一也。及我进战, 流寇西奔, 尔南方未知京师确信, 又无遗诏, 擅立福王, 其罪二也。流寇为尔大仇, 不思征讨, 尔诸将各自拥众扰害良民, 自生反侧, 以起兵端, 其罪三也。此天下所共愤, 王法所不赦, 予是以恭承王命, 援兵大师, 问罪征讨。尔文武官员, 速以地方城池投顺者, 不论功之大小, 各升一级; 抗拒不顺者, 自身遭戮, 妻子受俘。如福王改悔前非, 自投军前, 面释其罪, 与明朝一体优待。福王亲信诸臣, 知罪改过归诚, 亦仍予禄俸。文到之日, 士民不必惊慌逃窜, 农夫照前耕种, 城市秋毫无犯, 乡村安堵无妨。但所用粮草, 预解军前, 兵部作速火牌晓谕, 毋得迁延, 以违

军法。咸使闻知。

这既是一份声讨南明政权罪行的檄文，亦是一份招降书，只要投顺，即使是福王及其亲信，也可以一体优待。这份檄文的目的很明确，就是分化瓦解南明小朝廷，保证清兵顺利南下。这样一份对敌进行政治声讨的檄文，对清兵顺利南下起到很大作用，南明官员投降的很多，反抗的是少数。

随后清兵占领扬州，当时扬州的情况，《明史·史可法传》云：二十日，大清兵大至，屯班竹园。明日，总兵李栖凤、监军副使高岐凤拔营出降，城中势益单。诸文武分阵拒守。旧城西门险要，可法自守之。作书寄母妻，且曰："死葬我高皇帝陵侧。"越二日，大清兵薄城下，炮击城西北隅，城遂破。可法自刎不殊，一参将拥可法出小东门，遂被执。可法大呼曰："我史督师也。"遂杀之。扬州知府任民育，同知曲从直、王缵爵，江都知县周志畏、罗伏龙，两淮盐运使杨振熙，监饷知县吴道正，江都县丞王志端，赏功副将汪思诚，幕客卢渭等皆死。

关于史可法督军的情况，《明史·史可法传》也有一段记载：可法为督师，行不张盖，食不重味，夏不箑，冬不裘，寝不解衣。年四十余，无子，其妻欲置妾。太息曰："王事方殷，敢为儿女计乎！"岁除遣文牒，至夜半，倦索酒。庖人报羝肉已分给将士，无可佐者，乃取盐豉下之。可法素善饮，数斗不乱，在军中绝饮。是夕，进数十觥，思先帝，泫然泪下，凭几卧。比明，将士集辕门外，门不启，左右遥语其故。知府民育曰："相公此夕卧，不易得也。"命鼓人仍击四鼓，戒左右毋惊相公。须臾，可法瘖，闻鼓声，大怒曰："谁犯吾令！"将士述民育意，乃获免。尝子处铃阁或舟中，有言宜警备者，曰："命在天。"可法死，觅其遗骸。天暑，众尸蒸变，不可辩识。逾年，家人举袍笏招魂，葬于扬州郭外之梅花岭。其后四方弄兵者，多假其名号以行，故时谓可法不死云。

现在扬州梅花岭的史可法墓实际上只是一个衣冠冢。南明抗清是以失败结局的，但史可法的为人与其爱国精神还是永垂不朽。

关于扬州城破后的情况，计六奇在《明季南略》卷三《史可法扬州殉节》条，有听当事人回忆城破经过云：

忆顺治六年（1649年）己丑仲冬十八日长至，予入城应试，有浙之嘉兴人同舟，自言久居于扬。予问清师破城事，彼云："我在城逃出者，稔知颠末。"初，扬人畏高杰淫掠，乡民悉避入城。后水土不服，欲出城，江都令不许，遂居于城。四月十九日，清豫王自亳州陆路猝至扬州，兵甚盛，围之。时史可法居城内，兵虽有，能战者少，闭门坚守不与战。清以炮攻城，铅弹小者如杯，大者如罍。堞堕即修讫，如是者数次。既而炮益甚，不能遽修，将黄草大袋盛泥于中，须臾填起。清或令一二火卒侦伺，守兵获之，则皆欢呼曰："擒了鞑子矣，进去请赏！"可法赐以银牌，俱喜，殊不知清师甚众。可法日夜待黄得功等兵至与战。围至六日，乃廿五丁丑也，忽报曰："黄爷兵到矣。"望城外旗帜信然，可法令开门迎入。及进旧城，猝起杀人，有如草菅。众知为清人所绐，大惊，悉弃甲溃走。百姓居新城者一时哗叫曰："鞑子已入旧城杀人矣！"众不知所为，皆走出城。走不及者被杀，凡杀数十万人，所掠妇女称是，无一人得存者，扬城遂空。可法不知所终，或云遁矣。史公为人形容猥陋，而忠于体国，在军中时止茹麦粞饭，食不二味，众共怜之。

清兵是四月二十五日攻克扬州的，其后清军准备渡江。《东华录》载多铎给清廷的报告云：

五月初五日进至扬子江时，伪福王下镇海伯郑鸿逵以水师守瓜州，曹总兵以水师守仪征汛地。初六日，我军阵北岸，相距三日。初八日晚，令拜音图、图赖阿山率舟师，由运河潜至南岸，列于江之西，距瓜州十五里。初九日，复令梅勒章京李率泰率舟师，五鼓登岸，黎明渡江。……初十日，闻福王率马士英及诸太监潜遁。十五日，我军至南京，忻城伯赵之龙，率魏国公徐文爵……并城内官民迎降。其沿途来归者，兴平伯高杰子高元照……等二十三员，监军道张建、柯起凤二员，副将四十七员，参将游击共八十六员，马步兵共二十三万八千三百。

这是清朝方面的记载。我们还得看一下在清兵过江临城的形势下，南明小朝廷应对的情况。《明季南略》卷三有一些记载，今照录如下：

《召问迁都》条云：

四月二十六日戊寅，上视朝毕，对群臣问迁都计，礼部钱谦益力言不可，乃退。自左兵檄至，清兵信急汹汹，上日怨士英强之称帝，因谋所以自全。士英请潜召黔兵入卫，办走贵阳，工科吴希哲等力谏乃止。是日，召黔兵一千二百名入城，命驻鸡鸣山，践踏僧房殆遍。每夜拨二百名守私宅。

《召对》条云：

二十八日庚辰，召对，上下寂无一言。良久，上云："外人皆言朕欲出去。"王铎云："此语从何得来？"上指一小奄，正色语奄曰："外间话不可传的。"铎因请讲期，上曰："且过端午。"马士英发黔兵六百赴杨文骢军中。

是时，清兵渡江甚急，王铎身为大臣，而无一言死守京城以待缓兵至计，乃第请讲期，岂欲赋诗退敌耶，抑效戎服讲《老子》耶！这都是不知死活人，国家用若辈为辅臣，不亡何待！然铎意已办归清一着为善后策，故发如此淡话耳。弘光云"且过端午"，此语颇冷，使铎多少没趣。君虽庸愦，亦密知清兵将至矣。

《明季南略》卷四《五月纪略》条云：

初二日癸未，遣京营兵二百迎黄得功移守坂子矶。

时清兵已驻瓜州，耽耽欲渡，犹不思调大帅与郑鸿逵为犄角，乃徒守坂子矶以御左兵。士英之罪，可胜诛哉！

初三甲申，马士英过清议堂召百官，无一人至。士英怒，罢归。命惠王移居绍兴。点用陈之遴、戴英主试福建。

初五日丙戌，百官进贺，上不视朝，以串戏无暇也。……

初六日丁亥，有二骑从金川门入马士英家。午报刘泽清率兵至浦口。午后，马士英入大内，与韩赞周、卢九德二监商议，传令各门下闸，辰开申闭。

初七日戊子，集百官清议堂议事，预坐者十六人：马士英、王铎、蔡奕琛、陈于鼎、张捷、陈盟、张有誉、钱谦益、李乔、李沾、唐世济、杨维垣、秦镛、张孙振、钱增、赵之龙，各窃窃偶语。

百官集者甚众，皆不得与闻。临散，李乔、唐世济齐声相和曰："便降志辱身，也说不得了。"散后有叩诸大僚者，皆云："清信虽急，如今不妨了。"盖所商议藉之龙纳款于清也。是日昼晦，大风猛雨，人心汹汹。……

初八日己丑，发黔兵六百守陵，门禁益严。清兵驻瓜州，排列江岸，沿江窥渡。惟总兵官郑鸿逵、郑彩一旅帅水师御之。京口兵舡时到江中，而黄斌卿、杨文骢兵列南岸，隔江互发，炮声相应，如相戏赛者已三日矣。

多铎的军队初九日自瓜州渡江，《明季南略》卷四《豫王渡江》条云：

初九日庚寅晨，清兵开闸放舟，蔽江而南。二郑兵见之，各扬帆东遁。江南之师，一时皆溃，武弁各卸甲鼠窜。巡抚霍达方整导出衙，未至江边，即狼狈返，易服杂下役中窃逃，附小舟潜入苏州。郑鸿逵复入丹阳，烧劫南走，鸡犬一空。黔兵之从杨文骢者，存二百五十人奔还南京。传言敌已下江，京口无备，都人大震。

《弘光出奔》条云：

五月初十日辛卯，闭京师各城门，传旨缙绅家眷不许出城。午后，唤集梨园子弟入大内演戏，上与太监韩赞周、屈尚忠、田成等杂坐酣饮。二鼓后，上奉太后一妃与内官四五十人，跨马从通济门走出，文武百官无一人知者，遗下宫娥女优五六十人，杂沓于西华门内外，得随一人拉去为幸。《编年》云：上跨马从聚宝门出狩。

福王在五月初十半夜仓促慌张出逃，离清兵入金陵还有五天时间。弘光帝出奔以后，接着马士英也准备逃逸，《明季南略》卷四《马士英奔浙》条云：

十一日壬辰，黎明，钱谦益肩舆过马士英家，门庭纷然。良久，士英出，小帽快鞋，上马衣，向钱一拱手云："诧异，诧异！我有老母，不得随君殉国矣。"即上马去。后随妇女多人，皆上马妆束，家丁百余人。出城至孝陵，诡装其母为太后，召守陵黔兵自卫，黔兵亦半逃。平旦，百姓见官门不守，官女乱奔，始知君、相俱遁去，惊惶无措，遂乱拥入内宫抢掠，御用物件遗落满街。一时文武逃遁隐窜，各不相顾。洗去门上封示，男女众涌出城。有出而复返。少顷，忻城伯赵之龙出示安民，有"此土已致大清国大帅"之语，闭各城门以待清兵。

从这些文字可以看到南明弘光这个小朝廷在福王即位一年后，当末日降临时，那种狼狈、自欺欺人的状况，最后一走了之。五月初七日议事堂议事时，商议的结果是由赵之龙负责维持城内的秩序，迎接清兵入城。初十日夜弘光帝出奔，十一日晨马士英出奔浙江，他们跑得了初一，跑不了十五。

弘光帝出奔的情况，《明季南略》卷四《刘良佐挟弘光回南京》条云：

先是，弘光出至太平府，刘孔昭闭城不纳，傍徨江次，乃奔坂子矶就黄得功营。得功方出兵与左兵战，闻之即归营，向弘光泣曰："陛下死守京城，臣等犹可借势作事，奈何听奸人之言轻出，进退将何所据！此陛下自误，非臣等负陛下也。臣营弱薄如此，其何以处陛下哉！"居两日，刘良佐奉豫王令追至，且召得功。得功怒，不甲而出，单骑驰北营，隔河骂之，挥鞭誓死，言："我黄将军志不受屈！"良佐伏弩射中得功喉。得功叹曰："我无能为矣！"归营拔剑自刎。良佐即入其营，挟弘光回南京。

从这一段记载看，江北四镇中，黄得功最后是以身殉职的，而刘良佐以俘献弘光为降清之功。马士英走浙江杭州，阮大铖与朱大典走浙江金华，他们最后的遭遇，《明史·马士英传》有简要的记载，其云：

五月三日，王出走太平，奔得功军。孔昭斩关遁。明日，士英奉王母妃，以黔兵四百人为卫，走浙江。经广德州，知州赵景和疑其诈，闭门拒守。士英攻破，执景和杀之，大掠而去。走杭州，守臣以总兵府为母妃行宫。不数日，大铖、大典、方国安俱仓皇至，则得功已兵败死，王被擒。次日，请潞王监国，不受。未几，大兵至，王率众降，寻同母妃北去。此即大器等之所议欲立者也。

杭州既降，士英欲谒监国鲁王，鲁王诸臣力拒之。大铖投朱大典于金华，亦为士民所逐，大典乃送之严州总兵方国安军。士英，国安同乡也，先在其军中。大铖掀髯指掌，日谈兵，国安甚喜。而士英以南渡之坏，半由大铖，而己居恶名，颇以为恨。已，我兵击败士英、国安。无何，士英、国安率众渡钱塘，窥杭州，大兵击败之，溺江死者无算。士英拥残兵欲入闽，唐王以罪大不许。明年，大兵剿湖贼，士英与长兴伯吴日生俱擒获，诏俱斩之。事具国史。大铖偕谢三宾、宋之晋、苏壮等赴江干乞降,从大兵攻仙霞关,僵仆石上死。而野乘载士英遁至台州山寺为僧,为我兵搜获,大铖、国安先后降。寻唐王走顺昌。我大兵至,搜龙扛,得士英、大铖、国安父子请王出关为内应疏,遂骈斩士英、国安于延平城下。大铖方游山,自触石死,仍戮尸云。

马士英想投奔鲁王,鲁王手下群臣都拒不接纳,欲入闽,唐王亦以其罪大不许,最终马士英被清兵俘杀。而阮大铖则是穷途赴清师乞降,在跟随清兵攻仙霞关时,触石而死。马士英与阮大铖是阉党在弘光小朝廷的实际执政者,从他们执政的状态及最后面临末日时的表现,与东林诸贤完全不能同日而语。尽管东林中亦有不少投降农民军与清兵的,如侯恂是投降农民军的,钱谦益是投降清朝的。史可法则是南明东林的领袖,视死如归。东林与复社都有不少人最终表现得坚贞不屈,即使死,也死得大义凛然。如杨廷枢是复社领袖,他不剃发,被执以后,大骂不屈而死,他借文天祥的诗句,以血书写诗云:"人生自古谁无死,留取丹心照汗青。正气千秋应不散,于今重复有斯人。"弘光朝的吏部主事夏允彝潜赴池中死,同年陈子龙挽诗:"志在春秋真不愧,行成忠孝更何疑。"陈子龙最后投河而死,金声与江天一骂洪承畴而死,曾任苏松巡抚的祁彪佳赴水而死,刘宗周作为东林的领袖人物绝食而死。东林党人的道德修养与为人的气节,阉党是无法与之相比的,当然其中也有败类,不能一概而论。

十七、江南地区江阴等地的抗清斗争

清兵五月初九日渡江，弘光帝初十日出奔太平府，刘孔昭不纳，彷徨江上，最后奔坂子矶就黄得功营。马士英十一日奔浙。南明君臣根本就没有想过抵抗。五月十五日，赵之龙带领文武百官大开洪武门，叩首请豫亲王多铎进城。十六日多铎在南京受小朝廷百官朝贺。南明投降清廷的军队有骑兵和步兵二十三万，投降的总兵官达三十二人，副将四十七人，参将游击八十六人。这么庞大的一支队伍，几乎没有经过什么大的战斗就全部投降了清师。正如四月十七日史可法所言："清骑分路南下，镇将平日拥兵糜饷，有警无一足恃。"(《明季南略》卷三《议御北兵》)绝大部分军官都提前纳款投降了，如史可法、黄得功那样抵抗到底、以身殉职的南明将领凤毛麟角。反过来帮助清廷平定江南民众反抗的，反而是原来南明将领、后来投降清朝的刘良佐与李成栋等人。江南如江阴、昆山、松江、嘉定等地都有过民众自发进行的反抗斗争，江阴一地，守城时间便长达八十余天，而最后镇压江阴百姓的则是明降将刘良佐。《明季南略》四卷《江阴纪略》与《江阴续记》两条，便记载了江阴的抵抗斗争，现略记其梗概如下：

(顺治二年)六月二十日，清朝新知县方亨、县丞木某初莅任，方令犹纱帽蓝袍,未改明服,年颇少,不携家属,止有家丁二十人。已而耆老八人入见,方令曰:"各县献册,江阴何以独无?"耆老出,令各图造册献于府,府献南京,已归顺矣。不数日,常州太守宗灏差四兵至,居于察院,方知县供奉甚虔。闰六月朔,方行香,诸生、耆老等从至文庙。众问曰:"今江阴已顺,想无事矣。"方曰:"止有剃发耳,前所差四兵为押剃故也。"众曰:"发何可剃耶?"方曰:"此清律,不可违。"遂回衙。适府中诏下,开读有"留头不留发,留发不留头"二语。
(《明季南略》卷四《江阴续记》)

诸生许用大言于明伦堂曰:"头可断,发不可剃!"下午,北门乡兵奋袂而起,拘县官于宾馆,四城内外应者数万人,求发旧藏火药器械,典史陈明遇许之。随执守备陈瑞之,搜获在城奸细。以徽商邵康公娴武事,众拜为将,邵亦招兵自卫。旧都司周瑞龙船驻江口,约邵兵出东门,已从北门协剿。(《明季南略》卷四《江阴纪略》)

六月十五日,典史陈明遇遣邑人迎(旧典史阎应元)入城为主,应元曰:"若等能听我则可,不然,不能为若主也。"众从之。祝塘少年六百送应元入城,四门俱以张睢阳城隍神坐月台上,舁之巡城,仪容甚盛。清兵遥望,惊疑为将。四门分堡而守,如南门堡内人即守南门也。城门用大木塞断,一人守一堞。如战,则两人守之,昼夜轮换。十人一面小旗、一铳,百人一面大旗、一红衣炮。……阎应元昼夜不寐,夜巡城见有睡者,以箭穿耳,军令肃然。 (《明季南略》卷四《江阴续记》)

当时攻城的并非清兵，而是四镇之一的刘良佐的部队。刘良佐的军队不仅没有抵抗清兵南下，投降以后反而帮助清廷镇压抗清的江阴百姓。江阴的城守一直坚持到八月廿一日，城才被攻陷，陈明遇全家人投火而死，阎应元投水被俘大骂而死。清军攻陷江阴城以后，屠城三日。

江阴城八十余日的抗争，是群众自发组织的，这件事可能是降清汉官为了向清廷邀功，强逼民众剃发而激起的事变。《明季南略》卷四《二十六丁未》条称："豫王各城门帖示云：'剃头一事，本国相沿成俗。今大兵所到，剃武不剃文，剃兵不剃民，尔等毋得不遵法度，自行剃之。前有无耻官员先剃求见，本国已经唾骂。特示。'"当时发难的是诸生许用，组织这场抗争的是典史陈明遇，在军事上指挥抗争的是典史阎应元。商人邵康公、徽商程璧在经济上支持了这场斗争。起身作战的是乡兵，用现在的话讲就是民兵。他们抬着张巡神像巡城作为精神支柱。张巡是唐代死守睢阳抵抗安禄山军队的将领。五月初十日，南京福王朱由崧在清军刚过江便弃城逃逸，留在城内的大小官员策划如何投降清兵。江阴民众与南京官员两者相比，问题不在力量对比上的差异，而是精神状态的差异。故《江阴城守后纪》云：

> 有明之季，士林无羞恶之心。居高官、享重名者，以蒙面乞降为得意。而封疆大帅，无不反戈内向。独阎、陈二典史乃于一城见义。向使守京口如是，则江南不至拱手献人矣。

要知道典史在县衙门内是不入流品的，只是负责文移出纳，只有在县丞与主簿皆缺额时，方代理其职能。江阴这场抗清斗争是县衙门内最基层的吏胥挺身而出领导的,对整个南明王朝而言,岂不是莫大的嘲讽?

在江南地区,与江阴同时或稍迟起来抗争的还有一些城镇,如昆山。《明季南略》卷四《昆山朱集璜赴水》条记载:

> 乙酉闰六月,昆山士民起义兵,斩守令,迎旧令杨永言入城拒守。永言,河南人,善骑射,抗御若干日,集璜协守甚力。七月初五日甲寅,清兵至城下。初六乙卯,炮击西城,城溃而入。集璜被执,大骂不屈,见杀。故将王公扬,年七十,奋勇力战死。陶琰居鸡鸣塘,去城二十余里,方率乡兵三百人赴援,中途闻城破而溃,彷徨久之乃还,曰:"以发其死矣,后之哉!"是夜,拒户自缢死。

还有嘉定,《明季南略》卷四《嘉定侯峒曾侯岐曾》条记载:

> 乙酉闰六月,邑人起义,推为盟主,与子诸生侯玄演、侯玄洁大治兵食。李成栋降为清将,廿二日壬寅来争邑城。峒曾约进士黄淳耀共为死守,百方御之,攻城者多死。解而复围者再,死守十二日。七月初四癸丑,天忽大雨,平地积数尺,城一隅崩,成栋入。峒曾趋拜家庙,赴池死。玄演、玄洁相抱入水。成栋恨之,斩其首,题曰"元凶",以徇于城中。举人张锡眉、龚用圆及龚用广、夏云蛟、唐全昌皆死。北门有贾朱某者,悉以家财佐军。城破,诱家人尽入一舟自沉。峒曾弟岐曾坐藏陈子龙,执至官,大骂死。二仆亦骂不绝口而死。

从嘉定的抗争看,他们守了十二天,时间没有江阴长,而镇压这次反抗的是李成栋,他原来是高杰的部下,是明朝的徐州总兵。

明朝这些投降清兵的将领，后来都成了镇压人民反抗的刽子手了，这些人在《清史列传》中都列有传记。如刘良佐列入《贰臣传》，其传云：

> 刘良佐，直隶人，明总兵……封广昌伯，专辖凤、寿，驻临淮，经理陈、杞一路。……本朝顺治二年，豫亲王多铎下江南，福王就擒，良佐率兵十万降，以原官随征丹阳、金坛、江阴等县。江南平，入京陛见，隶镶黄旗汉军。

李成栋则列入《清史列传》的《逆臣传》，其传称：

> 李成栋，山西人，少从高杰为盗，号"李诃子"。后随杰降明，累官总兵，守徐州。本朝顺治二年四月，豫亲王多铎兵定江南，成栋率所部降，从大军下扬州、江宁。后随贝勒博洛渡江，分徇太仓、嘉定、南汇、上海，皆有功。十一月，授吴淞总兵。

可见李成栋在江南太仓、嘉定、南汇、上海这些地区都有血债，在嘉定他曾参与屠城。李成栋的历史比较复杂，以后讲到桂王抗清时，还要提到他。这类人反复比较多。

十八、江南的奴变
——南明政权瓦解过程中的一个小插曲

明末江南的奴变发生于明清交替之际,以苏松一带比较普遍。奴仆们纷纷起来向主人索要卖身契,不遂其愿,便焚物伤人。这个带有普遍性的群众运动,不仅江南有,浙江、安徽、山东亦时有发生。

顺治二年(1645年),南明政权瓦解了,地方上的政治权力一时失控,原来受压制的群体自然起来反抗,要求解除原来的压迫关系。奴仆与主人,实际上是一种卖身投靠的相互关系。顾炎武《日知录》卷十三《奴仆》条,引方侍郎曰:

> 战国秦汉以后,平民始得相买为奴,然寒素儒生,必父母笃老,子妇多事,然后佣仆赁姬,以助奉养。金陵之俗,中家以上,妇不主中馈、事舅姑,而饮食必凿,燕游惟便,缝纫补缀,皆取办于工,仍坐役仆妇及婢女数人,少者亦一二人,妇安焉,子顺焉。

这个仆役实际上是家政劳动,通过主人与奴仆的关系来实现,在普通人家普遍如此。乡绅在地方上有广泛的社会影响,明代士子,一旦科甲,便可以不用缴纳税粮,而这些税粮负担则飞洒于其他百姓。在土地占有上,豪家为上户,贫民为下户,而在征粮册上则相反。律文上有飞洒、诡寄诸名目。《明史·食货志一》称:"两浙富民畏避徭役，大率以田产寄他户，谓之铁脚诡寄。"富民如此，贫民则是卖身了。为什么一般民户，甚至富户人家心甘情愿地去投献乡绅人家呢？因为投靠以后，在地方上可以有一个依靠，若有人欺侮，主人可以出面保护他们，那么没有背景的细民，就更苦了。赵翼《廿二史札记》卷三十四《明乡官虐民之害》讲道："前明一代风气，不特地方有司私派横征，民不堪命，而缙绅居乡者，亦多倚势恃强，视细民为弱肉，上下相护，民无所控诉也。"明代那些大官们在家乡的子女，大都是作恶多端，少有例外者。如徐阶的家属在家乡便是如此。《明史·海瑞传》称："素疾大户兼并，力摧豪强，抚穷弱。贫民田入于富室者，率夺还之。徐阶罢相里居，按问其家无少贷。"海瑞还田，实际上是把投献的土地归还原主而已，他不可能从根本上解决投献的问题，投献的出现是因为民众赋役负担太重。还有倚势强投他人之田产者。《明乡官虐民之害》称："又有投献田产之例，有田产者，为奸民籍而献诸势要，则悉为势家所有。天顺中，曾翚为山东布政使，民垦田无赋者，奸民指为闲田，献诸戚畹，翚断还民。"洪武二十六年（1393年）核天下土田，总八百五十万七千六百二十三顷，至弘治有一百四十多年时间，天下田额止四百二十二万八千五十八顷，数量减少一半，哪里去了？其中大部分通过投献而被隐没。

贫民因贫投靠为奴仆是一种情况，另一种情况投靠是为了仗势，这就是所谓豪奴。顾炎武《日知录》卷十三《奴仆》条，还记录了这样一种情况："严分宜之仆永年，号曰鹤坡。张江陵之仆游守礼，号曰楚滨。不但招权纳贿，而朝中多赠之诗文，俨然与缙绅为宾主。"

如严嵩与张居正家中的奴仆，那就非同一般了。地方豪绅家中，也有豪奴，他们往往仗势欺人。如董其昌，其是明末松江华亭人，万历时进士出身，做过皇长子的讲官，后来成为礼部尚书，是崇祯九年（1636年）去世的。他的书法很有名，他与儿子在地方上都是有名的恶霸地主。

谢国桢《明季奴变考》叙述了董其昌的事例，当时董其昌父子因一些事激起民愤，所以有上万市民去抄他的家，焚烧他家的房屋。

这件事应该发生在崇祯年间，董其昌还活着的时候。从这件事的全过程，可以知道那时江南乡绅人家都有大量奴仆，奴仆也可能比较富有，乡绅对奴仆的盘剥很严重，由此引起矛盾冲突。这一场斗争本质上是乡绅之间的互殴，一旦过分了，变成群体性愤怒，转化为行动，先是互殴，然后是纵火。从这件事的过程，也可以看到奴仆受到的压迫和剥削是很严重的，矛盾积叠多了，总有爆发的一天。一旦维持社会秩序的权力结构发生裂痕和动摇或者出现短暂的权力真空，奴仆与主人的斗争便自然爆发出来。江南的奴变，便发生在南明政权瓦解，清政权的统治尚未完全建立的短暂时期。

本节内容关于江南奴变的资料，主要根据谢国桢先生的《明季奴变考》，他是研究明清史之大家，生辈只是步其后尘而已。

除了江南，其他地区也有类似的情况，在此略举一二。如《明季南略》卷四《江阴续记》条的末尾云：

当攻城急时，乡民为奴仆者，勾结数百千人，问本主索文书，稍迟则杀之，焚其室庐。凡祝塘、琉璜、旸祁等处，莫不皆然，人人危惧。……未几事平，为主者亦多擒仆甘心焉，亦异变也。

故令冯士仁，蜀人，寓居琉璜乡。兵起，有张姓以旧时被笞十五板，至是，持斧砍杀之。

同卷《黟县仆变》条云：

黟县与休宁俱属徽州府。乙酉四月，清兵犹未至也，邑之奴仆结十二寨，索家主文书，稍拂其意，即焚杀之，皆云："皇帝已换，家主亦应作仆事我辈矣。"主仆俱兄弟相称。时有嫁娶者，新人皆步行，竟无一人为僮仆，大约与江阴之变略同，而黟县更甚。

这场奴变，是一场自发的反抗，奴仆被压迫了几辈子，翻身一二个月也好。他们自然会有一些过火的行动，会有烧杀抢掠，最后以被镇压宣告结束。这样无序的以打砸抢为主要手段的阶级斗争，其中必然夹杂着一些流氓无产者以及别有用心趁火打劫者，那当然不可能取得胜利。这类社会现象的出现，需要相应的客观条件，那就是统治集团内部的分裂，统治秩序发生动摇和空阙。它比李自成农民起义更低一筹，只是分散的、自发的、缺少组织的一阵旋风，很快就过去了。

十九、两年小结

这两年，从时间上讲，是从崇祯十七年（1644年）三月十九日到弘光元年（1645年）的五月十五日，明王朝在江南的余波一直延续到六七月间。崇祯上吊于煤山宣告明王朝的灭亡，但它的灭亡是一个过程，百足之虫，死而不僵，还会挣扎一段时期。这两年实际上是三种力量争夺王朝统治权力的过程，历史上惯用的名词叫作逐鹿中原，短短的不到两年时间，胜败已告分晓。李自成在顺治二年（1645年）九月，在湖北九宫山为地方武装力量偷袭而死，宣告农民军最后的失败。此后李自成侄子李过率其余部降于何腾蛟，继续抗清斗争，这毕竟是余波了。还有张献忠余部李定国参加桂王政权，继续在西南地区进行抗清斗争，但毕竟只是局部地区性的抗争。顺治二年，也就是弘光元年弘光帝在五月初十、马士英在次日逃离南京后，赵之龙带南明文武百官迎降清兵，豫王多铎率清兵进入南京城，实际上宣告了南明政权的灭亡。此后，江南还有江阴、昆山、嘉定的守城，也只是局部的反抗运动，不影响大局。此外南明诸王在南方还建立过一些政权，如浙东鲁王、福建唐王、广西桂王等明宗室建立的抵抗清兵南下的政权，这些政权最终都是以灭亡告终。明王朝的统治区域最终归顺于清帝国的大势，已无可挽回。这个大格局是在顺治最初两年由多尔衮执政时期奠定的。

为什么李自成农民军进了北京城，山海关一役失败，便一蹶不振，一路败下去无法翻身呢？为什么南明政权在1644年4月知道崇祯帝死于煤山，到清兵南下，这中间足足还有一年喘息的时间，却无法撑起一个偏安的局面呢？为什么清兵南下时，只有个别地方遭遇抵抗，一路没有打什么大仗，就打败了南明小朝廷呢？

这不到两年的时间，以多尔衮为代表的清廷，李自成大顺政权，南明弘光小朝廷，三方角逐，以清廷战胜其他两方为结局，迅速结束了战乱，这里有其主客观条件。在一个王朝末期，各种力量互相角逐时，要取得最后的胜利，必须具备各种主客观的条件。从主观条件上讲，必须要有充分的思想资源，能正确地判断自己内外的形势，并科学地提出自己的任务，换一句话说就是要对自己所处的形势和任务有比较符合实际的认识。其次要有严密而又充分的组织资源，能有一支统一指挥的、有战斗力的队伍，战斗时既要勇敢善战，又要接受纪律的严格约束。第三要有正确而有威望的领导，能用适当的方式去争取相应的胜利。这是要取得胜利，在组织结构上必须具备的条件。李自成农民军与南明小朝廷在这三方面，都不如由多尔衮带领的清兵八旗军。

李自成农民军进了北京城后功败垂成，始终是大家深为惋惜的。毛泽东先在1944年4月29日致李鼎铭的信中，肯定了李鼎铭先生帮助李建侯写作的《永昌演义》，这本小说体的著作是讲李自成农民起义的。毛泽东在信中说："《永昌演义》前数年为多人所借阅，近日鄙人阅读一过，获益良多。"他在信中还说："大顺帝李自成将军所领导的伟大的农民战争，就是二千年来几十次这类战争中的极著名的一次。这个运动起自陕北，实为陕人的光荣，尤为先生及作者建侯先生们的光荣。"从这封信中，可以看到毛泽东对李自成农民运动抱着充分肯定的态度。以后郭沫若先生又在重庆《新华日报》上连载了《甲申三百年祭》，这是从李自成军何以最后失败来分析总结其教训的。毛泽东对郭沫若此文产生了强烈的共鸣，可见毛泽东对这支从陕北起家的农民军情有独钟，对李自成的失败，既是惋惜，又是痛心的，而总是以李自成农民军的失败为鉴戒。直到"文化大革命"前夕，他还鼓励姚雪垠先生写李自成传。

毛泽东总结李自成所以失败的基本原因，是他进北京城以后骄傲了，当然骄傲是李自成领导集团进北京城以后在思想情绪上的一种表现。骄傲可以衍生出许多错误，首先表现在思想认识上，就是进城以后，他被胜利冲昏了头脑，满脑子想的便是如何做皇帝，似乎天下已经大定了，对面临的危局没有充分的认识。他对虎视眈眈准备入关与他争夺中原的清政府，没有丝毫的认识。他在十多年的征战中始终未与清兵交过手，一旦清兵出现在阵前，他便慌了阵脚。他对明朝尚未归顺的残余力量特别如吴三桂大意了，没有充分估计，他让吴襄去劝降吴三桂，根本不知道吴三桂心中牵挂的是他的小妾陈圆圆，其实把陈圆圆还给吴三桂并不难。一点小小的疏忽，便影响了大局。这个疏忽，与他的骄傲有关。其次，对明朝降官的拷掠是一个失策，不懂得拷掠所得金银有限，而影响外部尚未投诚的明朝官僚队伍归降信心，这是一个大局。第三，过早让军队进城，结果是纪律败坏，组织涣散，战斗力下降，失去了民心。将领们进城以后腐败了,这在刘宗敏、李牟等人身上体现得最明显。整个军队的战斗意志,被京师纸醉金迷的物质享受所腐蚀,这样的军队怎么能打仗呢?第四,李自成沉醉于胜利的喜悦之中,再也听不进不同的意见,没有过去那种虚怀若谷的精神了。故李岩的四条建议,他只批了"知道了"三个字,没有认真去解决问题,心里想的只是择日登基做皇帝的大事。这时候将领之间的团结就有问题了,他先要刘宗敏和李牟带兵去讨伐吴三桂,他们拒绝了,只能亲征,这样便没有为战争留下回旋的余地。失败以后,将领之间发生了内讧,错杀了李岩,大家离心离德,怎么去面对比明王朝更为强大的清兵呢?结果是李自成军队失败了,失败的教训是由于骄傲自满,对客观形势没有正确的判断,在思想领域输了一大着。由于骄傲,组织涣散了,纪律败坏了,既失了民心,组织上的资源也丧失殆尽。思想认识上不能正确判断形势,那么在问题的处理上,在政策和方针方法上都带来严重的失误,使整个队伍失去了群众和社会基础。李自成农民军失败的教训,就是如此。

  南明弘光小朝廷的失败,在人们心目中,并没有什么太大的异议,因为这是中国历史上最腐朽的小朝廷之一,虽只存在短短一年时间,其缺陷和弱点却暴露得非常充分。它的失败,仍不外乎这几种因素。一是对形势判断的失误。弘光小朝廷从建立起,满脑子就是谋求在江东有一个偏安的局面,对他们所面临的危险没有正确的判断,仍然把农民军当作主要的敌人,不清楚主要危险来自北方的清兵。他们对吴三桂请求清师入关抱有幻想,这反映在左懋第出使北京时,给吴三桂单独写信,根本不知道吴三桂那时在北京的地位及其与清廷的关系。弘光帝想的还是用岁币的办法来保持政权南北对峙的局面,这已经不可能了,清廷不是辽、金,不会允许南明小朝廷偏安江南的。在这种情况下,河防、江防都没有被南明小朝廷放在重中之重去对待。从组织资源上讲,南明弘光政权是一个非常软弱的政权,首先内斗不断,东林与阉党内争不息。马士英、阮大铖千方百计为《三朝要典》翻案,想着对东林与复社兴大狱。在阉党统治下的南明小朝廷,当政的是醉生梦死的小人,其腐败无能自然立即显现出来。除夕之夜,弘光帝朱由崧想的是梨园没有好的演员,他忙着选美女,听任宦官四出敲诈勒索。当时卖官鬻爵的情况到了中国历史的顶峰,南京有一句流行语,"求田方得禄,买马即得官",田是指朱由崧宠信的宦官田成,马是指马士英。御史游有伦在奏疏中称:"今日国事淆乱,不知礼义廉耻为何物。"官员在民众心目中,已是"中书随地有,都督满街走;监纪多如羊,职方贱如狗"的状态,那么这样一个腐朽透顶的小朝廷在民众心目中的地位,就可想而知了。这个政权的腐朽不仅表现在官场,而且表现在军队。江北四镇为了争夺地盘内讧不断,同时各镇军民之间关系极坏,从高杰部队与扬州百姓之间的对立,就可以知道军队纪律之败坏。高杰是在睢州被许定国利用酒色迷惑后刺杀的,可知那时军队将领生活腐烂不堪的状况。高杰一死,其他三镇只是想借此机会扩大自己的地盘。这样的军队很难有顽强的战斗力。清兵在四月间南下时,江北四镇唯一稍有战斗力的黄得功部,还只顾在长江边与左良玉的部队交战。史可法在扬州的抵抗,江北四镇都没有帮忙,史可法是在扬州孤城作战殉职的。把福王朱由崧献给清兵的不是别人，正是江北四镇的刘良佐。最终左梦庚、刘良佐与李成栋都投降清兵，这样的军队就是小朝廷抵抗清兵的主要力量，其毫无战斗力而最终失败就可想而知了。反过来镇压民众的抗清斗争，他们反而是急先锋，这充分反映了南明这个政权组织资源的失败。南明的执政者没有任何抗争的意志，清兵还没有到，朱由崧、马士英、阮大铖毫无守城的打算，提前弃城逃跑，然而他们最终还是无法逃脱被清军消灭的命运。

这里还有一个问题，就是怎么看待南明亡国时，还有一批忠臣义士起来抗争并为此殉国。我想他们的抗争还是应该充分肯定的，这是中国传统文化忠孝节义的表现，一个民族要生存于世界之林，没有这一点宁死不屈的抗争精神是不行的，他们虽败犹荣，死得其所。

那么怎样看待清政府能那么迅速取得胜利呢？他们还是得益于能正确判断形势，提出自己的方针、任务。这倒不是多尔衮有什么特别高明之处，而是因为他善纳良言。关于形势和任务的判断都出自汉人范文程与洪承畴，他们建议迅速出兵。吴三桂倒戈，他们能及时抓住战机。明朝灭亡的经济原因是民众赋役负担太重，他们能抓住这个问题，以万历年间的赋额为标准，永不加赋，这就为稳定民心起了重要作用。在顺治初年的上谕中，他们反复地宣谕，收到很明显的效果。再一点是善待降人，所有投诚的官员，不管是来自农民军，来自原明朝的官员，还是来自南明小朝廷，全都官升一级。他们能正确认识李自成农民军与南明小朝廷这两股力量，在稳定北京形势的基础上，首先击溃农民军在西北的力量，然后打击南明小朝廷。他们不断地宣布招降的政策，努力做到不战而胜。这样没有经过几次大的战役，便顺利地消灭了这两股力量。它的前提都是建立在正确判断不断变化的形势的基础上，顺势而为，水到渠成，完成全国的统一。只有正确判断形势，采取正确的方针政策和适当的斗争方式，才能以最小的牺牲夺取最大的胜利。

清政府的另一个优势，便是它有建立在八旗制度下严密的组织优势。投降的军队有一个如何重新编制的问题，如果处置不好，他们还会分离出去。清廷把投降的军队和将领分别编制在八旗之内，这样有了控制投诚军队的办法。《明季南略》卷四《二十二癸卯》是讲多铎进南京以后采取的几项措施：

> 豫王入南都有六事可取：一不杀百姓，二斩抢物兵八人，三骂李乔先剃头，四放妇女万人，五建史可法祠，六修太祖陵。

南京的百姓拿多铎与南明小朝廷执政的情况进行比较，自然就拥护清廷在南京的政策措施，这与清兵之前动不动就屠城，投降的人一律先剃发的方针不同了。

清兵入关以后，也有失策的地方，一是剃发令，二是圈地。顺治在位十八年时间，清廷在多尔衮执政时期对一些问题的处理比较宽松，多尔衮去世以后，顺治帝福临执政的十年就苛刻多了，多尔衮与福临两个人的个人品格亦都有可议之处。南方抗清的斗争主要是鲁王在浙江、唐王在福建、桂王在广西及后来的西南地区，这些地方斗争还在继续，并因此在南方省份形成三藩。清廷真正统一中国是康熙年间的事，留待下篇再讲。

最终要说，满族入关建立清王朝，虽有满、汉之间的矛盾，但这毕竟是中华民族大家庭内部的问题，包括后来解决蒙古、新疆、西藏的问题，都是中华民族内部的问题，这与1840年以后西方列强的入侵是两回事。

二十、浙闽地区鲁王与唐王的抗清斗争及清政府对江南沿海剿抚并行的政策

（一）洪承畴在江宁的剿抚两手

顺治二年（1645年）六月，多铎平定江南弘光小朝廷以后，就准备班师回京了，任命博洛为征南大将军，负责平定浙闽的事宜。至七月间清廷又命勒克德浑为平南大将军，偕固山额真叶臣往江南接替豫亲王多铎的工作。把南京改名为江宁，派洪承畴进驻江宁，负责招抚江南的事宜，铸给"招抚南方总督军务大学士"的印，并赐敕得便宜行事。这个安排实际上是剿抚并行，既作了进剿闽浙地区的安排，又作了招抚明朝在南方残余的地方势力的安排。

剿和抚这两条措施是并行的。让洪承畴来担当这项重任，是因为他是文官出身带兵的，又是南方人，既熟悉情况，又懂得军事，是汉人，也更能为汉人接受。对清政府而言，那就是以汉人来制汉人。例如在那年六月间，清廷便命令于十月间在江宁举行江南的乡试，这是安抚江南的士大夫。洪承畴当时在江南的任务，便是招抚明朝在江南地区的地方官员和武装力量。又如下令取消明宗室的宗禄，其土地与民田一起起科，所有宗室名目概行革除，那就断了明在各地宗室的生活来源，规定"前代乡宦监生名色尽行革去，一应地丁

钱粮杂讯差役与民一体均当"(《东华录》顺治三年四月壬寅条)。这样明代乡绅在地方上的特权一概被取消了。而且投诚的宗室被解送北京,如在杭州的潞王是投诚的,也被押送京师而死。清政府的这些政策,剥夺了明宗室和地方势力的特权,这些事对平民百姓而言是减轻和均平了负担,但对明代在各地的宗室贵族和地方乡绅而言是失去了既得利益,这是促使南方各地的宗藩纷纷成为当地抗清运动旗帜的重要原因。我们如果读一下《清史列传》卷七十八的《洪承畴传》,便可以知道这种情况很普遍,浙闽地区不过稍成规模而已。洪承畴在江宁,主要是处理南京周围地区反清的抗争。《洪承畴传》云:

> 承畴既至,疏列降顺之明南京翰林、科道、卿寺、部属等一百四十九人,请令赴部录用。是时,明唐王朱聿键自号"隆武",据福建,其大学士黄道周引闽兵出浙江开化。明御史金声家居休宁,受聿键部院职,募乡兵十余万屯绩溪。明鲁王朱以海据绍兴,高安王朱常淇据徽州,蕲水王朱术鞡次子常溰冒族兄樊山王旧称,结寨英山、潜山间。又有朱由榉冒称金华王据饶州。朱谊石冒称乐安王、朱谊泐冒称瑞昌王,分据溧阳、兴化、金坛乡村,联结江南北党与,谋犯江宁。承畴檄提督张天禄、总兵卜从善、胡茂桢等,分路进征,擒金声于绩溪,擒黄道周于婺源,先后解至江宁,谕降,不从,斩之。明故官荆本彻、李守库、徐君美等据崇明,承畴檄总兵李成栋征之,斩守库,擒君美,降其城,本彻窜入海。
>
> 三年正月,承畴查知江宁人有叛应朱谊石、朱谊泐者,于距城

五十里之西沟池,捕斩万德华等五十余人;又闭城搜捕五十余人,鞫实郭世彦、尤琚等三十一人,诛之。未几,朱谊石、朱谊㵤合众二万来犯,火攻神策门,我兵先分出朝阳、太平二门堵截,乃启神策门冲击,大败之。追至摄山,擒斩无算。寻檄总兵马得功、卜从善等剿潜山司空寨,斩守寨头目石应璧等,生擒朱常㳱,搜婺源严杭山,擒朱常淇及其监军道江于东、职方司许文玠等,复擒朱谊㵤及其经略韦尔韬、总兵杨三贯、夏含章等于句容、丹徒,擒朱由㭿及其族人朱常㳄、朱常沲、朱常湦于饶州、鄱阳湖,擒朱谊㵤之弟朱谊贵及瑞昌王下军师赵正于宿松县之洿池,并请旨斩之。明给事中陈子龙家居华亭,潜结太湖溃众,遥附朱以海,承畴遣参领索布图往捕,子龙投水死。

从这一段文字可以知道,这些所谓宗室,有的真是明宗室藩王,有的是冒称的,这种现象也是很自然的。福王政权瓦解以后,清政府的力量还没有渗透到各个地区,于是在那个地区出现短暂的无政府状态,各种力量都起来要占据一方。他们打着明宗室的旗号,以抗清为号召,烧杀抢掠的行为自然泛滥。当然,有一些士大夫是出于忠义抵抗清兵,如上文中提到的黄道周、陈子龙等,其他的许多人便很难说了。江宁周围地区是洪承畴替清廷稳定下来的,这些草头王们最大的缺陷是分散,此起彼伏,缺乏统一的组织,因此无法形成合力,自然为洪承畴各个击破了。

（二）鲁王在绍兴

鲁王朱以海监国是明代在浙江的地方官起兵拥戴的，《明季南略》卷五《鲁王监国》条称：

(乙酉)五月，南都陷，（张）国维在家，闻变，收集义勇以待。六月，杭州拥戴潞王。潞王寻以城降。贝勒布散官吏于浙。招抚使至钱塘江上，原任山西佥事郑之尹子郑遵谦忿杀之。闻鲁王避难在台州，而熊汝霖、孙嘉绩各起义于余姚，遵谦遂与共谋，迎立鲁王于台。适朱大典亦遣孙珏上表劝进。时张国维至台州，与陈函辉、宋之普、柯夏卿及郑遵谦、熊汝霖、孙嘉绩等合谋定议，斩北使袳旗，拥戴鲁王监国，此乙酉六月二十七日戊寅也。

鲁王是流亡在台州的。鲁王始封者是朱元璋第十子，洪武十八年（1385年）时就藩兖州，因封地在山东古鲁地，故称鲁王。崇祯十五年（1642年）鲁王朱以派在清兵陷兖州时被杀，其弟朱以海转徙到台州。朱元璋的《皇明祖训》规定宗室诸王的姓名，按辈分，每一世取一字为上，其下一字临时随意选择。鲁王的辈分排列二十世，有二十个字，即"肇泰阳当健，观颐寿以弘，振举希兼达，康庄遇本宁"。而鲁王以海的以字，属鲁王的第九世。故明宗室从他的姓名，也可以知道他是朱元璋的第几代子孙。《明史·鲁王·朱以海传》讲到他是张国维从台州迎到绍兴立国的，绍兴在古代曾是越国的首都，为什么绍兴具备鲁王朱以海立国的条件呢？

《明史·钱肃乐传》载其事云：

顺治二年，大兵取杭州，属郡多迎降。闰六月，宁波乡官议纳款，肃乐建议起兵。诸生华夏、董志宁等遮拜肃乐倡首，士民集者数万人，肃乐乃建牙行事。郡中监司守令皆逃，惟一同知治府事。肃乐索取仓库籍，缮完守具，与总兵王之仁缔盟共守。闻鲁王在台州，遣举人张煌言奉表请监国。会绍兴、余姚亦举兵，王乃赴绍兴行监国事。召肃乐为右佥都御史，画钱塘而守。寻进右副都御史。

因钱肃乐他们在绍兴为鲁王准备了生存的基本条件，从地理环境上讲有钱塘江这条天然的屏障，浙西虽为清兵占领，浙东还能赖江防得以暂时偏安。一个偏安的小政权得以立身的基础还必须有武装力量的支持，绍兴的总兵王之仁是支持抗清的，这时总兵官方国安亦自金华至绍兴，有了军队的支持，鲁王可以暂时喘一口气了，于是由张国维督师钱塘江。即使有了军队的支持，那还得有军费的支持。《明史·钱肃乐传》称："当是时，之仁及大将方国安并加封爵，其兵食用宁波、绍兴、台州三郡田赋，不能继，恒缺食。已，加兵部右侍郎。明年五月，军食尽，悉散去。鲁王航海，肃乐亦之舟山。"《明史·张国维传》亦称："顺治三年五月，国安等诸军乏饷溃，王走台州航海，国维亦还守东阳。"鲁王小朝廷的垮台在经济上的原因是没有军饷的支持，军队也就作鸟兽散了。明代在南方残余的军队，本来就没什么战斗力，军队寄生于粮饷，粮饷不继，自然散伙为流民或盗贼了。

鲁王这个小朝廷难以生存的另一个原因是党争。尽管在浙江这么一个狭小的地盘内，对鲁王政权来说党争还是一个致命伤。《明史·张国维传》讲到南明弘光小朝廷时，吏部尚书缺，众议归国维，马士英不用，这两个人就结怨了。杭州潞王投降以后，马士英、阮大铖这两个人到处不受人们的欢迎，方国安接受了马士英，张国维劾马士英十大罪状，马士英当然不能进到鲁王政权的内部，同时方国安这支军队与鲁王政权之间亦存龃龉，这个问题实际上是南明小朝廷遗留问题在鲁王政权内部的一个反映。尽管如此，在张国维指挥下，鲁王小朝廷在钱塘江上与清兵还打过一仗，收复了钱塘江上游的富阳和於潜，在杭州还与清兵打过一仗。《明季南略》卷五《清兵大败》条云：

> 十月十四日壬辰，清兵至，方国安严阵当之。张国维率步兵接应，王国斌、赵天祥踵继，清兵大败回城，追至草桥门下，疾风暴雨骤至，火炮弓矢不得发，遂收兵。如是数日，士气大沮。清兵营木城于沿江。

从此双方暂时划江为界，计六奇为此感慨地说：
> 甲申、乙酉间，清兵南下，至兖、至豫，至淮、扬，以及入金陵，下苏、杭，所至逃降，莫敢以一矢相抗者。至是而始与之战，战而且捷，真三十年来未有之事。乃风雨突发，天之眷清也厚矣。
> （《明季南略》卷五《清兵大败》）

（三）唐王在福州与闽、浙之间的矛盾

唐王叫朱聿键，此人在明末抗清的宗室诸王中还是比较有头脑的。始封的唐王是朱元璋第二十三子，是洪武二十四年（1391年）始封，永乐六年（1408年）就藩南阳。聿键是崇祯五年（1632年）

嗣位的，论辈分，他比鲁王朱以海长一辈。崇祯七年时，农民军起义波及河南南阳地区，他"蠲金筑南阳城，又援潞藩例，乞增兵三千人。不许。九年秋八月，京师戒严，倡义勤王。诏切责，勒还国。事定，下部议，废为庶人，幽之凤阳"（《明史·诸王三·唐王传》）。福王立于南京，乃赦聿键出，"南都降。聿键行至杭，遇镇江总兵官郑鸿逵、户部郎中苏观生，遂奉入闽。南安伯郑芝龙、巡抚都御史张肯堂与礼部尚书黄道周等定议，奉王称监国。闰六月丁未，遂立于福州，号隆武，改福州为天兴府。进芝龙、鸿逵为侯，封郑芝豹、郑彩为伯，观生、道周俱大学士，肯堂为兵部尚书，余拜官有差"（《明史·诸王三·唐王传》）。福建实际上是在郑芝龙掌控之下，唐王到了那里，是寄人篱下，整个小朝廷都难以有所作为。

唐王政权的建立，跟鲁王相差没有几天，浙闽两个政权并立时，他们之间的名分如何处理的背后，实际上是权力与利益之争。《明季南略》卷六记载了这个过程，《王之仁击清兵》条云：

> 三月朔戊申，清兵驱舡开堰入江，张国维严敕各营守汛，命王之仁率水师从江心袭战。是日，东南风大起，之仁扬帆奋击之，碎清舟无数。郑遵谦捞铁甲八百余副。国维督诸军渡浙江，清兵为之少却。会隆武使陆清源赍诏至江犒师，时马士英依栖方国安，因唆国安斩之，且出檄数隆武罪。国维闻之，叹曰："祸在此矣！"

本来王之仁在前线是打了胜仗的，而马士英与方国安斩了闽使，这样便挑起浙闽之间的矛盾。计六奇为此评曰：

> 马士英既断送南都，复离间闽、浙。小人之败坏国家事可恨如

此！然三月士英唆斩闽使，六月钱邦芑疏斩鲁使，两国自残而敌乘之以入，俱小人为之也。

闽浙之间既然公开对立了，鲁王便不得不抽兵以防闽。《明季南略》卷六《鲁王惧闽发兵》条云：

四月，鲁王既斩闽使，恐闽发兵，又见清兵固守杭州，坚不可破，遂定议抽兵属国维西征。以礼部尚书余煌兼兵部尚书事，督师江上，而事不可为矣。

计六奇论其事云：

与其惧之于后，何如计之于始。大敌在前而操戈同室，晋之八王可以鉴矣。夹两大间而与为仇难，以是求济，未之前闻，方、马真罪人哉！

而方国安在马士英唆使下，又带兵去绍兴，想挟鲁王至闽以进身。同书《方国安夜走绍兴》条云：

五月，清贝勒王侦知浙东虚实，遂益兵北岸，以江涸可试马，用大炮击南营，适碎方兵内厨锅灶。国安惧，叹曰："此天夺我食也，我自归唐王耳！"谓清兵势重莫可支，又私念隆武曾以手敕相招，入闽必大用。事即不济，可便道退入滇、黔。遂于五月二十七日丙申夜，拔营至绍兴，率马兵、阮兵以威劫鲁王而南行。

计六奇评其事云：

国安拥兵众二十余万，以锅灶之碎遂未战而逃，小人之贱者也！可斩、可斩！

在这个背景下，鲁王政权自行崩溃了。同书《浙师溃散》条云：

五月二十八日丁酉，江上诸师闻方国安走，郑遵谦携赀入海，余俱溃散。二十九日，惟王之仁一军尚在，将由江入海。国维与之仁议抽兵五千分守各营，之仁泣曰："吾两人二年心血，今日尽付流水，坏天下事者非他人，方荆国也。清兵数十万屯北岸，倏然而渡，孤军何以迎敌？吾兵有舟可以入海，公兵无舟，速自为计！"国维不得已，乃振旅追扈鲁王。

（四）马士英与阮大铖的穷途末路

当方国安、马士英决计挟鲁王入闽，以闽作为进身之地时，鲁王脱身至台州，由台州入舟山。实际上方国安与马士英并不真是为了到闽求得进身之地，而是为了投降清廷时的进身之礼。唐王怎么会接受马士英、方国安入闽呢？"唐王以罪大不许。"

《明季南略》卷八《清杀马阮方四人》条亦载此事云：

八月二十四日，清兵至顺昌，获隆武之龙扛，搜之，得马士英、阮大铖、方国安父子及方逢年连名《请驾出关为内应疏》，在已降后。大铖方游山，闻信知不免，自投崖死，仍命戮尸。士英等四人骈斩延平城下，家眷百余口悉给赐兵丁。

顺昌县属闽之延平府。马士英、阮大铖这两个人都没有好结果，这是小人应得的下场。从鲁王政权在浙江败亡的过程，可以看到是亡于自身内部的矛盾，这为清兵过钱塘江创造了有利的条件。

鲁王小朝廷也搞了一点小伎俩，挑拨清廷与降臣之间的关系。《清史列传》卷七十八《洪承畴传》云：

四年四月，驻防江宁总管巴山、张大猷奏：柘林游击陈际可擒贼谢尧文，获明鲁王封承畴国公，及其总兵王（黄）斌卿致承畴与巡抚土国宝书，有"伏为内应，杀巴、张二将，则江南不足定"语。上奖巴山等严察乱萌，而谕慰承畴、国宝曰："朕益知贼计，真同儿戏。因卿等皆我朝得力大臣，故反间以图阴陷。朕岂堕此小人之计耶！"

这是一个挑拨离间的伎俩，清廷没有上当，但是在洪承畴心里是有影响的。不久洪承畴就上书以其父在闽去世，请求解任守制，回避嫌疑。于是清廷调宣大总督马国柱为江南、江西、河南总督，命洪承畴假满仍回内院任事，顺治五年（1648年）四月洪承畴奉召至京。洪承畴所以如此这般，是为了让清廷放心。他在江南的影响太大，只有离开是非之地，清廷与他才能都安心。

清廷负责平定浙闽的是亲王博洛，他是阿巴泰的儿子，阿巴泰是努尔哈赤的第七子。《清史列传》卷二《博洛传》载其事云：

三年二月，命为征南大将，往平浙、闽。五月，至杭州，时明鲁王朱以海称监国于绍兴，旧将方国安等营钱塘江东岸，绵亘二百里，我军无舟不得渡。忽江沙暴涨，水浅可涉，护军统领图赖等策马径渡，敌惊遁。博洛遣贝子屯齐等继进，国安弃舟遁，以海走台州，斩殪无算，擒敌将武将科等，抚定绍兴。六月，围金华，七月，克之，斩明蜀王朱盛浓等。遂克衢州，浙江悉平。

从这个过程看，清军在浙江没有遇到什么大的抵抗，鲁王政权在绍兴存在不过一年左右。鲁王政权的一部分大臣，如张国维是投水自杀的；总兵王之仁被捕，当面骂洪承畴曰："昔先帝设三坛祭汝，殆祭狗乎！"这个人宁死不屈，还有一点为人的骨气。如马士英、阮大铖这一帮小人，只顾自己拼命逃逸，也没有好结果，逃得了初一，逃不了十五。

二十一、郑氏父子在东南沿海地区的反清活动

（一）郑芝龙与唐王朱聿键

唐王在福建的小朝廷，垮在郑芝龙身上。郑芝龙，福建南安人，字飞皇，小字一官，海盗出身，受熊文灿招抚。《明史纪事本末·郑芝龙受抚》称其事云：

> 芝龙，泉州南安县石井巡司人也。芝龙父绍祖，为泉州库吏。蔡善继为泉州太守，府治后街，与库隔一街相望。芝龙时十岁，戏投石子，误中善继额，善继擒治之，见其姿容秀丽，笑曰："法当贵而封。"遂释之。不数年，芝龙与其弟芝虎流入海岛（即台湾）颜振泉（亦名颜思齐）党中（有二十八人）为盗。后振泉死，众盗无所统，欲推择一人为长，不能定，因共祷于天。贮米一斛，以剑插米中，使各当剑拜，拜而剑跃动者，天所授也。次至芝龙，再拜，剑跃出于地，众咸异之，推为魁。纵横海上，官兵莫能抗。始议招抚，以蔡善继尝有恩于芝龙，因量移泉州道，以书招之。芝龙感恩，为约降。及善继受降之日，坐戟门，令芝龙兄弟囚首自缚请命。芝龙素德善继，屈意下之，而芝虎一军皆哗，竟叛去。六年春，遂据海岛，截商粟。闽中洊饥，望海米不至，

于是求食者多往投之。七月，劫商民船，势浸大。其党谋攻广东海丰嵌头村以为穴。芝龙乃入闽，泊于漳浦之白镇，时六年十二月也。

从这段记载看，郑芝龙是海盗出身，这是天启六年（1626年）以前的事。工科给事中颜继祖的奏疏中讲到郑芝龙这股海盗的规模，"聚徒数万，劫富施贫，民不畏官而畏盗"（《明史纪事本末·郑芝龙受抚》）。后来是熊文灿招降了郑芝龙，《明史·熊文灿传》载：

海上故多剧盗，袁进、李忠既降，杨六、杨七及郑芝龙继起。总兵官俞咨皋招六、七降，芝龙猖獗如故。然芝龙常败都司洪先春，释不追；获一游击，不杀；咨皋战败，纵之走。当事知其可抚，遣使谕降之。文灿至，善遇芝龙，使为己用。其党李魁奇再降，再叛去，芝龙击擒之。海警渐息，而钟斌又起。斌初亦就抚，后复叛，寇福州。文灿诱斌往泉州，令芝龙击败之。既而蹙之大洋，斌投海死。闽中屡平巨寇，皆芝龙力。

当时郑芝龙实际上成为熊文灿打击福建海盗的工具，在这个过程中，郑芝龙也不断扩大自己的力量，成为福建沿海的土皇帝了。崇祯五年（1632年）以后，海盗钟凌秀、刘香都是郑芝龙平定的，郑芝龙成了明朝沿海的官员，从游击、参将至总兵。郑鸿逵与郑彩都是郑家的人。郑鸿逵带唐王聿键到了福州，建立了在福建的小朝廷。唐王聿键在郑芝龙心目中不过是一个傀儡罢了，他只是想借此名义搜括财富，寻找适当时机投降清廷。所以他根本没有抗击清廷南下的愿望，而且暗中与洪承畴书信往来，准备博洛带兵南下时投降清廷。故《明史·诸王三·唐王传》称：

是年(顺治二年)八月,芝龙议简战守兵二十余万,计饷不支其半。请预借两税一年,令群下捐俸,劝绅士输助,征府县银谷未解者。官吏督迫,闾里骚然。又广开事例,犹苦不足。仙霞岭守关兵仅数百人,皆不堪用。聿键屡促芝龙出兵,辄以饷诎辞。久之,芝龙知众论不平,乃请以鸿逵出浙东,彩出江西,各拥兵数千,号数万。既行,托候饷,皆行百里而还。

唐王这个小朝廷主政的其他官员也觉察郑芝龙另有打算,如黄道周即表达了不满,他是在浙江衢州见唐王的。《明史·黄道周传》载:

奉表劝进。王以道周为武英殿大学士。道周学行高,王敬礼之特甚,赐宴。郑芝龙爵通侯,位道周上,众议抑芝龙,文武由是不和。一诸生上书诋道周迁,不可居相位。王知出芝龙意,下督学御史挞之。当是时,国势衰,政归郑氏,大帅恃恩观望,不肯一出关募兵。道周请自往江西图恢复。以七月启行,所至远近响应,得义旅九千余人,由广信出衢州。十二月进至婺源,遇大清兵。战败,被执至江宁,幽别室中,囚服著书。临刑,过东华门,坐不起,曰:"此与高皇帝陵寝近,可死矣。"监刑者从之。

黄道周离开郑芝龙,是因为留在福州也是等死,郑芝龙出卖唐王只是时间问题,在福州等死,还不如到江西去招兵搏斗一番,即使失败,也是死得其所。

清兵南下时,郑芝龙提前丢下唐王聿键,下海而走。《明季南略》卷八《郑芝龙拜表即行》条云:

郑芝龙微闻之,因疏称:"海寇狎至,今三关饷取之臣,臣取之海,无海则无家,非往征不可。"拜表即行。隆武手敕留之,曰:"先生稍迟,朕与先生同行。"中使奉敕至河,而芝龙飞帆已过延平矣。芝龙既去,守关将施福声言缺饷,尽撤兵还安平。

实际上这是郑芝龙有意撤退仙霞关的守兵,让清兵直入福建,把唐王送给清廷,作为自己投降清军进身之阶。于是仙霞关空无一兵,这样既无守兵,也无敌兵,如是者三日,而撤退的溃兵,便一路焚掠而过。如此一来,唐王也只能奔江西,自谋出路了。《明季南略》卷八《隆武奔赣》条云:"隆武自芝龙去后,闻清兵信急,遂决计幸赣。"这次出走的结果是"数日方至汀州。大兵奄至,从官奔散,与妃曾氏俱被执。妃至九泷投于水,聿键死于福州"(《明史·诸王三·唐王传》)。隆武帝死了,郑芝龙又如何呢?《明季南略》卷八《郑芝龙降清》条详细记载了他投降的过程,最终还是被押到北京囚禁。其云:

清朝招抚江南者,为内院大学士洪承畴;招抚福建者,为御史黄熙胤,皆福建晋江人,与郑芝龙同里。初芝龙遣使微行通款。既而汀、漳皆降,惟芝龙尚保安平,军容烜赫,战舰齐备,炮声不绝,响震天地。以前遣洪、黄之信未通,犹豫未敢迎师。又自恃先撤关兵无一矢相加,有大功。而两广素属部下,若招两广以自效,闽、广总督可得,犹南面王也。贝勒知泉州乡绅郭必昌与芝龙最厚,因遣必昌招之。芝龙曰:"我非不欲忠于清,恐以立王为罪耳。"会清固山兵逼安平,芝龙怒曰:"既招我,何相逼也!"贝勒闻之,乃切责固山,令离安平三十里驻军,而遣内院二人持书至安平。书略曰:"吾所以重将军者,以将军能立唐藩也。人臣事主，苟有可为，必竭力。其力尽不胜天，则投明而事，乘时建不世之功，此豪杰事也。若将军不辅立，吾何用将军哉？且两粤未平，令铸闽、广总督印以相待。吾所以欲将军来见者，欲商地方人才故也。"芝龙得书大悦。其子弟皆劝芝龙入海，曰："鱼不可脱于渊。"不愿降。而芝龙田园遍闽、广，秉政以来，增置庄仓五百余所，驽马恋栈，不听子弟谏，遂进降表。过泉州，大张播告，夸投诚之勋，犹持贝勒书招摇，得官者就议价。十一月十五日至福州，朝见贝勒，握手甚欢，折箭为誓，命酒痛饮。饮三日，夜半忽拔营起，遂挟之而北矣。从者五百人，皆别营不得见，亦不许通家信。芝龙对面作家书数封，皆嘱无忘清朝大恩语，而谓贝勒曰："北上面君，乃龙本愿，但子弟多不肖，今拥兵海上，倘有不测奈何？"贝勒曰："此与尔无与，亦非吾所虑也。"芝龙既行，郑彩、郑鸿逵、郑成功皆率所部入海，张肯堂、沈犹龙等亦往舟山依鲁王，芝豹独奉母居安平。芝龙至京陛见，奉朝请。秋，郑彩、郑成功复入杀掠，漳、泉诸县皆破之，汀、邵并乱，据建宁，闽邮为阻。戊子夏，清兵再入闽，破建宁，屠之，直抵漳、泉。郑兵皆遁入海，久为边患。

从郑芝龙与唐王的关系及其最终投降清廷的过程，可以看到他考虑的是如何保存自己在福建沿海的实力和地盘。财富多了，有时反而困住了人的手脚，郑芝龙的田园遍闽、广，秉政以来，增置的庄仓五百余所。他靠海起家，身上的财富多了，反而下不了海，无法过流浪的生活，另外他还想着能做清廷的闽广总督。他幻想太多，不理解清廷不是明朝的熊文灿,清廷不可能容忍郑芝龙长期成为闽广地区的实力派和割据势力,结果郑芝龙上当了。清廷对郑芝龙部属之间的相互关系并不理解,他们没有严密的组织机构,郑芝龙在,他们会听号令,郑芝龙不在,他们便各奔东西了,东南沿海不可能有太平的日子,博洛在这件事上也是失策的。

《清史列传》卷二《博洛传》亦记载了清军挺进福建的过程,其云:

> 明唐王朱聿键犹据福建,我军分常山、江山两路并进。博洛偕图赖与前锋统领努山、护军统领都尔德破敌仙霞关,克浦城、建宁、延平。聿键先由延平走汀州,博洛遣护军统领阿济格、尼堪等克其城,擒聿键及曲阳王朱盛渡、西河王朱盛洤、松滋王朱演汉、西城王朱通简及其官属。敌将姜正希引兵二万来援,夜袭城,击却之,斩级万余。镇国将军海岱等败敌将师福于分水关,克崇安县,副都统卓布泰等克福州。先后二十余捷,斩其巡抚杨廷清、李暄、杨文忠。降伪国公郑芝龙等二百九十余人、马步兵十一万有奇,抚定兴化、漳州、泉州等府。十一月朔,捷闻,得旨嘉奖。是月,博洛驻福州,令总兵佟养甲进征广东。

博洛传的记载对郑芝龙降清的过程和福建海疆问题都略而不说。《清史列传》卷八十《郑芝龙传》讲到芝龙是顺治四年(1647年)被带到北京的,"博洛班师,以芝龙归"。到北京后隶汉军正黄旗,其家仆往来海上,信息频通。这在清廷看来,"子弄兵海壖,父高枕都下",而且巡抚佟国器缴获郑芝龙与郑成功私书,于是清廷下郑芝龙狱,要郑芝龙自狱中手书招成功,不降即夷其族。郑芝龙便是这样被杀的,这件事说明降臣在清廷的日子并不好过。清廷杀了郑芝龙以后,郑成功在东南沿海的活动更无顾忌了,杀降是犯忌的。那时博洛派佟养甲进军广东,部队的主力是李成栋部。清廷如此处理郑芝龙,在投诚清廷的明军将领心中留下了阴影。所以佟养甲在广州的结局并不好,李成栋还是反了,说明博洛此次对明朝降人的政策有问题,具体就表现在对郑芝龙的处置上,不是以诚待人,失信了。那时郑芝龙留下的队伍分散了,有的去舟山,跟鲁王朱以海走;有的去了广东;有的留在当地;有的去了海上。影响最大的还是他儿子郑成功所带的部队在福建沿海的活动。

(二)郑成功的出身

《清史列传》卷八十《郑芝龙传》称:"芝龙尝亡命日本,娶倭妇生子森,以厚币迎归,引谒聿键,赐姓朱,改名成功。"还说:"芝龙之子,长即成功,先为南安生员,后冒称明裔。"《明季南略》卷十六《郑成功入镇江》条称:

郑成功,原名森,芝龙第四子也。隆武养以为嗣,赐国姓,改名成功。顺治丙戌,芝龙降清,羁置北京。成功率众入海,驻思明洲。丁酉,闻芝龙被杀,遂引舟师抵浙。

结果是整个东南沿海很难安宁,所以才有清初迁界的政策,对东南沿海的民生,造成很大的破坏。此事留待后话再说,先介绍郑成功在东南沿海的活动。

郑芝龙降清时,郑成功苦劝不听,那时郑家的子弟都劝郑芝龙入海避清军，认为"鱼不可脱于渊"，故郑氏子弟皆带兵入海，自谋生路了。那时郑成功便率部拒降入海，宣告自己"不受诏，不剃头，其意如山"，在广东南澳招兵买马，组织军、马，以"背父救国"为旗帜，先奉隆武的年号，后奉永历的年号，在东南沿海地区继续骚扰清廷。郑成功的根据地在明朝原来的中左所，即郑芝龙起家的地方，郑成功将其改名为思明洲，即今之厦门。郑成功因唐王赐姓，故其部属称其为国姓爷，海外亦称其为国姓爷。郑成功以金门与厦门为根据地，隔海与福建沿海相望，其影响及于闽广两省沿海地区。

与郑成功互为犄角的，有郑鸿逵据白沙，郑彩亦在厦门，郑联去了广西据梧州。顺治五年（1648年）时郑成功攻陷同安，进犯泉州。清兵进剿，他们便遁入海。顺治七年，郑成功进兵广东潮州。顺治八年，又先后攻陷同安、漳浦、诏安、南靖、平和、海澄、长泰，进围漳州。顺治十年时，清廷想招安郑成功，封郑成功为海澄伯，清使至福建，郑成功不受封，他父亲被扣押是前车之鉴。那时郑成功所部有七十二镇，设六官理事，奉永历帝年号。其实，郑成功用隆武年号，用永历的年号，容纳鲁王朱以海在南澳，对他而言只是一个政治上的旗帜，实际意义并不大。最本质的是要在海上保持自己的独立性，不愿意接受清政府的控制。

唐王与郑芝龙的关系也就是依附与被依附的关系。明宗室在南方地区的存在，基本上是傀儡，对于地方势力和军事集团来讲都是如此。只有一些士大夫，对故明还有忠贞不贰的一腔热血。明朝在东南与西南抗清的各个集团，内部的各种矛盾，基本上是这两部分人的对立，黄道周与郑芝龙的对立便是如此，所以黄道周只能离开郑芝龙另谋出路。

（三）关于黄道周其人

知识分子没有带过兵，也许可以集合一部分力量，高举抗清复明的旗帜，不过最终只能以身殉职。《明季南略》卷八有《黄道周不屈》条，今录其文于下：

> 大学士黄道周愤师不前，因请以师相募兵江西曰："江西多臣子弟，愿招之效死军前。"隆武命芝龙助之资，芝龙不与一钱，隆武惟给空札百函而已。道周以札号召门下，得百人，居吉安，与杨廷麟、万元吉为呼应。出兵徽州，为清兵所执，械送南京。道周绝粒不食，积十四日不死。清内院洪承畴怜而欲生之，道周不屈，承畴疏救之曰："道周清节夙学，负有重望，今罪在不赦。而臣察江南人情，无不怜悯道周者，伏望皇上赦其重罪，待以不死。"清主不允。寻同中书赖雍、蔡继谨等俱杀于市。

这是明末士大夫的悲哀与无奈，黄道周的许多议论都有精到之处，但没有实际军事力量的支持，也只能是空议论。要把议论转化为实际的行为，这中间还有许多环节，思想资源要有组织资源的支持，才能转化为群众的实际行动。如果仅停留在空谷回音的阶段，是很难有实际行动的。然而黄道周的言与行以及宁死不屈的精神，是我们民族宝贵的精神财富，激励着后人去保家卫国。在一定条件下，这种精神也会转化为巨大的力量。一个民族或者一个国家有这种精神的支撑，与有奶便是娘那种精神状态是大不一样的，拜物主义者在精神上只能是一个矮子。而且这种精神力量往往是永恒的，每当这个民族遭遇危难时，这种力量往往可以呼唤人们起来反抗，这种精神力量一旦成为整个民族的潮流，任何力量也无法与之抗衡。古往今来莫不如此，这是所有殖民主义者和霸权主义者无法理解的。

（四）鲁王在海上的逃亡生活

这里要附带讲一下鲁王渡海以后的事迹，鲁王是从浙江台州入海的，石浦守将张名振以舟师相从，希望在东南沿海找一个岛屿作为立足之地。当时舟山为黄斌卿所据，厦门是郑成功的领地，皆不愿接受鲁王朱以海，不得已，张名振奉鲁王走南澳，钱肃乐、张肯堂、阮峻等都渡海投鲁王朱以海。博洛班师回北京时，清朝福建沿海防务空虚，于是鲁王派兵下建宁、邵武、兴化、福宁三府一州，以及漳浦、海澄等二十七个县。

鲁王在清军压迫下，还是退回海岛。在南澳，这个小朝廷受到郑彩的排挤，鲁王在福建沿海的郡县又相继为清军所收复。由于清军由浙入闽，浙江的防务便空虚了，于是清松江提督吴兆胜谋反正，与明故官陈子龙招浙东兵来会师。鲁王派张名振与沈廷扬北上会师。这件事被清廷镇压，吴兆胜与陈子龙被杀，张名振遁还福建南澳，郑彩便弃之而去。鲁王失闽地，又想回浙江舟山去，于是张名振与阮峻及张肯堂合兵攻舟山，打败了据舟山的黄斌卿，鲁王回到舟山。当时清廷驻浙军队调闽，浙江四明山区的抗清力量又重新活跃起来，其中以张煌言的军队影响最大。于是清闽浙总督陈瑞以大兵还浙东，准备进攻舟山。这时鲁王小朝廷因胜利而骄傲了。顺治八年(1651年)秋,鲁王朱以海与张名振出兵攻长江口的吴淞,而清兵抄了四明山的后路,而且渡海攻击了舟山,张肯堂死于舟山。《明史·张肯堂传》载其事云:

> (顺治)六年至舟山,鲁王用为东阁大学士。八年,大清兵乘天雾集螺头门。定西侯张名振奉王航海去,属肯堂城守。城中兵六千,居民万余,坚守十余日。城破,肯堂衣蟒玉南向坐,令四妾、一子妇、一女孙先死,乃从容赋诗自经。

而张名振与张煌言则奉鲁王退居厦门。《东华录》顺治八年九月壬午条载:

> 浙闽总督陈锦奏,贼渠阮进、张名振等拥伪鲁王踞舟山,臣会同固山额真金砺、刘之源,提督田雄等统兵进剿,由定关出海,遇贼艘于横洋,奋击之,生擒伪荡湖侯阮进。遂至舟山,掘陷其城,我兵奋勇齐登,贼势屈,纵火自焚,伪官及家口俱为灰烬。张名振闻城破,拥伪鲁王遁去。

郑成功并不乐奉鲁王,遥尊永历为帝,鲁王亦去监国之号。《明史·诸王一·鲁王传》载:"居金门,郑成功礼待颇恭。既而懈,以海不能平,将往南澳。成功使人沉之海中。"可见寄人篱下的日子并不好过。

(五)朱聿𨮁在广州的绍武小朝廷

唐王聿键在汀州被捕,至福州被杀以后,他的弟弟朱聿𨮁在广州曾建立过一个短暂的政权，年号绍武，这个小朝廷是苏观生拥立的。苏观生自江西退入广州，广东那时还是郑氏的势力范围，他开始想与丁魁楚一起拥立永明王，即桂王，结果人家排挤他，那么他就在广州另立一个聿𨮁，由此两广的这两个政权便互不相容了。监纪主事陈邦彦劝观生疾趋惠、潮，扼漳、泉，两粤可自保，苏观生不从，这就失去了抵御佟养甲与李成栋由闽入粤的机会。拥立的经过，据《明史·苏观生传》言：

> 适唐王弟聿𨮁与大学士何吾驺自闽至，南海关捷先、番禺梁朝钟首倡兄终弟及议。观生遂与吾驺及布政使顾元镜，侍郎王应华、曾道唯等以十一月二日拥立王，就都司署为行宫。即日封观生建明伯，掌兵部事，进吾驺等秩，擢捷先吏部尚书，旋与元镜、应华、道唯并拜东阁大学士，分掌诸部。时仓卒举事，治官室、服御、卤簿，通国奔走，夜中如昼。不旬日，除官数千，冠服皆假之优伶云。

真似梨园的粉墨登场，这个政权成立半年多时间，丝毫没有抵御清兵由闽入粤的准备。当时清兵已下潮、惠，他们还毫无知觉。《明史·苏观生传》载：

> 是月十五日，聿𨮁视学，百僚咸集，或报大兵已逼。观生叱之曰："潮州昨尚有报，安得遽至此。妄言惑众，斩之！"如是者三。大兵已自东门入，观生始召兵搏战。兵精者皆西出，仓卒不能集。观生走鋆所问计。曰："死尔，复何言！"观生入东房，鋆入西房，各拒户自缢。观生虑其诈，稍留听之。鋆故扼其吭，气涌有声，且推几仆地，久之寂然。观生信为死，遂自经。明日，

鉴献其尸出降。朝钟闻变赴池，为邻人救出，自经死。聿镈方事阅射，急易服逾垣匿王应华家。俄缒城走，为追骑所获。馈之食，不受，曰："我若饮汝一勺水，何以见先人地下！"投缳而绝。

为什么他们没有作任何抵抗呢？因为苏观生不信清兵会来得如此之快。另一个原因是李成栋的部队进行了伪装。《清史列传》卷八十《李成栋传》云：

> 成栋先下惠州、潮州，获惠潮道印，即用其印，给牒广州，报无警，使不设备，潜师为贾人装，袭破广州，擒聿镈及明宗室王世子十三人，俱杀之。

说起来这次佟养甲与李成栋共定广东，实际上部队的主力是李成栋部。李成栋原来是高杰的部下，南明的徐州总兵，是农民军出身，号"李诃子"。后来实际上是一个军阀，凭实力称霸一方，他当然也不会把手中没有军事实力的佟养甲放在眼里，但结果是佟养甲总督两广，而李成栋仅得提督广东，他怀疑佟养甲有意抑之。他们都有占地为王的思想，这个地方是我打下来的，官儿应是我来做，这是李成栋后来再次倒戈的原因。

二十二、桂王政权抗清活动始末

（一）明永历帝的来历

桂王常瀛是明神宗的第七子，天启七年（1627年）之藩衡州。崇祯十六年（1643年）农民军攻陷衡州，他与吉、惠二王走梧州，顺治二年（1645年）死于苍梧。朱由榔是桂王之子，崇祯时封为永明王。顺治三年八月，唐王聿键被杀，于是两广总督丁魁楚、广西巡抚瞿式耜、巡按王化澄与旧臣吕大器等共推由榔监国。当时其母妃王氏曰："吾儿不胜此，愿更择可者。"（明史·诸王五》）丁魁楚等迎由榔于梧州，十月十四日监国于肇庆，以魁楚、大器、式耜为大学士，各授官有差。可见朱由榔是由明代两广的地方官拥立的。由于聿𨮁在广州称帝，建年号为绍武，朱由榔也在十一月称帝于肇庆，建年号为永历。这就是桂王政权称永历的经过，这个永历帝没有自己的武装，故他是终年流亡，寄人篱下，是个怕死鬼，又是可怜的傀儡。十月间他刚在肇庆立国，听到清兵取赣州，内侍王坤仓促奉由榔走梧州，看到没有危险，又回到肇庆。清兵取广州，内侍王坤又带他逃亡到梧州。顺治四年二月，由平乐逃亡到桂林。当时武冈的总兵官刘承胤带兵到全州，朱由榔便设法寄生于刘承胤的军中。刘承胤带了朱由榔到武冈，把武冈改称奉天府。当时湖广总督何腾蛟收编了李自成余部郝永忠等十三镇，朱由榔密诏令何腾蛟率部除刘承胤，未成。清兵由宝庆直指武冈，结果马吉翔带了朱由榔走靖州，刘承胤投降清廷，而朱由榔只能又逃奔柳州。那时江西的金声桓背清复明，这样朱由榔暂时得以安宁，又回到肇庆。后来广州发生事变，李成栋反正了，桂林趋于安宁，那时郝永忠十三镇及何腾蛟也到桂林，瞿式耜分地给诸将，各自为守，十二月朱由榔又回到桂林。这一段时间朱由榔一直在广西及湖南之间往返逃难奔波。顺治五年二月，清兵进攻湖南，朱由榔又逃至柳州。顺治六年清兵由湖南南下湘潭，何腾蛟战死，朱由榔又由肇庆逃到梧州。顺治七年末，清兵入桂林，瞿式耜及总督张同敞殉难死，朱由榔又由梧州奔南宁，以后朱由榔便先后为孙可望与李定国所控，流浪在贵州和云南地区，一直逃亡到缅甸，最终被俘，在昆明被杀。那已是康熙元年（1662年）四月间的事。六月李定国去世，其子降清，以永历帝为号的抗清斗争，正式宣告结束。

永明王称帝以后，基本上在流亡中度过，大体上可以分为两个阶段。前期在广西与湖南之间辗转流亡，后期先在张献忠余部孙可望控制下，后在李定国的羽翼下。这样一个小朝廷的生存只能依仗一定的军事实力庇护，才能苟延残喘一个阶段。永历帝的生活实际上是不断地投奔各个地区的军事集团。从刘承胤起到孙可望，他们都是把朱由榔作为自己手中的傀儡，只有少数士大夫，如东林出身的瞿式耜，军事将领何腾蛟、李定国，对他的遵奉还出于真诚，在其他人心目中，他只是一个工具，可用时则用之，不可用则弃之，在这个问题上，孙可望的态度最为典型。清廷对两广与湖南及云贵地区的统一战争，基本上依靠明朝降军来进行，八旗的将领只是指挥官而已，八旗军的主力都还在北方平定各地的割据势力，因为北方的割据势力对清统治的威胁更为直接。

（二）由丁魁楚与瞿式耜看应当如何为人

下面简要介绍战事双方不同类型的相关人物，以及他们在南方和西南地区抗清斗争的不同态度。

当初在肇庆推举永明王朱由榔监国的主要人物是两广总督丁魁楚与广西巡抚瞿式耜。

丁魁楚在这个大变局中便是一个投机分子。他是河南永城人，进士出身，曾在山西任巡抚，因失机遣戍五年，纳三千两白银，回原籍。南明小朝廷马士英掌权时，丁魁楚被任命为两广总督。福王小朝廷垮了以后，他先潜通靖江王，约靖江王下广东。靖江王朱亨嘉是朱元璋兄弟的后代，由于丁魁楚的支持，他八月七日乘船抵肇庆，而丁魁楚与瞿式耜已于八月初六日拜永明王为监国，下登基诏。于是丁魁楚发大炮击碎靖江王船，把靖江王押解福州，以叛逆处死。在肇庆最早提出永明王监国的是瞿式耜，他说："永明王贤，且为神宗嫡孙，应立。"唐王聿键在位时，曾对群臣言："永明，神宗嫡孙，统系最疏，朕无子，后当属诸。"（《明季南略》卷九《粤中立永历》）当时建立班子时，丁魁楚与吕大器是大学士，瞿式耜以吏部右侍郎兼阁学掌铨，丁魁楚主戎政。在永明王这个小朝廷初建时，丁魁楚的地位比瞿式耜高。顺治三年（1646年）十二月十五日，佟养甲、李成栋陷广州，丁魁楚是最早知道这个消息的人，他派亲信送黄金三千两贿赂清师，他的亲信便成了李成栋帐下的家丁。当时永历小朝廷上上下下都不安定，永历帝离肇庆逃到梧州，而丁魁楚就抛开永历去了岑溪，跟随在永历身边的只有瞿式耜一个人。

丁魁楚到岑溪，并不登岸，派亲信送金元宝给李成栋，李成栋对其亲信说："何不早言，正欲邀尔主仍为两广军门。"（《明季南略》卷十《李成栋斩丁魁楚》）丁魁楚收到李成栋手书以后，《李成栋斩丁魁楚》条云：

大悦，即移舟顺流东下。时成栋驻梧州，先上五里迎之，握手道故，相见恨晚。知魁楚三子入广已夭其二，止存长子，通名先叩情谊甚笃。临晚，邀魁楚父子饮，隆重加常礼，把臂间指画岭表，审度当朝，谓"东南半壁，惟某与老先生撑持"，因订云："明日吉期，敢烦再摄两广篆。拜表即真，亦在明晨。"将旗牌符纛、制台旧敕印悉手付之。魁楚喜甚，乃别。夜半，成栋戎服升帐，列炬交戟，将令旗请魁楚父子有机密语。魁楚茫然不知所以，即过舟，见成栋正位危坐，知事已变，遂跪请曰："魁楚止一子，或不及妻孥。"成栋曰："汝欲饶子乎？"令先斫下，左顾而首级至矣，即将魁楚斩之。成栋立舟首，火光烛天，照同白日。将魁楚家丁每营分一人，细查家属，一妻、四妾、三媳、二女及婢仆妇，净身搜检，携入成栋舟中。惟一妾于过船时投入江中。四十舟厚橐，悉归成栋。

从丁魁楚之死，我想到了东晋的刘牢之。刘牢之还是会打仗的，然而这个人反复无常。刘牢之准备反桓玄时,"参军刘袭曰:'事不可者莫大于反,而将军往年反王兖州(恭),近日反司马郎君(元显),今复欲反桓公(玄)。一人而三反,岂得立也。'语毕,趋出,佐吏多散走"(《晋书·刘牢之传》)。刘牢之最后是自缢而死的。如丁魁楚前面出卖了靖江王,现在又背叛永明王,连李成栋这样的人都不相信他这个人会有什么诚信,死得连猪狗都不如。故《明史》没有为他立传。

瞿式耜原来是东林党人钱谦益的门生,是万历四十四年(1616年)的进士。崇祯初,他任户科给事中,弹劾阉党逆迹。钱谦益因与温体仁闹翻了,被夺官闲住,瞿式耜亦坐贬谪。福王立于南京时,起用瞿式耜为应天府丞,接着任广西巡抚。他是第一个主张拥立永明王在肇庆监国的人。他秉承东林党人的骨气,比他老师钱谦益强,当永明王危难之际,他的态度与丁魁楚截然不同,始终坚定不移支持永明王。瞿式耜在顺治三年(1646年)十月十日,拥立永明王朱由榔监国。《明史·瞿式耜传》称:

未几,赣州败报至,司礼王坤迫王赴梧州。式耜力争,不得。十一月朔,苏观生立唐王聿𨮁于广州。式耜乃与魁楚等定议迎王还肇庆,遣总督林佳鼎御观生兵,败殁。式耜视师峡口。十二月望,大兵破广州。王坤趣王西走。式耜趋赴王,王已越梧而西。

四年正月,大兵破肇庆,逼梧州,巡抚曹晔迎降。王欲走依何腾蛟于湖广,丁魁楚、吕大器、王化澄皆弃王去,止式耜及吴炳、吴贞毓等从,乃由平乐抵桂林。二月,大兵袭平乐,分兵趋桂林。王将走全州，式耜极陈桂林形势，请留，不许。自请留守，许之。进文渊阁大学士，兼兵部尚书，赐剑，便宜从事。平乐、浔州相继破，桂林危甚。总督侍郎朱盛浓走灵川……大兵已于三月薄桂林，以骑数十突入文昌门，登城楼瞰式耜公署。式耜急令援将焦琏拒战。

初，永明王为贼执，（焦）琏率众攀城上，破械出之。王病不能行，琏负王以行。王以此德琏，用破靖江王功，命为参将。及是战守三月，琏功最多……式耜身立矢石中，与士卒同甘苦。积雨城坏，吏士无人色，式耜督城守自如，故人无叛志。援兵索饷而哗，式耜括库不足，妻邵捐簪珥佐之。既而琏兵主客不和，噪而去，城几破者数矣。会陈邦彦等攻广州，大兵引而东，桂林获全。琏亦复阳朔及平乐，陈邦传亦由浔复梧州。王闻捷，封式耜临桂伯，琏新兴伯，元晔等进秩有差。

式耜初请王返全州，不听。已，请还桂林。王已许之，会武冈破，王由靖州走柳州，式耜复请还桂林。十一月，大兵自湖南逼全州，式耜偕腾蛟拒却。已，梧州复破，王方在象州，欲走南宁。以大臣力争，乃以十二月还桂林。

五年二月，南安侯郝永忠驻桂林，恶城外团练兵，尽破水东十八村，杀戮无算，与式耜构难。式耜力调剂，永忠乃驻兴安。大兵前驱至灵川，永忠战败，奔入桂林，请王即夕西走。式耜力争，不听。左右皆请速驾，式耜又争。王曰："卿不过欲予死社稷尔。"式耜为泣下沾衣。王甫行，永忠即大掠……明日，式耜息城中余烬，安抚远近。焦琏及诸镇周金、汤兆佐、胡一青等各率所部至，腾蛟军亦至。三月，大兵知桂林有变，来袭，抵北门。腾蛟督诸将拒战，城获全。时王驻南宁，式耜遣使慰三宫起居。王始知式耜无恙，为泣下。

闰三月，广东李成栋、江西金声桓皆叛大清，据地归，式耜请王还桂林。王从成栋请，将赴广州。式耜虑成栋挟王自专，如刘承胤事，力争之，乃驻肇庆。十一月，永州、宝庆、衡州并复。式耜以机会可乘，请王还桂林，图出楚之计，不纳。……式耜身在外，政有阙，必疏谏。尝曰："臣与主上患难相随，休戚与共，不同他臣。一切大政，自得与闻。"王为褒纳。

在最危难的时候，瞿式耜始终毫不动摇地支持永明王，他说"臣与主上患难相随，休戚与共"，这便是为人最珍贵之处。瞿式耜作为广西巡抚始终不离开驻地桂林，他不希望永明王去投靠孙可望，宁死也要守住广西这片故土，最终在广西桂林殉难。《明季南略》卷十三载瞿式耜的《临难遗表》，与瞿式耜同死的有张同敞，他是张居正的曾孙。时张同敞督兵于桂林之小榕江，他泅水入桂林，与瞿式耜共生死。瞿式耜告之曰："城存与存，城亡与亡。自丁亥（顺治四年）三月，已拼一死。吾今日得死所矣！子非留守，可以无死，盍去诸？"同敞毅然正色曰："死则俱死耳，古人耻独为君子，君独不容我同殉乎？"看来比他曾祖父张居正更有骨气。孔有德入桂林，抓了他们二人。在见孔有德时，瞿式耜说："城已陷矣，惟求速死，夫复何言！"孔有德说："吾在湖南，已知有留守在城中；吾至此，即知有两公不怕死而不去。吾断不杀忠臣，何必求死？"瞿式耜说："吾两人昨日已办一死，其不死于兵未至之前，正以死于一室，不若死于大庭耳。"他与张同敞死得光明磊落。从为人上讲，作为老师的钱谦益不如学生瞿式耜。做人要有瞿式耜这种宁死不屈的精神，同样是脖子上挨一刀，瞿式耜与丁魁楚，一个是光明磊落，一个显得那么卑鄙龌龊。同样是死，死得可大不一样。司马迁在《报任少卿书》中讲"人固有一死，或重于泰山，或轻于鸿毛，用之所趋异也"。丁魁楚的死，便轻于鸿毛；瞿式耜之死，则重于泰山。其实顺治三年（1646年）十月拥立永明王在肇庆监国的时候，在那个形势下，他们都应该对生死问题有所考虑了，为什么死到临头两个人表现出截然不同的态度呢？说到底还是一个人如何对待生命的问题，人品问题决定了二者的差别。丁魁楚投降李成栋时，四十条船中，据说"精金八十四万，皆三年中横取者"（《明季南略》卷十《李成栋斩丁魁楚》），李成栋所以杀他，看中的是他带着那么多财富，这些财富反而害了他，那都是他当年为官时横取的。他如果对生死问题能有一个"赤条条来去无牵挂"的信念，也不至于落得因贪财而死，死后还被人唾骂的结局。

永历政权从顺治三年十月到康熙元年（1662年）得以苟延残喘，还得力于明末农民军余部的支持，一支是李自成大顺农民军的余部，主要在湖广地区活动；另一支是张献忠在四川的农民军余部，后来进驻云贵地区。

（三）何腾蛟与永明王

大顺农民军的余部与何腾蛟的关系比较密切。福王小朝廷时，何腾蛟是兵部右侍郎兼抚湖南,他的部下由两部分人组成,一部分是左良玉流散在湖广的军队,一部分是大顺农民军的余部。那时在湖南主政的是何腾蛟,左良玉率兵东下时,何不愿跟随,落水未死,被渔船救起,经浏阳到达长沙。左良玉病死以后,一部分部队随左梦庚投降清军,一部分流散在湖广境内,这些部队就逐渐集合到何腾蛟属下。同时在湖南的还有李自成的余部,其主力是由李自成的侄子李锦率领,拥李自成妻高氏为主。此外还有刘体纯、郝摇旗率领的一支,袁宗第、王进才率领的一支。李自成留下的几支农民军,后来都归顺在何腾蛟的名下。《明史·何腾蛟传》记其经过,当然是以统治者的口气和语言记述的。其云:

> 李自成毙于九宫山,其将刘体仁(纯)、郝摇旗等以众无主,议归腾蛟。率四五万人骤入湘阴,距长沙百余里。城中人不知其来归也,惧甚。(黄)朝宣即引兵还燕子窝。(傅)上瑞请腾蛟出避,腾蛟曰:"死于左,死于贼,一也,何避焉。"长沙知府周二南请往侦之,以千人护行。贼谓其迎敌也,射杀之,从行者尽死。城中益惧,士女悉窜。腾蛟与(章)旷谋,遣部将万大鹏等二人往抚。贼见止二骑,迎入演武场,饮之酒。二人不交一言,与痛饮。饮毕,贼问来意,答言督师以湘阴褊小,不足容大军,请即移长沙。因致腾蛟手书召之曰:"公等归朝,誓永保富贵。"摇旗等大喜,与大鹏至长沙。腾蛟开诚抚慰,宴饮尽欢,犒从官牛酒。命(张)先璧以卒三万驰射,旌旗蔽天。摇旗等大悦,招其党袁宗第、蔺养成、王进才、牛有勇皆来归,骤增兵十余万,声威大震。

未几，自成将李锦、高必正拥众数十万逼常德。腾蛟令（堵）胤锡抚降之，置之荆州。锦，自成从子，后赐名赤心。必正则自成妻高氏弟也。高氏语锦曰："汝愿为无赖贼，抑愿为大将邪？"锦曰："何谓也？"曰："为贼无论，既以身许国，当爱民，受主将节制，有死无二，吾所愿也。"锦曰："诺。"腾蛟虑锦跋扈，他日过其营，请见高氏，再拜，执礼恭。高氏悦，戒其子毋忘何公，锦自是无异志。

事实上何腾蛟在湖南，手上没有什么军事实力，他靠的是左良玉余部及大顺军余部，在湖广地区成为一支有十多万人的相当可观的军事力量。在福建的唐王聿键听到这个消息以后，当然非常高兴，立拜何腾蛟为东阁大学士兼兵部尚书，封定兴伯，仍督师。这件事标志着大顺农民军与南明小朝廷，在抗清这一点上建立了联合战线。所以当郑芝龙丢下唐王聿键不管时，唐王入江西到汀州，是想向何腾蛟靠近，而何腾蛟的东进亦是为了接应唐王。但是在军事的编制上，何腾蛟让大顺李自成余部与左良玉余部，本来互相敌视的两支部队混编，没有经过从思想到组织上的整编，很难形成作战指挥上的合力。那时何腾蛟想自湖南会师岳州，沿江东下。实际上只有李赤心这支部队自湖北到岳州，十三镇其他的部队都是持观望的态度，结果李赤心孤军奋战，为清军所败。军队的饷源没有保障，纪律自然就不好，那就得不到民众的支持。而明代的旧军官，贪赃克饷，自然也失去军心。唐王在汀州被执杀，何腾蛟只好转投永明王了。《明史·何腾蛟传》记其事云：

（唐）王数议出关，为郑氏所阻。腾蛟屡请幸赣，协力取江西。

王遣使征兵，腾蛟发永忠（即郝摇旗）精骑五千往。永忠不肯前，五月始抵郴州。会大兵破汀州，聿键被执死，赣州亦失。腾蛟闻王死，大恸，厉兵保境如平时。已闻永明王立，乃稍自安。王寻以腾蛟为武英殿大学士，加太子太保。王进才故守益阳，闻大兵渐逼，还长沙。

这个时期，永明王在湖南、广西交界地区，依靠并赖以生存的军事力量就是何腾蛟这支军队。为了军饷问题，军队内斗不止，怎么可能抵御南下的清军呢？

当时清兵南下，对付永明王的，一路是博洛灭了福建的唐王政权以后，由佟养甲、李成栋统率的部队，其由福建沿海经潮州到广州消灭朱聿𨮁在广州的绍武小政权，自南向北进攻永明王所在的肇庆；另一路是由都统谭泰及和洛辉自江宁赴九江，会合耿仲明、尚可喜由江西、广东进军；还有一路是郑亲王济尔哈朗、顺承郡王勒德浑，会合孔有德，由湖南攻广西，正面与何腾蛟部较量的主力是孔有德的部队。从顺治三年（1646年）到顺治五年这三年时间，《清史列传》卷七十八《孔有德传》载其事：

三年，授平南大将军，征湖南，并可喜受节制。初，自成弃西安，走襄阳、武昌，窜死九宫山。其党李锦、高必正、郝摇旗、王进才、蔺养成、牛有勇、袁宗第、刘体纯等众数十万走长沙、常德，为明巡抚何腾蛟招降，请于桂王朱由榔，授总兵，与旧将黄朝宣、杨国栋、李茂功、黄晋、吴兴、萧旷、姚有性、张光璧、刘承胤、董英、曹志建分据湖南。由榔以武冈为奉天府，自桂林徙居之。有德至岳州，进兵长沙，击走进才，歼其众。下湘潭，败朝宣兵，克衡州，斩朝宣及其四子。取祁阳，进克宝庆，斩茂功、晋、兴及步骑万余，遂薄武冈。由榔与腾蛟走桂林，承胤、英降。光璧集沅州万余众拒战，副都统蓝拜等破之，取沅州，分兵克靖州，斩旷、有性。五年，克辰州，湖南诸郡邑底定。进平广西全州，并招降兴安、灌阳、铜仁苗峒二百余，奉诏班师。

（四）金声桓与李成栋的"反正"

顺治六年（1649年）正月，金声桓在江西"反正"，至五月间李成栋在广东"反正"，这两位降将的反正，让局促在广西的永明王喘了一口气。

金声桓原为左良玉的部将，南明的淮徐总兵官，以后随左良玉之子左梦庚降清，率所属部队进据江西。他认为自己"未费满洲一矢斗粮"，"孤军传檄，取十三府、七十二州县，数千里地拱手归之清朝"，"意望旦夕封公王，次亦不失侯耳"（《丛书集成初编》之《江变纪略》）。结果清廷只给了他一个副总兵兼提督江西军务，而且另派巡抚章于天牵制了他在江西独霸一方的势力，这样他才倒戈反清。三月，令其副将王德仁拿下九江，他迎原弘光小朝廷的阁臣姜曰广共事，效命永历，因为永历只是一个傀儡，因而只是借永历的旗号罢了。在金声桓的影响下，两广的李成栋也宣布倒戈反清。

李成栋原来是陕北农民军出身，高杰的部下，弘光小朝廷授他徐州总兵，他投诚南下的清兵，以后一路为清兵南下卖命。他镇压过崇明、嘉定地区的抗清斗争，后来随博洛入闽，镇压过唐王的政权，又奉命与总兵官佟养甲征广东，袭破广州，擒杀朱聿𨮁，在广东与桂王政权相抗衡，占肇庆、梧州等地。他的职位是广东提督，加左都督衔，故始终在两广总督佟养甲之下。他对这样的安排不满，两广是他指挥军队拿下来的，他认为这个地盘应该属于他，怀疑佟养甲有意压他。广东的布政使袁彭年劝他叛清，加上金声桓起兵的影响，他也起兵反清。《清史列传》卷八十《李成栋传》记载了他起兵的过程，其云：

> 五年正月，江西叛镇金声桓遗书招成栋。会赣州守将高进库告急于广东，养甲令成栋赴援，彭年故不发饷，养甲趣之亟，成栋遂拥众反。纳款由榔，迎之入广东，由榔授成栋惠国公爵，使其党戕养甲及巡按刘显名、潮州总兵车任重等，于是，广东郡邑皆从叛。八月，由榔至肇庆，以成栋子元允为锦衣卫指挥使、永和伯爵，彭年为左都御史。

李成栋原来驻兵松江，他是从松江出发去闽的，他的家属仍在松江。李成栋叛清以后，江苏巡抚籍其家，得酒器三屋，妻属六十人，这些军阀还是非常贪的。李成栋起兵反清时，永明王朱由榔还在南宁，金声桓、李成栋反清以后，他又把小朝廷搬回肇庆。当时瞿式耜劝永明王留在桂林，永明王还是去肇庆投靠了李成栋，但朝政都在李成栋儿子李元允掌控之下。那时何腾蛟也乘机恢复了长沙。从表面上看，金、李的反清，使永历的形势有大的好转。事实上，金声桓与李成栋都是明末变局衍生出来的地方军阀，他们考虑的首先是自己的地盘，永明王只是他们可以把玩的傀儡而已。《明季南略》卷十一有《李成栋归明》条，其中有一些美化他抗清的言辞，但也反映了他的一些本质特征。如其中云:"初成栋于丁亥二月收缴两广文武印信凡五十余颗,于中独取总督印藏之。"丁亥是顺治四年(1647年),这一年他由闽入广,他取这颗印显示出他心目中自己的地位,正是由于这一点,他忌恨手上没有多少兵的佟养甲,是自己冲在第一线,佟养甲却坐享其成,而又处处掣肘于他,这才是激起他叛清杀佟养甲的思想冲动。这一类人物的出身、教养、思考方法与瞿式耜、何腾蛟、黄道周、姜曰广等士大夫不同,后者是有思想、有修养的人物,前者只是草莽英雄,目光短浅一些。而朱由榔毕竟是寻求寄身之处的傀儡,他到了肇庆,"政无大小,决于成栋父子"(《小腆纪年》卷十五)。正因为如此,西南地区的抗清斗争有它的历史价值,但不能美化其中所有的人。

这一次西南地区的抗清斗争,再一次由高潮转向低谷,拐点是湖南何腾蛟的失败。何腾蛟在常德的下属马进忠部,不愿把常德让给大顺军李锦部,把常德烧成了一座空城,大顺军到常德便无法驻守,结果明军守将皆随马进忠烧城东走。何腾蛟到湘潭调解两军之间的矛盾,但湘潭已是一座空城,清军乘虚而入,何腾蛟被清军执杀。朱由榔在湖南的地盘全丢失了,李锦与高一功的部队只能退守广西,不久李锦病逝,余部由高一功及李锦之子李来亨统领。

当时金声桓军队驻守的九江为清军攻陷,他们便退守南昌孤城。李成栋出兵江西,攻赣州,未胜。六年(1649年)正月,清军攻陷南昌,金声桓被执杀。李成栋在前线因马蹶而堕水死,于是李成栋的余部只能退守广州。顺治七年正月,尚可喜与耿继茂率军下广东,朱由榔再次由肇庆走梧州。当时高一功到梧州,向永历帝和南明诸将建议:"以兵归兵部,赋归户部,简汰疲弱,分汛战守,较勘功罪,则事尚可为。"否则的话,"兵虽众,将虽尊,皇上求一卒之用,亦不可得有。"(王夫之《永历实录》卷十三)当时永历帝已不可能统一部署,兵为各将所私有了,饷的来源是抢掠,这个政权实际上难以为继。高一功这支农民军余部只能退出广西,西撤贵州,在李来亨的领导下,回到四川巴东,与刘体纯、郝摇旗的部队会师,坚持在边区割据的条件下继续抗清。顺治七年十一月,广州被攻陷。十二月,孔有德攻拔桂林,瞿式耜殉难,桂王朱由榔事先退赴南宁,局促广西一隅。由金声桓、李成栋反清掀起的西南抗清斗争高潮又告一段落。

(五)孙可望与朱由榔

崇祯十七年(1644年)冬,张献忠在四川成都建立大西政权,以养子孙可望、艾能奇、刘文秀、李定国为将军,皆赐姓张氏。次年张献忠退出成都,在盐亭为清兵所杀,余部由孙可望等率领退出四川到贵州。顺治七年(1650年)十二月,清兵入桂林,瞿式耜殉职。当时孙可望占领了云南和贵州,准备接纳朱由榔到贵州。孙可望他们是从川南袭重庆,经綦江、遵义而入贵阳的,那时云南有阿迷州土司沙定洲作乱,于是孙可望率部入云南,打败沙定洲之后,留李定国与刘文秀在云南,自己引兵回贵阳。李定国在云南遥尊永历帝,其与孙可望之间又矛盾很深,孙可望曾诱定国至贵阳,杖之演武场,借以威众,二人矛盾激化。李定国入云南,在进兵剿杀沙定洲土司过程中，扩大了自己的力量，孙可望就很难再制衡李定国了，永历帝便在滇黔的夹缝之间谋生存。

孔有德与尚可喜南北夹攻广西桂林的永历帝，孙可望要桂王封他为秦王。永历帝几经周折，许而结好孙可望为援，寄身于孙可望手下。永历小朝廷"趣可望出靖州，定国出武冈，以图桂林"，可望乃由平溪掠朝阳堡，陷靖州。定国由武冈趋全州，犯桂林。孔有德失算，其实那时孔有德在桂林，也想发动对孙可望的进攻。《清史列传》卷七十八《孔有德传》载：

> 有德以黔贼孙可望附桂王窥伺楚、粤，请敕剿抚。将军续顺公沈永忠拨重兵驻防沅州，以扼楚、粤门户，复令线国安、全节、马雄分守南宁、庆远、梧州。未几，桂王将李定国、白文选陷沅州、靖州、武冈，永忠自宝庆告急，有德遣兵赴援，至全州，永忠已弃宝庆，退湘潭。七月，定国由间道逼桂林。时城中守兵无多，贼昼夜环攻。有德登城御，为矢中额，仍指挥击贼，及闻城北山岭已为贼踞，令家众举火焚室，曰："城亡与亡，大义也！"遂自缢。

孔有德只留下女儿孔四贞，后来嫁给孙延龄，仍留守在湖广地区。这次孙可望与李定国联合作战，在湖南和广西交界地区，给了清兵一次沉重的打击。为此清廷派尼堪为定远大将军，带兵支援广西地区的清军，让尚可喜与耿继茂在广东不要轻举妄动。《清史列传》卷七十九《孙可望传》称孙可望在桂林取得胜利以后，他与李定国"纵掠湖南郡邑"，"上命敬谨亲王尼堪为定远大将军，偕贝勒屯齐进讨，援衡州。定国不战，反走，敬谨亲王率轻骑蹑其后，遇伏，殁于阵"。

于是定国走广西，孙可望遣白文选攻陷辰州，杀清总兵徐勇。李定国的军队自广西进攻湖南，转而掠广东，攻陷不少郡邑，孙可望亦出兵永州。这个时期是大西农民军以云贵为基地，在湖广地区大举出击的时期。正是在这个背景下，清兵在广东打败了李定国的军队，进攻南宁。于是孙可望乘机迁朱由榔居安隆，时间是在顺治九年（1652年）二月，孙可望自南宁迎永历于安隆，改安隆为安龙府。安龙的位置在广西的西北角，处于云贵之间，既便于与孙可望联系，也便于与云南的李定国联系。《明史·诸王五·桂王朱由榔传》称：

> 九年二月，可望迎由榔入安隆所，改曰安龙府。久之，日益穷促，闻李定国与可望有隙，遣使密召定国，以兵来迎。马吉翔党于可望，侦知之，大学士吴贞毓以下十余人皆被杀。事详《贞毓传》。

吴贞毓，字元声，宜兴人。崇祯十六年（1643年）进士，唐王时任吏部文选主事，唐王败，改事永明王，后进东阁大学士。朱由榔在安隆的情况，《明史·吴贞毓传》称：

> 宫室庳陋，服御粗恶，守护将悖逆无人臣礼，王不堪其忧。吉翔掌戎政，天寿督勇卫营，诌事可望，谋禅代。……拟改国号曰"后明"，日夕谋篡位。王闻忧惧，密谓中官张福禄、全为国曰："闻晋王李定国已定广西，军声大振。欲密下一敕，令统兵入卫。若等能密图乎？"

这件事得到吴贞毓的支持，他说："主上忧危，正我辈报国之秋。"于是由林青阳间道驰至李定国所，"定国接敕感泣，许以迎王"（《明史·吴贞毓传》）。这件事被马吉翔知晓，报告孙可望，结果参与此事的十余人皆被杀。此事发生在顺治十一年（1654年）三月，"后二年，李定国败于新会，将由安隆入滇。可望患之，促由榔移贵阳就己。由榔故迟行。定国至，遂奉由榔由安南卫走云南，居可望署中，封定国晋王。可望以妻子在滇，未敢动。明年，由榔送其妻子还黔，遂举兵与定国战于三岔。可望将白文选单骑奔定国军。可望败，挈妻子赴长沙大军前降"（《明史·诸王五·桂王朱由榔传》）。这件事以孙可望兵败投降清兵结束。

此事的过程，《清史列传》卷七十九《孙可望传》说得比较具体一些，其云：

时文秀在云南，私迓由榔暨定国入居云南。由榔使人慰谕可望，可望不受命，引兵攻由榔，留双礼守贵州，令文选统诸军前行，至三岔河，与定国、文秀夹水而阵。文选阴附定国，单骑奔其军，可望遣其将马宝等由浔甸间道袭云南，而自率众拒定国。战方合，兵溃走贵州，定国遣文秀、文选及将军杨武等穷追，双礼为可望殿后，截其子女玉帛，降于文秀。可望仓皇走湖南。

在这种众叛亲离的情况下，孙可望通过洪承畴投降清兵，清廷接纳了他，因为他对今后围攻在云南的朱由榔及李定国有用，封他为"义王"，其实此人之为人不义之至。

（六）清廷重新起用洪承畴应对湖广云贵事务与永历政权的最终灭亡

孔有德在桂林战死及尼堪中伏被杀以后，清政府感到仅依靠满洲王公大臣来处理两广及云贵湖南的问题，很难奏效，还是要以汉制汉，要依靠汉的降臣去处理那儿的问题。《东华录》记载，顺治十年（1653年）五月，清廷重新起用洪承畴，以大学士、兵部尚书兼都察院右副都御史经略湖广、广东、广西、云南、贵州等处地方，"总督军务，兼理粮饷，听择扼要处所驻扎。应巡历者随便巡历，抚镇以下听其节制，兵马粮饷听其调发，一应抚剿事宜不从中制，事后报闻。满兵或留或撤，酌量即行具奏。文武各官在京在外者，应取用者择取任用，升转调补，随宜奏请，吏兵两部不得掣肘，应用钱粮即与解给，户部不得稽迟。归顺官员酌量收录，投降兵民随宜安插，事会可乘即督兵进取，时当防守则慎固封疆"（《东华录》顺治十年五月庚寅条）。这是全权委托洪承畴在前方酌情处理，不像明朝在辽东问题上，朝廷对疆事处处掣肘，使疆臣很难根据前线的情况自主处理各种问题。这一段谕文，实际上是总结了明在辽东所以失败的教训，要让疆臣在前线能主动根据情况处理问题，将在外，君令有所不受嘛！军机瞬息万变，钱粮要保障供应，用人要有自主权，进攻与防御，安抚与进剿，要让疆臣能随机而定，收效不能限以时日，因为一切都只能根据前线实际情况来决定，用人要不疑，才能收用人的实际效果。辽东问题的失败，洪承畴是亲身经历的，他在江宁的招抚也受到朝廷的掣肘。所以这次担负这样的使命，他要把话说在前面，故这份上谕实际上也应是他建议的，因为他那时是内院大学士，可以票拟供皇帝朱批。在这一点上，也是清廷比明朝高明之处，过去的教训如果汲取了，便成为财富。

《清史列传》卷七十八《洪承畴传》有洪承畴的奏疏，其言："臣年逾六十，理宜退休，乃荷特授经略之任。伏愿时谕吏、户、兵三部，仰承圣意,俾臣得竭力展布,剿抚中机。"这里吏部主管人事安排,户部主管兵饷的供给,兵部主管对将领的指挥和调度,这三方面要不受中朝的掣肘。接着他就推荐李率泰为两广总督,与尚可喜、耿继茂一起驻守广东,在那里只有武臣,没有文臣的协调不行。洪承畴到达前方以后,驻守在长沙,他并没有采取任何重大的军事行动,在稳住阵脚的基础上,基本上是静观其变,耐心地观察永历小朝廷中孙、李之间矛盾的发展,寻找进军的机会。故永历政权在云贵的失败,关键还是他们内部的矛盾,孙可望个人的野心迫使孙、李决战,战败以后,于顺治十四年(1657年)十月,孙可望携所属官百余、兵数千,自贵州赴长沙纳款。于是洪承畴组织大军,分三路进取贵州和云南。堡垒最容易从内部攻破,这话还是有道理的,永历在云贵的失败,孙可望应负主要的责任。

《清史列传》卷七十八《洪承畴传》载顺治十五年(1658年)二月,洪承畴上疏言贵州地势及三路进军的机宜。贵州原来是孙可望统治的区域,清兵进入贵州,并没有遇到太大的抵抗,故也没有什么重大的战役,即使如此,要让清兵在贵州山区行进也是非常困难的。洪承畴在奏疏中讲到进军贵阳沿途之艰难:"自常德、辰、沅至镇远、贵阳,重关高岭,石径尖斜。大雨将及半月,泥泞三尺。满洲兵谓从来出征,未有如此之难。马匹疲毙,未有如此之甚。然皆不顾艰险,奋勇当先,汉军绿旗兵紧随而进。不五十日剿逆抚顺,贵州全省底定。"不过花了不到五十天时间,只是行军跋涉艰难一些罢了。然后是集中大军分为三路进攻云南,最困难的问题是军饷供应的保障。当时大批清兵集中到贵州,准备进攻云南。《清史列传》卷八十《吴

三桂传》称:
> 时经略大学士洪承畴、宁远大将军宗室洛讬由湖南进贵阳,征南将军卓布泰由广西进都匀,安远大将军信郡王多尼统禁旅至。三桂驰会于平越府之杨老堡,议三路出师。

那么多军队集中在贵阳,贵阳山多地少,军队给养是一个大的问题。中国有一句老话:"兵马未动,粮草先行"。即使是现代战争,后方对前方弹药与粮食保障的运输,也是军队作战的生命线,否则,那么多军队集合在一起,不战自溃。洪承畴在奏疏中讲到当时军粮供应紧张的状况:

> 臣前有三路进取全局一疏,冀不致兵众拥集,争粮乏食。及至贵州,见各府州县卫所,仅留空城,即有数百、数千石米谷,八旗兵陆续经过,二三日辄罄尽。惟省仓存米七千余石、稻谷四千余石,足供一月食用。臣所统兵,皆分布镇远、偏桥、兴隆、清平、平越等处,各自买米,并寻野菜和米充饥。投诚官兵暂驻三四日,即改发天柱、会同、黔阳等县,及沅州以就粮。贵州山深地冷,收获皆在九月,臣遣官劝谕军民、土司、苗民预纳本年秋粮之半,接济满洲兵月米。今四川一路兵,驻于遵义、乌江休息,有旧日遗粮处。广西一路驻独山州,兵亦可就近购粮。又闻信郡王大兵自六月初旬自荆州进发,所需口粮尤多数倍。

故洪承畴当时最忧虑的不是兵员不足,而是粮饷不继,其最忙碌的是粮饷的调拨。故其在奏疏中续云:

> 臣已檄催沅州粮米,速运镇远积贮,令随征各官分路采买,令长沙、常德各道府制备布口袋二万余,并棕套、木架、绳索解

送镇远。又于天柱、思南、石阡、思州、平越各府州县卫所，及土司苗人，募夫役、给工食，逐站递运至平越及新添卫所，可不误师期矣。

从这段文字，可以知道洪承畴当时最关注的是粮食的积贮、来源及运输，这是军队最起码的保障。清兵有两湖的粮食供给，那么云贵地区的明军就困难了，他们没有足够的后方支持，内部就先乱起来了。粮价飞涨，社会秩序先乱了，军粮不能保障，这个仗就很难打了，李定国在这方面就输给了清军。

顺治十五年（1658年）九月，洪承畴在平越召开进军云南的军事会议（会议的地点是靠近四川的贵州边境单场关），参加会议的成员有洪承畴、吴三桂、洛讬、卓布泰、多尼等三路军事将领，具体讨论了如何分兵三路进军云南，《清史列传》卷七十八《洪承畴传》云：

> 信郡王（多尼）由中路过关岭、铁索桥，抵云南省城（那时云南省城在昆明），计一千余里，解饷银三月、携粮十五日，运炮汉军携粮二十五日。平西王吴三桂由遵义过七星关抵云南省城，计一千五百余里，先中路兵十日起行。征南将军卓布泰因南宁有贼屯踞，离远难以兼顾，议沿贵州、广西边界平浪、永顺、镇远，绕出安隆所，直趋黄草坝、罗平州，抵云南省城，计千八百余里，先四川兵十五日起行。既定议，承畴还贵阳，遵旨同大将军洛讬驻守，遣经略右标提督张勇等随信郡王进征。

这是一个非常严密的进军计划，如果没有孙可望的背叛，清廷很难知晓进军道路的实际状况，各路军队都有孙可望的人做向导。

以上是清兵的布局，那么李定国在云南准备如何应对呢？《明季南略》卷十五《吴三桂率清兵取云贵》条记载了李定国在云南应战的准备，他们是准备主动出击到贵州，但错过了时机。其云：

> 晋王李定国受黄钺，同王公侯伯、将军冯双礼等悉众扼盘江河，踞鸡公背，谋攻贵州，相违咫尺。巩昌王白文选同伯、将军、镇将窦名望等四万余众守七星关，嗣抵生界扎营，离遵义一日之程，示攻遵之势，牵制应援，以助定国恢黔之举。三桂兼程回遵义。夫前此数月，三桂驻遵义，征南将军赵布太驻独山州，信郡王在武陵，惟宁南靖寇大将军驻贵州。当大众未合之际，定国观望逡巡。及杨老堡订期进兵，刻日饮马昆明，定国始秉钺而出，事机已失矣。十一月初十日，三桂统藩下四旗下及援剿左路镇总兵沈应时、右路镇总兵马宁等，自遵义出师。白文选十二日五更自生界遁回七星关守险。此关两山壁立，水势汹涌，其水下流至以烈，从山下伏流以泻于不可穷诘之区。山上树木参天，名曰天生桥，其实未尝有桥。三桂密于运用，先在遵义厚养乡导，朝夕垂问，默识于心。十二月初二日，于水西苗、猓地方以烈安营，不露向往。次晨，忽由天生桥抄乌撒军民府扼七星关大路，则白文选无所逃矣。文选侦三桂从别路越险进兵，弃七星关走可渡桥，即焚桥走霑益州，思奔云南顾家口，不知李定国见信郡王中路大兵前进，即退回盘江河。又报征南将军广西一路甚急，自领部众堵御。定国连败于安龙之罗炎河、凉水井，撤寨踉跄奔回，奉永历并宫眷大营，于十五日奔云南走永昌府。白文选间道飞奔大营，定国留文选驻守玉龙关，盖

永昌之要路也。

从上面的叙述，可以知道首先他们失了战机，没有主动出击，只能被动挨打。这时李定国可以对抗清兵的主要是两路兵马，一路是白文选率兵守七星关，但七星关失守，而李定国的军队既要应对清军中路信郡王多尼的进攻，又要顾及广西一路，来回奔波，败于安隆之罗炎河，那昆明也守不住了，只能败走永昌府。自顺治十六年（1659年）到十七年，李定国与白文选一路败退，白文选自右甸遁走缅甸的木邦，朱由榔也一起退到了缅甸。清兵追至木邦，白文选和李定国又与缅人发生冲突，朱由榔被缅人献给清兵，次年四月死于云南。白文选在孟养投降清兵，李定国病死在猛腊。白文选投降时，仍有兵万余，象马数千，但难以在边外有所作为了。

永历帝的抗清斗争至此结束，白文选投降后封承恩公，隶正白旗汉军，至康熙十四年（1675年）去世。永历帝的抗清斗争，自顺治三年（1646年）起，到顺治十八年结束，前后历时十五年之久。这十五年他到处逃亡，寄身于各地的军事集团和地方实力派之间。永历帝流亡在缅甸的日子很不好过，《明史·任国玺传》记载了一些当时永历帝流亡边外小朝廷的凄凉境况，其云：

> 顺治十五年，永明王将出奔，国玺独请死守。章下廷议，李定国等言："行人议是。但前途尚宽，暂移跸，卷土重来，再图恢复，未晚也。"乃扈王入缅甸。缅俗以中秋日大会群蛮，令黔国公沐天波偕诸酋椎髻跣足，以臣礼见。天波不得已从之，归泣告众曰："我所以屈辱者，惧惊忧主上耳。否则彼将无状，我罪益大。"

> 时缅甸弟弑兄自立，欲尽杀文武诸臣，遣人来言曰："蛮俗贵诅盟，请与天朝诸公饮咒水。"吉翔、国泰邀诸臣尽往。至则以兵围之，令诸臣以次出外，出辄杀之，凡杀四十二人。国玺及在、天波、吉翔、国泰、华亭侯王维恭、绥宁伯蒲缨、都督马雄飞、吏部侍郎邓士廉等皆预焉。惟都督同知邓凯以伤足不行，获免。时顺治十八年七月也。自是由榔左右无人。至十二月，缅人遂送之出境。

实际上是缅人把永历帝献给清兵了，当时昆明诸生薛大观叹息曰："不能背城战，君臣同死社稷，顾欲走蛮邦以苟活，不重可羞耶！"这个话有道理。《明史》卷二百七十九的赞语曰：

> 明自神宗而后，浸微浸灭，不可复振。揆厥所由，国是纷呶，朝端水火，宁坐视社稷之沦胥，而不能破除门户之角立。故至桂林播越，旦夕不支，而吴、楚之树党相倾，犹仍南都翻案之故态也。

这个小朝廷即使在流亡寄生的状态下，内部仍然党争不息，能不亡吗？

二十三、郑成功北伐及清朝的迁界事件

（一）郑成功北伐江南之役

博洛把郑芝龙绑架到北京以后，一直想利用郑芝龙来招抚郑成功投降。顺治十一年（1654年）清廷欲封郑成功为海澄公加以招抚，令郑芝龙以书招郑成功，郑成功拒不接受，报其父书曰："儿名闻四海，苟且作事，亦贻笑于天下。吾父已入彀中，得全至今，幸也。万一不幸，惟有缟素复仇，以结忠孝之局耳！"（《小腆纪年》卷十八）于是清廷怒将芝龙置于狱中，至次年末诛郑芝龙在京一族。至顺治十四年郑成功方获悉父亲被杀，这更刺激了郑成功在浙闽沿海的军事活动。永历帝朱由榔封其为延平郡王、招讨大将军，便宜封拜，永历十一年（顺治十四年，1657年）桂王封郑成功为潮王。李定国在云南给郑成功书信，希望郑成功在东面配合进攻，以牵制西进的清兵。同时郑成功也认为这时清兵忙于应付云贵地区的事务，江南防务空虚，正是进兵江南的大好时机。

早在顺治十一年（1854年），张名振曾自舟山出发，率水师抵镇江，泊于金山，还在金山寺设醮三日，题诗于金山，向东南遥祭朱元璋的明孝陵，这件事为郑成功率师入镇江、攻金陵探了路。郑

成功从永历十一年起就为北上作准备，他积储军粮，训练军队，加强行军的纪律，公布北伐行军的禁令。郑成功这次北上，与鲁王的张煌言军队相配合，张煌言实际上成为郑成功这次北伐的向导。关于郑成功所带北上军队的数量，记载不一，魏源《圣武记》卷八《国初东南靖海记》称："戈船之士十七万，以五万习水战，以五万习骑射，五万习步击，以万人来往策应，又有铁人万，披铁甲。"这个数字恐有夸张之处。《明季南略》卷十六《郑成功入镇江》条记载："顺治十六年己亥五月十三日，成功率兵十万入南，被甲能战者三万而已，余俱火兵，有一甲卒，即有五火卒随之。"

郑成功这次北上进军的行程，是顺治十六年（永历十三年，1659年）四月二十八日，军队集合在舟山的定海，五月四日到舟山烈港，十七日到羊山（即今天的洋山港），十八日到崇明新兴沙。那时崇明岛还有没连成一片，由平洋沙、三沙、南沙组成，新兴沙当是其中的一个小沙洲。郑成功没有在崇明久留，便沿江北上了。十九日到吴淞口，由罗蕴章与张煌言为长江向导，决定先取镇江的瓜洲。从镇江到瓜洲的江面，清廷用巨木筑长坝，截断江流，广三丈，以泥覆平，可驰马，木坝两端用铁索连接，叫滚海龙，用以阻断航路，实际上这很容易被潮水冲垮。清朝在镇江设置了守军，朱衣助于六月十三日到瓜洲驻守。六月十五日，郑成功的海船便泊焦山了。清廷在金山与焦山之间皆以铁链锁江中，郑成功令人泅水断铁索，于是乘风潮进军瓜洲。六月十七日，郑成功登瓜洲，朱衣助被俘，后又逃回江宁。瓜洲城破，郑成功于是乘胜进攻镇江，清提督管效忠所部四千人守镇江，江宁、苏、常援军毕集，管效忠兵败，止存百四十人，叹曰："吾自满洲入中国，身经十有七战，未有此二阵死战者！"（《明季南略》卷十六《郑成功入镇江》）可见争夺镇江这场战斗之激烈，最终是瓜洲守城军民出降。在占领镇江后，六月二十五日，郑成功曾在镇江举行阅兵仪式，讨论下一步的进军计划，中督崇明伯甘辉曾建议北取扬州，断山东之师，南据京口，断两浙之漕，严扼咽喉，这样江宁可以不战而定。郑成功没有采纳他稳扎稳打的意见。参军潘庚钟与冯澄世等建议大兵暂时驻扎瓜、镇，断其粮道，以收拾人心。如果仍然单兵直进，逼江宁，郑成功的后方远在福建金门和厦门，一旦有所闪失，便很难有立足之地，故直薄江宁是一个险着，要牵制西南的战事，亦不能取得长效。

七月间，郑成功率师进逼江宁，谒朱元璋的明孝陵，让张煌言去上游芜湖，阻截江楚上游的援兵。故张煌言领所部沿江而上，由芜湖取徽、宁诸路。那时这些地区没有多少军队驻防，故诸郡相率归附，得四府、三州、二十四县，同时在长江下游的扬州、苏州、常州亦动摇于清廷与郑成功之间。尽管郑成功那儿捷报频传，附近州郡望风归附，但他到了南京以后，不是积极进攻江宁，而是用围困的办法。这一仗的关键是能不能拿下江宁，如果能够拿下，这些成果都能巩固；拿不下江宁，这一切努力都是枉然。清廷镇守江宁的是郎廷佐，顺治十二年（1655年）擢为江南江西总督，十六年时因属吏贪赃事发，他被革职留任。他守江宁的兵丁很少，从上游荆州来了援兵，由噶褚哈、马尔赛统领的军队赶来支援江宁守军，而江宁亦有喀喀木统领的满洲八旗兵驻防。郑成功由水上抵江宁时，江宁的城防并不单薄，而郑成功对此没有足够认识，镇江、瓜洲之战实际上只是一个前哨战，郑成功为眼前的胜利而陶醉，所以有一点骄傲，对困难估计不足。郎廷佐让从瓜、镇逃回来的管效忠与朱衣助假意纳款于郑成功，要求宽限三十天，这就为清兵的反击留出时间。郑成功相信了，放松了警惕，按兵仪凤门外，依山为营，连亘数里。杨英的《先王实录》记载了郑成功军营内议论军事的状况，其云：

（七月）十七日，各提督统领进见，甘辉前曰："大师久屯城下，师老无功，恐援虏日至，多费一番功夫。请速攻拔，别图进取。"藩谕之曰："自古攻城掠邑，杀伤必多，所以未即攻者，欲待援虏齐集，必扑一战，邀而杀之。管效忠必知我手段，不降亦走矣。况属邑节次归附，孤城绝援，不降何待。且铳炮未便。又松江马提督口约未至，以故缓攻。诸将暂磨励以待，各备战具，候一二日令到即行。"（《先王实录校注》永历十三年）

这里可以看到郑成功对敌人的偷袭毫无思想准备，江日昇《台湾外记》叙述了当时清兵偷袭的情况，在江宁城内有梁化凤日夜上城观望郑成功的营垒：

偶巡到东北角，见一营人马，屯扎在白土山下，稍疲可破；奈不得即至。忽思此处原有城门名曰神策门，因出入者少，故垒塞之，不如将此门乘夜挖开冲出，方为胜计。二十一夜三更时分，化凤率兵挖开城门，天色微明，率骑兵五百突出。果然此营以非冲要之地，无甚关防。……披挂不及，遂大溃。化凤率众追杀，至余新营前，新督兵出战，各营列阵以看。因前在镇江，周全斌夺城，各镇争功，互相攻讦，功怒，有"不得吾令，擅自进兵者，罪之"之语，不敢向前对敌。俄而新败，投萧拱宸。凤乘势冲入，萧拱宸接战，当不得箭如雨下，亦败而遁。时万礼在桥头山，欲来救援，而化凤已收兵矣。（《台湾外记》卷四）

这次偷袭，清兵取得胜利。至七月二十三日，大部清兵自仪凤、钟阜二门以三路攻其前，由骑兵绕出山后夹击。成功令甘辉守营，自己到江上调舟师，然而潮水退了，船在江中无法靠岸，眼看着山上营寨崩溃而毫无办法。二十四日甘辉被执，以死殉职。郑成功只能带水师及镇江、瓜洲诸留守军队出海回厦门，张煌言亦为清征贵州凯旋之师所败，仓促由徽、宁山中出钱塘江入海。八月初一，成功至狼山上沙，初四日泊吴淞口，议攻打崇明，未就。十八日退至浙江，在温、台征饷。九月初三日自浙江启航，初七日到厦门。郑成功这次出兵长江，以损兵折将而告结束。

（二）郑成功收复台湾

台湾在东汉时称为夷洲或澶州，《后汉书·东夷传》称："会稽东冶县人有入海行遭风，流移至澶洲者。"李贤注引沈莹《临海水土志》曰："夷洲在临海东南，去郡二千里。土地无霜雪，草木不死。四面是山溪。人皆髡发穿耳，女人不穿耳。土地饶沃，既生五谷，又多鱼肉。有犬，尾短如麇尾状。"其所描述的气候、山川、社会风俗状况，正如台湾地区高山族人民原始的社会状况。大陆沿海，特别是闽浙地区的人民常往来于台湾。闽浙地区地狭人多，移民海外自然是他们谋生的一种选择，因而台湾居民多大陆闽南人。宋时台湾及澎湖列岛归属福建的晋江县，元朝在澎湖设立巡检司，并派兵巡守澎湖。明末天启时，大陆流民大批移入台湾。郑芝龙年轻时，曾与颜思齐等二十八人在台湾设寨抚番，闽人来者渐多，思齐病故，以郑芝龙为首。天启六年（1626年），郑芝龙始率六百人抄掠金门、厦门，故郑氏家族这支队伍是在台湾起家的，在郑氏心目中，台湾是他们的故土，后来郑成功从荷兰人手中收复台湾是必然的选择。当郑成功北上江宁一役失败以后，局促金门、厦门一隅，受清廷迁海政策的压迫，仍长期待在那两个小岛毕竟不是长久之计，这时收复台湾作为自己后方的根据地，自然成为他思考的重要问题。

郑芝龙是从海盗慢慢转为海商的，熊文灿招抚以后，成为福建、广东沿海的霸主。要维持一支庞大军队的开支，要保持一支强大船队的实力，商贩的活动自然是他保障供给不可或缺的一环，那么海上商路的通畅成了他赖以生存的一条生命线。

荷兰人的东印度公司侵占和经营台湾始于明万历三十二年（1604年），天启四年（1624年）在台湾西南的海港鹿儿门修建了赤嵌城，其遗址在今台南市，当地民众称其地为赤嵌社。顺治十八年（1661年）郑成功收复台湾后，改称承天府。台湾早期的政治、经济中心在台南，不是在台北。荷兰人把台湾叫作福摩萨，当时北部的鸡笼（基隆）为西班牙派吕宋的远征军所占领，那是天启六年的事，台湾形成荷兰与西班牙南北割据的局面。崇祯十三年（1640年）八月，荷兰以战舰攻鸡笼，至九月初四日，西班牙人弃城走。西班牙在台湾北部前后有十六年时间，其与荷兰争夺的不仅是对台湾的殖民统治权力，同时还要垄断大陆与海外的商贸。而在台湾从事农耕和商贸的大部分都是大陆福建地区的移民,这个移民群体与大陆沿海活动的郑芝龙集团有千丝万缕的联系,郑芝龙在困难时期,亦曾去台湾待过一段时间。

荷兰是通过东印度公司派遣人员管理台湾的,他们的根据地设在印尼的爪哇,荷兰人以台湾为跳板,与中日进行海上贸易的活动。《明史·鸡笼传》讲到"中国渔舟从魍港飘至,遂往来通贩,以为常。至万历末,红毛番泊舟于此,因事耕凿,设阛阓,称台湾焉。崇祯八年,给事中何楷陈靖海之策,言:'自袁进、李忠、杨禄、杨策、郑芝龙、李魁奇、钟斌、刘香相继为乱,海上岁无宁息。今欲靖寇氛,非墟其窟不可。其窟维何?台湾是也。台湾在澎湖岛外,距漳、泉止两日夜程,地广而腴。初,贫民时至其地,规鱼盐之利,后见兵威不及,往往聚而为盗。近则红毛筑城其中,与奸民互市,屹然一大部落。'"还讲到"自鸡笼淡水至福州港口,五更可达。自台湾港至澎湖屿,四更可达。自澎湖至金门,七更可达",这里详细介绍了台湾是大陆人民开发的,与大陆的关系十分密切,荷兰人不过是那里的殖民统治者。那时荷兰人经常以台湾为据点,来大陆沿海骚扰。《明史·和兰传》称其在"崇祯中,为郑芝龙所破,不敢窥内地者数年"。

荷兰人在台湾对华人的统治是非常残暴的,1651年,东印度公司向台湾的华人征收的人头税,每年多达二十万荷盾,中国居民在台湾承受着沉重的税负。而荷兰东印度公司在台湾的守军不过一千二百人,顺治十三年(1656年)台湾爆发过郭怀一领导的反抗荷兰殖民主义者的起义,华人死者四千余人,荷兰人被杀的亦有千余人。从这件事可以看到,在台湾的华人与荷兰殖民主义者之间的矛盾非常尖锐。

在通商问题上，郑成功与台湾的荷兰殖民主义者之间也存在深刻的矛盾，为此曾禁止商船去台湾同荷兰人贸易，前后有两年时间。杨英的《先王实录》讲到永历十一年六月，"藩（指郑成功）驾驻思明洲（即厦门）。台湾红夷酋长揆一，遣通事何廷斌至思明启藩：年愿纳贡，和港通商，并陈外国宝物，许之。因先年我洋船到彼，红夷每多留难，本藩遂刻示传令港澳并东西夷国州府，不准到台湾通商。由是禁绝二年，船只不通，货物涌贵，夷多病疫。至是，令廷斌求通，年输银五千两，箭柸十万枝，硫磺千担，遂许通商"（《先王实录校注》）。可见当时郑成功实际掌握着福建沿海的商业通道，荷兰人也不得不有求于他。实际上荷兰人也在航道上掠夺来往的商船，1658年荷兰东印度公司曾致信郑成功，讲到郑成功要他们赔偿劫掠中国商船所造成的损失，信中称：

第一，殿下来函称，你方帆船一艘由柔佛（今马六甲与新加坡相隔的一州）开返中国时，遭受我方一艘船只攻击，并被劫往台湾，在该处遇暴风雨，触礁沉没，要求赔偿十万两白银。

第二，来函又称，另一艘帆船从北大年开来时，在广州附近为某一荷船追袭，以致搁浅该处，不能复航，其损失据殿下估计为白银八万两。

第三，来函又称，不久以前，你方有帆船两艘遭受我船攻击，并被劫走。（甘为霖《荷兰人侵占下的台湾》引录约安·玛兹克致书国姓爷原文，载《郑成功收复台湾史料选编》）

荷兰东印度公司的答复是商船沉没是因海洋气候的关系，而且已对相关船主赔偿损失，因此拒绝郑成功提出的赔偿要求，同时表示愿意采取有力措施防止影响郑成功军饷来源的商船活动。从这件信函中可以看到荷兰在航路上进行海盗活动，影响到郑成功税饷的收入，这也许是郑成功与荷兰人发生矛盾的一个重要原因，要保障航路的通畅，必须停止荷兰人在台湾的殖民统治和海盗活动。从1658年到1659年，荷兰人已收到郑成功在策划收复台湾的信息了。

郑成功知道荷兰人在台湾的守军有限，但要登陆台湾必须了解台湾周边的航路、荷兰人在台湾守军设防的情况，以及如何避免荷兰人炮火对登陆部队的袭击，没有这些基本的信息，盲目进军还是有危险的。那时有一个荷兰在台湾的汉人通事，名何斌，他是有心人，了解台湾周边的海口状况及荷兰人设防的基本态势和聚居地。何斌在永历十五年（顺治十八年，1661年）由台湾偷渡到厦门，见了郑成功，献上了台湾周边地区的海图。江日昇的《台湾外记》卷五称：

(何斌)由后门下船，飞到厦门，叩见成功。功问其来意，斌曰："台湾沃野数千里，实霸王之区，若得此地，可以雄其国，使人耕种，可以足其食。上至鸡笼、淡水，硝磺有焉。且横绝大海，肆通外国，置船兴贩，桅舵、铜铁，不忧乏用。移诸镇兵士眷口其间，十年生聚，十年教养，而国可富、兵可强，进攻退守，真足与中国抗衡也。"遂出袖中地图以献，历历如指诸掌，并陈土番受红毛之苦，水路变易情形。若天威一指，唾手可得。成功闻其言、观其图，却如六月中暑得服凉剂，沁人心脾，满心豁然。起抚何斌背曰："此殆天之使公授予也！自当重报。汝勿扬声，吾自有成算。"留斌于内，人莫知焉。

何斌提供的信息为郑成功收复台湾指明了具体的路径，知道水路可以绕开炮台的火力，就能在陆上战胜荷兰殖民主义者。郑成功次日即召开军事会议，讨论进军台湾的事宜，有赞成的，也有反对的，郑成功力排众议，令世子郑经守福建沿海岛屿，自己亲率水师出征台湾，围攻荷兰殖民主义者。

郑成功水师从思明洲即厦门出发，收复台湾的过程，杨英的《先王实录》及江日昇的《台湾外记》都有具体的记载，今概述如下：

郑成功是在顺治十八年（即永历十五年）二月初一，祭江誓师出发。初三日午刻舟师鱼贯出料罗湾，放洋前航。初四日早上望见澎湖山，至未刻在澎湖登陆，收兵进入妈祖庙。在澎湖登陆没有遇到抵抗，水师兵船齐到，无一失者。初六日，郑成功祭海神，巡视附近岛屿，并叮嘱下属将领称台湾若得，此为台湾之门户保障，令陈广、杨祖、林福、张在等留守澎湖，这样可以有退路息脚之地。初七日，下令准备启航赴台，要诸船遥望郑成功的旗舰船首所向，衔尾而进。初八日，郑成功坐船升起帅旗，令引港船向东先行，诸船皆鱼贯而行，至未刻，即遥见鹿耳门（在今台南安平港北，内有浅水海湾，以水道迂回险阻著名）。郑成功令人用竹竿探水位深浅，时值涨潮，水比平时深丈余，便于通航。于是放炮擂鼓，由何斌坐斗头，按图迂回循序前行，转舵时则扬帆呐喊。这样船队顺利通过航道，登陆向赤嵌城进发，先夺仓储，然后列阵进兵。当时便有大量华人及高山族人出来迎接郑成功大军，并且帮助他们登陆，几千人很快便完成了登陆，部分战船则驶向热兰遮城堡及普罗文查这两个荷兰人修筑的城堡之间，两个城堡完全处于被包围的状态。

荷兰殖民主义者在赤嵌城堡稍作抵抗，在腹背受敌的情况下便想退回城内，结果阵脚一乱，出来的上尉指挥官及一百余人全部战死，枪械为郑成功所缴获。在水面上抵抗的荷兰船只亦被郑成功的军队打翻，二百水兵损失了百分之六十，两个要塞在陆上的交通也被切断，完全陷于孤立的状态。郑成功下令两个城堡内的荷兰军队放下武器投降，于是荷兰在城内的守卫当局派出两名评议员，与郑成功谈判。郑成功的答复是台湾岛是中国的领土，来自远方的荷兰客人应该将其归还给中国，这是理所当然的事。这次出兵并非对荷兰东印度公司作战，只是为了收回自己的领土。允许荷兰人带着自己的财产离开台湾，拆毁这两个城堡，把枪炮及物资运回巴达维亚。如果能保证这一点，那么与荷兰东印度公司的贸易和友谊仍可以维持下去，如果东印度公司退出台湾，他愿宽恕他们过去的敌对行动。如果荷兰人拒绝，他自有办法和力量来实现上述目的，而其全部责任将由东印度公司承担。结果是赤嵌城的守军先投降，五月四日，普罗文查城的守军稍作抵抗后，司令官献出了要塞和全部军用物资，他本人和守城的士兵成为郑成功的战俘。

荷兰东印度公司在台湾的总督揆一尚坚守热兰遮城，即今之台南市，郑成功对其采取围而不攻的策略，迫使其投降。荷兰人的记载讲到，从六月一日起，"敌人并不急于进攻，因为城堡内的人已被他们团团围住，而且实力很弱，完全没有出击的可能。而敌人方面，则已占有美丽、富饶的土地，士兵们在海上漂泊了那么多年，现在可以安闲自在地休息一下，事实上他们倒是挺舒服的"（《被忽视的福摩萨》卷下，载《郑成功收复台湾史料选编》）。从这份记录看，守军的士气不高，孤立的守城缺少外援，连饮食都越来越困难。

郑成功则利用这种状况，向守军展开政治攻势，从政治和思想上瓦解敌人，在六月廿七日、廿八日和三十日，三次去信劝告城内守军，告诉他们如此下去，是不可能坚持很久的，即使等到援兵到来，最多从巴达维亚派十艘军舰来，两千名士兵，仍然少得可怜。你们要坚守十年，我们也会耐心等待。郑成功在致荷兰军事长官揆一的信件中，提出两个条件：第一，在我开炮攻城之前，你们如把城堡献出，我将以对待普罗文查城司令描难实叮之方式对待你等，即保全你等性命，你等若有什么要求，我也将答应，我说的是实话，决不欺骗你等。第二，即使在我开炮攻城之后，如果长官和大小将士挂起白旗前来求和，我也立即下令停止炮击。缔结和约以后，你方士兵必须撤离城堡，由我方将士入城接管，给你们两天时间，携出你们的财物。我方炮弹轰开你们城墙以后，你们必须立即离城。

揆一没有接受郑成功的要求，八月间东印度公司派来援军，遭到了郑成功舟师的截击，援军几乎全军覆没。由于海战的失败，城堡内的守军也放弃了反攻的计划，向郑成功投降，守城用的大炮及库存的银两、火药、火炮照册缴纳，其余诸物悉听揆一搬运上船，放其离开台湾。这样荷兰占领台湾三十八年的历史宣告结束。

这一次围困热兰遮的战役，前后历时七个月，最终是揆一带了千余荷兰士兵离去，死者达1600多人。荷兰人留在城堡内由郑成功军队接管的物资大约值47.1万荷兰盾，其中包括金块、珊瑚珠、琥珀、银元（12万元），以及其他各种物资约值30万元荷盾。郑成功用同样的办法围困了台湾北部的鸡笼和淡水，1662年的十二月，荷兰人不得不撤离这个地区。

郑成功占领全部台湾岛后,在台湾仿大陆的行政系统,建立了一府二县,府称承天府,县为天兴与万年;杨朝栋任府尹,庄文烈为天兴县知事,祝敬为万年县知事。城内置坊,农村设乡。同时招徕漳州、惠州、潮州的民众来台从事农耕和商贸活动,安顿随征之家属定居于台,发展屯垦事业。外则置兵于金门、厦门两岛,中间有澎湖列岛做台湾之门户。康熙元年(1662年)五月初八日,即郑成功平定台湾全境的次年,郑成功因风寒感冒去世(一说因疟疾去世),终年三十有九,其子郑经承其位。

(三)顺治末的迁界事件

郑成功在沿海地区有他的优势,有沿海人民和海商的支持,清廷对他无可奈何。那时的海商都是有武装的,没有防卫力量很难在海上平安航行,故无论海商还是海盗都要"抱团",才能抵御外来的抢掠。西方殖民主义者东来是如此,中国沿海的商人也不能不如此。嘉靖年间浙江的倭寇被镇压下去以后,浙江沿海的问题少了,闽广沿海的海盗活动又猖獗起来。

天启、崇祯间,闽广地区活跃的海盗团伙不少,明崇祯八年(1635年)给事中何楷的奏疏中提到了这个地区的海盗集团的团伙,有名有姓的有袁进、李忠、杨禄、杨策、李魁奇、钟斌、刘香等,郑芝龙便是其中的一伙。郑芝龙受抚以后,合并了这些团伙,成为东南沿海地区最大的地方实力派,而荷兰人占领下的台湾也是他们进行海上活动和互市贸易的据点。郑芝龙被强制北上以后，这个团伙先是散了，各自为政，以后慢慢又集合在郑成功的旗下。郑成功因唐王赐姓朱，故又称国姓爷，又遥奉明永历帝的年号，因而很有号召力。他北伐江宁时所动员的兵力达十余万人，拥有的大小船舶几百艘，可见其势力之大。北伐失败以后，他收复台湾时所动员的兵力亦有几万人，加上海上航行的经验，清兵要在海面上打败郑氏集团，又谈何容易。清廷在对郑成功海上力量无可奈何的时候，只好在沿海地区采取坚壁清野的办法，切断郑氏集团与沿海居民之间的联系，这就是所谓的迁海政策。这一类政策，明初朱元璋亦采取过，如张士诚与方国珍的残余势力流窜海上以后，也下过"片板不许入海"的死命令，实际上害苦了沿海居民，断了他们海上商贸、捕鱼的生路。这是一个消极的办法，也很难持久。全祖望在《鲒埼亭集》卷十五《姚公神道第二碑》中有概括叙述，这个姚公便是康熙时的闽督姚启圣，其云：

> 初闽人当成功之世，内输官赋，外又窃应成功之饷，以求免劫掠。奸民乘之，日以生事，而民之供亿亦困甚。于是迁界之议起，定沿海之界而迁之域内，出界者死。成功虽以饷不接，不复能跳梁，而被迁之民，流离荡析，又尽失海上鱼盐之利，而闽益贫。

这是从社会史的视角，讲了迁界政策的起因及其结果，这是一种消极自损的政策，当然不可能持久，所以在康熙年间才有展界、开界之请。我们是一个海陆兼备的国家，政治家的视域一般停留在陆地的范畴，向海洋发展的观念形成较晚。16、17世纪西方殖民主义的军事力量也有限，如郑成功这样一支很有限的军事力量就能打败殖民主义者收复台湾，如果统治者的视域能伸向海洋，那真是海阔天空。浙、闽、粤沿海地区历来人多地少，向海外移民已是必然的趋势。统治者看不到这一点，听任华人在海外受殖民主义者的欺侮压迫，无论从当时或后世来看，这都是一个重大的失策。

首启迁海政策的是海澄公黄梧，此人原是郑氏的属下。郑成功治军严格，黄梧是因违纪害怕郑成功处分而投降清廷的，故清廷封其为海澄公，本来想用来收抚郑成功的封爵送给了郑氏的叛徒。从一个集团讲，叛徒是最危险的，造成的危害也最大。《东华录》载黄梧的奏疏，他具揭兵部，称：

> 海贼俱属漳泉潮惠之人，梧今大张布告，必渐次归附。但郑成功恃其父芝龙在京，欺诳招抚，藉以登岸派饷，故首恶在芝龙，必先断绝芝龙，使之音问不通，则成功海上之匹夫耳。又成功之敢于猖獗，由其父芝龙诳谋罔上，赍书下海，扬言招抚。沿海人心摇惑，凡欲投诚者，咸以欲抚之故，仍坚其怙恶之心。请密奏翦除芝龙，以绝其根。部议：芝龙阴谋已为家人尹大器告发，且成功既不剃发归诚，不可仍留芝龙，以启海上观望之心。芝龙及其弟芝豹，子世忠、世恩、世荫、世默，应请敕刑部正法。

(《东华录》顺治十四年三月丙寅条)

> 海澄公黄梧奏：郑成功未及剿灭者，以有福兴等郡为伊接济渊薮也。南取米于惠、潮，贼粮不可胜食矣。中取货于兴、泉、漳，贼饷不可胜食矣。北取材木于福、温，贼舟不可胜载矣。今虽禁止沿海接济，而不得其要领，犹弗禁也。夫贼舟飘忽不常，自福、兴距惠、潮，乘风破浪不过两日。而闽、粤有分疆

之隔，水陆无统一之权，此成功所以逋诛也。宜敕沿海督抚镇臣，与臣商度防海事务，平时共严接济之处，遇贼备加堵截之防。臣专一整饬马步舟师，视贼所向，到处扑剿。至群贼伎俩，臣所熟悉，破贼机宜，臣筹之素矣。抑更有请者，成功之所以稔恶，倚其父芝龙阴通家信，摇惑民心，故逆党坚不悔祸，诚严禁芝龙父子不许音信往来，成功将立见败亡也。（《东华录》顺治十四年三月丁卯条)

黄梧的这两条奏疏，其建议的重点，一是阻断郑氏父子书信往还，处置郑芝龙；二是对郑成功集团不能采取剿抚两手，因为他们能利用抚而玩弄欺骗手法，借以登岸派饷；三是割断郑成功与闽、粤沿海民众之间的联系，使郑成功失去粮饷和船舶的供应；四是要闽、粤两地水陆统一安排，一起进行堵截，使水陆两面都不给郑成功集团留下余地。迁界的事便是由后两条建议演化而来。江日昇的《台湾外记》卷十一载有黄梧此后密陈灭贼之五策：

一、金、厦两岛弹丸之区，得延至今日而抗拒者，实由沿海人民走险，粮饷、油、铁、桅船之物，靡不接济。若从山东、江、浙、闽、粤沿海居民尽徙入内地，设立边界，布置防守，不攻自灭也。

二、将所有沿海船只悉行烧毁，寸板不许下水。凡溪河，竖桩栅。货物不许越界。时刻了望，违者死无赦。如此半载，海贼船只无可修葺，自然朽烂；贼众许多，粮草不继，自然瓦解，此所谓不用战而坐看其死也。

三、其父芝龙羁縻在京，成功赂商贾，南北兴贩，时通消息。宜速究此辈，严加惩治，货物入官，则交通可绝矣。

四、成功坟墓现在各处，叛臣贼子诛及九族，况其祖乎？悉一概迁毁，暴露殄灭，俾其命脉断，则种类不待诛而自灭矣。

五、投诚兵官散住各府州县，虚縻钱粮，倘有作祟，又贻害地方不浅。可将投诚官兵移住各省，分垦荒地，不但可散其党，以绝后患，且可蕃众而足国也。

这五条密策，可谓凶狠毒辣，其中迁界、发墓、安插降员诸事，都能付诸执行，范围从闽、粤扩大到山东、江、浙，这样做的结果是害及五省，人罹其祸。顺治十七年（1660年），郑成功北上失败后，退守金、厦，东取台湾，清廷派人到东南沿海实施迁界的措施，黄梧在福建会同闽督李率泰具体操作迁界事宜。《清经世文编》卷八四载康熙十二年（1673年）福建总督范承谟"条陈闽省利害"疏，其云：

> 闽人活计，非耕则渔，一自迁界以来，民田废弃二万余顷，亏减正供约计有二十余万之多，以致赋税日缺，国用不足，而沿海之庐舍畎亩化为斥卤，老弱妇孺辗转沟壑，逃亡四方者，不计其数。所余孑遗，无业可安，无生可求，颠沛流离，至此已极。迩来人心皇皇，米价日贵，若不安插，倘饥寒迫而盗心生，有难保其常为良民者矣。

从这一段文字，可以清楚地看到迁界在当时造成的严重社会后果。对于迁界这件事，《闽海纪要》卷二记录了郑成功说的一段话，其云：

> 成功闻迁界，怃然曰："举五省数万里鱼盐之地，无故而弃之，涂炭生民，岂得计哉？清之技亦穷矣。吾养兵蓄锐，天下事未

可知也。"

这个迁界的政策实际上很难持久,到康熙八年(1669年)便开始稍稍展界,至二十二年便下令开界了。真正的废除迁界令,放开沿海疆界是康熙十三年平定耿精忠以后,即开放沿海三十里地,复界以后,始令人开垦,樵采渔牧,航海行舟。于是沿海居民人置渔舟,家有商舶,商舶可以航海,迁民才能复业。

各省迁界情况亦异,受祸最深的当数浙江之舟山。强制性的迁移,对百姓来说只能是一件伤心事。如果开禁以后,采取积极的海洋政策,对移民海外的华人采取支持和向海外发展的政策,郑成功仅凭一隅之力都能在台湾驱赶荷兰殖民主义者,那么凭帝国之力和广大海外华人的力量,中国沿海不可能是西方殖民主义的天下,今天我们在海洋上也会获得更多的主动权。清廷的海洋政策,长期限制了对海阔天空的探索,中国也一度丧失了向海外发展的大好时机。

第六讲

顺康间的经济政治与统一帝业的完成

清的统一事业,功在子孙后代。清之所以能够完成统一事业,得益于满族特殊的历史文化,使它能融合南北,从草原文明向游牧、农耕混合型文明演化,为我国今后的长远发展准备了非常有利的条件。

一、清初的各项经济政治措施

（一）清初所采取经济政策措施的背景

《清史列传》卷五《范文程传》讲到清军入北京后的两件事，一件在顺治元年（1644年）清兵进北京以后，"时宫阙灰烬，百度废弛，文程收集诸曹册籍，布文告，给军需，事无巨细，咸与议焉。明季赋额屡增，而籍皆毁于寇，惟万历时故籍存。或欲于直省求新册，文程不可，曰：'即此为额，犹恐病民，岂可更求哉！'自是天下田赋悉照万历年间则例征收，除天启、崇祯时诸加派，民获苏息"。这就免除了辽饷、剿饷、练饷的加派。清政府反复申明这一条规定，目的是稳定民心，又保证可能的财政收入。这一条规定最初是因为没有天启、崇祯时的册籍，只能以万历年间的册籍进行征收，后来才显现出它重大的政治意义。如果要认真贯彻执行这一政策，那就是一个需要反复斗争的过程，因为税收的征集依附着一条漫长的利益链。

顺治元年七月，多尔衮有一条谕旨，便涉及明代赋役积弊的问题。其云：

前朝弊政厉民最甚者，莫如加派辽饷，以致民穷盗起。而复加剿饷,再为各边抽练,而复加练饷。惟此三饷,数倍正供,苦累小民,剔脂刮髓,远者二十余年,近者十余年,天下嗷嗷,朝不及夕。更有召买粮料,名为当官平市,实则计亩加征,初议准作正粮,既而不与销算。有时米价腾贵,每石四五两不等,部议止给五分之一,高下予夺,惟贿是凭。而交纳衙门,又有奸人包揽,猾胥抑勒,明是三饷之外,重增一倍,催科巧取殃民,尤为秕政。(《东华录》顺治元年七月壬寅条)

这一番话,把明代赋税征收上的种种弊端揭示得相当深刻,同时也能从中看到整个征收的过程,有一条漫长的利益链吸附在上面,上到政策的制定者,还有各级征收单位,下到县衙的吏胥都是吸血者,所有的负担都压在直接生产者——农民的身上。这是明末土地荒芜、流民泛滥的一个重要原因。而这个问题,也不是一纸命令便能贯彻下去的,当时的实际情况是全国统一尚未完成,要收赋税也收不到啊!发布这样的命令,是揭明政之弊端,但多尔衮还是在这条谕旨中颁布了相应的政令,其云:

自顺治元年为始,凡正额之外一切加派,如辽饷、剿饷、练饷及召买米石,尽行蠲免。各该抚按即行所属各道府州县军卫衙门,大张榜示,晓谕通知。如有官吏朦胧混征暗派者,察实纠参,必杀无赦。倘纵容不举,即与同坐。各巡按御史作速驰驱登途,亲自问民疾苦,凡境内贪官污吏加耗受贿等事,朝闻夕奏,毋得少稽。若从前委理刑官,查盘委府州县,访恶纯是科索纸赎,搜取赃罚,名为除害,实属害民,今一切严行禁绝。州县仓库钱粮,许道府时时亲核,衙蠹豪恶,止许于告发时从重治罪。(《东

华录》顺治元年七月壬寅条)

这条告示看起来很严厉，但毕竟只是告示，如何贯彻执行，需要人去办理，这还有一个过程。这样的命令发布，使清政府在政治上取得了百姓的支持。

范文程的第二条建议，是在顺治二年（1645年）十月提出的，亦见于《清史列传》之《范文程传》，其云：

> 江南既平，上疏言："治天下在得民心，士为秀民，士心得则民心得矣。宜广其途以搜之，请于丙戌会试后，八月再行乡试，丁亥二月再行会试。"从之，三年、四年两充会试主考官。

其实这条建议最先是浙江总督张存仁在顺治元年七月间提出来的，《清史列传》卷七十八《张存仁传》云：

> 七月，疏言："近有因剃发思反顺为逆者，若俟行迹显著，必劳大兵剿捕，莫若速遣提学开科取士，免积逋，减额赋，则读书者可希仕进，而逆志自消。力农者不苦追呼，而乱萌自戢。"
> 得旨："开科以取士，薄敛以劝农，诚安民急务，归顺各省准照恩诏事例，一体遵行。"

为什么张存仁会在浙江向中央提出这样的建议呢？因为他处于抗清斗争的第一线，面对着钱塘江以东的鲁王政权，争取士心和民心是第一要务，开科取士这件事可以立即付诸实施。

清初第一次乡试是在顺治二年（1645年）的六月，在顺天进行，顺治三年二月举行会试，以大学士范文程、刚林、冯铨、宁完我为会试总裁官。三月举行了殿试。《东华录》顺治三年四月乙酉，"大学士刚林等奏请于本年八月再行乡试，来年二月再行会试，以收人才"。这是指在顺治三年、四年连续举行两次乡试和会试,明代是每三年举行一次乡试和会试,清兵入关以后,连续两年举行两次,说明其笼络人才和民心之急迫。"其未归地方生员举人来投诚者,亦许一体应试。"(《东华录》顺治三年四月乙酉条)这里"未归地方"是指南方尚未降服诸省的举人,也可以赴京参加会试。在南方,多铎是五月进的南京城,江南在十月便举行乡试了。清代用科举考试来笼络新区的士子,目的是尽快把士大夫的情绪稳定下来。

(二)清朝初年的赋役政策

清政府免除三饷加派,依照万历年间的定额征收田赋,在具体落实的过程中,仍然有问题。丁田的赋额是一定的,但各地能承担赋役的丁田实际情况,经过明末的大动荡,情况发生了很大的变化,还得根据实际存在的人口和田亩数来征收,这就有丁口登记和土地丈量的问题。顺治元年(1644年)十二月,《东华录》载真定巡按卫周允的奏疏称:

> 巡行各处,极目荒凉,旧额钱粮尚难敷数,况地亩荒芜,百姓流亡十居六七,若照额责征,是令见在之丁代逃亡者重赋,垦熟之田为荒芜者包赔也。臣以为欲清荒田,法在丈量,欲清丁,法在编审。果能彻底清楚,则钱粮自有实数,官吏无巧蒙之弊,百姓免代赔之累矣。(《东华录》顺治元年十二月庚申条)

要编审户口,丈量土地,免除荒芜的土地、死绝的户口,不能完全依照万历的册籍来征收,这样才能避免现在之丁代逃亡者重赋,垦熟之田为荒芜者包赔。如果不重新丈量土地，编审户口，那么现在的人口还会逃亡，荒芜土地的面积还会继续扩大。顺治二年正月，又有河道总督杨方兴提出相同的建议，《东华录》载其奏疏云：

> 山东地土荒芜，有一户之中止存一二人，十亩之田止种一二亩者。倘不计口核实，一概征税，名为免三分之一，实以一二亩之地而纳五六亩之粮，荒多丁少，以荒地累熟地，逃丁累见丁。祈将见在熟地，或免一或免半，其抛荒之地，不论有主无主，尽行蠲免。俾民受实惠，而后民志固，民生遂矣。（《东华录》顺治二年正月己丑条）

这两条建议得到了清廷的允诺，于是下旨："各直省无主荒地，该地方官开具实数报部，以凭裁酌。其熟地钱粮，照蠲免例如数开征，已有谕旨，户部知道。"可见这些建议是明令付诸实施的。同时从这两条奏疏中，可以知道当时在大乱之后，河北、山东土地荒芜、人丁稀少的情况非常严重。

从顺治三年（1646年）起，清廷派冯铨与英俄尔岱着手重造《赋役全书》，这说明仅凭万历年间的册籍征收赋役还是征不到手的。这件事到顺治十一年才告完成。在编制赋役册籍的同时，还对征收租赋的流程进行了改革，如江南运输京师的漕粮，明代是民收民解，这本来是一件难事，弊端丛生，到顺治十年改为官收官解。《东华录》是年四月载上谕："见行条鞭地方，著官收官解，不得仍派小民。"（《东华录》顺治十年四月甲寅条）

在赋役征收上，如何保证合理负担，清政府的另一条措施便是增加赋役征收的透明度。顺治十年，户部尚书陈之遴建议颁发易知由单,也就是公开税收的信息。公开透明是惩治腐败的好办法,清朝政府整顿赋役制度上的若干积弊,所以能够贯彻执行并收到一定效果,是由于明朝原有的封建关系经过农民运动的洗刷和振荡,变得比较简单的缘故。

明朝末年,宫廷和诸王的开支无限制地扩大,是国赋沉重的负担。经过明末农民运动的打击,清人入主紫禁城,他们的消费水平远远低于明朝末年。明末内廷的宦官达十万人,宫女九千人,工部每年在内廷的营建费要二百万两,万历建极、中极、皇极三极殿的营建工程即用银九百三十余万两,神宗太子举行婚、冠礼,用银九百三十万两,外加袍服费七十多万两。此外宗禄也是明朝政府的一项巨大开支,嘉靖末年已有人说:"天下岁供京师粮四百万石,而诸府禄米凡八百五十三万石。"(《明史·食货志六》)万历以后,宗禄的开支更是有增无减,那些较大的宗藩如福王,在地方上都是独一无二的大富豪,所以他们常常是农民军斗争的对象。再加上军饷的开支也是明朝财政上沉重的负担。然而清代的宫廷消费只有明代的十分之一,清初八旗兵是自己负担粮饷的。清兵入关以后,明代的三饷开支自然就不存在了。清代废除了明代宗禄制度,藩王的庄田与民田一体纳粮,没有投诚的乡绅与百姓一体纳粮。一方面是减少了支出,另一方面是增加了收入,这是清初所以能大刀阔斧地改革明末的赋役制度的关键因素。当然这方面的变革不可能彻底解决问题,许多问题仍然存在。

（三）清查欠赋问题与奏销案

清廷入关以后，在顺治前期，由于八旗没有军饷的问题，虽然有圈地之事，影响的还是局部地区，宫廷消费也比明代少很多，不再负担宗室的俸禄，所以能大刀阔斧地免除三饷，重新编制《赋役全书》，减轻百姓的负担。但是随着军事上的不断胜利，统治地区不断扩大，清廷掌控了明朝的官僚机器和数量众多的明朝军队，那么供养这些军队和官僚机构的费用，仍是财政上的沉重负担。在多尔衮执政时期，也就是顺治八年（1652年）以前，各省的钱粮大都留作各省的兵饷，中央政府没有统一的收支核算，在这种情况下，中央财政收入是很难有保障的。顺治八年三月，福临要户部核算一下大库所存的银两，结果仅有二十万两，而四月间应支官员俸银便需要六十万两。福临当时所言见于《东华录》顺治八年三月癸未条，其云："上曰：'大库之银已为睿王用尽，今当取内库银，按时速给。夫各官所以养赡者，赖有俸禄耳，若朕虽贫，亦复何损。'"内库是皇帝宫廷开支的费用，他把责任推在多尔衮身上。多尔衮在最后两年是搞了一点自己宅院的建筑，但也不至于使整个财政状况如此困难。同年六月，给事中魏象枢建议清理全国财政收支的情况，他在奏疏中说：

> 国家钱粮，部臣掌出，藩臣（各省的布政使）掌入。入数不清，故出数不明。请自八年为始，各省布政使司于每岁中会计通省钱粮，分别款项，造册呈送该督抚按查核，恭缮黄册一卷，抚臣会奏总数，随本进呈御览，仍造清册咨送在京各该衙门互相

查考,既可杜藩臣之欺隐,又可核部臣之参差。"(《东华录》顺治八年六月辛酉条)

全国一汇总,财政收支的情况明朗化了,顺治九年给事中刘余谟在奏疏中称:

钱粮每岁入数一千四百八十五万九千余两,出数一千五百七十三万四千余两,现在不敷银八十七万五千余两,其中各省兵饷一年该银一千三百余万,各项经费不过二百余万,是国家财赋大半尽用于兵。(《清经世文编》卷三四《垦荒兴屯疏》)

据《东华录》的记载,顺治八年国家额征银两是两千一百十一万两,而实征则只有一千四百八十万两,中间差额达六百多万两。顺治十三年张玉书《纪顺治间钱粮数目》一文中称:"至十三年以后,又增饷至二千万,嗣又增至二千四百万,时额赋所入,除存留项款外,仅一千九百六十万,饷额缺至四百万,而各项经费犹不与焉。"(《清经世文编》卷二九)财政问题一天天严重起来,土国宝建议加派,这个办法清廷无法接受,"永不加赋"作为祖训,不能改,一个重要办法是在战后新开辟的地区屯田,可以一举两得,既解决流民和军队复员的问题,又解决了军饷的沉重负担问题。当时在两广、湖广、四川这些地区都有大量荒地可以开垦。顺治九年十月,"大学士范文程等奏,各直省钱粮每年缺额至四百余万,赋亏饷绌,急宜筹画,谨陈兴屯四事。"(《东华录》顺治九年十月戊辰条)

事实上屯田不可能马上见效,兵饥则逃,民穷则盗,这是常识,再加上地方的水旱灾害,特别是江浙地区的水灾,更直接影响国家财政收入。而且当时清廷正在西南用兵,特别是云贵地区的用兵、三藩的安置，军饷费用更是日增月涨。江南田赋是清廷财政收入的大头，同时南方的军饷亦皆仰仗于江南的田赋。而江南苏锡地区士绅的欠赋问题又非常突出，一欠便是几十万两。

福临是顺治十八年（1661年）正月去世的，康熙在是年即位，随即有谕旨清查欠赋问题，《东华录》顺治十八年正月己卯条记载：

己卯，谕吏部、户部，钱粮系军国急需，经管大小各官须加意督催，按期完解，乃为称职。近览章奏，见直隶各省钱粮拖欠甚多，完解甚少，或系前官积逋贻累后官，或系官役侵那借口民欠。向来拖欠钱粮，有司则参罚停升。知府以上，虽有拖欠钱粮未完，仍得升转，以致上官不肯尽力督催，有司怠于征比，枝梧推诿，完解愆期。今后经管钱粮各官，不论大小，凡有拖欠参罚，俱一体停其升转，必待钱粮完解无欠，方许题请开复升转。尔等即会同各部寺，酌立年限，勒令完解。如限内拖欠钱粮不完，或应革职，或应降级处分，确议具奏。如将经管钱粮未完之官升转者，拖欠官并该部俱治以作弊之罪。

这条上谕是从清欠着手，清理赋税收入的情况，借此处理多年积叠下来的财政问题。按照这条上谕，清欠不力，便影响官员的前程，他们便不得不认真解决拖欠钱粮的问题。于是江苏巡抚朱国治就江南重赋地区苏、松、常、镇四府拖欠钱粮的问题分别造册上报，其中涉及绅士一万三千五百余、衙役二百四十人。部议现任官降二级调用，衿士褫革，衙役照赃治罪有差（见《清史列传》卷六《朱国治传》）。这就构成江南奏销案。顺治去世时的顾命大臣是索尼、苏克萨哈、遏必隆、鳌拜，而以鳌拜为首。鳌拜这个人比较粗野，下手也比较狠，这就是奏销案的背景，此案的发生有客观的因素，也有主观的因素。孟森有《奏销案》一文，其引董含《三冈识略》记江南奏销之祸云：

> 大约旧赋未清，新饷已近，积逋常数十万。时司农告匮，始十年并征，民力已竭，而逋欠如故。巡抚朱国治强愎自用，造册达部，悉列江南绅衿一万三千余人，号曰抗粮。既而尽行褫革，发本处枷责，鞭扑纷纷，衣冠扫地。如某探花欠一钱，亦被黜，民间有"探花不值一文钱"之谣。夫士夫自宜急公，乃轩冕与杂犯同科，千金与一毫等罚，仕籍学校为之一空。至贪吏蠹胥，侵没多至千万，反置不问。吁，过矣！后大司马龚公特疏请宽奏销，有"事出创行，过在初犯"等语，天下诵之。

董含所记是从士大夫角度讲这个问题的，他本人是奏销案中人，本来是辛丑进士，被革时以举人列参。周寿昌《思益堂日札》云：

> 国初江南赋重，士绅包揽，不无侵蚀。巡抚朱国治奏请穷治，凡欠数分以上者，无不黜革比追。于是两江士绅得全者无几。时为康熙乙酉科，有乡试中式而生员已革，且有中进士而举人已革，如董含辈者非一人。

顺治末、康熙初，清廷对士大夫的政策与顺治初年对士子的政策比较起来大相径庭。顺治初年，清廷刚入关，在北京脚跟尚未站稳，为了争取士大夫，只能采取宽容的政策。到福临亲政以后，随着清廷统治地位日趋稳固，他们对知识分子的政策便逐渐趋紧，不怕他们造反了。如奏销案这一类大案，既有经济上的背景，也有政治形势的变化，亦有文化上的影响。

知识分子得罪不起，虽然短时间内他们无法反抗，但其影响往往长远，过若干年以后，还会把旧账翻出来，说个没完没了。奏销一案，江南士大夫的文集笔记中留下来的记载连篇累牍，到了民国初年，孟森作《奏销案》一文，仍对此愤愤不平。

要收人心，要知识分子真能口服心服，不是很简单的事情，权势的压制，在这个问题上作用有限。做事要在理，稍有不在理之处，那就会永远落下为人嘲笑的话柄。政治、经济、文化之间，相互有联系，不能分割，也有区别，过去历史教科书把政治、经济、文化分割成三大块，其实是形而上学，不能说清楚人与事的来龙去脉。

（四）科场案

在奏销案之前，还有一个科场案，这个案子牵涉面很大，也牵涉到一大批士大夫。孟森《心史丛刊》有《科场案》一文，叙述此事较详，本节在该文基础上梳理案件经过及影响。

顺治初为了稳定人心和局面，连岁开科，从宽取人。顺治十四年（1657年）福临亲政以后，清统一的大局基本稳定，留下来的是南方地区局部的抗清斗争，不影响全国大局了，清廷对于一些腐弊的现象要进行整治。明清二代，科举与铨选是紧密相连的，而士大夫往往通过这两个环节互相勾结，结党营私，这种通过学校和科举考试形成的关系网，往往直接影响官员的考核和铨选。顺治十四年正月，有一道上谕提出了这个问题，其云：

谕吏部：朕惟制科取士，课吏荐贤，皆属朝廷公典，原非臣子可借以罔上行私市恩报德之地。至于师生称谓，必道业相成，授受有自，岂可攀援权势，无端亲昵。近乃陋习相沿，会试乡试考官所取之士，及殿试读卷，廷试阅卷，学道考试优等，督抚按荐举属吏，皆称门生。（座主门生之间构成一种关系网，不知不觉影响着他们在官场上的相互关系。）往往干谒于事先，径窦百出，酬谢于事后，贿赂公行。甚至平日全未谋面，一旦仕宦同方，有上下相关之分，辄妄托师生之称。或属官借名献媚，附势趋炎，或上官恃权相迫，恐喝要挟，彼此图利，相煽成风，恬不知耻。以致属吏职业罔修，精神悉用之交结上司，弗问吏治，喜怒一任乎私心，因而荐举不公，官评淆乱，负国殃民，不知理义，深可痛恨。朕欲大小臣工共涤肺肠，痛革积弊，以后内外大小各官，俱恪守职业，不许投拜门生，如有犯者，即以悖旨论罪。荐举各官，俱照衙门体统相称，一切读卷、阅卷、考试等项，俱不许仍袭师生之号。即乡会主考同考，务要会集一堂，较阅试卷，公同商订，惟才是求。不许立分房名色，如揭榜后，有仍前认作师生者，一并重处不贷。尔部即通行严饬内外各衙门，务令恪遵，永绝朋党之根，以昭朕激劝群工，共还荡平至意。（《东华录》顺治十四年正月戊午条）

这一大篇文章不是年轻的福临所能写出来的，不知出于内阁何人之手，但文中所揭露科考与铨选中的种种问题，确实深刻。这里讲的是官场实际存在的潜规则，有的习惯成自然，大家都习以为常了。读一下《儒林外史》，就知道书中描述的就是形象化的潜规则。这道上谕是一篇声讨官场潜规则的檄文，这一年十月间顺天乡试的问题正好撞在枪口上，成为处理科场舞弊的典型案例。《东华录》顺治十四年十月甲午条云：

> 先是给事中任克溥参奏："北闱榜放后，闻中式举人陆其贤用银三千两，同科臣陆贻吉送考试官李振邺、张我朴，贿买得中。北闱之弊不止一事，乞皇上集群臣会讯。"事下吏部、都察院，严讯得实，奏闻得旨："贪赃坏法，屡有严谕禁饬。科场为取士大典，关系最重，况辇毂近地，系各省观瞻，岂可恣意贪墨行私。所审受贿用贿过付种种情实，目无三尺，若不重加处治，何以惩戒来兹。李振邺、张我朴、蔡元禧、陆贻吉、项绍芳、举人田耜、邬作霖俱著立斩，家产籍没，父母、兄弟、妻子俱流徙尚阳堡。主考官曹本荣、宋之绳著议处具奏。"

这个案子适当处理以儆后者是必要的，那么多人处斩刑，太重了，而且连累父母妻子，那就近乎苛酷了。这一类习惯性陋习造成贪污腐弊，仅靠重刑也只能收效于一时，它是附着于那时的考试与人事制度上的寄生物，制度设置不可能没有漏洞，制度需要靠人去执行，关键还是人的思想和利益关系。如果在这个根本问题的认识上是非颠倒了，那么上有政策下有对策，这就不是制度或者司法手段所能制止的。清廷这一次科场案波及的面相当宽，除了顺天以外，江南、河南、山东、山西四地的乡试都出了问题，而以顺天与江南的案子影响最大，处理也最重，不仅作弊诸人被重刑处理，而且这一科参加考试的举人都要重考。十一月，下令"将今年顺天乡试中式举人速传来京，候朕亲行覆试，不许迟延规避"。覆试的时间定在顺治十五年（1658年）的正月甲寅，而且由福临自己亲临试场。

南闱的覆试是在那年的三月间,覆试的场景令人感到恐怖,清人王应奎的《柳南随笔》卷一记其事云:

> 丁酉科场之变,凡南北中式者,悉御试瀛台,题即为瀛台赋。宿源亦于是科登贤书,在御试列。是时每举人一名,命护军二员持刀夹两旁,与试者悉惴惴其栗,几不能下笔。宿源即以《燕都赋》改窜成篇,顷刻而就。世祖览之称善,钦定第二名。

覆试时两个卫兵持刀在旁,怎么让人下笔作文呢?戴璐的《石鼓斋杂录》云:

> 殿廷覆试之日,不完卷者锒铛下狱。吴汉槎兆骞,本知名士,战栗不能握笔,审无情弊,流尚阳堡。

吴兆骞流放宁古塔,而且父母兄弟妻子同流。

人们对一种制度的认识,往往以一种倾向掩盖另一种倾向,在纠正一种错误倾向时,往往矫枉过正,当人们注意"过正"带来的问题时,把过去的"枉"又丢到了九霄云外。中国古代用人制度,无非是荐举与考试,各有利弊得失,科场案,就是考试制度弊端的产物,发现其种种弊端以后,用司法手段来惩处,希望杀一儆百,那就过头了,又必须矫枉了。人们注意的不是考场的弊情,而是被处理人的不幸遭遇了,此一时也,彼一时也。

案子不能审过头,对知识分子的案子尤其不能审过头,审过头了不仅经不起历史的检验,往往反而成为千年之笑柄。奏销案有赋役征收过程中的种种陋习,科场案背后有考试制度自身的弊病和陋习,对于这方面的问题,抓一二个典型处理一下未尝不可,但只能雷声大,雨点小,决不能借此办大案,不能株连许多人,株连人多了,那么错案、冤案就很难避免。办大案当时是痛快，但是后患很多，许多问题不久便死灰复燃，而且愈演愈烈。所以如福临那样喜欢用手中权力逞一时之痛快而兴大案，往往在历史上给自己留下千年笑柄。问题是他们不懂司法的作用有限，有许多问题不是司法所能解决的，司法不是万能的，司法裁定有效，也是有限度的，这就要其他方面来补充。

二、多尔衮与福临
——顺治十八年的前期和后期

皇太极去世以后,皇位继承人的推选是一个折中的过程。清廷在关外,君权的继承是合议制,也就是八旗诸王贝勒合议。皇太极直接掌握的是两黄旗,亲王贵族是主张立皇太极长子豪格为君,"国忧时,图尔格、索尼、图赖、锡翰、巩阿岱、鳌拜、谭泰、塔瞻八人往肃王(豪格)家中,言欲立肃王为君"(《东华录》顺治五年三月己亥条)。"和硕郑亲王(济尔哈朗)初议立尔(指豪格)为君,因王性柔,力不能胜众,议遂寝。"(《东华录》顺治元年四月戊午条)这里"力不能胜众",是指豪格能力不够,实际上是还不能得到八旗诸王多数的拥戴。而多尔衮作为努尔哈赤的第十四子,受到努尔哈赤特别的宠爱,努尔哈赤生前有意让多尔衮即王位,由代善监国,然而当时皇太极威信最高,故由皇太极继位执政。皇太极去世,多尔衮作为皇太极之弟,与其同母兄弟阿济格、多铎拥有两白旗的实力,加上他战功显赫,两白旗自然拥多尔衮即王位。为了平衡二者之间的矛盾,只好由皇太极年仅6岁的第九子福临为帝,以多尔衮、济尔哈朗辅政,这样多尔衮虽未名义上掌握最高王权,但通过监国实际上掌握了清帝国的最高权力。清兵入关以后,这个矛盾暂时得到缓解,特别是在迅速迁都北京,统一北方中原地区的过程中，多尔衮的实际地位和权力反而上升了。

当时多尔衮在满洲贵族内部的矛头主要是对着豪格的。顺治五年（1648年）三月，多尔衮以豪格"徇隐随征护军参领希尔根冒功事，又欲擢用罪人扬善之弟吉赛，议罪削爵，系之，卒于狱"（《清史列传》卷二《豪格传》）。这件事使多尔衮与皇太极家族，特别是福临结怨了。到了顺治七年正月，多尔衮又纳豪格之妃为己妃，这又是犯忌的事。这一年的七月，"王欲于边外筑城清暑，令户部计额征地亩人丁数，加派直隶、山西、浙江、山东、江南、河南、湖广、江西、陕西九省银二百四十九万两有奇，输工用。王寻以悼妃故有疾。锡翰与内大臣席讷布库等诣第，王怨曰：'顷予罹此莫大之忧，体复不快。上虽人主，念此大故，亦宜循家人礼，一为临幸。若谓上方幼冲，尔等皆亲近大臣也。'又曰：'尔等毋以予言请驾临。'锡翰等出，王遣人追止之，不及。于是上幸王第。王责锡翰等罪，降罚有差"（《清史列传》卷二《多尔衮传》）。当时福临迫于多尔衮的权势，只能亲临王第问候。加派田赋建别墅清暑，反映出多尔衮倦政了。这年十二月，多尔衮在喀喇河屯去世，终年39岁。多尔衮去世以后，福临才能亲政，那年福临只有14岁。

多铎先多尔衮而死，两白旗就没有自己有力的政治领袖了。那时皇太极系统两黄旗的诸王公大臣就不再愿意屈居人下。多尔衮刚去世时，其所任用诸大臣仍依多尔衮留下的"亡主遗言"办事。顺治亲政是在顺治八年（1651年）正月，在太和殿接受诸臣朝贺，仍追尊多尔衮为成宗义皇帝，妃为义皇后，同附太庙。变局发生在二月，要追论多尔衮的罪状了，"所用仪仗、音乐及卫从之人，俱僭拟至尊，盖造府第亦与宫阙无异，府库之财任意糜费，擅用织造缎匹、库贮银两珍宝不可胜计"。"擅自诳称太宗文皇帝之即位原系夺立，以挟制中外，又构陷威逼，使肃亲王（豪格）不得其死，遂纳其妃。且将官兵户口财产等项不行归公，俱以肥己。""凡一切政事及批票本章不奉上命，概称诏旨，擅作威福，任意黜陟，凡伊喜悦之人，不应官者滥升，不合伊者滥降，以致僭妄悖理之处，不可枚举。又不令诸王贝勒贝子公等入朝办事，竟以朝廷自居，令其日候府前。昨伊之近侍额克亲、吴拜、苏拜、罗什、博尔惠口称亡主遗言，欲乱国政，被端重亲王、敬谨亲王暨内大臣等公同出首，遂将罗什、博尔惠正法。"（《东华录》顺治八年二月己亥条）从这件事，可以知道一朝天子一朝臣，多尔衮活着，谁也不敢吭声。多尔衮一死，他的各种"罪状"也就来了。尽管如此，多尔衮在清兵入关、平定中原地区诸事上还是有功的。他使清帝国初具规模，重用了一批明臣和降将，把北方和江南的社会秩序初步稳定下来。这些正面事例，顺治皇帝在诏谕中一概不提，也是不公正的。多尔衮在世时也确实有飞扬跋扈的地方，皇太极系统的两黄旗及诸王公大臣自然以顺治的名义，把案子翻过来，给多尔衮定罪，原来多尔衮的大臣们只能倒向顺治，对多尔衮反戈一击。到了乾隆三十八年（1773年）多尔衮的案子才被平反，为多尔衮恢复名誉，"追复旧封，配享太庙，其睿亲王爵，世袭罔替"（《清史列传》卷二《多尔衮传》）。无论豪格的案子，还是多尔衮死后的追论，都是当时的政治需要，比较客观和公正的历史结论，要过若干年以后，才能重新认定，这在古往今来的历史上几乎是一条带有普遍性的规律。

多尔衮的事，虽然只是满洲贵族王公大臣之间权力结构上的纷争，但也影响到当时的汉族大臣。有的人比较聪明，看到上层内部矛盾已露痕迹，便采取退缩回避的办法，以免卷入太深，如范文程、洪承畴。《清史列传》卷五《范文程传》有一段记载，时间是在顺治三年（1646年），时有"甘肃巡抚黄图安请终养"，"部议借端规避，应革职。文程白郑亲王济尔哈朗曰：'终养乃人子至情，不宜如部议。'睿亲王怒其不先白己也，下法司论罪，既而释之。后文程因不合睿亲王意，时称疾家居。至是，世祖以文程在盛京时不附贝勒硕托，后亦不附睿亲王，众所共知，免其罪，革职留任，未几，复原职。"同为内院大学士的刚林便因与多尔衮贴得太近，"坐阿附，论斩，籍没，遂伏法"（《清史列传》卷四《刚林传》）。范文程活到了70岁，在康熙五年（1666年）得以善终。在复杂的政治斗争面前，使自己保持超脱，又能积极把事情办好，实在是一件不容易的事。

洪承畴在顺治二年（1645年）闰六月驻江宁，任招抚南方总督大学士，处理江南的事务。顺治四年四月，有明鲁王封承畴国公，致洪承畴书有"伏为内应，杀巴、张二将，则江南不足定"之语。多尔衮下谕旨称："朕益知贼计，真同儿戏。"后来洪承畴以父卒于闽，请解任守制，以后便离开江宁是非之地了，回北京内院，任《太宗实录》总裁之闲职。到了顺治十年才被重新起用，任经略湖南、广东、广西、云南、贵州，以太子太师、兵部尚书、都察院副都御史之职处理南方及西南地区桂王政权的问题。顺治八年福临亲政时的变故，他不仅没有涉及其中，反而受到重用。至康熙四年（1665年）

去世，终年72岁。这个人一生都在风口浪尖上，能如此，也不容易。

在清初任要职的人，亦有北人与南人之分，比较起来北人与明末阉党关系密切一些，南人则与东林、复社亲近一些。如冯铨是顺天涿州人，故是北人，又是列名阉党的。他在顺治元年（1644年）五月便奉多尔衮诏办事内院，因为他曾在明末内阁任事，熟悉情况。他曾被攻击"党附魏忠贤作恶"，但没有被追究。他在顺治七年致仕，退下来以后，陈名夏、陈之遴相继入内院。

陈名夏是江南溧阳人，陈之遴是浙江海宁人，他们都是南人。陈之遴顺治八年（1651年）擢为礼部尚书，次年授弘文院大学士，他是冯铨退下来后入内院的，但一直受到攻击，晚年死于辽阳徙所。陈名夏顺治五年时任吏部尚书，他与谭泰关系密切，有人借谭泰事攻击陈名夏，顺治没有追究，顺治十年补秘书院大学士。那一年冯铨复入内院，福临的上谕说："国家用人，使功不如使过，原任大学士冯铨素有才学，召入内院办事，数年以来，未见有所建明，且经物议，是以令其致仕回籍。朕思冯铨原无显过，且博洽典故，谙练政事，朕方求贤图治，特召用以观自新，谕到之日，即速赴京。"（《清史列传》卷七十九《冯铨传》）他再次进内院时，有过一次争论，其传续云："铨既至，召对内院，是夕，复召同大学士洪承畴、范文程、额色赫、陈名夏入，询论翰林官贤否。谕曰：'朕将亲考其文之优劣，可定其高下。'铨奏曰：'人有优于文而无能无守者，有短于文而有能有守者，南人优于文而行不符，北人短于文而行成善。今取文行兼优者用之，可也。'上善其言。"从这一段话可以知道，冯铨自己是以北人自居，实际上是在贬低南人。

冯铨在顺治十二年（1655年）二月再次致仕回籍，到顺治十六年改内三院为内阁时，冯铨仍兼中和殿大学士。到康熙十一年（1672年）十一月才去世，享年78岁，长寿而善终。陈名夏是南人的代表人物，相比较而言，他虽然一度掌铨选之大权，得罪人也多，因此受到的攻击也多，被指责"徇私植党""滥用匪人"。顺治十一年大学士宁完我劾陈名夏包藏祸心以倡乱，根据是陈名夏对他讲过"留发，复衣冠，天下即太平"（《清史列传》卷七十九《陈名夏传》），这两点正是诱发江南抗清斗争的重要因素，结果陈名夏便因为这两句话被处绞刑。钱谦益也是江南的著名人物，降清以后，至京候用，以礼部侍郎管秘书院事，不久乞假回籍。顺治五年还官司缠身，最终获释，顺治末年死于家，乾隆帝后来还下谕旨批评钱谦益的《初学集》与《有学集》。

由于南方抗清斗争的各个政权中都有东林士子的足迹，如刘宗周、黄道周、瞿式耜都是南方抗清运动中属于东林系统的代表人物，所以有东林倾向的南方士子钱谦益、吴伟业等在清廷为官皆不得志，顺治后期出现打击江南世家大族的科场案与奏销案也就很自然了。清朝初年东林与阉党之间的斗争不可能如明末那样轰轰烈烈自上至下贯穿到底，只是若隐若现可以看到一些历史遗留的痕迹，明王朝毕竟覆灭了，清王朝上层集团内部的矛盾在满洲贵族之间展开，汉族士大夫不是处在权力的中心了。

顺治执政的十年，虽然他在政治上与多尔衮处于敌对状态，但在国内政策方面仍是一脉相承。相对而言，多尔衮执政的初期对一些问题的处理要宽松一些，后期他迷恋于女色和享受。顺治亲政时，政治还是有起色的，多尔衮时期的一些重要内阁大臣，若范文程、洪承畴、冯铨、金之俊、魏裔介等汉人还是被重用的。在中枢管理机构的体制上，继续继承明朝的体系，如改内三院为内阁。然而亦有问题，清初不设阉人，顺治初设内务府置织造太监，顺治十年（1653年）设乾清宫执事官及直殿局，便使用宦官了。顺治十一年在内务府设置十三衙门，重用宦人吴良辅。这十三衙门，下设八监：司礼、御用、御马、内官、尚衣、尚膳、司设、尚宝；此外有三司：尚方、钟鼓、惜薪；二局：兵仗、织染。以上加起来是十三衙门，这样便恢复了明朝的宦官制度。十三衙门的机构至此基本成型，采取满人与寺人并用，寺人的品秩不过四品，凡系内员，非奉差遣，不准出皇城，职司之外，不许干涉一事，不许交结外官。实际上这些限制效果不佳，顺治十五年便有大学士陈之遴以贿结吴良辅而获罪充军，实际上是吴良辅交通内外官员，作弊纳贿，他屡遭御史弹劾，但有福临的庇护，依然故我。顺治去世前五日，还去法源寺为吴良辅祝发。到顺治去世以后，才废除十三衙门，宫廷事务由内务府管辖。有一些习惯和传统要改也难，宦官问题，清代没有明代那么严重，但到晚清慈禧执政时又另当别论。

福临的婚姻生活也是很苦恼的，满洲人在婚姻习俗上，还是有原始民族的习惯，福临在顺治八年（1651年）大婚，娶的是吴克善之女，她是福临母亲的内侄女，但福临并不喜欢她，结婚以后便把她打入冷宫三年。顺治十年下诏废后，说是多尔衮在他幼年时定的亲，因而将她降为静妃，改居侧宫，结果引起大臣们一片哗然，而福临则一意孤行。次年又聘废后之表侄女为皇后。后福临喜欢上自己的弟媳妇、只有十八岁的董鄂氏,他兄弟气死了,他便把董鄂氏纳入宫封为贵妃。顺治十四年董妃产一子,未久便夭折了,顺治十七年八月董妃病故,福临哀痛失态,辍朝五日,要大学士为董鄂妃写传,要礼部追封她为后。从这件事与多尔衮纳豪格之妃来看,他们都比较任性,随心所欲,婚姻关系不讲辈分,可以任意夺亲人之妻。这也许是满洲人早年的原始习俗,也是游牧民族早年在婚姻关系上的习俗,妇女如牛马一般在家人内可以再分配,看一下王昭君的遭遇也可知其一二。

顺治十八年(1661年)正月,福临因痘疾死于养生殿,那年他只有24岁,董鄂氏之妹以身殉葬。由于他死得很突然,故民间有很多传说,认为他因董鄂妃去世过分悲伤而去五台山出家为僧了。有《红楼梦》索隐学者认为宝玉出家,是影射福临未死而遁入五台山,这当然不足凭信。福临对自己婚姻关系的处置是非常自由、随心所欲的,不受礼法的约束,不听朝廷大臣的劝阻。从这件事也可以看出他性情中有非常倔强的一面,顺治后期屡兴大狱,可能与他那特殊的性情也有关系。

福临死了以后,借其口吻,有自责十四罪之遗诏,这当然是其身后由孝庄皇太后及相关之大臣为他写的,不是他自己的意思。今据《东华录》顺治十八年正月丁巳条录其遗诏于下:

朕以凉德,承嗣丕基,十八年于兹矣。自亲政以来,纪纲法度,用人行政,不能仰法太祖、太宗谟烈。因循悠忽,苟且目前,且渐习汉俗,于淳朴旧制,日有更张,以致国治未臻,民生未遂。是朕之罪一也。

朕自弱龄，即遇皇考太宗皇帝上宾。教训抚养，惟圣母皇太后慈育是依，隆恩罔极，高厚莫酬，惟朝夕趋承，冀尽孝养。今不幸子道不终，诚恸未遂。是朕之罪一也。

皇考宾天时，朕止六岁，不能服衰绖，行三年丧，终天抱憾。惟侍奉皇太后，顺志承颜。且冀万年之后，庶尽子职，少抒前憾，今永违膝下，反上廑圣母哀痛。是朕之罪一也。

宗室诸王贝勒等，皆系太祖、太宗子孙，为国藩翰，理宜优遇，以示展亲。朕于诸王贝勒等，晋接既疏，恩惠复鲜，以致情谊暌隔，友爱之道未周。是朕之罪一也。

满洲诸臣，或历世竭忠，或累年效力，宜加倚托，尽厥猷为，朕不能信任，有才莫展。且明季失国，多由偏用文臣，朕不以为戒，而委任汉官，即部院印信，间亦令汉官掌管，以致满臣无心任事，精力懈弛。是朕之罪一也。

朕夙性好高，不能虚己延纳，于用人之际，务求其德与己相侔，未能随才器使，以致每叹乏人。若舍短录长，则人有微技，亦获见用，岂遂至于举世无才？是朕之罪一也。

设官分职，惟德是用，进退黜陟，不可忽视。朕于廷臣中，有明知其不肖，不即罢斥，仍复优容姑息，如刘正宗者，偏私躁忌，朕已洞悉于心，乃容其久任政地，诚可谓见贤而不能举，见不肖而不能退。是朕之罪一也。

国用浩繁，兵饷不足，而金花钱粮，尽给宫中之费，未尝节省发施。及度支告匮，每令会议诸王大臣，未能别有奇策，止议裁减俸禄，以赡军饷，厚己薄人，益上损下。是朕之罪一也。

经营殿宇，造作器具，务极精工，求为前代后人之所不及。无益之地，糜费甚多，乃不自省察，罔体民艰。是朕之罪一也。

端敬皇后于皇太后克尽孝道，辅佐朕躬，内政聿修。朕仰奉慈纶，追念贤淑，丧祭典礼，过从优厚，不能以礼止情，诸事逾滥不经。是朕之罪一也。

祖宗创业，未尝任用中官，且明朝亡国，亦因委用宦寺。朕明知其弊，不以为戒，设立内十三衙门，委用任使，与明无异，以致营私作弊，更逾往时。是朕之罪一也。

朕性耽闲静，常图安逸，燕处深宫，御朝绝少，以致与廷臣接见稀疏，上下情谊否塞。是朕之罪一也。

人之行事，孰能无过，在朕日理万几，岂能一无违错，惟肯听言纳谏，则有过必知。朕每自恃聪明，不能听言纳谏。古云："良贾深藏若虚，君子盛德，容貌若愚。"朕于斯言，大相违背，以致臣工缄默，不肯进言。是朕之罪一也。

朕既知有过，每自刻责生悔，乃徒尚虚文，未能省改，以致过端日积，愆戾愈多。是朕之罪一也。

太祖、太宗，创垂基业，所关至重，元良储嗣，不可久虚。朕子玄烨，佟氏所生，八岁，岐嶷颖慧，克承宗祧，兹立为皇太子，即遵典制，持服二十七日，释服即皇帝位。特命内大臣索尼、苏克萨哈、遏必隆、鳌拜为辅臣，伊等皆勋旧重臣，朕以腹心寄托，其勉矢忠荩，保翊冲主，佐理政务。布告中外，咸使闻知。

这份遗诏应是应内大臣索尼、苏克萨哈、遏必隆、鳌拜的要求而书写的，其第一方面的罪状便是渐习汉俗更张旧制，那就是接受汉族传统的制度和文化，变更满洲在关外的旧俗；换一句话便是议政王大臣的地位下降，内三院改内阁，汉人的地位提高，也就是不信任满洲武臣，多任用汉官文臣，部院印信亦由汉族文官掌握，在机构设置上便是设内十三衙门，委任中官，与明末弊政无异。其第二方面的罪过，便是用人上不能随才器使，不能舍短录长，不能惟德是用。于廷臣中，明知不肖，不即罢斥，见贤不能举，见不肖不能退，其结果是用人只凭个人好恶，处置不当。其第三方面的罪过，是帝室的宫廷消费过于浩大，营建殿宇过于靡费，致使金花银与钱粮不够用，财政拮据，军饷不够，则议改臣下俸禄。第四方面的罪过是说自己不能尽孝道，6岁即位，不能服三年之丧，对宗室诸王贝勒不能亲近相处。第五方面的罪过是不能虚心接受臣下进谏，明知有过而未能省改。第六方面的罪过是由8岁的太子玄烨即位，由四大臣辅政。这十四大罪状，基本上是对顺治生前过失的检讨和对身后事的安排。

全面看待顺治后十年的统治，他执政期间，平定了南方抗清斗争，对全国统一还是有功的；政治建制上也有一些变化，总的来说还是在进步。奏销、科场、哭庙等案有过严的地方，但抑止一下江南的地方豪绅，对农民还是有利的。他亲近汉人，当然遭受满洲王公大臣的反对，故康熙亲政以前，由四大臣辅政的八年，有些地方出现倒退，也是必然的。

从辅政四大臣的情况看，多尔衮时代是两白旗当家，福临亲政以后，是两黄旗的王公大臣在当家。从四辅政大臣的出身看，三个是两黄旗的，只有一个苏克萨哈是正白旗的。翻一下他们在《清史列传》的传记，则可知他们都是不受多尔衮重用的人，福临亲政以后被提拔重用。一朝天子一朝臣，这四个辅政大臣，正白旗的苏克萨哈还是挨整的；当家的前期是索尼，但时间较短，身体也不好；后期是鳌拜，有一点飞扬跋扈，到康熙八年（1669年）五月玄烨亲政以后局面才改观。

三、康熙亲政前后所面临的局势和问题

康熙是在顺治十八年（1661年）即皇帝位的，他的名字叫玄烨，是顺治第三子，生于顺治十一年三月十八日，即位时只有虚岁8岁，当然谈不上亲政。顺治去世，康熙即位的过程，实际上是皇太极的妻子孝庄皇太后操纵一切，她是顺治的母亲，玄烨的祖母。她在背后扶助儿孙，帮助儿孙度过种种政治风波。从表面上看，是四个辅政大臣在那儿具体执政，实际上还是孝庄皇太后在平衡着政局。再说这四个人中有三个人是两黄旗的，一个人是正白旗的，这本来就是妥协的产物，也是一个矛盾对立的产物。

在这四个人中索尼的资格最老，在努尔哈赤时，他便随父亲到努尔哈赤身边为侍卫，出入侍从，并随军出征。从努尔哈赤到康熙，他是先后侍奉四代人的老臣了。在多尔衮执政时，他与谭泰对着干，崇德八年（1643年）皇太极刚去世时，他与两黄旗的图勒等曾谋议立肃亲王豪格，所以他不是多尔衮的亲信。顺治八年（1651年）福临亲政时，他才受到重用。康熙六年（1667年）他知道自己身体不行了，在那年的正月，他便建议让玄烨亲政，那一年的六月他就去世了。

遏必隆是满洲镶黄旗人，是皇太极的侍卫，顺治五年因与白旗

诸王有隙而被多尔衮削职。顺治亲政以后复职,擢内侍卫大臣。四大臣辅政时,索尼老病,鳌拜专政,鳌拜与苏克萨哈闹矛盾,遏必隆不敢与鳌拜相异。

苏克萨哈,是满洲正白旗人,在皇太极时立有战功。顺治八年(1651年)任议政大臣,多尔衮去世时,他首先揭发多尔衮殡殓的服色违制,此后他在湖南立有战功,因而与其他三人同受顾命为辅政大臣。他与鳌拜有姻娅关系,但在许多问题上与鳌拜相左,成为仇敌,被鳌拜借故处以绞刑,连同其子孙一起诛灭,鳌拜败后,才得以平反昭雪。

鳌拜,满洲镶黄旗人,在皇太极时屡立战功。顺治初多尔衮执政,他随英亲王阿济格征湖广,破李自成军。又随豪格征四川。因他涉及与阿济格和豪格的关系,一度论死,后被宥。顺治福临亲政以后,为议政王大臣。索尼去世以后,辅政大臣以鳌拜为首了。康熙八年(1669年)五月,被康熙以结党专擅、弗思悛改逮捕,命议政王大臣议罪,革职拘禁。《清史稿》的《圣祖本纪》称:"(康熙八年五月)戊申,诏逮辅臣鳌拜交廷鞫。上久悉鳌拜专横乱政,特虑其多力难制,乃选侍卫、拜唐阿年少有力者为扑击之戏。是日,鳌拜入见,即令侍卫等掊而絷之。于是有善扑营之制,以近臣领之。"这就是康熙抓鳌拜的过程。

这四个人皆非宗室,之所以不请诸王辅政,应是孝庄皇太后为了防止再现多尔衮专政的问题。这件事实际上是孝庄皇太后定的,尽管是四人共同辅政,还是出现了鳌拜专横的问题。

康熙继位,由四大臣辅政的八年,发生的宦官不再设置独立的机构，由内务府管辖，对摈除明代宦官专政之祸有益。另外江南奏销案与哭庙案都发生在顺治十八年（1661年），是四大臣辅政初始的时期。这个时期发生在辅政四大臣内部的事端主要是圈换土地的问题。

清兵入关以后，满洲八旗兵亦进驻京师，那时兴盛圈占京师附近的所谓无主荒地及前明庄田给八旗兵丁。由于荒地与熟地错杂相处，圈占土地时，已是纠纷很多，故顺治元年（1644年）十二月，顺天巡按柳寅东奏，恐满汉杂居，易生纷争，因上满汉分居五便之疏，其疏云：

> 清查无主之地，安置满洲庄头，诚开创宏规。第无主之地与有主之地，犬牙相错，势必与汉民杂处；不惟今日履亩之难，日后争端易生。臣以为莫若先将州县大小，定用地多寡，使满洲自占一方；而后以察出无主地，与有主地互相兑换，务使满汉界限分明，疆理各别而后可。盖满人聚居一处，阡陌在于斯，庐舍在于斯，耕作牧放，各相友助，其便一。满人汉人，我疆我理，无相侵夺，争端不生，其便二。里役田赋，各自承办，满汉各官，无相干涉，亦无可委卸，其便三。处分当，经界明，汉民不至窜避惊疑，得以保业安生，耕耘如故，赋役不缺，其便四。可仍者仍，可换者换，汉人乐从。其中有主者归并，自不容无主者隐匿；其便五。（《东华录》顺治元年十二月己未条）

这条奏疏，实际上是划几块地方给满洲庄头，在圈地范围内的汉人一律迁出，这样便能避免今后满汉民间的纠纷。实际上在当时就是强夺顺天地区的一部分民户的土地房屋，迁置他处，对被圈者而言，当然是一件痛苦不堪的事。顺治元年（1644年）六月，摄政王有一条上谕称：

> 京城内官民房屋被圈者皆免三年赋税，其中有与被圈房屋之人同居者，亦免一年。（《东华录》顺治元年六月丙寅条）

这说明八旗兵丁不仅强占田地，而且强占房屋。即使在京城内，也有圈占住房的事。凡是有八旗兵驻防的城市，都有"旗下"这一特殊的名称，是八旗兵驻防之地，其附近土地房屋被圈占，这都是顺治初年发生的事。康熙初年发生的圈换土地是八旗内部的土地互换，多尔衮时，把镶黄旗应得之地给了正白旗，而镶黄旗的地则分在保定、河间、涿州等二十余处，旗民二十多年来已各安其业。康熙五年（1666年）鳌拜提出要恢复原来的定制，把正白旗的地还给镶黄旗，正白旗则搬到镶黄旗所在地。这当然引起正白旗出身的苏克萨哈的反对，鳌拜下令户部尚书苏纳海执行，而苏纳海是正白旗的人，因而不赞成此事，认为旗人安业已久，民地已奉令不许再圈。鳌拜复以镶黄旗地不堪耕种为由，下令由苏纳海与直隶总督朱昌祚经理其事，而朱昌祚是汉军镶白旗人，结果他们又上疏论此事不便于民。朱昌祚上疏言：

> 直省州县田地之瘠薄膏腴，赋税之上、中、下则，原自异同，岂能尽美？今令两旗更正地土，原欲其彼此均安，但臣见现在行圈地亩，皆啧啧有词，大概以瘠易腴者，固缄默不言，而以腴易瘠与以瘠易瘠者，不免观望嗟吁，皆不乐有此举。……臣思安土重迁，人之至愿，两旗分得旧处庄地，二十年来，相安已久，靡不有父母坟墓在焉，一旦更易，不能互相移徙，且值

此隆冬，各旗率领所属，沿村栖守，守候日久，穷苦者橐粮已尽，冻馁可悯。又附近百姓，闻朝廷此举，所在惊惶。且据士民环门哀吁，有谓州县熟地皆已圈去无余，今之夹空地土，皆系所遗洼中，经垦辟成熟，当差办税者；有谓地在关厢，大路镇店所居民皆承应运送皇陵物料，并垫道修桥及一切公差徭役者；有谓被圈地之家，即令他往，无从投奔者；有谓时值令冬，扶老携幼，远徙他乡，恐地方疑为逃人，不容栖止者；有谓祖宗骸骨，父母丘垅，不忍抛弃者。臣职任安民，而民隐如此，何敢壅蔽不以实闻？臣又遍察蓟州及遵化等应换州县，一闻圈丈，自本年秋收之后，周遭四五百里，尽抛弃不耕，今冬二麦全未播种，明年夏尽，安得有秋？且时已仲冬，计丈量事竣，难以定期，明春东作，必又失时，而秋收亦将无望，京东各州县，合计旗民与失业者不下数十万人，田荒粮竭，无以资生，岂无铤而走险者？……尤臣责任所关。（《清史列传》卷六《朱昌祚传》）

苏纳海与朱昌祚讲的还是有道理的，本来这样的圈换，两处旗民也皆感不便，而鳌拜却论苏纳海坐拨地迟误，直隶总督朱昌祚坐纷更阻挠，罪皆论死。康熙并未允准，而鳌拜公然把二人弃市处死。到抓了鳌拜以后，二人才平反昭雪，换地的事也就中止了。

康熙亲政以后，在身边也逐渐形成一个可以依靠的新生力量，一方面是侍卫出身的年轻人，如索尼的第三个儿子索额图，初任侍卫，由三等升至一等，康熙七年（1668年）授吏部右侍郎，八年五月要求仍回一等侍卫，就在那个月助康熙拘禁了鳌拜。抓鳌拜出谋划策者是索额图，他还是康熙皇后的叔父。明珠亦是满洲正黄旗人，其父尼雅哈，随努尔哈赤征战有功，明珠为其次子，由侍卫擢为内务府总管，康熙五年时授为弘文院学士，是康熙身边的谋士。

侍卫相当于汉代的郎中，郎官有三级，郎中、中郎、外郎，郎中居君主之左右，是君主心腹亲要之人，亦有执兵宿卫、奉命出使的。康熙初年四辅政大臣都是侍卫出身。侍卫亦分三等，贵族子弟皆以侍卫出身为贵臣，原因是通过做侍卫可接近皇帝。索额图放着吏部右侍郎不做，宁可到康熙身边做侍卫，因为接近皇帝可以成为机密的大臣。

汉人熊赐履，是湖北孝感人，顺治十五年（1658年）进士，康熙初是弘文院的侍读，实际上是康熙的老师。由于在康熙身边，既对鳌拜的专横看得清楚，也敢于直言不讳，他提出"朝政积习未除，国计隐忧可虑"，"未足厌服斯人之望"。这些批评引起鳌拜的敏感和责问，要把他降二级调用，康熙还是把他留在身边了。康熙能智擒鳌拜，那是有这些人出谋划策，背后有孝庄皇太后支持的结果。

四、平定三藩之乱

三藩具体是指平西王吴三桂，王云南；平南王尚之信，是尚可喜之子，王广东；靖南王耿精忠，是耿仲明的孙子，王福建。据《圣武记》卷二，顺治时三藩开建之始兵员的状况，耿、尚二藩所属各十五佐领，绿旗兵各六七千，丁口各两万；三桂的藩属有五十三佐领，绿旗兵万有二千，丁口数万。在三藩中吴三桂功最大，兵亦最强。

平定南方抗清斗争以后，三藩的军事力量在这个过程中得到膨胀，所以军费的供应倍增。顺治十七年（1660年）户部奏计云南省一地俸饷一年便有九百余万两，加上闽粤二地的军饷，岁需二千余万两；而当时全国的岁入不过二千多万两。云南、广东、福建的岁入不可能满足当地的需求，故一切军饷开支皆仰于江南，这种状况是很难持久的，清廷与三藩的矛盾迟早要爆发，两者之间的对抗只是时间问题。三藩的兵力实际上都由明朝遗留下来的残余军事力量组成，消灭这股力量的斗争与较量是难以避免的，只是什么时候以什么形式来展开这一场较量的问题了，它本质上是明清两个王朝在平定鲁王、唐王、桂王之后最后一次较量。

康熙十二年（1673年）三月，尚可喜受制于其子尚之信，虑不得自全，乃疏请归老辽东，留子镇粤。康熙让议政王大臣讨论这件事，讨论的结果是应将全藩家属兵丁迁回辽东，这就牵涉到他们的地盘和根本利益了。尚可喜归老的请求本来是试探康熙对他们的态度，撤藩的消息出来以后，吴三桂与耿精忠亦在同年的七月提出撤藩的请求，试探康熙的态度。康熙令议政王大臣及户、工二部一起讨论此事，廷议有两派，一派认为迁藩这件事麻烦太多，一派主张撤藩迁回辽东安置。户部尚书米思翰、兵部尚书明珠主张撤藩。康熙则认为撤亦反，不撤亦反，不若先发制之，且吴三桂与耿精忠皆有子弟宿卫京师，或因此而不会轻易叛逆。于是撤藩的决定便定下来了。

清廷决定撤藩的通知下达以后，吴三桂第一个发难，他明里表示恭顺，暗里准备反叛，而云南巡抚朱国治则一次次催促吴三桂起程。这个朱国治便是主持奏销案的江南巡抚，他深感江南税赋之重与云南地区军饷负担过重息息相关，故当然把催促吴三桂撤藩起程作为己任。那年的十一月二十一日，三桂集藩下官属于殿上，发兵抓朱国治杀之，起兵自称天下都招讨兵马大元帅，以明年为周元年，蓄发易衣冠，移檄远近，谓为明室复仇。这在政治上使吴三桂处于自相矛盾的境地，在山海关投降清兵的是他，在云南打败桂王政权的是他，去缅甸抓桂王杀于昆明的是他，如果要说为明室复仇，那把自己降清后的作为置于何地？名不正则言不顺。

吴三桂发难时，其兵甚盛，以云南为根据地，有两条进攻的线路，一条是遣其部将王屏藩犯四川，四川巡抚罗森、提督郑蛟麟皆叛应三桂，接着陕西的王辅臣亦叛应。另一条进攻的线路是马宝带兵由贵州出发进攻湖南，广西的孙延龄、提督马雄亦起兵响应，孙延龄带的是孔有德的军队，他是孔四贞的丈夫。在福建的耿精忠先是观望，后亦起兵响应。他是康熙十三年（1674年）三月才据福州反，自称总统兵马大将军，效吴三桂蓄发、易衣冠，与吴三桂相约，分兵攻江西与江南，约潮州总兵刘进忠扰广东，同时台湾的郑经在沿海进攻东莞。而尚可喜那时尚未死，吴三桂发难时，尚可喜奉诏留镇，并晋为平南亲王，命其子尚之孝为平南大将军，讨伐刘进忠于潮州，尚之孝战失利，退守惠州。吴三桂诱尚之信起兵，而尚可喜卧疾弗能制，愤甚，自缢，左右解之，康熙十五年（1676年）十月死于广东。尚之信遣使赴江西通款表示愿意立功赎罪，故又归顺清廷。三藩的情况各不相同，初起兵时兵势甚盛，数月之间，清廷六省失陷，中原动摇，当官者没有守土之志。当时有人向吴三桂建议，乘胜渡江，挥师北上，也有人建议沿江直下南京，扼守运河，绝南北粮道。然而吴三桂毕竟老了，行事老成持重，不想离开云贵根据地。问题是云贵的税赋养不活这支庞大的军队。他既得湖南以后，便下令诸将不得北进，希望清廷能与其裂土议和。这样吴三桂丧失了战机，给清政府充分的应对时间来部署兵力，并对其羽翼分化瓦解，如尚之信便叛服不定，王辅臣最终还是投降清廷，耿精忠亦叛而复降。

康熙十六年（1677年），吴三桂既失陕西、福建、广东三大援，又失江西，这样清兵便能集中兵力进攻湖南。广西的孙延龄在孔四贞的影响下投降清廷。吴三桂不得不派自己的孙子吴世琮带兵逼广西，诱杀孙延龄，吴世琮在广西为清兵所败，受伤而死。孙延龄旧将皆率桂林兵众降清廷，从此吴三桂的羽翼皆为清廷所剪除。

康熙十七年（1678年），清军诸将集中力量进攻吴三桂控制的湖南与江西地区，后吴三桂只据有云南、贵州及湖南、四川局部地区。

那年吴三桂67岁了,在这种情况下,吴三桂称帝,改元昭武,改衡州为定天府,在云、贵、川、湖开科取士,想借此以稳定和巩固内部关系。然而八月间,吴三桂暴卒,十月间其孙吴世璠自云南至衡州即位发表,改元洪化,迎柩还滇。

吴三桂死后,平西王属下诸将领曾议论过下一步进军的路线,吴国贵曾倡北进之议,称:"前事大误,为今计宜舍滇不顾,北向以争天下,一军图荆州,略襄阳,趋河南。一军下武昌,顺流经略江北。宁进死,无退生,剜中原之腹心,断东南之漕运,纵不能混一,黄河以南,我当有之。"(庄士敏《滇事总录》卷下)这样的议论当然无法付诸实施。实际上进未必胜,退也是死路一条,宁进勿退从精神上还不失为一种积极求生的态度。吴三桂摆脱不了云贵作为根据地,在湖南、江西便与清军僵持住了。事实上平西王属下的亲属多在云贵,不可能割舍。吴世璠是从云南来衡州的,他不可能坚守衡州,也不敢留在军事第一线。他们回到云南,那么这是一个收缩后退的方针,从观念上讲,失败已成定局了。下一步如何应战没有统一的部署,于是清军节节进攻,在湖南有安亲王岳乐的军队,广西有傅宏烈的军队,四川有王进宝指挥的军队,各自向吴三桂的势力范围进攻,吴三桂的军队只有招架之功,没有还手的余地,而且粮饷供应不足,士兵没有战斗的士气。

康熙十九年(1680年),吴三桂的残余势力退缩到云南,清兵分三路进逼,又重演当年李定国退到云南的那种状态。吴世璠死守昆明,至十月间,吴世璠服毒而死,那年他只有16岁。吴三桂发难,前后只维持了六年时间,便灭亡了。耿精忠、尚之信投诚清廷以后,结局也不好，云南平定，清政府怎能留他们作为后患呢？大学士明珠便建议处理耿精忠及其部属，耿精忠以下包括曾养性、白显忠、刘进忠等，皆磔于市，而且悬首示众。而尚之信则在广州赐死，家产籍没，留充兵饷。

回顾这七年三藩之乱，康熙所以能最终平定三藩，还是因为吴三桂苟安求全，希望与清廷妥协，丧失了战机。本来吴三桂发难时声势很大，而清廷当时宿将皆尽，诸将不是三桂将领的对手。问题是吴三桂不能联合耿、尚、孙诸藩的力量，建立统一战线，最后为清廷分化瓦解，各个击破。

清廷平定鲁王、唐王、桂王借力于汉人的力量，借力于投降的明军。平定三藩前后用兵七八年时间，固然有八旗诸王公参加，但作战的主力仍是汉人，各条战线都是汉族将领在起作用，如陕西是赵良栋、王进宝、孙思克，湖北、湖南是蔡毓荣、徐治都、万正色，福建是姚启圣、施琅、吴兴祚、杨捷等，两广是傅宏烈。

这一场战争清廷所以胜利，与康熙本人的坚定有关。当六省陷落之时，他没有动摇，没有以汉景帝在七国之乱时诛晁错的方式来对待明珠，没有听从达赖裂土罢兵的建议。三藩作难时，他没有因此而仇视汉人，仍然依靠汉兵来平息这场动乱。在朝廷中则有明珠、苏拜为之出谋划策。康熙自己总结这次事件的经验说："朕自幼读书，览古人君行事，始终一辙者甚少，尝以为戒。"（《东华录》康熙二十年十二月癸巳条）这话是对的，自己不坚定，怎么能让别人坚定呢？诿过于人，最终还是往往以失败告终。在这件事上，康熙是有始有终，认准的事，要坚持到最后胜利。一般的人，往往是

"靡不有初，鲜克有终"，康熙不因形势不利而动摇，那就很不容易了。

五、收复台湾

郑成功是在顺治十八年（1661年）从荷兰殖民主义者手中收复台湾的，康熙元年（1662年）郑成功即感风寒在台湾去世。郑成功去世以后，其部众拥其子郑经即位，仍用永历年号，他们仍然占领着金门与厦门，在闽粤沿海活动。

康熙十三年（1674年）三藩起兵，耿精忠求助于郑氏，许以漳、泉二府酬之。于是郑经渡海，与耿氏合攻广东，耿精忠背约食言，郑经自以兵取漳、泉二州，福建原来就有郑氏家族的影响，其旧部降清者复又背清投郑经。而耿精忠又降于清廷，与康亲王杰书合军攻郑氏，因而郑经又不得不退守金门和厦门。康熙十七年郑经又派其守将刘国轩出没于福建沿海，刘国轩围数万清军于海澄（今福建省漳州市龙海区），六月间，城陷，城中三万清军俱亡。于是刘国轩进围漳州、泉州二城，断漳州之江东桥、泉州之万安桥，以与清军相持。清廷以姚启圣为福建布政使，双方在江东桥相持。康熙十九年，清军先攻取海澄县，继克金门、厦门，郑经余部退守澎湖和台湾，与大陆夹海相望。

郑经在外作战时，以其长子郑克臧监国，郑家内部发生纠纷，郑成功妻董夫人杀郑克臧，立郑经次子郑克塽为延平郡王。克塽幼小，不能主政，实权落在侍卫冯锡范身上，郑家内部的权力结构逐渐被瓦解了。康熙二十年（1681年），李光地与姚启圣推荐施琅习海事可用。施琅本是郑成功部属，以后降清，知郑氏的底细，于是授施琅福建水师提督。施琅上任后，便上疏言：

> 贼船久泊澎湖，悉力固守。冬春之际，飓风时发，我舟骤难过洋。
> 臣现在练习水师，又遣间谍通臣旧时部曲，使为内应。一俟风便，可获全胜。（《清史列传》卷九《施琅传》）

推荐施琅的李光地是福建安溪人，任内阁学士。康熙帝称："台湾之役，众人皆言不可取，独李光地以为必可取，此其所长。"（《清史列传》卷十《李光地传》）康熙二十二年（1683年），双方的和议破裂，福建总督姚启圣趣施琅进师。

> 二十二年六月，琅由桐山……遂取澎湖，国轩乘小船遁归台湾，与克塽及冯锡范等皆震慑无措，乃遣使乞降，琅为奏请，上许之。
> （《清史列传》卷九《施琅传》）

《施琅传》大体上交代了双方交战的过程，决战是在澎湖。郑氏家族的力量在澎湖的水师主力损失殆尽以后，台湾本岛就很难坚守了。同年八月，施琅统兵自澎湖入鹿耳门至台湾，缴延平王金印，台湾平定。当时台湾投诚的有武官一千六百有奇，文官四百有奇，降兵四万余人。收复台湾以后便有一个如何处置的问题，鉴于当时闽、浙、粤等地人多地少，又沿海，故出海贸易的人很多，不能再采取禁海政策自缚手足了，天下东南之形势，在海而不在陆，即应采取对外的海洋政策。故施琅认为台湾地区"甫尔荡定"，"而四省尽弛海禁，出入无忌"，然而在具体措施上，他主张"凡可兴贩外国各港门，议定船数，每船酌定人数，其采捕渔船，亦设法使互相稽察，以杜泛逸海外，则祸患不萌，疆隅永以宁谧矣"（《清史列传》卷九《施琅传》）。这是指台湾平定以后，应积极开放海禁，停止迁海政策，让沿海居民得以恢复生计。这是积极进步的政策，但由于对海外的状况不甚了了，故还没有做到大踏步地主动走出去，采取积极的海洋政策。对于台湾地区驻军和行政措施，施琅建议云：

> 臣伏思海氛既靖，汰内地溢设之官兵，分防两处。台湾设总兵一员，水师副将一员，陆营参将二员，兵八千名。澎湖设水师副将一员，兵二千名。初无添兵增饷之费，已足以固守。其总制、参、游等官，定以三年或二年转升内地，谁不勉力竭忠？其地正赋杂粮，暂行蠲免。现在一万之兵，仍给全饷，三年后开征济用，即不尽资内地转输。盖筹天下之形势，必期万全，台湾虽在外岛，实关四省要害，无论彼中耕种，犹少资兵食，固当议留。（《清史列传》卷九《施琅传》）

清朝康熙年间，在台湾设台湾府，辖诸罗、台湾、凤山三县，属福建布政使。其西之澎湖列岛设澎湖厅，后来又分诸罗以北为彰化县，再北设淡水厅，设巡台御史，旋改兵备道、总兵，辖水陆兵八千，澎湖副将水师二千，其后复增兵额万有四千，与施琅初始的设计相近，后亦有发展。

六、边疆与中原统一的历史因缘

在中国历史上有行国与居国之别，所谓行国，是指"在马背上的国家"，居国是指有城郭定居的国家。行国是游牧族的国家建构，居国是农业人口以城郭为中心的国家建构。从历史上看，整个中华民族是由行国与居国共同组成的，由于生产方式不同，其风俗习惯亦各不相同。《汉书》有《匈奴传》，匈奴便具有古代行国的典型特征，《汉书》称其为夏后氏的苗裔，其云：

> 居于北边，随草畜牧而转移。其畜之所多则马、牛、羊，其奇畜则橐佗、驴、骡、駃騠、騊駼、驒奚。逐水草迁徙，无城郭常居耕田之业，然亦各有分地。无文书，以言语为约束。儿能骑羊，引弓射鸟鼠，少长则射狐菟，肉食。士力能弯弓，尽为甲骑。其俗，宽则随畜田猎禽兽为生业，急则人习战攻以侵伐，其天性也。其长兵则弓矢，短兵则刀铤。利则进，不利则退，不羞遁走。苟利所在，不知礼义。自君王以下咸食畜肉，衣其皮革，被旃裘。壮者食肥美，老者饮食其余。贵壮健，贱老弱。父死，妻其后母；兄弟死，皆取其妻妻之。

几千年来游牧族的生产生活方式几乎没有太大的变化，表现为以下几个方面。第一，逐水草而居。第二，无城郭常居、无耕田之业，即不从事农耕生产。但在行国与居国之间往往有一些民族是半耕半牧半定居的生活形态。当游牧族进入农业区时,生产方式的转化有一个历史过程,国家建构方式的转变,亦有一个历史的过程。第三,在冷兵器时代的军事活动上,由于游牧民族的生产与有组织的军事活动是一致的,狩猎等于军事演练,故一般地讲,行国在军事上与居国相比,它的骑兵明显占据优势。如果行国形成统一的强大帝国,如成吉思汗时的蒙古,那么居国便很难抵抗。而蒙古帝国最终也分为两部分,中原地区是居国,北方和西北地区依然是行国,这是自然条件所决定的。第四,在生活礼俗上亦与农业区不同。农业区的情况,《礼记·内则》是讲尊老和养老的,它叙述周人养老的制度,"凡五十养于乡,六十养于国,七十养于学,达于诸侯;八十拜君命,一坐再至,瞽亦如之"。在衣食上,"六十非肉不饱,七十非帛不暖,八十非人不暖"。在家庭养老上,"八十者,一子不从政;九十者,其家不从政"。这里"从政"指劳役。在行国则是"贵壮健,贱老弱"。在婚姻问题上,"父死,妻其后母;兄弟死,皆取其妻妻之"。这在农业区礼仪风俗看来是不可想象的,在游牧区却是很自然的事。典型的案例是王昭君,她是汉元帝在竟宁元年(前33年)赐婚呼韩邪单于的。在匈奴,王昭君号胡阏氏,生一男伊屠智牙师,为右日逐王。呼韩邪单于去世,其前妻大阏氏之长子雕陶莫皋继位为汗,后妻王昭君,生二女。故多尔衮纳豪格妃,福临纳其弟媳妇,实为游牧族习俗之遗留。

满族的起源应该说与游牧、狩猎、农耕文化都有一点关系,而以狩猎为主,兼及农耕与游牧。八旗的编制则与游牧族接近一些,以旗编制，"各有分地"。一方面满族人与农耕民族错杂相处，另一方面它又如游牧族那样，"其俗，宽则随畜田猎禽兽为生业，急则人习战攻以侵伐，其天性也"。从努尔哈赤到皇太极，在关外的生活便是如此。入关以后，在热河地区建立围场，也就是为了保持传统的习俗。由于这种传统，满洲统治者既能征服农耕地区的明王朝，又能驾驭草原地区的蒙古族。

从宗教文化上讲，满族有堂子祭祀之习俗，所祭之神甚多，其类有四。第一，邓将军，为堂子主神邓佐，明成化时征建州，与努尔哈赤之先有旧，后被围自刎，传有神异，满人有疫疠，必祷乃应。

第二，佛菩萨诸神，有释迦牟尼、观世音菩萨、关圣帝君，把佛教诸神与汉人的关羽崇拜结合在一起。为什么满族人把关羽看作武圣呢？这是受罗贯中《三国演义》的影响，他们是把这本小说当兵书来读的，又崇拜关羽的义气。

第三，蒙古诸神，主要是蒙古人的佛母殿，其实即元代的欢喜佛。在北方的雍和宫，便奉有欢喜佛，或妇人裸体，与鳏鱼交媾；或作恶鬼状，裸体屹立，拥抱美妇人。人鱼交媾的神话，如果溯源的话，它是东方型的。匈奴的刘元海，鲜卑的檀石槐，与高丽、百济的神话都相近似，他们的原始生活与渔猎相关。而西方的突厥人则不同，传说其祖先是人与狼杂交后所生，实际上是原始图腾崇拜的传统。东西两个游牧族关于祖先的神话又是互相错杂的。

第四，穆里罕诸神，如马神、貂神之属，庙外立杆而祭。据《大清会典》，春秋两季之神杆，正中为大内致祭之杆，稍后两翼分设。这个立杆其原始意义实为生殖崇拜的一种象征，后来解释为祭天，不过是清高宗乾隆的文饰之语。祭神之巫称萨满。这样一种原始的宗教文化，它崇拜的对象是多元的，有汉人、蒙古人、佛教诸佛，还有自己的原始崇拜。

满族人对喇嘛教的接纳为时较早，在努尔哈赤时代，便有喇嘛进入东北地区。而满族对一切外来宗教都抱接纳的态度，有名斡禄打儿罕囊素法师，在天命年间即已进入东北地区，努尔哈赤时在建州圆寂，于是敕令修塔藏其舍利。皇太极天聪四年（1630年）有其弟子白喇嘛奏建宝塔，这个白喇嘛便是明清之际和议的使节。由于满族对喇嘛教持积极的态度，故喇嘛教对满蒙之间的沟通起了积极作用，在宗教文化上，两者有了共同的语言。由于满族在宗教文化上没有排他性，抱着宁信其有的态度，都予接纳，故满族在经济生活上，在组织结构上，在军事作战能力上，在文化宗教生活上，都有很大的包容性。当它强大起来的时候，周围其他的军事政治力量都处在内部纷争不断的情况下，统一这个包含东西南北广大区域的帝国的历史任务，自然也就落在满族身上。顺治时完成了中原地区的统一，康熙时不仅加强了中原地区的统一，而且开始了漠北和西北地区、西南地区的统一。完成这个历史任务，经历了康、雍、乾三代人的努力。满族人民为中华民族的统一事业，做出了最伟大也是历史意义最为深远的贡献，无论从经济上还是从文化上讲，满族最初都是比较原始的民族，这是中国历史的一个奇迹，也是留给中华民族最重要的一笔遗产。

魏源在《圣武记》卷三中，曾列举了漠南漠北的历史沿革，称其"惟瀚海南北部及准部、青海诸部则然"，指这个地区皆为行国。

"若乃不郛郭、不宫室、不播殖,穹帐寄而水草逐者。"也就是逐水草而行的游牧部族。叙述其历史沿革云:

若汉匈奴贤王有左、右,一居东方以接濊貊,一居西方以接氐、羌,而单于庭直代、云中,攘之则还于漠北。至后汉而为南单于、北单于;再变为东胡、西胡;三变为柔然,为东、西奚;四变为东突厥、西突厥;五变为内回纥、外回纥。上下数千年,离合绝续,皆以大漠为诸部之纲维。于是乎左,于是乎右,于是乎南,于是乎朔。其扩入版图列为郡县者,惟唐初荡平突厥之地,置定襄、云中等郡,领单于于瀚海二都护,一时称极盛,而控御不久。辽、金置上京、中京、西京诸道,仅域于东、西奚而未及河朔。惟元起漠北,奄有函夏,于漠南置大宁、上郡、兴和、大同等路,于漠北置和林行中书省,以至西域、青海,皆分建诸王、驸马,为古今戎索之一变。明之中叶,元裔由漠北入漠南,于是边防复棘,且其根柯盘固,支条蔓衍,为今蒙古各部汗王环处大漠,故高宗言:"三代以后,惟元太祖裔,至今不绝"云。最其部类,大分有四,曰漠南内蒙古,曰漠北外蒙古,曰漠西厄鲁特蒙古,曰青海蒙古。四部中,漠南内蒙古接壤满洲,臣服最先。至康熙初,而漠北喀尔喀三部内款。及亲征准噶尔,而青海诸部来庭。于是三大部蒙古皆混为一家,惟漠西厄鲁特恃其荒远,抗衡狂突,至乾隆中,始夷其疆域,空其部落焉。漠南、漠北二部,大半出元太祖成吉思汗,至今世姻帝室。其青海则元之旁支,西域则元之臣仆。

魏源这一大段叙述,既论述了大漠东西南北各游牧部落地理分布的状态,也叙述了它的沿革,是我们理清北部边疆清初统一的一个纲领。从族源上讲,其实匈奴、鲜卑的成分都很复杂,包括很多部落,是一个阶段大漠南北游牧部落的总称。同称鲜卑,慕容燕与拓跋魏就有很大的差异。其实蒙古也是如此,是那个时期北方游牧部落的总称。如果真正从族源上讲,东西部也许不是一个族源,这在他们各自传承的神话传说中,可以看得出来。东部是起源于渔猎,故其原始图腾为人与鱼的交配;西部源于狩猎,故其原始的图腾是人与狼的交媾。恩格斯在《路德维希·费尔巴哈和德国古典哲学的终结》中说:"宗教是在最原始的时代从人们关于自己本身的自然和周围的外部自然的错误的、最原始的观念中产生的。……因此,大部分是每个有血统关系的民族集团所共有的这些最初的宗教观念,在这些集团分裂以后,便在每个民族那里依各自遇到的生活条件而独特地发展起来。"(《马克思恩格斯全集》第21卷)大漠东西关于自身生殖的原始神话上的差异,也就反映了其原始生活在自然条件上的差异。东边有大江,如黑龙江、松花江、嫩江,大河若辽河,大漠以西便缺少这样的自然条件。突厥与此前的高车,都以狼的子孙自居,所以才有人与狼交媾的图腾,狼的凶狠成了他们自然崇拜的对象,才会从这种原始的观念中产生极其粗野的宗教崇拜。他们在与中原农业民族交往过程中,又都要追溯到农业民族的古代传说中的三皇五帝,似乎他们都是三皇五帝的后裔。如匈奴是夏后氏的苗裔,居于北边,承认自己是中国人。继匈奴的鲜卑人自称是有熊氏的苗裔,传说中的黄帝号有熊氏,这在《晋书》载记慕容廆建燕时有记载,"其先有熊氏之苗裔,世居北夷"。东胡是一个大概念，羯与氐也属东胡，以后的奚、契丹、女真、满洲，都属于东胡的系统，成吉思汗出身的蒙古族也属于东胡这个系统。本来是"神不歆非类，民不祀非族"（《左传·僖公十年》），最后由于各民族的混杂和融合，各族的神也混合在一起了。而且神话的内容也会不断发生变化，中国人作为炎黄子孙的观念，是汉族与各族人民长期融合交往在观念上的产物。同时各个时期不同的部落、不同的王朝，为使自己统治特别是在中原统治拥有合法性，往往制造自己祖先的神话，为自己找一个来头很大的祖先，人为地把传说中的祖先加在自己祖先的头上，从而使大部分部族都成了炎黄子孙。同时各个王朝的统治者，还为自己的诞生制造各种神话，如刘媪梦遇神而生刘邦，刘邦斩蛇，说是赤帝斩白帝，说明刘邦为帝是天命所归。这当然都是人为制造的神话传说。又如唐太宗李世民，《旧唐书》的《太宗本纪》讲李世民"生于武功之别馆。时有二龙戏于馆门之外，三日而去"。尽管这些神话传说都不足凭信，但它们反映了现实生活的需要，从客观上讲，反映了中华民族的形成是互相融合的结果。到了清代真正形成一个统一的国家，这是历史长期发展的必然产物，一部廿四史便是各个族系轮流统治中国的历史。匈奴刘元海在十六国时建过汉，契丹建过辽，女真建过金，蒙古建过元，满族建立清，都是中华民族历史的组成部分。

七、俄罗斯东进与《尼布楚条约》及《布连斯奇条约》《恰克图条约》

俄罗斯是一个欧洲国家,它在16世纪初在莫斯科公国的基础上才形成一个统一的帝国。它首先于1552年并吞喀山汗国,其地理位置位于伏尔加河中游,原属钦察汗国。俄罗斯顺流而下,征服了伏尔加河口的阿斯达拉罕汗国,然后在16世纪末越过了乌拉尔山。17世纪初,俄国军队从鄂毕河推进到叶尼塞河。接着向勒拿河推进,靠近贝加尔湖了。他们沿着勒拿河一直推进到鄂霍茨克海,在西伯利亚北部建立了若干军事据点,向南就逼近中国边境了。到1636年,他们才知道南边有一条黑龙江。1643年他们派了一支远征军,共一百三十三人,越过外兴安岭进入中国国境。这支军队与那儿生活的达斡尔人发生冲突,烧杀抢掠,还吃人。这年冬天据他们自己的记载讲吃了五十个中国人(见《沙俄侵华史》第一卷)。这支队伍在黑龙江上骚扰三年,只有五十余人生还俄国。

在1649年和1650年,即顺治六年和七年,由哈巴罗夫率领的哥萨克骑兵两次侵入我国国境,1651年,即顺治八年,在黑龙江流域进攻雅克萨。他们对当地的村民任意屠杀。当时清军主力皆已入关,忙着中原战争,只有少数部队留守,宁古塔章京率六百名士兵前往阻击失利,但哈巴罗夫也只能向黑龙江上游撤退。于是改由斯捷潘诺夫接任,率领哥萨克兵向中国境内骚扰。清廷让宁古塔章京率兵抗击,这次俄军战败,狼狈逃跑。1658年(顺治十五年)斯捷潘诺夫又窜犯松花江,被宁古塔章京沙尔瑚达的军队阻击,打死和活捉了二百七十多人,逃跑了一部分,斯捷潘诺夫也被击毙了。

康熙亲政以后,开始留意与北方罗刹(即俄罗斯)的冲突。在平定三藩叛乱以后,逐渐把注意力集中到东北边防。康熙二十一年(1682年),康熙到盛京,亲临松花江,视察边防,在瑷珲部署军队进行屯田,要求守军做到战而能胜,胜而能守,做好向雅克萨(今漠河县以东,黑龙江的北岸)进军的准备。康熙在中俄关系上的态度是"兵非善事,不得已而用之"(《东华录》康熙二十四年正月癸未条),人不犯我,我不犯人,人若犯我,我必犯人,打赢有限的战争,维护自己领土的主权,以打促和。战争不是为了消灭对方,打的目的是促和,不是屈辱的和,而是平等的和,故打也是有理有利有节。康熙二十四年六月,清军抵雅克萨,只用两天时间便拿下了雅克萨,俄兵举起了降旗,清兵即撤还瑷珲。俄军又第二次进驻雅克萨,康熙在次年三月,又下令萨布素将军率两千人再攻雅克萨。这次采取围而不攻的策略,八百多俄军,最后只剩下六十六人。在这个背景下,俄方决定同清廷进行边界谈判,派出了以戈洛文为首的谈判代表。

戈洛文抵达贝加尔湖一带停留两年之久,他企图唆使喀尔喀部的蒙古臣服于俄国,被哲布尊丹巴拒绝,又唆使准噶尔部侵扰喀尔喀部。这个使团带了一千九百余名俄兵,一方面是使团,负有和谈的使命;一方面它又是一支远征军。清政府派遣领侍卫内大臣索额图和都统皇舅佟国纲带领谈判使团，取道蒙古与俄使谈判。康熙对索额图说："尼布嘲（楚）、雅克萨、黑龙江上下，及通此江之一河一溪皆我所属之地，不可少弃之于鄂罗斯。"（《东华录》康熙二十七年五月癸酉条）这次因准噶尔与喀尔喀的冲突，索额图不得不折回北京。康熙二十八年（1689年）六月，使团再次出发，谈判地点在尼布楚，那时清政府首先要腾出手来对付准噶尔部的噶尔丹汗的内犯，康熙指示索额图，表示同意尼布楚属俄，以额尔古纳河为界。由于双方都忙于各自的内部事务，所以大家都有妥协的愿望。

康熙二十八年七月底，中国使团抵达尼布楚，使团所带官兵达三千人，戈洛文仍停留在贝加尔湖东岸。八月十九日，戈洛文使团才抵达尼布楚，双方在帐篷里举行谈判，在谈判现场各带官兵三百人。八月二十二日开始谈判，双方讨价还价，至九月七日，双方签订《尼布楚条约》。条约共六条，主要是中俄东段边界的划分，即以格尔必齐河、大兴安岭和额尔古纳河为两国东段的边界，外兴安岭和乌第河之间的地区留待后议。这样便把尼布楚及其以西包括贝加尔湖的原属中国的领土让给俄国，换取俄国撤出雅克萨，还规定俄罗斯在雅克萨和额尔古纳河南岸的据点全部拆除。此外还规定了彼此不得越界，不得接纳对方的逃亡者，两国商人持有护照可以过界来往，从事商贸活动。这个条约明确了整个黑龙江流域和乌苏里江流域是中国的领土。

贝加尔湖，中国传统称为北海，长期是北方游牧民族活动的地盘，苏武牧羊就在那个地区，历来是匈奴、柔然、突厥活动的地区。成吉思汗崛起于北海，从这里出发统一漠北，建立了强大的蒙古帝国。元朝在这里建立过岭北行省，明代这里曾是瓦剌、鞑靼、喀尔喀蒙古活动的地区。沙皇彼得一世去世以后，叶卡捷琳娜执政时期，俄罗斯继续执行在远东扩张的政策，1727年（雍正五年）与中国签订了《中俄布连斯奇条约》，双方派出政务官，划定中段的整个边界，确定了以恰克图向东到额尔古纳河的边界。次年，即1728年（雍正六年）六月二十五日，双方又签订了《中俄恰克图条约》，确认《中俄布连斯奇条约》的边界划定，规定俄商每三年可以派三百人的商贸代表团去北京贸易。此外，尼布楚与恰克图可以成为两国通商的口岸。过去一直称《尼布楚条约》是中国历史上第一次平等地与外国签订的条约，实际上这个条约对俄国有利，边界的划分使俄国的国土扩大了。清政府是吃了对边疆历史的地理概念不清晰、外交使节糊涂的亏。

八、康熙初年漠北喀尔喀三部内款与亲征噶尔丹

清代在努尔哈赤与皇太极时期，已与漠南科尔沁部建立了密切的关系，皇太极打败了察哈尔部的林丹汗，整个漠南蒙古都臣属于清廷的统治之下，清廷依照八旗制度编制漠南蒙古诸部，如科尔沁与察哈尔蒙古，原有二十五部，依照在京的蒙古八旗的编制，编为五十一旗，那么各旗的分地便确定下来，游牧部落的放牧便不再没有疆界，为清廷的管理提供了方便。平定察哈尔部以后，漠南蒙古与满洲贵族建立了亲密的姻亲关系，故魏源在《圣武记》卷三称：

科尔沁从龙佐命，世为肺附，与国休戚，孝端文皇后、孝庄文皇后、孝惠章皇后皆科尔沁女，故世祖当草创初，冲龄践阼，中外帖然，繄蒙古外戚扈戴之力。自天命至乾隆初，额驸尚主者八，有大征伐，辄属櫜前驱，劳在王室，非直亲懿而已。

在清初，漠南蒙古、漠北蒙古、漠西蒙古、青海蒙古处于离散分裂的状态，而漠南蒙古首先归顺清廷，故漠南蒙古诸部成了清廷对外对内武装力量的依托，成为蒙古高原东部的强者。西部的强者则是厄鲁特蒙古的准噶尔部，它的首领噶尔丹，背靠俄罗斯的支持，也想统一整个蒙古高原。双方最早争夺的对象是漠北蒙古，这就决定了清廷与准噶尔部连绵几代的征战，最终清廷统一了蒙古高原，

包括如今新疆地区、青海地区以及西藏地区。没有漠南蒙古的支持和汉族在中原地区的支持，清廷是很难完成这一历史任务的。

中俄签订《尼布楚条约》以后，留下来的问题便是如何处理好蒙古高原内部事务。要从根本上平息高原上游牧民族之间的矛盾和冲突，必须处理好新疆、青海、西藏等的边疆问题，只有这样才能完成统一国家的历史任务。从时间上讲，国家的统一经历了康熙、雍正、乾隆三代人的努力，亦是血与火洗炼的过程。也只有这样一个统一的国家，才使我们能沉着地、不屈不挠地应对西方殖民主义的侵略，保卫国家的主权和独立。这是世界列强在两个多世纪以来对我们中华民族无可奈何的地方，也是我们永远不会对世界任何一个霸权主义国家俯首称臣的基础。

漠北喀尔喀部，在今蒙古国境内，清初他们分为三大部：车臣汗、札萨克图汗、土谢图汗，都是成吉思汗十五世孙达延汗幼子之后。他们活动的地域在漠北东西五千里、南北三千里，东界黑龙江，西界厄鲁特，北界俄罗斯，南界蒙古大沙漠。

在喀尔喀西部的蒙古部落是厄鲁特蒙古，他们活动的区域是在天山之北、阿尔泰山之南、巴尔喀什湖以东的地区，东部以科布多与喀尔喀蒙古相邻。厄鲁特蒙古在元代称斡亦剌惕，明代称瓦剌，在清代称卫拉特。明代英宗年间在土木堡击败明军的蒙古军队便是瓦剌部的也先汗，在万历年间，沙俄便派使节与厄鲁特部建立了联系。清初厄鲁特部分成和硕特、准噶尔、土尔伯特、土尔扈特四部，分牧地而居，部各自为长。四部的首领有一个联盟会议，一直由和硕特部的首领担任。清初准噶尔部势力最为强大，他们的牧地在伊犁河流域。和硕特部的牧区本来在乌鲁木齐地区，由于准噶尔部的逼迫，他们向东南迁移进入青海牧区，他们的首领即顾实汗。土尔扈特部亦由于准噶尔部的逼迫，西迁到伏尔加河下游的区域。故在厄鲁特蒙古内部存在着尖锐的矛盾冲突。准噶尔内部争夺王位的斗争也很激烈，其汗僧格与其兄弟的矛盾尖锐。僧格的第六个兄弟噶尔丹自幼在西藏学习喇嘛教，僧格被暗杀，他从西藏赶回准噶尔，声称奉达赖之命要为其兄复仇，用血腥手段称霸于准噶尔部。他进兵青海，攻打和硕特部，又进兵南疆，灭叶尔羌国。在康熙初年，准噶尔部在噶尔丹统治下，控制的地盘包括天山南北，威胁青海、西藏和喀尔喀蒙古，企图在北方建立一个新的蒙古帝国。噶尔丹与喀尔喀三部蒙古的冲突，迫使喀尔喀部南迁，清政府为了统一国家，不得不与准噶尔部进行一场生死搏斗，最终打败噶尔丹，奠定了统一北方和西北边疆的基础。

对喀尔喀蒙古，俄罗斯长期抱着侵占的野心。17世纪下半叶，俄罗斯人在土谢图部疆域内的色楞克斯克和伊尔康次克建立城堡和据点，遭到喀尔喀土谢图汗的抗议。在1672年（康熙十一年），土谢图汗的兄弟哲布尊丹巴·呼图克图是喀尔喀地区喇嘛教的首领，派使者前往莫斯科交涉，要求俄国撤除这些地区的军事据点，但俄罗斯对喀尔喀的侵略活动不仅没有终止，反而变本加厉。当时清政府正向黑龙江增派兵力，雅克萨之战也迫在眉睫，正是在这个时期喀尔喀部蒙古在边界中线奋起反抗俄国的侵略。蒙古军民在鄂尔浑河一带集结，与俄军发生冲突，俄军处于被围困的劣势。俄罗斯与中国谈判的使节曾向俄国外务部门建议派使节去见厄鲁特汗，即噶尔丹，戈洛文还向噶尔丹送去沙皇给他的国书和礼物，怂恿噶尔丹向蒙古喀尔喀部发动进攻。故噶尔丹是在得到俄罗斯支持的背景下利用喀尔喀蒙古的内部矛盾，在喀尔喀部军队与俄国侵略军作战的情况下，从背后突然袭击喀尔喀蒙古土谢图部，使土谢图部的军队在猝不及防的情况下，处于腹背受敌的态势，喀尔喀部的军队溃散了。

在这个形势下，如何避开准噶尔的兵锋，喀尔喀三部上层首领一起讨论，把部族带往哪里避难。当时有两种意见，一种是向北边俄罗斯靠拢，寻求庇护；一种是向南走，向清廷寻求庇护。这时哲布尊丹巴的决策起了关键的作用，他认为："俄不奉佛，俗尚言语服色皆相距远，莫若全部内徙，可邀万年之福。"众皆从之，于是举族款塞内附，喀尔喀三部之众数十万人口，分路投向漠南蒙古。康熙命尚书阿尔尼，发归化、张家口、独石口的仓储，接济喀尔喀三部，假科尔沁水草地使其游牧。清廷既然接纳了漠北三部蒙古，那么与噶尔丹的一场恶战就难避免了。

康熙二十八年（1689年），清廷派使节要噶尔丹返还漠北喀尔喀三部的侵地，退回准噶尔原地，同时约达赖喇嘛派遣使节调解。次年，噶尔丹引兵两万余以追喀尔喀为名，侵犯漠南蒙古，掠乌珠穆沁部之人畜。于是康熙下决心亲征，令裕亲王福全率军出古北口，派恭亲王常宁为安北大将军，带大军出喜峰口。康熙亲幸边外指挥，又命康亲王杰书屯归化城，以邀其归路。那年八月，两军决战于乌兰布通，南距北京仅七百里。准噶尔部数万人，以骆驼卧地，背加箱垛，蒙以湿毡，环列为栅，士卒在垛隙发矢铳，谓之驼城。清军与其夹河而阵，以火炮攻之。自午后到傍晚，驼死甚众，阵断为二，清兵争先陷其阵。噶尔丹遁高地，次日遣使乞和。康熙下令继续进攻，不听其缓兵之计。噶尔丹便迅速西遁，烧荒以绝追骑，狂奔大漠而北，生还到科布多的不过数千人。康熙班师。康熙三十年（1691年）玄烨又出塞大阅，安置喀尔喀三部，分左、中、右三路，三十旗，与内蒙四十九旗同列。

噶尔丹自乌兰布通败退以后，逗留在科布多，伊犁河流域他回不去了，僧格的长子策妄阿拉布坦已经回到伊犁，而科布多则居于二者之间，他还是想向东重返漠北蒙古并策反漠南蒙古。康熙三十四年（1695年）九月，噶尔丹率骑三万向东进犯，且扬言借俄罗斯鸟枪兵六万，将大举进犯。于是玄烨下令分兵三路，自带禁旅出独石口为中路，科尔沁部为东路，费扬古自归化城带陕甘兵出宁夏为西路。结果中路突进，并遣使告噶尔丹玄烨亲征。噶尔丹登山望见御营黄幄龙纛，军容山立，于是拔营宵遁。双方在昭莫多激战，昭莫多在蒙语中是大森林的意思。这次战役，双方都下马以步兵互相冲锋，而费扬古则带兵冲击敌之后阵，后阵皆为准噶尔部驼马与妇女，噶尔丹之妻阿奴亦死于此役。噶尔丹经此役战败之后，欲回哈密再谋进止，康熙三十六年闰三月，在逃窜过程中众叛亲离，饮药自尽，其所部献其尸体，全部投降。这样清向西拓境千余里，开辟了唐努乌梁海及科布多的广大区域于喀尔喀三部之外，从而使漠北地区的战乱暂时平息，留下厄鲁特蒙古四部如何进一步归顺的问题，也就是准噶尔部与青海厄鲁特部蒙古的问题以及西藏问题、回疆问题。

九、清政府与准噶尔部对藏区统治权的争夺

噶尔丹死了以后，策妄阿拉布坦在准噶尔的势力又逐渐强大起来，他不仅在准噶尔盆地发展了牧业，同时也在伊犁河流域及乌鲁木齐地区发展了农耕业，还在与俄罗斯相间的中间地带如哈萨克斯坦扩大了自己的地盘，包括中亚的塔什干及撒马尔罕都在策妄阿拉布坦的控制之下。他然后又想向东和向南扩张自己的势力范围，向东包括阿尔泰山以东的地区，向南则进掠哈密地区。其于康熙五十五年（1716年）进兵西藏，为此清政府亦调兵入藏，当然这也与西藏地区内部矛盾有关。

从历史上看，西藏，即古吐蕃，元、明时期称为乌斯藏，当地人自称为唐古特。其地区分为三个部分，一是康，即四川打箭炉外的巴塘、察木多，即今之西康；次为前藏，称卫，原来是吐蕃建牙之所，后来是达赖喇嘛的居所，即今之拉萨；其三为后藏，即称藏，札什伦布所在，今之日喀则，原为拉藏汗之治所，后来为班禅的居处。西部为阿里，是荒漠地区，无人居住。它的南面是喜马拉雅山脉，西侧为冈底斯山脉。中原由川、陕、滇三路入藏，此外由青海和新疆之叶尔羌亦可入藏。唐太宗时，以文成公主下嫁吐蕃赞普，在西藏推行佛教，建寺庙。

元世祖忽必烈时，封八思巴为帝师大宝法王，以领其地，世为西藏的释教教主。明代亦是八思巴的后裔世袭其地，明初诸法王皆穿红色禅衣，本为印度佛教所制袈裟旧式，故以红教相称。黄教创于宗喀巴，他于永乐十五年（1417年）生于西宁，卒于成化十四年（1478年）。宗喀巴初习红教，后改其俗，自黄其衣冠，故称黄教，其二大弟子，即达赖与班禅。

明中叶以后，黄教的影响已超出红教。达赖一世，名根敦朱巴，嗣宗喀巴法，以法王兼藏王师，这样政教合一了。达赖二世名根敦嘉错，在其下设置官僚机构，称第巴，代理兵、刑、赋税。其弟子称胡土克图，分掌政事与宗教事务。三世达赖是索南嘉措。《明史》称锁南坚错，名声较大，青海、河套地区的蒙古皆信服于他，蒙古土默特俺答汗迎达赖三世到青海，在仰华寺会晤。他还自甘州写书信给张居正，自称释迦牟尼比丘，这就是所谓活佛。1579年，明王朝封达赖三世为"护国弘教禅师"。达赖四世为云丹嘉措，出生于蒙古族，14岁坐床，28岁圆寂。

达赖第五世为罗桑嘉措，清皇太极崇德二年（1637年），喀尔喀三部建议请达赖赴东北，两年以后通过厄鲁特蒙古，皇太极致书达赖。五世达赖的代表于崇德七年到盛京，受到隆重接待，翌年返回时皇太极又馈赠厚礼给达赖喇嘛。顺治初，清统一中原地区，达赖、班禅遣使给清廷献金佛、念珠，称颂清廷功德。顺治九年（1652年）冬，五世达赖至京师，与顺治帝在太和殿会见，顺治封其为"西天大善自在佛所领天下释教普通瓦赤喇怛喇达赖喇嘛"。这样做使历代达赖喇嘛的封号必须经过中央政府册封成为定制。顺治还命亲信大臣率八旗兵送其回藏,当时藏地在厄鲁特蒙古固始汗统治之下,青海是其牧场,喀木有农耕为其输赋税。卫地即前藏,由第巴奉达赖居之,即拉萨的布达拉宫。后藏日喀则是班禅的居地。故那时西藏四部都是在固始汗统治之下。康熙二十一年(1682年)达赖五世去世,享年65岁。前藏的第巴秘不发丧,称达赖入定,居高阁,不见人。于是第巴桑结借达赖之命行事。噶尔丹曾入藏为喇嘛,他在准噶尔取得权力以后,便与第巴相联系。故第巴与准噶尔的噶尔丹相勾结,以达赖的名义袒护准噶尔,压喀尔喀的土谢图部及哲布尊丹巴活佛。康熙打败噶尔丹以后,赐第巴桑结书云:

> 朕询之降番,皆言达赖剌麻脱缁久矣,尔至今匿不奏闻。且达赖剌麻存日,塞外无事者六十余年,尔乃屡唆噶尔丹兴戎乐祸,道法安在?达赖、班禅分主教化,向来相代持世。达赖如果厌世,当告诸护法王,以班禅主宗喀巴之教。乃使众不尊班禅而尊己,又阻班禅进京之行。朕欲和解喀、准两部,尔乃使有亏行之济隆以往。乌兰布通之役,为贼军卜,日诵经,张盖山上观战。胜则献帕,不胜又代为讲款,以误我追师。(魏源《圣武记》卷五)

康熙这封书信讲得在理。第巴桑结后来又与准噶尔的策妄阿拉布坦相勾结,引准噶尔部兵入藏。当初固始汗既以卫藏地为达赖、班禅之香火地,留其长子鄂齐尔汗辖其众。固始汗卒于顺治十三年(1656年),鄂齐尔汗卒于康熙九年(1670年),拉藏汗嗣爵以后,以议立新达赖喇嘛,故与第巴桑结交恶。康熙四十四年,拉藏汗与第巴桑结矛盾激化,双方发生战争。最终,拉藏汗击败第巴桑结后将其处死,立伊喜嘉措为六世达赖。但青海诸蒙古部落不服,另立噶桑嘉措为六世达赖。这样同时存在西藏与青海的两个达赖六世。

康熙五十五年（1716年）策妄阿拉布坦派策零敦多布率兵由腾格里海入藏，围攻布达拉宫，杀拉藏汗，关押西藏立的达赖六世于札克布里庙。康熙五十八年玄烨命皇十四子为抚远大将军，在青海木鲁河屯兵；另派傅尔丹、富宁安分出巴里坤、阿尔泰进逼准噶尔部的北边，又派将军噶尔弼出四川，将军延信出青海，入逼西藏。而西藏之诸土伯特亦合词请立青海之达赖六世噶桑嘉措。于是蒙古诸部亦派兵随清兵入藏，护送达赖六世噶桑嘉措返布达拉宫。策零敦多布兵败，退还北疆，于是青海达赖六世在是年九月入藏坐床，留两千蒙古兵驻藏，以拉藏汗之旧臣康济鼐掌前藏，颇罗鼐掌后藏。自五世达赖去世三十余年之后，第六世达赖才入藏坐床，是在清兵护送下，打败了策零敦多布以后才得以实现的。

关于达赖转世的问题，西藏管理寺院事务的官员称堪布，最大的称总堪布，次曰通巴堪布、达尔罕堪布，品级各有大小。相传达赖在去世前先示人以自己降生之处，其弟子大堪布往访得之。小儿初见时，即能相识，言前世达赖圆寂前之事。往往有好几个小儿符合选择的要求，乾隆时乃颁金奔巴瓶，贮数小儿名，在达赖去世时，由驻藏大臣行文各路，由民间报生子有灵异者，由大堪布持达赖生前所爱之物，杂以他物，其儿能指取其物，然后堪布讲一二语，为达赖去世前之事，小儿能应之者入选。然后把符合条件的数名小孩，由其父母送至德庆，由驻藏大臣复验。于是择日在金奔巴瓶内掣签，其仪式庄严，前七日，各大寺喇嘛集合大昭寺诵经，由帮办大臣在大昭寺行礼，用牙签书各小儿之名，人各一签，弥封瓶内盖之。驻藏大臣行礼启盖，掣取其一，对众拆封。既知某小儿名，则率众至德庆，迎入大昭寺，由堪布守护，书其名入呼毕勒罕册，然后由清室命章嘉呼图克图活佛至藏，照料其坐床。6岁起学经，7岁受小戒，学禅坐，不令卧。藏内公事由班禅代决，至16岁方亲自理事。

十、青海罗卜藏丹津的平定

康熙五十五年（1716年），清廷把达赖六世送入西藏布达拉宫坐床以后，雍正元年（1723年），在青海又发生了罗卜藏丹津的叛乱。罗卜藏丹津是固始汗的孙子，顺治十三年（1656年）固始汗去世，其后裔分为二支，一支在藏，即为拉藏汗；一支在青海及河套为鄂齐图汗，为噶尔丹所破，康熙把贺兰山作为其放牧之地。康熙出塞巡视时，固始汗诸子中只有达什巴图尚存，参与平定西藏的事务，这样青海地区的蒙古诸部成了西藏安全的屏障。达什巴图汗之子罗卜藏丹津袭亲王爵，雍正元年时，他又反叛清朝，引起部族内部纷争，一部分部落内奔河州关外。清廷派使节晓谕罗卜藏丹津，其质押使节，公然与清廷相对抗，侵犯西宁清廷的驻军。是年雍正命年羹尧为抚远大将军，驻西宁，以岳钟琪参赞军务，先在巴塘、里塘、黄胜关断其入藏之路，又在吐鲁番断其通准噶尔之路。罗卜藏丹津退居柴达木。次年二月，罗卜藏丹津穿了女装逃奔准噶尔部，策妄阿拉布坦收留了罗卜藏丹津。于是清廷对青海地区的蒙古仿札萨克制编旗设佐领，共编二十九旗，规定每年各旗的会盟制度。由清廷西宁办事大臣主持，鼓励发展农业，使游牧相对定居。对青海地区的寺院也进行了整顿，设西宁府，下设两县，由清廷之西宁办事大臣管辖，这样把青海地区稳定下来。

十一、雍正、乾隆年间对准噶尔部的征伐

雍正五年（1727年）冬，准噶尔部的策妄阿拉布坦死，子噶尔丹策零立。雍正七年清军再次讨伐准噶尔部，同时罗卜藏丹津在准噶尔部又图谋杀噶尔丹策零而被执。这一次雍正分北路与西路，两面攻击准噶尔。双方在阿尔泰山和杭爱山一带交战，准噶尔部所在伊犁河流域，处于外蒙、青海、西藏的外围地带，再西面便是哈萨克与俄罗斯的地界。清廷与准噶尔部在北线的和通泊作战，清军大败，损失惨重。而光显寺一役，准噶尔部惨败，故雍正年间的这场对准噶尔部的战争双方打了一个平局。自雍正末到乾隆初，双方达成和议，划定喀尔喀与准噶尔牧区的界限，大体上以阿尔泰山为界，以东为喀尔喀的牧场，以西为准噶尔的牧场，双方维持了二十年左右的和局。到乾隆年间，才最终解决准噶尔部的问题，原因还是准噶尔部的内乱。

准噶尔部自噶尔丹以后，仍有策妄阿拉布坦、噶尔丹策零称雄于西北边疆，威胁到漠北、青海、西藏的安全。噶尔丹策零死后，留下三个儿子，长子达尔札是喇嘛，次子纳木札尔，幼子策妄达什。当时次子以母贵而立，不久因暴虐为下属所杀，于是立其兄达尔札。

其部族又发生内讧，于是大策零子孙达瓦齐与其伴阿睦尔撒纳率其部奔哈萨克。阿睦尔撒纳是拉藏汗之孙，策妄阿拉布坦的外孙，他是被达尔札打败逃跑的。达尔札派两万人跟随两个人到哈萨克，结果阿睦尔撒纳回伊犁，袭杀达尔札，立达瓦齐为汗。不久阿睦尔撒纳又与达瓦齐发生矛盾。准噶尔部便是如此在不断内乱的争夺中自行瓦解，并纷争不断。在这个过程中，大量部落转而投奔清廷，阿睦尔撒纳亦转而投奔清廷，去热河觐见乾隆，备言伊犁可取。这是乾隆十九年（1754年）的事，这样清廷知悉噶尔丹策零去世以后，准噶尔部内乱不已，达瓦齐在伊犁的统治不稳。

乾隆二十年（1755年），清政府以班第为定北将军，阿睦尔撒纳为副，由乌里雅苏台出北路，以永常为定西将军，由巴里坤（其位置在新疆，今为巴里坤哈萨克自治县）出西路。在两路大军进攻之下，准噶尔军纷纷归降，达瓦齐仅率数十人向南疆逃窜，而南疆的回部亦起兵响应清兵。达瓦齐被维吾尔族领袖霍吉斯擒获押送清营，准噶尔部从此归属于清廷。于是阿睦尔撒纳的野心又膨胀起来，想充当厄鲁特四部的首领，又拉起反清的旗帜。当时清廷在伊犁仅有五百清兵，大部队已经撤回。伊犁驻军兵败，班第自杀，清廷在乌鲁木齐的几千驻军也后撤，天山南北变乱四起，而且波及喀尔喀蒙古。

乾隆二十二年（1757年），清廷不得不再次出兵，以成衮札布出北路；以兆惠出西路，分两路围剿阿睦尔撒纳。而准噶尔部恰逢疫疠流行，死者相望于途。在这个背景下，清军长驱直入，分两路围猎，会师于伊犁。阿睦尔撒纳则仓皇率少数人逃往哈萨克，不久，又率几名亲信逃往俄罗斯，他在俄国患天花而死，俄国在恰克图送还了他的尸体。战争的结果，准噶尔盆地几乎成为荒地，准噶尔部原有二十万户，前几次战乱和疫疠以后，死者多达百分之四十，窜入俄罗斯与哈萨克者百分之二十，死于这次战事者百分之三十，留下的民户只有百分之十了，数千里间没有瓦剌一毡帐。

十二、乾隆时期回疆的平定

乾隆二十二年（1757年）伊犁地区尚未完全平定之时，南疆的回部又发生大小和卓的变乱。关于回疆地区的沿革，魏源在《圣武记》卷四云：

> 最今昔道里形势，出敦煌为古玉门、阳关。（此二关皆在今敦煌县址之西南，今已废弃不存。）西行至哈密，为古伊吾（古为伊吾国，西晋在那儿置县，唐时置县，治所在今之哈密。明朝在那儿置哈密卫）。避白龙堆大戈壁之险，迳今辟展古鄯善（亦名楼兰。在今吐鲁番以东，《汉书·西域传》：鄯善国，本名楼兰，户千五百七十，口万四千一百。楼兰处于汉与匈奴之间，楼兰王被虏时，曾对汉武帝说："小国在大国间，不两属无以自安，愿徙国入居汉地。"）而至吐鲁番，即车师前部，汉戊己校尉所治（《汉书·西域传》：至元帝时，复置戊己校尉，屯田车师前王庭）。唐交河、明火州治皆在焉（车师后庭在今乌鲁木齐）。又西南行，迳古危须、焉耆地（危须，今之和硕。焉耆，今为焉耆回族自治县。《汉书·西域传下》有危须国，王治危须城。焉耆国，王治员渠城。焉耆从大概念讲，即古龟兹之属地，《汉书·西域传下》有龟兹国，治所在延城），而至车

尔楚军台,为汉乌垒城都护治焉(乌垒在今轮台与库尔勒之间)。又西至布古尔,为汉轮台地(轮台,今新疆轮台县东南,古之轮台国,汉武帝时为李广利所灭,置使者校尉,屯田于此。汉武帝的《轮台罪己诏》之轮台,即指此地,后并于龟兹)。又西南至库车,为古龟兹,唐安西都护府治焉(库车,汉称延城,今亦称库车)。又北迳赛里木城、拜城,而至阿克苏,即汉温宿国(阿克苏,今亦名阿克苏。其旁有温宿,即汉之温宿国。《汉书·西域传》有温宿国,有口八千四百,胜兵千五百人,王治温宿城)。始分三道,一北行至乌什(今亦称乌什,汉为温宿地。乌什西北皆布鲁特地),即汉尉头;一西南行,达叶尔羌,为汉莎车,乃南渡王河,而至于阗(王河,即叶尔羌河,是为塔里木河之正源。于阗,即今之和田);一则沿乌兰河岸径西,抵喀什噶尔,即古疏勒,则汉、唐以来西域建庭之所(今称喀什市,汉宣帝时属西域都护府,唐时属安西都护府)。此外,西北各小国,若循休、捐毒、盘陀等,大抵皆今环回疆之布鲁特各部,无君长,不比数(至其南诸小国,如《汉书》所称渠勒、精绝、戎卢、小宛等,今并淹没无踪,意沦入瀚海,如曷劳落迦城之比矣。大沙碛周二千余里,流沙迁变,今昔不同)。计回疆东西六千余里,南北千余里,西、南、北皆大山界之。

魏源这一段话叙述了新疆天山南路的地理环境的历史状况,从环境上讲,它西面是葱岭,南面是昆仑山脉,北面是天山山脉,东面留下一个小的口子,可以向东、向北、向南行走。中间是塔里木大沙漠,围绕大沙漠周围有许多分散的城郭国家。魏源称:"其间大小回城数十,回庄小堡千计,《汉书》西域诸小国及次小国,或仅数百户、千余户,胜兵或数十人、数百人。及康熙中,上谕所称'准噶尔攻取回子千余城',皆并回庄、回堡数之也。"在这样极端分散、依靠有限水源的地区,很难形成独立的国家体系。一般而言,它或是附属于中原王朝,或是附属于北方的游牧民族,若匈奴、突厥、回纥、蒙古所建立的汗国。游牧族是行国,它可以集合自己的力量,压倒分散的各个城郭国。而分散的城郭小国很难集合自己的力量,各地仅有的一点水源,无法支持人口大规模的集合。汉唐在西域的都护府,实际上是捍卫那个地区安宁的力量。那儿是古代通向西域丝绸之路的必经之地,汉唐时佛教盛行,也是玄奘西行取经所经之地。

回疆的族源,《明史·哈密传》称:

其地种落杂居,一曰回回,一曰畏兀儿,一曰哈剌灰,其头目不相统属,王(指明朝所封之忠顺王)莫能节制。

火州,又名哈剌,在柳城西七十里,土鲁番东三十里,即汉车师前王地。隋时为高昌国。唐太宗灭高昌,以其地为西州。宋时回鹘居之。

(吐鲁番)汉车师前王地。隋高昌国。唐灭高昌,置西州及交河县,此则交河县安乐城也。宋复名高昌,为回鹘所据,尝入贡。元设万户府。

可见那时之畏兀儿与哈剌灰、回回是两回事。伊斯兰教在中国称回教,当时,把信回教的称回回,即回族。畏兀儿即维吾尔之音转,与伊斯兰的阿拉伯族是两回事。他们信奉伊斯兰教是后来的事。故魏源在《圣武记》卷四中称:

唐以前皆佛教，其以回回教著者，则萌芽于隋、唐，而盛于元以后。其祖国曰天方，更在葱岭以西数千里，有墨德墨克各国。当隋、唐之际，其国王谟罕蓦德者生而神灵，尽臣服西域诸国，始扫佛教自立教。

故伊斯兰教在回疆的传布是元以后的事，到了清初，吐鲁番的酋长便称苏丹、和卓或和卓木，出于波斯语，是穆斯林对伊斯兰教创立者穆罕默德的后裔和伊斯兰教学者的尊称。那时回疆地区白山派的布拉尼敦及霍集占被称为大小和卓木。他们的父亲玛罕木特被噶尔丹策零俘至伊犁禁锢，玛罕木特死，其二子仍被禁锢，清军平定达瓦齐以后，霍集占兄弟被释放，为回部头目。布拉尼敦回叶尔羌统治回部，留霍集占于伊犁，掌管当地回部事务。阿睦尔撒纳的叛乱被平定以后，霍集占逃回叶尔羌，与其兄一起策划发动叛乱，背叛清廷，回疆的叛乱因此而起。他们认为自己地方险远，内地兵不能即来，来亦率皆疲劳，粮运难继。身旁的强邻准噶尔已被灭了，没有天山以北的直接威胁，收罗各城，可以借此自立。这是他们对当时形势的错误估计，于是杀害清政府派往南疆的使臣阿敏道等，南疆回民的叛乱迅速蔓延开来，这是乾隆二十二年（1757年）的事。

次年清政府命雅尔哈善率满汉官兵一万余人，由吐鲁番进攻库车，这是进入回疆的门户。清兵围困库车后，霍集占率军来援，进入库车率城中人撤退，先往阿克苏，阿克苏人闭城不纳。霍集占又逃往乌什，乌什伯克又拒绝接纳，于是只能退回叶尔羌。十月间兆惠率清军攻叶尔羌，进攻的清军只有三千人，只能结营自固以待增援，地点在黑水河边，历时三月，黑水营仍岿然不动。至乾隆二十四年初，富德率乌鲁木齐的军队赴援，内外夹攻霍集占的军队，使之退回叶尔羌。清军主动出击，一路由乌什进攻喀什，是兆惠统率；一路由富德统率清军由和阗攻叶尔羌。霍集占兄弟只能弃城落荒而走葱岭之巅，被清军逼散。最终兄弟俩被葱岭以西的巴达克山的首领擒杀，叛军也就散伙了，这次大小和卓木的叛乱宣告平定。

这样清廷统一了天山南北的地区，在惠远城设伊犁将军，新疆南北的驻军，由伊犁将军统一调度和指挥。在回疆驻扎清兵，在乌鲁木齐设都统。在塔尔巴哈台设参赞大臣。南疆则在喀什、叶尔羌诸城设办事大臣，管理南疆诸城郭。西四城是喀什噶尔、叶尔羌、英吉沙、和阗，东四城是乌什、阿克苏、库车、辟展，加上东路的哈密、吐鲁番、哈喇沙拉三城共十一城，各城下分别管辖回城五六或十余、二十余不等，各设阿奇木伯克，统理当地回部事务。这次战役以后，新疆地区得以安宁一段时间，大家都能休养生息。

清的统一事业至此才基本告一段落，至乾隆二十五年（1760年）二月，清师凯旋，乾隆到良乡城南三里，筑坛祭天，迎接兆惠与富德二将军。

十三、土尔扈特回归

土尔扈特部本为厄鲁特蒙古四部之一，清初其和鄂勒汗为邻部所逼，投俄罗斯，其孙阿玉奇仍回旧部为土尔扈特汗，为准噶尔所逼，其部又逃归俄罗斯。康熙五十二年（1713年），阿玉奇曾借道入贡。那时土尔扈特部在额尔齐斯河下游放牧，此后他们越过哈萨克草原，渡过乌拉尔河，到达伏尔加河下游各支流沿岸放牧。乾隆时，阿玉奇之曾孙渥巴锡为汗，两岸各有十余万户。乾隆平定准噶尔的阿睦尔撒纳以后，一部分厄鲁特人逃入俄罗斯，集合在渥巴锡部下，成为新土尔扈特。清廷平定准噶尔以后，土尔扈特苦于俄罗斯的征役，那些从伊犁逃来的人，认为伊犁河流域正空无人烟，于是率南岸十六万人口，脱离俄罗斯，回归伊犁。魏源《圣武记》卷四，称其：

> 沿途破俄罗斯边城四，俄罗斯兴兵追之，已出境将假道哈萨克，哈萨克倾国力战拒之，改道布鲁特，布鲁特千百为群，环攻其辎重牲畜，如陆网之待兽。土尔扈特进退无路，不得已改道各国边界戈壁之地，绝水草旬日，皆饮牛马血而行，人畜死亡大半。自十一月至六月，始及伊犁卡伦，仅存七万余口，尪羸无人形。伊犁将军舒赫德严兵备边，遣人迎诘之。乌锡巴与其台吉等计

议数日，始以慕化归附为词，言俄罗斯持教衣冠俱不同，愿依中国兴黄教之地，以安部众。

乾隆对此的意见是：

土尔扈特既背其上国而来，倘复干我中国，彼将焉往？且求生而致死之，不仁。急之，必铤而走险，不智。于是受其降，召其酋长入觐热河，封乌锡巴为汗，其弟亲王，余郡王、贝勒、公、台吉有差。分新旧二部，各设札萨克。

因而到清代乾隆时，蒙古各部皆回归故地，完成祖国民族大家庭的团聚。乾隆在承德避暑山庄立《土尔扈特全部归顺记》和《优恤土尔扈特部众记》两块巨大的石碑。清廷在乌鲁木齐之北，安置了土尔扈特北路三旗，在乌鲁木齐之南，有旧土尔扈特南路四旗、和硕特部中路三旗。在伊犁之东北安置有旧土尔扈特东路二旗、西路诸旗，使回归的土尔扈特部得以安置。

清统一南北东西以后，边疆问题不会从此没有新的矛盾冲突，还是会有分裂主义者的动乱和外国殖民主义的侵略活动，然而维护国家领土主权的完整成为历史的主流了。清的统一事业，功在子孙后代。清之所以能够完成统一事业，得益于满族特殊的历史文化，使它能融合南北，从草原文明向游牧、农耕混合型文明演化，为我国今后的长远发展准备了非常有利的条件。

后 记

1944年3月，郭沫若写了一篇《甲申三百年祭》，在重庆《新华日报》上连载，毛泽东同志在延安看了郭沫若总结明末李自成起义失败的历史过程，于1944年11月21日写信给郭沫若，信中说："你的《甲申三百年祭》，我们把它当作整风文件看待。小胜即骄傲，大胜更骄傲，一次又一次吃亏，如何避免此种毛病，实在值得注意。倘能经过大手笔写一篇太平军经验，会是很有益的；但不敢作正式提议，恐怕太累你。最近看了《反正前后》，和我那时在湖南经历的，几乎一模一样，不成熟的资产阶级革命，那样的结局是不可避免的。"还说："你的史论、史剧有大益于中国人民，只嫌其少，不嫌其多，精神决不会白费的。"

从毛泽东对《甲申三百年祭》的态度，可以看到对历史上失败的教训，如果能够总结得好，对现实会非常有益。史论的作品可以帮助人们从正面去吸取历史教训，使我们永葆革命青春。延安整风运动就是总结中国革命遭受挫折的教训，唯有如此才能使全党团结起来，争取更大的胜利。这一点在过去是如此，在今天和未来也是如此。

《从万历到康熙》叙述明亡清兴的过程，目的在于总结历史兴亡周期率的经验教训，使我们在实现中华民族伟大复兴的过程中能够更好地前进。第一讲叙述新航路开辟后东西方丝银贸易引起明朝的财政问题；第二讲叙述张居正改革与万历年间明朝政局的变化；第三讲叙述万历怠政与明末党争，导致明朝统治一步步走向衰亡；第四讲叙述清朝兴起与明朝灭亡的过程；第五讲总结明末农民起义失败的教训，重点叙述清朝入关后巩固政权的措施与南明抗清活动的失败；第六讲叙述清初采取的政治经济措施，以及康熙年间统一事业的完成。

明末清初的这段历史体现出一个典型的中国历史周期率，其中有三点最值得我们注意。一是明末党争导致了明朝政治的崩溃，由三大案引起的东林、阉党之争使明末政局摇摆不定，对内对外决策进退失据，统治危机不断加深，直至最终灭亡。二是统治阶级要重视社会最基本的公平与正义，政策要向弱势群体倾斜，才能够保持社会稳定，从而为经济发展提供良好的环境。三是无论明朝还是清朝都是中国历史的组成部分，中华民族的历史是由多个民族共同创造的，南北朝时期的北魏是鲜卑族建立的，此后的大一统王朝隋朝和唐朝都和少数民族有着千丝万缕的血缘关系。中华民族的伟大复兴需要我们五十六个民族团结一心、共同奋斗才能实现，国外的某些研究从霸权主义立场出发故意制造民族对立，那种妄想割裂中华民族历史的企图不可能得逞。

《从万历到康熙》这部书稿，在2015年《明代政治制度的源流与得失》一书出版后即着手加以整理，但由于我年老体衰，再加上杂务繁多，直到2020年8月编出初稿后，写作了序言，并对其中大量引文逐一进行仔细校对,一直拖到今天才全部定稿,期间承蒙不少读者关心,多次向我询问书稿出版工作进展情况,如今这本书能够与读者见面,算是了却我一桩心愿。感谢胡杨文化的何崇吉先生,他长期以来给予我许多支持,督促我完成这本书的整理和校订工作。还要感谢诸多给我关心和帮助的朋友,是你们给了我继续前进的动力。

2021 年 9 月 22 日

朱永嘉